新编

婚姻家庭法小全书

LAWS AND REGULATIONS ON MARRIAGE AND FAMILY

2

法律出版社法规中心　编

图书在版编目(CIP)数据

新编婚姻家庭法小全书／法律出版社法规中心编. --4版. --北京：法律出版社，2020
(新编法律小全书系列)
ISBN 978-7-5197-4516-5

Ⅰ.①新… Ⅱ.①法… Ⅲ.①婚姻法-汇编-中国 Ⅳ.①D923.9

中国版本图书馆CIP数据核字(2020)第082520号

新编婚姻家庭法小全书
XINBIAN HUNYIN JIATINGFA XIAOQUANSHU

法律出版社法规中心 编

责任编辑 陶玉霞
装帧设计 李 瞻

出版 法律出版社
总发行 中国法律图书有限公司
经销 新华书店
印刷 固安华明印业有限公司
责任印制 张建伟

编辑统筹 法规出版分社
开本 A5
印张 18.625
字数 720千
版本 2020年7月第4版
印次 2020年7月第1次印刷

法律出版社／北京市丰台区莲花池西里7号(100073)
网址／www.lawpress.com.cn
投稿邮箱／info@lawpress.com.cn
举报维权邮箱／jbwq@lawpress.com.cn
销售热线／400-660-8393
咨询电话／010-63939796

中国法律图书有限公司／北京市丰台区莲花池西里7号(100073)
全国各地中法图分、子公司销售电话：
统一销售客服／400-660-8393/6393
第一法律书店／010-83938432/8433 西安分公司／029-85330678 重庆分公司／023-67453036
上海分公司／021-62071639/1636 深圳分公司／0755-83072995

书号:ISBN 978-7-5197-4516-5 **定价**:55.00元

修订说明

“新编法律小全书系列”丛书自出版以来，得到了社会各界人士的认可与好评，本次修订，我们对丛书内容进行全面梳理，增补了2017年11月至2020年5月期间公布的法律、法规、司法解释及部门规章，同时删除了所有失效、废止法规。本丛书继续突出以下特点：

1. 突出热点。丛书根据法律适用的重点、热点和难点，按照文件类别共分为20个分册，其内容涵盖了宪法国家法、公司、金融、土地、征地拆迁、房地产、建筑、道路交通、劳动、社会保障、婚姻家庭、民事、物权、合同、侵权赔偿和刑事等诸多法律领域。

2. 全面收录。丛书全面收录了相关领域的各类规范性法律文件，包括全国人大及其常委会通过的法律、有关法律问题的决定，国务院发布的行政法规、法规性文件，最高人民法院和最高人民检察院公布的司法解释、司法业务文件，国务院各部委公布的部门规章等。

3. 方便实用。丛书秉承“法律小全书”一贯的编辑宗旨，竭力为读者提供更多、更方便的实用信息，包括：(1)常用的文书范本、典型案例和流程图表；(2)主体法律附加条文主旨；(3)部分分册增加收录更具指导意义的地方审判政策。

4. 动态增补。为了适应法律的不断发展，本丛书还为读者提供免费法规资讯增补服务(详见增补登记表)，并请读者提出对本丛书的意见和建议。

值得注意的是，本书此次修订，增加了民法典的相关内容，同时保留婚姻法、继承法、收养法及相关司法解释。在附录中收录新旧条文对照，对民法典新增内容，用“**加粗**”格式体现；对变动内容，用“*斜体*”格式体现；对删除内容，用“~~删除线~~”表示，便于读者对照使用。

希望本书能够为您的工作生活提供有益的帮助。本书不足之处，欢迎读者指正。

法律出版社法规中心
2020年6月

总 目 录

常用法规简目

一、婚　姻

二、家　庭

三、继　承

四、婚姻家庭纠纷处理

目　　录

文书范本

附:

一、婚 姻

1. 总 类

中华人民共和国民法典（节录）

1. 2020年5月28日第十三届全国人民代表大会第三次会议通过
2. 2020年5月28日中华人民共和国主席令第45号公布
3. 自2021年1月1日起施行

第五编 婚姻家庭

第一章 一般规定

第一千零四十条 【婚姻家庭编的调整范围】[①]本编调整因婚姻家庭产生的民事关系。

第一千零四十一条 【基本原则】婚姻家庭受国家保护。

实行婚姻自由、一夫一妻、男女平等的婚姻制度。

保护妇女、未成年人、老年人、残疾人的合法权益。

第一千零四十二条 【婚姻家庭的禁止性规定】禁止包办、买卖婚姻和其他干涉婚姻自由的行为。禁止借婚姻索取财物。

禁止重婚。禁止有配偶者与他人同居。

禁止家庭暴力。禁止家庭成员间的虐待和遗弃。

第一千零四十三条 【婚姻家庭的倡导性规定】家庭应当树立优良家风，弘扬家庭美德，重视家庭文明建设。

夫妻应当互相忠实，互相尊重，互相关爱；家庭成员应当敬老爱幼，互相帮助，维护平等、和睦、文明的婚姻家庭关系。

第一千零四十四条 【收养的基本原则】收养应当遵循最有利于被收养人的原则，保障被收养人和收养人的合法权益。

禁止借收养名义买卖未成年人。

第一千零四十五条 【亲属、近亲属及家庭成员】亲属包括配偶、血亲和姻亲。

配偶、父母、子女、兄弟姐妹、祖父母、外祖父母、孙子女、外孙子女为近亲属。

配偶、父母、子女和其他共同生活的近亲属为家庭成员。

第二章 结 婚

第一千零四十六条 【结婚自愿】结婚应当男女双方完全自愿，禁止任何一方对另一方加以强迫，禁止任何组织或者个人加以干涉。

第一千零四十七条 【法定结婚年龄】结婚年龄，男不得早于二十二周岁，女不

---

① 条文主旨为编者所加，下同。

得早于二十周岁。

第一千零四十八条 【禁止结婚的情形】直系血亲或者三代以内的旁系血亲禁止结婚。

第一千零四十九条 【结婚登记】要求结婚的男女双方应当亲自到婚姻登记机关申请结婚登记。符合本法规定的,予以登记,发给结婚证。完成结婚登记,即确立婚姻关系。未办理结婚登记的,应当补办登记。

第一千零五十条 【婚后双方互为家庭成员】登记结婚后,按照男女双方约定,女方可以成为男方家庭的成员,男方可以成为女方家庭的成员。

第一千零五十一条 【婚姻无效的情形】有下列情形之一的,婚姻无效:

(一)重婚;

(二)有禁止结婚的亲属关系;

(三)未到法定婚龄。

第一千零五十二条 【胁迫婚姻】因胁迫结婚的,受胁迫的一方可以向人民法院请求撤销婚姻。

请求撤销婚姻的,应当自胁迫行为终止之日起一年内提出。

被非法限制人身自由的当事人请求撤销婚姻的,应当自恢复人身自由之日起一年内提出。

第一千零五十三条 【隐瞒疾病的可撤销婚姻】一方患有重大疾病的,应当在结婚登记前如实告知另一方;不如实告知的,另一方可以向人民法院请求撤销婚姻。

请求撤销婚姻的,应当自知道或者应当知道撤销事由之日起一年内提出。

第一千零五十四条 【婚姻无效和被撤销的法律后果】无效的或者被撤销的婚姻自始没有法律约束力,当事人不具有夫妻的权利和义务。同居期间所得的财产,由当事人协议处理;协议不成的,由人民法院根据照顾无过错方的原则判决。对重婚导致的无效婚姻的财产处理,不得侵害合法婚姻当事人的财产权益。当事人所生的子女,适用本法关于父母子女的规定。

婚姻无效或者被撤销的,无过错方有权请求损害赔偿。

第三章 家庭关系

第一节 夫妻关系

第一千零五十五条 【夫妻地位平等】夫妻在婚姻家庭中地位平等。

第一千零五十六条 【夫妻姓名权】夫妻双方都有各自使用自己姓名的权利。

第一千零五十七条 【夫妻参加各种活动的自由】夫妻双方都有参加生产、工作、学习和社会活动的自由,一方不得对另一方加以限制或者干涉。

第一千零五十八条 【夫妻抚养、教育和保护子女的权利义务平等】夫妻双方平等享有对未成年子女抚养、教育和保护的权利,共同承担对未成年子女抚养、教育和保护的义务。

第一千零五十九条 【夫妻相互扶养义务】夫妻有相互扶养的义务。

需要扶养的一方,在另一方不履行扶养义务时,有要求其给付扶养费的权利。

第一千零六十条 【日常家事代理权】夫妻一方因家庭日常生活需要而实施的民事法律行为,对夫妻双方发生效力,但是夫妻一方与相对人另有约定的除外。

夫妻之间对一方可以实施的民事法律行为范围的限制，不得对抗善意相对人。

第一千零六十一条 【夫妻相互继承权】夫妻有相互继承遗产的权利。

第一千零六十二条 【夫妻共同财产】夫妻在婚姻关系存续期间所得的下列财产，为夫妻的共同财产，归夫妻共同所有：

（一）工资、奖金、劳务报酬；

（二）生产、经营、投资的收益；

（三）知识产权的收益；

（四）继承或者受赠的财产，但是本法第一千零六十三条第三项规定的除外；

（五）其他应当归共同所有的财产。

夫妻对共同财产，有平等的处理权。

第一千零六十三条 【夫妻个人财产】下列财产为夫妻一方的个人财产：

（一）一方的婚前财产；

（二）一方因受到人身损害获得的赔偿或者补偿；

（三）遗嘱或者赠与合同中确定只归一方的财产；

（四）一方专用的生活用品；

（五）其他应当归一方的财产。

第一千零六十四条 【夫妻共同债务】夫妻双方共同签名或者夫妻一方事后追认等共同意思表示所负的债务，以及夫妻一方在婚姻关系存续期间以个人名义为家庭日常生活需要所负的债务，属于夫妻共同债务。

夫妻一方在婚姻关系存续期间以个人名义超出家庭日常生活需要所负的债务，不属于夫妻共同债务；但是，债权人能够证明该债务用于夫妻共同生活、共同生产经营或者基于夫妻双方共同意思表示的除外。

第一千零六十五条 【夫妻约定财产制】男女双方可以约定婚姻关系存续期间所得的财产以及婚前财产归各自所有、共同所有或者部分各自所有、部分共同所有。约定应当采用书面形式。没有约定或者约定不明确的，适用本法第一千零六十二条、第一千零六十三条的规定。

夫妻对婚姻关系存续期间所得的财产以及婚前财产的约定，对双方具有法律约束力。

夫妻对婚姻关系存续期间所得的财产约定归各自所有，夫或者妻一方对外所负的债务，相对人知道该约定的，以夫或者妻一方的个人财产清偿。

第一千零六十六条 【婚姻关系存续期间夫妻共同财产的分割】婚姻关系存续期间，有下列情形之一的，夫妻一方可以向人民法院请求分割共同财产：

（一）一方有隐藏、转移、变卖、毁损、挥霍夫妻共同财产或者伪造夫妻共同债务等严重损害夫妻共同财产利益的行为；

（二）一方负有法定扶养义务的人患重大疾病需要医治，另一方不同意支付相关医疗费用。

第二节 父母子女关系和其他近亲属关系

第一千零六十七条 【父母的抚养义务和子女的赡养义务】父母不履行抚养义务的，未成年子女或者不能独立生活的成年子女，有要求父母给付抚养费的权利。

成年子女不履行赡养义务的，缺乏劳动能力或者生活困难的父母，有要求成年子女给付赡养费的权利。

第一千零六十八条 【父母教育、保护未成年子女的权利义务】父母有教育、保护未成年子女的权利和义务。未成年子女造成他人损害的，父母应当依法承担民事责任。

第一千零六十九条 【子女应尊重父母的婚姻权利】子女应当尊重父母的婚姻权利，不得干涉父母离婚、再婚以及婚后的生活。子女对父母的赡养义务，不因父母的婚姻关系变化而终止。

第一千零七十条 【父母子女相互继承权】父母和子女有相互继承遗产的权利。

第一千零七十一条 【非婚生子女的权利】非婚生子女享有与婚生子女同等的权利，任何组织或者个人不得加以危害和歧视。

不直接抚养非婚生子女的生父或者生母，应当负担未成年子女或者不能独立生活的成年子女的抚养费。

第一千零七十二条 【继父母与继子女间的权利义务关系】继父母与继子女间，不得虐待或者歧视。

继父或者继母和受其抚养教育的继子女间的权利义务关系，适用本法关于父母子女关系的规定。

第一千零七十三条 【亲子关系异议之诉】对亲子关系有异议且有正当理由的，父或者母可以向人民法院提起诉讼，请求确认或者否认亲子关系。

对亲子关系有异议且有正当理由的，成年子女可以向人民法院提起诉讼，请求确认亲子关系。

第一千零七十四条 【祖孙之间的抚养、赡养义务】有负担能力的祖父母、外祖父母，对于父母已经死亡或者父母无力抚养的未成年孙子女、外孙子女，有抚养的义务。

有负担能力的孙子女、外孙子女，对于子女已经死亡或者子女无力赡养的祖父母、外祖父母，有赡养的义务。

第一千零七十五条 【兄弟姐妹间的扶养义务】有负担能力的兄、姐，对于父母已经死亡或者父母无力抚养的未成年弟、妹，有扶养的义务。

由兄、姐扶养长大的有负担能力的弟、妹，对于缺乏劳动能力又缺乏生活来源的兄、姐，有扶养的义务。

第四章 离 婚

第一千零七十六条 【协议离婚】夫妻双方自愿离婚的，应当签订书面离婚协议，并亲自到婚姻登记机关申请离婚登记。

离婚协议应当载明双方自愿离婚的意思表示和对子女抚养、财产以及债务处理等事项协商一致的意见。

第一千零七十七条 【离婚冷静期】自婚姻登记机关收到离婚登记申请之日起三十日内，任何一方不愿意离婚的，可以向婚姻登记机关撤回离婚登记申请。

前款规定期限届满后三十日内，双方应当亲自到婚姻登记机关申请发给离婚证；未申请的，视为撤回离婚登记申请。

第一千零七十八条 【离婚登记】婚姻登记机关查明双方确实是自愿离婚，并已经对子女抚养、财产以及债务处理等事项协商一致的，予以登记，发给离婚证。

第一千零七十九条 【诉讼离婚】夫妻一方要求离婚的，可以由有关组织进行调解或者直接向人民法院提起离婚诉讼。

人民法院审理离婚案件，应当进行调解；如果感情确已破裂，调解无效的，应当准予离婚。

有下列情形之一，调解无效的，应当准予离婚：

（一）重婚或者与他人同居；

（二）实施家庭暴力或者虐待、遗弃家庭成员；

（三）有赌博、吸毒等恶习屡教不改；

（四）因感情不和分居满二年；

（五）其他导致夫妻感情破裂的情形。

一方被宣告失踪，另一方提起离婚诉讼的，应当准予离婚。

经人民法院判决不准离婚后，双方又分居满一年，一方再次提起离婚诉讼的，应当准予离婚。

第一千零八十条 【婚姻关系解除时间】完成离婚登记，或者离婚判决书、调解书生效，即解除婚姻关系。

第一千零八十一条 【军婚的保护】现役军人的配偶要求离婚，应当征得军人同意，但是军人一方有重大过错的除外。

第一千零八十二条 【男方离婚诉权的限制】女方在怀孕期间、分娩后一年内或者终止妊娠后六个月内，男方不得提出离婚；但是，女方提出离婚或者人民法院认为确有必要受理男方离婚请求的除外。

第一千零八十三条 【复婚登记】离婚后，男女双方自愿恢复婚姻关系的，应当到婚姻登记机关重新进行结婚登记。

第一千零八十四条 【离婚后的父母子女关系】父母与子女间的关系，不因父母离婚而消除。离婚后，子女无论由父或者母直接抚养，仍是父母双方的子女。

离婚后，父母对于子女仍有抚养、教育、保护的权利和义务。

离婚后，不满两周岁的子女，以由母亲直接抚养为原则。已满两周岁的子女，父母双方对抚养问题协议不成的，由人民法院根据双方的具体情况，按照最有利于未成年子女的原则判决。子女已满八周岁的，应当尊重其真实意愿。

第一千零八十五条 【离婚后子女抚养费的负担】离婚后，子女由一方直接抚养的，另一方应当负担部分或者全部抚养费。负担费用的多少和期限的长短，由双方协议；协议不成的，由人民法院判决。

前款规定的协议或者判决，不妨碍子女在必要时向父母任何一方提出超过协议或者判决原定数额的合理要求。

第一千零八十六条 【父母的探望权】离婚后，不直接抚养子女的父或者母，有探望子女的权利，另一方有协助的义务。

行使探望权利的方式、时间由当事人协议；协议不成的，由人民法院判决。

父或者母探望子女，不利于子女身心健康的，由人民法院依法中止探望；中止的事由消失后，应当恢复探望。

第一千零八十七条 【离婚时夫妻共同财产的处理】离婚时，夫妻的共同财产由双方协议处理；协议不成的，由人民法院院根据财产的具体情况，按照照顾子女、女方和无过错方权益的原则判决。

对夫或者妻在家庭土地承包经营中享有的权益等，应当依法予以保护。

第一千零八十八条 【离婚经济补偿】夫妻一方因抚育子女、照料老年人、协助另一方工作等负担较多义务的，离婚时有权向另一方请求补偿，另一方应当给予补偿。具体办法由双方协议；协议不成的，由人民法院判决。

第一千零八十九条 【离婚时夫妻共同债务清偿】离婚时，夫妻共同债务应当共同偿还。共同财产不足清偿或者财产归各自所有的，由双方协议清偿；协议不成的，由人民法院判决。

第一千零九十条 【离婚经济帮助】离婚时，如果一方生活困难，有负担能力的另一方应当给予适当帮助。具体办法由双方协议；协议不成的，由人民法院判决。

第一千零九十一条 【离婚损害赔偿】有下列情形之一，导致离婚的，无过错方有权请求损害赔偿：

（一）重婚；

（二）与他人同居；

（三）实施家庭暴力；

（四）虐待、遗弃家庭成员；

（五）有其他重大过错。

第一千零九十二条 【一方侵害夫妻共同财产的法律后果】夫妻一方隐藏、转移、变卖、毁损、挥霍夫妻共同财产，或者伪造夫妻共同债务企图侵占另一方财产的，在离婚分割夫妻共同财产时，对该方可以少分或者不分。离婚后，另一方发现有上述行为的，可以向人民法院提起诉讼，请求再次分割夫妻共同财产。

中华人民共和国婚姻法

1. 1980年9月10日第五届全国人民代表大会第三次会议通过

2. 根据2001年4月28日第九届全国人民代表大会常务委员会第二十一次会议《关于修改〈中华人民共和国婚姻法〉的决定》修正

目　录

第一章　总　　则

第一条 【立法目的】本法是婚姻家庭关系的基本准则。

第二条 【婚姻制度】实行婚姻自由、一夫一妻、男女平等的婚姻制度。

保护妇女、儿童和老人的合法权益。

实行计划生育。

第三条 【禁止的婚姻行为】禁止包办、买卖婚姻和其他干涉婚姻自由的行为。禁止借婚姻索取财物。

禁止重婚。禁止有配偶者与他人同居。禁止家庭暴力。禁止家庭成员间的虐待和遗弃。

第四条 【家庭关系】夫妻应当互相忠实，互相尊重；家庭成员间应当敬老爱幼，互相帮助，维护平等、和睦、文明的婚姻家庭关系。

第二章　结　　婚

第五条 【结婚自愿】结婚必须男女双方

完全自愿,不许任何一方对他方加以强迫或任何第三者加以干涉。

第六条 【法定婚龄】结婚年龄,男不得早于二十二周岁,女不得早于二十周岁。晚婚晚育应予鼓励。

第七条 【禁止结婚的情形】有下列情形之一的,禁止结婚:

(一)直系血亲和三代以内的旁系血亲;

(二)患有医学上认为不应当结婚的疾病。

第八条 【结婚登记】要求结婚的男女双方必须亲自到婚姻登记机关进行结婚登记。符合本法规定的,予以登记,发给结婚证。取得结婚证,即确立夫妻关系。未办理结婚登记的,应当补办登记。

第九条 【互为家庭成员】登记结婚后,根据男女双方约定,女方可以成为男方家庭的成员,男方可以成为女方家庭的成员。

第十条 【婚姻无效的情形】有下列情形之一的,婚姻无效:

(一)重婚的;

(二)有禁止结婚的亲属关系的;

(三)婚前患有医学上认为不应当结婚的疾病,婚后尚未治愈的;

(四)未到法定婚龄的。

第十一条 【胁迫婚姻】因胁迫结婚的,受胁迫的一方可以向婚姻登记机关或人民法院请求撤销该婚姻。受胁迫的一方撤销婚姻的请求,应当自结婚登记之日起一年内提出。被非法限制人身自由的当事人请求撤销婚姻的,应当自恢复人身自由之日起一年内提出。

第十二条 【无效或被撤销婚姻的法律后果】无效或被撤销的婚姻,自始无效。当事人不具有夫妻的权利和义务。同居期间所得的财产,由当事人协议处理;协议不成时,由人民法院根据照顾无过错方的原则判决。对重婚导致的婚姻无效的财产处理,不得侵害合法婚姻当事人的财产权益。当事人所生的子女,适用本法有关父母子女的规定。

第三章 家庭关系

第十三条 【夫妻地位平等】夫妻在家庭中地位平等。

第十四条 【夫妻姓名权】夫妻双方都有各用自己姓名的权利。

第十五条 【夫妻参加各种活动的自由】夫妻双方都有参加生产、工作、学习和社会活动的自由,一方不得对他方加以限制或干涉。

第十六条 【计划生育义务】夫妻双方都有实行计划生育的义务。

第十七条 【夫妻共有财产】夫妻在婚姻关系存续期间所得的下列财产,归夫妻共同所有:

(一)工资、奖金;

(二)生产、经营的收益;

(三)知识产权的收益;

(四)继承或赠与所得的财产,但本法第十八条第三项规定的除外;

(五)其他应当归共同所有的财产。

夫妻对共同所有的财产,有平等的处理权。

第十八条 【夫妻一方的财产】有下列情形之一的,为夫妻一方的财产:

(一)一方的婚前财产;

(二)一方因身体受到伤害获得的医疗费、残疾人生活补助费等费用;

(三)遗嘱或赠与合同中确定只归

夫或妻一方的财产；

（四）一方专用的生活用品；

（五）其他应当归一方的财产。

第十九条 【夫妻财产约定】夫妻可以约定婚姻关系存续期间所得的财产以及婚前财产归各自所有、共同所有或部分各自所有、部分共同所有。约定应当采用书面形式。没有约定或约定不明确的，适用本法第十七条、第十八条的规定。

夫妻对婚姻关系存续期间所得的财产以及婚前财产的约定，对双方具有约束力。

夫妻对婚姻关系存续期间所得的财产约定归各自所有的，夫或妻一方对外所负的债务，第三人知道该约定的，以夫或妻一方所有的财产清偿。

第二十条 【夫妻扶养义务】夫妻有互相扶养的义务。

一方不履行扶养义务时，需要扶养的一方，有要求对方付给扶养费的权利。

第二十一条 【父母与子女】父母对子女有抚养教育的义务；子女对父母有赡养扶助的义务。

父母不履行抚养义务时，未成年的或不能独立生活的子女，有要求父母付给抚养费的权利。

子女不履行赡养义务时，无劳动能力的或生活困难的父母，有要求子女付给赡养费的权利。

禁止溺婴、弃婴和其他残害婴儿的行为。

第二十二条 【子女的姓】子女可以随父姓，可以随母姓。

第二十三条 【父母对子女的保护和教育】父母有保护和教育未成年子女的权利和义务。在未成年子女对国家、集体或他人造成损害时，父母有承担民事责任的义务。

第二十四条 【继承遗产】夫妻有相互继承遗产的权利。

父母和子女有相互继承遗产的权利。

第二十五条 【非婚生子女的权利】非婚生子女享有与婚生子女同等的权利，任何人不得加以危害和歧视。

不直接抚养非婚生子女的生父或生母，应当负担子女的生活费和教育费，直至子女能独立生活为止。

第二十六条 【收养关系】国家保护合法的收养关系。养父母和养子女间的权利和义务，适用本法对父母子女关系的有关规定。

养子女和生父母间的权利和义务，因收养关系的成立而消除。

第二十七条 【继父母与继子女】继父母与继子女间，不得虐待或歧视。

继父或继母和受其抚养教育的继子女间的权利和义务，适用本法对父母子女关系的有关规定。

第二十八条 【祖孙之间的抚养、赡养义务】有负担能力的祖父母、外祖父母，对于父母已经死亡或父母无力抚养的未成年的孙子女、外孙子女，有抚养的义务。有负担能力的孙子女、外孙子女，对于子女已经死亡或子女无力赡养的祖父母、外祖父母，有赡养的义务。

第二十九条 【兄弟姐妹间的扶养义务】有负担能力的兄、姐，对于父母已经死亡或父母无力抚养的未成年的弟、妹，有扶养的义务。由兄、姐扶养长大的有负担能力的弟、妹，对于缺乏劳动能力又缺乏生活来源的兄、姐,有扶养的义务。

第三十条 【尊重父母婚姻】子女应当尊重父母的婚姻权利,不得干涉父母再婚以及婚后的生活。子女对父母的赡养义务,不因父母的婚姻关系变化而终止。

第四章 离 婚

第三十一条 【协议离婚】男女双方自愿离婚的,准予离婚。双方必须到婚姻登记机关申请离婚。婚姻登记机关查明双方确实是自愿并对子女和财产问题已有适当处理时,发给离婚证。

第三十二条 【诉讼离婚】男女一方要求离婚的,可由有关部门进行调解或直接向人民法院提出离婚诉讼。

人民法院审理离婚案件,应当进行调解;如感情确已破裂,调解无效,应准予离婚。

有下列情形之一,调解无效的,应准予离婚:

(一)重婚或有配偶者与他人同居的;

(二)实施家庭暴力或虐待、遗弃家庭成员的;

(三)有赌博、吸毒等恶习屡教不改的;

(四)因感情不和分居满二年的;

(五)其他导致夫妻感情破裂的情形。

一方被宣告失踪,另一方提出离婚诉讼的,应准予离婚。

第三十三条 【军婚的保护】现役军人的配偶要求离婚,须得军人同意,但军人一方有重大过错的除外。

第三十四条 【男方离婚诉权的限制】女方在怀孕期间、分娩后一年内或中止妊娠后六个月内,男方不得提出离婚。女方提出离婚的,或人民法院认为确有必要受理男方离婚请求的,不在此限。

第三十五条 【复婚】离婚后,男女双方自愿恢复夫妻关系的,必须到婚姻登记机关进行复婚登记。

第三十六条 【离婚后的父母子女关系】父母与子女间的关系,不因父母离婚而消除。离婚后,子女无论由父或母直接抚养,仍是父母双方的子女。

离婚后,父母对于子女仍有抚养和教育的权利和义务。

离婚后,哺乳期内的子女,以随哺乳的母亲抚养为原则。哺乳期后的子女,如双方因抚养问题发生争执不能达成协议时,由人民法院根据子女的权益和双方的具体情况判决。

第三十七条 【离婚后的子女抚养】离婚后,一方抚养的子女,另一方应负担必要的生活费和教育费的一部或全部,负担费用的多少和期限的长短,由双方协议;协议不成时,由人民法院判决。

关于子女生活费和教育费的协议或判决,不妨碍子女在必要时向父母任何一方提出超过协议或判决原定数额的合理要求。

第三十八条 【父母的探望权】离婚后,不直接抚养子女的父或母,有探望子女的权利,另一方有协助的义务。

行使探望权利的方式、时间由当事人协议;协议不成时,由人民法院判决。

父或母探望子女,不利于子女身心健康的,由人民法院依法中止探望的权利;中止的事由消失后,应当恢复探望的权利。

第三十九条 【夫妻共同财产的离婚处理】离婚时，夫妻的共同财产由双方协议处理；协议不成时，由人民法院根据财产的具体情况，依照照顾子女和女方权益的原则判决。

夫或妻在家庭土地承包经营中享有的权益等，应当依法予以保护。

第四十条 【补偿】夫妻书面约定婚姻关系存续期间所得的财产归各自所有，一方因抚育子女、照料老人、协助另一方工作等付出较多义务的，离婚时有权向另一方请求补偿，另一方应当予以补偿。

第四十一条 【共同债务清偿】离婚时，原为夫妻共同生活所负的债务，应当共同偿还。共同财产不足清偿的，或财产归各自所有的，由双方协议清偿；协议不成时，由人民法院判决。

第四十二条 【适当帮助】离婚时，如一方生活困难，另一方应从其住房等个人财产中给予适当帮助。具体办法由双方协议；协议不成时，由人民法院判决。

第五章 救助措施与法律责任

第四十三条 【家庭暴力与虐待】实施家庭暴力或虐待家庭成员，受害人有权提出请求，居民委员会、村民委员会以及所在单位应当予以劝阻、调解。

对正在实施的家庭暴力，受害人有权提出请求，居民委员会、村民委员会应当予以劝阻；公安机关应当予以制止。

实施家庭暴力或虐待家庭成员，受害人提出请求的，公安机关应当依照治安管理处罚的法律规定予以行政处罚。

第四十四条 【遗弃】对遗弃家庭成员，受害人有权提出请求，居民委员会、村民委员会以及所在单位应当予以劝阻、调解。

对遗弃家庭成员，受害人提出请求的，人民法院应当依法作出支付扶养费、抚养费、赡养费的判决。

第四十五条 【重婚、家庭暴力、虐待、遗弃犯罪】对重婚的，对实施家庭暴力或虐待、遗弃家庭成员构成犯罪的，依法追究刑事责任。受害人可以依照刑事诉讼法的有关规定，向人民法院自诉；公安机关应当依法侦查，人民检察院应当依法提起公诉。

第四十六条 【损害赔偿】有下列情形之一，导致离婚的，无过错方有权请求损害赔偿：

（一）重婚的；

（二）有配偶者与他人同居的；

（三）实施家庭暴力的；

（四）虐待、遗弃家庭成员的。

第四十七条 【一方侵害夫妻共同财产的法律后果】离婚时，一方隐藏、转移、变卖、毁损夫妻共同财产，或伪造债务企图侵占另一方财产的，分割夫妻共同财产时，对隐藏、转移、变卖、毁损夫妻共同财产或伪造债务的一方，可以少分或不分。离婚后，另一方发现有上述行为的，可以向人民法院提起诉讼，请求再次分割夫妻共同财产。

人民法院对前款规定的妨害民事诉讼的行为，依照民事诉讼法的规定予以制裁。

第四十八条 【强制执行】对拒不执行有关扶养费、抚养费、赡养费、财产分割、遗产继承、探望子女等判决或裁定的，由人民法院依法强制执行。有关个人和单位应负协助执行的责任。

第四十九条　【婚姻家庭的其他法律规定】其他法律对有关婚姻家庭的违法行为和法律责任另有规定的，依照其规定。

第六章　附　　则

第五十条　【变通规定】民族自治地方的人民代表大会有权结合当地民族婚姻家庭的具体情况，制定变通规定。自治州、自治县制定的变通规定，报省、自治区、直辖市人民代表大会常务委员会批准后生效。自治区制定的变通规定，报全国人民代表大会常务委员会批准后生效。

第五十一条　【施行日期与旧法废止】本法自 1981 年 1 月 1 日起施行。

1950 年 5 月 1 日颁行的《中华人民共和国婚姻法》，自本法施行之日起废止。

最高人民法院关于适用《中华人民共和国婚姻法》若干问题的解释（一）

1. *2001 年 12 月 24 日最高人民法院审判委员会第 1202 次会议通过*
2. *2001 年 12 月 25 日公布*
3. *法释〔2001〕30 号*
4. *自 2001 年 12 月 27 日起施行*

为了正确审理婚姻家庭纠纷案件，根据《中华人民共和国婚姻法》（以下简称婚姻法）、《中华人民共和国民事诉讼法》等法律的规定，对人民法院适用婚姻法的有关问题作出如下解释：

第一条　【“家庭暴力”的理解】婚姻法第三条、第三十二条、第四十三条、第四十五条、第四十六条所称的“家庭暴力”，是指行为人以殴打、捆绑、残害、强行限制人身自由或者其他手段，给其家庭成员的身体、精神等方面造成一定伤害后果的行为。持续性、经常性的家庭暴力，构成虐待。

第二条　【“有配偶者与他人同居”的理解】婚姻法第三条、第三十二条、第四十六条规定的“有配偶者与他人同居”的情形，是指有配偶者与婚外异性，不以夫妻名义，持续、稳定地共同居住。

第三条　【不得依倡导性条款起诉】当事人仅以婚姻法第四条为依据提起诉讼的，人民法院不予受理；已经受理的，裁定驳回起诉。

第四条　【补办结婚登记的效力】男女双方根据婚姻法第八条规定补办结婚登记的，婚姻关系的效力从双方均符合婚姻法所规定的结婚的实质要件时起算。

第五条　【对同居关系的处理】未按婚姻法第八条规定办理结婚登记而以夫妻名义共同生活的男女，起诉到人民法院要求离婚的，应当区别对待：

（一）1994 年 2 月 1 日民政部《婚姻登记管理条例》公布实施以前，男女双方已经符合结婚实质要件的，按事实婚姻处理；

（二）1994 年 2 月 1 日民政部《婚姻登记管理条例》公布实施以后，男女双方符合结婚实质要件的，人民法院应当告知其在案件受理前补办结婚登记；未补办结婚登记的，按解除同居关系处理。

第六条　【同居一方死亡的关系处理】未按婚姻法第八条规定办理结婚登记而

以夫妻名义共同生活的男女，一方死亡，另一方以配偶身份主张享有继承权的，按照本解释第五条的原则处理。

第七条 【有权申请宣告婚姻无效的主体】有权依据婚姻法第十条规定向人民法院就已办理结婚登记的婚姻申请宣告婚姻无效的主体，包括婚姻当事人及利害关系人。利害关系人包括：

（一）以重婚为由申请宣告婚姻无效的，为当事人的近亲属及基层组织。

（二）以未到法定婚龄为由申请宣告婚姻无效的，为未达法定婚龄者的近亲属。

（三）以有禁止结婚的亲属关系为由申请宣告婚姻无效的，为当事人的近亲属。

（四）以婚前患有医学上认为不应当结婚的疾病，婚后尚未治愈为由申请宣告婚姻无效的，为与患病者共同生活的近亲属。

第八条 【宣告婚姻无效的阻却事由】当事人依据婚姻法第十条规定向人民法院申请宣告婚姻无效的，申请时，法定的无效婚姻情形已经消失的，人民法院不予支持。

第九条 【调解的适用】人民法院审理宣告婚姻无效案件，对婚姻效力的审理不适用调解，应当依法作出判决；有关婚姻效力的判决一经作出，即发生法律效力。

涉及财产分割和子女抚养的，可以调解。调解达成协议的，另行制作调解书。对财产分割和子女抚养问题的判决不服的，当事人可以上诉。

第十条 【“胁迫”的理解及有权请求撤销婚姻的主体】婚姻法第十一条所称的“胁迫”，是指行为人以给另一方当事人或者其近亲属的生命、身体健康、名誉、财产等方面造成损害为要挟，迫使另一方当事人违反真实意愿结婚的情况。

因受胁迫而请求撤销婚姻的，只能是受胁迫一方的婚姻关系当事人本人。

第十一条 【请求撤销婚姻的程序适用】人民法院审理婚姻当事人因受胁迫而请求撤销婚姻的案件，应当适用简易程序或者普通程序。

第十二条 【除斥期间】婚姻法第十一条规定的“一年”，不适用诉讼时效中止、中断或者延长的规定。

第十三条 【“自始无效”的理解】婚姻法第十二条所规定的自始无效，是指无效或者可撤销婚姻在依法被宣告无效或被撤销时，才确定该婚姻自始不受法律保护。

第十四条 【收缴结婚证并通知登记机关】人民法院根据当事人的申请，依法宣告婚姻无效或者撤销婚姻的，应当收缴双方的结婚证书并将生效的判决书寄送当地婚姻登记管理机关。

第十五条 【同居期间的财产处理】被宣告无效或被撤销的婚姻，当事人同居期间所得的财产，按共同共有处理。但有证据证明为当事人一方所有的除外。

第十六条 【重婚导致婚姻无效案件中的合法婚姻当事人参诉】人民法院审理重婚导致的无效婚姻案件时，涉及财产处理的，应当准许合法婚姻当事人作为有独立请求权的第三人参加诉讼。

第十七条 【夫妻共同财产“平等处理权”的理解】婚姻法第十七条关于“夫

或妻对夫妻共同所有的财产,有平等的处理权”的规定,应当理解为:

(一)夫或妻在处理夫妻共同财产上的权利是平等的。因日常生活需要而处理夫妻共同财产的,任何一方均有权决定。

(二)夫或妻非因日常生活需要对夫妻共同财产做重要处理决定,夫妻双方应当平等协商,取得一致意见。他人有理由相信其为夫妻双方共同意思表示的,另一方不得以不同意或不知道为由对抗善意第三人。

第十八条 【夫妻财产约定的举证责任】婚姻法第十九条所称“第三人知道该约定的”,夫妻一方对此负有举证责任。

第十九条 【夫妻一方财产不转化为夫妻共同财产】婚姻法第十八条规定为夫妻一方所有的财产,不因婚姻关系的延续而转化为夫妻共同财产。但当事人另有约定的除外。

第二十条 【“不能独立生活的子女”的理解】婚姻法第二十一条规定的“不能独立生活的子女”,是指尚在校接受高中及其以下学历教育,或者丧失或未完全丧失劳动能力等非因主观原因而无法维持正常生活的成年子女。

第二十一条 【“抚养费”的理解】婚姻法第二十一条所称“抚养费”,包括子女生活费、教育费、医疗费等费用。

第二十二条 【不因当事人有过错而不准离婚】人民法院审理离婚案件,符合第三十二条第二款规定“应准予离婚”情形的,不应当因当事人有过错而判决不准离婚。

第二十三条 【“军人一方有重大过错”的判断】婚姻法第三十三条所称的“军人一方有重大过错”,可以依据婚姻法第三十二条第三款前三项规定及军人有其他重大过错导致夫妻感情破裂的情形予以判断。

第二十四条 【探望权诉讼的受理】人民法院作出的生效的离婚判决中未涉及探望权,当事人就探望权问题单独提起诉讼的,人民法院应予受理。

第二十五条 【探望权的中止行使与恢复行使】当事人在履行生效判决、裁定或者调解书的过程中,请求中止行使探望权的,人民法院在征询双方当事人意见后,认为需要中止行使探望权的,依法作出裁定。中止探望的情形消失后,人民法院应当根据当事人的申请通知其恢复探望权的行使。

第二十六条 【提出中止探望权的主体】未成年子女、直接抚养子女的父或母及其他对未成年子女负担抚养、教育义务的法定监护人,有权向人民法院提出中止探望权的请求。

第二十七条 【“一方生活困难”的理解】婚姻法第四十二条所称“一方生活困难”,是指依靠个人财产和离婚时分得的财产无法维持当地基本生活水平。

一方离婚后没有住处的,属于生活困难。

离婚时,一方以个人财产中的住房对生活困难者进行帮助的形式,可以是房屋的居住权或者房屋的所有权。

第二十八条 【“损害赔偿”的范围】婚姻法第四十六条规定的“损害赔偿”,包括物质损害赔偿和精神损害赔偿。涉及精神损害赔偿的,适用最高人民法院《关于确定民事侵权精神损害赔偿责任若干问题的解释》的有关规定。

第二十九条 【损害赔偿的责任主体及以离婚为前提】承担婚姻法第四十六条规定的损害赔偿责任的主体，为离婚诉讼当事人中无过错方的配偶。

人民法院判决不准离婚的案件，对于当事人基于婚姻法第四十六条提出的损害赔偿请求，不予支持。

在婚姻关系存续期间，当事人不起诉离婚而单独依据该条规定提起损害赔偿请求的，人民法院不予受理。

第三十条 【损害赔偿请求的提出时间】人民法院受理离婚案件时，应当将婚姻法第四十六条等规定中当事人的有关权利义务，书面告知当事人。在适用婚姻法第四十六条时，应当区分以下不同情况：

（一）符合婚姻法第四十六条规定的无过错方作为原告基于该条规定向人民法院提起损害赔偿请求的，必须在离婚诉讼的同时提出。

（二）符合婚姻法第四十六条规定的无过错方作为被告的离婚诉讼案件，如果被告不同意离婚也不基于该条规定提起损害赔偿请求的，可以在离婚后一年内就此单独提起诉讼。

（三）无过错方作为被告的离婚诉讼案件，一审时被告未基于婚姻法第四十六条规定提出损害赔偿请求，二审期间提出的，人民法院应当进行调解，调解不成的，告知当事人在离婚后一年内另行起诉。

第三十一条 【再次分割夫妻共同财产的诉讼时效】当事人依据婚姻法第四十七条的规定向人民法院提起诉讼，请求再次分割夫妻共同财产的诉讼时效为两年，从当事人发现之次日起计算。

第三十二条 【探望权的强制执行】婚姻法第四十八条关于对拒不执行有关探望子女等判决和裁定的，由人民法院依法强制执行的规定，是指对拒不履行协助另一方行使探望权的有关个人和单位采取拘留、罚款等强制措施，不能对子女的人身、探望行为进行强制执行。

第三十三条 【法律适用】婚姻法修改后正在审理的一、二审婚姻家庭纠纷案件，一律适用修改后的婚姻法。此前最高人民法院作出的相关司法解释如与本解释相抵触，以本解释为准。

第三十四条 【施行时间】本解释自公布之日起施行。

最高人民法院关于适用《中华人民共和国婚姻法》若干问题的解释（二）

1. *2003年12月4日最高人民法院审判委员会第1299次会议通过、2003年12月25日公布、自2004年4月1日起施行（法释〔2003〕19号）*
2. *根据2017年2月20日最高人民法院审判委员会第1710次会议通过、2017年2月28日公布的《最高人民法院关于适用〈中华人民共和国婚姻法〉若干问题的解释（二）的补充规定》（法释〔2017〕6号）修正*

为正确审理婚姻家庭纠纷案件，根据《中华人民共和国婚姻法》（以下简称婚姻法）、《中华人民共和国民事诉讼法》等相关法律规定，对人民法院适用婚姻法的有关问题作出如下解释：

第一条 【解除同居关系案件的受理】当

事人起诉请求解除同居关系的，人民法院不予受理。但当事人请求解除的同居关系，属于婚姻法第三条、第三十二条、第四十六条规定的“有配偶者与他人同居”的，人民法院应当受理并依法予以解除。

当事人因同居期间财产分割或者子女抚养纠纷提起诉讼的，人民法院应当受理。

第二条 【宣告婚姻无效案件不许撤诉】人民法院受理申请宣告婚姻无效案件后，经审查确属无效婚姻的，应当依法作出宣告婚姻无效的判决。原告申请撤诉的，不予准许。

第三条 【离婚案件中有婚姻无效情形的处理】人民法院受理离婚案件后，经审查确属无效婚姻的，应当将婚姻无效的情形告知当事人，并依法作出宣告婚姻无效的判决。

第四条 【分别制作裁判文书】人民法院审理无效婚姻案件，涉及财产分割和子女抚养的，应当对婚姻效力的认定和其他纠纷的处理分别制作裁判文书。

第五条 【一方或双方死亡的婚姻无效案件受理】夫妻一方或者双方死亡后一年内，生存一方或者利害关系人依据婚姻法第十条的规定申请宣告婚姻无效的，人民法院应当受理。

第六条 【申请宣告婚姻无效的当事人】利害关系人依据婚姻法第十条的规定，申请人民法院宣告婚姻无效的，利害关系人为申请人，婚姻关系当事人双方为被申请人。

夫妻一方死亡的，生存一方为被申请人。

夫妻双方均已死亡的，不列被申请人。

第七条 【离婚和宣告婚姻无效案件的关系】人民法院就同一婚姻关系分别受理了离婚和申请宣告婚姻无效案件的，对于离婚案件的审理，应当待申请宣告婚姻无效案件作出判决后进行。

前款所指的婚姻关系被宣告无效后，涉及财产分割和子女抚养的，应当继续审理。

第八条 【财产分割协议的效力】离婚协议中关于财产分割的条款或者当事人因离婚就财产分割达成的协议，对男女双方具有法律约束力。

当事人因履行上述财产分割协议发生纠纷提起诉讼的，人民法院应当受理。

第九条 【对协议离婚财产分割问题反悔的处理】男女双方协议离婚后一年内就财产分割问题反悔，请求变更或者撤销财产分割协议的，人民法院应当受理。

人民法院审理后，未发现订立财产分割协议时存在欺诈、胁迫等情形的，应当依法驳回当事人的诉讼请求。

第十条 【彩礼返还请求的处理】当事人请求返还按照习俗给付的彩礼的，如果查明属于以下情形，人民法院应当予以支持：

（一）双方未办理结婚登记手续的；

（二）双方办理结婚登记手续但确未共同生活的；

（三）婚前给付并导致给付人生活困难的。

适用前款第（二）、（三）项的规定，应当以双方离婚为条件。

**第十一条 【“其他应当归共同所有的财

产”的范围】婚姻关系存续期间，下列财产属于婚姻法第十七条规定的“其他应当归共同所有的财产”：

（一）一方以个人财产投资取得的收益；

（二）男女双方实际取得或者应当取得的住房补贴、住房公积金；

（三）男女双方实际取得或者应当取得的养老保险金、破产安置补偿费。

第十二条 【“知识产权的收益”的理解】婚姻法第十七条第三项规定的“知识产权的收益”，是指婚姻关系存续期间，实际取得或者已经明确可以取得的财产性收益。

第十三条 【军人各项所得费用中的个人财产】军人的伤亡保险金、伤残补助金、医药生活补助费属于个人财产。

第十四条 【军人各项所得费用中的夫妻共同财产】人民法院审理离婚案件，涉及分割发放到军人名下的复员费、自主择业费等一次性费用的，以夫妻婚姻关系存续年限乘以年平均值，所得数额为夫妻共同财产。

前款所称年平均值，是指将发放到军人名下的上述费用总额按具体年限均分得出的数额。其具体年限为人均寿命七十岁与军人入伍时实际年龄的差额。

第十五条 【有价证券等的分割处理】夫妻双方分割共同财产中的股票、债券、投资基金份额等有价证券以及未上市股份有限公司股份时，协商不成或者按市价分配有困难的，人民法院可以根据数量按比例分配。

第十六条 【夫妻共同财产中以一方名义在有限责任公司的出资额的处理】人民法院审理离婚案件，涉及分割夫妻共同财产中以一方名义在有限责任公司的出资额，另一方不是该公司股东的，按以下情形分别处理：

（一）夫妻双方协商一致将出资额部分或者全部转让给该股东的配偶，过半数股东同意、其他股东明确表示放弃优先购买权的，该股东的配偶可以成为该公司股东；

（二）夫妻双方就出资额转让份额和转让价格等事项协商一致后，过半数股东不同意转让，但愿意以同等价格购买该出资额的，人民法院可以对转让出资所得财产进行分割。过半数股东不同意转让，也不愿意以同等价格购买该出资额的，视为其同意转让，该股东的配偶可以成为该公司股东。

用于证明前款规定的过半数股东同意的证据，可以是股东会决议，也可以是当事人通过其他合法途径取得的股东的书面声明材料。

第十七条 【夫妻共同财产中以一方名义在合伙企业的出资的转让处理】人民法院审理离婚案件，涉及分割夫妻共同财产中以一方名义在合伙企业中的出资，另一方不是该企业合伙人的，当夫妻双方协商一致，将其合伙企业中的财产份额全部或者部分转让给对方时，按以下情形分别处理：

（一）其他合伙人一致同意的，该配偶依法取得合伙人地位；

（二）其他合伙人不同意转让，在同等条件下行使优先受让权的，可以对转让所得的财产进行分割；

（三）其他合伙人不同意转让，也不行使优先受让权，但同意该合伙人退

伙或者退还部分财产份额的,可以对退还的财产进行分割;

(四)其他合伙人既不同意转让,也不行使优先受让权,又不同意该合伙人退伙或者退还部分财产份额的,视为全体合伙人同意转让,该配偶依法取得合伙人地位。

第十八条 【以一方名义投资设立的独资企业的处理】夫妻以一方名义投资设立独资企业的,人民法院分割夫妻在该独资企业中的共同财产时,应当按照以下情形分别处理:

(一)一方主张经营该企业的,对企业资产进行评估后,由取得企业一方给予另一方相应的补偿;

(二)双方均主张经营该企业的,在双方竞价基础上,由取得企业的一方给予另一方相应的补偿;

(三)双方均不愿意经营该企业的,按照《中华人民共和国个人独资企业法》等有关规定办理。

第十九条 【一方婚前承租、婚后用共同财产购买的房屋的性质】由一方婚前承租、婚后用共同财产购买的房屋,房屋权属证书登记在一方名下的,应当认定为夫妻共同财产。

第二十条 【对争议房屋的价值及归属无法达成协议的处理】双方对夫妻共同财产中的房屋价值及归属无法达成协议时,人民法院按以下情形分别处理:

(一)双方均主张房屋所有权并且同意竞价取得的,应当准许;

(二)一方主张房屋所有权的,由评估机构按市场价格对房屋作出评估,取得房屋所有权的一方应当给予另一方相应的补偿;

(三)双方均不主张房屋所有权的,根据当事人的申请拍卖房屋,就所得价款进行分割。

第二十一条 【离婚时尚未取得完全所有权的房屋的处理】离婚时双方对尚未取得所有权或者尚未取得完全所有权的房屋有争议且协商不成的,人民法院不宜判决房屋所有权的归属,应当根据实际情况判决由当事人使用。

当事人就前款规定的房屋取得完全所有权后,有争议的,可以另行向人民法院提起诉讼。

第二十二条 【父母出资购置房屋的性质】当事人结婚前,父母为双方购置房屋出资的,该出资应当认定为对自己子女的个人赠与,但父母明确表示赠与双方的除外。

当事人结婚后,父母为双方购置房屋出资的,该出资应当认定为对夫妻双方的赠与,但父母明确表示赠与一方的除外。

第二十三条 【婚前债务的处理】债权人就一方婚前所负个人债务向债务人的配偶主张权利的,人民法院不予支持。但债权人能够证明所负债务用于婚后家庭共同生活的除外。

第二十四条 【婚内债务的处理】债权人就婚姻关系存续期间夫妻一方以个人名义所负债务主张权利的,应当按夫妻共同债务处理。但夫妻一方能够证明债权人与债务人明确约定为个人债务,或者能够证明属于婚姻法第十九条第三款规定情形的除外。

夫妻一方与第三人串通,虚构债务,第三人主张权利的,人民法院不予支持。

夫妻一方在从事赌博、吸毒等违法犯罪活动中所负债务，第三人主张权利的，人民法院不予支持。

第二十五条 【财产分割不影响夫妻共同债务的清偿】当事人的离婚协议或者人民法院的判决书、裁定书、调解书已经对夫妻财产分割问题作出处理的，债权人仍有权就夫妻共同债务向男女双方主张权利。

一方就共同债务承担连带清偿责任后，基于离婚协议或者人民法院的法律文书向另一方主张追偿的，人民法院应当支持。

第二十六条 【一方死亡不影响夫妻共同债务的清偿】夫或妻一方死亡的，生存一方应当对婚姻关系存续期间的共同债务承担连带清偿责任。

第二十七条 【协议离婚后提出损害赔偿请求的处理】当事人在婚姻登记机关办理离婚登记手续后，以婚姻法第四十六条规定为由向人民法院提出损害赔偿请求的，人民法院应当受理。但当事人在协议离婚时已经明确表示放弃该项请求，或者在办理离婚登记手续一年后提出的，不予支持。

第二十八条 【申请保全措施的担保数额确定】夫妻一方申请对配偶的个人财产或者夫妻共同财产采取保全措施的，人民法院可以在采取保全措施可能造成损失的范围内，根据实际情况，确定合理的财产担保数额。

第二十九条 【施行时间与法律适用】本解释自2004年4月1日起施行。

本解释施行后，人民法院新受理的一审婚姻家庭纠纷案件，适用本解释。

本解释施行后，此前最高人民法院作出的相关司法解释与本解释相抵触的，以本解释为准。

最高人民法院关于适用《中华人民共和国婚姻法》若干问题的解释（三）

1. 2011年7月4日最高人民法院审判委员会第1525次会议通过
2. 2011年8月9日公布
3. 法释〔2011〕18号
4. 自2011年8月13日起施行

为正确审理婚姻家庭纠纷案件，根据《中华人民共和国婚姻法》、《中华人民共和国民事诉讼法》等相关法律规定，对人民法院适用婚姻法的有关问题作出如下解释：

第一条 【非法定情形申请宣告婚姻无效及婚姻登记程序存在瑕疵的处理】当事人以婚姻法第十条规定以外的情形申请宣告婚姻无效的，人民法院应当判决驳回当事人的申请。

当事人以结婚登记程序存在瑕疵为由提起民事诉讼，主张撤销结婚登记的，告知其可以依法申请行政复议或者提起行政诉讼。

第二条 【亲子关系确认的举证责任】夫妻一方向人民法院起诉请求确认亲子关系不存在，并已提供必要证据予以证明，另一方没有相反证据又拒绝做亲子鉴定的，人民法院可以推定请求确认亲子关系不存在一方的主张成立。

当事人一方起诉请求确认亲子关系，并提供必要证据予以证明，另一方没有相反证据又拒绝做亲子鉴定的，人民法院可以推定请求确认亲子关系一方的主张成立。

第三条 【婚内抚养费的请求支付】婚姻关系存续期间，父母双方或者一方拒不履行抚养子女义务，未成年或者不能独立生活的子女请求支付抚养费的，人民法院应予支持。

第四条 【婚内分割共同财产】婚姻关系存续期间，夫妻一方请求分割共同财产的，人民法院不予支持，但有下列重大理由且不损害债权人利益的除外：

（一）一方有隐藏、转移、变卖、毁损、挥霍夫妻共同财产或者伪造夫妻共同债务等严重损害夫妻共同财产利益行为的；

（二）一方负有法定扶养义务的人患重大疾病需要医治，另一方不同意支付相关医疗费用的。

第五条 【一方个人财产婚后收益的归属】夫妻一方个人财产在婚后产生的收益，除孳息和自然增值外，应认定为夫妻共同财产。

第六条 【夫妻之间房产赠与的撤销】婚前或者婚姻关系存续期间，当事人约定将一方所有的房产赠与另一方，赠与方在赠与房产变更登记之前撤销赠与，另一方请求判令继续履行的，人民法院可以按照合同法第一百八十六条的规定处理。

第七条 【婚后由父母出资购买的不动产的归属】婚后由一方父母出资为子女购买的不动产，产权登记在出资人子女名下的，可按照婚姻法第十八条第（三）项的规定，视为只对自己子女一方的赠与，该不动产应认定为夫妻一方的个人财产。

由双方父母出资购买的不动产，产权登记在一方子女名下的，该不动产可认定为双方按照各自父母的出资份额按份共有，但当事人另有约定的除外。

第八条 【无民事行为能力人的配偶严重损害其权益时的救济途径】无民事行为能力人的配偶有虐待、遗弃等严重损害无民事行为能力一方的人身权利或者财产权益行为，其他有监护资格的人可以依照特别程序要求变更监护关系；变更后的监护人代理无民事行为能力一方提起离婚诉讼的，人民法院应予受理。

第九条 【与生育相关纠纷的处理】夫以妻擅自中止妊娠侵犯其生育权为由请求损害赔偿的，人民法院不予支持；夫妻双方因是否生育发生纠纷，致使感情确已破裂，一方请求离婚的，人民法院经调解无效，应依照婚姻法第三十二条第三款第（五）项的规定处理。

第十条 【一方婚前贷款购买的不动产的归属】夫妻一方婚前签订不动产买卖合同，以个人财产支付首付款并在银行贷款，婚后用夫妻共同财产还贷，不动产登记于首付款支付方名下的，离婚时该不动产由双方协议处理。

依前款规定不能达成协议的，人民法院可以判决该不动产归产权登记一方，尚未归还的贷款为产权登记一方的个人债务。双方婚后共同还贷支付的款项及其相对应财产增值部分，离婚时应根据婚姻法第三十九条第一款规定的原则，由产权登记一方对另一方进行补偿。

第十一条 【一方擅自出售夫妻共同共有

的房屋的效力】一方未经另一方同意出售夫妻共同共有的房屋，第三人善意购买、支付合理对价并办理产权登记手续，另一方主张追回该房屋的，人民法院不予支持。

夫妻一方擅自处分共同共有的房屋造成另一方损失，离婚时另一方请求赔偿损失的，人民法院应予支持。

第十二条　【婚内用夫妻共同财产购买以一方父母名义参加房改的房屋的归属与处理】婚姻关系存续期间，双方用夫妻共同财产出资购买以一方父母名义参加房改的房屋，产权登记在一方父母名下，离婚时另一方主张按照夫妻共同财产对该房屋进行分割的，人民法院不予支持。购买该房屋时的出资，可以作为债权处理。

第十三条　【离婚时养老保险金的分割】离婚时夫妻一方尚未退休、不符合领取养老保险金条件，另一方请求按照夫妻共同财产分割养老保险金的，人民法院不予支持；婚后以夫妻共同财产缴付养老保险费，离婚时一方主张将养老金账户中婚姻关系存续期间个人实际缴付部分作为夫妻共同财产分割的，人民法院应予支持。

第十四条　【协议离婚未成的财产分割协议效力】当事人达成的以登记离婚或者到人民法院协议离婚为条件的财产分割协议，如果双方协议离婚未成，一方在离婚诉讼中反悔的，人民法院应当认定该财产分割协议没有生效，并根据实际情况依法对夫妻共同财产进行分割。

第十五条　【离婚时正在继承的遗产的分割】婚姻关系存续期间，夫妻一方作为继承人依法可以继承的遗产，在继承人之间尚未实际分割，起诉离婚时另一方请求分割的，人民法院应当告知当事人在继承人之间实际分割遗产后另行起诉。

第十六条　【夫妻共同财产出借给一方从事个人活动的性质】夫妻之间订立借款协议，以夫妻共同财产出借给一方从事个人经营活动或用于其他个人事务的，应视为双方约定处分夫妻共同财产的行为，离婚时可按照借款协议的约定处理。

第十七条　【双方过错不得要求损害赔偿】夫妻双方均有婚姻法第四十六条规定的过错情形，一方或者双方向对方提出离婚损害赔偿请求的，人民法院不予支持。

第十八条　【离婚后尚未处理的夫妻共同财产的分割】离婚后，一方以尚有夫妻共同财产未处理为由向人民法院起诉请求分割的，经审查该财产确属离婚时未涉及的夫妻共同财产，人民法院应当依法予以分割。

第十九条　【以本解释为准】本解释施行后，最高人民法院此前作出的相关司法解释与本解释相抵触的，以本解释为准。

民政部、总政治部关于士官婚姻管理有关问题的通知

1. 2011年12月28日发布

2. 民发〔2011〕219号

各省、自治区、直辖市民政厅（局），各计划单列市民政局，新疆生产建设兵团民政局；各军区、各军兵种、各总部、军

事科学院、国防大学、国防科学技术大学、武警部队政治部：

为加强士官队伍建设，进一步做好新形势下士官婚姻管理工作，根据士官管理有关规定，现就有关事项通知如下：

一、士官符合下列条件之一的，经师（旅）级以上单位政治机关批准，可以在驻地或者部队内部找对象结婚：

（一）中级士官；

（二）年龄超过28周岁的男士官或者年龄超过26周岁的女士官；

（三）烈士子女、孤儿或者因战、因公、因病致残的士官。

二、军队政治机关负责对士官在部队驻地或者部队内部找对象结婚的条件进行审查，符合条件的按有关规定出具《军人婚姻登记证明》。婚姻登记机关依据军队政治机关出具的《军人婚姻登记证明》，为士官办理婚姻登记。

三、民政部、总政治部《关于军队人员婚姻管理有关问题的通知》（政组〔2010〕14号）与本通知不一致的，以本《通知》为准。

第八次全国法院民事商事审判工作会议（民事部分）纪要（节录）

1. 2016年11月30日最高人民法院公布
2. 法〔2016〕399号

二、关于婚姻家庭纠纷案件的审理

审理好婚姻家庭案件对于弘扬社会主义核心价值观和中华民族传统美德，传递正能量，促进家风建设，维护婚姻家庭稳定，具有重要意义。要注重探索家事审判工作规律，积极稳妥开展家事审判方式和工作机制改革试点工作；做好反家暴法实施工作，及时总结人民法院适用人身安全保护令制止家庭暴力的成功经验，促进社会健康和谐发展。

（一）关于未成年人保护问题

1. 在审理婚姻家庭案件中，应注重对未成年人权益的保护，特别是涉及家庭暴力的离婚案件，从未成年子女利益最大化的原则出发，对于实施家庭暴力的父母一方，一般不宜判决其直接抚养未成年子女。

2. 离婚后，不直接抚养未成年子女的父母一方提出探望未成年子女诉讼请求的，应当向双方当事人释明探望权的适当行使对未成年子女健康成长、人格塑造的重要意义，并根据未成年子女的年龄、智力和认知水平，在有利于未成年子女成长和尊重其意愿的前提下，保障当事人依法行使探望权。

3. 祖父母、外祖父母对父母已经死亡或父母无力抚养的未成年孙子女、外孙子女尽了抚养义务，其定期探望孙子女、外孙子女的权利应当得到尊重，并有权通过诉讼方式获得司法保护。

（二）关于夫妻共同财产认定问题

4. 婚姻关系存续期间以夫妻共同财产投保，投保人和被保险人同为夫妻一方，离婚时处于保险期内，投保人不愿意继续投保的，保险人退还的保险单现金价值部分应按照夫妻共同财产处理；离婚时投保人选择继续投保的，投保人应当支付保险单现金价值的一半给另一方。

5. 婚姻关系存续期间，夫妻一方作为被保险人依据意外伤害保险合同、健康保险合同获得的具有人身性质的保险金，或者夫妻一方作为受益人依据以死亡为给付条件的人寿保险合同获得的保险金，宜认定为个人财产，但双方另有约定的除外。

婚姻关系存续期间，夫妻一方依据以生存到一定年龄为给付条件的具有现金价值的保险合同获得的保险金，宜认定为夫妻共同财产，但双方另有约定的除外。

地方审判政策

上海市高级人民法院关于审理婚姻家庭纠纷若干问题的意见

1．2007年3月15日发布

2．沪高法民一〔2007〕5号

1．与子女共同生活的一方以不利于子女身心健康为由，请求法院依法中止申请人行使探望权的处理

有关探望权的生效判决已进入执行程序，与子女共同生活的一方提出中止行使探望权请求的，可由执行庭根据当事人的申请直接作出是否中止执行的裁定，无需通过审判程序解决。

与子女共同生活的一方以不利于子女身心健康为由，单独起诉要求中止行使探望权的，人民法院不予受理。

2．限制行为能力人能否申请行使探望权

限制行为能力人尽管行为能力受限，但其仍有权享有亲权或与此相关的权利，因此，对于限制行为能力人申请行使探望权的，在不会对未成年子女身心造成不良影响的前提下，可以准许，并视限制行为能力人的具体情况，明确其是否应在监护人的监护下行使探望权。

3．夫妻离婚时，尚不符合领取养老金条件的当事人账户内养老金的处理

养老金是职工在退休后领取的工资，未到退休年龄不能领取；且养老金是职工退休后生活的基本保障，而不是对其退休前工作的补偿。因此，对于离婚诉讼时尚未退休、不符合领取养老金条件的当事人，其养老金不能作为夫妻共同财产予以分割。

在审理农村婚姻案件中。离婚一方当事人在婚姻存续期间因土地征用享受城镇养老保险的，即土地征用单位向城镇养老保险机构交纳一定数额的养老保险基金使得家庭成员中的一人享受城镇养老保险的权利，由于权利人在未达到法定年龄时并不能获益，而只可在达到法定年龄后按较低标准享受养老金和医疗保险，且在实践中该基金也不进入个人养老基金帐户。因此，对不符合享受城镇养老保险条件的当事人，其养老金也不能作为夫妻共同财产予以分割。

4．夫妻共同财产涉及他人情况的处理

夫妻婚后出资购买车辆，并挂靠于他人名下的，在离婚诉讼中，对该车辆不予处理。

夫妻双方与他人（未成年子女除外）

共同所有的房屋，应该另案处理，但若案外人仅享有居住使用权而无所有权的，不影响该房屋在离婚诉讼中的分割。

5. 当事人协议离婚后，就履行财产分割协议发生纠纷提起诉讼的诉讼时效

当事人协议离婚后，因履行财产分割协议发生纠纷，如请求变更或撤销协议的，应根据最高法院婚姻法司法解释（二）第九条的规定，在登记离婚后一年内提起诉讼；如请求继续履行协议的，应该自纠纷发生之日起二年内提起诉讼。

6. 夫妻协议离婚后财产纠纷的处理范围

夫妻协议离婚后财产纠纷中的财产范围，既包括离婚协议中未涉及的财产，也包括《婚姻法》第四十七条所规定的一方在离婚时隐藏、转移、变卖、毁损的夫妻共同财产及伪造债务侵占的另一方的财产。

7. 如何认定夫妻在婚姻关系存续期间，包括分居期间达成的财产分割协议的效力

夫妻共同生活期间或者分居期间达成的财产分割协议，当事人无证据证明其具有无效或可撤销、可变更的法定情形，或协议已经履行完毕的，应认定协议对双方有拘束力。如果财产分割协议以离婚为前提条件，而双方未离婚的，应该允许当事人反悔。

8. 离婚后的财产纠纷中财产价值的确定

审理离婚后的财产纠纷，财产的价值应区别不同情况予以确定：若属于双方约定或法院判决不予处理的财产，财产价值以处理时的市场价值确定；若属于一方隐藏、转移、变卖、毁损的财产，财产价值的确定可适用“就高”原则，即离婚时财产的市场价值高，以离婚时的市场价值确定；处理财产时的市场价值高，以处理财产时的市场价值确定。

9. 夫妻一方通过福利、补贴等方式取得产权房，但为取得该房产而与用人单位签有服务期协议的，离婚时该房产的处理

夫妻一方在婚后通过福利、单位补贴取得产权房，但同时与用人单位签有服务协议的，由于该方对此房的获得具有较大贡献，且其将来择业的自由会在服务期内受到限制，因此，夫妻离婚时，因服务期问题而导致房产权利受影响的事实尚未发生的，对该房产的分割应考虑尚存服务期的长短、夫妻共同生活的时间，适当多分给签有服务期的一方。

10. 夫妻离婚协议中约定财产归一方所有的，债权人能否以夫妻一方故意逃避债务为由撤销该协议

依据最高人民法院婚姻法司法解释（二）第二十五条规定，即使当事人的离婚协议或者人民法院的判决书、裁定书、调解书已经对夫妻财产分割问题作出处理的，债权人仍有权就夫妻共同债务向男女双方主张，无需行使撤销权。若一方所负债务为个人债务的，债权人有权行使撤销权。

11. 离婚诉讼中，当事人提出采用竞价方法确定房产权利归属的处理

按照婚姻法及其司法解释的规定，财产的处理应以照顾女方和抚养子女一方的权益为原则。在处理共有房产时，当事人提出采用竞价方法确定房产权利归属，若符合下列条件的，可予准许：（1）双方

同意竞价;(2)双方经济、住房等条件基本相同。

12. 夫妻双方婚后出资购房,产权人可能登记为夫妻双方或其中一方,也可能登记为夫妻双方或某一方与子女,或者只登记为子女一人,如何确定该房产权利

夫妻双方婚后共同出资购买的产权房,无论登记为夫妻双方或一方,均为夫妻共同财产。若产权登记中有子女,则为夫妻双方与子女共同所有。在户权登记中未约定按份共有的,应认定共同共有。

至于产权人只登记为子女一人的房屋所有权问题,上海高院《民事法律适用问答》2005年第3期(总第16期)问题六已有答复。但鉴于未成年子女未出资,也不承担还贷义务,在处理房产权利时可适当调整子女所得的比例。

13. 夫妻一方婚前出资购买的房屋,权利登记在双方名下,离婚时该房产的处理

夫妻一方婚前出资购置房屋,权利登记在双方名下的,为夫妻双方共有财产。如未约定按份共有,可认定共同共有,但在离婚分割该房产时,出资一方可适当多分。

14. 夫妻关系存续期间,一方继承遗产的分割

夫妻关系存续期间,一方作为继承人根据继承法的规定可以继承遗产,但继承人之间尚未对该遗产进行分配的,由于继承人在遗产分割前仍有权放弃继承,因此,离婚诉讼中,法院对继承人的配偶要求分割该遗产的请求不予处理,但可以保留其诉权,由当事人在其权利条件具备时再主张分割。

广东省高级人民法院关于审理婚姻案件若干问题的指导意见

1. 2001年11月9日发布

2. 粤高法发〔2001〕44号

《全国人民代表大会常务委员会关于修改〈中华人民共和国婚姻法〉的决定》已于2001年4月28日公布施行。为正确适应修改后的《中华人民共和国婚姻法》(下称《婚姻法》),审理好婚姻案件,结合审判实践,提出如下指导意见:

一、关于程序问题

1. 无效婚姻当事人或利害关系人向人民法院申请宣告婚姻无效的,人民法院应当受理。

前款所称的“婚姻”是指登记婚姻;前款所称的“利害关系人”是指无效婚姻当事人的配偶、父母、子女、兄弟姐妹、祖父母、外祖父母、孙子女、外孙子女,以及未成年的无效婚姻当事人的其他监护人。

2. 人民法院在审理请求宣告婚姻无效的案件时,申请人为无效婚姻当事人的,可以根据其诉讼请求对同居期间的财产、子女等问题作出判决;申请人为利害关系人的,对无效婚姻当事人同居期间的财产、子女等问题,不予处理,告知其由无效婚姻当事人另行起诉解决。

3. 因重婚导致婚姻无效,人民法院处理无效婚姻当事人同居期间的财产时,应当征求其合法配偶的意见,该配偶可以作为有独立请求权的第三人

申请参加诉讼。

4. 当事人向人民法院提起离婚诉讼，经审查具有《婚姻法》第十条规定的无效婚姻情形的，人民法院可以直接宣告婚姻无效，并依照《婚姻法》第十二条的规定，对同居期间的财产、子女等问题作出处理。

5. 当事人以受欺诈、诱骗、包办等为由，向人民法院起诉请求撤销婚姻的，人民法院不予受理。但当事人以上述理由请求离婚的，人民法院应予受理。

利害关系人以当事人受胁迫为由请求撤销婚姻的，人民法院不予受理。

6. 在婚姻关系存续期间，当事人以配偶实施家庭暴力或虐待家庭成员为由，向人民法院提起民事诉讼，请求停止侵害的，人民法院不予受理，告知当事人依照《婚姻法》第四十三条规定找有关部门处理。

7. 当事人离婚时，未直接抚养子女的男方或女方未经人民法院的判决书或调解书确定对子女的探望权利，离婚后，该男方或女方向人民法院起诉，请求行使探望权利的，人民法院应予受理。

8. 不直接抚养子女的男方或女方已经人民法院的判决书或调解书确定其对子女的探望权利，其中一方因有《婚姻法》第三十八条第三项规定的事由，需要中止其探望子女权利的，另一方可按照《中华人民共和国民事诉讼法》执行程序的有关规定，申请人民法院裁定中止对方探望子女的权利。

9. 当事人以《婚姻法》第四十六条规定，对与自己配偶重婚、同居的第三者提起民事诉讼或者以自己配偶和第三者为共同被告提起民事诉讼，要求第三者承担损害赔偿责任的，人民法院不予受理。

二、关于结婚问题

10. 没有配偶的男女，未办结婚登记即以夫妻名义同居生活，在《婚姻法》实施后起诉到人民法院请求离婚的，分别以下列不同情况处理：

（1）同居行为发生在1986年3月15日《婚姻登记办法》施行之前的，按照最高人民法院《关于人民法院审理未办结婚登记而以夫妻名义同居生活案件的若干意见》第一条规定处理；

（2）同居行为发生在1986年3月15日《婚姻登记办法》施行之后、1994年2月1日《婚姻登记管理条例》施行之前的，按照最高人民法院《关于人民法院审理未办结婚登记而以夫妻名义同居生活案件的若干意见》第二条规定处理；

（3）同居行为发生在1994年2月1日《婚姻登记管理条例》施行之后的，按照最高人民法院《关于适用新的〈婚姻登记管理条例〉的通知》处理，即“没有配偶的男女，未经结婚登记即以夫妻名义同居生活的，其婚姻关系无效，不受法律保护”。

11. 当事人根据《婚姻法》第八条规定补办了结婚登记的，婚姻关系的效力可以溯及到双方具备结婚的法定条件之时，但人民法院不能在判决书主文中责令双方当事人补办结婚登记。

12. 人民法院在审理继承、抚养、监护等案件中，发现没有配偶的男女，未办结婚登记即以夫妻名义同居生活的，对其婚姻关系的认定，应按本意见第10条的规定处理。

13. 人民法院依照《婚姻法》第七条规定，在审查当事人是否患有医学上认为不应当结婚的疾病时，应当依照《中华人民共和国母婴保健法》的规定，委托医疗保健机构提出医学意见。

14. 人民法院在审理申请宣告婚姻无效的案件时，对《婚姻法》第十条规定的婚姻无效的情形，如在起诉前已经消除的，应驳回当事人的诉讼请求。

15. 人民法院根据《婚姻法》第十一条规定，审理撤销婚姻的案件时，对符合下列条件的，可以认定为"受胁迫"：

(1)行为人主观上有胁迫的故意；

(2)行为人客观上实施了威胁、暴力、强迫等行为，且该行为是以对受胁迫人本人或其近亲属的生命、健康、自由、名誉、财产等方面造成损害为要挟；

(3)行为人的胁迫行为导致受胁迫一方违背真实意愿而结婚。

16.《婚姻法》第十一条规定："撤销婚姻的请求，应当自结婚登记之日起一年内提出。"这里的"一年"是除斥期间，不存在中止、中断、延长的事由。

三、关于离婚问题

17.《婚姻法》所称的"有配偶者与他人同居"，是指有配偶者与婚外异性共同生活，关系相对稳定，且共同生活的时间达到三个月以上。

18.《婚姻法》第三十二条第三款第(五)项所称的"其他导致夫妻感情破裂的情形"，可参照最高人民法院《关于人民法院审理离婚案件如何认定夫妻感情确已破裂的若干具体意见》的规定，从婚姻基础、婚后感情、离婚原因、有无和好的可能等方面作出判断。

19.《婚姻法》第三十三条所称的"军人一方有重大过错"主要包括下列情形：

(1)重婚或与他人同居的；

(2)实施家庭暴力或虐待、遗弃家庭成员的；

(3)有赌博、吸毒等恶习屡教不改的；

(4)其他严重伤害夫妻感情的情形。

20. 当事人离婚时对行使探望权不能达成一致意见的，人民法院应根据有利于子女身心健康和学习生活的原则，对行使探望权的方式、次数、地点、交接等作出判决。

当事人请求对十周岁以上的未成年子女行使探望权的，人民法院应征求未成年子女的意见，并结合其他实际情况作出判决。

21. 直接抚养子女的男方或女方拒不履行有关探望权的生效判决或调解书，另一方申请强制执行的，人民法院应对不履行义务的一方进行教育，责令其履行义务。经责令后仍不履行义务的，可采取罚款、拘留等强制措施，另一方也可以起诉请求变更抚养关系。

对于子女不接受探望的，人民法院应做好申请人的思想工作，待子女消除顾虑后再执行。禁止对子女的人身进行强制执行。

22.《婚姻法》第三十八条第三款规定的"不利于子女身心健康的"，主要是指不直接抚养子女的一方有下列情形：

(1)患有严重精神病或尚未治愈的烈性传染性疾病的；

(2)对子女实施家庭暴力或虐待子女的；

(3)其他不利于子女身心健康的情形。

23.《婚姻法》第四十二条所称的“生活困难”，是指在离婚时夫妻一方个人的收入和全部的财产不足以维持最近时期的基本生活。主要包括：

(1)一方有残疾或患有重大疾病，完全或大部分丧失劳动能力，又没有其他生活来源；

(2)一方因客观原因失业且收入低于本市城镇居民最低生活保障线；

(3)其他生活特别困难的情形。

“适当帮助”的具体办法，由双方当事人协议；协议不成时，由人民法院根据生活困难一方的实际需要和另一方的经济能力等具体情况判定，帮助的内容既可以是房屋的所有权或使用权等实物形式，也可以是金钱。

24. 夫妻没有书面约定婚姻关系存续期间所得的财产归各自所有(即实行共同财产制)，离婚时，一方以抚育子女、照料老人等付出较多义务为由，根据《婚姻法》第四十条的规定要求另一方补偿的，不予支持。

25.《婚姻法》第四十六条规定的“损害赔偿”，包括物质损害赔偿和精神损害赔偿。

精神损害赔偿的认定和处理参照最高人民法院《关于确定民事侵权精神损害赔偿责任若干问题的解释》(法释〔2001〕7号)的相关规定。

四、关于财产处理问题

26. 夫妻一方的婚前财产，双方对其归属问题没有约定，在《婚姻法》实施后起诉到人民法院的，该财产不因婚姻关系的持续而转化为夫妻共同财产。

27.《婚姻法》第十七条规定的“其他应当归共同所有的财产”，可根据最高人民法院《关于人民法院审理离婚案件处理财产分割问题的若干具体意见》的规定进行认定，但与《婚姻法》第十七、十八条规定有抵触的除外。

28. 夫妻双方对婚姻关系存续期间所得的财产，虽然没有书面约定其归属，但在诉讼中双方认可有口头约定且无争议的，该约定对双方具有约束力。

29. 夫妻双方约定婚姻关系存续期间所得的财产归各自所有，第三人在事前知道该约定而与夫或妻一方发生债权债务关系的，该约定对第三人有效；第三人在事前不知道的，夫妻之间的约定不得对抗第三人。夫或妻以第三人知道夫妻双方约定婚姻关系存续期间所得的财产归各自所有为由，要求以妻或夫一方所有的财产清偿债务的，应当对第三人知道该约定的事实承担举证责任。

30. 在婚姻关系存续期间，一方未经对方同意，擅自资助与其没有抚养义务的亲友所负的债务；一方未经对方同意，独自筹资从事经营活动，其收入确未用于共同生活所负的债务等，应视为个人债务。

个人债务由个人承担清偿责任。

31. 夫妻离婚时，属于夫妻共同财产的生产资料或者私营企业，可分给有经营条件和能力的一方。分得该生产资料或私营企业的一方对另一方应给予相当于该财产或企业一半价值的补偿。

32. 一方以夫妻共同财产与他人合伙经营或者投资成立有限责任公司等企业的，在合伙企业或有限责任公司未经依法清算前，另一方不得请求直接分割企业的财产。

前款所述企业权益的分割应当由双方协商，协商不成的，依照占有企业财产的一方补偿另一方相当于所占财产份额一半价值的原则进行处理：

(1)投资成立合伙企业的，可将夫妻财产份额全部处理给经营一方所有，并由经营一方对另一方折价补偿。也可在其他合伙人一致同意的前提下，由经营一方向另一方直接转让一半的财产份额。

(2)投资成立有限责任公司的，可将夫妻全部股份处理给经营一方所有，并由经营一方对另一方折价补偿。也可以在全体股东过半数同意及受让一方具备公司章程规定的股东条件的前提下，由经营一方向另一方直接转让一半股份。

(3)以夫妻一方的名义投资购买上市公司股票的，人民法院可调解或判决双方各占一半份额。

(4)投资购买未上市的股份有限公司发行的内部股权的，应将全部股权处理给原持股人所有，由原持股人折价补偿给另一方。

33. 人民法院在审理涉港澳的离婚案件时，对一方在港澳的动产和不动产，只要能证明属于夫妻共同财产的，应与内地的夫妻共同财产合并处理。

在对港澳的财产和内地的财产合并处理时，可将港澳的财产分给港澳一方，由其向内地一方作适当的金钱补偿；或者扣减港澳一方在内地财产的应得份额，将内地的财产全部或部分分给内地一方。

如判决子女由内地的一方抚养，可将港澳一方应分得的在内地的财产份额折抵抚育费用，直接处理给内地一方所有。

34. 起诉离婚前，一方隐藏、转移、变卖、毁损夫妻共同财产，或伪造债务企图侵占另一方财产的，人民法院在分割夫妻共同财产时，可参照《婚姻法》第四十七条规定，对该行为人少分或不分。

35. 夫妻离婚后，其中一方当事人根据《婚姻法》第四十七条规定向人民法院提起民事诉讼，请求再次分割夫妻共同财产的，应当在知道或者应当知道权利被侵害之日起二年内主张权利，否则，人民法院对其主张不予支持。

五、关于《婚姻法》的溯及力问题

36.《婚姻法》修改后正在审理的一、二审婚姻家庭纠纷案件，一律适用修改后的《婚姻法》。

当事人以《婚姻法》为依据，申请对适用修改前的《婚姻法》作出的并已经发生法律效力的民事判决或调解进行再审的，人民法院不予受理。

广东省高级人民法院关于审理婚姻纠纷案件若干问题的指导意见

1. 2006年11月6日发布

2. 粤高法发〔2006〕39号

为正确审理婚姻家庭纠纷案件,依据《中华人民共和国婚姻法》(以下简称《婚姻法》)以及相关司法解释的规定,结合审判实践,提出如下意见:

1. 婚姻当事人以未亲自到婚姻登记机关办理结婚登记而取得结婚证违反结婚登记的程序为由,请求宣告婚姻无效或者请求撤销婚姻的,人民法院不予受理,告知其向婚姻登记机关申请处理。

2. 人民法院受理离婚诉讼案件后,经审查确属无效婚姻的,应当告知当事人可以变更诉讼请求。当事人不申请宣告婚姻无效的,人民法院可依职权作出宣告婚姻无效的判决。

3. 人民法院受理离婚案件时,应当告知当事人可以探望子女的权利提出诉讼请求,当事人不提出诉讼请求的,人民法院在离婚判决中不予处理。

4. 离婚案件涉及《中华人民共和国收养法》施行后发生的收养行为的效力的,人民法院可以对被收养的未成年子女的生活照顾问题在判决书中予以处理,但不应对收养行为的效力作出认定,并告知当事人可另行向人民法院请求确认收养的效力或者到民政部门补办手续。

5. 人民法院审理离婚案件中,当事人及利害关系人提出一方当事人患有精神病,并提供有关司法精神病学鉴定结论或医院的诊断、鉴定证明的,人民法院应告知可依法申请宣告该当事人为无行为能力人或限制民事行为能力人。利害关系人坚持不申请宣告,但人民法院经审查属实的,可以直接认定该当事人欠缺诉讼行为能力,并参照《中华人民共和国民法通则》第十七条的规定,通知该当事人配偶以外的监护人作为其法定代理人参与诉讼。

6. 当事人在婚姻关系存续期间为离婚而达成离婚协议或财产分割协议后,一方反悔而不同意办理离婚登记,另一方起诉请求离婚并要求按照离婚协议中关于财产分割的条款或者财产分割协议处理夫妻共同财产问题的,人民法院原则上应予以支持。但协议内容存在下列情形之一的除外:

(1)违反法律、行政法规的强制性规定;

(2)该协议所涉及财产已不存在而客观上不能履行;

(3)订立协议的情势已发生重大变更,履行协议对一方当事人显失公平。

7. 对于夫妻一方在婚姻关系存续期间以个人名义所负的债务,债权人请求按夫妻共同债务处理的,如夫妻一方不能证明该债务已明确约定为个人债务或属于《婚姻法》第十九条第三款规定情形,人民法院应当按夫妻共同债务处理。但审判人员根据案件已知事实和日常生活经验法则,判定同时存在以下情形的,可按个人债务处理:

(1)夫妻双方不存在举债的合意且未共同分享该债务所带来的利益;

(2)该债务不是用于夫妻双方应履

行的法定义务或道德义务；

(3)债务形成时，债权人有理由相信该债务不是为债务人的家庭共同利益而设立。

8. 双方对婚前财产的归属没有约定的，该财产不因婚姻关系的存续或因财产存在形态的变化而转化为夫妻共同财产。但在婚姻关系存续期间，一方以个人财产投资取得的收益属于夫妻共同财产。该投资收益包括：

(1)一方用婚前财产投资而成为有限责任公司股东或持有股票、债券、证券投资基金份额等有价证券，在婚姻关系存续期间取得的红利或利息；

(2)一方将婚前财产存入金融机构或出租给他人，在婚姻关系存续期间产生的利息或租金；

(3)一方在婚姻关系存续期间因转让其个人的所有的股份、有价证券等投资性资产而取得的增值部分；

(4)一方用婚前财产在婚姻关系存续期间进行其他生产、经营活动而取得的增值部分。

9. 一方婚前以个人财产购买房屋并按揭贷款，房屋预售合同的买受人为该方且产权证登记在该方名下的，该房屋属于其个人财产。

另一方婚后参与清偿贷款，不改变该房屋为个人财产的性质，但对以夫妻共同财产或另一方个人财产清偿的贷款部分，离婚时取得房屋所有权的一方应对另一方给予合理的补偿。双方就补偿问题达不成协议的，可以参照该房屋的市场价值，按另一方的出资比例(以夫妻共同财产偿还的贷款部分，各占一半出资额)计算一方应支付给另一方的补偿数额。

一方婚前购买的房屋，产权证登记在一方名下，但另一方有证据证明该房屋是在双方认可所购房屋为共同所有的前提下共同出资购买，仅是名义上登记在一方名下的，该房屋应认定为夫妻共同财产。该房屋在离婚时应按夫妻共同财产进行分割，其按揭贷款债务为夫妻共同债务。

10. 一方以自己名义将夫妻共同财产投资于个体经济组织、个人独资企业、合伙企业、有限责任公司，双方在离婚时对上述权益的价值协商不成，另一方又不愿意参与经营的，人民法院可依附当事人的申请委托评估机构对投资权益的价值进行评估，取得投资权益的一方应给予另一方相当于投资权益一半价值的补偿。

因企业财务管理混乱、会计账册不全以及企业经营者拒不提供财务信息等原因导致投资权益无法估价的，人民法院可以根据税务、工商机关存档的财务资料来核定其价值，也可以参照当地同行业中经营规模和收入水平相近的企业的营业收入或者利润来核定其价值。

11. 婚姻关系存续期间，夫妻双方各自享有农村集体经济组织股份或者一方享有农村集体经济组织股份的，除双方另有约定外，该股份已产生的收益为夫妻共同财产，离婚时应予以分割。

12. 在诉讼过程中，为确认亲子关系存在与否，双方当事人均同意进行亲子鉴定的，应予准许。一方当事人或成年子女不同意进行亲子鉴定的，人民法院不得强制进行亲子鉴定。

对于婚生子女，夫妻一方无正当理由不同意进行亲子鉴定，但申请亲子鉴定的一方有其他证据证实其与婚生子女的亲子关系确有可能不存在的，人民法院可以推定申请亲子鉴定一方否认亲子关系的主张成立。

对于非婚生子女，一方无正当理由不同意进行亲子鉴定，但申请亲子鉴定的一方有其他证据证明拒绝鉴定一方与非婚生子女确有可能存在亲子关系的，人民法院可以推定申请亲子鉴定一方确认亲子关系的主张成立。

深圳市中级人民法院关于婚姻家庭纠纷案件的裁判指引

1. 2006年7月1日起试行

2. 2010年3月9日深圳市中级人民法院审判委员会第6次会议第一次修订

3. 2014年5月21日深圳市中级人民法院审判委员会民事行政执行专业委员会第10次会议第二次修订

为了正确审理婚姻家庭纠纷案件，统一全市法院对此类案件的办案标准和裁判尺度，根据《中华人民共和国婚姻法》以及相关司法解释的规定，结合审判实践，制定本裁判指引：

一、女方婚前与他人发生性关系，婚后怀孕期间男方提出离婚的，不属于《婚姻法》第34条规定的“确有必要受理男方离婚请求”的范围。

二、原审法院在未发现女方怀孕时判决离婚，宣判后女方发现怀孕提起上诉，二审法院经审查不存在确有必要受理情形的，应撤销原判，裁定驳回男方的起诉。

三、请求宣告婚姻无效仅限于已办理结婚登记的婚姻，当事人就事实婚姻申请宣告无效的，人民法院不予受理，告知其按离婚程序处理。

四、人民法院受理申请宣告婚姻无效案件后，经审查确属无效婚姻的，不适用按自动撤诉处理的规定。

人民法院在审理无效婚姻案件时发现法定的婚姻无效情形已经消失，婚姻关系则转为有效，人民法院告知当事人后，当事人申请撤诉的，可以准许。

五、离婚案件的被告在答辩状中或在举证期限内提出子女抚养、财产分割方面请求的，不构成反诉，人民法院应当要求被告明确其诉讼请求，对该诉讼请求应当合并审理并按照国务院《诉讼费用交纳办法》的有关规定通知被告预交诉讼费用。

离婚案件的当事人在一审举证期限届满后发现新的夫妻共同财产的，可以在一审法庭辩论终结前增加分割该财产的诉讼请求，对该增加的诉讼请求人民法院应当合并审理并按照国务院《诉讼费用交纳办法》的有关规定通知当事人预交诉讼费用。

离婚案件的被告作为无过错方请求离婚损害赔偿的，不构成反诉，但对该诉讼请求可以合并审理并按照国务院《诉讼费用交纳办法》的有关规定通知当事人预交诉讼费用。

六、原在内地登记结婚的夫妻双方现均居住在港澳地区，如香港、澳门法院以离婚诉讼须由婚姻缔结地法院管辖为由不予受理，当事人向内地人民法院起诉请求离婚的，内地原登记地或一方在国内的最后居住地人民法院可以受理。

七、双方当事人均为香港永久居民，在香港结婚，又在香港法院诉讼离婚。一方当事人在深圳起诉要求分割位于深圳的财产时,有管辖权的人民法院,不宜以双方离婚判决未经承认程序为由驳回起诉。

八、人民法院受理离婚案件后,依据原告提供的被告住址无法送达,应要求原告补充被告的其他住址或其近亲属的住址和联系方式,仍不能确定被告住址的,人民法院应当依法向被告公告送达诉讼文书。公告期满被告未到庭应诉的,人民法院可以缺席判决。

人民法院受理夫妻一方下落不明但未宣告失踪,另一方提出离婚的案件,应责令原告提供被告下落不明的事实、时间等证据和证明材料,并附有公安机关或其他有关机关关于被告下落不明的书面证明。

九、夫妻一方在离婚诉讼中申请对股东仅有夫妻两人的有限责任公司的财产采取财产保全措施的,人民法院不予支持。

夫妻一方在离婚诉讼中申请对股东仅有夫妻两人的有限责任公司的财务账册等资料采取证据保全措施,经审查符合《民事诉讼法》第七十四条规定的,人民法院可以准许,但应尽量避免影响该公司的正常经营。

十、离婚案件重审时,原告可以减少诉讼请求,也可以增加诉讼请求,包括就原一审举证期限届满后发生的事实提起的诉讼请求,新增的诉讼请求应当适用举证时限的规定,对增加的诉讼请求应当与原诉讼请求合并审理。

十一、人民法院在审理离婚案件过程中,债权人或其他案外人以夫妻共同财产、共同债务等涉及其利益为由申请参加诉讼或一方当事人申请追加第三人参加诉讼的,人民法院不予准许。离婚后财产纠纷案件第三人申请参加诉讼的,根据《民事诉讼法》第五十六条的规定处理。

十二、离婚后财产纠纷案件应按照国务院《诉讼费用交纳办法》第十三条第(二)项的规定收取诉讼费用,不应按普通财产案件收费标准计收诉讼费。

十三、下列要件应认定为《婚姻法》所规定的结婚的实质要件:

1. 男女双方必须完全自愿结婚;

2. 男女双方必须达到法定婚龄;

3. 男女双方不属于直系血亲或三代以内的旁系血亲;

4. 男女双方均未患有医学上认为不应当结婚的疾病。

十四、婚姻关系存续期间是指合法缔结婚姻到婚姻关系依法解除或自然终止期间,不包括以下期间:

1. 双方虽然共同生活,但双方不具备结婚实质要件,尚未领取结婚证之时的期间;

2. 双方登记离婚或诉讼离婚生效后又同居生活的期间。

十五、离婚后的男女双方自愿恢复夫妻关系、以夫妻名义共同生活但未到婚姻登记机关进行复婚登记的,应当补办结婚登记,未补办结婚登记的,按同居关系处理。

十六、一方以同居为由请求对方支付“青春损失费”的,人民法院不予支持,但女方在同居期间怀孕需要做中止妊娠手术请求男方分担部分因此产生的医疗费、营养费等合理费用的,人民法院应予支持。

十七、双方同居或恋爱期间，一方以结婚为目的赠与另一方较大数额财物，分手后请求另一方返还赠与财物的，人民法院应予支持。

十八、双方恋爱期间一方个人出资买房，产权登记在出资一方名下，双方恋爱关系终止后另一方要求分割上述房产时，人民法院不予支持。

十九、双方恋爱期间共同出资买房，产权登记在一方或者双方名下的，双方恋爱关系终止后要求分割上述房产时，人民法院应当按照照顾妇女、儿童权益的原则、考虑有关房屋的产权登记情况以及双方实际出资情况，妥善分割。

二十、人民法院审理婚约财产纠纷时，应将存在婚约关系的男女双方列为原、被告，如果彩礼给付人或者接收人并非存在婚约关系的男女双方，人民法院可以将彩礼给付人或者接收人列为共同原告或者共同被告。

二十一、存在同居关系的一方当事人以另一方当事人违反忠诚协议为由提起违约之诉，人民法院不予受理。

二十二、经人民法院判决不准离婚后双方又分居满1年，互不履行夫妻义务而再次起诉的，经调解和好无效，可以判决准予离婚。

二十三、主张婚姻关系存续期间取得的财产为个人财产的一方应承担举证责任，当事人无法举证，人民法院又无法查清的，应认定为夫妻共同财产。

二十四、工商登记中载明的夫妻投资比例不应认定为夫妻对财产归属的约定。

婚姻关系存续期间，无论使用一方的个人财产还是使用夫妻共同财产投资设立的股东仅有夫妻两人的有限责任公司，公司经营所产生的股东收益均属于夫妻共同财产。

二十五、夫妻一方在婚前购买房产并登记在该方名下，另一方主张其在买房时亦有出资且婚前买房目的即为结婚共同居住，如果并无充分证据显示有关款项属于借款或者赠与等其他性质，人民法院应当认定双方按照各自的出资比例共有房产。

二十六、夫妻一方婚前出资购买房产，登记在夫妻双方名下，如双方未对该房产作出特别约定，应认定该房产为夫妻共同所有，但在离婚分割该房产时，出资一方可适当多分。

二十七、婚后由一方父母部分出资为子女购买房产，夫妻双方支付其余款项，如果该房产登记在出资方子女名下，父母出资部分应视为对其子女个人的赠与；如果该房登记夫妻双方名下或者出资方子女配偶名下，父母出资部分应视为对夫妻双方的赠与。

二十八、夫妻双方在婚姻关系存续期间购买房产登记在未成年子女名下，双方当事人在离婚时主张该房产为夫妻共同财产的，人民法院在离婚案件中不予处理，告知有关当事人在离婚后另行主张分割共有财产。

二十九、最高人民法院关于适用《中华人民共和国婚姻法》若干问题的解释（三）第10条第2款规定中的“双方婚后共同还贷支付的款项及其相对应财产增值部分”一般可以按照如下公式计算：夫妻婚后共同还贷部分（含婚后偿还的本金和利息）÷实际购房款（房屋购买价+离婚时已还全部利息）×离婚时房屋市场价。

三十、夫妻一方请求分割另一方将其婚前个人房产在婚内出租所得租金收益的，人民法院应予准许。人民法院在酌定具体分割比例时可以适当考虑夫妻双方对该租金收益的贡献大小。

三十一、人民法院审理离婚后财产纠纷案件时，对于有关夫妻共同财产在离婚后产生的孳息和自然增值，应认定为夫妻共同财产。

三十二、双方对夫妻共同财产中已取得产权证的商品房和已取得“红本”的安居房的价值及归属无法达成协议，双方均主张房屋所有权且一方不同意竞价的，应当在评估确定市场价的基础上进行分割、补偿。

双方对夫妻共同财产中已取得“绿本”的安居房的价值及归属无法达成协议，双方均主张房屋所有权且一方不同意竞价的，应当在评估确定市场价的基础上，按照照顾子女和妇女权益的原则判决房产归属，以市场价减去取得房产一方“绿本”转“红本”所需补交的差价及税费为补偿另一方的基数确定补偿另一方的数额。

三十三、离婚时当事人请求对没有取得产权证的农村自建房进行分割的，人民法院可以根据实际情况对该房的使用权作出处理，判决享有使用权的一方应当补偿对方使用期间该房相近地段一半面积房屋的租金损失；当事人请求对违法建筑进行分割的，人民法院原则上不予处理，但当事人请求分割违法建筑拆除后的残值部分除外。

三十四、在离婚案件中处理有关买断工龄款问题时，可以参照最高人民法院《关于适用〈中华人民共和国婚姻法〉若干问题的解释（二）》中有关军人复员费、自主择业费的规定处理。

三十五、离婚案件涉及分割以夫妻共同财产投保的人身保险时，一方为投保人并以自己或其亲属（子女除外）为受益人，另一方可以请求对方给予相当于保险单现金价值一半的补偿。

三十六、有配偶者与他人同居，为解除同居关系约定了财产性补偿，接受方要求给付方支付该补偿或者给付方支付补偿后反悔主张返还的，人民法院不予支持。

合法婚姻当事人以其配偶擅自将夫妻共有财产给付给第三人导致其财产权受到损害为由起诉的，人民法院应当受理并结合《最高人民法院关于适用〈中华人民共和国婚姻法〉若干问题的解释（一）》第十七条的有关规定，根据有关各方的过错程度以及上述财产性补偿对合法婚姻当事人日常生活需要的影响判定有关当事人的财产处分行为是否有效。

三十七、一方当事人以另一方当事人违反忠诚协议导致离婚为由请求另一方当事人在离婚时履行其在忠诚协议中所作损害赔偿承诺的，人民法院应予支持，但该忠诚协议约定的损害赔偿数额过高时，人民法院可以适当调整。

三十八、婚姻关系存续期间，一方与他人发生性关系而生育子女并隐瞒真情，另一方受欺骗而抚养了非亲生子女，受骗方要求另一方赔偿精神损失的，人民法院应当按照《中华人民共和国侵权责任法》及有关司法解释处理。

三十九、夫妻一方因侵权行为产生的债务原则上应当认定为侵权一方的个人债务,但该侵权行为与其家庭利益有关的除外。

夫妻一方因犯罪行为产生的债务应当认定为实施犯罪行为一方的个人债务。

四十、夫妻离婚协议中约定夫妻共同财产全部或者绝大部分归一方所有,若不分或者明显少分夫妻共同财产的一方在婚姻存续期间存在个人债务,债权人有权向人民法院起诉请求撤销该离婚协议中的财产分割部分;若夫妻双方在婚姻存续期间存在共同债务,债权人有权向人民法院起诉请求夫妻双方连带偿还有关债务。

四十一、离婚后子女要求增加抚养费案件,以要求增加抚养费的子女为原告,以直接抚养的父或母为法定代理人,以另一方为被告。

四十二、婚姻关系存续期间,一方与他人发生性关系而生育子女并隐瞒真情,另一方受欺骗而抚养了非亲生子女,受欺骗方要求返还其在双方离婚后给付的抚养费,可酌情判决返还;受欺骗方在夫妻关系存续期间支出的抚养费用应否返还,可根据具体情况确定。

四十三、婚姻关系存续期间,夫妻双方一致同意进行人工授精,所生子女应视为夫妻双方的婚生子女,父母子女之间的权利义务关系适用《婚姻法》的有关规定。

四十四、离婚诉讼中,夫妻一方以另一方长期拒付抚养费为由请求另一方支付起诉前的抚养费的,人民法院不予支持,但有证据证明夫妻确实已分居的除外。

当事人在离婚诉讼中放弃提出抚养费请求,离婚判决书也未明确抚养费负担,离婚判决生效后,直接抚养方以子女名义起诉请求另一方负担离婚判决后至其起诉前的抚养费的,人民法院不予支持。

当事人在离婚协议中仅约定子女由一方抚养,放弃抚养费请求权,一方在协议离婚后以子女名义起诉请求另一方负担协议离婚后至其起诉前的抚养费的,人民法院不予支持。

当事人在离婚协议中已经约定抚养费数额,不直接抚养子女的一方未履行给付义务,另一方以子女名义起诉请求该方负担抚养费的,人民法院应予支持;但协议已经明确约定抚养费给付期限,对于当事人超过诉讼时效的主张,人民法院不予支持。

四十五、生父与继母或生母与继父离婚时,对于曾受双方抚养教育的继子女的抚养权有争议的,原则上仍由其生父母抚养,生父母主张继父母支付抚养费的,双方有协议的按协议处理,双方没有协议的,人民法院不予支持。

四十六、本指引与法律、法规或司法解释不一致的,以法律、法规或司法解释为准。

四十七、本指引由本院审判委员会负责解释。

四十八、本指引自印发之日起施行。施行后尚未审结的案件,适用本指引。凡本院过去的规定与本指引相抵触的,不再适用。

四十九、本指引施行后与新出台的法律、法规或司法解释有冲突的,由相关业务部门提出修改意见报本院审判委员会进行修订。

2. 婚姻登记

婚姻登记条例

1. 2003年8月8日国务院令第387号公布
2. 自2003年10月1日起施行

第一章 总 则

第一条 为了规范婚姻登记工作,保障婚姻自由、一夫一妻、男女平等的婚姻制度的实施,保护婚姻当事人的合法权益,根据《中华人民共和国婚姻法》(以下简称婚姻法),制定本条例。

第二条 内地居民办理婚姻登记的机关是县级人民政府民政部门或者乡(镇)人民政府,省、自治区、直辖市人民政府可以按照便民原则确定农村居民办理婚姻登记的具体机关。

中国公民同外国人,内地居民同香港特别行政区居民(以下简称香港居民)、澳门特别行政区居民(以下简称澳门居民)、台湾地区居民(以下简称台湾居民)、华侨办理婚姻登记的机关是省、自治区、直辖市人民政府民政部门或者省、自治区、直辖市人民政府民政部门确定的机关。

第三条 婚姻登记机关的婚姻登记员应当接受婚姻登记业务培训,经考核合格,方可从事婚姻登记工作。

婚姻登记机关办理婚姻登记,除按收费标准向当事人收取工本费外,不得收取其他费用或者附加其他义务。

第二章 结婚登记

第四条 内地居民结婚,男女双方应当共同到一方当事人常住户口所在地的婚姻登记机关办理结婚登记。

中国公民同外国人在中国内地结婚的,内地居民同香港居民、澳门居民、台湾居民、华侨在中国内地结婚的,男女双方应当共同到内地居民常住户口所在地的婚姻登记机关办理结婚登记。

第五条 办理结婚登记的内地居民应当出具下列证件和证明材料:

(一)本人的户口簿、身份证;

(二)本人无配偶以及与对方当事人没有直系血亲和三代以内旁系血亲关系的签字声明。

办理结婚登记的香港居民、澳门居民、台湾居民应当出具下列证件和证明材料:

(一)本人的有效通行证、身份证;

(二)经居住地公证机构公证的本人无配偶以及与对方当事人没有直系血亲和三代以内旁系血亲关系的声明。

办理结婚登记的华侨应当出具下列证件和证明材料:

(一)本人的有效护照;

(二)居住国公证机构或者有权机关出具的、经中华人民共和国驻该国使(领)馆认证的本人无配偶以及与对方当事人没有直系血亲和三代以内旁系血亲关系的证明,或者中华人民共和国驻该国使(领)馆出具的本人无配偶以及与对方当事人没有直系血亲和三代以内旁系血亲关系的证明。

办理结婚登记的外国人应当出具下列证件和证明材料:

(一)本人的有效护照或者其他有效的国际旅行证件;

(二)所在国公证机构或者有权机关出具的、经中华人民共和国驻该国使

(领)馆认证或者该国驻华使(领)馆认证的本人无配偶的证明,或者所在国驻华使(领)馆出具的本人无配偶的证明。

第六条　办理结婚登记的当事人有下列情形之一的,婚姻登记机关不予登记:

(一)未到法定结婚年龄的;

(二)非双方自愿的;

(三)一方或者双方已有配偶的;

(四)属于直系血亲或者三代以内旁系血亲的;

(五)患有医学上认为不应当结婚的疾病的。

第七条　婚姻登记机关应当对结婚登记当事人出具的证件、证明材料进行审查并询问相关情况。对当事人符合结婚条件的,应当当场予以登记,发给结婚证;对当事人不符合结婚条件不予登记的,应当向当事人说明理由。

第八条　男女双方补办结婚登记的,适用本条例结婚登记的规定。

第九条　因胁迫结婚的,受胁迫的当事人依据婚姻法第十一条的规定向婚姻登记机关请求撤销其婚姻的,应当出具下列证明材料:

(一)本人的身份证、结婚证;

(二)能够证明受胁迫结婚的证明材料。

婚姻登记机关经审查认为受胁迫结婚的情况属实且不涉及子女抚养、财产及债务问题的,应当撤销该婚姻,宣告结婚证作废。

第三章　离婚登记

第十条　内地居民自愿离婚的,男女双方应当共同到一方当事人常住户口所在地的婚姻登记机关办理离婚登记。

中国公民同外国人在中国内地自愿离婚的,内地居民同香港居民、澳门居民、台湾居民、华侨在中国内地自愿离婚的,男女双方应当共同到内地居民常住户口所在地的婚姻登记机关办理离婚登记。

第十一条　办理离婚登记的内地居民应当出具下列证件和证明材料:

(一)本人的户口簿、身份证;

(二)本人的结婚证;

(三)双方当事人共同签署的离婚协议书。

办理离婚登记的香港居民、澳门居民、台湾居民、华侨、外国人除应当出具前款第(二)项、第(三)项规定的证件、证明材料外,香港居民、澳门居民、台湾居民还应当出具本人的有效通行证、身份证,华侨、外国人还应当出具本人的有效护照或者其他有效国际旅行证件。

离婚协议书应当载明双方当事人自愿离婚的意思表示以及对子女抚养、财产及债务处理等事项协商一致的意见。

第十二条　办理离婚登记的当事人有下列情形之一的,婚姻登记机关不予受理:

(一)未达成离婚协议的;

(二)属于无民事行为能力人或者限制民事行为能力人的;

(三)其结婚登记不是在中国内地办理的。

第十三条　婚姻登记机关应当对离婚登记当事人出具的证件、证明材料进行审查并询问相关情况。对当事人确属自愿离婚,并已对子女抚养、财产、债务等问题达成一致处理意见的,应当当场予以登记,发给离婚证。

第十四条 离婚的男女双方自愿恢复夫妻关系的,应当到婚姻登记机关办理复婚登记。复婚登记适用本条例结婚登记的规定。

第四章 婚姻登记档案和婚姻登记证

第十五条 婚姻登记机关应当建立婚姻登记档案。婚姻登记档案应当长期保管。具体管理办法由国务院民政部门会同国家档案管理部门规定。

第十六条 婚姻登记机关收到人民法院宣告婚姻无效或者撤销婚姻的判决书副本后,应当将该判决书副本收入当事人的婚姻登记档案。

第十七条 结婚证、离婚证遗失或者损毁的,当事人可以持户口簿、身份证向原办理婚姻登记的机关或者一方当事人常住户口所在地的婚姻登记机关申请补领。婚姻登记机关对当事人的婚姻登记档案进行查证,确认属实的,应当为当事人补发结婚证、离婚证。

第五章 罚 则

第十八条 婚姻登记机关及其婚姻登记员有下列行为之一的,对直接负责的主管人员和其他直接责任人员依法给予行政处分:

(一)为不符合婚姻登记条件的当事人办理婚姻登记的;

(二)玩忽职守造成婚姻登记档案损失的;

(三)办理婚姻登记或者补发结婚证、离婚证超过收费标准收取费用的。

违反前款第(三)项规定收取的费用,应当退还当事人。

第六章 附 则

第十九条 中华人民共和国驻外使(领)馆可以依照本条例的有关规定,为男女双方均居住于驻在国的中国公民办理婚姻登记。

第二十条 本条例规定的婚姻登记证由国务院民政部门规定式样并监制。

第二十一条 当事人办理婚姻登记或者补领结婚证、离婚证应当交纳工本费。工本费的收费标准由国务院价格主管部门会同国务院财政部门规定并公布。

第二十二条 本条例自2003年10月1日起施行。1994年1月12日国务院批准、1994年2月1日民政部发布的《婚姻登记管理条例》同时废止。

民政部关于贯彻执行《婚姻登记条例》若干问题的意见

1. *2004年3月29日发布*
2. *民函〔2004〕76号*

各省、自治区、直辖市民政厅(局),计划单列市民政局,新疆生产建设兵团民政局:

为切实保障《婚姻登记条例》的贯彻实施,规范婚姻登记工作,方便当事人办理婚姻登记,经商国务院法制办公室、外交部、公安部、解放军总政治部等相关部门,现就《婚姻登记条例》贯彻执行过程中的若干问题提出以下处理意见:

一、关于身份证问题

当事人无法提交居民身份证的,婚姻登记机关可根据当事人出具的有效临时身份证办理婚姻登记。

二、关于户口簿问题

当事人无法出具居民户口簿的，婚姻登记机关可凭公安部门或有关户籍管理机构出具的加盖印章的户籍证明办理婚姻登记；当事人属于集体户口的，婚姻登记机关可凭集体户口簿内本人的户口卡片或加盖单位印章的记载其户籍情况的户口簿复印件办理婚姻登记。

当事人未办理落户手续的，户口迁出地或另一方当事人户口所在地的婚姻登记机关可凭公安部门或有关户籍管理机构出具的证明材料办理婚姻登记。

三、关于身份证、户口簿查验问题

当事人所持户口簿与身份证上的“姓名”、“性别”、“出生日期”内容不一致的，婚姻登记机关应告知当事人先到户籍所在地的公安部门履行相关项目变更和必要的证簿换领手续后再办理婚姻登记。

当事人声明的婚姻状况与户口簿“婚姻状况”内容不一致的，婚姻登记机关对当事人婚姻状况的审查主要依据其本人书面声明。

四、关于少数民族当事人提供的照片问题

为尊重少数民族的风俗习惯，少数民族当事人办理婚姻登记时提供的照片是否免冠从习俗。

五、关于离婚登记中的结婚证问题

申请办理离婚登记的当事人有一本结婚证丢失的，婚姻登记机关可根据另一本结婚证办理离婚登记；当事人两本结婚证都丢失的，婚姻登记机关可根据结婚登记档案或当事人提供的结婚登记记录证明等证明材料办理离婚登记。当事人应对结婚证丢失情况作出书面说明，该说明由婚姻登记机关存档。

申请办理离婚登记的当事人提供的结婚证上的姓名、出生日期、身份证号与身份证、户口簿不一致的，当事人应书面说明不一致的原因。

六、关于补领结婚证、离婚证问题

申请补领结婚证、离婚证的当事人出具的身份证、户口簿上的姓名、年龄、身份证号与原婚姻登记档案记载不一致的，当事人应书面说明不一致的原因，婚姻登记机关可根据当事人出具的身份证件补发结婚证、离婚证。

当事人办理结婚登记时未达法定婚龄，申请补领时仍未达法定婚龄的，婚姻登记机关不得补发结婚证。当事人办理结婚登记时未达法定婚龄，申请补领时已达法定婚龄的，当事人应对结婚登记情况作出书面说明；婚姻登记机关补发的结婚证登记日期应为当事人达到法定婚龄之日。

七、关于出国人员、华侨及港澳台居民结婚提交材料的问题

出国人员办理结婚登记应根据其出具的证件分情况处理：当事人出具身份证、户口簿作为身份证件的，按内地居民婚姻登记规定办理；当事人出具中国护照作为身份证件的，按华侨婚姻登记规定办理。

当事人以中国护照作为身份证件，在内地居住满一年、无法取得有关国家或我驻外使领馆出具的婚姻状况证明的，婚姻登记机关可根据当事人本人的相关情况声明及两个近亲属出具的有关当事人婚姻状况的证明办理结婚登记。

八、关于双方均非内地居民的结婚登记问题

双方均为外国人,要求在内地办理结婚登记的,如果当事人能够出具《婚姻登记条例》规定的相应证件和证明材料以及当事人本国承认其居民在国外办理结婚登记效力的证明,当事人工作或生活所在地具有办理涉外婚姻登记权限的登记机关应予受理。

一方为外国人、另一方为港澳台居民或华侨,或者双方均为港澳台居民或华侨,要求在内地办理结婚登记的,如果当事人能够出具《婚姻登记条例》规定的相应证件和证明材料,当事人工作或生活所在地具有相应办理婚姻登记权限的登记机关应予受理。

一方为出国人员、另一方为外国人、港澳台居民或华侨,或双方均为出国人员,要求在内地办理结婚登记的,如果当事人能够出具《婚姻登记条例》规定的相应证件和证明材料,出国人员出国前户口所在地具有相应办理婚姻登记权限的登记机关应予受理。

九、关于现役军人的婚姻登记问题

办理现役军人的婚姻登记仍按《民政部办公厅关于印发〈军队贯彻实施〈中华人民共和国婚姻法〉若干问题的规定〉有关内容的通知》(民办函〔2001〕226号)执行。

办理现役军人婚姻登记的机关可以是现役军人部队驻地所在地或户口注销前常住户口所在地的婚姻登记机关,也可以是非现役军人一方常住户口所在地的婚姻登记机关。

十、关于服刑人员的婚姻登记问题

服刑人员申请办理婚姻登记,应当亲自到婚姻登记机关提出申请并出具有效的身份证件;服刑人员无法出具身份证件的,可由监狱管理部门出具有关证明材料。

办理服刑人员婚姻登记的机关可以是一方当事人常住户口所在地或服刑监狱所在地的婚姻登记机关。

婚姻登记工作规范

1. 2015年12月8日民政部修订发布
2. 民发〔2015〕230号
3. 自2016年2月1日起施行

第一章 总 则

第一条 为加强婚姻登记规范化管理,维护婚姻当事人的合法权益,根据《中华人民共和国婚姻法》和《婚姻登记条例》,制定本规范。

第二条 各级婚姻登记机关应当依照法律、法规及本规范,认真履行职责,做好婚姻登记工作。

第二章 婚姻登记机关

第三条 婚姻登记机关是依法履行婚姻登记行政职能的机关。

第四条 婚姻登记机关履行下列职责:

(一)办理婚姻登记;

(二)补发婚姻登记证;

(三)撤销受胁迫的婚姻;

(四)建立和管理婚姻登记档案;

(五)宣传婚姻法律法规,倡导文明婚俗。

第五条 婚姻登记管辖按照行政区域划分。

(一)县、不设区的市、市辖区人民

政府民政部门办理双方或者一方常住户口在本行政区域内的内地居民之间的婚姻登记。

省级人民政府可以根据实际情况，规定乡(镇)人民政府办理双方或者一方常住户口在本乡(镇)的内地居民之间的婚姻登记。

(二)省级人民政府民政部门或者其确定的民政部门，办理一方常住户口在辖区内的涉外和涉香港、澳门、台湾居民以及华侨的婚姻登记。

办理经济技术开发区、高新技术开发区等特别区域内居民婚姻登记的机关由省级人民政府民政部门提出意见报同级人民政府确定。

(三)现役军人由部队驻地、入伍前常住户口所在地或另一方当事人常住户口所在地婚姻登记机关办理婚姻登记。

婚姻登记机关不得违反上述规定办理婚姻登记。

第六条 具有办理婚姻登记职能的县级以上人民政府民政部门和乡(镇)人民政府应当按照本规范要求设置婚姻登记处。

省级人民政府民政部门设置、变更或撤销婚姻登记处，应当形成文件并对外公布；市、县(市、区)人民政府民政部门、乡(镇)人民政府设置、变更或撤销婚姻登记处，应当形成文件，对外公布并逐级上报省级人民政府民政部门。省级人民政府民政部门应当相应调整婚姻登记信息系统使用相关权限。

第七条 省、市、县(市、区)人民政府民政部门和乡镇人民政府设置的婚姻登记处分别称为：

××省(自治区、直辖市)民政厅(局)婚姻登记处，××市民政局婚姻登记处，××县(市)民政局婚姻登记处；

××市××区民政局婚姻登记处；

××县(市、区)××乡(镇)人民政府婚姻登记处。

县、不设区的市、市辖区人民政府民政部门设置多个婚姻登记处的，应当在婚姻登记处前冠其所在地的地名。

第八条 婚姻登记处应当在门外醒目处悬挂婚姻登记处标牌。标牌尺寸不得小于 1500mm × 300mm 或 550mm × 450mm。

第九条 婚姻登记处应当按照民政部要求，使用全国婚姻登记工作标识。

第十条 具有办理婚姻登记职能的县级以上人民政府民政部门和乡(镇)人民政府应当刻制婚姻登记工作业务专用印章和钢印。专用印章和钢印为圆形，直径 35mm。

婚姻登记工作业务专用印章和钢印，中央刊“★”，“★”外围刊婚姻登记处所属民政厅(局)或乡(镇)人民政府名称，如：“××省民政厅”、“××市民政局”、“××市××区民政局”、“××县民政局”或者“××县××乡(镇)人民政府”。

“★”下方刊“婚姻登记专用章”。民政局设置多个婚姻登记处的，“婚姻登记专用章”下方刊婚姻登记处序号。

第十一条 婚姻登记处应当有独立的场所办理婚姻登记，并设有候登大厅、结婚登记区、离婚登记室和档案室。结婚登记区、离婚登记室可合并为相应数量的婚姻登记室。

婚姻登记场所应当宽敞、庄严、整洁，设有婚姻登记公告栏。

婚姻登记处不得设在婚纱摄影、婚庆服务、医疗等机构场所内，上述服务机构不得设置在婚姻登记场所内。

第十二条 婚姻登记处应当配备以下设备：

（一）复印机；

（二）传真机；

（三）扫描仪；

（四）证件及纸张打印机；

（五）计算机；

（六）身份证阅读器。

第十三条 婚姻登记处可以安装具有音频和视频功能的设备，并妥善保管音频和视频资料。

婚姻登记场所应当配备必要的公共服务设施，婚姻登记当事人应当按照要求合理使用。

第十四条 婚姻登记处实行政务公开，下列内容应当在婚姻登记处公开展示：

（一）本婚姻登记处的管辖权及依据；

（二）婚姻法的基本原则以及夫妻的权利、义务；

（三）结婚登记、离婚登记的条件与程序；

（四）补领婚姻登记证的条件与程序；

（五）无效婚姻及可撤销婚姻的规定；

（六）收费项目与收费标准；

（七）婚姻登记员职责及其照片、编号；

（八）婚姻登记处办公时间和服务电话，设置多个婚姻登记处的，应当同时公布，巡回登记的，应当公布巡回登记时间和地点；

（九）监督电话。

第十五条 婚姻登记处应当备有《中华人民共和国婚姻法》、《婚姻登记条例》及其他有关文件，供婚姻当事人免费查阅。

第十六条 婚姻登记处在工作日应当对外办公，办公时间在办公场所外公告。

第十七条 婚姻登记处应当通过省级婚姻登记信息系统开展实时联网登记，并将婚姻登记电子数据实时传送给民政部婚姻登记信息系统。

各级民政部门应当为本行政区域内婚姻登记管理信息化建设创造条件，并制定婚姻登记信息化管理制度。

婚姻登记处应当将保存的本辖区未录入信息系统的婚姻登记档案录入婚姻登记历史数据补录系统。

第十八条 婚姻登记处应当按照《婚姻登记档案管理办法》的规定管理婚姻登记档案。

第十九条 婚姻登记处应当制定婚姻登记印章、证书、纸制档案、电子档案等管理制度，完善业务学习、岗位责任、考评奖惩等制度。

第二十条 婚姻登记处应当开通婚姻登记网上预约功能和咨询电话，电话号码在当地114查询台登记。

具备条件的婚姻登记处应当开通互联网网页，互联网网页内容应当包括：办公时间、办公地点；管辖权限；申请结婚登记的条件、办理结婚登记的程序；申请离婚登记的条件、办理离婚登记的程序；申请补领婚姻登记证的程序和需要的证明材料、撤销婚姻的程序等内容。

第二十一条　婚姻登记处可以设立婚姻家庭辅导室，通过政府购买服务或公开招募志愿者等方式聘用婚姻家庭辅导员，并在坚持群众自愿的前提下，开展婚姻家庭辅导服务。婚姻家庭辅导员应当具备以下资格之一：

（一）社会工作师；

（二）心理咨询师；

（三）律师；

（四）其他相应专业资格。

第二十二条　婚姻登记处可以设立颁证厅，为有需要的当事人颁发结婚证。

第三章　婚姻登记员

第二十三条　婚姻登记机关应当配备专职婚姻登记员。婚姻登记员人数、编制可以参照《婚姻登记机关等级评定标准》确定。

第二十四条　婚姻登记员由本级民政部门考核、任命。

婚姻登记员应当由设区的市级以上人民政府民政部门进行业务培训，经考核合格，取得婚姻登记员培训考核合格证明，方可从事婚姻登记工作。其他人员不得从事本规范第二十五条规定的工作。

婚姻登记员培训考核合格证明由省级人民政府民政部门统一印制。

婚姻登记员应当至少每2年参加一次设区的市级以上人民政府民政部门举办的业务培训，取得业务培训考核合格证明。

婚姻登记处应当及时将婚姻登记员上岗或离岗信息逐级上报省级人民政府民政部门，省级人民政府民政部门应当根据上报的信息及时调整婚姻登记信息系统使用相关权限。

第二十五条　婚姻登记员的主要职责：

（一）负责对当事人有关婚姻状况声明的监督；

（二）审查当事人是否具备结婚、离婚、补发婚姻登记证、撤销受胁迫婚姻的条件；

（三）办理婚姻登记手续，签发婚姻登记证；

（四）建立婚姻登记档案。

第二十六条　婚姻登记员应当熟练掌握相关法律法规，熟练使用婚姻登记信息系统，文明执法，热情服务。婚姻登记员一般应具有大学专科以上学历。

婚姻登记员上岗应当佩带标识并统一着装。

第四章　结婚登记

第二十七条　结婚登记应当按照初审—受理—审查—登记（发证）的程序办理。

第二十八条　受理结婚登记申请的条件是：

（一）婚姻登记处具有管辖权；

（二）要求结婚的男女双方共同到婚姻登记处提出申请；

（三）当事人男年满22周岁，女年满20周岁；

（四）当事人双方均无配偶（未婚、离婚、丧偶）；

（五）当事人双方没有直系血亲和三代以内旁系血亲关系；

（六）双方自愿结婚；

（七）当事人提交3张2寸双方近期半身免冠合影照片；

（八）当事人持有本规范第二十九条至第三十五条规定的有效证件。

第二十九条 内地居民办理结婚登记应当提交本人有效的居民身份证和户口簿，因故不能提交身份证的可以出具有效的临时身份证。

居民身份证与户口簿上的姓名、性别、出生日期、公民身份号码应当一致；不一致的，当事人应当先到有关部门更正。

户口簿上的婚姻状况应当与当事人声明一致。不一致的，当事人应当向登记机关提供能够证明其声明真实性的法院生效司法文书、配偶居民死亡医学证明（推断）书等材料；不一致且无法提供相关材料的，当事人应当先到有关部门更正。

当事人声明的婚姻状况与婚姻登记档案记载不一致的，当事人应当向登记机关提供能够证明其声明真实性的法院生效司法文书、配偶居民死亡医学证明（推断）书等材料。

第三十条 现役军人办理结婚登记应当提交本人的居民身份证、军人证件和部队出具的军人婚姻登记证明。

居民身份证、军人证件和军人婚姻登记证明上的姓名、性别、出生日期、公民身份号码应当一致；不一致的，当事人应当先到有关部门更正。

第三十一条 香港居民办理结婚登记应当提交：

（一）港澳居民来往内地通行证或者港澳同胞回乡证；

（二）香港居民身份证；

（三）经香港委托公证人公证的本人无配偶以及与对方当事人没有直系血亲和三代以内旁系血亲关系的声明。

第三十二条 澳门居民办理结婚登记应当提交：

（一）港澳居民来往内地通行证或者港澳同胞回乡证；

（二）澳门居民身份证；

（三）经澳门公证机构公证的本人无配偶以及与对方当事人没有直系血亲和三代以内旁系血亲关系的声明。

第三十三条 台湾居民办理结婚登记应当提交：

（一）台湾居民来往大陆通行证或者其他有效旅行证件；

（二）本人在台湾地区居住的有效身份证；

（三）经台湾公证机构公证的本人无配偶以及与对方当事人没有直系血亲和三代以内旁系血亲关系的声明。

第三十四条 华侨办理结婚登记应当提交：

（一）本人的有效护照；

（二）居住国公证机构或者有权机关出具的、经中华人民共和国驻该国使（领）馆认证的本人无配偶以及与对方当事人没有直系血亲和三代以内旁系血亲关系的证明，或者中华人民共和国驻该国使（领）馆出具的本人无配偶以及与对方当事人没有直系血亲和三代以内旁系血亲关系的证明。

与中国无外交关系的国家出具的有关证明，应当经与该国及中国均有外交关系的第三国驻该国使（领）馆和中国驻第三国使（领）馆认证，或者经第三国驻华使（领）馆认证。

第三十五条 外国人办理结婚登记应当提交：

（一）本人的有效护照或者其他有效的国际旅行证件；

（二）所在国公证机构或者有权机关出具的、经中华人民共和国驻该国使（领）馆认证或者该国驻华使（领）馆认证的本人无配偶的证明，或者所在国驻华使（领）馆出具的本人无配偶证明。

与中国无外交关系的国家出具的有关证明，应当经与该国及中国均有外交关系的第三国驻该国使（领）馆和中国驻第三国使（领）馆认证，或者经第三国驻华使（领）馆认证。

第三十六条 婚姻登记员受理结婚登记申请，应当按照下列程序进行：

（一）询问当事人的结婚意愿；

（二）查验本规范第二十九条至第三十五条规定的相应证件和材料；

（三）自愿结婚的双方各填写一份《申请结婚登记声明书》；《申请结婚登记声明书》中“声明人”一栏的签名必须由声明人在监誓人面前完成并按指纹；

（四）当事人现场复述声明书内容，婚姻登记员作监誓人并在监誓人一栏签名。

第三十七条 婚姻登记员对当事人提交的证件、证明、声明进行审查，符合结婚条件的，填写《结婚登记审查处理表》和结婚证。

第三十八条 《结婚登记审查处理表》的填写：

（一）《结婚登记审查处理表》项目的填写，按照下列规定通过计算机完成：

1.“申请人姓名”：当事人是中国公民的，使用中文填写；当事人是外国人的，按照当事人护照上的姓名填写。

2.“出生日期”：使用阿拉伯数字，按照身份证件上的出生日期填写为“××××年××月××日”。

3.“身份证件号”：当事人是内地居民的，填写居民身份证号；当事人是香港、澳门、台湾居民的，填写香港、澳门、台湾居民身份证号，并在号码后加注“（香港）”、“（澳门）”或者“（台湾）”；当事人是华侨的，填写护照或旅行证件号；当事人是外国人的，填写当事人的护照或旅行证件号。

证件号码前面有字符的，应当一并填写。

4.“国籍”：当事人是内地居民、香港居民、澳门居民、台湾居民、华侨的，填写“中国”；当事人是外国人的，按照护照上的国籍填写；无国籍人，填写“无国籍”。

5.“提供证件情况”：应当将当事人提供的证件、证明逐一填写，不得省略。

6.“审查意见”：填写“符合结婚条件，准予登记”。

7.“结婚登记日期”：使用阿拉伯数字，填写为：“××××年××月××日”。填写的日期应当与结婚证上的登记日期一致。

8.“结婚证字号”：填写式样按照民政部相关规定执行，填写规则见附则。

9.“结婚证印制号”：填写颁发给当事人的结婚证上印制的号码。

10.“承办机关名称”：填写承办该结婚登记的婚姻登记处的名称。

（二）“登记员签名”：由批准该结婚登记的婚姻登记员亲笔签名，不得使用个人印章或者计算机打印。

（三）在“照片”处粘贴当事人提交的照片，并在骑缝处加盖钢印。

第三十九条 结婚证的填写：

（一）结婚证上“结婚证字号”“姓名”“性别”“出生日期”“身份证件号”“国籍”“登记日期”应当与《结婚登记审查处理表》中相应项目完全一致。

（二）“婚姻登记员”：由批准该结婚登记的婚姻登记员使用黑色墨水钢笔或签字笔亲笔签名，签名应清晰可辨，不得使用个人印章或者计算机打印。

（三）在“照片”栏粘贴当事人双方合影照片。

（四）在照片与结婚证骑缝处加盖婚姻登记工作业务专用钢印。

（五）“登记机关”：盖婚姻登记工作业务专用印章（红印）。

第四十条 婚姻登记员在完成结婚证填写后，应当进行认真核对、检查。对填写错误、证件被污染或者损坏的，应当将证件报废处理，重新填写。

第四十一条 颁发结婚证，应当在当事人双方均在场时按照下列步骤进行：

（一）向当事人双方询问核对姓名、结婚意愿；

（二）告知当事人双方领取结婚证后的法律关系以及夫妻权利、义务；

（三）见证当事人本人亲自在《结婚登记审查处理表》上的“当事人领证签名并按指纹”一栏中签名并按指纹；

“当事人领证签名并按指纹”一栏不得空白，不得由他人代为填写、代按指纹；

（四）将结婚证分别颁发给结婚登记当事人双方，向双方当事人宣布：取得结婚证，确立夫妻关系；

（五）祝贺新人。

第四十二条 申请补办结婚登记的，当事人填写《申请补办结婚登记声明书》，婚姻登记机关按照结婚登记程序办理。

第四十三条 申请复婚登记的，当事人填写《申请结婚登记声明书》，婚姻登记机关按照结婚登记程序办理。

第四十四条 婚姻登记员每办完一对结婚登记，应当依照《婚姻登记档案管理办法》，对应当存档的材料进行整理、保存，不得出现原始材料丢失、损毁情况。

第四十五条 婚姻登记机关对不符合结婚登记条件的，不予受理。当事人要求出具《不予办理结婚登记告知书》的，应当出具。

第五章 撤销婚姻

第四十六条 受胁迫结婚的婚姻当事人，可以向原办理该结婚登记的机关请求撤销婚姻。

第四十七条 撤销婚姻应当按照初审—受理—审查—报批—公告的程序办理。

第四十八条 受理撤销婚姻申请的条件：

（一）婚姻登记处具有管辖权；

（二）受胁迫的一方和对方共同到婚姻登记机关签署双方无子女抚养、财产及债务问题的声明书；

（三）申请时距结婚登记之日或受胁迫的一方恢复人身自由之日不超过1年；

（四）当事人持有：

1. 本人的身份证、结婚证；
2. 要求撤销婚姻的书面申请；
3. 公安机关出具的当事人被拐卖、

解救的相关材料，或者人民法院作出的能够证明当事人被胁迫结婚的判决书。

第四十九条 符合撤销婚姻的，婚姻登记处按以下程序进行：

（一）查验本规范第四十八条规定的证件和证明材料。

（二）当事人在婚姻登记员面前亲自填写《撤销婚姻申请书》，双方当事人在“声明人”一栏签名并按指纹。

（三）当事人宣读本人的申请书，婚姻登记员作监誓人并在监誓人一栏签名。

第五十条 婚姻登记处拟写“关于撤销××与×××婚姻的决定”报所属民政部门或者乡（镇）人民政府；符合撤销条件的，婚姻登记机关应当批准，并印发撤销决定。

第五十一条 婚姻登记处应当将《关于撤销×××与×××婚姻的决定》送达当事人双方，并在婚姻登记公告栏公告30日。

第五十二条 婚姻登记处对不符合撤销婚姻条件的，应当告知当事人不予撤销原因，并告知当事人可以向人民法院请求撤销婚姻。

第五十三条 除受胁迫结婚之外，以任何理由请求宣告婚姻无效或者撤销婚姻的，婚姻登记机关不予受理。

第六章 离 婚 登 记

第五十四条 离婚登记按照初审—受理—审查—登记（发证）的程序办理。

第五十五条 受理离婚登记申请的条件是：

（一）婚姻登记处具有管辖权；

（二）要求离婚的夫妻双方共同到婚姻登记处提出申请；

（三）双方均具有完全民事行为能力；

（四）当事人持有离婚协议书，协议书中载明双方自愿离婚的意思表示以及对子女抚养、财产及债务处理等事项协商一致的意见；

（五）当事人持有内地婚姻登记机关或者中国驻外使（领）馆颁发的结婚证；

（六）当事人各提交2张2寸单人近期半身免冠照片；

（七）当事人持有本规范第二十九条至第三十五条规定的有效身份证件。

第五十六条 婚姻登记员受理离婚登记申请，应当按照下列程序进行：

（一）分开询问当事人的离婚意愿，以及对离婚协议内容的意愿，并进行笔录，笔录当事人阅后签名。

（二）查验本规范第五十五条规定的证件和材料。申请办理离婚登记的当事人有一本结婚证丢失的，当事人应当书面声明遗失，婚姻登记机关可以根据另一本结婚证办理离婚登记；申请办理离婚登记的当事人两本结婚证都丢失的，当事人应当书面声明结婚证遗失并提供加盖查档专用章的结婚登记档案复印件，婚姻登记机关可根据当事人提供的上述材料办理离婚登记。

（三）双方自愿离婚且对子女抚养、财产及债务处理等事项协商一致的，双方填写《申请离婚登记声明书》；

《申请离婚登记声明书》中“声明人”一栏的签名必须由声明人在监誓人面前完成并按指纹；

婚姻登记员作监誓人并在监誓人

一栏签名。

（四）夫妻双方应当在离婚协议上现场签名；婚姻登记员可以在离婚协议书上加盖"此件与存档件一致，涂改无效。××××婚姻登记处××年××月××日"的长方形印章。协议书夫妻双方各一份，婚姻登记处存档一份。当事人因离婚协议书遗失等原因，要求婚姻登记机关复印其离婚协议书的，按照《婚姻登记档案管理办法》的规定查阅婚姻登记档案。

离婚登记完成后，当事人要求更换离婚协议书或变更离婚协议内容的，婚姻登记机关不予受理。

第五十七条　婚姻登记员对当事人提交的证件、《申请离婚登记声明书》、离婚协议书进行审查，符合离婚条件的，填写《离婚登记审查处理表》和离婚证。

《离婚登记审查处理表》和离婚证分别参照本规范第三十八条、第三十九条规定填写。

第五十八条　婚姻登记员在完成离婚证填写后，应当进行认真核对、检查。对打印或者书写错误、证件被污染或者损坏的，应当将证件报废处理，重新填写。

第五十九条　颁发离婚证，应当在当事人双方均在场时按照下列步骤进行：

（一）向当事人双方询问核对姓名、出生日期、离婚意愿；

（二）见证当事人本人亲自在《离婚登记审查处理表》"当事人领证签名并按指纹"一栏中签名并按指纹；

"当事人领证签名并按指纹"一栏不得空白，不得由他人代为填写、代按指纹；

（三）在当事人的结婚证上加盖条型印章，其中注明"双方离婚，证件失效。××婚姻登记处"。注销后的结婚证复印存档，原件退还当事人；

（四）将离婚证颁发给离婚当事人。

第六十条　婚姻登记员每办完一对离婚登记，应当依照《婚姻登记档案管理办法》，对应当存档的材料进行整理、保存，不得出现原始材料丢失、损毁情况。

第六十一条　婚姻登记机关对不符合离婚登记条件的，不予受理。当事人要求出具《不予办理离婚登记告知书》的，应当出具。

第七章　补领婚姻登记证

第六十二条　当事人遗失、损毁婚姻登记证，可以向原办理该婚姻登记的机关或者一方常住户口所在地的婚姻登记机关申请补领。有条件的省份，可以允许本省居民向本辖区内负责内地居民婚姻登记的机关申请补领婚姻登记证。

第六十三条　婚姻登记机关为当事人补发结婚证、离婚证，应当按照初审—受理—审查—发证程序进行。

第六十四条　受理补领结婚证、离婚证申请的条件是：

（一）婚姻登记处具有管辖权；

（二）当事人依法登记结婚或者离婚，现今仍然维持该状况；

（三）当事人持有本规范第二十九条至第三十五条规定的身份证件；

（四）当事人亲自到婚姻登记处提出申请，填写《申请补领婚姻登记证声明书》。

当事人因故不能到婚姻登记处申请补领婚姻登记证的，有档案可查且档案信息与身份信息一致的，可以委托他人办理。委托办理应当提交当事人的户口簿、身份证和经公证机关公证的授权委托书。委托书应当写明当事人姓名、身份证件号码、办理婚姻登记的时间及承办机关、目前的婚姻状况、委托事由、受委托人的姓名和身份证件号码。受委托人应当同时提交本人的身份证件。

当事人结婚登记档案查找不到的，当事人应当提供充分证据证明婚姻关系，婚姻登记机关经过严格审查，确认当事人存在婚姻关系的，可以为其补领结婚证。

第六十五条　婚姻登记员受理补领婚姻登记证申请，应当按照下列程序进行：

（一）查验本规范第六十四条规定的相应证件和证明材料；

（二）当事人填写《申请补领婚姻登记证声明书》，《申请补领婚姻登记证声明书》中“声明人”一栏的签名必须由声明人在监誓人面前完成并按指纹；

（三）婚姻登记员作监誓人并在监誓人一栏签名；

（四）申请补领结婚证的，双方当事人提交3张2寸双方近期半身免冠合影照片；申请补领离婚证的当事人提交2张2寸单人近期半身免冠照片。

第六十六条　婚姻登记员对当事人提交的证件、证明进行审查，符合补发条件的，填写《补发婚姻登记证审查处理表》和婚姻登记证。《补发婚姻登记证审查处理表》参照本规范第三十八条规定填写。

第六十七条　补发婚姻登记证时，应当向当事人询问核对姓名、出生日期，见证当事人本人亲自在《补发婚姻登记证审查处理表》“当事人领证签名并按指纹”一栏中签名并按指纹，将婚姻登记证发给当事人。

第六十八条　当事人的户口簿上以曾用名的方式反映姓名变更的，婚姻登记机关可以采信。

当事人办理结婚登记时未达到法定婚龄，通过非法手段骗取婚姻登记，其在申请补领时仍未达法定婚龄的，婚姻登记机关不得补发结婚证；其在申请补领时已达法定婚龄的，当事人应对结婚登记情况作出书面说明，婚姻登记机关补发的结婚证登记日期为当事人达到法定婚龄之日。

第六十九条　当事人办理过结婚登记，申请补领时的婚姻状况因离婚或丧偶发生改变的，不予补发结婚证；当事人办理过离婚登记的，申请补领时的婚姻状况因复婚发生改变的，不予补发离婚证。

第七十条　婚姻登记机关对不具备补发结婚证、离婚证受理条件的，不予受理。

第八章　监督与管理

第七十一条　各级民政部门应当建立监督检查制度，定期对本级民政部门设立的婚姻登记处和下级婚姻登记机关进行监督检查。

第七十二条　婚姻登记机关及其婚姻登记员有下列行为之一的，对直接负责的主管人员和其他直接责任人员依法给予行政处分：

（一）为不符合婚姻登记条件的当事人办理婚姻登记的；

（二）违反程序规定办理婚姻登

记、发放婚姻登记证、撤销婚姻的；

（三）要求当事人提交《婚姻登记条例》和本规范规定以外的证件材料的；

（四）擅自提高收费标准或者增加收费项目的；

（五）玩忽职守造成婚姻登记档案损毁的；

（六）购买使用伪造婚姻证书的；

（七）违反规定应用婚姻登记信息系统的。

第七十三条 婚姻登记员违反规定办理婚姻登记，给当事人造成严重后果的，应当由婚姻登记机关承担对当事人的赔偿责任，并对承办人员进行追偿。

第七十四条 婚姻登记证使用单位不得使用非上级民政部门提供的婚姻登记证。各级民政部门发现本行政区域内有使用非上级民政部门提供的婚姻登记证的，应当予以没收，并追究相关责任人的法律责任和行政责任。

第七十五条 婚姻登记机关发现婚姻登记证有质量问题时，应当及时书面报告省级人民政府民政部门或者国务院民政部门。

第七十六条 人民法院作出与婚姻相关的判决、裁定和调解后，当事人将生效司法文书送婚姻登记机关的，婚姻登记机关应当将司法文书复印件存档并将相关信息录入婚姻登记信息系统。

婚姻登记机关应当加强与本地区人民法院的婚姻信息共享工作，完善婚姻信息数据库。

第九章 附 则

第七十七条 本规范规定的当事人无配偶声明或者证明，自出具之日起6个月内有效。

第七十八条 县级或县级以上人民政府民政部门办理婚姻登记的，“结婚证字号”填写式样为“Jaaaaaa－bbbb－cccccc”（其中“aaaaaa”为6位行政区划代码，“bbbb”为当年年号，“cccccc”为当年办理婚姻登记的序号）。“离婚证字号”开头字符为“L”。“补发结婚证字号”开头字符为“BJ”。“补发离婚证字号”开头字符为“BL”。

县级人民政府民政部门设立多个婚姻登记巡回点的，由县级人民政府民政部门明确字号使用规则，规定各登记点使用号段。

乡（镇）人民政府办理婚姻登记的，行政区划代码由6位改为9位（在县级区划代码后增加三位乡镇代码），其他填写方法与上述规定一致。

对为方便人民群众办理婚姻登记、在行政区划单位之外设立的婚姻登记机关，其行政区划代码由省级人民政府民政部门按照前四位取所属地级市行政区划代码前四位，五六位为序号（从61开始，依次为62、63、……、99）的方式统一编码。

第七十九条 当事人向婚姻登记机关提交的“本人无配偶证明”等材料是外国语言文字的，应当翻译成中文。当事人未提交中文译文的，视为未提交该文件。婚姻登记机关可以接受中国驻外国使领馆或有资格的翻译机构出具的翻译文本。

第八十条 本规范自2016年2月1日起实施。

附件：

1. 申请结婚登记声明书

2. 结婚登记审查处理表
3. 申请补办结婚登记声明书
4. 不予办理结婚登记告知书
5. 撤销婚姻申请书
6. 关于撤销×××与×××婚姻的决定
7. 申请离婚登记声明书
8. 离婚登记审查处理表
9. 不予办理离婚登记告知书
10. 申请补领婚姻登记证声明书
11. 补发婚姻登记证审查处理表

（以上附件略，请查询民政部网站）

婚姻登记档案管理办法

2006年1月23日民政部、国家档案局令第32号公布施行

第一条　为规范婚姻登记档案管理，维护婚姻当事人的合法权益，根据《中华人民共和国档案法》和《婚姻登记条例》，制定本办法。

第二条　婚姻登记档案是婚姻登记机关在办理结婚登记、撤销婚姻、离婚登记、补发婚姻登记证的过程中形成的具有凭证作用的各种记录。

第三条　婚姻登记主管部门对婚姻登记档案工作实行统一领导，分级管理，并接受同级地方档案行政管理部门的监督和指导。

第四条　婚姻登记机关应当履行下列档案工作职责：

（一）及时将办理完毕的婚姻登记材料收集、整理、归档；

（二）建立健全各项规章制度，确保婚姻登记档案的齐全完整；

（三）采用科学的管理方法，提高婚姻登记档案的保管水平；

（四）办理查档服务，出具婚姻登记记录证明，告知婚姻登记档案的存放地；

（五）办理婚姻登记档案的移交工作。

第五条　办理结婚登记（含复婚、补办结婚登记，下同）形成的下列材料应当归档：

（一）《结婚登记审查处理表》；

（二）《申请结婚登记声明书》或者《申请补办结婚登记声明书》；

（三）香港特别行政区居民、澳门特别行政区居民、台湾地区居民、出国人员、华侨以及外国人提交的《婚姻登记条例》第五条规定的各种证明材料（含翻译材料）；

（四）当事人身份证件（从《婚姻登记条例》第五条规定，下同）复印件；

（五）其他有关材料。

第六条　办理撤销婚姻形成的下列材料应当归档：

（一）婚姻登记机关关于撤销婚姻的决定；

（二）《撤销婚姻申请书》；

（三）当事人的结婚证原件；

（四）公安机关出具的当事人被拐卖、解救证明，或人民法院作出的能够证明当事人被胁迫结婚的判决书；

（五）当事人身份证件复印件；

（六）其他有关材料。

第七条　办理离婚登记形成的下列材料应当归档：

（一）《离婚登记审查处理表》；

（二）《申请离婚登记声明书》；

（三）当事人结婚证复印件；

（四）当事人离婚协议书；

（五）当事人身份证件复印件；

（六）其他有关材料。

第八条　办理补发婚姻登记证形成的下列材料应当归档：

（一）《补发婚姻登记证审查处理表》；

（二）《申请补领婚姻登记证声明书》；

（三）婚姻登记档案保管部门出具的婚姻登记档案记录证明或其他有关婚姻状况的证明；

（四）当事人身份证件复印件；

（五）当事人委托办理时提交的经公证机关公证的当事人身份证件复印件和委托书，受委托人本人的身份证件复印件；

（六）其他有关材料。

第九条　婚姻登记档案按照年度——婚姻登记性质分类。婚姻登记性质分为结婚登记类、撤销婚姻类、离婚登记类和补发婚姻登记证类四类。

人民法院宣告婚姻无效或者撤销婚姻的判决书副本归入撤销婚姻类档案。

婚姻无效或者撤销婚姻的，应当在当事人原婚姻登记档案的《结婚登记审查处理表》的“备注”栏中注明有关情况及相应的撤销婚姻类档案的档号。

第十条　婚姻登记材料的立卷归档应当遵循下列原则与方法：

（一）婚姻登记材料按照年度归档。

（二）一对当事人婚姻登记材料组成一卷。

（三）卷内材料分别按照本办法第五、六、七、八条规定的顺序排列。

（四）以有利于档案保管和利用的方法固定案卷。

（五）按本办法第九条的规定对案卷进行分类，并按照办理婚姻登记的时间顺序排列。

（六）在卷内文件首页上端的空白处加盖归档章（见附件1），并填写有关内容。归档章设置全宗号、年度、室编卷号、馆编卷号和页数等项目。

全宗号：档案馆给立档单位编制的代号。

年度：案卷的所属年度。

室编卷号：案卷排列的顺序号，每年每个类别分别从“1”开始标注。

馆编卷号：档案移交时按进馆要求编制。

页数：卷内材料有文字的页面数。

（七）按室编卷号的顺序将婚姻登记档案装入档案盒，并填写档案盒封面、盒脊和备考表的项目。

档案盒封面应标明全宗名称和婚姻登记处名称（见附件2）。

档案盒盒脊设置全宗号、年度、婚姻登记性质、起止卷号和盒号等项目（见附件3）。其中，起止卷号填写盒内第一份案卷和最后一份案卷的卷号，中间用“-”号连接；盒号即档案盒的排列顺序号，在档案移交时按进馆要求编制。

备考表置于盒内，说明本盒档案的情况，并填写整理人、检查人和日期（见附件4）。

（八）按类别分别编制婚姻登记档案目录（见附件5）。

（九）每年的婚姻登记档案目录加封面后装订成册，一式三份，并编制目录号（见附件6）。

第十一条　婚姻登记材料的归档要求：

（一）当年的婚姻登记材料应当在次年的3月31日前完成立卷归档；

（二）归档的婚姻登记材料必须齐全完整，案卷规范、整齐，复印件一律使用A4规格的复印纸，复印件和照片应当图像清晰；

（三）归档章、档案盒封面、盒脊、备考表等项目，使用蓝黑墨水或碳素墨水钢笔填写；婚姻登记档案目录应当打印；备考表和档案目录一律使用A4规格纸张。

第十二条 使用计算机办理婚姻登记所形成的电子文件，应当与纸质文件一并归档，归档要求参照《电子文件归档与管理规范》（GB/T18894－2002）。

第十三条 婚姻登记档案的保管期限为100年。对有继续保存价值的可以延长保管期限直至永久。

第十四条 婚姻登记档案应当按照下列规定进行移交：

（一）县级（含）以上地方人民政府民政部门形成的婚姻登记档案，应当在本单位档案部门保管一定时期后向同级国家档案馆移交，具体移交时间由双方商定。

（二）具有办理婚姻登记职能的乡（镇）人民政府形成的婚姻登记档案应当向乡（镇）档案部门移交，具体移交时间从乡（镇）的规定。

乡（镇）人民政府应当将每年的婚姻登记档案目录副本向上一级人民政府民政部门报送。

（三）被撤销或者合并的婚姻登记机关的婚姻登记档案应当按照前两款的规定及时移交。

第十五条 婚姻登记档案的利用应当遵守下列规定：

（一）婚姻登记档案保管部门应当建立档案利用制度，明确办理程序，维护当事人的合法权益；

（二）婚姻登记机关可以利用本机关移交的婚姻登记档案；

（三）婚姻当事人持有合法身份证件，可以查阅本人的婚姻登记档案；婚姻当事人因故不能亲自前往查阅的，可以办理授权委托书，委托他人代为办理，委托书应当经公证机关公证；

（四）人民法院、人民检察院、公安和安全部门为确认当事人的婚姻关系，持单位介绍信可以查阅婚姻登记档案；律师及其他诉讼代理人在诉讼过程中，持受理案件的法院出具的证明材料及本人有效证件可以查阅与诉讼有关的婚姻登记档案；

（五）其他单位、组织和个人要求查阅婚姻登记档案的，婚姻登记档案保管部门在确认其利用目的合理的情况下，经主管领导审核，可以利用；

（六）利用婚姻登记档案的单位、组织和个人，不得公开婚姻登记档案的内容，不得损害婚姻登记当事人的合法权益；

（七）婚姻登记档案不得外借，仅限于当场查阅；复印的婚姻登记档案需加盖婚姻登记档案保管部门的印章方为有效。

第十六条 婚姻登记档案的鉴定销毁应当符合下列要求：

（一）婚姻登记档案保管部门对保管期限到期的档案要进行价值鉴定，对无保存价值的予以销毁，但婚姻登记档案目录应当永久保存。

（二）对销毁的婚姻登记档案应当建立销毁清册，载明销毁档案的时间、种类和数量，并永久保存。

（三）婚姻登记档案保管部门应当派人监督婚姻登记档案的销毁过程，确保销毁档案没有漏销或者流失，并在销毁清册上签字。

第十七条 本办法由民政部负责解释。

第十八条 本办法自公布之日起施行。

附件：（略）

司法部关于解释和公证婚姻状况问题的通知

1. 1983年7月16日发布

2. 司发公字第257号

各省、市、自治区司法厅（局）：

广东、福建等省司法厅（局）多次来文提出如何解释和公证婚姻状况问题。经与有关部门研究，现通知如下：

一、关于婚姻状况的解释问题

我国实行登记婚姻制度。凡符合我国婚姻法规定结婚条件的男女，到婚姻登记机关登记，领取结婚证后，即确立了夫妻关系。登记时间为结婚时间。

由于我国是一个经历过长期封建统治的国家，经济和文化较落后，解放后三十多年来，虽然两次颁布婚姻法，多次大张旗鼓地宣传婚姻法，但历史上遗留的某些封建传统习惯对于婚姻家庭问题的影响，不定时难以完全消除。至今在一些地方，特别是偏僻地区的农村，仍有一些人结婚时没有按法的规定到婚姻登记机关登记，就以夫妻相待共同生活，有的已生儿育女，形成了事实上的夫妻关系（所谓"事实婚姻"）。对于这种不符合我国婚姻法规定的情况，一般应通过宣传教育，动员他们到婚姻登记机关办理登记手续，登记时间为结婚时间。他们在登记前所生育的子女，根据我国婚姻法第十九条的规定，享有与婚生子女同等的权利。

以上问题，如外国驻华使领馆向我提出询问，可据此精神予以口头答复。

二、关于婚姻状况的公证问题

1. 对于第一部婚姻法公布施行前（即1950年5月1日以前），按当时当地风俗习惯结婚，且为群众公认的，经调查核实后，给予办理夫妻关系证明。

2. 对第一部婚姻法的公布施行后结婚的（即1950年5月1日以后结婚的），公证处凭申请人的结婚证，经调查核实后，给予办理结婚证明，出具公证书。

3. 对于未履行结婚登记手续的所谓"事实婚姻"的当事人，申请办理有关婚姻状况公证的，公证处应动员教育他们先办理结婚登记手续，然后凭他们的结婚证，经调查核实后，给予办理结婚证明，出具公证书。登记时间为结婚时间。不得凭其他证明文件办理结婚证明，出具公证书。

对于他们办理结婚登记以前生育的子女，公证处在办理其出生证明时，公证书的内容按《公证书试行格式》第八式出具即可，不必证明他们的父母结婚登记前婚姻状况。

以上精神，希即通知所属地、市、县司法局（处）和公证处，并自文到之日起一律按本文的规定办理有关婚姻状况证明。各地如有疑问或遇到特殊情况，可逐级请求解决。

民政部办公厅关于补发婚姻登记证中相关字段填写问题的复函

1. *2007年1月9日发布*
2. *民办函〔2007〕3号*

上海市民政局：

你局《关于补领婚姻证书中相关字段如何填写问题的函》（沪民婚发〔2006〕19号）收悉。现答复如下：

一、补发婚姻登记证中“姓名”、“国籍”、“身份证件号”、“出生日期”的填写：婚姻登记证是当事人依法缔结或解除婚姻关系的法律文书。按照《婚姻登记条例》和《民政部婚姻登记工作暂行规范》（民发〔2003〕127号，以下简称《暂行规范》）的规定，申请补领婚姻登记证必须具备两个条件：一是当事人依法缔结或解除了婚姻关系，二是该关系持续至今。由此可见，婚姻登记机关为当事人补发的婚姻登记证反映的是补发时当事人双方之间存在夫妻或离异关系（排除可能有人弄虚作假，骗取婚姻登记证的情形）。因此，补发婚姻证中的“姓名”、“国籍”、“身份证件号”、“出生日期”应当按照当事人申请补领时出具的身份证件上的内容填写。

二、补发婚姻登记证中“登记日期”的填写：婚姻登记证中的“登记日期”是指当事人进行结婚登记或离婚登记的日期。《中华人民共和国婚姻法》规定，“要求结婚的男女双方必须亲自到婚姻登记机关进行结婚登记。符合本法规定的，予以登记，发给结婚证。取得结婚证，即确立夫妻关系”，“男女双方自愿离婚的，准予离婚。……婚姻登记机关查明双方确实是自愿并对子女和财产问题已有适当处理时，发给离婚证”，因此，“登记日期”即是双方当事人依法登记建立或解除婚姻关系的日期。

鉴于婚姻登记证在不同时期有不同的式样，早年登记的当事人持新版式婚姻登记证有可能引发真实性的质疑，新版婚姻登记证专门设“备注”栏，解决这一问题。《民政部办公厅关于启用新式婚姻登记证等问题的通知》（民办函〔2003〕166号）规定：“当事人结婚证、离婚证遗失或损毁的，仍补发结婚证、离婚证，但须在证件备注中注明：结（离）婚证遗失（损毁），补发此证。××××年××月××日（补发日期）。”即补发原因和补发日期填写在“备注”栏中。

三、补发婚姻登记证中“结（离）婚证字号”的填写：婚姻登记证中“结（离）婚证字号”是从方便管理的角度，由婚姻登记机关为发出证书设定的编号。按照《暂行规范》的规定，“结（离）婚证字号”反映的是办理该登记的机关、登记年份及登记序号。由于补发婚姻登记证与办理婚姻登记，发给结婚证（或离婚证）的性质不同（办理婚姻登记，发给结婚证，当事人即建立夫妻关系。办理离婚登记，发给离婚证，当事人即解除夫妻关系。无论是结婚登记、还是离婚登记，当事人之间的民事关系都发生了改变。但是，补领婚姻登记证，不改变当事人之间的民事关系，如果当事人婚姻登记证丢失或损毁后，未到婚姻登记机关补领，双方的夫妻或离异关系依然存在)，属于不同的类别，其编号应当与婚姻登记发证编号有区别。《民政部办公厅关于规范补领婚姻证件字号的复函》(民办函〔2005〕70 号)规定："补领婚姻登记证类可以在字号中增加'补'字。"另外，由于婚姻登记证中的"结(离)婚证字号"对当事人之间的婚姻关系并无实质影响，而且相当一部分早期的婚姻登记档案中并未设置证书字号，因此，新版婚姻登记证中未设计填写原婚姻证件字号。

如果当事人要求取得原婚姻登记信息(姓名、国籍、身份证件号、出生日期、证书字号)证明，可以按照《婚姻登记档案管理办法》向婚姻登记档案保管部门申领加盖婚姻登记档案保管部门印章的婚姻登记档案复印件。

附件：《上海市民政局关于补领婚姻证书中相关字段如何填写的函》(沪民婚发〔2006〕19 号)(略)

民政部办公厅关于暂未领取居民身份证军人办理婚姻登记问题的处理意见

1. *2010 年 4 月 13 日发布*
2. *民办函〔2010〕80 号*

各省、自治区、直辖市民政厅(局)，计划单列市民政局，新疆生产建设兵团民政局：

自民政部、解放军总政治部《关于军队人员婚姻管理有关问题的通知》(政组〔2010〕14 号，以下简称《通知》)印发实行以来，一些地方反映部分军人申请办理婚姻登记时，无法按照《通知》要求提供本人居民身份证。经解放军总政治部了解，虽然公安部和总参、总政、总后、总装文件规定，军人居民身份证于 2008 年底全部办理完毕，但由于种种原因，目前确有一些部队官兵没有取得居民身份证。为满足无居民身份证军人婚姻登记的需求，经与解放军总政组织部协商，按下述意见办理：

一、团级以上政治机关出具《军人婚姻登记证明》时，根据军人无居民身份证的具体情况，在证明右上角分别标注"暂未领取居民身份证、已编制公民身份号码。"或"暂未领取居民身份证、未编制公民身份号码。"并在标注处加盖印章。对"暂未领取居民身份证、未编制公民身份号码"的，《军人婚姻登记证明》中"公民身份号码"栏填写"无"。

二、军人持标注有"暂未领取居民身份证、已编制公民身份号码"或"暂未领取居民身份证、未编制公民身份号码"的，若除居民身份证外，当事人其他证件、证明材料齐全且符合相关规定的，婚姻登记机关应当受理其有关登记或补领证件的申请。

为保障军人婚姻权益，在文件下发过程中，军人持 2010 年 8 月 1 日之前出具的有效期内的《军人婚姻登记证明》或旧式婚姻状况证明，若证明中未标注"暂未领取居民身份证"，但军人声称无居民身份证的，由军人本人做出无居民身份证书面声明，婚姻登记机关可不要求声明人提供居民身份证。

三、军人有居民身份证或"暂未领取居民身份证、已编制公民身份号码"的，《申请结（离）婚登记声明书》、《结（离）婚登记审查处理表》及《结（离）婚证》上的“身份证件号”按照《通知》要求填写；“暂未领取居民身份证、未编制公民身份号码”的，上述材料中的“身份证号码”栏填写当事人的《军官证》或《文职干部证》、《学员证》、《士兵证》、《离休证》、《退休证》等军人身份证件号码。

关于对婚姻登记严重失信当事人开展联合惩戒的合作备忘录

1. *2018年2月26日*
2. *发改财金〔2018〕342号*

为深入学习贯彻习近平新时代中国特色社会主义思想和党的十九大精神，落实《中华人民共和国婚姻法》《婚姻登记条例》等法律法规精神以及《国务院关于印发社会信用体系建设规划纲要（2014－2020年）的通知》（国发〔2014〕21号）、《国务院关于建立完善守信联合激励和失信联合惩戒制度加快推进社会诚信建设的指导意见》（国发〔2016〕33号）、《国家发展改革委 人民银行关于加强和规范守信联合激励和失信联合惩戒对象名单管理工作的指导意见》（发改财金规〔2017〕1798号）等文件要求，加快推进婚姻登记领域信用体系建设，加大对婚姻登记领域严重失信行为的惩戒力度，促进婚姻家庭和谐稳定，加快推进社会信用体系建设，国家发展改革委、人民银行、民政部、中央组织部、中央宣传部、中央编办、中央文明办、最高人民法院、教育部、工业和信息化部、公安部、司法部、财政部、人力资源社会保障部、商务部、卫生计生委、审计署、国资委、海关总署、税务总局、工商总局、质检总局、新闻出版广电总局、统计局、旅游局、银监会、证监会、保监会、国家公务员局、共青团中央、全国妇联等部门就婚姻登记领域严重失信当事人开展联合惩戒工作达成如下一致意见。

一、联合惩戒对象

联合惩戒对象为婚姻登记严重失信当事人。当事人有以下行为之一的，由民政部门列入严重失信名单：

（一）使用伪造、变造或者冒用他人身份证件、户口簿、无配偶证明及其他证件、证明材料的；

（二）作无配偶、无直系亲属关系、无三代以内旁系血亲等虚假声明的；

（三）故意隐瞒对方无民事行为能力或限制民事行为能力状况，严重损害对方合法权益的；

（四）其他严重违反《中华人民共和国婚姻法》和《婚姻登记条例》行为的。

二、信息共享与联合惩戒的实施方式

民政部基于全国婚姻登记信用信息平台，建立严重失信名单，通过全国信用信息共享平台与全国婚姻登记信用信息平台实现数据交换和共享。最高人民法院将婚姻登记当事人的判决或调解离婚、撤销婚姻登记、宣告婚姻无效、宣告死亡等案件信息与民政部交换和共享。公安部将婚姻登记当事人及其配偶的身份信息、死亡信息通过国家人口基础信息库与民政部交换和共享。工业和信息化部将婚姻登记当事人的通信信息与民政部交换和共享。卫生计生委将婚姻登记当事人及其配

偶的死亡信息与民政部交换和共享。签署本备忘录的各相关部门从全国信用信息共享平台获取婚姻登记严重失信名单后,执行或者协助执行本备忘录规定的惩戒措施,有关部门根据实际情况将联合惩戒的实施情况反馈国家发展改革委和民政部。

三、联合惩戒措施及实施单位

(一)限制招录(聘)为国家公职人员。限制婚姻登记严重失信当事人招录(聘)为公务员、事业单位工作人员。

实施单位:中央组织部、人力资源社会保障部、国家公务员局等

(二)限制登记为事业单位法定代表人。

实施单位:中央编办

(三)限制任职证券公司、基金管理公司、期货公司、融资性担保公司或金融机构、认证机构的董事、监事、高级管理人员。

实施单位:财政部、商务部、工商总局、质检总局、银监会、证监会、保监会、地方政府确定的融资性担保公司监管机构

(四)限制担任国有企业法定代表人、董事、监事、高级管理人员。限制婚姻登记严重失信当事人担任国有企业法定代表人、董事、监事、高级管理人员;已担任相关职务的,提出其不再担任相关职务的意见。

实施单位:中央组织部、国资委、财政部、工商总局等

(五)限制参评道德模范等荣誉。婚姻登记严重失信当事人不得参加道德模范、五四青年奖、三八红旗手、全国五好文明家庭、最美家庭等评选,已经获得荣誉的予以撤销。

实施单位:中央宣传部、中央文明办、共青团中央、全国妇联等

(六)限制参与相关行业的评先、评优。婚姻登记严重失信当事人为律师、教师、医生、公务员的,在一定期限内限制其参与评先、评优。

实施单位:司法部、教育部、卫生计生委、国家公务员局

(七)供入股证券公司、基金管理公司、期货公司审批或备案,私募投资基金管理人登记,独立基金销售机构审批时审慎性参考。将婚姻登记严重失信当事人相关信息作为证券公司、基金管理公司及期货公司的设立及股权或实际控制人变更审批或备案,私募投资基金管理人登记,独立基金销售机构审批的审慎性参考。

实施单位:证监会

(八)供设立认证机构审批时审慎性参考。

实施单位:质检总局

(九)供金融机构融资授信时审慎性参考。将婚姻登记严重失信当事人信息作为金融机构对拟授信对象融资授信审批时的审慎性参考。

实施单位:人民银行、银监会

(十)限制补贴性资金支持。限制婚姻登记严重失信当事人申请补贴性资金支持。

实施单位:国家发展改革委、财政部、人力资源社会保障部、国资委等

(十一)限制成为海关认证企业。婚姻登记严重失信当事人为企业法定代表人(负责人)、负责关务的高级管理人员、财务负责人时,在企业申请海关认证企业时,不予通过;对已经成为海关认证

企业的，按照规定下调企业信用等级。

实施单位：海关总署

（十二）作为选择政府采购供应商、选聘评审专家的审慎性参考。将婚姻登记严重失信当事人信息作为政府采购供应商、选聘评审专家的审慎性参考。

实施单位：财政部

（十三）供重点行业从业人员职业资质资格许可和认定参考。对婚姻登记严重失信当事人申请律师、教师、医生、社会工作者、注册会计师、税务师、认证从业人员、证券期货从业人员、新闻工作者、导游等资质资格认证予以从严审核，对已成为相关从业人员的相关主体予以重点关注。

实施单位：教育部、司法部、财政部、卫生计生委、审计署、税务总局、质检总局、新闻出版广电总局、统计局、旅游局、证监会

（十四）依法追究违法者的法律责任。对于有使用伪造、变造的身份证件、户口簿、证明材料或者有冒用他人身份证件等违法行为的当事人，依法追究其法律责任。

实施单位：公安部

四、联合惩戒的动态管理

民政部对婚姻登记严重失信名单进行动态管理，及时更新相关信息，相关记录在后台长期保存。有关部门依据各自法定职责，按照法律法规和有关规定实施联合惩戒或者解除联合惩戒。

五、其他事宜

各部门和单位应密切协作，积极落实本备忘录，及时在本系统内下发，并指导监督本系统各级单位按照有关规定实施联合惩戒。

本备忘录签署后，各部门、各领域内相关法律、法规、规章及规范性文件有修改或调整，与本备忘录不一致的，以修改或调整后的法律法规为准。实施过程中具体操作问题，由各部门另行协商明确。

附表：联合惩戒措施相关依据和实施单位（略）

最高人民法院关于三代以内的旁系血亲之间的婚姻关系如何处理问题的批复

1. 1987年1月14日发布
2. 〔1986〕民他字第36号

安徽省高级人民法院：

你院法民他字〔1986〕第4号关于曹永林诉占可琴离婚一案的请示报告收悉。经征求全国人大常委会法制工作委员会和民政部等单位的意见后，我们研究认为：曹永林与占可琴是三代以内的表兄妹，双方隐瞒近亲关系骗取结婚登记，违反了我国婚姻法第六条关于禁止三代以内的旁系血亲结婚的规定，这种婚姻关系依法是不应保护的。但曹、占两人已经结婚多年，并生有子女，根据本案的具体情况，为保护妇女和儿童的利益，同意你院的第二种意见，按婚姻法第二十五条规定处理。处理时，必须指出双方骗取结婚登记的错误，特别是对男方曹永林的错误要进行严肃的批评教育，并可建议其工作单位给以适当处分，对子女抚养和财产分割，应照顾子女和女方的合法权益，合情合理地予以解决。

典型案例

余某与武汉市武昌区民政局民政行政登记纠纷上诉案

上诉人(原审原告)余某。

委托代理人赖华辉,湖北森生律师事务所律师。

被上诉人(原审被告)武汉市武昌区民政局。

法定代表人李新民,局长。

委托代理人孙剑刚、程双喜,该局工作人员。

第三人曾某。

委托代理人孙迟了,湖北全成律师事务所律师。

上诉人余某不服被上诉人武汉市武昌区民政局(下称民政局)民政行政登记一案,不服武汉市武昌区人民法院(2008)武区行初字第38号行政判决,向本院提起上诉,本院2008年12月17日受理后,依法组成合议庭,于2009年1月12日公开开庭审理了本案。上诉人余某及其委托代理人赖华辉,被上诉人委托代理人孙剑刚、程双喜,第三人的委托代理人孙迟了到庭参加诉讼。本案现已审理终结。

原审法院认为:婚姻登记是法律赋予民政局的法定职责。曾某与余某某系再婚,双方于2002年12月26日自愿到民政局处申请结婚登记并提交了相关证件和证明材料,民政局准予曾某与余某某结婚登记并发给结婚证符合《中华人民共和国婚姻法》第五条、第六条、第八条的规定。由于曾某与余某某共同规避婚姻登记的管辖规定,向民政局提交余某某虚假的身份证、户口簿,致使民政局的婚姻登记行为存在瑕疵,但该婚姻登记行为没有侵犯余某的合法权益。余某不是婚姻当事人,其作为第三方要求撤销曾某与余某某的结婚登记不予支持。依照《最高人民法院关于执行〈中华人民共和国行政诉讼法〉若干问题的解释》第五十六条第(四)项的规定,判决:驳回原告余某的诉讼请求。

上诉人不服原审判决,向本院提起上诉称:1. 原审判决认定事实不清。余某某和曾某提交虚假的余某某的身份证和户口,骗取结婚登记,对此,当事人亦承认。被上诉人未尽审查的义务,存在明显的审查核实错误,其行为违反了《婚姻登记管理条例》。2. 原审判决适用法律错误。上诉人作为余某某的养子,有权提起行政诉讼,被上诉人在颁证过程中的错误,不仅仅是原审判决认定的瑕疵,对其行为撤销与否,对上诉人的权利义务已经产生直接的影响。3. 被上诉人登记发证错误,并不涉及婚姻的实体问题,不涉及双方是否自愿的问题。余某某和曾某领取结婚证是2002年,应适用1994年的《婚姻登记管理条例》,根据该条例的规定,申请婚姻登记的当事人应提交真实的身份证和户口簿,当事人提供虚假的证件被上诉人予以登记颁证,其错误的颁证行为应予撤销。请求二审法院遵循有法必依的原则,撤销原审判决,改判撤销曾某与余某某的结婚登记。

被上诉人民政局辩称:被上诉人给婚姻登记当事人曾某与余某某登记发证行为是合法有效的,其提供不真实的户口,想在武汉领结婚证,没有骗取婚姻的目的,不属于《婚姻法》所规定的可撤销婚姻登记的范围;且婚姻登记管理机关对当事人提供材料的真实性没有实质审查的义务和条件,同时婚姻当事人中的一方已经死亡,这是不可逆转的,如果撤销此婚姻,意味着剥夺婚姻当事人的财产继承权,而违背余某某的本意,造成不必要的纠纷。上诉人余某不是婚姻当事人,无权申请人民法院撤销曾某与余某某的结婚登记。原审判决认定事实清楚,适用法律准确,请求二审法院予以维持。

第三人曾某述称:余某某与第三人的婚姻登记为有效登记,符合《婚姻法》的规定,上诉人要求撤销无法律依据。上诉人余某不是婚姻当事人,无权要求人民法院撤销该婚姻登记,其起诉已过诉讼时效。原审判决事实清楚,请求二审法院驳回上诉,维持原判。

本院认为:《最高人民法院关于执行〈中华人民共和国行政诉讼法〉若干问题的解释》第四十二条规定:"公民、法人或者其他组织不知道行政机关作出的具体行政行为内容的,其起诉期限从知道或者应当知道该具体行政行为内容之日起计算……其他具体行政行为从作出之日起超过5年提起诉讼的,人民法院不予受理。"第三人曾某与余某某2002年12月26日到被上诉人武汉市武昌区民政局申请结婚登记,同日被上诉人准予其结婚登记并发给结婚证,上诉人2008年8月29日向法院提起诉讼,要求撤销该结婚登记行为。由于武汉市武昌区民政局的上述登记行为从作出之日到上诉人提起诉讼已超过5年的起诉期限,按照上述司法解释规定对余某的起诉应予驳回。根据《中华人民共和国行政诉讼法》第六十一条第(二)项、《最高人民法院关于执行〈中华人民共和国行政诉讼法〉若干问题的解释》第四十二条的规定,裁定如下:

一、撤销武汉市武昌区人民法院(2008)武区行初字第38号行政判决书;

二、驳回上诉人即原审原告余某的起诉。

本裁定为终审裁定。

流程图表

五代以内直系及旁系血亲表

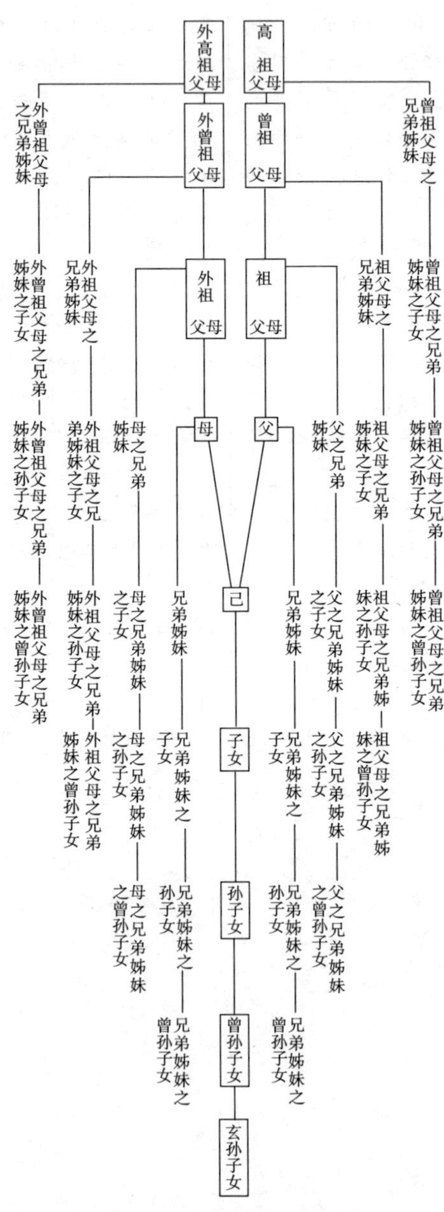

中国公民办理婚姻登记流程图

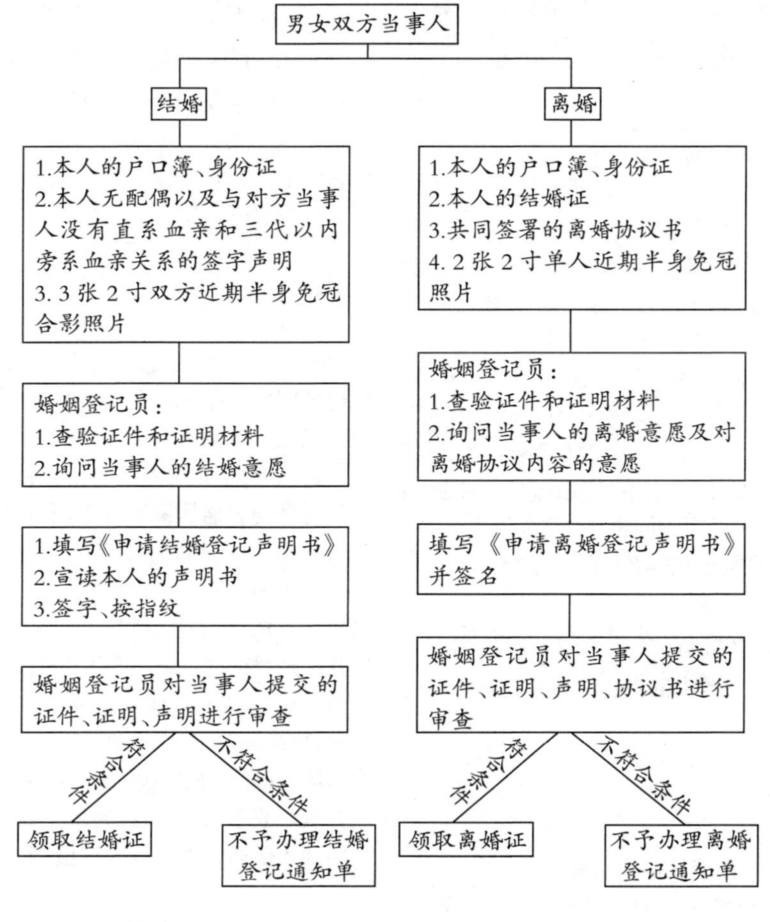

3. 结　婚

民政部民政司关于堂姐、堂弟的子女能否结婚问题的复函

1. 1986年1月18日发布
2. 〔86〕民民字第9号

四川省民政厅：

你厅川民政民〔1986〕2号《关于堂姐、堂弟的子女申请结婚能否进行登记的请示》收悉。根据全国人大常委会法制委员会副主任武新宇《关于〈中华人民共和国婚姻法（修改草案）〉的说明》中对三代以内的旁系血亲禁止结婚所作的解释，我们认为，张媛同雷维宇属于第四代的旁系血亲。张媛、雷维宇两人如在其他问题上也符合《婚姻法》关于结婚的规定，婚姻登记机关可予以登记。

民政部民政司关于表姨和表外甥能否结婚的复函

1. 1986年3月26日发布
2. 〔86〕民民字第42号

中共抚顺市望花区委信访室：

转来你室一月三十一日来函收悉。现答复如下：

婚姻法第六条一款规定："直系血亲和三代以内的旁系血亲"禁止结婚。所谓"三代以内的旁系血亲"，是指同一祖父母或外祖父母的血亲关系。你们所询表姨和表外甥并不是同一外祖父母，因此不属三代以内的旁系血亲。他们之间不属禁婚之列。但是，从遗传学角度考虑，血缘过近的婚配，是不利于优生的，建议劝说双方当事人慎重考虑，为了子孙后代的健康，以另外择偶为好。

民政部办公厅关于退伍军人待安置期间办理结婚登记问题的答复

1. 2004年1月20日发布
2. 民办函〔2004〕17号

江西省民政厅：

你省武宁县民政局婚姻登记处《关于询问退伍军人待安置期间可否办理结婚登记的问题》的来函收悉。经研究，现就有关问题答复如下：

目前，由于现役军人身份证件和户口簿的管理与普通居民确有不同，退伍军人待安置期间可能暂时没有身份证和户口簿。如果因此不能办理婚姻登记，将影响退伍军人的正常生活和工作。为妥善解决其结婚登记的问题，可由该退伍军人入伍前常住户口所在地的公安部门出具其身份、户籍证明，替代普通居民的身份证和户口簿，其他则须按《婚姻登记条例》的规定办理。安置部门出具的待安置未分配证明和入伍通知书可复印存档、备查。

最高人民法院关于人民法院审理未办结婚登记而以夫妻名义同居生活案件的若干意见

1. 1989年12月13日发布
2. 法（民）发〔1989〕38号

人民法院审理未办结婚登记而以夫

妻名义同居生活的案件，应首先向双方当事人严肃指出其行为的违法性和危害性，并视其违法情节给予批评教育或民事制裁。但基于这类“婚姻”关系形成的原因和案件的具体情况复杂，为保护妇女和儿童的合法权益，有利于婚姻家庭关系的稳定，维护安定团结，在一定时期内，有条件的承认其事实婚姻关系，是符合实际的。为此，我们根据法律规定和审判实践经验，对此类案件的审理提出以下意见：

1. 1986年3月15日《婚姻登记办法》施行之前，未办结婚登记手续即以夫妻名义同居生活，群众也认为是夫妻关系的，一方向人民法院起诉“离婚”，如起诉时双方均符合结婚的法定条件，可认定为事实婚姻关系；如起诉时一方或双方不符合结婚的法定条件，应认定为非法同居关系。

2. 1986年3月15日《婚姻登记办法》施行之后，未办结婚登记手续即以夫妻名义同居生活，群众也认为是夫妻关系的，一方向人民法院起诉“离婚”，如同居时双方均符合结婚的法定条件，可认定为事实婚姻关系；如同居时一方或双方不符合结婚的法定条件，应认定为非法同居关系。

3. 自民政部新的婚姻登记管理条例施行之日起，未办结婚登记即以夫妻名义同居生活，按非法同居关系对待。

4. 离婚后双方未再婚，未履行复婚登记手续，又以夫妻名义共同生活，一方起诉“离婚”的，一般应解除其非法同居关系。

5. 已登记结婚的一方又与第三人形成事实婚姻关系，或事实婚姻关系的一方又与第三人登记结婚，或事实婚姻关系的一方又与第三人形成新的事实婚姻关系，凡前一个婚姻关系的一方要求追究重婚罪的，无论其重婚行为是否构成重婚罪，均应解除后一个婚姻关系。前一个婚姻关系的一方如要求处理离婚问题，应根据其婚姻关系的具体情况进行调解或者作出判决。

6. 审理事实婚姻关系的离婚案件，应当先进行调解。经调解和好或撤诉的，确认婚姻关系有效，发给调解书或裁定书；经调解不能和好的，应调解或判决准予离婚。

7. 未办结婚登记而以夫妻名义同居生活的男女，一方要求“离婚”或解除同居关系，经查确属非法同居关系的，应一律判决予以解除。

8. 人民法院审理非法同居关系的案件，如涉及非婚生子女抚养和财产分割问题，应一并予以解决。具体分割财产时，应照顾妇女、儿童的利益，考虑财产的实际情况和双方的过错程度，妥善分割。

9. 解除非法同居关系时，双方所生的非婚生子女，由哪一方抚养，双方协商；协商不成时，应根据子女的利益和双方的具体情况判决。哺乳期内的子女，原则上应由母方抚养，如父方条件好，母方同意，也可由父方抚养。子女为限制民事行为能力人的，应征求子女本人的意见。一方将未成年的子女送他人收养，须征得另一方的同意。

10. 解除非法同居关系时，同居生活期间双方共同所得的收入和购置的财产，按一般共有财产处理。同居生活前，一方自愿赠送给对方的财物可比照赠与关系处理；一方向另一方索取的财物，可参照最高人民法院（84）法办字第112号《关于贯彻执行民事政策法律若干问题的意见》第（18）条规定的精神处理。

11. 解除非法同居关系时,同居期间为共同生产、生活而形成的债权、债务,可按共同债权、债务处理。

12. 解除非法同居关系时,一方在共同生活期间患有严重疾病未治愈的,分割财产时,应予适当照顾,或者由另一方给予一次性的经济帮助。

13. 同居生活期间一方死亡,另一方要求继承死者遗产,如认定为事实婚姻关系的,可以配偶身份按继承法的有关规定处理;如认定为非法同居关系,而又符合继承法第十四条规定的,可根据相互扶助的具体情况处理。

14. 人民法院在审理未办结婚登记而以夫妻名义同居生活的案件时,对违法情节严重的,应按照婚姻法、民法通则、《关于贯彻执行〈民法通则〉若干问题的意见》和其他法律、法规的有关规定,给予适当的民事制裁。

15. 本意见自颁布之日起施行。凡最高人民法院过去的规定与本意见相抵触的,均按本意见执行。

最高人民法院民事审判庭关于贯彻执行最高人民法院《关于人民法院审理未办结婚登记而以夫妻名义同居生活案件的若干意见》有关问题的电话答复

1. 1990年10月11日发布

2. 〔1990〕法民字第11号

广东省高级人民法院:

你院《关于贯彻执行最高人民法院〈关于人民法院审理未办结婚登记而以夫妻名义同居生活案件的若干意见〉有关问题的请示》收悉,经研究,电话答复如下:

一、关于你院请示中一、二条所提一方或双方当事人隐瞒结婚时年龄以及隐瞒近亲属关系骗取结婚证,现一方提出离婚,是作为非法同居关系,事实婚姻关系还是作为登记婚姻处理的问题,我们认为:非法同居关系,事实婚姻关系的共同特征是未办结婚登记即以夫妻名义同居生活。隐瞒结婚年龄以及隐瞒近亲属关系骗取结婚证后,一方要求离婚的案件,不符合非法同居关系或事实婚姻关系的构成特征,因此不能按非法同居关系或事实婚姻关系对待,而应作为登记婚姻按《最高人民法院关于判决离婚的若干具体规定》第四条和其他有关规定处理。

二、关于处理非法同居案件中,双方对非婚生子女抚养和非法同居期间财产处理已达成协议,是分别制作判决书、调解书还是用判决形式一并处理的问题,我们认为:解除非法同居案件中的子女抚养和财产分割属于牵连之诉,应予一并处理。当事人对子女抚养和财产分割达成协议的,人民法院只需将当事人之间达成的协议直接写进判决书即可,无须分别制作判决书、调解书。

三、关于女方在非法同居期间怀孕,男方提出解除非法同居关系人民法院是否受婚姻法第二十七条的限制是否受理的问题,我们认为婚姻法第二十七条保护的前提是合法的婚姻关系,女方在非法同居期间怀孕,违反了婚姻法的有关规定,为了严肃执法,对男方诉到法院要求解除非法同居关系的，应予受理。受理后即应作出解除非法同居关系的判决。女方分娩后，再处理子女抚养问题。

最高人民法院关于符合结婚条件的男女在登记结婚之前曾公开同居生活能否连续计算婚姻关系存续期间并依此分割财产问题的复函

1. 2002年9月19日发布
2. 〔2002〕民监他字第4号

黑龙江省高级人民法院：

你院《关于符合结婚条件的男女在登记结婚之前曾公开同居生活能否连续计算婚姻关系存续期间并依此分割财产问题的请示》收悉。经研究，答复如下：

我院同意你院审判委员会的第一种意见，即根据民政部1994年2月1日实施的《婚姻登记管理条例》、1989年11月21日我院《关于人民法院审理未办理结婚登记而以夫妻名义同居生活案件的若干意见》以及1994年4月4日我院《关于适用新的〈婚姻登记管理条例〉的通知》的有关规定，在民政部婚姻登记管理条例施行之前，对于符合结婚条件的男女在登记结婚之前，以夫妻名义同居生活，群众也认为是夫妻关系的，可认定为事实婚姻关系，与登记婚姻关系合并计算婚姻关系存续期间。

文书范本

申请结婚登记声明书

本人申请结婚登记，谨此声明：

本人姓名：________性别：____国籍：______

出生日期：________年____月____日　民族：____

职业：______________________________

文化程度：________身份证件号：__________

常住户口所在地：______________________

婚姻状况：________（未婚/离婚/丧偶）

对方姓名：________性别：____国籍：______

出生日期：________年____月____日　民族：____

职业：______________________________

文化程度：________身份证件号：__________

常住户口所在地：______________________

婚姻状况：________（未婚/离婚/丧偶）

本人与对方均无配偶，没有直系血亲和三代以内旁系血亲关系，了解对方的身体健康状况。现依照《中华人民共和国婚姻法》的规定,自愿结为夫妻。

本人上述声明完全真实,如有虚假,愿承担相应的法律责任。

声明人:________　　　　监誓人:________

____年__月__日　　　　____年__月__日

注 意 事 项

申请结婚登记声明书,是当事人向婚姻登记管理部门提出结婚申请时,声明本人和对方基本情况、申明本人与对方均无配偶、没有直系血亲和三代以内旁系血亲关系、了解对方的身体健康状况,并表示自愿结为夫妻时所使用的法律文书。

结婚登记作为我国结婚的法定程序,其意义在于保障婚姻自由、一夫一妻、男女平等的婚姻制度的实施,保护婚姻当事人的合法权益,依法处理违法的婚姻行为。婚姻登记制度是我国婚姻制度的重要组成部分。国家通过婚姻登记对婚姻关系进行必要的指导和监督,不仅可以保障当事人的合法权利、有效地预防和制止违法婚姻的发生,同时也可以提高当事人的法制观念,减少婚姻纠纷,维护国家、社会和当事人的利益。男女在登记结婚并取得结婚证后,无论是否同居生活,无论是否举行结婚仪式,都具有法律上的夫妻身份关系,其婚姻受到国家的承认和法律的保护。如一方或双方在结婚登记后反悔,必须按离婚程序办理离婚手续,才能解除夫妻关系。

当事人填写该文书时,有关信息应填写完全、清楚,并提交户口簿、身份证等相关证件、证明材料供民政部门工作人员审查。

流程图表

内地居民办理婚姻登记

携带相关证件和证明材料：(1)本人的户口簿、身份证；(2)本人无配偶以及与对方当事人没有直系血亲和三代以内旁系血亲的签字声明。

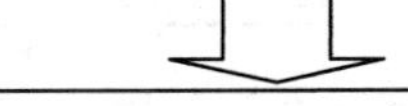

共同到一方当事人常住户口所在地的婚姻登记机关（县级人民政府民政部门或者乡镇人民政府）

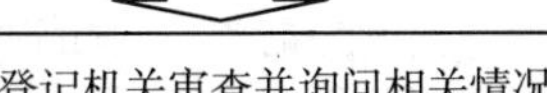

婚姻登记机关审查并询问相关情况

符合结婚条件的，应当当场予以登记，发给结婚证

不符合结婚条件不予登记，应当向当事人说明理由

内地居民同港澳台居民办理婚姻登记

携带相关证件和证明材料：(1)本人的有效通行证、身份证；(2)经居住地公证机构公证的本人无配偶以及与对方当事人没有直系血亲和三代以内旁系血亲的声明。

共同到内地居民常住户口所在地的婚姻登记机关（省、自治区、直辖市人民政府民政部门或者其确定的具体机关）

婚姻登记机关审查并询问相关情况

符合结婚条件的，应当当场予以登记，发给结婚证

不符合结婚条件不予登记，应当向当事人说明理由

内地居民同华侨办理婚姻登记

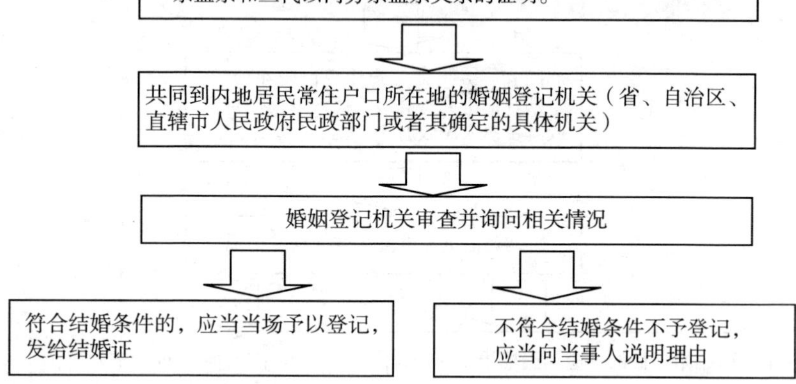

内地居民同外国人办理婚姻登记

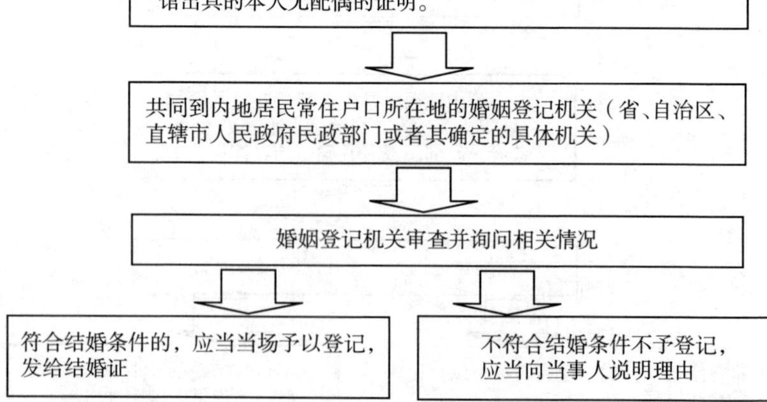

4. 离　婚

(1)一般规定

最高人民法院关于人民法院审理离婚案件如何认定夫妻感情确已破裂的若干具体意见

1. 1989年12月13日发布
2. 法(民)发〔1989〕38号

人民法院审理离婚案件,准予或不准离婚应以夫妻感情是否确已破裂作为区分的界限。判断夫妻感情是否确已破裂,应当从婚姻基础、婚后感情、离婚原因、夫妻关系的现状和有无和好的可能等方面综合分析。根据婚姻法的有关规定和审判实践经验,凡属下列情形之一的,视为夫妻感情确已破裂。一方坚决要求离婚,经调解无效,可依法判决准予离婚。

1. 一方患有法定禁止结婚的疾病,或一方有生理缺陷,或其他原因不能发生性行为,且难以治愈的。

2. 婚前缺乏了解,草率结婚,婚后未建立起夫妻感情,难以共同生活的。

3. 婚前隐瞒了精神病,婚后经治不愈,或者婚前知道对方患有精神病而与其结婚,或一方在夫妻共同生活期间患精神病,久治不愈的。

4. 一方欺骗对方,或者在结婚登记时弄虚作假,骗取《结婚证》的。

5. 双方办理结婚登记后,未同居生活,无和好可能的。

6. 包办、买卖婚姻,婚后一方随即提出离婚的,或者虽共同生活多年,但确未建立起夫妻感情的。

7. 因感情不和分居已满3年,确无和好可能的,或者经人民法院判决不准离婚后又分居满1年,互不履行夫妻义务的。

8. 一方与他人通奸、非法同居,经教育仍无悔改表现,无过错一方起诉离婚,或者过错方起诉离婚,对方不同意离婚,经批评教育、处分,或在人民法院判决不准离婚后,过错方又起诉离婚,确无和好可能的。

9. 一方重婚,对方提出离婚的。

10. 一方好逸恶劳、有赌博等恶习,不履行家庭义务,屡教不改,夫妻难以共同生活的。

11. 一方被依法判处长期徒刑,或其违法,犯罪行为严重伤害夫妻感情的。

12. 一方下落不明满二年,对方起诉离婚,经公告查找确无下落的。

13. 受对方的虐待、遗弃,或者受对方亲属虐待,或虐待对方亲属,经教育不改,另一方不谅解的。

14. 因其他原因导致夫妻感情确已破裂的。

最高人民法院对我国留学生夫妻双方要求离婚如何办理离婚手续的通知

1. 1985年12月31日发布
2. 〔85〕民他字第38号

×××、×××:

你们双方要求解除婚姻关系一事的

来信收悉。根据我国法律的有关规定，如果你们双方对离婚及财产分割、子女抚养等问题没有任何争议，可以回国向原结婚登记机关申请办理离婚手续；如果对以上问题存有争议，则需回国向原结婚登记地人民法院提起离婚诉讼。你们双方如因特殊情况不能回国，可办理授权委托书，委托国内亲友或律师作为代理人代为办理，并向国内原结婚登记机关或结婚登记地人民法院提交书面意见，由该登记机关办理或由人民法院进行审理。委托书和意见书须经当地公证机关公证、我驻美使领馆认证，亦可由我驻美使领馆直接公证。

最高人民法院关于张绪桂与姚梅霞离婚案的批复

1. 1964年6月15日发布

2. 〔64〕民他字第28号

安徽省高级人民法院：

你院关于张绪桂与姚梅霞离婚案的请示报告收悉。经研究后，我们认为：如姚梅霞提出离婚要求经查属实，现张绪桂又提出离婚，可按双方同意离婚处理。

此复

最高人民法院关于马娜萍离婚问题的批复

1. 1965年1月31日发布

2. 〔65〕民他字第4号

云南省高级人民法院：

马娜萍与合应廷离婚一案，你院于1965年1月16日〔65〕法民字第022号的请示报告已收悉。经研究认为：合应廷于1949年外出到泰国经商，至1959年即与女方断绝了通讯关系，如再经多方查找又无音讯，马娜萍申请离婚，可以由中级人民法院作一审缺席判决离婚，判决书交男方的亲属代收或转达。

最高人民法院关于孟宪明、李瑞玲离婚案的批复

1. 1985年2月16日发布

2. 法(民)复〔1985〕7号

河南省高级人民法院：

你院1984年12月26日关于孟宪明诉李瑞玲离婚一案处理意见的请示报告收悉。

关于杞县人民法院〔84〕杞法民调字第35号对此案的离婚调解书是否有效的问题，我们研究认为，双方在1982年3月4日达成以离婚为前提的结婚协议后，于1982年3月9日办理了结婚登记，这是违反婚姻法结婚必须男女双方完全自愿的规定的。此后，双方协议离婚取得一致意见，并于1984年3月18日到杞县人民法院高阳人民法庭签署了离婚协议。1984年3月26日，高阳人民法庭又已通知李瑞玲领取调解书。李瑞玲从1984年3月27日起至4月15日止这段期间内，三次去高阳人民法庭领调解书，只是由于客观原因而未能领到。

根据上述事实，我们同意你院第一种意见，应认为调解书是有效的。

最高人民法院关于刘秦勤与邓西民离婚问题的函

1. 1985年12月30日发布
2. 〔85〕民他字第38号

刘秦勤、邓西民：

来信收到。你们要求解除婚姻关系一事，根据我国法律的有关规定，你们双方如果对离婚及财产分割等问题没有任何争议，可以回国向原结婚登记机关申请办理离婚手续；如果对以上问题存有争议，则需回国向原结婚登记地人民法院提起离婚诉讼。如果你们双方因特殊情况不能回国，可办理授权委托书，委托国内亲友或律师作为代理人代为办理，并向国内原结婚登记机关或结婚登记地人民法院提交书面意见，由该登记机关办理或由人民法院进行审理。委托书和意见书均须经当地公证机关公证，我驻美使领馆认证，亦可由我驻美使领馆直接公证。

典型案例

姜某诉南郑县民政局民政登记纠纷案

原告姜某。

委托代理人姜某某（系原告之父）。

被告南郑县民政局。

法定代表人李晓明，该局局长（未出庭）。

委托代理人李汉武，南郑县政府法制办公室主任。

委托代理人李先斌，南郑县民政局工作人员。

第三人杜某。

委托代理人王新，陕西汉泰律师事务所律师。

原告姜某诉被告南郑县民政局民政登记一案，本院受理后依法组成合议庭，并依法追加第三人杜某参加诉讼。于2007年3月20日、4月2日分别在本院依法公开开庭进行了审理，除被告法定代表人有事请假未出庭外，其余各方当事人、代理人及被告方证人吴翠平均到庭参加了诉讼。本案现已审理完结。

原告诉称：我与第三人杜某于2006年8月3日自愿结婚（男到女家落户），因为家务小事双方赌气，于2007年1月10日我俩到被告所属婚姻登记处协议离婚，因赌气双方未携带结婚证书，婚姻登记机关未按法定程序审查相关证件材料，只是听取了我俩的陈述，便草率为我们办理了离婚登记，颁发了离婚证书。我认为被告的行政登记行为违法，故请求法院判决撤销该离婚登记行为。

被告答辩称：原告姜某与第三人杜某于2007年1月10日到我局婚姻登记处申请办理离婚登记，经我方工作人员审查双方提交的户籍证明、身份证、离婚协议书，但没有双方结婚证书，登记员询问原告及第三人结婚证时，双方均说结婚证丢失了。登记员询问双方离婚确属自愿，并对财产债务等自愿达成协议，便从档案资料中查出姜某与杜某结婚登记审查处理表，让原告与第三人签字确认存在婚姻关系后，按照有关规定，为原告与第三人办理了离婚登记，向双方颁发了离婚证书。我方为原告与第三人办理离婚登记的行政行为，符合《婚姻法》第三十一条和《婚姻登记条例》第十三条之规定。原告与第三人当时称结婚证丢失，我方按照民政部有关解释，通过查档案资料证实双方存在婚姻关系，进而为其办理离婚登记，程序并不违法。至于后来查明原告与第三人结婚证并未丢失，而是原告与第三人编造谎言骗取离婚登记，但双方离婚确属自愿。故请求依法维持我方为原告与第三人办理离婚登记的行政行为。

被告在法定期限内向本院提交的证据有：1. 姜某户口簿、身份证复印件、杜某户籍证明、身份证复印件；2. 姜某、杜某结婚登记审查处理表复印件；3. 姜某、杜某离婚协议书复印件；4. 姜某、杜某离婚登记审查处理表复印件；5. 婚姻登记员吴翠平证言。以上证据证明被告方作出的离婚登记行政行为事实清楚，程序合法；6. 南郑县公安局城关派出所证明，证实姜某曾在其所补办户口簿，是骗取补办的，已被注销。另外，被告提交有民政部发布的《婚姻登记工作暂行规范》及《民政部关于贯彻执行〈婚姻登记条例〉若干问题的意见》（民函〔2004〕76号），证明被告行政行为适用法律正确。第三人述称：我与原告是在父母包办和威逼下于2006年8月3日办理的结婚登记。由于婚前缺乏了解，双方性格爱好志趣相差太大，双方经常为琐事吵骂打架，婚后没有建立起感情。双方多次协商离婚，并取得一致意见。但遭原告父母的反对和暴力干涉。我与原告便于2007年1月10日持户口簿、户籍证明、身份证、离婚协议书到被告的婚姻登记处依照法定程序办理了离婚登记。当时我俩结婚证书虽未丢失，但在原告父母处取不出来，因原告父母不允许我们离婚，我俩才谎称结婚证丢失了。但我俩离婚确属自愿，并对财产达成协议。因此，被告为我俩办理离婚登记行为是符合法律规定的，程序并不违法。请求法院判决维持被告对原告与我的离婚登记行为。经审理查明：原告与第三人于2006年8月3日到被告所属婚姻登记处登记结婚（男到女家落户）。双方认识不到两个月，经双方父母催促便草率结婚。婚后感情不和，未生育子女。经别人多次协调无效，夫妻多次协商离婚，但遭双方父母反对。原告与第三人于2007年1月10日瞒着双方父母，未携带结婚证书及户口簿，原告去城关派出所申请补办了户口簿，第三人办理了户籍证明，并携带身份证及离婚协议书，到被告所属婚姻登记处申请离婚登记。婚姻登记员审查了双方提交的有关材料，问其结婚证书时，双方均谎称结婚证丢失了，但被告方工作人员未按规定责令双方写出书面说明存档。婚姻登记员按照有关规定，从双方结婚档案中输出一份姜某、杜某结婚登记审查处理表，证实双方存在婚姻关系，并让双方在此表上签名确认。同时审查询问了双方离婚确系自愿，并且无子女及财产债务，女方自愿退还男方结婚时所花费用及其他损失五万元。被告方婚姻登记员便让双方在离婚协议书上签了名，并在“申请离婚登记声明书”上签名确认（此声明书后被原告从被告处拿回撕毁），然后为双方进行了离婚登记，并颁发了0107000

××号离婚证书。原告及第三人分别在《离婚登记审查处理表》上签了名，领取了离婚证书。数日后，第三人之母发现了第三人持有的离婚证书，便将其离婚证书送去原告父母处，原告父母便持原告与第三人的结婚证书、户口簿去被告婚姻登记处质问被告方，"在双方未持结婚证书及户口簿的情况下，你们是如何办理离婚登记的?"

庭审中原告代理人姜某某认为：被告在原告与第三人未提交结婚证书及户口簿的情况下，不履行认真审查职责，听信其谎言而草率办理了离婚登记，其行政行为明显违反《婚姻登记条例》第十一条第一款第(一)、(二)项之规定，并违反民政部发布的《婚姻登记工作暂行规范》第四十七、四十八、四十九条之规定，程序严重违法，应当撤销。上述事实，有被告提交的第1至5号证据及证人吴翠平出庭作证，并有各方当事人、代理人当庭陈述证实。被告提交的书证虽系复印件，但经本庭与原件核对无异，原告未提出有效的反驳意见，上述证据已当庭采信。第6号书证因系被告在诉讼中自行收集，故当庭未采信。

本院认为：被告南郑县民政局于2007年1月10日为姜某与杜某办理离婚登记的行政行为事实清楚，证据确实，程序合法，适用法律正确，是合法的行政行为，所颁发的0107000××号离婚证书合法有效，应予维持。理由如下：第一，原告与第三人本无感情基础，但屈从于双方父母意愿而勉强结婚。婚后感情不和，多次协商离婚顺情合理。因双方惧怕父母反对离婚而瞒着父母，在未携带结婚证书的情况下对被告谎称结婚证书丢失，并自愿达成离婚协议，足见双方离婚意愿之真实而迫切，并非一时之赌气。第二，被告在为原告与第三人办理离婚登记中，按规定审查了双方提交的相关资料，确认双方均系具有完全民事行为能力的成年人，被告对该婚姻登记具有管辖权。在原告及第三人称结婚证书均已丢失的情况下，按照《民政部关于贯彻执行〈婚姻登记条例〉若干问题的意见》之规定，从婚姻档案中查出原告与第三人《结婚登记审查处理表》，证实双方存在婚姻关系，申请人提交的《离婚协议书》系双方的真实意愿，其协议内容并不违法，被告为双方办理离婚登记并颁发离婚证的行为，符合《婚姻法》第三十一条、《婚姻登记条例》及民政部发布的《婚姻登记工作暂行规范》的相关规定。《民政部关于贯彻执行婚姻登记条例若干问题的意见》属于行政规范性文件，该文件符合《婚姻登记条例》的基本原则和精神，并不与该条例第十一条第一款之规定相抵触，应予参照。虽然被告未依照该文件之规定，在双方均称结婚证书丢失的情况下责成双方写出说明存档，属于程序瑕疵，但并未因此而侵犯双方的合法权益，故不属于应当撤销之程序违法情形。本院依照《中华人民共和国婚姻法》第三十一条，《婚姻登记条例》第十条第一款、第十一条第一款、第十二条、第十三条之规定，参照民政部发布的《婚姻登记工作暂行规范》第四十七条、第四十八条、第四十九条、第五十条、第五十二条并参照《民政部关于贯彻婚姻登记条例若干问题的意见》第二项、第五项，依照《中华人民共和国行政诉讼法》第五十四条第(一)项之规定，判决如下：

维持南郑县民政局2007年1月10

日为姜某、杜某进行的离婚登记行为,其为姜某与杜某颁发的0107000××号离婚证书合法有效。

本案受理费100元由姜某承担,实际支出费500元由南郑县民政局承担(限于本判决书送达后十日内交于本院)。

如不服本判决,可在判决书送达之日起十五日内,向本院递交上诉状及副本二份。上诉于陕西省汉中市中级人民法院。

孙某某诉邓某某离婚纠纷案

原告孙某某。

被告邓某某。

委托代理人:梁安武,重庆利安律师事务所律师。

原告孙某某诉被告邓某某离婚纠纷一案,本院于2009年2月11日立案受理,依法由审判员毕耀才独任审判,适用简易程序于2009年3月10日公开开庭进行了审理。原告孙某某、被告邓某某及其代理人梁安武均到庭参加了诉讼。本案现已审理终结。

原告孙某某诉称:原、被告婚前关系一般,婚后因性格不合双方长期吵架打架,且被告挣的钱不给原告用,对家庭长期不尽义务,现夫妻感情已经破裂,请求判令与被告解除婚姻关系。

被告邓某某辩称:原告所诉不属实,双方至今仍共同生活,且夫妻感情也较好。2006年年底,原、被告因家庭琐事而发生争执,从而导致夫妻感情不和,但夫妻感情并未破裂,不同意原告的离婚请求。

经审理查明:原、被告系再婚,于1998年年底经人介绍建立恋爱关系,1999年3月在铜梁县虎峰镇人民政府登记结婚,婚后未生育子女。婚姻初期,双方夫妻关系较好。2006年,原、被告因家庭琐事发生争执,其后夫妻感情开始不和。2008年8月,原告曾诉至本院,后撤回诉讼。2009年2月,原告再次诉至本院。

上述事实,有原、被告的陈述、结婚证、证人韩昌陆、李正群的证言等证据在案佐证,经当庭质证,本院予以采信。

本院认为:根据我国《婚姻法》第三十二条的规定,夫妻感情破裂的婚姻经调解无效应当判决离婚。同时该法明确规定,存在下列情形之一的应当认定为夫妻感情破裂,并应准予离婚:一是重婚或有配偶者与他人同居的;二是实施家庭暴力或虐待、遗弃家庭成员的;三是有赌博、吸毒等恶习屡教不改的;四是因感情不和分居满二年的;五是一方被宣告失踪,另一方提出离婚诉讼的。本案中,原、被告虽系再婚但婚后夫妻感情一直较好,双方虽在2006年因家庭琐事发生争执并导致夫妻感情不和,但尚不足以导致夫妻感情破裂。原、被告现在的婚姻关系既不存在上述《婚姻法》规定的情形,同时原告也没有提供证明其夫妻感情已经破裂的其他证据。故原告的诉讼请求,本院依法不予支持。依照《中华人民共和国婚姻法》第三十二条及《最高人民法院关于民事诉讼证据的若干规定》第二条之规定,判决如下:

驳回原告孙某某离婚的诉讼请求;

本案受理费240元,由原告负担。

如不服本判决,可在判决书送达之日起十五日内,向本院递交上诉状,并按对方当事人人数提出副本,上诉于重庆市第一中级人民法院。

文书范本

离婚登记申请书

我俩自愿离婚，并遵照《中华人民共和国婚姻法》关于双方自愿离婚的规定，对有关问题的处理已达成协议，请准予登记，发给《离婚证》。

姓　名			
性　别			
民　族			
出生日期	年　月　日		年　月　日
户籍地			
户籍类别			
出生地			
现在住址			
工作单位			
文化程度			
职业			
身份证件号			
结婚证字号、日期			
离婚原因	子女安排	财产处理	其他协议

双方申请人签字并按指纹

申请人________年____月____日

申请人________年____月____日

审查处理结果

有关单位调解意见	
审查处理结果	
登记日期	年　月　日

续表

结婚证字号	字第　　号	
承办机关名称及婚姻		
登记管理员签名		
当事人领证签名并按指纹	男方：	女方：
领证日期	年　　月　　日	年　　月　　日

注 意 事 项

离婚登记申请书，是夫妻双方向婚姻登记机关申请离婚时所使用的法律文书。

登记离婚，又称两愿离婚、协议离婚，是指夫妻双方自愿离婚，并就离婚的法律后果达成协议，经过婚姻登记机关认可即可以解除婚姻关系的一种离婚方式。登记离婚要求夫妻双方必须就离婚、子女及财产的有关问题达成共识，并共同持有关证件和证明向婚姻登记机关提出离婚申请，婚姻登记机关收到当事人的申请后，对经查实符合离婚条件的离婚申请予以登记并发给离婚证。这种离婚方式，不仅手续简便、节省时间和费用，而且无须陈述离婚的具体原因，有利于保护婚姻当事人的隐私。

填写本文书时需要注意的问题是：当事人属于未达成离婚协议的、属于无民事行为能力人或者限制民事行为能力人的、其结婚登记不是在中国内地办理的这三种情况之一，婚姻登记机关不予受理申请。

离婚协议书

甲方：________________（应依次写明其姓名、性别、年龄、民族、籍贯、职业或者工作单位和职务、住址、联系电话）。

乙方：________________（应依次写明其姓名、性别、年龄、民族、籍贯、职业或者工作单位和职务、住址、联系电话）。

双方经过充分考虑、协商，现就离婚问题达成协议如下（简述双方离婚的原因）：

一、双方在感情上已经完全破裂，没有和好的可能。因此，双方均同意解除婚姻关系。（写明双方是否自愿离婚的意思表示）

二、明确子女的抚养归属权及抚养费（含生活费、教育费、医疗费等）的负担，并写明给付上述费用的具体时间、方式。在抚养费条款之后，还应当就非直接抚养一方对子女的探望权作出时间、地点等明确具体的约定。

三、夫妻共同财产的分割

____

______(含房产、物业、电器、家具、通讯设备、交通工具、现金存款、有价证券、股权等)。

四、对债权债务的处理

____

______(对夫妻关系存续期间共同的债权、债务的享有和承担的具体处理)。

男方:________ 女方:________

________年____月____日

注 意 事 项

离婚协议书,是指夫妻双方自愿离婚,并就财产分割、子女抚养等问题协商一致而签订的法律文书。

离婚协议书是办理离婚登记的必备材料,我国法律不承认口头离婚协议。婚姻登记机关需要对离婚协议书进行审查。从离婚协议的内容上看,主要包括自愿离婚、子女抚养、财产及债务处理三个方面。其中,自愿离婚即双方自愿解除婚姻关系。子女抚养涉及当事人一方行使抚养权,另一方支付抚养费,包括子女生活费、教育费、医疗费等费用;此外,还涉及未抚养子女一方探视权行使及保障等内容。财产及债务处理则主要涉及夫妻关系存续期间的共同财产如何分割,共同债务如何清偿。

制作本文书时应当注意写明自愿离婚、子女抚养、财产及债务处理以及其他当事人认为必要的内容,协议的内容应当详细、具体,具有可操作性。

流程图表

内地居民办理离婚登记

携带相关证件和证明材料：（1）本人的户口簿、身份证；（2）本人的结婚证；（3）双方当事人共同签署的离婚协议书

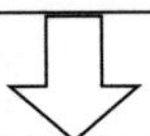

共同到一方当事人常住户口所在地的婚姻登记机关（县级人民政府民政部门或者乡镇人民政府）

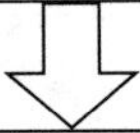

婚姻登记机关对离婚登记当事人出具的证件、证明材料进行审查并询问相关情况

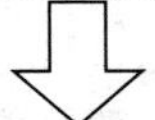

当事人确属自愿离婚，并已对子女抚养、财产、债务等问题达成一致处理意见

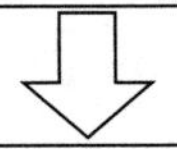

当场予以登记，发给离婚证

有下列情形之一的，婚姻登记机关不予受理：
（1）未达成离婚协议的；
（2）属于无民事行为能力人或者限制民事行为能力人的；
（3）其结婚登记不是在中国内地办理的

港澳台居民办理离婚登记

携带相关证件和证明材料：（1）本人的户口簿、身份证；（2）本人的结婚证；（3）双方当事人共同签署的离婚协议书；（4）港澳台居民本人的有效通行证、身份证

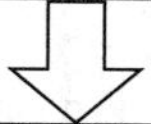

共同到内地居民常住户口所在地的婚姻登记机关（省、自治区、直辖市人民政府民政部门或者其确定的具体机关）

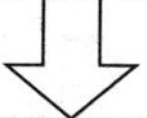

婚姻登记机关对离婚登记当事人出具的证件、证明材料进行审查并询问相关情况

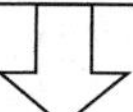

当事人确属自愿离婚，并已对子女抚养、财产、债务等问题达成一致处理意见

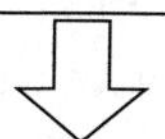

当场予以登记，发给离婚证

有下列情形之一的，婚姻登记机关不予受理：
（1）未达成离婚协议的；
（2）属于无民事行为能力人或者限制民事行为能力人的；
（3）其结婚登记不是在中国内地办理的

华侨或外国人办理离婚登记

携带相关证件和证明材料：（1）本人的户口簿、身份证；（2）本人的结婚证；（3）双方当事人共同签署的离婚协议书；（4）华侨或外国人本人的有效护照或者其他有效国际旅行证件

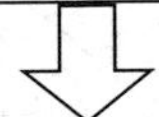

共同到内地居民常住户口所在地的婚姻登记机关（省、自治区、直辖市人民政府民政部门或者其确定的具体机关）

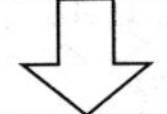

婚姻登记机关对离婚登记当事人出具的证件、证明材料进行审查并询问相关情况

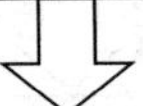

当事人确属自愿离婚，并已对子女抚养、财产、债务等问题达成一致处理意见

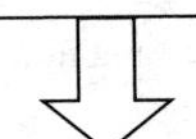

当场予以登记，发给离婚证

有下列情形之一的，婚姻登记机关不予受理：
（1）未达成离婚协议的；
（2）属于无民事行为能力人或者限制民事行为能力人的；
（3）其结婚登记不是在中国内地办理的

(2)离婚财产分割

最高人民法院关于人民法院审理离婚案件处理财产分割问题的若干具体意见

1. 1993年11月3日发布
2. 法发〔1993〕32号

人民法院审理离婚案件对夫妻共同财产的处理,应当依照《中华人民共和国婚姻法》、《中华人民共和国妇女权益保障法》及有关法律规定,分清个人财产、夫妻共同财产和家庭共同财产,坚持男女平等,保护妇女、儿童的合法权益,照顾无过错方,尊重当事人意愿,有利生产、方便生活的原则,合情合理地予以解决。根据上述原则,结合审判实践,提出如下具体意见:

1. 夫妻双方对财产归谁所有以书面形式约定的,或以口头形式约定,双方无争议的,离婚时应按约定处理。但规避法律的约定无效。

2. 夫妻双方在婚姻关系存续期间所得的财产,为夫妻共同财产,包括:

(1)一方或双方劳动所得的收入和购置的财产;

(2)一方或双方继承、受赠的财产;

(3)一方或双方由知识产权取得的经济利益;

(4)一方或双方从事承包、租赁等生产、经营活动的收益;

(5)一方或双方取得的债权;

(6)一方或双方的其他合法所得。

3. 在婚姻关系存续期间,复员、转业军人所得的复员费、转业费,结婚时间10年以上的,应按夫妻共同财产进行分割。复员军人从部队带回的医药补助费和回乡生产补助费,应归本人所有。

4. 夫妻分居两地分别管理、使用的婚后所得财产,应认定为夫妻共同财产。在分割财产时,各自分别管理、使用的财产归各自所有。双方所分财产相差悬殊的,差额部分,由多得财产的一方以与差额相当的财产抵偿另一方。

5. 已登记结婚,尚未共同生活,一方或双方受赠的礼金、礼物应认定为夫妻共同财产,具体处理时应考虑财产来源、数量等情况合理分割。各自出资购置、各自使用的财物,原则上归各自所有。

6. 一方婚前个人所有的财产,婚后由双方共同使用、经营、管理的,房屋和其他价值较大的生产资料经过8年,贵重的生活资料经过4年,可视为夫妻共同财产。

7. 对个人财产还是夫妻共同财产难以确定的,主张权利的一方有责任举证。当事人举不出有力证据,人民法院又无法查实的,按夫妻共同财产处理。

8. 夫妻共同财产,原则上均等分割。根据生产、生活的实际需要和财产的来源等情况,具体处理时也可以有所差别。属于个人专用的物品,一般归个人所有。

9. 一方以夫妻共同财产与他人合伙经营的,入伙的财产可分给一方所有,分得入伙财产的一方对另一方应给予相当于入伙财产一半价值的补偿。

10. 属于夫妻共同财产的生产资料,可分给有经营条件和能力的一方。分得该生产资料的一方对另一方应给予相当于该财产一半价值的补偿。

11. 对夫妻共同经营的当年无收益的养殖、种植业等,离婚时应从有利于发展生产、有利于经营管理考虑,予以合理分割或折价处理。

12. 婚后 8 年内双方对婚前一方所有的房屋进行过修缮、装修、原拆原建,离婚时未变更产权的,房屋仍归产权人所有,增值部分中属于另一方应得的份额,由房屋所有权人折价补偿另一方;进行过扩建的,扩建部分的房屋应按夫妻共同财产处理。

13. 对不宜分割使用的夫妻共有的房屋,应根据双方住房情况和照顾抚养子女方或无过错方等原则分给一方所有。分得房屋的一方对另一方应给予相当于该房屋一半价值的补偿。在双方条件等同的情况下,应照顾女方。

14. 婚姻存续期间居住的房屋属于一方所有,另一方以离婚后无房居住为由,要求暂住的,经查实可据情予以支持,但一般不超过两年。

无房一方租房居住经济上确有困难的,享有房屋产权的一方可给予一次性经济帮助。

15. 离婚时一方尚未取得经济利益的知识产权,归一方所有。在分割夫妻共同财产时,可根据具体情况,对另一方予以适当的照顾。

16. 婚前个人财产在婚后共同生活中自然毁损、消耗、灭失,离婚时一方要求以夫妻共同财产抵偿的,不予支持。

17. 夫妻为共同生活或为履行抚养、赡养义务等所负债务,应认定为夫妻共同债务,离婚时应当以夫妻共同财产清偿。

下列债务不能认定为夫妻共同债务,应由一方以个人财产清偿:

(1)夫妻双方约定由个人负担的债务,但以逃避债务为目的的除外。

(2)一方未经对方同意,擅自资助与其没有抚养义务的亲朋所负的债务。

(3)一方未经对方同意,独自筹资从事经营活动,其收入确未用于共同生活所负的债务。

(4)其他应由个人承担的债务。

18. 婚前一方借款购置的房屋等财物已转化为夫妻共同财产的,为购置财物借款所负债务,视为夫妻共同债务。

19. 借婚姻关系索取的财物,离婚时,如结婚时间不长,或者因索要财物造成对方生活困难的,可酌情返还。

对取得财物的性质是索取还是赠与难以认定的,可按赠与处理。

20. 离婚时夫妻共同财产未从家庭共同财产中析出,一方要求析产的,可先就离婚和已查清的财产问题进行处理,对一时确实难以查清的财产的分割问题可告知当事人另案处理;或者中止离婚诉讼,待析产案件审结后再恢复离婚诉讼。

21. 一方将夫妻共同财产非法隐藏、转移拒不交出的,或非法变卖、毁损的,分割财产时,对隐藏、转移、变卖、毁损财产的一方,应予以少分或不分。具体处理时,应把隐藏、转移、变卖、毁损的财产作为隐藏、转移、变卖、毁损财产的一方分得的财产份额,对另一方的应得的份额应以其他夫妻共同财产折抵,不足折抵的,差额部分由隐藏、转移、变卖、毁损财产的一方折价补偿对方。

对非法隐藏、转移、变卖、毁损夫妻共同财产的一方,人民法院可依照《中华人民共和国民事诉讼法》第一百零二条的规定进行处理。

22. 属于事实婚姻的，其财产分割适用本意见。

属于非法同居的，其财产分割按最高人民法院《关于人民法院审理未办结婚登记而以夫妻名义同居生活案件的若干意见》的有关规定处理。

最高人民法院关于审理离婚案件中公房使用、承租若干问题的解答

1. 1996年2月5日发布
2. 法发〔1996〕4号

人民法院审理离婚案件对公房使用、承租问题应当依照《中华人民共和国民法通则》、《中华人民共和国婚姻法》、《中华人民共和国妇女权益保障法》和其他有关法律规定，坚持男女平等和保护妇女、儿童合法权益等原则，考虑双方的经济收入，实事求是，合情合理地予以解决。现将审判实践中提出的一些问题，根据有关法律的规定，解答如下：

一、问：在离婚案件中，当事人对公房的使用、承租问题发生争议，人民法院可否予以处理？

答：在离婚案件中，当事人对公房的使用、承租问题发生争议，自行协商不成，或者经当事人双方单位或有关部门调解不成的，人民法院应根据案件的具体情况，依法予以妥善处理。

二、问：夫妻共同居住的公房，在什么情况下，离婚后双方均可承租？

答：夫妻共同居住的公房，具有下列情形之一的，离婚后，双方均可承租：

（一）婚前由一方承租的公房，婚姻关系存续5年以上的；

（二）婚前一方承租的本单位的房屋，离婚时，双方均为本单位职工的；

（三）一方婚前借款投资建房取得的公房承租权，婚后夫妻共同偿还借款的；

（四）婚后一方或双方申请取得公房承租权的；

（五）婚前一方承租的公房，婚后因该承租房屋拆迁而取得房屋承租权的；

（六）夫妻双方单位投资联建或联合购置的共有房屋的；

（七）一方将其承租的本单位的房屋，交回本单位或交给另一方单位后，另一方单位另给调换房屋的；

（八）婚前双方均租有公房，婚后合并调换房屋的；

（九）其他应当认定为夫妻双方均可承租的情形。

三、问：对夫妻双方均可承租的公房，应依照什么原则处理？

答：对夫妻双方均可承租的公房，应依照下列原则予以处理：

（一）照顾抚养子女的一方；

（二）男女双方在同等条件下，照顾女方；

（三）照顾残疾或生活困难的一方；

（四）照顾无过错一方。

四、问：对夫妻双方均可承租的公房而由一方承租的，承租方对另一方是否给予

经济补偿?

答:对夫妻双方均可承租的公房而由一方承租的,承租方对另一方可给予适当的经济补偿。

五、问:夫妻双方均可承租的公房能够隔开分室居住使用的,可否由双方分别租住?

答:夫妻双方均可承租的公房,如其面积较大能够隔开分室居住使用的,可由双方分别租住;对可以另调房屋分别租住或承租方给另一方解决住房的,可予准许。

六、问:离婚时,一方对另一方婚前承租的公房无权承租的,可否暂时居住?

答:离婚时,一方对另一方婚前承租的公房无权承租而解决住房确有困难的,人民法院可调解或判决其暂时居住,暂住期限一般不超过两年。暂住期间,暂住方应交纳与房屋租金等额的使用费及其他必要的费用。

七、问:离婚时,一方对另一方婚前承租的公房无权承租而另行租房经济上确有困难的,如何处理?

答:离婚时,一方对另一方婚前承租的公房无权承租,另行租房经济上确有困难的,如承租公房一方有负担能力,应给予一次性经济帮助。

八、问:在调整和变更单位自管房屋租赁关系时,是否需征得自管房单位的同意?

答:人民法院在调整和变更单位自管房屋(包括单位委托房地产管理部门代管的房屋)的租赁关系时,应征求自管房单位的意见。经调解或判决变更房屋租赁关系的,承租人应依照有关规定办理房屋变更登记手续。

九、问:对夫妻双方共同出资而取得"部分产权"的房屋,应如何处理?

答:对夫妻共同出资而取得"部分产权"的房屋,人民法院可参照上述有关解答,予以妥善处理。但分得房屋"部分产权"的一方,一般应按所得房屋产权的比例,依照离婚时当地政府有关部门公布的同类住房标准价,给予对方一半价值的补偿。

十、问:对夫妻双方均争房屋"部分产权"的,可否采取竞价方式解决?

答:对夫妻双方均争房屋"部分产权"的,如双方同意或者双方经济、住房条件基本相同,可采取竞价方式解决。

最高人民法院关于下放职工高乃春与汪家敏离婚案件中退职金如何处理问题的批复

1. 1964年4月25日发布
2. 〔64〕法研字第32号

辽宁省高级人民法院:

你院1963年10月14日〔63〕法民字第75号《关于高乃春与汪家敏离婚案件中有关退职金如何处理的问题的请示》收阅。我院认为,高乃春于1963年3月下放农村参加农业生产,其妻汪家敏于同年10月便提出离婚,并要求分劈高乃春的退职金是没有理由的。退职金是国家给高乃春到农村安家立业之用。汪家敏因高乃春下放而要求离婚,在离婚时就不应准许汪家敏分劈高乃春的退职金。

汪家敏在离婚后如果生活上暂时确

有困难，或有子女归她抚养时，可根据双方经济情况判给适当数量的生活补助费或子女抚养费。

此复

最高人民法院关于刘立民与赵淑华因离婚诉讼涉及民办私立学校校产分割一案的复函

1. 2003年8月7日发布
2. 〔2002〕民监他字第13号

辽宁省高级人民法院：

你院请示收悉，经研究，答复如下：

刘立民、赵淑华夫妻共同投资办学，应共同享有办学积累中属于夫妻的财产权益。原一、二审判决将办学积累全部认定为刘立民、赵淑华二人的共同财产进行分割没有法律依据。

刘立民、赵淑华夫妻离婚，已丧失了共同办学的条件，对其共同享有的财产权益应予分割。根据本案具体情况，为维护学校完整，学校由赵淑华单独管理后，赵淑华应对刘立民丧失的财产权益以及由此丧失的期待利益予以补偿。补偿数额可参照原二审判决的数额。

最高人民法院关于审理涉及夫妻债务纠纷案件适用法律有关问题的解释

1. 2018年1月8日最高人民法院审判委员会第1731次会议通过
2. 2018年1月16日公布
3. 法释〔2018〕2号
4. 自2018年1月18日起施行

为正确审理涉及夫妻债务纠纷案件，平等保护各方当事人合法权益，根据《中华人民共和国民法总则》《中华人民共和国婚姻法》《中华人民共和国合同法》《中华人民共和国民事诉讼法》等法律规定，制定本解释。

第一条　夫妻双方共同签字或者夫妻一方事后追认等共同意思表示所负的债务，应当认定为夫妻共同债务。

第二条　夫妻一方在婚姻关系存续期间以个人名义为家庭日常生活需要所负的债务，债权人以属于夫妻共同债务为由主张权利的，人民法院应予支持。

第三条　夫妻一方在婚姻关系存续期间以个人名义超出家庭日常生活需要所负的债务，债权人以属于夫妻共同债务为由主张权利的，人民法院不予支持，但债权人能够证明该债务用于夫妻共同生活、共同生产经营或者基于夫妻双方共同意思表示的除外。

第四条　本解释自2018年1月18日起施行。

本解释施行后，最高人民法院此前作出的相关司法解释与本解释相抵触的，以本解释为准。

典型案例

雷某某诉宋某某离婚纠纷案*

（最高人民法院审判委员会讨论通过
2016年9月19日发布）

关键词 民事 离婚 离婚时 擅自处分共同财产

裁判要点

一方在离婚诉讼期间或离婚诉讼前，隐藏、转移、变卖、毁损夫妻共同财产，或伪造债务企图侵占另一方财产的，离婚分割夫妻共同财产时，依照《中华人民共和国婚姻法》第四十七条的规定可以少分或不分财产。

相关法条

《中华人民共和国婚姻法》第47条

基本案情

原告雷某某（女）和被告宋某某于2003年5月19日登记结婚，双方均系再婚，婚后未生育子女。双方婚后因琐事感情失和，于2013年上半年产生矛盾，并于2014年2月分居。雷某某曾于2014年3月起诉要求与宋某某离婚，经法院驳回后，双方感情未见好转。2015年1月，雷某某再次诉至法院要求离婚，并依法分割夫妻共同财产。宋某某认为夫妻感情并未破裂、不同意离婚。

雷某某称宋某某名下在中国邮政储蓄银行的账户内有共同存款37万元，并提交存取款凭单、转账凭单作为证据。宋某某称该37万元，来源于婚前房屋拆迁补偿款及养老金，现尚剩余20万元左右（含养老金14 322.48元），并提交账户记录、判决书、案款收据等证据。

宋某某称雷某某名下有共同存款25万元，要求依法分割。雷某某对此不予认可，一审庭审中其提交在中国工商银行尾号为4179账户自2014年1月26日起的交易明细，显示至2014年12月21日该账户余额为262.37元。二审审理期间，应宋某某的申请，法院调取了雷某某上述中国工商银行账号自2012年11月26日开户后的银行流水明细，显示雷某某于2013年4月30日通过ATM转账及卡取的方式将该账户内的195 000元转至案外人雷某齐名下。宋某某认为该存款是其婚前房屋出租所得，应归双方共同所有，雷某某在离婚之前即将夫妻共同存款转移。雷某某提出该笔存款是其经营饭店所得收益，开始称该笔款已用于夫妻共同开销，后又称用于偿还其外甥女的借款，但雷某某对其主张均未提供相应证据证明。另，雷某某在庭审中曾同意各自名下存款归各自所有，其另行支付宋某某10万元存款，后雷某某反悔，不同意支付。

裁判结果

北京市朝阳区人民法院于2015年4月16日作出（2015）朝民初字第04854号民事判决：准予雷某某与宋某某离婚；雷某某名下中国工商银行尾号为4179账户内的存款归雷某某所有，宋某某名下中国邮政储蓄银行账号尾号为7101、9389及1156账户内的存款归宋某某所有，并对其他财产和债务问题进行了处理。宣判

---

* 最高人民法院指导案例66号，摘自最高人民法院官网。

后，宋某某提出上诉，提出对夫妻共同财产雷某某名下存款分割等请求。北京市第三中级人民法院于 2015 年 10 月 19 日作出(2015)三中民终字第 08205 号民事判决：维持一审判决其他判项，撤销一审判决第三项，改判雷某某名下中国工商银行尾号为 4179 账户内的存款归雷某某所有，宋某某名下中国邮政储蓄银行尾号为 7101 账户、9389 账户及 1156 账户内的存款归宋某某所有，雷某某于本判决生效之日起七日内支付宋某某 12 万元。

裁判理由

法院生效裁判认为：婚姻关系以夫妻感情为基础。宋某某、雷某某共同生活过程中因琐事产生矛盾，在法院判决不准离婚后，双方感情仍未好转，经法院调解不能和好，双方夫妻感情确已破裂，应当判决准予双方离婚。

本案二审期间双方争议的焦点在于雷某某是否转移夫妻共同财产和夫妻双方名下的存款应如何分割。《中华人民共和国婚姻法》第十七条第二款规定："夫妻对共同所有的财产，有平等的处理权。"第四十七条规定："离婚时，一方隐藏、转移、变卖、毁损夫妻共同财产，或伪造债务企图侵占另一方财产的，分割夫妻共同财产时，对隐藏、转移、变卖、毁损夫妻共同财产或伪造债务的一方，可以少分或不分。离婚后，另一方发现有上述行为的，可以向人民法院提起诉讼，请求再次分割夫妻共同财产。"这就是说，一方在离婚诉讼期间或离婚诉讼前，隐藏、转移、变卖、毁损夫妻共同财产，或伪造债务企图侵占另一方财产的，侵害了夫妻对共同财产的平等处理权，离婚分割夫妻共同财产时，应当依照《中华人民共和国婚姻法》第四十七条的规定少分或不分财产。

本案中，关于双方名下存款的分割，结合相关证据，宋某某婚前房屋拆迁款转化的存款，应归宋某某个人所有，宋某某婚后所得养老保险金，应属夫妻共同财产。雷某某名下中国工商银行尾号为 4179 账户内的存款为夫妻关系存续期间的收入，应作为夫妻共同财产予以分割。雷某某于 2013 年 4 月 30 日通过 ATM 转账及卡取的方式，将尾号为 4179 账户内的 195 000 元转至案外人名下。雷某某始称该款用于家庭开销，后又称用于偿还外债，前后陈述明显矛盾，对其主张亦未提供证据证明，对钱款的去向不能作出合理的解释和说明。结合案件事实及相关证据，认定雷某某存在转移、隐藏夫妻共同财产的情节。根据上述法律规定，对雷某某名下中国工商银行尾号 4179 账户内的存款，雷某某可以少分。宋某某主张对雷某某名下存款进行分割，符合法律规定，予以支持。故判决宋某某婚后养老保险金 14 322.48 元归宋某某所有，对于雷某某转移的 19.5 万元存款，由雷某某补偿宋某某 12 万元。

莫君飞诉李考兴离婚纠纷案*

【裁判摘要】

婚姻当事人之间为离婚达成的协议是一种要式协议，即双方当事人达成离婚合意，并在协议上签名才能使离婚协议生效。双方当事人对财产的处理是以达成离婚为前提，虽然已经履行了财产权利的

* 摘自《最高人民法院公报》2011 年第 12 期。

变更手续，但因离婚的前提条件不成立而没有生效，已经变更权利人的财产仍属于夫妻婚姻存续期间的共同财产。

原告：莫君飞。

被告：李考兴。

原告莫君飞因与被告李考兴发生离婚纠纷，向广东省怀集县人民法院提起诉讼。

原告莫君飞诉称：原告与被告李考兴于2002年上半年经人介绍相识，2003年3月双方登记结婚，同年10月21日生育一子李序宇。由于婚前双方缺乏了解，草率结合，婚后双方性格完全不合，被告性格自私、多疑，把妻子当作个人财产。原告作为一名教师，见到同学、同事或学生家长时，难免要互谈几句，但被告对原告的正常交往均干涉限制，对原告恶言相向，甚至侮辱原告人格。平时，原、被告之间很少谈心，原告得病，被告也漠不关心，双方根本无法建立应有的夫妻感情。2007年暑假，原告为了家庭生活及缓解夫妻矛盾，向被告提出外出做家教，遭到被告的反对，并经原告母亲出面制止原告外出，声称“如果要外出家教，必须先办离婚手续”等等。由于原、被告夫妻感情不断恶化，双方曾于2010年5月协议离婚，但因财产等问题协商未果。2010年7月，被告为在离婚时霸占夫妻共有财产，骗取原告将(2006)第0036号土地使用证范围内的土地使用权全部变更给被告。2010年8月初，被告将原告赶出家门，并将家里的门锁全部换掉，原告被迫在外租房与儿子共同生活。原、被告的夫妻感情彻底破裂，无和好可能，原告坚决要求离婚。原、被告在夫妻关系存续期间的财产有坐落在怀城镇育秀居委会的宅基地(2006)第0036号土地使用证范围内的土地使用权价值15万元及电器、家具等，应依法分割处理。为此，特向法院提起诉讼，请求：1. 判决原告与被告离婚；2. 儿子李序宇由原告抚养，抚养费用由原、被告共同承担；3. 依法平分夫妻共同财产(价值约15万元)；4. 本案受理费由被告负担。

被告李考兴辩称：原告莫君飞与被告经人介绍相识后，经一年的自由恋爱，双方对对方的性格已完全了解，应有牢固的婚前基础。婚后，双方生育有儿子李序宇，被告通过人事关系两次为原告调动工作。在2009年12月原告因病住院15天，被告每天陪护至原告康复，可见夫妻感情深厚、牢固。原、被告还有和好可能，被告坚决不同意离婚，请求法官多做原告的思想工作，使原告放弃离婚念头，挽救原、被告的婚姻关系。

广东省怀集县人民法院一审查明：

原告莫君飞与被告李考兴于2002年上半年经人介绍相识，2003年3月双方登记结婚，同年10月21日生育一子李序宇。婚后，原、被告的夫妻感情较好。2007年暑假，李考兴阻止莫君飞外出做家教，双方发生言语争执。之后，夫妻关系时好时坏。2010年5月，莫君飞草拟离婚协议一份交给李考兴。李考兴答应如果儿子由其抚养和夫妻存续期间购买的宅基地(使用权登记为女方，价值20万元)归男方所有的，愿意去办离婚手续。同年7月，原、被告双方到土地管理部门将原登记在莫君飞名下的(2006)第0036号《土地使用证》范围内的土地使用权全部变更给李考兴名下。但是，李考兴反悔，不同意离婚。同年8月初，莫君飞搬离家中在外租屋居住，并向法院提起诉讼,请求判决准许离婚,并分割共同财产。

经广东省怀集县人民法院主持调解,因原告莫君飞要求离婚,被告李考兴则不同意离婚,调解未果。

本案一审的争议焦点是:原告莫君飞与被告李考兴草拟的离婚协议是否生效,变更后的财产是否仍是夫妻共同财产。

广东省怀集县人民法院一审认为:

原告莫君飞与被告李考兴经人介绍相识并恋爱,双方经一段时间相互了解并自愿登记结婚,双方具有较好的感情基础。婚后,原、被告在生活和工作上能相互扶持,双方建立有一定的夫妻感情;原、被告生育的儿子尚年幼,从双方诉讼中反映的情况,现儿子极需父母的爱护,双方离婚,对儿子会造成伤害,因此,莫君飞主张离婚的诉讼请求,不予支持。

对于双方当事人是否达成离婚协议问题。离婚协议是解除夫妻双方人身关系的协议,该协议是一种要式协议,必须经双方当事人签名确认才能生效,即双方在协议上签名画押是其成立的前提条件。否则,即使有证人在场见证,证明双方达成离婚合意,但由于一方没有在离婚协议上签名确认,在法律上该离婚协议是没有成立的。原告莫君飞于2010年5月草拟离婚协议一份交给被告李考兴,虽然李考兴口头答应离婚,且双方履行了共同财产分割的部分,可以认定双方对离婚达成了合意,但是由于李考兴并没有在协议上签名导致离婚协议欠缺合同成立的要件,且事后李考兴反悔不愿离婚,因此不能根据仅有一方签名的离婚协议判决双方离婚。

对于双方当事人在离婚前作出的财产处理问题。本案离婚协议是属于婚内离婚协议,所谓婚内离婚协议,是指男女双方在婚姻关系存续期间,以解除婚姻关系为基本目的,并就财产分割及子女抚养问题达成的协议。婚内离婚协议是以双方协议离婚为前提,一方或者双方为了达到离婚的目的,可能在子女抚养、财产分割等方面作出有条件的让步。在双方未能在婚姻登记机关登记离婚的情况下,该协议没有生效,对双方当事人均不产生法律约束力,其中关于子女抚养、财产分割的约定,不能当然作为人民法院处理离婚案件的直接依据。原告莫君飞与被告李考兴在协议离婚过程中经双方协商对财产分割进行处理,是双方真实意思表示,并且已经进行了变更登记,但由于李考兴并未在离婚协议上签名,达不到离婚协议的成立要件,因此,该婚内离婚协议无效,即按该协议所进行的履行行为也可视为无效。虽然(2006)第0036号《土地使用证》范围内的土地使用权变更在李考兴名下,但该土地使用权还是莫君飞和李考兴婚姻存续期间的共同财产,与原来登记在莫君飞名下的性质是一样的。

综上,只要双方珍惜已建立的夫妻感情,慎重对待婚姻家庭问题,做到互相尊重、互相关心,夫妻是有和好可能的。据此,广东省怀集县人民法院依照《中华人民共和国民事诉讼法》第一百二十八条,《中华人民共和国婚姻法》第三十二条第二款的规定,于2010年12月2日判决:

驳回原告莫君飞的离婚诉讼请求。

案件受理费人民币150元,由原告莫君飞负担。

一审判决后,原告莫君飞与被告李考兴均没有提起上诉,判决已经生效。

孙某与祁某离婚纠纷上诉案

上诉人(原审被告)孙某。

委托代理人董香菊。

被上诉人(原审原告)祁某。

上诉人孙某因与被上诉人祁某离婚纠纷一案,不服新乡市红旗区人民法院(2009)红民一初字第6号民事判决,向本院提起上诉。本院依法组成合议庭审理了本案,现已审理终结。

原审认定:原、被告于1987年经人介绍相识,于1988年2月28日在新乡县大块镇登记结婚,婚前双方感情尚可,婚后常为家庭琐事发生争吵,于1990年1月25日婚生一女祁某某,现年19岁,之后又抱养一男孩,于1999年8月16日出生,取名祁某泽,现年9岁,原告曾于2007年向法院起诉要求离婚,法院未判离婚。现原告再次以夫妻感情破裂为由,要求与被告离婚。还查实,原、被告均无婚前财产。婚后共同财产有:位于新乡市红旗区向阳新村春区某号楼某单元某号房产一套、小天鹅自动洗衣机一台、双人床1张、单人床一张、美乐牌20寸彩电一台、组合柜一套、餐桌一张。庭审时原告自愿放弃对该房屋的分割,同意归被告所有,并且原告要求男孩祁某泽随原告生活,自行抚养。另查明:原、被告婚后经营有两个洗涤用品厂,一直由原告经营的厂名为新乡市郊区中奇日化厂,被告经营的厂名为新乡市清云洗涤用品厂。原、被告婚后无共同存款及债权,双方均称有债务,但均未提交相应证据。

原审认为:夫妻双方应当相亲相爱、彼此相互尊重,相互关心,相互沟通。双方虽于1988年结婚,时间较长,但在共同生活中未培养起来真正的夫妻感情,经常因家庭琐事产生矛盾争吵,为此原告祁某曾向法院起诉离婚,经法院判决不准离婚后,双方并未珍惜和好机会,现原告再次起诉离婚,由此可见,双方的感情确已破裂,对原告要求离婚的诉讼请求,予以支持。关于孩子的抚养问题,婚后双方领养的男孩祁某泽系男孩,庭审中原告表示自行抚养,考虑到男孩随原告生活对其成长有利,故男孩由原告抚养为宜。女孩已成年,其抚养问题,本案不再考虑。婚后位于新乡市红旗区向阳新村春区某号楼某单元某号的房产,因原告表示放弃该房的分割,同意归被告所有,故该房屋应归被告所有。关于双方所经营的洗涤厂,考虑实际情况,新乡市郊区中奇日化厂一直由原告经营,该厂应继续由原告经营为宜。新乡市清云洗涤用品厂一直由被告经营,该厂由被告继续经营为宜。其他财产根据法律规定酌情分割。依照《中华人民共和国婚姻法》第三十二条、第三十九条之规定,原审判决:一、准予原告祁某与被告孙某离婚。二、孩子祁某泽由原告祁某自行抚养。三、原、被告共同所有的位于新乡市红旗区向阳新村春区某号楼某单元某号的房产归被告孙某所有;婚后其他财产美乐牌20寸彩电一台、双人床一张、组合柜一套、小天自动洗衣机归原告祁某所有,单人床一张、餐桌一个归被告孙某所有。四、新乡市郊区中奇日化厂由原告祁某经营。新乡市清云洗涤用品厂由被告孙某经营。案件受理费300元,原、被告各负担150元。

孙某不服原审判决上诉称:双方感情

较好，上诉人不同意离婚，一审认定事实不清，判决显失公正。请求二审予以改判。祁某答辩称：原审认定事实清楚，判决正确，应予维持。

本院经审理查明的事实与原审认定一致。

本院认为：夫妻感情是否破裂是判断应否离婚的主要标准。本案中孙某与祁某虽结婚后共同生活多年，但双方在共同生活期间未能建立真挚的夫妻感情，因家务琐事经常发生争吵，祁某曾向法院起诉要求离婚，经判决不准离婚后，双方感情并未好转，现祁某再次起诉要求离婚，经本院对其做和好工作无望，说明双方夫妻感情确已破裂，应准予离婚。孙某不同意离婚的上诉请求本院不予支持。孙某在二审诉讼中主张有夫妻共同财产位于块村营村的房产、摩托车、生产设备等要求分割，但其在原审时并未提出该请求，现在二审中提出，本院不予审理，其可另行主张。原审认定主要事实清楚，所作判决并无不当。依照《中华人民共和国民事诉讼法》第一百五十三条第一款第（一）项之规定，判决如下：

驳回上诉，维持原判。

二审案件受理费300元，由上诉人孙某负担。

本判决为终审判决。

林某与罗某离婚后财产纠纷上诉案

上诉人（原审被告）林某，女。

委托代理人廖凯波，广东德邦律师事务所律师。

委托代理人林晓。

被上诉人（原审原告）罗某，男。

委托代理人尹艳萍，广东东立律师事务所律师。

上诉人林某因离婚后财产纠纷一案，不服广东省佛山市顺德区人民法院（2007）顺法民一初字第00571号民事判决，向本院提起上诉。本院受理后，依法组成合议庭审理了本案，现已审理终结。

原审判决认定：罗某、林某原系夫妻关系。2005年10月，林某向原审法院提起离婚诉讼。2005年12月30日，原审法院依法作出（2005）顺法民一初字第04579号民事判决，判决准予罗某、林某离婚，并对罗某、林某夫妻共同财产粤XL04××号轿车及佛山市顺德区杏坛镇新智辉电子有限公司的股份进行了分割。2006年3月22日，罗某、林某签订协议书1份，就（2005）顺法民一初字第04579号案件问题达成协议，其中约定私人借款553000元由林某承担还款义务，由于该553000元借款的债权人皆为罗某亲属，还款方式为林某直接把款项分期转付给罗某，由罗某支付给债权人，定于2006年3月25日支付53000元，以后每月支付70000元，至2006年10月31日前支付完毕。至2006年8月10日止，林某按约向罗某支付了243000元用于归还上述债务，余款310000元至今未付。2006年11月3日至12月3日，罗某分批向债权人偿还了剩余的310000元债务，遂于2007年1月5日向原审法院提起诉讼。请求判令林某返还310000元，并从2006年10月31日起计付利息，诉讼费用由林某负担。本案诉讼过程中，林某于2007年7月9日向原审法院申请对林某提交2006

年3月22日的协议书上“林某”的签名进行笔迹鉴定，以证明该协议书上“林某”的签名不是林某本人所签。后经原审法院催告，林某逾期没有向原审法院预交鉴定费用。

原审判决认为：罗某、林某原系夫妻关系，双方在法院判决离婚后，自行对有关夫妻共同债务问题达成处理协议，是双方真实意思表示，没有违反法律有关规定，该协议合法有效，双方应按协议履行义务。罗某提供2006年3月22日协议书上有林某的签名确认，林某称协议书上其签名不属实，但在向原审法院提出笔迹鉴定申请后，经原审法院催告，逾期拒不预交鉴定费用，视为放弃鉴定申请，对此，林某应承担举证不能的法律责任，承担相应的不利后果，对协议书的真实性予以确认。根据有关法律规定，当事人的离婚协议中已经对夫妻财产、债务分割问题作出处理的，债权人仍有权就夫妻共同债务向男女双方主张权利，一方就共同债务承担连带清偿责任后，基于离婚协议可向另一方主张追偿。根据双方签订的财产处理协议，林某应在2006年10月31日前归还553000元的夫妻共同债务，但林某按财产处理协议向罗某支付了243000元用于归还该债务后，余款310000元没有按约定归还。罗某在2006年12月3日前向债权人偿还了剩余的310000元共同债务事实清楚，林某应承担向罗某返还该款及支付占用资金期间利息的责任。罗某请求林某返还310000元，并计付利息的理由充分，对其合理部分予以支持。其中关于利息起算时间，应从罗某偿还债务之日，即实际占用资金之日起计算，罗某主张从2006年10月31日起计算理由不充分，不予采纳。罗某、林某于2006年3月22日签订的协议书中，虽然涉及处理包括关于办理佛山市顺德区杏坛镇新智辉电子有限公司证照等事项，但与共同债务处理是相互独立的项目，林某以罗某未履行关于该公司证照相关义务为由提出抗辩无理，不予采纳，就该项纠纷，林某可另案主张权利。林某对罗某是否归还了剩余的310000元共同债务提出异议，但在诉讼中不能提供反驳证据，不予采纳。综上所述，依照《中华人民共和国民法通则》第一百零八条、《中华人民共和国婚姻法》第四十一条、最高人民法院《关于适用〈中华人民共和国婚姻法〉若干问题的解释（二）》第二十五条的规定，判决：一、林某在判决生效之日起十日内向罗某返还代垫款310000元及其利息（利息计算方法：从2006年12月3日起至清偿之日止，按中国人民银行公布同期同类贷款利率计算）。二、驳回罗某其他诉讼请求。如果未按判决指定的期间履行给付金钱义务，应当依照《中华人民共和国民事诉讼法》第二百三十二条之规定，加倍支付迟延履行期间的债务利息。案件受理费7160元，减半收取3580元，财产保全费2120元，合共5700元，由林某负担，定于判决生效之日起十日内向原审法院交纳。

上诉人林某不服上述判决，向本院提起上诉称：一、原审判决认定事实错误，判决林某向罗某返还代垫款及利息不当。首先，案涉《协议书》第一条第四项约定的内容违反法律强制性规定，应认定无效。因为，该条约定将夫妻共同债务在未经债权人同意的情况下转移由罗某承受，违反了《中华人民共和国合同法》第八十四条“债务人将合同的义务全部或者部分转移给第三人的,应当经债权人同意”的规定。因此,该债务转让无效。其次,由于转让的债务没有明确的债权债务清单,属于概括性的转让,而罗某又没有证据证明其已向债权人履行了债务清偿责任。据此,林某向罗某返还代垫款的条件尚未成就。最后,原审法院在罗某没有证据证明其已向债权人履行了债务清偿责任即判决林某返还代垫款于法无据。如果林某依原审判决向罗某支付了该款项后,罗某不向债权人清偿债务时,林某对外仍需承担连带清偿责任,林某将承担双重的债务清偿责任,违反了公平原则。再有,在债权人放弃债权的情况下,罗某将依此判决取得不当得利,对林某来说亦不公平。综上,原审法院依据合同无效条款且在罗某未实际履行债务清偿责任,即林某返还垫付款的条件未成就的情况下,判决林某向罗某返还垫付款,不但违反了法律的有关规定,而且将使林某承担双重的债务清偿责任,也有存在罗某依据法院判决取得不当得利的可能,因此,该判决是不当的,依法应予纠正。二、原审法院程序违法,严重影响了案件的正确判决。因案涉《协议书》约定转让的债务涉及债权人的利益,依法应通知有关债权人作为第三人参加本案诉讼。只有通知有关债权人作为第三人参加本案诉讼,才能查明以下事实:1. 林某与罗某之间转让的债务是否客观真实;2. 债务的转让是否取得了债权人的同意;3. 罗某是否已向债权人履行了债务清偿责任。只有查明上述事实,才能确定林某与罗某转让债务的行为是否有效及林某向罗某返还垫付款的条件是否已成就,从而作出正确判决,排除林某承担双重的债务清偿责任及罗某因法院判决取得不当得利。综上,请求:1. 撤销原审判决,改判驳回罗某的诉讼请求;2. 本案一、二审诉讼费用由罗某承担。

被上诉人罗某答辩称:一、罗某已代为清偿了林某的债务,罗某向林某追偿有法律依据。本案涉及的债务属夫妻共同债务,由于罗某与林某在先前离婚案中对夫妻共同债务未作处理,故双方才在离婚后就未作处理的公司财产及共同债务等作出了分割处理,即在2006年3月22日签订《协议书》。该协议是林某与罗某的真实意思表示,又符合法律规定,且林某也按协议第一条第四项的规定履行了部分还款义务,因而该协议合法有效。林某认为该协议是转让债务,属对法律的曲解。首先,债务转让是债务人将合同义务转让给第三人,而本案罗某与林某相对于债权人来说都是债务人,且是连带债务人,林某并非是与债务无关的第三人;其次,夫妻关系存续期间的共同债务由夫妻双方共同偿还是法定义务,不是合同义务;再次,对婚姻等涉及身份关系的协议不适用《合同法》调整,只受《婚姻法》调整;最后,这种法定偿还义务法律允许夫妻双方协议清偿,但夫妻双方的清偿协议只在夫妻内部有效,不能对抗外部的债权人。因此,本案的协议显然不是债务转让,而是夫妻债务的内部履行承担。该协议对债权人并无约束力,债权人仍有权向夫妻任何一方主张权利,而任何一方都有连带清偿全部债务的义务,本案罗某替林某承担了还款义务,林某依法应将罗某代为清偿的债务金额归还罗某。二、罗某代为清偿林某的债务有充分的证据证实。本案的借款是罗某在婚姻关系存续期间,为夫妻双方开办的塑料厂向罗某的亲属所借,因此罗某的亲属(或朋友)向罗某主张债权不仅符合情理,也符合法律规定。而罗某已提供了代为清偿债务的证据:1. 债权人的收据;2. 债权人证实所有债务已清还的证明;3. 债权人的身份证件。林某也提供不出其已按《协议书》约定期限归还债务的证据,在罗某已提供债权人的收据及债务已清还的证明的情况下,根本不存在林某承担双重债务的可能,更不存在罗某取得不当得利的可能。因此,罗某代为清偿后向林某追偿应得到支持。综上,请求驳回上诉,维持原判。

双方当事人在二审诉讼期间均没有向本院提交新的证据。

二审诉讼期间,经本院向罗某在本案中所主张的债权人罗三文、罗耀开、苏永礼调查,上述三人均明确表示罗某所欠其的债务均已由罗某本人还清。

经审查,本院对原审判决认定的事实予以确认。

本院认为:《最高人民法院关于适用〈中华人民共和国婚姻法〉若干问题的解释(二)》第二十五条第一款规定:"当事人的离婚协议或者人民法院的判决书、裁定书、调解书已经对夫妻财产分割问题作出处理的,债权人仍有权就夫妻共同债务向男女双方主张权利。"本案中,双方当事人于2006年3月22日签订《协议书》,约定双方夫妻关系存续期间的共同债务553000元,由林某负担并直接将款项分期转付给罗某,再由罗某支付给债权人。这是双方作为连带债务人之间对债务承担份额的内部约定,而并非债务转让协议,该约定只对协议双方当事人具有约束力,并不影响债权人向双方主张的权利。经审查,该约定是双方的真实意思表示,未违反法律禁止性规定,合法有效。林某关于上述约定未经债权人同意而无效的上诉主张,缺乏法律依据,本院不予支持。罗某向债权人清偿了全部债务的事实,有债权人向其出具的收据以及证明为证,且在二审期间本院亦向部分债权人对此予以核实,因此,原审判决认定罗某已经全部清偿了双方在《协议书》中所约定553000元的夫妻共同债务正确。因上述共同债务已实际清偿,故不存在债权人仍有权向林某主张的情形。根据《最高人民法院关于适用〈中华人民共和国婚姻法〉若干问题的解释(二)》第二十五条第二款关于"一方就共同债务承担连带清偿责任后,基于离婚协议或者人民法院的法律文书向另一方主张追偿的,人民法院应当支持"的规定,罗某在本案中以自己财产偿还了夫妻共同债务后向林某追偿其应负担债务余额310000元,合法有据,应予以支持。至于林某上诉提出的原审程序违法问题,由于本案所涉债务已清偿的事实清楚,不需要通知相关债权人作为第三人参加本案诉讼,林某的上述主张,缺乏法律和事实依据,本院不予支持。

综上,原审判决认定事实清楚,适用法律正确,应予维持。据此,依照《中华人民共和国民事诉讼法》第一百五十三条第一款第(一)项之规定,判决如下:

驳回上诉,维持原判。

如果未按原审判决指定的期间履行给付金钱义务,应当依照《中华人民共和国民事诉讼法》第二百二十九条之规定,加倍支付迟延履行期间的债务利息。

二审案件受理费5950元,由上诉人林某负担。

本判决为终审判决。

文书范本

家庭经济状况公证书

（______）____字第____号

根据__________单位的证明，兹证明________的父亲________和母亲________的年收入为人民币______元，家庭所需扶养人口为____人（或家庭人均年收入低于人民币______元）。

中华人民共和国______省______市（县）公证处

公证员 ________

________年____月____日

注 意 事 项

家庭经济状况公证书是国家公证机关出具的证明公民家庭经济状况的法律文书。

家庭经济状况是由夫妻双方的收入状况组成的。现行婚姻法以婚后所得共同制为法定财产制，即夫妻共同财产制。在婚姻关系存续期间，夫妻双方或一方所得的财产，除法律另有规定或者夫妻另有约定外，均为夫妻共同所有。夫妻对共同所有的财产，平等地享有占有、使用、收益和处分的权利。本公证书适用于自费留学生申请减免学费用。

制作本文书时，公证人员应当进行详尽的调查，以保证所证明事实的真实性。

夫妻婚前财产协议书

甲方：________

乙方：________

甲乙双方于________年____月____日履行了结婚登记手续，都愿共筑爱巢，白头偕老。但为防止今后可能出现的婚前财产纠纷，现双方理智地协商，就婚前财产达成如下协议：

一、婚前财产范围：

甲方的财产有____。

乙方的财产有____。

［写明现有夫妻财产（含债务）的名称、数量、规格、种类、价值、状况等］

二、婚前财产的权利归属：

____

____

__________[写明以下内容:现有夫妻财产的归属及今后夫妻关系存续期间所得财产(债务)的归属;夫妻关系存续期间财产的使用、维修、处分的原则;其他约定,如共同债务如何清偿,财产孳息归属]。

甲乙双方无其他财产争议。

甲方:________

乙方:________

________年____月____日

<u>注 意 事 项</u>

夫妻婚前财产协议书是夫妻双方为防止出现婚前财产纠纷就婚前财产的权利归属、使用、维修处分等问题达成协议时使用的法律文书。

婚前财产是指在结婚前夫妻一方就已经取得的财产。夫妻一方的婚前财产,不管是动产还是不动产,是有形财产还是无形财产,只要合法取得,就依法受到法律保护。判断是否属于婚前财产的关键在于财产权的取得时间系在结婚之前。如果财产权的取得系在婚前,但婚后才实际占有该项财产,其性质属于婚前个人财产。

制作本文书时应当写明现有夫妻财产(含债务)的名称、数量、规格、种类、价值、状况等,并写明现有夫妻财产的归属、今后夫妻关系存续期间所得财产(债务)的归属以及共同债务如何清偿、财产孳息归属等问题。

夫妻婚后财产协议书

甲方:________

乙方:________

甲乙双方于________年____月____日履行了结婚登记手续,双方经平等协商一致,对婚姻关系存续期间的财产约定如下:

一、婚后财产范围:

甲方的财产有____。

乙方的财产有____。

[写明婚后夫妻财产(含债务)的名称、数量、规格、种类、价值、状况等]

二、婚前财产的权利归属:

____

____

____________［写明以下内容：今后夫妻关系存续期间所得财产（债务）的归属；夫妻关系存续期间财产的使用、维修、处分的原则；其他约定，如共同债务如何清偿，财产孳息归属］。

甲乙双方无其他财产争议。

甲方：________

乙方：________

________年____月____日

注意事项

夫妻婚后财产协议书是夫妻双方就夫妻关系存续期间所得财产归属、使用、处分等问题经过协商而形成的具有法律约束力的协议。

夫妻约定财产制是指夫妻以契约方式约定婚前财产和婚姻关系存续期间所得财产的归属、管理、使用、收益、处分及债务清偿、婚姻解除时财产的清算等事项，并排除法定夫妻财产制适用的制度。夫妻财产约定兼有身份合同的属性，因而不能完全适用我国合同法的法律规定。例如，不能适用合同法总则中有关代理、转让、违约责任等规定。但是，合同法中关于合同订立的规定可以适用于夫妻财产约定。夫妻财产约定的客体既可以是婚前财产，也可以是婚后所得的财产，还可以是将来可能取得的财产。夫妻财产约定不但可以约定财产权的归属，而且可以约定夫妻对财产的占有、使用、收益及处分等关系，家庭生活费用的负担，债务的清偿，婚姻关系终止时财产的清算及分配等问题。夫妻财产约定的时间，可以在结婚前、结婚时或婚姻关系存续期间。夫妻双方可以在平等自愿的基础上，对已经约定的内容进行变更，也可以通过协商一致终止该约定。

制作本文书时应当写明以下内容：今后夫妻关系存续期间所得财产（债务）的归属；夫妻关系存续期间财产的使用、维修、处分的原则；其他约定，如共同债务如何清偿，财产孳息归属。

流程图表

夫妻婚前/婚后财产公证流程

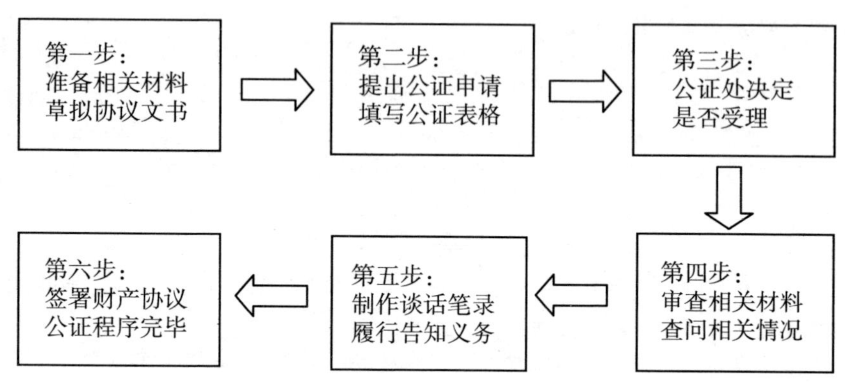

注 意 事 项

第一步：准备相关材料，草拟协议文书

(1)个人的身份证明，如身份证、户口簿，已婚的还要带上结婚证。

(2)与约定内容有关的财产所有权证明，如房产证、未拿到产权证的购房合同和付款发票等能证明财产属性的证明等。

(3)双方已经草拟好的协议书。协议书的内容一般包括：当事人的姓名、性别、职业、住址等个人基本情况、财产的名称、数量、价值、状况、归属，上述婚前财产的使用、维修、处分的原则等。

(4)一般双方当事人的签名和订约日期空缺，待公证员对协议进行审查和修改后，再在公证员面前签字。

第二步：提出公证申请，填写公证表格

(1)双方必须亲自到公证处提出公证申请，填写公证的申请表格。

(2)委托他人代理或是一个人来办婚前财产公证，是不会被受理的。

第三步：公证处决定是否受理

(1)申请人与申请公证的事项有利害关系。

(2)申请公证事项的当事人，利害关系人之间对申请公证的事项无争议。

(3)申请公证的事项，属于公证处的业务范围。

(4)申请公证的事项属于本公证处管辖。对不符合条件的申请，公证处应作出不予受理决定，并通知申请人。

第四步：审查相关材料，查问相关情况

(1)公证员审查财产协议的内容及相关财产权利证明。

(2)公证员查问当事人的订约是否受到欺骗或误导。

(3)当事人应如实回答公证员的提问。

第五步:制作谈话笔录,履行告知义务

(1)公证员履行必要的法律告知义务,告知当事人签订财产协议后所承担的法律义务及后果。

(2)当事人配合公证员制作公证谈话笔录,并在笔录上签字确认。

第六步:签署财产协议,公证程序完毕

(1)双方当事人在公证员面前签署相关财产协议书。

(2)夫妻婚前/婚后财产公证程序完毕。

(3)离婚子女抚养

最高人民法院关于人民法院审理离婚案件处理子女抚养问题的若干具体意见

1. 1993年11月3日发布

2. 法发〔1993〕30号

人民法院审理离婚案件,对子女抚养问题,应当依照《中华人民共和国婚姻法》第二十九条、第三十条及有关法律规定,从有利于子女身心健康,保障子女的合法权益出发,结合父母双方的抚养能力和抚养条件等具体情况妥善解决。根据上述原则,结合审判实践,提出如下具体意见:

1. 两周岁以下的子女,一般随母方生活。母方有下列情形之一的,可随父方生活:

(1)患有久治不愈的传染性疾病或其他严重疾病,子女不宜与其共同生活的;

(2)有抚养条件不尽抚养义务,而父方要求子女随其生活的;

(3)因其他原因,子女确无法随母方生活的。

2. 父母双方协议两周岁以下子女随父方生活,并对子女健康成长无不利影响的,可予准许。

3. 对两周岁以上未成年的子女,父方和母方均要求随其生活,一方有下列情形之一的,可予优先考虑:

(1)已做绝育手术或因其他原因丧失生育能力的;

(2)子女随其生活时间较长,改变生活环境对子女健康成长明显不利的;

(3)无其他子女,而另一方有其他子女的;

(4)子女随其生活,对子女成长有利,而另一方患有久治不愈的传染性疾病或其他严重疾病,或者有其他不利于子女身心健康的情形,不宜与子女共同生活的。

4. 父方与母方抚养子女的条件基本相同,双方均要求子女与其共同生活,但子女单独随祖父母或外祖父母共同生活多年,且祖父母或外祖父母要求并且有能力帮助子女照顾孙子女或外孙子女的,可作为子女随父或母生活的优先条件予以考虑。

5. 父母双方对十周岁以上的未成年子女随父或随母生活发生争执的，应考虑该子女的意见。

6. 在有利于保护子女利益的前提下，父母双方协议轮流抚养子女的，可予准许。

7. 子女抚育费的数额，可根据子女的实际需要、父母双方的负担能力和当地的实际生活水平确定。

有固定收入的，抚育费一般可按其月总收入的百分之二十至百分之三十的比例给付。负担两个以上子女抚育费的，比例可适当提高，但一般不得超过月总收入的百分之五十。

无固定收入的，抚育费的数额可依据当年总收入或同行业平均收入，参照上述比例确定。

有特殊情况的，可适当提高或降低上述比例。

8. 抚育费应定期给付，有条件的可一次性给付。

9. 对一方无经济收入或者下落不明的，可用其财物折抵子女抚育费。

10. 父母双方可以协议子女随一方生活并由抚养方负担子女全部抚育费。但经查实，抚养方的抚养能力明显不能保障子女所需费用，影响子女健康成长的，不予准许。

11. 抚育费的给付期限，一般至子女十八周岁为止。

十六周岁以上不满十八周岁，以其劳动收入为主要生活来源，并能维持当地一般生活水平的，父母可停止给付抚育费。

12. 尚未独立生活的成年子女有下列情形之一，父母又有给付能力的，仍应负担必要的抚育费：

(1)丧失劳动能力或虽未完全丧失劳动能力，但其收入不足以维持生活的；

(2)尚在校就读的；

(3)确无独立生活能力和条件的。

13. 生父与继母或生母与继父离婚时，对曾受其抚养教育的继子女，继父或继母不同意继续抚养的，仍应由生父母抚养。

14. 《中华人民共和国收养法》施行前，夫或妻一方收养的子女，对方未表示反对，并与该子女形成事实收养关系的，离婚后，应由双方负担子女的抚育费；夫或妻一方收养的子女，对方始终反对的，离婚后，应由收养方抚养该子女。

15. 离婚后，一方要求变更子女抚养关系的，或者子女要求增加抚育费的，应另行起诉。

16. 一方要求变更子女抚养关系有下列情形之一的，应予支持：

(1)与子女共同生活的一方因患严重疾病或因伤残无力继续抚养子女的；

(2)与子女共同生活的一方不尽抚养义务或有虐待子女行为，或其与子女共同生活对子女身心健康确有不利影响的；

(3)十周岁以上未成年子女，愿随另一方生活，该方又有抚养能力的；

(4)有其他正当理由需要变更的。

17. 父母双方协议变更子女抚养关系的，应予准许。

18. 子女要求增加抚育费有下列情形之一，父或母有给付能力的，应予支持。

(1)原定抚育费数额不足以维持当地实际生活水平的；

(2)因子女患病、上学，实际需要已超过原定数额的；

(3)有其他正当理由应当增加的。

19. 父母不得因子女变更姓氏而拒付子女抚育费。

20. 在离婚诉讼期间，双方均拒绝抚养子女的，可先行裁定暂由一方抚养。

21. 对拒不履行或妨害他人履行生效判决、裁定、调解中有关子女抚养义务的当事人或者其他人，人民法院可依照《中华人民共和国民事诉讼法》第一百零二条的规定采取强制措施。

最高人民法院关于变更子女姓氏问题的复函

1. 1981年8月14日发布
2. 〔81〕法民字第11号

辽宁省高级人民法院：

你院〔1981〕民复字2号《关于变更子女姓氏纠纷处理问题》的来函收悉。

据来文所述，陈森芳（男方）与傅家顺于1979年10月经鞍山市中级人民法院判决离婚。婚生子陈昊彬（当年7岁）判归傅家顺抚养，由陈森芳每月负担抚养费12元。现因傅家顺变更了陈昊彬的姓名而引起纠纷。

我们基本同意你院意见。傅家顺在离婚后，未征得陈森芳同意，单方面决定将陈昊彬的姓名改为傅伟继，这种做法是不当的。现在陈森芳既不同意给陈昊彬更改姓名，应说服傅家顺恢复儿子原来姓名。但婚姻法第十六条规定：“子女可以随父姓，也可以随母姓”。认为子女只能随父姓，不能随母姓的思想是不对的。因此而拒付子女抚养费是违反婚姻法的。如陈森芳坚持拒付抚养费，按照婚姻法第三十五条的规定，予以强制执行。

对上述纠纷，不要作为新案处理，宜通过说服教育息讼，或以下达通知的方式解决。

此复

最高人民法院关于夫妻关系存续期间男方受欺骗抚养非亲生子女离婚后可否向女方追索抚育费的复函

1. 1992年4月2日发布
2. 〔1991〕民他字第63号

四川省高级人民法院：

你院“关于夫妻关系存续期间男方受欺骗抚养非亲生子女离婚后可否向女方追索抚养费的请示”收悉。经研究，我们认为，在夫妻关系存续期间，一方与他人通奸生育子女，隐瞒真情，另一方受欺骗而抚养了非亲生子女，其中离婚后给付的抚育费，受欺骗方要求返还的，可酌情返还；至于在夫妻关系存续期间受欺骗方支出的抚育费用应否返还，因涉及的问题比较复杂，尚需进一步研究，就你院请示所述具体案件而言，因双方在离婚时，其共同财产已由男方一人分得，故可不予返还。

典型案例

刘青先诉徐飚、尹欣怡抚养费纠纷案*

【裁判摘要】

抚养费案件中第三人撤销权的认定，需明确父母基于对子女的抚养义务支付抚养费是否会侵犯父或母再婚后的夫妻共同财产权。虽然夫妻对共同所有财产享有平等处理的权利，但夫或妻也有合理处分个人收入的权利。除非一方支付的抚养费明显超过其负担能力或者有转移夫妻共同财产的行为，否则不能因未与现任配偶达成一致意见即认定属于侵犯夫妻共同财产权。

原告：刘青先，女，46岁，汉族，住北京市海滨区。

被告：徐飚，男，44岁，土家族，住上海市徐汇区。

被告：尹欣怡，女，7岁，土家族，住上海闵行区。

法定代理人：尹丽芳（系尹欣怡之母），32岁，土家族，住上海市闵行区。

原告刘青先因与被告徐飚、尹欣怡发生抚养费纠纷，向上海市徐汇区人民法院提起诉讼。

原告刘青先诉称：原告与被告徐飚系夫妻，于2008年4月登记结婚，被告尹欣怡系徐飚的非婚生女儿。2014年9月原告和徐飚的父亲均收到尹欣怡的母亲尹丽芳发送的短信，被告知法院于2014年7月24日作出判决，判令徐飚按每月2万元给付尹欣怡2014年2月至同年6月抚养费共计10万元，并自2014年7月起每月给付尹欣怡2万元抚养费至其20周岁止。在原告的追问下，徐飚方称尹丽芳曾于2014年4月以尹欣怡的名义提起诉讼。经向法院查询得知尹丽芳曾于2008年也向法院提起诉讼，法院也作了判决。现因（2014）徐少民初字第60号判决违反了婚姻法的有关规定，严重侵犯了原告的合法权益，请求撤销（2014）徐少民初字第60号判决，改判抚养费每月2000元。

被告尹欣怡辩称：不同意原告刘青先的诉讼请求。亲子鉴定已确定尹欣怡系被告徐飚子女。为尹欣怡的抚养事宜，徐飚与尹欣怡的母亲签订了多份协议，后因故涉诉，原告还旁听了2008年的庭审。关于尹欣怡的抚养费，法院前后有两份判决，法院的判决均是基于徐飚与尹欣怡的母亲签订的抚养协议产生的诉讼。徐飚的月收入为12.4万元，年终奖在50万至100万元，可见法院先前判决的尹欣怡的抚养费金额并未超过法律的规定，子女的抚养质量与父母的收入应该相当；原告称不了解徐飚的经济收入，说明原告夫妻的经济是分开的，徐飚有权处分自己的财产。

被告徐飚未提供答辩意见。

上海市徐汇区人民法院一审查明：

原告刘青先与被告徐飚系夫妻，于2008年4月15日登记结婚。

据法院已生效的（2014）徐少民初字第60号判决书查明：尹丽芳于2007年9月25日生育被告尹欣怡。2008年4月

* 摘自《最高人民法院公报》2016年第7期。

28日经司法鉴定科学技术研究所司法鉴定中心鉴定被告徐飚与尹欣怡之间存在亲生血缘关系。原告与徐飚的女儿于2008年11月1日出生。

2008年5月16日，尹丽芳与被告徐飚签订书面《子女抚养及财产处理协议书》，约定：尹欣怡由尹丽芳抚养，徐飚每月支付抚养费2万元，至尹欣怡20周岁时止。2008年8月尹欣怡起诉来院[(2014)徐少民初字第60号判决]，主张徐飚在协议签订后仅支付了两个月的抚养费，要求徐飚，自2007年12月起每月支付抚养费2万元至尹欣怡20周岁。法院经审理于2008年11月20日作出判决：徐飚自2007年12月每月支付尹欣怡抚养费1万元，至尹欣怡20周岁。当事人均未上诉。

2014年6月5日被告尹欣怡又起诉来院[(2014)徐少民初字第60号]，称2010年4月徐飚承诺将尹欣怡的抚养费增加至每月1.2万元；2011年10月徐飚再次将尹欣怡的抚养费增加至每月2万元，并履行至2014年1月，但此后徐飚未付抚养费，要求徐飚自2014年2月起每月给付尹欣怡抚养费2万元至其20周岁止。法院于2014年7月24日判决：一、徐飚于本判决生效之日起十日内按每月2万元给付尹欣怡2014年2月至2014年6月的抚养费共计10万元；二、徐飚自2014年7月起每月给付尹欣怡抚养费2万元，至尹欣怡20周岁止。判决后当事人均未上诉。

庭审中，原告刘青先强调(2014)徐少民初字第60号判决原告于今年9月9日刚知晓，法院该份判决的徐飚给付尹欣怡的抚养费金额和给付的年限没有法律的依据，徐飚每月的税后薪资并非12.4万元，原告夫妻婚后也生育一女，且原告夫妻婚后并未实行夫妻财产分别制，徐飚也是在被逼迫的情况下作出的承诺，故该判决侵犯了原告的合法权益，原告还提供了其目前原告无业的证明，故要求予以撤销并改判；尹欣怡提供了徐飚目前薪资税前12.4万元的证明，强调(2014)徐少民初字第60号判决系对徐飚与尹丽芳就尹欣怡的抚养达成的协议进行判决的，并非抚养费纠纷，徐飚对协议的内容并无异议，且尹欣怡系在徐飚与原告婚前生育的，法院的判决未影响原告婚后的家庭生活。

上海市徐汇区人民法院一审认为：

法院在审理(2014)徐少民初字第60号案件的过程中，首先因不能归责于原告刘青先本人的原因，导致其未成为该案件的第三人参与诉讼；其次(2014)徐少民初字第60号判决徐飚应自2014年2月起至尹欣怡年满二十周岁，每月给付尹欣怡抚养费2万元，而徐飚在2008年4月15日已经与原告登记结婚；再次因现无证据表明原告与徐飚婚后实行夫妻分别财产制，故该判决应给付的抚养费实际是原告与徐飚的夫妻共同财产，夫妻双方对共同财产享有平等的处分权；最后同样无证据表明原告准允徐飚与尹丽芳关于尹欣怡抚养费的承诺。综上，该判决显然涉及原告的经济利益，现原告认为该判决损害其民事权益，其诉讼尚未超过法定期限，请求成立，原告的撤销之诉予以准许。至于尹欣怡目前恰当的抚养费金额和给付年限，相关方可另行通过协商或诉讼解决争议，本案不涉。徐飚无正当理由未到庭参加诉讼，视为其放弃答辩权利。

综上，上海市徐汇区人民法院依照《中华人民共和国民事诉讼法》第五十六条第三款、第一百四十四条的规定，于2014年12月24日判决如下：

撤销上海市徐汇区人民法院（2014）徐少民初字第60号判决。

尹欣怡不服一审判决，向上海市第一中级人民法院上诉称：一审法院适用法律错误，（2014）徐少民初字第60号判决内容没有错误，不符合撤销条件。本案所涉及的是被告徐飚婚前所生小孩的抚养问题，不同于一般夫妻共同财产处分。况且原告刘青先在庭审中称，其与徐飚分别管理各自财产，互不干涉，尹欣怡有理由认为他们之间存在一定程度的AA制，在徐飚也有能力负担的范围内，刘青先无权干预。故上诉要求撤销原判，改判驳回刘青先原审的诉讼请求。

被上诉人刘青先答辩称：一审判决正确。原审被告徐飚与尹丽芳就上诉人尹欣怡的抚养费达成的协议侵犯了刘青先的合法权益，故该协议当属无效。支付尹欣怡18周岁至20周岁的抚养费非徐飚的法定义务。徐飚每月支付尹欣怡抚养费2万元至尹欣怡成年的约定严重侵犯了刘青先的合法权益。要求驳回上诉，维持原判。

原审被告徐飚表示同意被上诉人刘青先的意见。

上海市第一中级人民法院经二审，确认了一审查明的事实。

上海市第一中级人民法院二审认为：

本案中被上诉人刘青先要求撤销（2014）徐少民初字第60号判决的请求权能否成立，需从以下两点分析：

第一，从（2014）徐少民初字第60号判决内容来看，在2008年已有生效判决确认原审被告徐飚按每月10000元的标准支付抚养费后，徐飚又分别于2010年4月12日和2011年10月13日出具承诺，将抚养费调整到每月12000元和每月20000元至上诉人尹欣怡20周岁，并且其在两份承诺中都明确“如果以后有任何原因（如家人的压力上法庭）等产生关于此事的法律纠纷，本人请求法院按照本人此意愿判决。”之后，徐飚亦按承诺履行至2014年1月。抚养费费用的多少和期限的长短，系先由父母双方协议，协议不成时再由法院判决。本案中徐飚对于支付尹欣怡抚养费的费用和期限都已经明确作出承诺，原审法院在审查双方当事人的陈述、提供的证据、徐飚的收入等材料后，确认徐飚应按其承诺内容履行，据此判决徐飚按每月20000元的标准支付抚养费，并支付到尹欣怡20周岁时止。法院认为，（2014）徐少民初字第60号判决内容并无不当。

第二，原审被告徐飚就支付上诉人尹欣怡抚养费费用和期限作出的承诺，是否侵犯了被上诉人刘青先的夫妻共同财产权。要解决这个问题，首先需要明确父母基于对子女的抚养义务支付抚养费是否会侵犯父或母再婚后的夫妻共同财产权。父母对未成年子女有法定的抚养义务，非婚生子女享有与婚生子女同等的权利，不直接抚养非婚生子女的生父或生母，应负担子女的生活费和教育费，直至子女能独立生活为止。虽然夫妻对共同所有的财产，有平等的处理权，但夫或妻也有合理处分个人收入的权利，不能因未与现任配偶达成一致意见即认定支付的抚养费属于侵犯夫妻共同财产权，除非一方支付的抚养费明显超过其负担能力或者有转移夫妻共同财产的行为。本案中,虽然徐飚承诺支付的抚养费数额确实高于一般标准,但在父母经济状况均许可的情况下,都应尽责为子女提供较好的生活、学习条件。徐飚承诺支付的抚养费数额一直在其个人收入可承担的范围内,且徐飚这几年的收入情况稳中有升,支付尹欣怡的抚养费在其收入中的比例反而下降,故亦不存有转移夫妻共同财产的行为。因此法院认为,徐飚就支付尹欣怡抚养费费用和期限作出的承诺,并未侵犯刘青先的夫妻共同财产权。

综上,上海市第一中级人民法院依照《中华人民共和国民事诉讼法》第一百七十条第一款第(三)项、《中华人民共和国婚姻法》第二十五条之规定,于2015年4月23日判决如下:

一、撤销上海市徐汇区人民法院(2014)徐民一(民)撤字第3号民事判决;

二、驳回刘青先要求撤销上海市徐汇区人民法院(2014)徐少民初字第60号民事判决的诉讼请求。

本判决为终审判决。

吴某某诉吴某、张某某否定亲子关系确认纠纷案*

【裁判摘要】

父亲作为原告提起否定与未成年婚生子女亲子关系确认之诉的,应当提交充分证据证明基础事实的存在。法院不能强制要求被告配合做出亲子鉴定,亦不得在无亲子鉴定情形下违反婚姻实际作出否认的推定。在对这类案件的审理中应认真注意对未成年人和妇女合法权益的有效维护。

原告:吴某某,男,33岁,个体从业者,住盐城市盐都区龙冈镇。

被告:吴某,女,7岁,住盐城市亭湖区。

被告:张某某(系吴某之母,吴某的法定代理人),36岁,无业,住址同吴某。

原告吴某某因与被告吴某、张某某否定亲子关系确认纠纷,向江苏省盐城市亭湖区人民法院提起民事诉讼。

原告吴某某诉称,我与张某某于2001年经人介绍相识,同年10月29日登记结婚。2002年7月16日生女孩吴某。后张某某提出离婚。2008年6月10日,经盐城市盐都区人民法院判决准予离婚,吴某随张某某生活。因吴某外部特征与我不相似,我多次要求张某某协助做亲子鉴定,但张某某不同意做鉴定,故诉请法院确认原告与被告吴某不存在父女关系。

被告吴某、张某某共同辩称,原告必须按照离婚判决书履行给付抚育费和医药费8000余元的义务后,被告就同意进行亲子鉴定,否则,就不同意做亲子鉴定。

盐城市亭湖区人民法院经审理查明:

吴某某与张某某于2001年经人介绍相识,同年10月29日登记结婚。婚后吴某某与张某某共同生活,于2002年7月16日生一女吴某(患有轻微脑瘫)。2005年吴某某与张某某发生矛盾。2006春节

---

* 摘自《江苏省高级人民法院公报》2011年第4辑。

后张某某搬出居住。2008年3月，张某某诉至盐城市盐都区人民法院，要求与吴某某离婚。同年6月10日，盐城市盐都区人民法院作出(2008)都民一初字第0751号民事判决："一、准予张某某与吴某某离婚；二、吴某随张某某生活，吴某某每月给付其生活教育费250元，自2008年7月1日起至吴某能独立生活时止。支付方式为：每年6月30日和12月30日各支付1500元，吴某的医疗费凭正式票据由张某某、吴某某各半承担……"2009年2月10日，吴某某诉至本院，要求确认其与吴某系非亲生父女关系。

审理中，吴某某申请亲子鉴定，并预交鉴定费用，但张某某不同意，法院依法终结对外委托司法鉴定的程序。

盐城市亭湖区人民法院经审理认为：第一，已经生效的盐城市盐都区人民法院(2009)都民一初字第0751号民事判决确认被告吴某是原告与被告张某某的婚生女，系基于其婚姻关系而依法作出的认定；现原告主张被告吴某非其亲生，对此未能提供相应证据证明，对于原告申请进行亲子鉴定，因亲子鉴定关系到当事人之间人身关系，涉及未成年人利益的保护，对家庭、社会的稳定十分重要，因此民事诉讼程序上采用严格证明标准。本案中，被告吴某系未成年人，患有轻微脑瘫，而被告张某某不同意配合鉴定，根据最高人民法院有关司法解释规定及从严掌握亲子鉴定的精神，原告主张以被告张某某拒不配合而推定其诉讼主张成立，没有法律依据，故原告要求确认与被告吴某不存在父女关系的诉讼请求，本院不能支持。第二，原告与其所诉被告张某某在本案中不存在权利义务关系，故原告对被告张某某的诉讼请求亦不能成立，依法应予驳回。据此，依照《中华人民共和国婚姻法》第三十六条第一款、《中华人民共和国民事诉讼法》第六十四条第一款、《最高人民法院关于民事诉讼证据的若干规定》第二条之规定，作出(2009)亭民一初字第0717号民事判决如下：

驳回原告吴某某的诉讼请求。

宣判后，原、被告均未上诉，判决已经发生法律效力。

龙某与刘某变更子女抚养权纠纷上诉案

上诉人(原审原告)龙某。

委托代理人王仕惠。

被上诉人(原审被告)刘某。

上诉人龙某因与被上诉人刘某变更子女抚养权纠纷一案，不服新县人民法院(2010)新民初字第159号民事判决，向本院提出上诉。本院受理后依法组成合议庭，公开开庭审理了该案，上诉人龙某的委托代理人王仕惠与被上诉人刘某到庭参加诉讼，本案现已审理终结。

原审查明：原告龙某与被告刘某在外务工相识后，未办理结婚登记即同居生活，并于2006年3月17日生一男孩刘某某(曾用名刘某某)。后因性格不合而分开，刘某某由龙某抚养。

2008年10月，双方通过协议将孩子刘某某变更为由被告刘某抚养，原告龙某不支付抚养费。该协议由四川省珙县公证处作了公证。被告刘某补偿了原告龙某13000元钱后，即按协议将孩子带回河南新县老家生活，平常由孩子爷爷、奶奶照顾，自己外出务工，节假日回家探望。2010年3月，被告刘某将孩子刘某某送到蓝天幼儿园上学，现较为健康快乐。原告龙某已另行结婚成家，现以被告刘某未按约定方式抚养孩子、不给孩子补充营养且虐待孩子等理由，诉请法院判决孩子由其抚养。但原告龙某对其诉请未能提供证据予以证实，也未能提供由自己抚养孩子比被告刘某抚养对孩子更有利的理由。

原审认为：判断孩子的抚养权归属，应以能否让孩子健康地成长、快乐地生活、静心地学习为标准。本案中，原告龙某与被告刘某双方在自动解除同居关系后，对子女抚养问题签订协议并办理公证，约定非婚生孩子刘某某由被告刘某抚养，原告龙某不负担抚养费，其后被告才将孩子带回河南新县老家生活学习，现在孩子已形成较为固定的生活习惯，与周围亲人已建立较为亲密的亲情关系，对其健康成长并无不利影响。如对孩子生活环境随意加以改变，将会对孩子的身心健康不利。另外，判断孩子能否健康成长，不能简单的以生活条件和学习条件为标准，要综合各种因素，充分考虑到孩子在特殊时期的心理需要及身体需要，以孩子是否身心健康快乐成长为主要参考因素。原告龙某提出被告刘某不按约定方式抚养孩子及不给孩子补充营养、虐待孩子，均无证据证实。同时，原告也未能提供充足证据证实自己有抚养孩子更为优越的条件，故对原告龙某要求变更非婚生儿子刘某某抚养权给自己的诉讼请求不予支持。原审依据《中华人民共和国民事诉讼法》第六十四条、《中华人民共和国婚姻法》第三十六条之规定，判决：驳回原告龙某要求将非婚生子刘某某的抚养权变更为自己的诉讼请求。案件受理费50元，由原告龙某承担。

龙某上诉称：(1)原审法院采信四川省珙县公证处对其和被上诉人刘某解除同居关系及子女抚养的协议的公证是违法的。因为《婚姻法》规定，对离婚、子女抚养以及子女抚养费纠纷，如果达不成一致意见，应由法院审理，公证处无权处理其与被上诉人的纠纷。另外，该协议是违背其意愿的，故该协议与公证书不能当证据使用。(2)被上诉人刘某长期在外务工，无暇照顾孩子，而其对孩子充满母爱，现丈夫又在红十字会工作，孩子由其抚养更有利于孩子健康成长。(3)原审认为她没有提供充足的理由和证据证明由她抚养孩子更有利于孩子的健康成长，也是不符合实际的。孩子姥姥开的诊所有200平方米，孩子看病方便；她家离县城仅10分钟路程，离市内仅1小时路程，交通方便；她们家早、晚餐有豆浆和牛奶，鸡、鸭、鱼、肉、蛋、新鲜水果蔬菜不断，能充分给孩子补充营养。而被上诉人刘某家在偏僻的山村，父母没文化，仍保持20世纪六七十年代的生活方式，根本无能力教育孩子，法院送开庭传票时才将孩子送幼儿园，影响了对孩子的早期教育，也违反了国家教育委员会关于孩子“2岁上小班、3岁上中班、4岁上大班、5岁上学前班、6岁上一年级”的规定。为了下一代，为了孩子能充分享受到母爱，请求法院变更刘某某由她抚养。

被上诉人刘某答辩称：上诉人龙某现在诉请法院将他们的非婚生子刘某某变更为龙某直接抚养他不同意。(1)孩子在他家已熟悉了当地的人际和自然环境，并且也上了幼儿园，此时若改变环境不利于孩子的身心健康；(2)孩子生下后一开始是跟龙某生活的，但后来龙某不愿意抚养了，且多次打电话叫他带钱去把孩子接走，2008年10月龙某与他签订协议并经公证，约定孩子由他抚养到能独立生活为止，龙某不支付抚养费，他当时给付龙某14000元后就将孩子接回新县抚养至今。请求法院驳回龙某的上诉，维持原判。

根据双方当事人的诉辩意见，本院确认案件的争议焦点是，上诉人龙某与被上诉人刘某的非婚生儿子刘某某，应由谁抚养更有利于其健康成长。

二审查明的事实与原审查明的一致。

本院认为：2008年10月上诉人龙某与被上诉人刘某协议将非婚生子刘某某变更为刘某抚养之后，刘某某随祖父母一起生活，已形成较为固定的生活习惯，现改变生活环境，对小孩成长会产生一定影响，龙某诉请变更小孩抚养关系不当。龙某上诉说协议违背自己意愿以及刘某违反协议约定的理由，因未提供证据不予采纳。

根据《中华人民共和国民事诉讼法》第一百五十三条第一款(一)项之规定，判决如下：

驳回上诉，维持原判。

案件受理费50元，由上诉人龙某承担。

本判决为终审判决。

刘某与李某抚养费纠纷上诉案

上诉人(原审被告)刘某。

委托代理人王建。

被上诉人(原审原告)李某。

法定代理人李某某。

委托代理人刘夫强。

上诉人刘某因抚养费纠纷一案，不服沛县人民法院(2009)沛民一初字第2116号民事判决，向本院提出上诉。本院受理后，依法组成合议庭于2009年11月18日公开开庭审理了本案，现已审理终结。

查明：2003年8月18日，李某的父亲李某某、母亲刘某经我院调解达成协议，协议内容为：一、刘某与李某某自愿离婚。二、婚生子李某由李某某抚养，刘某不承担抚养费。三、姚桥矿东大院21号楼402室归刘某使用……五、每个星期刘某有权探视子女一次，于每个星期六上午8点由李某某将李某送到煤电公司，由刘某接回家。每个星期天的下午5点由刘某将李某送到煤电公司，由李某某接回。李某某在上述案件庭审中陈述“我抚养孩子，以后不再向对方主张抚养费，如孩子主张抚养费也由我承担，放弃要求刘某支付房款8000元的主张”。

原审法院经审理认为：原告的父母虽然离婚，但双方对于婚生子李某仍有抚养和教育的权利和义务，抚养和教育子女是父母不可推卸的责任，也是国家和社会的基本要求。虽然原告的父母在徐州市中级人民法院庭审中达成一致意见，刘某不承担抚养费。但是根据《中华人民共和国婚姻法》第三十七条的规定，关于子女生活费和教育费的协议或判决，不妨碍子女在必要时向父母任何一方提出超过协议或判决原定数额的合理请求。因原告李某现年九岁，已是在校学生，根据原告李某的实际需要，结合当地的实际生活水平以及被告的负担能力，被告刘某应当支付给原告李某合理的抚养费酌定200元为宜。遂判决:被告刘某从2009年10月份开始每月支付原告李某抚养费200元,直至原告李某独立生活之日止。

上诉人刘某不服上述判决,向本院提起上诉,请求撤销原判,依法改判驳回李某的起诉。其理由是:上诉人与被上诉人的父亲在离婚诉讼中被上诉人的父亲明确表示孩子的抚养费由其承担,并在法院的主持下达成调解协议,调解书确认"李某由李某某抚养,上诉人不承担抚养费",一审判决与上述调解书相悖,应以上述调解书作为判决依据。李某现为无民事行为能力人,其起诉上诉人要求支付抚养费是其法定代理人李某某的意思表示,李某某对抚养费问题作出完全相反的意思表示,根据法律规定,李某和李某某的起诉是没有事实和法律依据的,不应受法律支持。在庭审中,李某的代理人明确表示现在李某身体、生活、学习很好,没有特别支出。李某的诉讼请求不符合法律规定的子女"在必要时向父母主张"等情形的规定,一审判决错误。李某的法定代理人李某某工作很稳定,且工资收入很高,其个人生活也没有困难,李某某完全有能力抚养孩子。

被上诉人李某答辩请求二审法院驳回上诉人的上诉请求,维持原判。

本院认为:《中华人民共和国婚姻法》第三十七条第二款规定:"关于子女生活费和教育费的协议或判决,不妨碍子女在必要时向父母任何一方提出超过协议或判决原定数额的合理要求。"从该规定可以看出子女对抚养费的主张并不受关于子女生活费和教育费的协议或判决的影响,上诉人关于调解书对抚养费问题已作出了处理,应以调解书作为判决依据的上诉理由不能成立。刘某与李某某离婚时李某才二岁,现八岁已上学,无论是从物价的角度考量,还是从一个不到上幼儿园年龄的孩子与一个上小学的孩子支出差别考虑,都应认定李某现在需要的抚养费已超过其父母离婚时所需要的抚养费。一审法院判决刘某支付200元的抚养费是在充分考虑上述情况并结合调解书的内容作出的,其裁量范围符合本案的具体情况。综上所述,本院认为,原审人民法院对本案的判决并无不当,依照《中华人民共和国民事诉讼法》第一百五十三条第一款第(一)项之规定,判决如下:

驳回上诉,维持原判。

上诉案件受理费80元由上诉人负担。

本判决为终审判决。

温某与叶某子女探视权纠纷上诉案

上诉人(原审被告)温某。

被上诉人(原审原告)叶某。

上诉人温某因子女探视权纠纷一案,不服广东省广州市天河区人民法院(2007)天法民一初字第1011号民事判决,向本院提起上诉。本院依法组成合议庭审理了本案,现已审理终结。

原审法院查明:叶某和温某曾是夫妻关系,于1994年8月5日登记结婚,1998年2月1日生育一女叶某某。2006年,经法院判决准予双方离婚,叶某某由温某携带抚养。叶某表示清楚叶某某在每周六下午2点半至5点在广州棋苑学习的情况。

原审法院认为:父母离婚后,其与子女的关系不因离婚而消除,双方对子女仍有抚养和教育的权利和义务。离婚后,不直接抚养子女的父或母,有探望子女的权利,另一方应予协助配合。父母离婚,已经对小孩的正常生活和成长产生一定的影响,作为离婚后的父母亲更应该给予小孩相对稳定的学习和生活环境。因此,在不妨碍叶某某学习的情况下,可由叶某于每周六的十三时至二十时探视叶某某,从温某住处接出并在规定时间内送回,叶某某在该时间段的课外学习由叶某负责接送。综上所述,原审法院依照《中华人民共和国婚姻法》第三十六条、第三十八条之规定,于2007年7月5日作出判决:于本判决发生法律效力之日的当月起,准予叶某于每周六的十三时至二十时探视叶某某。本案受理费100元减半收取50元由原告叶某负担。

判后,温某不服,向本院上诉称:叶某与其分居、离婚后,对女儿的生活、教育漠不关心,只是偶尔带女儿出去吃喝玩乐,并给女儿灌输不正确的人生观和道德观,叶某不适合与女儿过多接触。女儿学习压力大,叶某从未在学习上辅导过女儿,根本不知道女儿的学习内容、进度、习惯等,女儿的许多作业需要家长协助,叶某没有这个能力。叶某只会带女儿出去玩,这样只会让女儿的心思不放在学习上,爱慕虚荣、追求享乐,对女儿的成长不利。若每周六下午让叶某带女儿,不仅浪费大量宝贵时间,女儿也会变得不思进取。即便叶某不带女儿出去玩,女儿也不可能有质量地完成功课,会严重影响女儿的学习效率与学习兴趣。女儿已经习惯现在的学习、生活环境,若每周六与叶某见面,女儿的思想会产生很大的波动,对女儿成长不利。希望叶某不要在学习阶段打扰女儿,若想见面,可安排在女儿放假或黄金周内进行,这样有利于女儿在稳定的环境中生活、学习,不会产生太多负面影响。据此请求:判令将叶某探视女儿的时间安排在每年寒假、暑假或黄金周等长假期间。

叶某答辩称:不同意温某的上诉请求,同意原审判决。

对于原审判决查明的事实,双方均无异议,本院予以确认。

本院认为:《中华人民共和国婚姻法》第三十八条第一、二款规定:"离婚后,不直接抚养子女的父或母,有探望子女的权利,另一方有协助的义务。行使探望权利的方式、时间由当事人协议;协议不成时,由人民法院判决。"本案中,叶某与温某离婚后,女儿叶某某由温某携带抚养,叶某享有探视女儿的法定权利,而协助探视是温某的法定义务。由于双方对于叶某探视女儿的时间无法达成一致,原审判决确定探视时间为每周六的十三时至二十时,符合人之常情和法律规定,本院予以确认。温某以叶某每周六探视不利于女儿学习和成长为由,要求将探视时间安排在女儿寒、暑假或黄金周期间,理由不充分,本院不予采纳。综上,依照《中华人民共和国民事诉讼法》第一百五十三条第一款第(一)项之规定,判决如下:

驳回上诉,维持原判。

二审案件受理费100元,由温某负担。

本判决为终审判决。

5. 涉外、涉港澳台婚姻

(1)涉外婚姻

中国边民与毗邻国边民婚姻登记办法

1. 2012年8月8日民政部令第45号公布
2. 自2012年10月1日起施行

第一条 为规范边民婚姻登记工作,保护婚姻当事人的合法婚姻权益,根据《中华人民共和国婚姻法》、《婚姻登记条例》,制定本办法。

第二条 本办法所称边民是指中国与毗邻国边界线两侧县级行政区域内有当地常住户口的中国公民和外国人。中国与毗邻国就双方国家边境地区和边民的范围达成有关协议的,适用协议的规定。

第三条 本办法适用于中国边民与毗邻国边民在中国边境地区办理婚姻登记。

第四条 边民办理婚姻登记的机关是边境地区县级人民政府民政部门。

边境地区婚姻登记机关应当按照便民原则在交通不便的乡(镇)巡回登记。

第五条 中国边民与毗邻国边民在中国边境地区结婚,男女双方应当共同到中国一方当事人常住户口所在地的婚姻登记机关办理结婚登记。

第六条 办理结婚登记的中国边民应当出具下列证件、证明材料:

(一)本人的居民户口簿、居民身份证;

(二)本人无配偶以及与对方当事人没有直系血亲和三代以内旁系血亲关系的签字声明。

办理结婚登记的毗邻国边民应当出具下列证明材料:

(一)能够证明本人边民身份的有效护照、国际旅行证件或者边境地区出入境通行证件;

(二)所在国公证机构或者有权机关出具的、经中华人民共和国驻该国使(领)馆认证或者该国驻华使(领)馆认证的本人无配偶的证明,或者所在国驻华使(领)馆出具的本人无配偶的证明,或者由毗邻国边境地区与中国乡(镇)人民政府同级的政府出具的本人无配偶证明。

第七条 办理结婚登记的当事人有下列情形之一的,婚姻登记机关不予登记:

(一)未到中国法定结婚年龄的;

(二)非双方自愿的;

(三)一方或者双方已有配偶的;

(四)属于直系血亲或者三代以内旁系血亲的;

(五)患有医学上认为不应当结婚的疾病的。

第八条 婚姻登记机关应当对结婚登记当事人出具的证件、证明材料进行审查并询问相关情况,对当事人符合结婚条件的,应当当场予以登记,发给结婚证。对当事人不符合结婚条件不予登记的,应当向当事人说明理由。

第九条 男女双方补办结婚登记的,适用本办法关于结婚登记的规定。

第十条 未到婚姻登记机关办理结婚登记以夫妻名义同居生活的,不成立夫妻关系。

第十一条　因受胁迫结婚的，受胁迫的边民可以依据《中华人民共和国婚姻法》第十一条的规定向婚姻登记机关请求撤销其婚姻。受胁迫方应当出具下列证件、证明材料：

（一）本人的身份证件；

（二）结婚证；

（三）要求撤销婚姻的书面申请；

（四）公安机关出具或者人民法院作出的能够证明当事人被胁迫结婚的证明材料。

受胁迫方为毗邻国边民的，其身份证件包括能够证明边民身份的有效护照、国际旅行证件或者边境地区出入境通行证件。

婚姻登记机关经审查认为受胁迫结婚的情况属实且不涉及子女抚养、财产及债务问题的，应当撤销该婚姻，宣告结婚证作废。

第十二条　中国边民与毗邻国边民在中国边境地区自愿离婚的，应当共同到中国边民常住户口所在地的婚姻登记机关办理离婚登记。

第十三条　办理离婚登记的双方当事人应当出具下列证件、证明材料：

（一）本人的结婚证；

（二）双方当事人共同签署的离婚协议书。

除上述材料外，办理离婚登记的中国边民还需要提供本人的居民户口簿和居民身份证，毗邻国边民还需要提供能够证明边民身份的有效护照、国际旅行证件或者边境地区出入境通行证件。

离婚协议书应当载明双方当事人自愿离婚的意思表示以及对子女抚养、财产及债务处理等事项协商一致的意见。

第十四条　办理离婚登记的当事人有下列情形之一的，婚姻登记机关不予受理：

（一）未达成离婚协议的；

（二）属于无民事行为能力或者限制民事行为能力人的；

（三）其结婚登记不是在中国内地办理的。

第十五条　婚姻登记机关应当对离婚登记当事人出具的证件、证明材料进行审查并询问相关情况。对当事人确属自愿离婚，并已对子女抚养、财产、债务等问题达成一致处理意见的，应当当场予以登记，发给离婚证。

第十六条　离婚的男女双方自愿恢复夫妻关系的，应当到婚姻登记机关办理复婚登记。复婚登记适用本办法关于结婚登记的规定。

第十七条　结婚证、离婚证遗失或者损毁的，中国边民可以持居民户口簿、居民身份证，毗邻国边民可以持能够证明边民身份的有效护照、国际旅行证件或者边境地区出入境通行证向原办理婚姻登记的机关或者中国一方当事人常住户口所在地的婚姻登记机关申请补领。婚姻登记机关对当事人的婚姻登记档案进行查证，确认属实的，应当为当事人补发结婚证、离婚证。

第十八条　本办法自2012年10月1日起施行。1995年颁布的《中国与毗邻国边民婚姻登记管理试行办法》（民政部令第1号）同时废止。

民政部关于办理婚姻登记中几个涉外问题处理意见的批复

1. 1983年12月9日发布
2. 民〔1983〕民133号

上海市民政局：

一九八三年十月二十八日沪民社〔83〕第80号来文收悉。经商得外交部同意，答复如下：

一、长期居住港澳的外籍华人申请与内地公民结婚的，对持有其国籍所属国证明的，应按照《中国公民同外国人办理婚姻登记的几项规定》办理；对持有港澳有关当局出具的婚姻状况证明的，可参照《华侨同国内公民、港澳同胞同内地公民办理婚姻登记的几项规定》办理。

二、华侨、港澳同胞在申请结婚登记时，须持有在国外和港澳从事的职业或可靠经济来源的证明。但它不是申请结婚登记的主要证明。要这一证明的目的在于了解华侨、港澳同胞在国外是否从事正当职业，以保护国内（内地）公民不受欺骗和出国以后有可靠的经济生活保障。无职业或可靠经济来源证明的，可由婚姻当事人在国内的亲友出具。持有我驻外使、领馆出具或认证的本人无配偶证明，而没有从事职业或可靠经济来源证明，又未发现其他问题的，也可予以办理结婚登记。

三、对于男女双方都是来华工作的外国人；或一方是在华工作的外国人，另一方是临时来华的外国人，要求在华办理结婚登记的，只要他们具备《中国公民同外国人办理婚姻登记的几项规定》中所要求的证件，符合我国《婚姻法》关于结婚的规定，可予办理结婚登记。为了保证我婚姻登记的有效性，可以让婚姻当事人提供本国法律在国外办理结婚登记有效的条文。

四、《中国公民同外国人办理婚姻登记的几项规定》中，关于中国公民同外国人在华要求离婚的规定，是根据有的国家不经法院判决离婚无效的情况做出的，不论双方自愿离婚还是一方要求离婚的，都由我人民法院处理。这一规定是经最高人民法院同意的，应按规定执行。

民政部、外交部关于做好涉外婚姻登记管理工作有关问题的通知

1. 1995年2月9日发布
2. 民事函〔1995〕25号

各省、自治区、直辖市民政厅（局）、外事办公室，各驻外使、领馆：

根据国务院《关于研究制止涉外买卖婚姻问题的会议纪要》（国阅〔1993〕41号）精神，原由外交部承担的部分涉外婚姻登记管理工作已移交民政部主管。为做好这项工作，现将有关问题通知如下：

一、外交部承担的部分涉外婚姻登记管理工作移交民政部主管，主要包括以下几方面：

（一）向我驻外使、领馆发送婚姻证书，包括结婚证及结婚登记申请书、

离婚证及离婚登记申请书、夫妻关系证明书、解除夫妻关系证明书。

（二）处理我驻外使、领馆和外国驻华使、领馆及有关当事人的涉外婚姻的函、电、照会及信件，解答有关婚姻方面的疑问，解决婚姻登记方面出现的问题，提供法律、法规和婚姻登记方面的咨询，核查有关中、外籍人员的婚姻状况。

（三）解决我驻外使、领馆及外国驻华使、领馆出具的婚姻方面有关证件中所出现的问题。

二、民政部与外交部联合向驻外使、领馆发送有关涉外婚姻方面的文件规定。有关涉外婚姻具体业务，我驻外使、领馆可直接与民政部联系，并主动汇报有关情况，同时抄报外交部领事司。

三、涉及到外交、法律等方面的重大问题，由外交部、民政部研处。

四、各地民政、外事部门及我驻外使、领馆如涉及中国公民违法婚姻、违法出证等问题应采取措施制止并及时报民政部。凡涉及我驻外使、领馆所处理的问题，应抄报外交部。

五、涉外婚姻管理是一项严肃的执法工作。它不仅关系到维护当事人的合法权益，而且关系到我国的国际形象。各级民政、外事部门及驻外使、领馆要严格把关，密切配合，依法办事，共同做好涉外婚姻登记管理工作。

最高人民法院关于印度在中国的侨民和非印度籍公民结婚是否被承认及夫妇一方遗弃他方是否即被认为离婚等问题的函

1. *1955年10月6日发布*
2. *法行字第14546号*

外交部第一亚洲司：

你部发一亚字第55/01770号函收悉。

关于印度驻华大使馆提出的两个问题：

一、印度在中国的侨民与非印度籍公民结婚，哪种是被承认的？

二、夫妇一方遗弃他方，是否即被认为离婚，被遗弃的一方与第三人生养子女是否合法？

我们意见：……关于夫妇一方遗弃他方，并与之断绝联系，依我国婚姻法不能认为当然已离婚，应依法办理离婚登记，或经法院的判决，才算离婚（请参考婚姻法第十七条第十八条及“婚姻登记办法”第五条）。被遗弃的一方，在未依法办妥离婚手续之前与第三人生养子女，这种关系，不能认为是合法的婚姻关系，但所生的子女受法律的保护，他们享受和婚生子女同等的权利，任何人不得加以危害和歧视（婚姻法第十五条）。

最高人民法院关于日籍妇女林枫叶和我国公民王秉珍离婚后发生的子女抚养问题的函

1. 1955年10月25日发布
2. 民一字第15331号

天津市高级人民法院：

你院〔55〕法民二字第514号函请示关于日籍妇女林枫叶与我国公民王秉珍为离婚后子女抚养问题争执的处理办法，作如下答复：

一、林枫叶与王秉珍所生之男孩小石，年方三岁，尚在哺乳期间，依据我国婚姻法照顾子女利益的原则，可由其母亲抚养，如林枫叶回日本，亦可准其将孩子带走。

二、（略）

三、孩子是中国公民，出境时应由当地公安机关发给中国人出国证明书。

最高人民法院关于归国华侨与日籍配偶离婚问题的批复

1. 1956年10月22日发布
2. 法研字第10534号

天津市高级人民法院：

你院9月27日高法民庭〔56〕字第051号关于归国华侨与日籍配偶离婚问题的请示收悉。我们认为日籍配偶一般的已不可能前来我国，类似来文所称归国华侨张德山诉日籍配偶海野铃子离婚一案情况，双方夫妻关系实际上已不存在，也不可能恢复，我们也不可能征求日籍配偶的意见，因此，这类案件，如无其他特殊情节，可以判决双方离婚。以上意见供你们参考。

最高人民法院关于外国人与中国公民以夫妻关系同居多年现外国人提出离婚应如何处理的批复

1. 1964年12月17日发布
2. 〔64〕民他字第62号

山西省高级人民法院：

赵宝汇与张俊离婚一案，你院1964年12月6日〔64〕法民字第909号报告收悉。经研究认为：双方同居多年，并生有四个孩子，事实上已构成夫妻关系，从你院报告及张俊的申请看，双方互有缺点错误，应设法加强教育，促使他（她）们和好，一般情况下，不要轻易判决离婚。如经教育实在不能和好，可按照我国婚姻法予以处理。

最高人民法院关于我国公民与蒙籍配偶离婚问题的批复

1. 1965年12月6日发布
2. 〔65〕法研字第41号

河南省高级人民法院：

你院〔65〕豫法字第116号请示已收阅。关于我国公民郭国选与蒙籍配偶苏和离婚的问题，我们意见，应按照1964年3月19日内务部“关于如何处理涉外离婚案件的批复”，征询女方意见后再行处理。至于征询意见的办法,经与外交部领事司研究,可由郑州市中级人民法院去信我国驻蒙使馆,请他们协助征询女方意见。给驻蒙使馆的信,应抄送外交部,并由外交部转递。

最高人民法院关于越南归国华侨杨玉莲与越南籍人陈文勇离婚问题的函

1. 1980年5月5日发布
2. 〔80〕民他字第11号

福建省高级人民法院:

你院1979年7月24日闽法民他字〔1979〕1号的请示报告收阅。关于龙溪地区云霄县常山农场越南归国华侨杨玉莲要求与现在越南海防市的越南籍人陈文勇离婚一案应如何办理的问题,经研究,同意你院的处理意见,可先由当事人自行联系,待女方征得男方提出书面意见后,再予处理,如男方不同意或不理睬,而女方坚持离婚时同意判决离婚,判决书可由女方自行寄给男方。

最高人民法院关于郭淡清与苏联籍的妻子离婚问题的函

1. 1980年5月5日发布
2. 〔80〕民他字第8号

安徽省高级人民法院:

你院1980年3月29日皖法研字〔1980〕第11号请示报告收阅。关于我国男公民郭淡清申请与苏联籍的妻子离婚问题。我们意见,先由男方本人直接去信征求女方意见后再作处理,如女方不同意或不理睬,男方坚持一定要离婚时,由申请人所在地区法院判决离婚,判决书由男方直接寄给女方。

附:

安徽省高级人民法院关于我国男公民申请与外国籍的妻子离婚如何办理手续的请示报告

最高人民法院:

我省淮南"师专"教师郭淡清50年代在苏联留学期间与一苏联女公民结婚,女方从未来中国生活过并且从"文革"开始后,双方即断绝了一切联系,现郭要求离婚,在国内重建家庭,询问如何办理其离婚手续问题。我省法院过去没有办理过这类离婚案件。也未查到办理这类离婚案件手续的有关文件规定。经我们研究,考虑到其婚姻关系的实际状况,可否由申请当事人所在地法院作出离婚判决,按女方原有联系时的居住地址,把判决书寄送该地法院或女方本人。

最高人民法院关于处理配偶一方在港澳台或国外,人民法院已经判决离婚,现当事人要求复婚问题的复函

1980年8月28日发布

上海市高级人民法院:

你院1980年7月30日〔80〕沪高法

字第154号函悉。

关于你院请示的处理配偶一方在港澳台或国外,已由人民法院判决离婚,现当事人要求复婚的问题,经研究,同意你院提出的处理意见。

此复

附:

上海市高级人民法院关于处理配偶一方在港澳台或国外,人民法院已经判决离婚,现当事人要求复婚的请示报告

最高人民法院:

去年8月以来,本市一些区、县法院先后收到和接待配偶一方在港澳台或国外,已经人民法院判决离婚,现当事人要求复婚的来信来访六起。其情况主要是在本市的一方以对方长期与家庭不通音讯,下落不明,提出离婚,或双方虽有通信联系,但本市一方迫于政治压力,以种种理由,坚决要求离婚,由人民法院判决准予离婚的。现在,随着中美建交以及我对台政策的变化,原来下落不明的,已有了下落,他们又取得了联系。于是本市一方(都是女方)因自己离婚后并未再婚,双方年纪已老(年龄最小的52岁,高的72岁),希望恢复夫妻关系后,能以配偶身份出国(境)与亲人团聚或动员亲人回来。而外国一方考虑到将来叶落归根,则以未收到判决书不承认法院的离婚判决,或恳求法院准予他们复婚。他们的子女也要求法院准许他们父母复婚,全家团圆。

对于这个问题,开始我们根据《中华人民共和国婚姻法》及《上海市婚姻登记暂行办法规定》的精神,答复她们通知在外的一方回来办理复婚登记手续。可是实际上难以做到。个别的至今未把离婚情况告诉对方,当然不愿通知对方回来办理复婚手续。

面对这样的情况,我们感到这是一个特殊的问题,经与市委统战部、市侨务办公室联系,一致认为:对于这类案件的处理,应从有利于发展和壮大爱国统一战线和台湾归回祖国,实现祖国统一的大业出发,在不违背我国政策、法律基本原则的前提下,可以采取一些灵活办法,尽力促进这类人员的家庭团聚。为此,提出以下几点意见:

(一)人民法院根据有关政策、法律,为保护本市一方的正当权益所作出的离婚判决,无论在外的一方是否收到判决书,均为已经发生法律效力的判决。

(二)在外的一方当事人,要求与原配偶恢复婚姻关系,但本市一方已经另行结婚,或虽未再婚,而坚决不同意复婚的,通知对方不再重新处理。

(三)双方要求复婚,人民法院可以受理,但鉴于他们离婚时间较久,为维护一夫一妻的婚姻制度,在外一方必须提供无配偶的证明,并经驻外使馆认证。

原审人民法院可按申诉案件处理,经查证双方确未再婚,可用裁定将原判决书注销,准予双方恢复夫妻关系。

(四)台湾同胞要求与原配偶复婚,若提供无配偶的公证有困难,应提供律师或工作单位为他们出具确无配偶的证明,寄交原审人民法院,按第(三)条第二款办理。

(五)经人民法院判决离婚后,本市

一方出于种种原因未将离婚情况告诉对方,恢复通讯后对方又确以夫妻关系相称和对待的,现在本市一方提出要求复婚,经调查确实的,可用裁定将原判决注销,准予双方恢复夫妻关系。

以上报告当否,请批示。

最高人民法院关于旅荷华侨离婚问题的复函

1981年3月2日发布

外交部领事司:

1981年1月5日〔80〕领荷转字第33号转办单及3月12日〔81〕领二字第67号来函收到。现对我驻荷大使馆所询问题答复如下:

(一)旅荷华侨夫妇经荷兰法院判决离婚的,如不违反我国婚姻法的基本原则,可承认这种判决对双方当事人在法律上有拘束力(参见我院1957年5月4日法行字第8490号关于波兰法院对双方都居住在波兰的中国侨民的离婚判决在中国是否有法律效力问题给你司的复函)。离婚后,当事人要求我驻荷使领馆加以认证的,可予认证。

(二)夫妻一方侨居荷兰,一方仍在国内,如双方同意离婚,对子女、财产也无争议的,可按我国婚姻法第24条的规定,在国内一方户籍所在地或居住地负责婚姻登记的机关办理离婚手续。提起诉讼的,如系国内一方提出离婚,应向本人所在地或居住地人民法院起诉;侨居荷兰一方要求离婚,也应向国内一方的户籍所在地或居住地人民法院起诉。

(三)侨居荷兰一方提出离婚,荷兰法院予以受理和判决的,如双方并无异议,可不予干涉;如一方对子女抚养或国内财产的处理有不同意见,可按(一)项的精神决定是否承认这种判决在我国境内具有效力。

最高人民法院关于旅居外国的中国公民按居住国法律允许的方式达成的分居协议,我驻外使领馆是否承认问题的函

1. 1984年12月5日发布
2. 〔1984〕民他字第14号

驻阿根廷大使馆领事部:

你部1984年10月31日〔1984〕领发70号文收悉。

关于在国内结婚后旅居阿根廷的中国公民王钰与杨洁敏因婚姻纠纷,由于阿根廷婚姻法不允许离婚,即按阿根廷法律允许的方式达成长期分居协议,请求你部承认并协助执行问题,经与外交部领事司研究认为,我驻外使领馆办理中国公民之间的有关事项,应当执行我国法律。王钰与杨洁敏的分居协议,不符合我国婚姻法的规定,故不能承认和协助执行。他们按照阿根廷法律允许的方式达成的分居协议,只能按阿根廷法律规定的程序向阿有关方面申请承认。如果他们要取得在国内离婚的效力,必须向国内原结婚登记机关或结婚登记地人民法院申办离婚手续。

最高人民法院关于涉外离婚诉讼中子女抚养问题如何处理的批复

1. 1987年8月3日发布
2. 〔1987〕民他字第36号

浙江省高级人民法院：

你院1987年6月11日〔87〕浙法民他字19号请示报告收悉。

关于杭州市中级人民法院审理的加拿大籍华人姜伟明与中国公民陈科离婚一案有关子女归谁抚养的问题，经研究，我们认为，对该案审理中涉及的外籍华人离婚后子女抚养的问题，应适用我国法律，按照我国婚姻法有关规定的精神，从切实保护子女权益，有利于子女身心健康成长出发，结合双方的具体情况进行处理。处理时，对有识别能力的子女，要事先征求并尊重其本人愿随父或随母生活的意见。鉴于姜伟明、陈科之子陈宇（现年十二岁）过去主要由其母姜伟明抚养，本人又坚决表示不愿随父陈科生活的实际情况，我们同意你院审判委员会的处理意见，即根据有关政策法律规定，陈宇以仍由其母姜伟明抚养为宜。

此复

最高人民法院关于中国法院作出的离婚判决书是否生效由谁证明问题的复函

1. 1987年11月17日发布
2. (87)民他字第65号

外交部领事司：

你司(87)领四转字第25号文收悉。奥地利驻华大使馆就北京市中级人民法院关于耿敏华与华锡圻离婚案的(83)中民字第468号判决书，是否已经生效问题，来照要求出具证明，经阅，照会所附的判决书，是一审判决书。根据我国民事诉讼法(试行)第一百五十六条、第一百二十三条等条的规定，当事人不服地方各级人民法院第一审判决，有权向上一级人民法院提起上诉，第二审人民法院作出的判决，是终审判决。上诉期限届满，当事人没有提起上诉的，一审判决即发生法律效力。据此，该判决书是否已生效，你司可与作出该判决的北京市中级人民法院联系，由该院出具证明，以便你司回照。

最高人民法院民事审判庭关于美籍华人曹信宝与我公民王秀丽结婚登记有关问题的复函

1. 1993年1月22日发布
2. 〔1993〕法民字第2号

民政部婚姻管理司：

你司1991年12月24日民婚字〔1991〕60号函及转来宁波市民政局《关于美籍华人曹信宝与我公民王秀丽结婚登记有关问题的请示》收悉。经研究，答复如下：

一、与中国公民结婚的外国人(包括外籍华人)，由外国法院判决离婚后，在中国境内又申请与中国公民结婚的，如果前一婚姻关系的外国法院的离婚判决未经我人民法院确认，该外国人则应就前一婚姻关系的外国法院的离婚判决向人民法院申请承认，经人民法院裁定承认后，婚姻登记机关按照有关规定审查无误才能予以婚姻登记。

申请承认外国法院离婚判决，没有时间限制。

二、在忻清菊不服美国法院对其与曹信宝离婚所作判决的情况下，曹在中国境内又申请与王秀丽登记结婚，是违反我国有关法律的，该“结婚登记”应依法予以撤销。但现在曹信宝与忻清菊已经由人民法院调解离婚，其与王秀丽的“结婚登记”是否撤销，请你们酌情处理。

以上意见，供参考。

（2）涉港澳台婚姻

民政部、司法部关于去台人员与其留在大陆的配偶之间婚姻关系问题处理意见的通知

1. 1988年4月16日发布

2. 民〔1988〕民字14号

各省、自治区、直辖市民政厅（局）、司法厅（局），各计划单列市民政局、司法局：

经征得中央对台工作领导小组办公室、中共中央统战部、公安部同意，现就去台人员与其留在大陆的配偶之间婚姻关系问题的处理意见通知如下：

去台人员与其留在大陆的配偶之间的婚姻关系情况比较复杂。发生这类婚姻纠纷，当事人要求人民政府解决时，要根据《中华人民共和国婚姻法》规定的原则，结合实际情况，按照下列精神酌情调解解决或依法处理。

一、双方分离后，未办理离婚且均未再婚的，承认其婚姻关系存续。

二、双方分离后，留在大陆的一方依据法律与去台一方解除了婚姻关系，但双方均未再婚，现双方自愿恢复婚姻关系的，按复婚的有关规定处理。

三、双方分离后，去台一方依照有关法律与留在大陆的一方解除了婚姻关系，但双方均未再婚，现双方自愿恢复婚姻关系的，可承认其婚姻关系存续。

四、双方分离后，一方或双方再婚后的配偶已离异或死亡，现双方自愿恢复婚姻关系的，应重新办理结婚登记。

五、双方分离后，一方或双方再婚后的配偶健在，现双方自愿恢复与原配偶的婚姻关系，应按照一夫一妻制的原则，先与再婚配偶解除婚姻关系，再按结婚的有关规定办理。

民政部关于出国留学生申请与台湾居民办理结婚登记问题的复函

1. 1994年5月7日发布

2. 民事函〔1994〕113号

福建省民政厅：

你厅《关于自费出国留学生申请与台湾居民办理结婚登记问题的请示》（闽民民〔1994〕110号）收悉。经研究，答复如下：

关于我出国留学生申请与台胞在国内登记结婚的问题，我们原则同意你们的意见。即出国留学生同台胞要求在国内登记结婚的，双方须共同到国内留学生出国前户口所在地经省人民政府指定的涉

台婚姻登记机关申请登记,并按照《关于出国留学生办理婚姻登记的暂行规定》(民〔1984〕民36号)和《关于台湾同胞与大陆公民之间办理结婚登记有关问题的通知》(民〔1988〕民字9号)精神,出具本人的有关证件及证明材料。经婚姻登记机关审查,符合结婚条件的,应准予当事人登记结婚。

今后,如有我出国留学生申请与台胞在国内婚姻登记机关登记结婚,均按此原则办理。

最高人民法院关于一方在内地一方在香港的离婚案件应如何处理问题的复函

1. 1979年10月17日发布

2. 〔79〕民他字第23号

吉林省高级人民法院:

你院吉高法字〔1979〕65号请示报告收悉。关于离婚当事人一方在内地一方在香港应如何处理的问题,仍可按照我院1956年7月21日(56)法研字第7374号复函办理。

最高人民法院关于蔡茂松提出与居住在台湾的吴琴离婚应如何处理问题的复函

1. 1981年10月10日发布

2. 〔81〕民他字第26号

浙江省高级人民法院:

你院〔81〕浙法民他字13号报告收悉。关于蔡茂松提出与居住台湾的吴琴的离婚问题,根据党和国家对台湾同胞的基本政策精神,我们认为,处理这类案件,必须慎重。蔡茂松提供的吴琴下落情况,须严格审查属实后,才可受理。并且在审理中要严守法定程序,切不可为了照顾蔡茂松早日获得去美居留证而草率办理离婚手续。

此复

附:

浙江省高级人民法院关于温州市蔡茂松与台湾吴琴离婚问题的请示报告

(1981年9月8日 〔81〕浙法民他字13号)

最高人民法院:

最近,温州市中级人民法院受理的蔡茂松在获准出国并到香港后,提出与居住在台湾的吴琴离婚的案件,该如何处理,我们没有把握,特请示,现将情况报告如下:

原告人蔡茂松,男,1920年11月1日出生,汉族,台湾省台北市人,原住温州市光明路68号,现住香港永乐街122号A室。蔡于1939年在台北市与黄条银结婚,1948年离婚(婚后生一女名蔡惠宽,现在美国洛杉矶,已入美籍)。1949年古历8月又在台北市西门街三丁目三番地与吴琴(又名蔡吴琴)结婚。同年古历11月,蔡经商到温州,因交通阻隔无法回台湾即在温州市定居。1951年3月在温州市与叶甘密结婚(叶现年60岁,系温州市东山陶瓷厂退休工人)。蔡在温州期间,曾从事小商、小贩和在煤球厂、运输一社做工,表现尚可。1979年2月5日经公安机关批准去美国,于2月23日到达香港,在美国驻香港领事馆办理申请签证手续时，因在表格上填有与台湾吴琴的婚姻关系（蔡在温州期间未向我交代过），美驻港领事馆以他抵触“第二次婚姻未曾合法离婚，而再有第三次结婚”，要他“出示证明第二次婚姻已合法结束”后才给批准居留证。为此蔡先向温州市公证处申请办理离婚证明。公证处认为双方当事人均不在温州不予办理。蔡即向温州市中级人民法院提出要求办理与吴琴离婚的法律手续。据蔡说，他曾通过在台湾的弟弟及在美国的女儿去台湾寻找过吴琴，但均答复下落不明。蔡长期耽搁在香港费用很大，迫切要求去美国女儿处，曾于今年4、7月份两次来温州市催办。

我院研究认为，蔡茂松获准出国已到香港，在温州市的户口已经注销，而吴琴居住台湾。按照一般情况，蔡与吴离婚案件，已不属我省管辖。但考虑到蔡茂松在温州与叶甘密结婚生活已30余年，在此期间与吴琴已无通讯联系。现已获准出国途中，为此事而在香港长期耽搁不能去美国的特殊情况，拟给予办理蔡茂松与吴琴离婚的法律手续。

是否妥当，请批示。

最高人民法院关于黄翠英申请与在台人员李幼梅复婚问题的请示的批复

1. 1982年10月8日发布
2. 〔82〕民他字第34号

湖南省高级人民法院：

你院《关于湘乡县黄翠英申请与在台人员李幼梅复婚问题的请示报告》收悉。经研究，我们认为：按照我国婚姻法原则，一夫多妻制是不允许的。但是，鉴于历史原因造成的特殊情况，为了更有利于祖国统一大业，如果内地一方在判决离婚后没有再婚，现在向法院提出要求注销原离婚判决的，可按照我院1980年8月28日法民字第9号转发上海市高级人民法院请示报告中第五项意见办理。

最高人民法院关于杨志武由台湾回大陆定居，起诉与在台湾的配偶离婚，人民法院是否受理问题的批复

1. 1984年12月6日发布
2. 〔84〕民他字第16号

陕西省高级人民法院：

你院1984年11月17日陕高法民字〔1984〕12号报告收悉。

关于从台湾回大陆定居的杨志武要求与在台湾的配偶林孚离婚的起诉，人民法院是否应当受理问题，我们意见：对杨志武要求与在台湾的配偶离婚的起诉，华阴县人民法院应予受理。杨志武在与林孚离婚以后，方可再婚。

此复

最高人民法院关于原在内地登记结婚后双方均居住香港，现内地人民法院可否受理他们离婚诉讼的批复

1988年4月14日发布

广东省高级人民法院：

你院1984年2月9日〔84〕粤法民字第12号请示收悉。关于原在内地登记结婚，现双方均居住香港，他们发生离婚诉讼，内地人民法院可否按我院1983年11月28日〔83〕法研字第26号《印发（关于驻外使领馆处理华侨婚姻问题的若干规定）的通知》中关于华侨离婚的第三点，即"夫妻双方均是居住在国外的华侨……如果他们原先是在国内办理结婚登记的，现因某种原因，居所地有关机关不受理时，双方可以回国内向原结婚登记机关或结婚登记地人民法院申办离婚"之规定办理问题，经我们研究认为，上述规定所指的是居住在国外的华侨申请办理离婚的办法，港澳同胞不属于居住在国外的华侨，故不宜直接引用此规定。但港澳同胞和华侨同是中国公民，他们在内地登记结婚后，在港澳进行离婚诉讼如果确有实际困难，我们仍应当予以解决。故对于夫妻双方均居住在港澳的同胞，原在内地登记结婚的，现在发生离婚诉讼，如果他们向内地人民法院申请，内地原结婚登记地或原户籍地人民法院可以受理，并按《民事诉讼法（试行）》第五十四条的规定办理。从港澳寄来的委托书和书面意见，必须按司法部1981年4月29日〔81〕司发公字第129号《关于为港、澳同胞回内地申请公证而出具证明办法的通知》和1982年2月20日〔82〕司发公字第39号《关于港、澳同胞回内地申请公证出具证明办法的补充通知》中的规定，经我指定的港、澳地区有关机构或律师给予证明，方能承认其效力。

此复

二、家　庭

1. 户籍管理

中华人民共和国居民身份证法

1. 2003年6月28日第十届全国人民代表大会常务委员会第三次会议通过
2. 2003年6月28日中华人民共和国主席令第4号公布
3. 根据2011年10月29日第十一届全国人民代表大会常务委员会第二十三次会议《关于修改〈中华人民共和国居民身份证法〉的决定》修正

目　录

第一章　总　　则

第一条　【立法目的】为了证明居住在中华人民共和国境内的公民的身份，保障公民的合法权益，便利公民进行社会活动，维护社会秩序，制定本法。

第二条　【发放范围】居住在中华人民共和国境内的年满十六周岁的中国公民，应当依照本法的规定申请领取居民身份证；未满十六周岁的中国公民，可以依照本法的规定申请领取居民身份证。

第三条　【登记项目、身份号码及指纹信息】居民身份证登记的项目包括：姓名、性别、民族、出生日期、常住户口所在地住址、公民身份号码、本人相片、指纹信息、证件的有效期和签发机关。

公民身份号码是每个公民唯一的、终身不变的身份代码，由公安机关按照公民身份号码国家标准编制。

公民申请领取、换领、补领居民身份证，应当登记指纹信息。

第四条　【使用文字】居民身份证使用规范汉字和符合国家标准的数字符号填写。

民族自治地方的自治机关根据本地区的实际情况，对居民身份证用汉字登记的内容，可以决定同时使用实行区域自治的民族的文字或者选用一种当地通用的文字。

第五条　【有效期限】十六周岁以上公民的居民身份证的有效期为十年、二十年、长期。十六周岁至二十五周岁的，发给有效期十年的居民身份证；二十六周岁至四十五周岁的，发给有效期二十年的居民身份证；四十六周岁以上的，发给长期有效的居民身份证。

未满十六周岁的公民，自愿申请领取居民身份证的，发给有效期五年的居民身份证。

第六条　【式样、制作、发放、功能及个人

信息保密】居民身份证式样由国务院公安部门制定。居民身份证由公安机关统一制作、发放。

居民身份证具备视读与机读两种功能,视读、机读的内容限于本法第三条第一款规定的项目。

公安机关及其人民警察对因制作、发放、查验、扣押居民身份证而知悉的公民的个人信息,应当予以保密。

第二章 申领和发放

第七条 【领取年龄】公民应当自年满十六周岁之日起三个月内,向常住户口所在地的公安机关申请领取居民身份证。

未满十六周岁的公民,由监护人代为申请领取居民身份证。

第八条 【签发机关】居民身份证由居民常住户口所在地的县级人民政府公安机关签发。

第九条 【可以申领身份证的另外情况】香港同胞、澳门同胞、台湾同胞迁入内地定居的,华侨回国定居的,以及外国人、无国籍人在中华人民共和国境内定居并被批准加入或者恢复中华人民共和国国籍的,在办理常住户口登记时,应当依照本法规定申请领取居民身份证。

第十条 【办理要求】申请领取居民身份证,应当填写《居民身份证申领登记表》,交验居民户口簿。

第十一条 【换领、补领】国家决定换发新一代居民身份证、居民身份证有效期满、公民姓名变更或者证件严重损坏不能辨认的,公民应当换领新证;居民身份证登记项目出现错误的,公安机关应当及时更正,换发新证;领取新证时,必须交回原证。居民身份证丢失的,应当申请补领。

未满十六周岁公民的居民身份证有前款情形的,可以申请换领、换发或者补领新证。

公民办理常住户口迁移手续时,公安机关应当在居民身份证的机读项目中记载公民常住户口所在地住址变动的情况,并告知本人。

第十二条 【办理期限及临时身份证的领取】公民申请领取、换领、补领居民身份证,公安机关应当按照规定及时予以办理。公安机关应当自公民提交《居民身份证申领登记表》之日起六十日内发放居民身份证;交通不便的地区,办理时间可以适当延长,但延长的时间不得超过三十日。

公民在申请领取、换领、补领居民身份证期间,急需使用居民身份证的,可以申请领取临时居民身份证,公安机关应当按照规定及时予以办理。具体办法由国务院公安部门规定。

第三章 使用和查验

第十三条 【使用权利、保密义务】公民从事有关活动,需要证明身份的,有权使用居民身份证证明身份,有关单位及其工作人员不得拒绝。

有关单位及其工作人员对履行职责或者提供服务过程中获得的居民身份证记载的公民个人信息,应当予以保密。

第十四条 【应出示身份证的情形】有下列情形之一的,公民应当出示居民身份证证明身份:

(一)常住户口登记项目变更;

（二）兵役登记；

（三）婚姻登记、收养登记；

（四）申请办理出境手续；

（五）法律、行政法规规定需要用居民身份证证明身份的其他情形。

依照本法规定未取得居民身份证的公民，从事前款规定的有关活动，可以使用符合国家规定的其他证明方式证明身份。

第十五条　【警察可查验身份证的情形】 人民警察依法执行职务，遇有下列情形之一的，经出示执法证件，可以查验居民身份证：

（一）对有违法犯罪嫌疑的人员，需要查明身份的；

（二）依法实施现场管制时，需要查明有关人员身份的；

（三）发生严重危害社会治安突发事件时，需要查明现场有关人员身份的；

（四）在火车站、长途汽车站、港口、码头、机场或者在重大活动期间设区的市级人民政府规定的场所，需要查明有关人员身份的；

（五）法律规定需要查明身份的其他情形。

有前款所列情形之一，拒绝人民警察查验居民身份证的，依照有关法律规定，分别不同情形，采取措施予以处理。

任何组织或者个人不得扣押居民身份证。但是，公安机关依照《中华人民共和国刑事诉讼法》执行监视居住强制措施的情形除外。

第四章　法律责任

第十六条　【行政处罚之一】 有下列行为之一的，由公安机关给予警告，并处二百元以下罚款，有违法所得的，没收违法所得：

（一）使用虚假证明材料骗领居民身份证的；

（二）出租、出借、转让居民身份证的；

（三）非法扣押他人居民身份证的。

第十七条　【行政处罚之二】 有下列行为之一的，由公安机关处二百元以上一千元以下罚款，或者处十日以下拘留，有违法所得的，没收违法所得：

（一）冒用他人居民身份证或者使用骗领的居民身份证的；

（二）购买、出售、使用伪造、变造的居民身份证的。

伪造、变造的居民身份证和骗领的居民身份证，由公安机关予以收缴。

第十八条　【刑事处罚】 伪造、变造居民身份证的，依法追究刑事责任。

有本法第十六条、第十七条所列行为之一，从事犯罪活动的，依法追究刑事责任。

第十九条　【泄露公民个人信息的法律责任】 国家机关或者金融、电信、交通、教育、医疗等单位的工作人员泄露在履行职责或者提供服务过程中获得的居民身份证记载的公民个人信息，构成犯罪的，依法追究刑事责任；尚不构成犯罪的，由公安机关处十日以上十五日以下拘留，并处五千元罚款，有违法所得的，没收违法所得。

单位有前款行为，构成犯罪的，依法追究刑事责任；尚不构成犯罪的，由公安机关对其直接负责的主管人员和其他直接责任人员，处十日以上十五日以下拘留，并处十万元以上五十万元以下罚款，有违法所得的，没收违法所得。

有前两款行为，对他人造成损害的，依法承担民事责任。

第二十条 【人民警察违法行为的处罚】人民警察有下列行为之一的，根据情节轻重，依法给予行政处分；构成犯罪的，依法追究刑事责任：

（一）利用制作、发放、查验居民身份证的便利，收受他人财物或者谋取其他利益的；

（二）非法变更公民身份号码，或者在居民身份证上登载本法第三条第一款规定项目以外的信息或者故意登载虚假信息的；

（三）无正当理由不在法定期限内发放居民身份证的；

（四）违反规定查验、扣押居民身份证，侵害公民合法权益的；

（五）泄露因制作、发放、查验、扣押居民身份证而知悉的公民个人信息，侵害公民合法权益的。

第五章 附 则

第二十一条 【工本费】公民申请领取、换领、补领居民身份证，应当缴纳证件工本费。居民身份证工本费标准，由国务院价格主管部门会同国务院财政部门核定。

对城市中领取最低生活保障金的居民、农村中有特殊生活困难的居民，在其初次申请领取和换领居民身份证时，免收工本费。对其他生活确有困难的居民，在其初次申请领取和换领居民身份证时，可以减收工本费。免收和减收工本费的具体办法，由国务院财政部门会同国务院价格主管部门规定。

公安机关收取的居民身份证工本费，全部上缴国库。

第二十二条 【现役军人及人民警察的身份证】现役的人民解放军军人、人民武装警察申请领取和发放居民身份证的具体办法，由国务院和中央军事委员会另行规定。

第二十三条 【法律施行日期及旧身份证的有效期】本法自 2004 年 1 月 1 日起施行，《中华人民共和国居民身份证条例》同时废止。

依照《中华人民共和国居民身份证条例》领取的居民身份证，自 2013 年 1 月 1 日起停止使用。依照本法在 2012 年 1 月 1 日以前领取的居民身份证，在其有效期内，继续有效。

国家决定换发新一代居民身份证后，原居民身份证的停止使用日期由国务院决定。

中华人民共和国户口登记条例

1. *1958 年 1 月 9 日全国人民代表大会常务委员会第九十一次会议通过*
2. *1958 年 1 月 9 日中华人民共和国主席令公布*
3. *自公布之日起施行*

第一条 为了维持社会秩序，保护公民的权利和利益，服务于社会主义建设，制定本条例。

第二条 中华人民共和国公民，都应当依照本条例的规定履行户口登记。

现役军人的户口登记，由军事机关

按照管理现役军人的有关规定办理。

居留在中华人民共和国境内的外国人和无国籍的人的户口登记,除法令另有规定外,适用本条例。

第三条　户口登记工作,由各级公安机关主管。

城市和设有公安派出所的镇,以公安派出所管辖区为户口管辖区;乡和不设公安派出所的镇,以乡、镇管辖区为户口管辖区。乡、镇人民委员会和公安派出所为户口登记机关。

居住在机关、团体、学校、企业、事业等单位内部和公共宿舍的户口,由各单位指定专人,协助户口登记机关办理户口登记;分散居住的户口,由户口登记机关直接办理户口登记。

居住在军事机关和军人宿舍的非现役军人的户口,由各单位指定专人,协助户口登记机关办理户口登记。

农业、渔业、盐业、林业、牧畜业、手工业等生产合作社的户口,由合作社指定专人,协助户口登记机关办理户口登记。合作社以外的户口,由户口登记机关直接办理户口登记。

第四条　户口登记机关应当设立户口登记簿。

城市、水上和设有公安派出所的镇,应当每户发给一本户口簿。

农村以合作社为单位发给户口簿;合作社以外的户口不发给户口簿。

户口登记簿和户口簿登记的事项,具有证明公民身份的效力。

第五条　户口登记以户为单位。同主管人共同居住一处的立为一户,以主管人为户主。单身居住的自立一户,以本人为户主。居住在机关、团体、学校、企业、事业等单位内部和公共宿舍的户口共立一户或者分别立户。户主负责按照本条例的规定申报户口登记。

第六条　公民应当在经常居住的地方登记为常住人口,一个公民只能在一个地方登记为常住人口。

第七条　婴儿出生后一个月以内,由户主、亲属、抚养人或者邻居向婴儿常住地户口登记机关申报出生登记。

弃婴,由收养人或者育婴机关向户口登记机关申报出生登记。

第八条　公民死亡,城市在葬前,农村在一个月以内,由户主、亲属、抚养人或者邻居向户口登记机关申报死亡登记,注销户口。公民如果在暂住地死亡,由暂住地户口登记机关通知常住地户口登记机关注销户口。

公民因意外事故致死或者死因不明,户主、发现人应当立即报告当地公安派出所或者乡、镇人民委员会。

第九条　婴儿出生后,在申报出生登记前死亡的,应当同时申报出生、死亡两项登记。

第十条　公民迁出本户口管辖区,由本人或者户主在迁出前向户口登记机关申报迁出登记,领取迁移证件,注销户口。

公民由农村迁往城市,必须持有城市劳动部门的录用证明,学校的录取证明,或者城市户口登记机关的准予迁入的证明,向常住地户口登记机关申请办理迁出手续。

公民迁往边防地区,必须经过常住地县、市、市辖区公安机关批准。

第十一条　被征集服现役的公民,在入伍前,由本人或者户主持应征公民入伍通知书向常住地户口登记机关申报迁出登记,注销户口,不发迁移证件。

第十二条　被逮捕的人犯,由逮捕机关在通知人犯家属的同时,通知人犯常住地户口登记机关注销户口。

第十三条　公民迁移,从到达迁入地的时候起,城市在三日以内,农村在十日以内,由本人或者户主持迁移证件向户口登记机关申报迁入登记,缴销迁移证件。

没有迁移证件的公民,凭下列证件到迁入地的户口登记机关申报迁入登记:

一、复员、转业和退伍的军人,凭县、市兵役机关或者团以上军事机关发给的证件;

二、从国外回来的华侨和留学生,凭中华人民共和国护照或者入境证件;

三、被人民法院、人民检察院或者公安机关释放的人,凭释放机关发给的证件。

第十四条　被假释、缓刑的犯人,被管制分子和其他依法被剥夺政治权利的人,在迁移的时候,必须经过户口登记机关转报县、市、市辖区人民法院或者公安机关批准,才可以办理迁出登记;到达迁入地后,应当立即向户口登记机关申报迁入登记。

第十五条　公民在常住地市、县范围以外的城市暂住三日以上的,由暂住地的户主或者本人在三日以内向户口登记机关申报暂住登记,离开前申报注销;暂住在旅店的,由旅店设置旅客登记簿随时登记。

公民在常住地市、县范围以内暂住,或者在常住地市、县范围以外的农村暂住,除暂住在旅店的由旅店设置旅客登记簿随时登记以外,不办理暂住登记。

第十六条　公民因私事离开常住地外出、暂住的时间超过三个月的,应当向户口登记机关申请延长时间或者办理迁移手续;既无理由延长时间又无迁移条件的,应当返回常住地。

第十七条　户口登记的内容需要变更或者更正的时候,由户主或者本人向户口登记机关申报;户口登记机关审查属实后予以变更或者更正。

户口登记机关认为必要的时候,可以向申请人索取有关变更或者更正的证明。

第十八条　公民变更姓名,依照下列规定办理:

一、未满十八周岁的人需要变更姓名的时候,由本人或者父母、收养人向户口登记机关申请变更登记;

二、十八周岁以上的人需要变更姓名的时候,由本人向户口登记机关申请变更登记。

第十九条　公民因结婚、离婚、收养、认领、分户、并户、失踪、寻回或者其他事由引起户口变动的时候,由户主或者本人向户口登记机关申报变更登记。

第二十条　有下列情形之一的,根据情节轻重,依法给予治安管理处罚或者追究刑事责任:

一、不按照本条例的规定申报户口的;

二、假报户口的;

三、伪造、涂改、转让、出借、出卖户口证件的;

四、冒名顶替他人户口的;

五、旅店管理人不按照规定办理旅客登记的。

第二十一条 户口登记机关在户口登记工作中，如果发现有反革命分子和其他犯罪分子，应当提请司法机关依法追究刑事责任。

第二十二条 户口簿、册、表格、证件，由中华人民共和国公安部统一制定式样，由省、自治区、直辖市公安机关统筹印制。

公民领取户口簿和迁移证应当缴纳工本费。

第二十三条 民族自治地方的自治机关可以根据本条例的精神，结合当地具体情况，制定单行办法。

第二十四条 本条例自公布之日起施行。

典型案例

杨某与上海市公安局嘉定分局徐行派出所户籍行政决定纠纷上诉案

上诉人(原审原告)杨某。

法定代理人徐某(杨某养母)。

委托代理人罗某某。

委托代理人应朝阳，上海市大众律师事务所律师。

被上诉人(原审被告)上海市公安局嘉定分局徐行派出所。

负责人张某，上海市公安局嘉定分局徐行派出所所长。

委托代理人张某某，上海市公安局嘉定分局工作人员。

委托代理人张某，上海市公安局嘉定分局工作人员。

上诉人杨某因户籍行政不予受理决定一案，不服上海市嘉定区人民法院(2010)嘉行初字第1号行政判决，向本院提起上诉。本院受理后，依法组成合议庭，公开开庭审理了本案。上诉人杨某的法定代理人徐某、委托代理人应朝阳、罗某某，被上诉人上海市公安局嘉定分局徐行派出所(以下简称徐行派出所)的委托代理人张某、张某某到庭参加诉讼，本案现已审理终结。

原审法院查明:2006年3月10日，安徽省庐江县民政局向徐某颁发了庐民收字第(2006)003号收养登记证，认定徐某收养杨某、莫某某之子杨某(1996年4月15日出生)为养子，符合《中华人民共和国收养法》(以下简称《收养法》)的规定，准予登记，收养关系自登记之日起成立。2006年5月19日，杨某向徐行派出所申请申办领养户口。2007年1月9日，徐行派出所通知徐某、杨某，该申请事项未被公安机关批准。2008年3月17日，杨某向徐行派出所提出书面申请，申请将其户口由安徽省巢湖市庐江县郭河镇王楼村莫庄村民组13号迁入上海市嘉定区徐行镇石皮村平民庙前组某号。2008年3月24日，上海市公安局嘉定分局(以下简称嘉定公安分局)受理了杨某的申请。2009年3月25日，嘉定公安分局认为杨某申办领养户口的事项不符合现行户口政策规定，遂作出了(嘉)0004252户口类审批意见决定书，对杨某的户口迁入申请未予批准。嗣后，杨某就上述决定向原审法院提起行政诉讼，原审法院经审理于2009年10月9日以嘉定公安分局行政程序违法为由，判决撤销了嘉定公安分局作出的(嘉)0004252号户口类审批意见决定。2009年10月30日，杨某向徐行派出所提出户口迁移申请，要求将杨某的户口迁入上海市嘉定区徐行镇石皮村平民庙前组某号。2009年11月3日，徐行派出所认为杨某的申请明显不符合户口迁移相关规定，作出(嘉)0003201不予受理决定书，并于11月4日送达杨某。杨某不服，向原审法院提起诉讼，要求撤销徐行派出所作出的(嘉)0003201不予受理决定书。

原审法院认为：《中华人民共和国户口登记条例》第三条规定："户口登记工作，由各级公安机关主管。"徐行派出所具有作出不予受理决定的行政职权。《收养法》第十六条规定："收养关系成立后，公安部门应当依照国家有关规定为收养人办理户口登记。"沪民婚发〔2009〕5号通知第五条明确规定："凡本市常住户口居民收养外省市的儿童，经审核符合《收养法》和《中国公民收养子女登记办法》规定，须在当地办理收养登记手续，领取《收养登记证》后，被收养人随收养人在本市共同居住生活5年以上且未成年的，收养当事人应当提供办理收养登记时的相关原始凭证，向其户口所在地公安派出所提出被收养人的户口落户申请。"《上海市公安局户口审批程序暂行规定》第十二条第二款第(一)项第6目规定："明显不符合户口迁移相关规定的，应当当场或者在5日内作出不予受理的决定，并向申请人出具《不予受理决定书》。"杨某于2006年3月被徐某收养，至2009年10月30日徐某(杨某)向徐行派出所申请户口迁移手续时止，杨某与徐某在本市共同生活的时间未满5年。徐行派出所经审查认为杨某的申请明显不符合户口迁移相关规定的要求，并在同年11月3日作出不予受理决定，徐行派出所作出被诉具体行政行为认定事实清楚，证据充分，行政程序合法，适用法律规定正确。遂判决：维持徐行派出所2009年11月3日作出(嘉)0003201不予受理决定书的具体行政行为。判决后，杨某不服，向本院提起上诉。

上诉人杨某上诉称：上诉人首次提出领养户口申请是在2006年5月，而被上诉人所作不予受理决定依据的沪民婚发〔2009〕5号文和《上海市公安局户口审批程序暂行规定》均为2008年之后施行的。且沪民婚发〔2009〕5号文中有关"被收养人随收养人在本市共同居住生活5年以上且未成年的"，才能提出落户申请的规定，并无法律法规的授权，与上位法抵触。故被上诉人适用法律法规错误，原审法院认定事实不清，请求二审法院撤销原审判决及被诉的不予受理决定。

被上诉人徐行派出所辩称：被上诉人是根据上诉人于2009年10月30日提出的落户申请作出本案具体行政行为的，而非2006年的申请。上诉人的申请不符合沪民婚发〔2009〕5号文第五条的规定。被上诉人适用法律正确。故请求二审法院驳回上诉、维持原判。

本院经审理查明，原审认定事实清楚，本院予以确认。

本院认为：根据《中华人民共和国户口登记条例》第三条、《上海市公安局户口审批程序暂行规定》第十二条的规定，被上诉人徐行派出所对于"明显不符合户口迁移相关规定的"户口迁移申请，具有作出不予受理决定的职权。本案被上诉人所作(嘉)0003201 不予受理决定,是针对上诉人 2009 年 10 月 30 日提出的户口迁移申请作出的,故被上诉人适用沪民婚发〔2009〕5 号并无不当。而上诉人于 2006 年 5 月及 2008 年 3 月提出的申请,已经公安机关作出了相应决定,行政程序业已终结,与本案具体行政行为并无关联。沪民婚发〔2009〕5 号第五条规定:"凡本市常住户口居民收养外省市的儿童,经审核符合《收养法》和《中国公民收养子女登记办法》规定,须在当地办理收养登记手续,领取《收养登记证》后,被收养人随收养人在本市共同居住生活 5 年以上且未成年的,收养当事人应当提供办理收养登记时的相关原始凭证,向其户口所在地公安派出所提出被收养人的户口落户申请。经公安机关审批同意后,方可在收养人户口所在地办理被收养人的户口落户手续。"该规定并未违反《中华人民共和国户口登记条例》及其他上位法的规定,被上诉人适用该条款作出行政决定并无不当。本案中,徐某于 2006 年 3 月收养上诉人,至 2009 年 10 月 30 日申请迁移户口时,尚未满 5 年时限,被上诉人据此作出不予受理决定,并无不当。综上,原审法院判决并无不当。上诉人的上诉请求缺乏事实证据和法律依据,本院不予支持。据此,依照《中华人民共和国行政诉讼法》第六十一条第(一)项的规定,判决如下:

驳回上诉,维持原判。

上诉案件受理费人民币 50 元,由上诉人杨某负担。

本判决为终审判决。

2. 抚养、扶养、赡养

最高人民法院关于兄妹间扶养问题的批复

1. 1985 年 2 月 16 日发布
2. 法(民)复〔1985〕8 号

江苏省高级人民法院:

你院 1984 年 9 月 30 日关于程秀珍诉程心钊扶养一案的请示报告收悉。

程秀珍自 1958 年患精神病以后,即丧失劳动能力。因她无直系亲属,其生活全部依靠其兄长程心钊、程心慈及侄子女供给扶养,直至 1981 年程心慈去世。据此,本院同意你院关于程秀珍应继续由程心钊扶养,并从刘凤秀及其子女所继承的程心慈遗产中,分出一部分,作为程秀珍的生活费的意见。处理时请尽量采用调解方式解决,并根据实际情况,安排好程秀珍今后的生活。

最高人民法院关于继母与生父离婚后仍有权要求已与其形成抚养关系的继子女履行赡养义务的批复

1. 1986 年 3 月 21 日发布
2. 〔86〕民他字第 9 号

辽宁省高级人民法院:

你院〔85〕民监字 6 号《关于王淑梅诉李春景姐弟等人赡养费一案处理意见

的请示报告》收悉。

据报告及所附材料，被申诉人王淑梅于1951年12月与申诉人李春景之父李明心结婚时，李明心有前妻所生子女李春景等五人（均未成年）。在长期共同生活中，王淑梅对五个继子女都尽了一定的抚养教育义务，直至其成年并参加工作。1983年4月王淑梅与李明心离婚。1983年8月王淑梅向大连市西岗区人民法院起诉，要求继子女给付赡养费。第一、二审法院判决认为，继子女李春景姐弟五人受过王淑梅的抚养教育，根据权利义务一致的原则，在王淑梅年老体弱，生活无来源的情况下，对王淑梅应履行赡养义务。李春景姐弟对判决不服，以王淑梅已与生父离婚，继母与继子女关系即消失为由，拒不承担对王淑梅的赡养义务，并向你院申诉。你院认为，王淑梅与李明心既已离婚，继子女与继母关系事实上已经消除，李春景姐弟不应再承担对王淑梅的赡养义务。

经我们研究认为：王淑梅与李春景姐弟五人之间，既存在继母与继子女间的姻亲关系，又存在由于长期共同生活而形成的抚养关系。尽管继母王淑梅与生父李明心离婚，婚姻关系消失，但王淑梅与李春景姐弟等人之间已经形成的抚养关系不能消失。因此，有负担能力的李春景姐弟等人，对曾经长期抚养教育过他们的年老体弱，生活困难的王淑梅应尽赡养扶助的义务。

最高人民法院民事审判庭关于监护责任两个问题的电话答复

1990年5月4日发布

吉林省高级人民法院：

你院（89）51号“关于监护责任两个问题的请示”收悉。

关于对患精神病的人，其监护人应从何时起承担监护责任的问题。经我们研究认为，此问题情况比较复杂，我国现行法律无明文规定，也不宜作统一规定。在处理这类案件时，可根据《民法通则》有关规定精神，结合案件具体情况，合情合理地妥善处理。

我们原则上认为：成年人丧失行为能力时，监护人即应承担其监护责任。监护人对精神病人的监护责任是基于法律规定而设立的，当成年人因患精神病，丧失行为能力时，监护人应按照法律规定的监护顺序承担监护责任。如果监护人确实不知被监护人患有精神病的，可根据具体情况，参照《民法通则》第一百三十三条规定精神，适当减轻民事责任。

精神病人在发病时给他人造成的经济损失，如行为人个人财产不足补偿或无个人财产的，其监护人应适当承担赔偿责任。这样处理，可促使监护人自觉履行监护责任，维护被监护人和其他公民的合法权益，也有利于社会安定。

关于侵权行为人在侵权时不满18周岁，在诉讼时已满18周岁，且本人无经济赔偿能力，其原监护人的诉讼法律地位应如何列的问题。

我们认为:原监护人应列为本案第三人,承担民事责任。因原监护人对本案的诉讼标的无独立请求权,只是案件处理结果同本人有法律上的利害关系,因此,系无独立请求权的第三人。

最高人民法院关于违反计划生育政策的超生子女可否列为职工的供养直系亲属等问题的复函

1. 1990年8月13日发布
2. (90)法民字第17号

劳动部保险福利司:

你司劳险司函字(1990)23号函收悉。经研究我们认为:

一、关于违反计划生育政策的超生子女是否可以列为职工的供养直系亲属,应否计入家庭人口的问题。根据我国婚姻法和民法通则的有关规定,婴儿自出生时起,即为父母的直系亲属,是家庭中的一员,由父母抚养至独立生活时止,这既是子女在法律上享有的权利,也是既存的事实。因此,将超生子女排除于职工的供养直系亲属和家庭人口之外的作法,仅就法律而言,似缺依据。

二、关于违反计划生育政策的超生子女是否可计入家庭人口,享受生活困难补助,以及职工因工或非因工死亡后是否可按供养直系亲属享受丧葬费、抚恤费、救济费等待遇的问题。由于(一)所述理由,原则上似以认可超生子女有权享受上述待遇为妥,但应与执行计划生育政策的情况有所区别,尤其对申请困难补助的情况应从严掌握。

以上意见仅供参考。

最高人民法院关于夫妻关系存续期间以人工授精所生子女的法律地位的函

1. 1991年7月6日发布
2. 〔1991〕民他字第12号

河北省高级人民法院:

你院冀法(民)〔1991〕43号《关于夫妻离婚后人工授精所生子女的法律地位如何确定的请示报告》收悉。

经研究,我们认为,在夫妻关系存续期间,双方一致同意进行人工授精,所生子女应视为夫妻双方的婚生子女,父母子女之间权利义务关系适用《婚姻法》的有关规定。

以上意见,供参考。

典型案例

崔某与吕某抚养关系纠纷上诉案

上诉人(原审原告)崔某。

被上诉人(原审被告)吕某。

上诉人崔某与被上诉人吕某抚养关系纠纷一案,崔某于2009年1月9日起诉至济源市人民法院,请求判令:婚生女儿吕某霞由其抚养,婚生儿子吕某阳由吕某抚养,双方互不承担抚养费。原审法院于2009年3月9日作出(2009)济民一初字第178号民事判决。崔某不服判决上诉至本院,本院于2009年6月16日受理此案后,依法组成合议庭于2009年7月6日公开开庭进行了审理。上诉人崔某与被上诉人吕某均到庭参加诉讼。本案现已审理终结。

原审法院查明:崔某与吕某于1997年11月1日登记结婚,1999年4月22日婚生一子取名吕某阳,现年10岁,在罡头小学上四年级,2002年6月26日婚生一女取名吕某霞,现年6岁,在罡头小学上一年级,吕某曾于2008年8月4日起诉要求解除双方的婚姻关系,济源市人民法院于2008年11月4日判决解除崔某与吕某的婚姻关系,由于当时崔某的住址不明,婚生子女吕某阳和吕某霞暂由吕某抚养。现崔某住在孟县其哥哥家,没有固定的工作,平时在村办的皮革厂打零工维持生活,吕某平时以做小生意为主要收入。审理过程中,本院征求了崔某与吕某的子女吕某阳、吕某霞的意见,儿子吕某阳表示其同意跟随母亲生活,女儿吕某霞表示同意跟随父亲生活。

原审法院认为:崔某与吕某虽已离婚,但双方仍应享有对子女的抚养权,双方离婚时,因崔某住址不明,子女暂由吕某抚养,并不影响崔某主张抚养权利。现崔某要求抚养女儿吕某霞,吕某坚持要求抚养两个孩子,经法院调解,双方未达成一致意见,参照最高人民法院《关于人民法院审理离婚案件处理子女抚养问题的若干具体意见》第三条第四项的规定,考虑到崔某目前没有固定的住所和收入的现状,因儿子吕某阳比吕某霞年长,较为懂事,自理能力也相对较强,其也表示愿意跟随母亲生活,故儿子吕某阳由崔某抚养,女儿吕某霞年龄较小,且一直随吕某生活,现仍表示要跟随父亲生活,由吕某抚养较为合适,更有利于子女的健康成长。综上,根据《中华人民共和国婚姻法》第二十一条第一款之规定,判决:崔某与吕某的婚生儿子吕某阳由崔某抚养,女儿吕某霞由吕某抚养,抚养费各自负担。案件受理费100元,减半收取为50元,由崔某与吕某各半负担。

崔某不服判决,上诉称:夫妻离婚在子女抚养方面照顾女方是《婚姻法》的基本原则,但一审法院并未遵循照顾女方的原则,也不考虑双方当事人及子女的具体情况,作出了与案件事实相反的判决。其是因家庭暴力离家被缺席判决离婚的,婚生两个子女暂由吕某抚养,之后,其就子女抚养问题和共同财产分割同时向济源市人民法院提起诉讼。在分割共同财产纠纷一案的审理过程中,考虑到共同财产难以分割、吕某还要抚养子女以及执行财产定会伤害孩子的感情等原因便放弃财产请求,当庭撤回起诉。吕某不仅有房子,而且得到了全部夫妻共同财产,经济状况远强于无房又无生活来源的上诉人,吕某理应在子女抚养问题上承担较大的责任。由于子女将来的婚嫁等问题,抚养儿子的经济支出定会大于抚养女儿的经济支出,何况儿子吕某阳已上小学三年级,判由上诉人抚养将面临转学问题,极不利于儿子接受教育。一审中,吕某提出女儿吕某霞将来由其年逾七旬的老母亲照顾,这样的安排不如在生母的关怀下更有利于女儿的健康成长。上诉人已作节育手术,法院更应当优先考虑上诉人的主张。一审法院让两个不满10周岁的孩子到庭接受询问，并以此询问笔录作为定案依据，违背法律规定。综上所述，请求二审法院撤销原审判决，依法改判婚生女孩吕某霞由其抚养，儿子吕某阳由吕某抚养，由吕某承担一、二审诉讼费用。

吕某辩称：崔某已出走一年多，其一直未履行做母亲的职责，一审认定事实清楚，适用法律和判决结果正确，应驳回崔某的上诉请求，维持原判。

本院查明的案件事实与原审查明事实相同。

本院认为：崔某与吕某离婚后，婚生女儿吕某霞一直随吕某生活至今，吕某霞年龄较小，现改变生活环境对其健康成长不利，并且其现也表示要跟随吕某生活，故其由吕某抚养较为合适，更有利于子女的健康成长。另外，因崔某目前没有固定的住所和收入的现状，且吕某阳现表示愿意跟随母亲生活，吕某阳比吕某霞年长，较为懂事，自理能力也相对较强，吕某阳由崔某抚养，较为妥当。综上所述，一审认定事实清楚，适用法律和处理结果并无不当，本院予以维持。根据《中华人民共和国民事诉讼法》第一百五十三条第一款第(一)项之规定，判决如下：

驳回上诉，维持原判。

二审案件受理费100元，由上诉人崔某负担。

本判决为终审判决。

王某某与何某某扶养纠纷上诉案

上诉人(原审原告)王某某。

委托代理人王某智。

被上诉人(原审被告)何某某。

委托代理人王某梅。

上诉人王某某因与被上诉人何某某扶养纠纷一案，不服新乡市牧野区人民法院(2007)牧民一初字第378号民事判决，向本院提起上诉。本院依法组成合议庭审理了本案，现已审理终结。

原审认定：原、被告经人介绍相识，1999年12月2日在新乡市牧野区王村镇民政所办理结婚登记，双方均系再婚，婚后未生育子女。原告与前妻有一女取名王某，自2002年开始与双方一起生活。2006年11月原告突然得脑梗塞，在新乡市人民医院住院治疗12天，住院期间由被告照顾护理，出院后仍由被告陪护康复治疗。2007年春节前被告因家庭矛盾负气离家出走。原审认为，原、被告共同生活期间，被告作为妻子，不仅不辞辛苦挣钱养家糊口，而且还悉心照顾家庭和原告与其前妻的女儿王某，其行为无任何可以指责之处。原告患病期间，被告在医院陪护照料，原告出院后，被告又陪同原告做康复治疗，被告已经履行了作为妻子的责任和义务。原告称被告离家出走时取走了存款6万元，被告辩称是购买机器。因原告在诉状中认可曾购买机器设备，且从取款时间上看，分别是2006年10月29日和11月3日，原告是在2006年11月11日生病住院治疗，可见取款的时间是在原告住院之前，而被告离家出走是在原告出院基本康复后，故对原告的主张不予采信。被告在离家出走时将自己的婚前财产及婚后共同财产都留给了原告，被告自己患有椎间盘突出，且现无收入来源，原告要求被告支付抚养费没有依据，不予支持。原告称其父母垫付医疗费用没有提供相应证据，因双方曾开办过企业，有一定积蓄，对原告该主张不予支持。因王某是原告与前妻所生，现被告已经提起离婚诉讼，原告要求被告支付王某抚养费的请求不予支持。依照《中华人民共和国关于民事诉讼证据的若干规定》第二条之规定，原审判决：驳回王某某的诉讼请求。案件受理费50元，由原告负担。

王某某不服原审判决上诉称：原审认定事实错误，上诉人患病，被上诉人拒不履行扶养义务，故请求：1. 撤销原判，由被上诉人何某某履行扶养义务，并支付上诉人从2007年1月22日至2007年4月3日的扶养费共计1710元，以后每月按722.3元支付；2. 由何某某支付女儿王某从2007年1月22日至2007年4月3日抚养费284元，今后每月按120元支付；3. 由被上诉人何某某支付上诉人父母为上诉人垫付的医疗费1835.50元。被上诉人答辩称：原判认定事实清楚，判决正确，应予维持。

二审诉讼中上诉人王某某提供了残疾人证一份，证明上诉人患病致残，被上诉人对该证的真实性无异议，本院对该证据予以认定。

经审理查明：王某某于2008年11月10日在新乡市残疾人联合会办理了残疾人证。本院审理查明的其他事实与原审认定一致。

本院认为：夫妻之间有相互扶助的义务，一方不履行扶养义务时，需要扶养的一方，有权要求对方给付扶养费。本案中王某某身患残疾，自主生活能力较差，何某某作为妻子应当尽法定扶养义务，考虑何某某目前经济状况，本院酌定何某某一次性给予王某某扶养费2000元。王某某要求按月给予扶养费722.3元的上诉请求理由不充分，本院不予支持。王某系王某某与前妻孩子，鉴于何某某已经提起离婚诉讼，故王某某要求其给付女儿抚养费的请求本院亦不予支持。王某某要求何某某给付其父亲为其看病垫付医疗费1835.5元的上诉请求，因无有力证据证实，本院也不能支持。综上，王某某的部分上诉理由成立，本院予以支持，原审判决欠妥，应予纠正。依照《中华人民共和国婚姻法》第二十条及《中华人民共和国民事诉讼法》第五十三条第一款第（二）项之规定，判决如下：

一、撤销新乡市牧野区人民法院（2007）牧民一初字第378号民事判决。

二、何某某于本判决送达后十日内支付王某某扶养费2000元。

三、驳回王某某的其他诉讼请求。

如未按本判决书指定的期限履行给付金钱义务，应当依照《中华人民共和国民事诉讼法》第二百二十九条的规定，加倍支付迟延履行期间的债务利息。

一、二审案件受理费各50元，均由王某某负担。

本判决为终审判决。

贺某发与贺某等赡养纠纷上诉案

上诉人（原审原告）贺某发。

被上诉人（原审被告）贺某。

被上诉人（原审被告）贺某来。

委托代理人牟某。

委托代理人王某。

上诉人贺某发因赡养纠纷一案，不服忠县人民法院（2009）忠法初字第580号民事判决，向本院提起上诉。本院依法组成合议庭审理了本案，现已审理终结。

原审法院查明：原告贺某发与前妻胥某于1982年8月20日生育长子贺某（外出下落不明），于1986年9月与再婚妻子牟某生育次子贺某来，于1995年12月与牟某离婚后，又于1998年与现任妻子闫光珍再婚（未生育子女）。原告与牟某离婚时自愿将夫妻共同财产即坐落于原忠县忠州镇西山路三巷某号的砖混结构房屋二间（该房屋于2006年5月因移民搬迁被安置到忠县忠州镇白公路某号，建筑面积86.43平方米）赠送给被告贺某来所有，贺某来现无固定职业，与母亲牟某及继父居住在忠县忠州镇白公路某号房屋内。另查明：原告系原忠县乌杨粮站商贸公司职工，其因工受伤后，忠县劳动鉴定委员会于2000年12月18日作出工伤等级鉴定，认定原告之伤属工伤八级，享受一次性伤残补助费2000元。2001年，原告从该单位下岗，现享受忠县城市居民最低生活保障金。庭审中，原告拒绝提供其确切住址，陈述其与妻子有时居住在妻子乌杨的老家，有时居住在原告的哥哥家。原告曾于2007年12月7日起诉来院，要求被告贺某来尽赡养义务，为其提供住房。2008年2月27日，本院以原告尚不具备被赡养的条件判决驳回其诉讼请求，原告不服一审判决，提出上诉，重庆市第二中级人民法院审理后判决驳回上诉，维持原判。

原审法院认为：《中华人民共和国婚姻法》第二十一条规定："父母对子女有抚养教育的义务；子女对父母有赡养扶助的义务……子女不履行赡养义务时，无劳动能力的或者生活困难的父母，有要求子女付给赡养费的权利……"《劳动部关于企业职工工伤保险试行办法》第十四条第二款规定："符合评残标准一级至四级为全部丧失劳动能力；五级至六级为大部分丧失劳动能力；七级至十级为部分丧失劳动能力。"原告贺某发生于1951年3月，依照我国法律规定，尚未达到男性年老即年满60周岁的年龄，原告的八级伤残属部分丧失劳动能力，并非无劳动能力，完全可以依靠自己的劳动获取经济来源，况且原告还享受国家低保生活补助，表明其生活有一定保障；原告诉称无房居住，但庭审中陈述时而住在妻子老家，时而住在兄长家，因夫妻有相互扶养的义务，鉴于其妻有稳定居所，因此，可视为原告有房屋居住。综上，由于原告尚不具备被赡养的条件，又未提供其他证据证明目前因体弱或多病完全丧失劳动能力而导致生活困难，因此，对原告的诉讼请求，本院不予支持。根据《中华人民共和国婚姻法》第二十一条之规定，判决：驳回原告贺某发要求被告贺某、贺某来提供住房、给付生活费、医疗费、祭祖费等项诉讼请求。案件受理费80元，免交。

一审判决后，贺某发不服该判决，向本院提起上诉，其上诉理由是：贺某、贺某来赡养提供住房、拐杖、手机，每月支付生活费680元，医疗费450元，年节祭祖费2000元，护理费每天80元。请求：撤销原判，依法改判。

贺某来辩称：我现在无业，没有赡养能力。贺某发过两年就有退休工资，无需赡养。原判正确，请求维持。

二审查明的事实与一审查明的事实一致，本院对此予以确认。

本院认为：首先，贺某发要求其子贺某、贺某来对其提供住房的请求，本院

(2008)渝二中法民终字第694号生效民事判决已作处理,本案不再处理。其次,根据《中华人民共和国婚姻法》第二十一条“父母对子女有抚养教育的义务;子女对父母有赡养扶助的义务……子女不履行赡养义务时,无劳动能力的或者生活困难的父母,有要求子女付给赡养费的权利……”之规定,父母要求子女付给赡养费,须具备“无劳动能力”或者“生活困难”等条件,即父母要求子女履行赡养义务须符合一定的法定条件。贺某发身体系八级伤残,根据《劳动部关于企业职工工伤保险试行办法》第十四条第二款“符合评残标准一级至四级为全部丧失劳动能力;五级至六级为大部分丧失劳动能力;七级至十级为部分丧失劳动能力”之规定,贺某发仅属部分丧失劳动能力,加之贺某发目前未满60周岁,又享有国家低保,目前尚有能力通过自己的劳动获得一定的经济来源,即还能够自食其力。综上,因贺某发未提交证据证明其年老体弱,现已无劳动能力或生活困难,故其目前尚不具备需要赡养的条件,上诉人可待今后条件发生变化后再行主张,原判对此认定及判决并无不妥。据此,依照《中华人民共和国民事诉讼法》第一百五十三条第一款第(一)项之规定,判决如下:

驳回上诉,维持原判。

二审案件受理费80元,由贺某发负担。

本判决为终审判决。

文书范本

亲属关系公证书

公证书格式之一

(______)____字第____号

根据________单位公务人员档案记载(或经向知情人________调查核实),兹证明________是________的________。

中华人民共和国______省______市(县)公证处

公证员________

________年____月____日

公证书格式之二

(______)____字第____号

申请人:________,男(或女),________年____月____日出生,现住______省

______市______街______号。

________,男(或女),________年____月____日出生,现住______省______市______街______号。

________,男(或女),________年____月____日出生,现住______省______市______街______号。

________,男(或女),________年____月____日出生,现住______省______市______街______号。

关系人:________,男(或女),________年____月____日出生,现住______省______市______街______号。

________,男(或女),________年____月____日出生,现住______省______市______街______号。

兹证明申请人________是关系人________的________;是关系人________的________。申请人是关系人________的________;是关系人的________。

中华人民共和国______省______市(县)公证处

公证员 ________

________年____月____日

公证书格式之三

(______)____字第____号

兹证明________是________、________夫妇尚在中国国内的唯一超过21周岁的未婚儿子(或女儿)。

中华人民共和国______省______市(县)公证处

公证员 ________

________年____月____日

公证书格式之四

(______)____字第____号

兹证明________,男(或女),________年____月____日出生,现住______省______县______乡______村,在______省______县______中学(或小学)____年级学

习,是居住在________的________的儿子(或女儿)。

中华人民共和国______省______市(县)公证处
公证员 ________
________年____月____日

公证书格式之五

(______)____字第____号

申请人:________,男(或女),________年____月____日出生,现住______省______市______路______号。

关系人:________,男(或女),________年____月____日出生,现住____________。

兹证明申请人________是关系人________的________。________的父亲是________,母亲是________;________与________于________年____月____日在______省______市结婚,________是________的________,于________年____月____日出生,________的岳父是________,岳母是________。

中华人民共和国______省______市(县)公证处
公证员 ________
________年____月____日

公证书格式之六

(______)____字第____号

根据__________档案记载或经调查(或向知情人________和________调查),兹证明________,男(或女),________年____月____日出生,于________年____月____日在________死亡,生前住________,其近亲属有以下____人:

妻子(或丈夫):________,________年____月____日出生,现住______省______县______乡______村[或于________年____月____日在______市(县)死亡]。

儿子:________,________年____月____日出生,现住______省______县______乡______村。

女儿:________,________年____月____日出生,现住______省______县______

乡______村。

中华人民共和国______省______市(县)公证处
公证员 ________
________年____月____日

公证书格式之七

(______)____字第____号

根据________档案记载或经调查(或向知情人______调查),兹证明______[男(或女),________年____月____日出生,于________年____月____日在______死亡。生前住______,未婚,未收养子女]的亲属只有以下____人:

父亲:________,________年____月____日出生,现住______省______县______乡______村。

母亲:________,________年____月____日出生,现住______省______县______乡______村。

[或:根据档案记载或经调查(或经向知情人________调查),兹证明________,男(或女),________年____月____日出生,于________年____月____日在________死亡。生前住________,未婚,未收养子女]的亲属只有以下____人:

兄:________,________年____月____日出生,现住______省______县______乡______村。

妹:________,________年____月____日出生,现住______省______县______乡______村。

中华人民共和国______省______市(县)公证处
公证员 ________
________年____月____日

注 意 事 项

亲属关系公证书,是国家公证机关根据当事人的申请,依照法定程序证明当事人之间因婚姻、血缘和收养而产生的彼此间具有法律上权利和义务的亲属关系时所使用的法律文书。

亲属关系公证,是指公证机构根据当事人的申请,依照法定程序证明当事人之间因婚姻、血缘和收养而产生的彼此间具有法律上权利和义务的亲属关系真实合法的活动。亲属关系公证的范围不仅限于直系血亲、旁系血亲和姻亲,只要属于我国婚姻法规定的亲属范围,均可公证。亲属关系证明的主要内容为:申请人、关系人的姓名、性别、出生日期、现住址及相互间的称谓。该法律文书主要用于我国公民到国外或港澳台定居、探亲、留学、继承遗产、领取抚恤金、赔偿金及当事人办理回国探亲、定居、继承域外财产、申请劳工伤亡赔偿、申请减免税收以及国内部分城市办理蓝印户口等需要,是不可缺少的法律文件,对保护我国公民的合法权益具有重要意义。

制作本文书时应当写明申请人、关系人的姓名、性别、出生日期、现住址及相互间的称谓。

赡养协议公证书

公证书格式之一

(______)____字第____号

兹证明被赡养人_________与赡养人_________、_________,于________年____月____日自愿签订了前面的《赡养协议》,并在我的面前,在前面的协议上签名(盖章)。当事人签订上述协议的行为符合《中华人民共和国民法通则》第五十五条和《中华人民共和国婚姻法》的规定。

中华人民共和国______省______市(县)公证处
公证员 ________
________年____月____日

公证书格式之二

(______)____字第____号

兹证明赡养人________、________就赡养________的问题于________年____月____日自愿签订了前面的《赡养协议》,并在我的面前,在前面的协议上签名(盖章)。当事人签订上述协议的行为符合《中华人民共和国民法通则》第五十五条和《中华人民共和国婚姻法》的规定。

中华人民共和国______省______市(县)公证处
公证员 ________
________年____月____日

注 意 事 项

赡养协议公证书,是国家公证机关依法证明当事人签订的赡养协议真实、合法时所使用的法律文书。

赡养协议，是赡养人就履行义务与被赡养人订立的协议，或赡养人相互间为分担赡养义务订立的协议。父母或祖父母、外祖父母为被赡养人，子女或孙子女、外孙子女为赡养人。赡养协议公证是赡养协议公证处依法证明当事人签订赡养协议真实、合法的行为。赡养协议公证，由被赡养人或赡养人的住所地公证处受理。

制作本文书时应当着重审查以下事项：(1)赡养人必须是被赡养人的晚辈直系亲属；(2)当事人的意思表示真实、协商一致；(3)赡养协议条款完备，权利义务明确、具体、可行，协议中不得有处分被赡养人财产或以放弃继承权为条件不尽赡养义务等侵害被赡养人合法权益的违反法律政策的内容；(4)协议监督人应自愿，并有承担监督义务的能力；(5)公证人员认为应当查明的其他情况。

3. 收养、寄养

中华人民共和国民法典(节录)

1. 2020年5月28日第十三届全国人民代表大会第三次会议通过

2. 2020年5月28日中华人民共和国主席令第45号公布

3. 自2021年1月1日起施行

第五章 收　　养

第一节　收养关系的成立

第一千零九十三条　【被收养人的范围】下列未成年人，可以被收养：

(一)丧失父母的孤儿；

(二)查找不到生父母的未成年人；

(三)生父母有特殊困难无力抚养的子女。

第一千零九十四条　【送养人的范围】下列个人、组织可以作送养人：

(一)孤儿的监护人；

(二)儿童福利机构；

(三)有特殊困难无力抚养子女的生父母。

第一千零九十五条　【监护人送养未成年人的特殊规定】未成年人的父母均不具备完全民事行为能力且可能严重危害该未成年人的，该未成年人的监护人可以将其送养。

第一千零九十六条　【监护人送养孤儿的特殊规定】监护人送养孤儿的，应当征得有抚养义务的人同意。有抚养义务的人不同意送养、监护人不愿意继续履行监护职责的，应当依照本法第一编的规定另行确定监护人。

第一千零九十七条　【生父母送养】生父母送养子女，应当双方共同送养。生父母一方不明或者查找不到的，可以单方送养。

第一千零九十八条　【收养人的条件】收养人应当同时具备下列条件：

(一)无子女或者只有一名子女；

(二)有抚养、教育和保护被收养人的能力；

(三)未患有在医学上认为不应当收养子女的疾病；

(四)无不利于被收养人健康成长

的违法犯罪记录；

（五）年满三十周岁。

第一千零九十九条　【收养三代以内旁系同辈血亲子女的特殊规定】收养三代以内旁系同辈血亲的子女，可以不受本法第一千零九十三条第三项、第一千零九十四条第三项和第一千一百零二条规定的限制。

华侨收养三代以内旁系同辈血亲的子女，还可以不受本法第一千零九十八条第一项规定的限制。

第一千一百条　【收养子女的人数】无子女的收养人可以收养两名子女；有子女的收养人只能收养一名子女。

收养孤儿、残疾未成年人或者儿童福利机构抚养的查找不到生父母的未成年人，可以不受前款和本法第一千零九十八条第一项规定的限制。

第一千一百零一条　【共同收养】有配偶者收养子女，应当夫妻共同收养。

第一千一百零二条　【无配偶者收养异性子女】无配偶者收养异性子女的，收养人与被收养人的年龄应当相差四十周岁以上。

第一千一百零三条　【继父母收养继子女的特殊规定】继父或者继母经继子女的生父母同意，可以收养继子女，并可以不受本法第一千零九十三条第三项、第一千零九十四条第三项、第一千零九十八条和第一千一百条第一款规定的限制。

第一千一百零四条　【收养、送养自愿】收养人收养与送养人送养，应当双方自愿。收养八周岁以上未成年人的，应当征得被收养人的同意。

第一千一百零五条　【收养登记、收养公告、收养协议、收养公证、收养评估】收养应当向县级以上人民政府民政部门登记。收养关系自登记之日起成立。

收养查找不到生父母的未成年人的，办理登记的民政部门应当在登记前予以公告。

收养关系当事人愿意签订收养协议的，可以签订收养协议。

收养关系当事人各方或者一方要求办理收养公证的，应当办理收养公证。

县级以上人民政府民政部门应当依法进行收养评估。

第一千一百零六条　【被收养人户口登记】收养关系成立后，公安机关应当按照国家有关规定为被收养人办理户口登记。

第一千一百零七条　【抚养】孤儿或者生父母无力抚养的子女，可以由生父母的亲属、朋友抚养；抚养人与被抚养人的关系不适用本章规定。

第一千一百零八条　【抚养优先权】配偶一方死亡，另一方送养未成年子女的，死亡一方的父母有优先抚养的权利。

第一千一百零九条　【涉外收养】外国人依法可以在中华人民共和国收养子女。

外国人在中华人民共和国收养子女，应当经其所在国主管机关依照该国法律审查同意。收养人应当提供由其所在国有权机构出具的有关其年龄、婚姻、职业、财产、健康、有无受过刑事处罚等状况的证明材料，并与送养人签订书面协议，亲自向省、自治区、直辖市人民政府民政部门登记。

前款规定的证明材料应当经收养

人所在国外交机关或者外交机关授权的机构认证，并经中华人民共和国驻该国使领馆认证，但是国家另有规定的除外。

第一千一百一十条 【收养保密义务】收养人、送养人要求保守收养秘密的，其他人应当尊重其意愿，不得泄露。

第二节 收养的效力

第一千一百一十一条 【收养效力】自收养关系成立之日起，养父母与养子女间的权利义务关系，适用本法关于父母子女关系的规定；养子女与养父母的近亲属间的权利义务关系，适用本法关于子女与父母的近亲属关系的规定。

养子女与生父母以及其他近亲属间的权利义务关系，因收养关系的成立而消除。

第一千一百一十二条 【养子女的姓氏】养子女可以随养父或者养母的姓氏，经当事人协商一致，也可以保留原姓氏。

第一千一百一十三条 【无效收养行为】有本法第一编关于民事法律行为无效规定情形或者违反本编规定的收养行为无效。

无效的收养行为自始没有法律约束力。

第三节 收养关系的解除

第一千一百一十四条 【当事人协议解除及因违法行为而解除】收养人在被收养人成年以前，不得解除收养关系，但是收养人、送养人双方协议解除的除外。养子女八周岁以上的，应当征得本人同意。

收养人不履行抚养义务，有虐待、遗弃等侵害未成年养子女合法权益行为的，送养人有权要求解除养父母与养子女间的收养关系。送养人、收养人不能达成解除收养关系协议的，可以向人民法院提起诉讼。

第一千一百一十五条 【关系恶化而协议解除】养父母与成年养子女关系恶化、无法共同生活的，可以协议解除收养关系。不能达成协议的，可以向人民法院提起诉讼。

第一千一百一十六条 【解除收养关系登记】当事人协议解除收养关系的，应当到民政部门办理解除收养关系登记。

第一千一百一十七条 【解除收养关系后的身份效力】收养关系解除后，养子女与养父母以及其他近亲属间的权利义务关系即行消除，与生父母以及其他近亲属间的权利义务关系自行恢复。但是，成年养子女与生父母以及其他近亲属间的权利义务关系是否恢复，可以协商确定。

第一千一百一十八条 【解除收养关系后的财产效力】收养关系解除后，经养父母抚养的成年养子女，对缺乏劳动能力又缺乏生活来源的养父母，应当给付生活费。因养子女成年后虐待、遗弃养父母而解除收养关系的，养父母可以要求养子女补偿收养期间支出的抚养费。

生父母要求解除收养关系的，养父母可以要求生父母适当补偿收养期间支出的抚养费；但是，因养父母虐待、遗弃养子女而解除收养关系的除外。

中华人民共和国收养法

1. 1991年12月29日第七届全国人民代表大会常务委员会第二十三次会议通过

2. 根据1998年11月4日第九届全国人民代表大会常务委员会第五次会议《关于修改〈中华人民共和国收养法〉的决定》修正

目　　录

第一章　总　　则

第一条　【立法目的】为保护合法的收养关系，维护收养关系当事人的权利，制定本法。

第二条　【基本原则】收养应当有利于被收养的未成年人的抚养、成长，保障被收养人和收养人的合法权益，遵循平等自愿的原则，并不得违背社会公德。

第三条　【保护计划生育】收养不得违背计划生育的法律、法规。

第二章　收养关系的成立

第四条　【被收养人的范围】下列不满十四周岁的未成年人可以被收养：

（一）丧失父母的孤儿；

（二）查找不到生父母的弃婴和儿童；

（三）生父母有特殊困难无力抚养的子女。

第五条　【送养人的范围】下列公民、组织可以作送养人：

（一）孤儿的监护人；

（二）社会福利机构；

（三）有特殊困难无力抚养子女的生父母。

第六条　【收养人的条件】收养人应当同时具备下列条件：

（一）无子女；

（二）有抚养教育被收养人的能力；

（三）未患有在医学上认为不应当收养子女的疾病；

（四）年满三十周岁。

第七条　【特别规定】收养三代以内同辈旁系血亲的子女，可以不受本法第四条第三项、第五条第三项、第九条和被收养人不满十四周岁的限制。

华侨收养三代以内同辈旁系血亲的子女，还可以不受收养人无子女的限制。

第八条　【收养人数】收养人只能收养一名子女。

收养孤儿、残疾儿童或者社会福利机构抚养的查找不到生父母的弃婴和儿童，可以不受收养人无子女和收养一名的限制。

第九条　【无配偶男性收养女性的年龄限制】无配偶的男性收养女性的，收养人与被收养人的年龄应当相差四十周岁以上。

第十条　【共同送养与共同收养】生父母送养子女，须双方共同送养。生父母一方不明或者查找不到的可以单方送养。

有配偶者收养子女，须夫妻共同收养。

第十一条　【当事人自愿】收养人收养与

送养人送养，须双方自愿。收养年满十周岁以上未成年人的，应当征得被收养人的同意。

第十二条 **【监护人送养的限制】**未成年人的父母均不具备完全民事行为能力的，该未成年人的监护人不得将其送养，但父母对该未成年人有严重危害可能的除外。

第十三条 **【送养未成年孤儿的限制】**监护人送养未成年孤儿的，须征得有抚养义务的人同意。有抚养义务的人不同意送养、监护人不愿意继续履行监护职责的，应当依照《中华人民共和国民法通则》的规定变更监护人。

第十四条 **【收养继子女的特别规定】**继父或者继母经继子女的生父母同意，可以收养继子女，并可以不受本法第四条第三项、第五条第三项、第六条和被收养人不满十四周岁以及收养一名的限制。

第十五条 **【收养的形式要件】**收养应当向县级以上人民政府民政部门登记。收养关系自登记之日起成立。

收养查找不到生父母的弃婴和儿童的，办理登记的民政部门应当在登记前予以公告。

收养关系当事人愿意订立收养协议的，可以订立收养协议。

收养关系当事人各方或者一方要求办理收养公证的，应当办理收养公证。

第十六条 **【户口登记】**收养关系成立后，公安部门应当依照国家有关规定为被收养人办理户口登记。

第十七条 **【亲朋抚养例外】**孤儿或者生父母无力抚养的子女，可以由生父母的亲属、朋友抚养。

抚养人与被抚养人的关系不适用收养关系。

第十八条 **【优先抚养权】**配偶一方死亡，另一方送养未成年子女的，死亡一方的父母有优先抚养的权利。

第十九条 **【禁止超计划生育】**送养人不得以送养子女为理由违反计划生育的规定再生育子女。

第二十条 **【禁止买卖儿童】**严禁买卖儿童或者借收养名义买卖儿童。

第二十一条 **【涉外收养】**外国人依照本法可以在中华人民共和国收养子女。

外国人在中华人民共和国收养子女，应当经其所在国主管机关依照该国法律审查同意。收养人应当提供由其所在国有权机构出具的有关收养人的年龄、婚姻、职业、财产、健康、有无受过刑事处罚等状况的证明材料，该证明材料应当经其所在国外交机关或者外交机关授权的机构认证，并经中华人民共和国驻该国使领馆认证。该收养人应当与送养人订立书面协议，亲自向省级人民政府民政部门登记。

收养关系当事人各方或者一方要求办理收养公证的，应当到国务院司法行政部门认定的具有办理涉外公证资格的公证机构办理收养公证。

第二十二条 **【保守收养秘密】**收养人、送养人要求保守收养秘密的，其他人应当尊重其意愿，不得泄露。

第三章 收养的效力

第二十三条 **【收养的效力】**自收养关系成立之日起，养父母与养子女间的权利义务关系，适用法律关于父母子女关系的规定;养子女与养父母的近亲属间的权利义务关系,适用法律关于子女与父母的近亲属关系的规定。

养子女与生父母及其他近亲属间的权利义务关系,因收养关系的成立而消除。

第二十四条 【养子女的姓氏】养子女可以随养父或者养母的姓,经当事人协商一致,也可以保留原姓。

第二十五条 【收养的无效】违反《中华人民共和国民法通则》第五十五条和本法规定的收养行为无法律效力。

收养行为被人民法院确认无效的,从行为开始时起就没有法律效力。

第四章 收养关系的解除

第二十六条 【收养解除的条件之一】收养人在被收养人成年以前,不得解除收养关系,但收养人、送养人双方协议解除的除外,养子女年满十周岁以上的,应当征得本人同意。

收养人不履行抚养义务,有虐待、遗弃等侵害未成年养子女合法权益行为的,送养人有权要求解除养父母与养子女间的收养关系。送养人、收养人不能达成解除收养关系协议的,可以向人民法院起诉。

第二十七条 【收养解除的条件之二】养父母与成年养子女关系恶化、无法共同生活的,可以协议解除收养关系。不能达成协议的,可以向人民法院起诉。

第二十八条 【解除收养关系登记】当事人协议解除收养关系的,应当到民政部门办理解除收养关系的登记。

第二十九条 【解除收养关系后的身份效力】收养关系解除后,养子女与养父母及其他近亲属间的权利义务关系即行消除,与生父母及其他近亲属间的权利义务关系自行恢复,但成年养子女与生父母及其他近亲属间的权利义务关系是否恢复,可以协商确定。

第三十条 【解除收养关系后的财产效力】收养关系解除后,经养父母抚养的成年养子女,对缺乏劳动能力又缺乏生活来源的养父母,应当给付生活费。因养子女成年后虐待、遗弃养父母而解除收养关系的,养父母可以要求养子女补偿收养期间支出的生活费和教育费。

生父母要求解除收养关系的,养父母可以要求生父母适当补偿收养期间支出的生活费和教育费,但因养父母虐待、遗弃养子女而解除收养关系的除外。

第五章 法律责任

第三十一条 【法律责任】借收养名义拐卖儿童的,依法追究刑事责任。

遗弃婴儿的,由公安部门处以罚款;构成犯罪的,依法追究刑事责任。

出卖亲生子女的,由公安部门没收非法所得,并处以罚款;构成犯罪的,依法追究刑事责任。

第六章 附 则

第三十二条 【民族自治地方的变通或补充规定】民族自治地方的人民代表大会及其常务委员会可以根据本法的原则,结合当地情况,制定变通的或者补充的规定。自治区的规定,报全国人民代表大会常务委员会备案。自治州、自治县的规定,报省或者自治区的人民代表大会常务委员会批准后生效,并报全国人民代表大会常务委员会备案。

第三十三条 【**实施办法的制定**】国务院可以根据本法制定实施办法。

第三十四条 【**生效日期**】本法自1992年4月1日起施行。

中国公民收养子女登记办法

1. 1999年5月25日民政部令第14号发布

2. 根据2019年3月2日《国务院关于修改部分行政法规的决定》修订

第一条 为了规范收养登记行为，根据《中华人民共和国收养法》（以下简称收养法），制定本办法。

第二条 中国公民在中国境内收养子女或者协议解除收养关系的，应当依照本办法的规定办理登记。

办理收养登记的机关是县级人民政府民政部门。

第三条 收养社会福利机构抚养的查找不到生父母的弃婴、儿童和孤儿的，在社会福利机构所在地的收养登记机关办理登记。

收养非社会福利机构抚养的查找不到生父母的弃婴和儿童的，在弃婴和儿童发现地的收养登记机关办理登记。

收养生父母有特殊困难无力抚养的子女或者由监护人监护的孤儿的，在被收养人生父母或者监护人常住户口所在地（组织作监护人的，在该组织所在地）的收养登记机关办理登记。

收养三代以内同辈旁系血亲的子女，以及继父或者继母收养继子女的，在被收养人生父或者生母常住户口所在地的收养登记机关办理登记。

第四条 收养关系当事人应当亲自到收养登记机关办理成立收养关系的登记手续。

夫妻共同收养子女的，应当共同到收养登记机关办理登记手续；一方因故不能亲自前往的，应当书面委托另一方办理登记手续，委托书应当经过村民委员会或者居民委员会证明或者经过公证。

第五条 收养人应当向收养登记机关提交收养申请书和下列证件、证明材料：

（一）收养人的居民户口簿和居民身份证；

（二）由收养人所在单位或者村民委员会、居民委员会出具的本人婚姻状况和抚养教育被收养人的能力等情况的证明，以及收养人出具的子女情况声明；

（三）县级以上医疗机构出具的未患有在医学上认为不应当收养子女的疾病的身体健康检查证明。

收养查找不到生父母的弃婴、儿童的，并应当提交收养人经常居住地计划生育部门出具的收养人生育情况证明；其中收养非社会福利机构抚养的查找不到生父母的弃婴、儿童的，收养人还应当提交下列证明材料：

（一）收养人经常居住地计划生育部门出具的收养人无子女的证明；

（二）公安机关出具的捡拾弃婴、儿童报案的证明。

收养继子女的，可以只提交居民户口簿、居民身份证和收养人与被收养人生父或者生母结婚的证明。

对收养人出具的子女情况声明，登记机关可以进行调查核实。

第六条 送养人应当向收养登记机关提

交下列证件和证明材料：

（一）送养人的居民户口簿和居民身份证（组织作监护人的，提交其负责人的身份证件）；

（二）收养法规定送养时应当征得其他有抚养义务的人同意的，并提交其他有抚养义务的人同意送养的书面意见。

社会福利机构为送养人的，并应当提交弃婴、儿童进入社会福利机构的原始记录，公安机关出具的捡拾弃婴、儿童报案的证明，或者孤儿的生父母死亡或者宣告死亡的证明。

监护人为送养人的，并应当提交实际承担监护责任的证明，孤儿的父母死亡或者宣告死亡的证明，或者被收养人生父母无完全民事行为能力并对被收养人有严重危害的证明。

生父母为送养人的，并应当提交与当地计划生育部门签订的不违反计划生育规定的协议；有特殊困难无力抚养子女的，还应当提交送养人有特殊困难的声明。其中，因丧偶或者一方下落不明由单方送养的，还应当提交配偶死亡或者下落不明的证明。对送养人有特殊困难的声明，登记机关可以进行调查核实；子女由三代以内同辈旁系血亲收养的，还应当提交公安机关出具的或者经过公证的与收养人有亲属关系的证明。

被收养人是残疾儿童的，并应当提交县级以上医疗机构出具的该儿童的残疾证明。

第七条　收养登记机关收到收养登记申请书及有关材料后，应当自次日起30日内进行审查。对符合收养法规定条件的，为当事人办理收养登记，发给收养登记证，收养关系自登记之日起成立；对不符合收养法规定条件的，不予登记，并对当事人说明理由。

收养查找不到生父母的弃婴、儿童的，收养登记机关应当在登记前公告查找其生父母；自公告之日起满60日，弃婴、儿童的生父母或者其他监护人未认领的，视为查找不到生父母的弃婴、儿童。公告期间不计算在登记办理期限内。

第八条　收养关系成立后，需要为被收养人办理户口登记或者迁移手续的，由收养人持收养登记证到户口登记机关按照国家有关规定办理。

第九条　收养关系当事人协议解除收养关系的，应当持居民户口簿、居民身份证、收养登记证和解除收养关系的书面协议，共同到被收养人常住户口所在地的收养登记机关办理解除收养关系登记。

第十条　收养登记机关收到解除收养关系登记申请书及有关材料后，应当自次日起30日内进行审查；对符合收养法规定的，为当事人办理解除收养关系的登记，收回收养登记证，发给解除收养关系证明。

第十一条　为收养关系当事人出具证明材料的组织，应当如实出具有关证明材料。出具虚假证明材料的，由收养登记机关没收虚假证明材料，并建议有关组织对直接责任人员给予批评教育，或者依法给予行政处分、纪律处分。

第十二条　收养关系当事人弄虚作假骗取收养登记的，收养关系无效，由收养登记机关撤销登记，收缴收养登记证。

第十三条 本办法规定的收养登记证、解除收养关系证明的式样，由国务院民政部门制订。

第十四条 华侨以及居住在香港、澳门、台湾地区的中国公民在内地收养子女的，申请办理收养登记的管辖以及所需要出具的证件和证明材料，按照国务院民政部门的有关规定执行。

第十五条 本办法自发布之日起施行。

外国人在中华人民共和国收养子女登记办法

1999年5月25日民政部令第15号发布施行

第一条 为了规范涉外收养登记行为，根据《中华人民共和国收养法》，制定本办法。

第二条 外国人在中华人民共和国境内收养子女（以下简称外国人在华收养子女），应当依照本办法办理登记。

收养人夫妻一方为外国人，在华收养子女，也应当依照本办法办理登记。

第三条 外国人在华收养子女，应当符合中国有关收养法律的规定，并应当符合收养人所在国有关收养法律的规定；因收养人所在国法律的规定与中国法律的规定不一致而产生的问题，由两国政府有关部门协商处理。

第四条 外国人在华收养子女，应当通过所在国政府或者政府委托的收养组织（以下简称外国收养组织）向中国政府委托的收养组织（以下简称中国收养组织）转交收养申请并提交收养人的家庭情况报告和证明。

前款规定的收养人的收养申请、家庭情况报告和证明，是指由其所在国有权机构出具，经其所在国外交机关或者外交机关授权的机构认证，并经中华人民共和国驻该国使馆或者领馆认证的下列文件：

（一）跨国收养申请书；

（二）出生证明；

（三）婚姻状况证明；

（四）职业、经济收入和财产状况证明；

（五）身体健康检查证明；

（六）有无受过刑事处罚的证明；

（七）收养人所在国主管机关同意其跨国收养子女的证明；

（八）家庭情况报告，包括收养人的身份、收养的合格性和适当性、家庭状况和病史、收养动机以及适合于照顾儿童的特点等。

在华工作或者学习连续居住1年以上的外国人在华收养子女，应当提交前款规定的除身体健康检查证明以外的文件，并应当提交在华所在单位或者有关部门出具的婚姻状况证明，职业、经济收入或者财产状况证明，有无受过刑事处罚证明以及县级以上医疗机构出具的身体健康检查证明。

第五条 送养人应当向省、自治区、直辖市人民政府民政部门提交本人的居民户口簿和居民身份证（社会福利机构作送养人的，应当提交其负责人的身份证件）、被收养人的户籍证明等情况证明，并根据不同情况提交下列有关证明材料：

（一）被收养人的生父母（包括已经离婚的）为送养人的，应当提交生父母有特殊困难无力抚养的证明和生父母双方同意送养的书面意见；其中，被收养人的生父或者生母因丧偶或者一方下落不明，由单方送养的，并应当提交配偶死亡或者下落不明的证明以及死亡的或者下落不明的配偶的父母不行使优先抚养权的书面声明；

（二）被收养人的父母均不具备完全民事行为能力，由被收养人的其他监护人作送养人的，应当提交被收养人的父母不具备完全民事行为能力且对被收养人有严重危害的证明以及监护人有监护权的证明；

（三）被收养人的父母均已死亡，由被收养人的监护人作送养人的，应当提交其生父母的死亡证明、监护人实际承担监护责任的证明，以及其他有抚养义务的人同意送养的书面意见；

（四）由社会福利机构作送养人的，应当提交弃婴、儿童被遗弃和发现的情况证明以及查找其父母或者其他监护人的情况证明；被收养人是孤儿的，应当提交孤儿父母的死亡或者宣告死亡证明，以及有抚养孤儿义务的其他人同意送养的书面意见。

送养残疾儿童的，还应当提交县级以上医疗机构出具的该儿童的残疾证明。

第六条　省、自治区、直辖市人民政府民政部门应当对送养人提交的证件和证明材料进行审查，对查找不到生父母的弃婴和儿童公告查找其生父母；认为被收养人、送养人符合收养法规定条件的，将符合收养法规定的被收养人、送养人名单通知中国收养组织，同时转交下列证件和证明材料：

（一）送养人的居民户口簿和居民身份证（社会福利机构作送养人的，为其负责人的身份证件）复制件；

（二）被收养人是弃婴或者孤儿的证明、户籍证明、成长情况报告和身体健康检查证明的复制件及照片。

省、自治区、直辖市人民政府民政部门查找弃婴或者儿童生父母的公告应当在省级地方报纸上刊登。自公告刊登之日起满60日，弃婴和儿童的生父母或者其他监护人未认领的，视为查找不到生父母的弃婴和儿童。

第七条　中国收养组织对外国收养人的收养申请和有关证明进行审查后，应当在省、自治区、直辖市人民政府民政部门报送的符合收养法规定条件的被收养人中，参照外国收养人的意愿，选择适当的被收养人，并将该被收养人及其送养人的有关情况通过外国政府或者外国收养组织送交外国收养人。外国收养人同意收养的，中国收养组织向其发出来华收养子女通知书，同时通知有关的省、自治区、直辖市人民政府民政部门向送养人发出被收养人已被同意收养的通知。

第八条　外国人来华收养子女，应当亲自来华办理登记手续。夫妻共同收养的，应当共同来华办理收养手续；一方因故不能来华的，应当书面委托另一方。委托书应当经所在国公证和认证。

第九条　外国人来华收养子女，应当与送养人订立书面收养协议。协议一式3份，收养人、送养人各执1份，办理收养登记手续时收养登记机关收存1份。

书面协议订立后，收养关系当事人应当共同到被收养人常住户口所在地的省、自治区、直辖市人民政府民政部门办理收养登记。

第十条 收养关系当事人办理收养登记时,应当填写外国人来华收养子女登记申请书并提交收养协议,同时分别提供有关材料。

收养人应当提供下列材料:

(一)中国收养组织发出的来华收养子女通知书;

(二)收养人的身份证件和照片。

送养人应当提供下列材料:

(一)省、自治区、直辖市人民政府民政部门发出的被收养人已被同意收养的通知;

(二)送养人的居民户口簿和居民身份证(社会福利机构作送养人的,为其负责人的身份证件)、被收养人的照片。

第十一条 收养登记机关收到外国人来华收养子女登记申请书和收养人、被收养人及其送养人的有关材料后,应当自次日起7日内进行审查,对符合本办法第十条规定的,为当事人办理收养登记,发给收养登记证书。收养关系自登记之日起成立。

收养登记机关应当将登记结果通知中国收养组织。

第十二条 收养关系当事人办理收养登记后,各方或者一方要求办理收养公证的,应当到收养登记地的具有办理涉外公证资格的公证机构办理收养公证。

第十三条 被收养人出境前,收养人应当凭收养登记证书到收养登记地的公安机关为被收养人办理出境手续。

第十四条 外国人在华收养子女,应当向登记机关交纳登记费。登记费的收费标准按照国家有关规定执行。

中国收养组织是非营利性公益事业单位,为外国收养人提供收养服务,可以收取服务费。服务费的收费标准按照国家有关规定执行。

为抚养在社会福利机构生活的弃婴和儿童,国家鼓励外国收养人、外国收养组织向社会福利机构捐赠。受赠的社会福利机构必须将捐赠财物全部用于改善所抚养的弃婴和儿童的养育条件,不得挪作他用,并应当将捐赠财物的使用情况告知捐赠人。受赠的社会福利机构还应当接受有关部门的监督,并应当将捐赠的使用情况向社会公布。

第十五条 中国收养组织的活动受国务院民政部门监督。

第十六条 本办法自发布之日起施行。1993年11月3日国务院批准,1993年11月10日司法部、民政部发布的《外国人在中华人民共和国收养子女实施办法》同时废止。

华侨以及居住在香港、澳门、台湾地区的中国公民办理收养登记的管辖以及所需要出具的证件和证明材料的规定

1999年5月25日民政部第16号令发布施行

第一条 根据《中国公民收养子女登记办法》,制定本规定。

第二条 华侨以及居住在香港、澳门、台湾地区的中国公民在内地收养子女的,应当到被收养人常住户口所在地的直辖市、设区的市、自治州人民政府民政

部门或者地区(盟)行政公署民政部门申请办理收养登记。

第三条 居住在已与中国建立外交关系国家的华侨申请办理成立收养关系的登记时,应当提交收养申请书和下列证件、证明材料:

(一)护照;

(二)收养人居住国有权机构出具的收养人的年龄、婚姻、有无子女、职业、财产、健康、有无受过刑事处罚等状况的证明材料,该证明材料应当经其居住国外交机关或者外交机关授权的机构认证,并经中国驻该国使领馆认证。

第四条 居住在未与中国建立外交关系国家的华侨申请办理成立收养关系的登记时,应当提交收养申请书和下列证件、证明材料:

(一)护照;

(二)收养人居住国有权机构出具的收养人的年龄、婚姻、有无子女、职业、财产、健康、有无受过刑事处罚等状况的证明材料,该证明材料应当经其居住国外交机关或者外交机关授权的机构认证,并经已与中国建立外交关系的国家驻该国使领馆认证。

第五条 香港居民中的中国公民申请办理成立收养关系的登记时,应当提交收养申请书和下列证件、证明材料:

(一)香港居民身份证、香港居民来往内地通行证或者香港同胞回乡证;

(二)经国家主管机关委托的香港委托公证人证明的收养人的年龄、婚姻、有无子女、职业、财产、健康、有无受过刑事处罚等状况的证明材料。

第六条 澳门居民中的中国公民申请办理成立收养关系的登记时,应当提交收养申请书和下列证件、证明材料:

(一)澳门居民身份证、澳门居民来往内地通行证或者澳门同胞回乡证;

(二)澳门地区有权机构出具的收养人的年龄、婚姻、有无子女、职业、财产、健康、有无受过刑事处罚等状况的证明材料。

第七条 台湾居民申请办理成立收养关系的登记时,应当提交收养申请书和下列证件、证明材料:

(一)在台湾地区居住的有效证明;

(二)中华人民共和国主管机关签发或签注的在有效期内的旅行证件;

(三)经台湾地区公证机构公证的收养人的年龄、婚姻、有无子女、职业、财产、健康、有无受过刑事处罚等状况的证明材料。

第八条 本规定自发布之日起施行。

收养登记档案管理暂行办法

1. 2003年12月17日民政部、国家档案局公布
2. 民发〔2003〕181号

第一条 为了加强收养登记档案的规范化管理,更好地为收养工作服务,根据《中华人民共和国档案法》、《中华人民共和国收养法》、《中国公民收养子女登记办法》、《外国人在中华人民共和国收养子女登记办法》、《华侨以及居住在香港、澳门、台湾地区的中国公民办理收养登记的管辖以及所需要出具的证件和证明材料的规定》等法律、法规,制定本办法。

第二条 收养登记档案是指收养登记机

关在依法办理收养登记过程中形成的记载收养当事人收养情况、具有保存价值的各种文字、图表、声像等不同形式的历史记录。

收养登记档案是各级民政部门全部档案的重要组成部分。

第三条 收养登记档案由各级民政部门实行集中统一管理,任何个人不得据为己有。

第四条 收养登记档案工作在业务上接受上级民政部门和同级档案行政管理部门的指导、监督和检查。

第五条 收养登记文件材料的归档范围是:

(一)成立收养关系登记材料:

1. 收养登记申请书;

2. 询问笔录;

3. 收养登记审批表;

4. 《中国公民收养子女登记办法》第五、六条,《华侨以及居住在香港、澳门、台湾地区的中国公民办理收养登记的管辖以及所需要出具的证件和证明材料的规定》第三、四、五、六、七条,《外国人在中华人民共和国收养子女登记办法》第十条规定的各项证明材料;

5. 收养登记证复印件;

6. 收养协议;

7. 其他有关材料。

(二)解除收养关系登记材料:

1. 《中国公民收养子女登记办法》第九条规定的各项证明材料;

2. 解除收养关系证明复印件;

3. 其他有关材料。

(三)撤销收养登记材料:

1. 收缴的收养登记证或者因故无法收缴收养登记证而出具的相关证明材料;

2. 其他有关材料。

第六条 收养登记文件材料的归档应当符合以下要求:

(一)凡应当归档的文件材料必须齐全完整。

(二)归档的文件材料中有照片或复印件的,应当图像清晰。

(三)在收养登记工作中形成的电子文件,应当按照《电子文件归档和管理规范》(GB/T18894 - 2002)进行整理归档,同时应当打印出纸质文件一并归档。

(四)收养登记文件材料应当在登记手续办理完毕后60日内归档。

(五)归档的文件材料除居民身份证、户籍证明、回乡证、旅行证件、护照等身份证明和收养登记证为原件的复印件外,其余均为原件。

第七条 收养登记文件材料的整理应当符合以下规则:

(一)成立收养关系登记类文件材料、解除收养关系登记类文件材料和撤销收养登记类文件材料均以卷为单位整理编号,一案一卷。

(二)每卷收养登记文件材料按照以下顺序排列:

1. 文件目录;

2. 收养登记申请书;

3. 询问笔录;

4. 收养登记审批表;

5. 撤销收养登记材料;

6. 收养人证明材料;

7. 被收养人证明材料;

8. 送养人证明材料;

9. 其他有关材料；

10. 备考表。

第八条 收养登记档案的分类和类目设置为：

收养登记档案一般按照年度—国籍(居住地)—收养登记性质来分类。其中，国籍(居住地)分为内地(大陆)公民，华侨，居住在香港、澳门、台湾地区的中国公民，外国人等类别；收养登记性质分为成立收养关系登记类、解除收养关系登记类和撤销收养登记类。

第九条 收养登记档案的保管期限为永久。

第十条 收养登记档案主要供收养登记管理机关使用；其他单位、组织或个人因特殊原因需要查借阅时，须经主管领导批准，并办理查借阅手续。

第十一条 对查借阅的档案严禁损毁、涂改、抽换、圈划、批注、污染等，如发生上述情况时，依据有关法律、法规进行处罚。

第十二条 档案管理人员要严格遵守《中华人民共和国档案法》和《中华人民共和国保守国家秘密法》的有关规定，严密保管档案，同时维护当事人的隐私权，不得泄露档案内容，未经批准不得擅自扩大查借阅范围。

第十三条 在办理外国人来华收养子女登记手续之前，形成的外国收养人档案，以及国内送养人和被送养人档案的管理由民政部另行规定。

第十四条 各省(自治区、直辖市)民政部门可根据当地实际情况制定本办法的具体实施细则。

第十五条 本办法自发布之日起施行。

家庭寄养管理办法

1. 2014年9月24日民政部令第54号公布

2. 自2014年12月1日起施行

第一章 总 则

第一条 为了规范家庭寄养工作，促进寄养儿童身心健康成长，根据《中华人民共和国未成年人保护法》和国家有关规定，制定本办法。

第二条 本办法所称家庭寄养，是指经过规定的程序，将民政部门监护的儿童委托在符合条件的家庭中养育的照料模式。

第三条 家庭寄养应当有利于寄养儿童的抚育、成长，保障寄养儿童的合法权益不受侵犯。

第四条 国务院民政部门负责全国家庭寄养监督管理工作。

县级以上地方人民政府民政部门负责本行政区域内家庭寄养监督管理工作。

第五条 县级以上地方人民政府民政部门设立的儿童福利机构负责家庭寄养工作的组织实施。

第六条 县级以上人民政府民政部门应当会同有关部门采取措施，鼓励、支持符合条件的家庭参与家庭寄养工作。

第二章 寄 养 条 件

第七条 未满十八周岁、监护权在县级以上地方人民政府民政部门的孤儿、查找不到生父母的弃婴和儿童，可以被寄养。

需要长期依靠医疗康复、特殊教育等专业技术照料的重度残疾儿童，不宜安排家庭寄养。

第八条 寄养家庭应当同时具备下列条件：

（一）有儿童福利机构所在地的常住户口和固定住所。寄养儿童入住后，人均居住面积不低于当地人均居住水平；

（二）有稳定的经济收入，家庭成员人均收入在当地处于中等水平以上；

（三）家庭成员未患有传染病或者精神疾病，以及其他不利于寄养儿童抚育、成长的疾病；

（四）家庭成员无犯罪记录，无不良生活嗜好，关系和睦，与邻里关系融洽；

（五）主要照料人的年龄在三十周岁以上六十五周岁以下，身体健康，具有照料儿童的能力、经验，初中以上文化程度。

具有社会工作、医疗康复、心理健康、文化教育等专业知识的家庭和自愿无偿奉献爱心的家庭，同等条件下优先考虑。

第九条 每个寄养家庭寄养儿童的人数不得超过二人，且该家庭无未满六周岁的儿童。

第十条 寄养残疾儿童，应当优先在具备医疗、特殊教育、康复训练条件的社区中为其选择寄养家庭。

第十一条 寄养年满十周岁以上儿童的，应当征得寄养儿童的同意。

第三章 寄养关系的确立

第十二条 确立家庭寄养关系，应当经过以下程序：

（一）申请。拟开展寄养的家庭应当向儿童福利机构提出书面申请，并提供户口簿、身份证复印件，家庭经济收入和住房情况、家庭成员健康状况以及一致同意申请等证明材料；

（二）评估。儿童福利机构应当组织专业人员或者委托社会工作服务机构等第三方专业机构对提出申请的家庭进行实地调查，核实申请家庭是否具备寄养条件和抚育能力，了解其邻里关系、社会交往、有无犯罪记录、社区环境等情况，并根据调查结果提出评估意见；

（三）审核。儿童福利机构应当根据评估意见对申请家庭进行审核，确定后报主管民政部门备案；

（四）培训。儿童福利机构应当对寄养家庭主要照料人进行培训；

（五）签约。儿童福利机构应当与寄养家庭主要照料人签订寄养协议，明确寄养期限、寄养双方的权利义务、寄养家庭的主要照料人、寄养融合期限、违约责任及处理等事项。家庭寄养协议自双方签字（盖章）之日起生效。

第十三条 寄养家庭应当履行下列义务：

（一）保障寄养儿童人身安全，尊重寄养儿童人格尊严；

（二）为寄养儿童提供生活照料，满足日常营养需要，帮助其提高生活自理能力；

（三）培养寄养儿童健康的心理素质，树立良好的思想道德观念；

（四）按照国家规定安排寄养儿童接受学龄前教育和义务教育。负责与学校沟通，配合学校做好寄养儿童的学校教育；

（五）对患病的寄养儿童及时安排

医治。寄养儿童发生急症、重症等情况时,应当及时进行医治,并向儿童福利机构报告;

(六)配合儿童福利机构为寄养的残疾儿童提供辅助矫治、肢体功能康复训练、聋儿语言康复训练等方面的服务;

(七)配合儿童福利机构做好寄养儿童的送养工作;

(八)定期向儿童福利机构反映寄养儿童的成长状况,并接受其探访、培训、监督和指导;

(九)及时向儿童福利机构报告家庭住所变更情况;

(十)保障寄养儿童应予保障的其他权益。

第十四条 儿童福利机构主要承担以下职责:

(一)制定家庭寄养工作计划并组织实施;

(二)负责寄养家庭的招募、调查、审核和签约;

(三)培训寄养家庭中的主要照料人,组织寄养工作经验交流活动;

(四)定期探访寄养儿童,及时处理存在的问题;

(五)监督、评估寄养家庭的养育工作;

(六)建立家庭寄养服务档案并妥善保管;

(七)根据协议规定发放寄养儿童所需款物;

(八)向主管民政部门及时反映家庭寄养工作情况并提出建议。

第十五条 寄养协议约定的主要照料人不得随意变更。确需变更的,应当经儿童福利机构同意,经培训后在家庭寄养协议主要照料人一栏中变更。

第十六条 寄养融合期的时间不得少于六十日。

第十七条 寄养家庭有协议约定的事由在短期内不能照料寄养儿童的,儿童福利机构应当为寄养儿童提供短期养育服务。短期养育服务时间一般不超过三十日。

第十八条 寄养儿童在寄养期间不办理户口迁移手续,不改变与民政部门的监护关系。

第四章 寄养关系的解除

第十九条 寄养家庭提出解除寄养关系的,应当提前一个月向儿童福利机构书面提出解除寄养关系的申请,儿童福利机构应当予以解除。但在融合期内提出解除寄养关系的除外。

第二十条 寄养家庭有下列情形之一的,儿童福利机构应当解除寄养关系:

(一)寄养家庭及其成员有歧视、虐待寄养儿童行为的;

(二)寄养家庭成员的健康、品行不符合本办法第八条第(三)和(四)项规定的;

(三)寄养家庭发生重大变故,导致无法履行寄养义务的;

(四)寄养家庭变更住所后不符合本办法第八条规定的;

(五)寄养家庭借机对外募款敛财的;

(六)寄养家庭不履行协议约定的其他情形。

第二十一条 寄养儿童有下列情形之一的,儿童福利机构应当解除寄养关系:

（一）寄养儿童与寄养家庭关系恶化，确实无法共同生活的；

（二）寄养儿童依法被收养、被亲生父母或者其他监护人认领的；

（三）寄养儿童因就医、就学等特殊原因需要解除寄养关系的。

第二十二条 解除家庭寄养关系，儿童福利机构应当以书面形式通知寄养家庭，并报其主管民政部门备案。家庭寄养关系的解除以儿童福利机构批准时间为准。

第二十三条 儿童福利机构拟送养寄养儿童时，应当在报送被送养人材料的同时通知寄养家庭。

第二十四条 家庭寄养关系解除后，儿童福利机构应当妥善安置寄养儿童，并安排社会工作、医疗康复、心理健康教育等专业技术人员对其进行辅导、照料。

第二十五条 符合收养条件、有收养意愿的寄养家庭，可以依法优先收养被寄养儿童。

第五章 监督管理

第二十六条 县级以上地方人民政府民政部门对家庭寄养工作负有以下监督管理职责：

（一）制定本地区家庭寄养工作政策；

（二）指导、检查本地区家庭寄养工作；

（三）负责寄养协议的备案，监督寄养协议的履行；

（四）协调解决儿童福利机构与寄养家庭之间的争议；

（五）与有关部门协商，及时处理家庭寄养工作中存在的问题。

第二十七条 开展跨县级或者设区的市级行政区域的家庭寄养，应当经过共同上一级人民政府民政部门同意。

不得跨省、自治区、直辖市开展家庭寄养。

第二十八条 儿童福利机构应当聘用具有社会工作、医疗康复、心理健康教育等专业知识的专职工作人员。

第二十九条 家庭寄养经费，包括寄养儿童的养育费用补贴、寄养家庭的劳务补贴和寄养工作经费等。

寄养儿童养育费用补贴按照国家有关规定列支。寄养家庭劳务补贴、寄养工作经费等由当地人民政府予以保障。

第三十条 家庭寄养经费必须专款专用，儿童福利机构不得截留或者挪用。

第三十一条 儿童福利机构可以依法通过与社会组织合作、通过接受社会捐赠获得资助。

与境外社会组织或者个人开展同家庭寄养有关的合作项目，应当按照有关规定办理手续。

第六章 法律责任

第三十二条 寄养家庭不履行本办法规定的义务，或者未经同意变更主要照料人的，儿童福利机构可以督促其改正，情节严重的，可以解除寄养协议。

寄养家庭成员侵害寄养儿童的合法权益，造成人身财产损害的，依法承担民事责任；构成犯罪的，依法追究刑事责任。

第三十三条 儿童福利机构有下列情形之一的，由设立该机构的民政部门进行批评教育，并责令改正；情节严重的，对直接负责的主管人员和其他直接责任人员依法给予处分：

（一）不按照本办法的规定承担职责的；

（二）在办理家庭寄养工作中牟取利益，损害寄养儿童权益的；

（三）玩忽职守导致寄养协议不能正常履行的；

（四）跨省、自治区、直辖市开展家庭寄养，或者未经上级部门同意擅自开展跨县级或者设区的市级行政区域家庭寄养的；

（五）未按照有关规定办理手续，擅自与境外社会组织或者个人开展家庭寄养合作项目的。

第三十四条 县级以上地方人民政府民政部门不履行家庭寄养工作职责，由上一级人民政府民政部门责令其改正。情节严重的，对直接负责的主管人员和其他直接责任人员依法给予处分。

第七章 附 则

第三十五条 对流浪乞讨等生活无着未成年人承担临时监护责任的未成年人救助保护机构开展家庭寄养，参照本办法执行。

第三十六条 尚未设立儿童福利机构的，由县级以上地方人民政府民政部门负责本行政区域内家庭寄养的组织实施，具体工作参照本办法执行。

第三十七条 本办法自2014年12月1日起施行，2003年颁布的《家庭寄养管理暂行办法》（民发〔2003〕144号）同时废止。

民政部关于在办理收养登记中严格区分孤儿与查找不到生父母的弃婴的通知

1. 1992年8月11日发布

2. 民婚函〔1992〕263号

各省、自治区、直辖市民政厅（局），各计划单列市民政局：

《中华人民共和国收养法》实施后，各地的收养登记工作已陆续开展起来。目前发现在办理收养登记的过程中，各地孤儿与查找不到生父母的弃婴的认定，政策掌握不统一，出现了一些偏差。为了严格执行《收养法》，维护当事人的合法权益，现就此问题，特作如下通知：

一、我国《收养法》中所称的孤儿是指其父母死亡或人民法院宣告其父母死亡的不满十四周岁的未成年人。

二、送养孤儿的须提交有关部门出具的孤儿父母死亡证明书（正常死亡证明书由医疗卫生单位出具，非正常死亡证明书由县以上公安部门出具）或人民法院宣告死亡的判决书。

三、收养登记员对当事人提交的孤儿父母死亡的证明应严格审查和进行必要的调查，并将调查笔录归卷存档。对当事人弄虚作假的，收养登记机关应拒绝为其办理登记。若收养登记员审查不严，玩忽职守，应视情节轻重，由其主管机关撤销其收养登记员资格或给予其必要的行政处分。

以上各条在全国人大对如何认定

孤儿和弃婴未作出新的解释前，望各地严格遵照执行。

民政部关于进一步加强涉外送养工作的通知

1. *2000年12月31日发布*
2. *民函〔2000〕159号*

各省、自治区、直辖市民政厅（局），计划单列市民政局，新疆生产建设兵团民政局：

自从开展涉外送养工作以来，各级民政部门及儿童社会福利工作者以高度的责任感和人道主义精神，积极努力地为孤儿、弃婴创造适合其身心发育的环境。使部分失去家庭的儿童重新回归了家庭。目前，涉外送养已经成为安置、养育孤儿和弃婴的方式之一。同时，涉外送养工作的开展也为减轻社会福利机构的压力，提高管理和服务水平，改善办院条件，增进与收养国人民之间的友谊，发挥了积极作用。但是，随着工作的开展，也出现了一些问题，如不及时加以解决，将影响涉外送养工作的健康发展，有损于我国社会福利事业的形象。为进一步贯彻落实有关法律法规和全国收养工作会议精神，促进涉外送养工作依法、有序健康地进行，现提出如下意见：

一、充分认识涉外收养工作的重要性、敏感性

涉外送养属于一种发生在不同国家和不同种族之间、不同文化背景之下的跨国收养行为，直接关系到被送养儿童的人身权益、其所在国的国家形象和外国收养人的合法利益。各级民政部门务必保持清醒的头脑。涉外送养工作要以充分保障被送养儿童的合法权益为前提。我国作为联合国《儿童权利公约》的缔约国，在《收养法》中规定："收养应当有利于被收养的未成年人的抚养、成长，保障被收养人和收养人的合法权益。"从这个意义上讲，涉外送养是我国政府为保障孤儿、弃婴合法权益所采取的一项措施，因此，在收养工作中，各地要牢固树立"优先国内公民收养，适量涉外送养"的指导思想，正确处理涉外送养与国内收养的关系，把维护我国被收养儿童的利益放在首位。要紧密结合我国社会福利社会化的进程，努力挖掘和拓展国内安置孤残儿童的新的思路和途径。在积极鼓励国内公民收养和满足国内收养需求的前提下，适度开展并做好涉外送养工作。

收养是重要的民事法律行为。外国收养人通过合法手续在中国境内收养子女，是对我国儿童福利事业的支持和帮助，其行为受我国法律保护。各级民政部门、各地社会福利机构和中国收养中心在为在华收养子女的外国收养人办理收养手续的过程中，必须端正态度，认真负责，及时、准确地提供被收养人的真实情况，力戒为达到送养目的采取欺骗行为。

涉外送养工作也是一项政治性很强的工作，直接关系国家形象。联合国《儿童权力公约》明确指出："跨国收养应当是确认儿童不能安置于国内寄养、收养家庭或不能以任何方式在儿童原籍国加以照料的一种替代办法。"各级民政部门和相关人员对此应有正确认识，严防给境外反华势力和一些别有用心的人攻击我国儿童福利事业制造口实。

二、进一步加强对涉外送养工作的管理和监督

各省、自治区、直辖市民政部门要进一步贯彻落实全国收养工作会议精神，督促和指导本地社会福利机构建立健全涉外收养工作的各项规章制度。统一思想，慎重对待本地社会福利机构对开展涉外送养工作的愿望和要求，要从国家利益出发，严格把关。严禁把涉外送养工作当作“创收”和“扶贫”手段，不得以涉外送养捐赠款替代政府划拨给社会福利机构的事业费。

各地民政厅（局）业务主管部门，应注意不断提高业务素质和执法水平，加强对社会福利机构涉外送养工作的日常监督和检查，严格依法办事，防止把有被拐卖嫌疑、走失等来源不清或身份有待确定的儿童送养出去。要把涉外送养工作作为社会福利机构管理工作的重要组成部分，纳入考核评比内容。

各地应根据本地社会福利机构的发展实际，制定严格的标准，有选择地确定部分社会福利机构开展涉外送养工作。那些内部管理混乱、服务质量差、设施设备不完善的社会福利机构，不得开展涉外送养工作。

要进一步开展对社会福利机构中从事涉外收养工作人员的培训。社会福利机构直接从事涉外送养工作，其工作人员在实际工作中与外国收养人直接接触，他们的业务能力和政策水平直接影响当地涉外送养工作的质量甚至国家的声誉。开展对社会福利机构从事涉外送养工作人员的培训，特别是对拟开展涉外送养工作的福利机构主要管理人员的培训，应作为一项制度给予统一规定。各省、自治区、直辖市民政厅（局）每年应至少举办一次针对相关人员的培训。凡院长未经省级以上民政部门培训的福利院，不能开展涉外送养工作。在培训工作中，除加强对收养法规和政策等有关业务知识的培训外，要注重加强对工作人员职业道德和廉洁自律的教育。

开展涉外送养工作的社会福利机构要进一步增强自身建设，以高度负责的态度开展工作。所有在院儿童，都要在接收、养育的全过程中做好详细记录和规范的档案立卷保存工作。凡开展涉外收养工作的社会福利机构，都要实行涉外收养儿童定点医院体检制度。工作人员应详细掌握儿童的身体状况特别是健康情况，在上报送养材料时严禁虚报待送养儿童的年龄，严禁把待送养孩子与非送养孩子按不同标准分开抚养，严禁为送养孩子编造空头的待送养花名册甚至到社会上找孩子，或与邻院、邻省订立利益合同代送和转送孩子。严禁社会福利机构擅自为收养组织和收养人提供预送养情况。对违反规定的社会福利机构要停止其涉外送养，严肃处理，通报全国，并追究有关领导和当事人的责任。

三、进一步规范涉外收养捐赠的管理和使用

《外国人在中华人民共和国收养子女登记办法》指出：“为抚养在社会福利机构生活的弃婴和儿童，国家鼓励外国收养人、外国收养组织向社会福利机

构捐赠。受赠的社会福利机构必须将捐赠财物全部用于改善所抚养的弃婴和儿童的养育条件,不得挪作他用,并应当将捐赠财物的使用情况告知捐赠人。受赠的社会福利机构还应当接受有关部门的监督,并应当将捐赠的使用情况向社会公布。”

外国收养人如有捐赠意愿的,福利机构应视情况举行一个有不同岗位人员代表参加的小型捐赠仪式,并由社会福利机构向外国收养捐赠人出具捐赠接受凭证。社会福利机构接受外汇现钞捐赠,必须严格执行我国捐赠法、外汇管理条例和国家财务制度的有关规定,不得擅自私存。接受收养捐赠的单位,必须是送养儿童的社会福利机构,其他任何部门、单位和个人不得代收或转交。

收养人捐赠,必须坚持完全自愿的原则,社会福利机构以及其他任何机构、组织和个人不得对此进行干预。社会福利机构不得强迫或变相强迫外国收养人捐赠和支付法定之外不合理的其他费用。

社会福利机构使用捐赠款物,要坚持领导班子集体确定、登记造册、张榜公布等程序,做到账目清楚,手续完备,用途公开。涉外送养捐赠款除外国收养捐赠人有指定意向外,实行专款专用。只能用于:儿童福利院(社会福利院儿童部)的基础设施改造及医疗、康复、教学、娱乐设备更新;孤残儿童接受医疗、康复、学习的费用及改善儿童的生活;送养儿童工作所需的费用(其费用不得超过捐赠款的4%)。严禁用于福利院行政经费、职工工资及福利待遇等费用的支出;特别是严禁购买小轿车、移动电话等用品。

受赠的社会福利机构必须严格遵守《捐赠法》,及时将捐赠财物的使用情况告知捐赠人及向全体职工和社会公布。同时,受赠的社会福利机构还应接受上级民政部门和有关财务部门、审计部门的监督和检查。要建立涉外送养捐赠使用报告制度。10(含)万元人民币以上的支出,必须申报上级民政主管部门审核批准。

四、做好大龄、残疾儿童的送养工作

为鼓励外国收养人收养社会福利机构抚养的大龄儿童和残疾儿童,中国收养中心可以为其加快办理手续,并免收服务费;实行涉外送养指标调控的省份不占指标;民政部门免收登记费。

各省、自治区、直辖市民政厅(局),要结合贯彻落实全国社会福利社会化工作会议精神,进一步加强社会福利机构的各项建设,认真研究涉外送养工作的理论,探索新办法,解决新问题,切实做好我国的涉外送养工作。

民政部、公安部关于开展查找不到生父母的打拐解救儿童收养工作的通知

1. *2015年8月20日发布*
2. *民发〔2015〕159号*

各省、自治区、直辖市民政厅(局)、公安厅(局),新疆生产建设兵团民政局、公安局:

家庭是儿童成长的最佳环境,为落

实党的十八届三中全会通过的《中共中央关于全面深化改革若干重大问题的决定》中关于健全困境儿童分类保障制度的要求以及国务院办公厅《中国反对拐卖人口行动计划（2013—2020年）》（国办发〔2013〕19号）的相关要求，进一步完善打拐解救儿童安置渠道，使查找不到生父母的打拐解救儿童能够通过收养回归家庭中健康、快乐成长，根据《中华人民共和国收养法》等法律法规的有关规定，现就查找不到生父母的打拐解救儿童收养问题通知如下：

一、全力查找打拐解救儿童生父母

儿童失踪后，其监护人应当及时向公安机关报警。公安机关接到儿童失踪报警后，应当立即出警处置并立案侦查，迅速启动儿童失踪快速查找机制，充分调动警务资源，第一时间组织查找，并及时免费采集失踪儿童父母血样录入全国打拐DNA信息库。

公安机关解救被拐卖儿童后，对于查找到生父母或其他监护人的，应当及时送还。对于暂时查找不到生父母及其他监护人的，应当送交社会福利机构或者救助保护机构抚养，并签发打拐解救儿童临时照料通知书（附件1），由社会福利机构或者救助保护机构承担临时监护责任。同时，公安机关要一律采集打拐解救儿童血样，检验后录入全国打拐DNA信息库比对，寻找儿童的生父母。公安机关经查找，1个月内未找到儿童生父母或其他监护人的，应当为社会福利机构或者救助保护机构出具暂时未查找到生父母或其他监护人的证明（附件2）。社会福利机构或者救助保护机构在接收打拐解救儿童后，应当在报纸和全国打拐解救儿童寻亲公告平台上发布儿童寻亲公告。公告满30日，儿童的生父母或者其他监护人未认领的，救助保护机构应当在7日内将儿童及相关材料移交当地社会福利机构。社会福利机构应当尽快为儿童办理入院手续并申报落户手续，公安机关应当积极办理落户手续。

从儿童被送交社会福利机构或者救助保护机构之日起满12个月，公安机关未能查找到儿童生父母或其他监护人的，应当向社会福利机构出具查找不到生父母或其他监护人的证明（附件3）。

打拐解救儿童在社会福利机构或者救助保护机构期间，如有人主张其为被公告儿童的生父母或者其他监护人的，上述机构应当立即通知公安机关，由公安机关开展调查核实工作。公安机关经调查确认找到打拐解救儿童生父母或其他监护人的，应当出具打拐解救儿童送还通知书（附件4），由社会福利机构或者救助保护机构配合该儿童生父母或其他监护人将儿童接回。

二、依法开展收养登记工作

社会福利机构收到查找不到生父母或其他监护人的证明后，对于符合收养条件的儿童，应当及时进行国内送养，使儿童能够尽快回归正常的家庭生活。

办理收养登记前，社会福利机构应当与收养家庭签订收养协议（附件5）。

收养人应当填写收养申请书并向有管辖权的收养登记机关提交下列证件、证明材料：

（一）居民户口簿和居民身份证；

（二）婚姻登记证或者离婚判决书、离婚调解书；

（三）县级以上医疗机构出具的未患有在医学上认为不应当收养子女疾病的身体健康检查证明；

收养登记机关应当对收养人进行收养能力评估。收养能力评估可以通过委托第三方等方式开展。收养能力评估应当包括收养人收养动机、职业和经济状况、受教育程度、身体情况、道德品质、家庭关系等内容。

社会福利机构应当向收养登记机关提交下列证件、证明材料：

（一）社会福利机构法人登记证书、法定代表人身份证明和授权委托书；

（二）被收养人照片、指纹、DNA信息和情况说明；

（三）被收养人进入社会福利机构的原始记录和查找不到生父母或其他监护人的证明等相关证明材料；

被收养人有残疾或者患有重病的，社会福利机构应当同时提交县级以上医疗机构出具的残疾证明或者患病证明。

被收养人年满10周岁的，收养登记机关还应就收养登记事项单独征得其本人同意。

收养登记机关在收到收养登记申请书及相关材料后，应当按照规定进行公告。自公告之日起满60日，打拐解救儿童的生父母或者其他监护人未认领的，收养登记机关应当为符合条件的当事人办理收养登记。对不符合条件的，不予登记并对当事人说明理由。

三、妥善处理打拐解救儿童收养关系解除问题

打拐解救儿童被收养后，公安机关查找到其生父母或其他监护人，或者其生父母或其他监护人又查找到该儿童的，如儿童的生父母或其他监护人要求解除收养关系，且经公安机关确认该儿童确属于被盗抢、被拐骗或者走失的，收养人应当与社会福利机构共同到民政部门办理解除收养关系登记。

儿童的生父母双方或者其他监护人有出卖或者故意遗弃儿童行为的，应当依法追究法律责任，已成立的合法收养关系不受影响。

四、扎实抓好政策落实工作

（一）切实加强组织领导。各地要从落实党中央和国务院关于加强被拐卖受害人的救助、安置、康复和回归社会工作有关要求的高度充分认识此项工作的重要意义，将其作为保护未成年人合法权益和打击整治拐卖儿童犯罪买方市场的重要举措抓紧抓好。各地民政部门和公安部门要建立协调沟通机制，形成工作合力，细化职责分工，将好事办好。要做好督促检查工作，确保此项工作尽快落实。

（二）尽快解决历史问题。各地要优先解决已经在社会福利机构或者救助保护机构长期生活的打拐解救儿童的落户和收养问题。对于社会福利机构或者救助保护机构内尚未采集血样的打拐解救儿童，当地公安机关应当及时采集DNA信息入库比对查找其生父母，相关费用由公安机关承担，社会福利机构应当协助配合。对于采集了DNA信息、并在本通知实行前已经查找其生父母或其他监护人满12个月的儿童，公安机关应当直接向社会福利机构出具查找不到生父母或其他监护人的证明。社会福利机构或者救助保护机构应当及时在报纸和全国打拐解救儿童寻亲公告平台上发布寻亲公告，公告期满后救助保护机构应当在7日内将儿童及相关材料移交当地社会福利机构。社会福利机构应当在公安机关配合下尽快办理落户等手续，对于符合收养条件的儿童，按照本通知要求及时送养。

（三）着力做好宣传引导。各地要通过多种渠道主动做好政策宣传工作，特别是做好与新闻媒体的沟通，使群众充分了解相关法律规定和打拐解救儿童的生活状况，知晓办理收养登记对于保护打拐解救儿童权益和打击拐卖儿童犯罪的重要意义，营造良好的社会舆论氛围。

附件：（略）

最高人民法院关于生母已将女儿给人收养而祖母要求收回抚养孙女应否支持问题的批复

1. 1987年11月17日发布
2. 〔1987〕民他字第45号

上海市高级人民法院：

你院（87）沪高民他字第10号《关于生母已将女儿给他人收养而祖母要求收回抚养孙女应否支持的请示报告》收悉。

据你院报告称：丁杏瑞（丈夫已故）有一子二女，其子周吉芳和张兰于1986年3月登记结婚，同年11月22日周吉芳病故。1987年2月张兰生一女，委托护士将女婴送给王明星、陈德芳夫妇（无子女）抚养。丁得知后，要张兰将孙女领回由她抚养，被拒绝。为此，丁杏瑞诉讼到人民法院。

经研究，我们基本上同意你院审判委员会意见，即根据该案具体情况，从更有利于儿童的利益和健康成长考虑，张兰将其女儿送给王明星夫妇抚养是法律所允许的，可予维持。在审理中，要尽力做好说服工作，争取调解解决。

此复

最高人民法院关于许秀英夫妇与王青芸间是否已事实解除收养关系的复函

1. 1990年8月24日发布
2. （90）民他字第14号

山东省高级人民法院：

你院鲁法（民）发〔1990〕25号《关于许秀英夫妇与王青芸间是否已事实解除收养关系的请示报告》收悉。

经我们研究认为，1937年王青芸两岁时被其伯父母王在起、许秀英夫妇收养，并共同生活了20年，这一收养事实为亲戚、朋友、当地群众、基层组织所承认，应依法予以保护。虽然王青芸于1957年将户口从王在起处迁出到其单位落户，后又迁入其生母处，但双方未以书面或口头协议公开解除收养关系。而且，王在起生前与王青芸有书信来往，并以父女相称，王青芸对王在起夫妇也尽有一些义务。

据此,我们同意你院第一种意见,即以认定许秀英夫妇与王青芸的收养关系事实上未解除为妥。

以上意见,供参考。

最高人民法院关于毛玉堂与毛新国的收养关系能否成立的复函

1. 1993年1月30日发布
2. (92)民他字第44号

河南省高级人民法院:

你院关于毛玉堂与毛新国的收养关系能否成立的请示报告收悉。经研究认为:毛新国是毛玉堂的外孙,双方是直系血亲,不能建立收养关系。据此,我们同意你院审判委员会倾向性意见,即毛玉堂与毛新国之间的收养关系不能成立,毛新国不应列为毛玉堂死亡后的第一顺序继承人。鉴于毛新国在其母死亡后,对毛玉堂尽了主要赡养义务的情况,根据最高人民法院《关于贯彻执行〈中华人民共和国继承法〉若干问题的意见》第27条规定精神,在分割毛玉堂的遗产时,毛新国可以多分。

以上意见,供参考。

最高人民法院民事审判庭关于吴乱能否与养孙之间解除收养关系的请示的电话答复

1. 1988年8月30日发布
2. (88)民他字第32号

河北省高级人民法院:

你院报送的关于吴乱能否与养孙之间解除收养关系的请示报告收悉。经研究,我们认为,根据本案的实际情况,吴乱与孙翠楼双方自愿,虽有过继单,协商达成收养协议,公开以母子相称并按过继单规定给付吴乱生活费,已形成事实上的收养关系。但孙翠楼之子是在吴乱与孙翠楼收养关系成立后,随父一起去吴乱家的,吴乱与孙翠楼之子不存在收养关系。王果以及其子产到吴乱家后单方面对吴乱尽义务多年,他们之间实际上是抚养关系。在财产分割问题上,应考虑王果及其子尽义务多年,又要体现对丧失劳动能力的老人的照顾,对双方的个人财产,共同财产,合情合理合法进行分割。

最高人民法院民事审判庭关于田海和诉田莆民、田长友扶养费一案的电话答复

1. 1988年11月14日发布
2. (88)民他字第43号

安徽省高级人民法院:

你院《关于田海和诉田莆民、田长友扶养一案的请示》问题,经我们研究认为,此案不宜比照婚姻法第二十三条规定处理。现就该案有关问答复如下:

一、同意你院关于田海和与田长友之间收养关系不成立的意见。因为双方从未在一起生活过,田海和对田长友也没尽过抚养义务,事实上没有形成收养关系,"继书"不宜采纳。

二、田莆民与田海和之间订立的"承养字"没有法律约束力。

三、田海和是有残疾的成年人,不宜比照

婚姻法第二十三条的规定处理，扩大该法律原文解释。

四、田海和生活困难问题请有关法院会同当地政府有关部门协商，作为社会救济，给予妥善安置。

最高人民法院民事审判庭关于夫妻一方死亡另一方将子女送他人收养是否应当征得愿意并有能力抚养的祖父母或外祖父母同意的电话答复

1. 1989年8月26日发布

2. 〔1989〕法民字第21号

山西省高级人民法院：

你院（1989）晋法民报字第1号“关于夫妻一方死亡，另一方将子女送他人收养是否应征得愿意并有能力抚养的祖父母或外祖父母同意”的请示报告收悉。经研究认为：“收养”这类问题，情况复杂，应区别不同情况，依据有关政策法律妥善处理。

我们对下面几种情况的意见：

一、根据《民法通则》第十六条，及我院《关于贯彻执行民事政策法律若干问题的意见》第三十七条规定，收养关系是否成立，送养方主要由生父母决定。

二、我院《关于贯彻执行民法通则若干问题的意见》第二十三条规定，是针对夫妻一方死亡，另一方将子女送他人收养，收养关系已经成立，其他有监护资格的人能否以未经其同意而主张该收养关系无效问题规定的。

三、在审判实际中对不同情况的处理，需要具体研究。诸如你院报告中列举的具体问题，夫妻一方死亡，另一方有抚养子女的能力而不愿尽抚养义务，以及另一方无抚养能力，且子女已经由有抚养能力，又愿意抚养的祖父母、外祖父母抚养的，为送养子女发生争议时，从有利于子女健康成长考虑，子女由祖父母或外祖父母继续抚养较为合适。

最高人民法院民事审判庭关于雷俊文诉张秋花、马国归还亲生子一案的电话答复

1. 1989年10月10日发布

2. 〔1989〕民他字第15号

山西省高级人民法院：

你院（1989）民报字第3号关于雷俊文诉马国归还亲生子一案的请示报告收悉。经研究认为：此案情况较为特殊，雷俊文夫妇违反计划生育政策和有关法律的规定，拒不采取措施节育，超生第二胎，为了逃避处罚，弄虚作假，对孩子不负责任；马国夫妇原有两个女孩，又擅自收下了雷俊文夫妇的孩子，也不符合计划生育的有关规定。双方当事人均有不同程度的过错。法院审理此案，如简单地就收养关系是否成立予以确认，将孩子判归哪一方抚养都违反计划生育政策。因此，可从该案实际出发，根据雷俊文夫妇确有“不要孩子”的表示，况且孩子已由马国夫妇抚养两年多等情况，从有利于孩子身心健康不受影响考虑，对雷俊文夫妇归还亲子的诉讼请求，予以驳回为宜。但要注意过细地做当事人的

思想工作,妥善处理,以防矛盾激化。以上意见,供参考。

最高人民法院民事审判庭关于对周德兴诉周阿金、杭根娣解除收养关系一案的电话答复

1. 1990年6月25日发布
2. (90)民他字第20号

江苏省高级人民法院民庭:

你庭请示的周德兴诉周阿金、杭根娣解除收养关系一案,经研究认为,周阿金、杭根娣夫妇与子女订立的《产权分配证据》不符合赠与的法律特征,其赠予关系不能成立。周阿金夫妇与子女订立《产权分配证据》系周阿金夫妇为保证晚年有所赡养的情况下订立的。因此,"赠与"房屋很难说完全反映了周阿金夫妇的真实意愿。本案《产权分配证据》以受赠人按月交付赡养费为条件,将赠与的无偿性变为有偿性,改变了赠予的性质。而且《产权分配证据》只有赠与人签名,没有受赠人签名,即未办理过户手续,产权人又未将产权证明与受赠人,也不符合赠予的形式要件。周阿金、杭根娣夫妇与周德兴是养父母和养子女关系。养父母将周德兴从小养大成人,周德兴对养父母具有法定的赡养义务。以取得财产为前提方对父母进行赡养,不仅违反了社会公德,而且违反了我国婚姻法第十五条"子女对父母有赡养扶助义务"的规定。

典型案例

张某诉沈阳市民政局民政解除收养行为纠纷案

原告张某。

委托代理人王丽英,沈阳市铁西区大众法律事务所法律工作者。

被告沈阳市民政局。机关所在地:沈阳市和平区图门路20号。

法定代表人李振发,局长。

委托代理人孙英,沈阳市民政局工作人员。

委托代理人肖长旭,沈阳市民政局工作人员。

第三人辛某。

委托代理人苑志强,辽宁众事达律师事务所律师。

第三人沈阳市儿童社会福利院。地址:沈阳市于洪区造化乡旺牛村。

法定代表人颜雪飞,院长。

第三人赵某。

第三人邱某。

原告张某诉被告沈阳市民政局民政解除收养行为一案,于2001年6月21日向本院提起行政诉讼。本院2001年6月25日受理后,依法组成合议庭,于2001年9月3日、2001年12月10日两次公开开庭审理了本案。原告张某及委托代理人王丽英、被告的委托代理人孙英、肖长旭、第三人辛某及委托代理人苑志强到庭参加了诉讼。第三人沈阳市儿童社会福利院、第三人赵某、邱某经本院合法传唤未到庭参加诉讼。本案现已审理完结。

2000年3月10日沈阳市民政局解除了张某、辛某与其养子的养父母子女关系。理由是辛某再婚。

原告诉称:张某与辛某于1992年4月结婚。1997年年初,二人共同收养一男孩,取名辛某某。1999年3月,张某与辛某协议离婚,议定养子辛某某由辛某抚养,张某以住房居住权作为抚养费给付辛某。2001年1月,辛某再婚并将养子辛某某私自送养给丹东市眼科医院护士长赵某、邱某夫妇,并改名为邱某某。2001年3月被告为赵某、邱某补办了领养手续,同时解除了与辛某的收养关系。原告认为,根据《婚姻法》、《收养法》的有关规定,被告不经原告同意私自解除了辛某与养子的抚养关系是违法的,而且被告无权解除原告与养子的抚养关系。被告解除收养关系的行为侵害了原告作为养父的合法权益。请求法院确认被告私自解除原告与养子的收养关系的行政行为无效。

被告于2001年8月28日向本院递交了答辩状,并在庭审中辩称:依据《收养法》及《中国公民收养子女登记办法》的规定,我局解除张某、辛某与其养子的收养关系合法有效。张某、辛某自愿解除与其养子的收养关系,其意思表示真实,手续齐全,程序合法。此外,原告起诉超过了起诉期限,因原告在2000年10月17日就已经知道了我局的行政行为。并向本院举出认定事实的证据:1. 2000年1月25日辛某的"申请书";2. 2000年2月20日辛某的"解除收养登记申请书",上述证据用以证明辛某要求解除收养关系;3. 2000年3月8日辛某的"情况说明",用以证明一方领养人查找不到,另一方领养人要求解除收养关系;4. 申请人送养情况证明;5. 接收单位情况证明;6. 解除收养审批情况证明;7. 张某与辛某的离婚协议书及离婚证;8. 1997年8月26日沈民收字第97053号收养证;9. 2000年10月17日张某的"关于说明养子情况的申请",上述证据用以证明被告解除收养关系行为合法,要件齐全。被告还向本院提供了《中华人民共和国收养法》第一条、第二条、第十五条、第二十六条、第二十八条,《中国公民收养子女登记办法》第二条、第九条等法律依据,分别证明自己具有法定职权,做出解除收养登记行为适用法律正确,程序合法。

第三人辛某辩称,同意被告的观点。

第三人沈阳市儿童社会福利院、第三人赵某、邱某未到庭参加诉讼,亦未提出书面答辩。

在本庭审查时,原告对被告举证1、2有异议,认为辛某单方提出解除收养关系不符合法律规定。对被告举证3有异议,认为该证据不能证明查找不到原告,被告有义务查找原告。对被告举证4~8有异议,认为这些证据中只有辛某的情况,是辛某一个人办理的,没有征求原告的同意,违反法律规定。对被告举证9有异议,认为不能说明原告同意解除收养关系。第三人辛某对被告举证均无异议。

经本庭质证,对被告举证1、2、6、7、8、9,原告虽提出异议,但只是强调在原告没有到场的情况下,被告不应解除收养关系,对证据本身的真实性未作表示,且原告没有提供反驳证据,故本院对被告举证1、2、6、7、8、9依法予以采信。对被告举证3,因该证据是辛某单方出具的、用以证明解除收养关系时原告故意不到场一事,现原告予以否认,故本院对被告举证

3依法不予采信。对被告举证4、5，被告以此证明其解除收养关系行为要件齐全，证据4"申请送养人情况证明"仅反映出辛某的自然情况，没有张某的自然情况，证据5"接收单位情况"中也没有沈阳市儿童社会福利院对养子是否同意接收的意见，故这两份证据不能实现被告的证明目的，本院依法不予采信。

依据上述有效证据，认定以下事实：1997年8月26日张某、辛某共同收养辛某某为养子，经沈阳市民政局登记并发放收养证。1999年3月30日张某、辛某协议离婚，议定养子由辛某抚养，男方张某不支付抚养费，位于沈阳市于洪区鸭绿江街18－8栋232号房屋离婚后承租代表人为辛某，其他财产协议分割。并取得离婚证。2000年1月25日、2000年2月20日辛某分别向沈阳市儿童社会福利院、沈阳市民政局提出申请，请求解除与养子的收养关系。2000年3月10日，沈阳市民政局准予辛某与其养子解除收养关系，并下发了"解除收养关系证明"。2000年10月17日，张某向沈阳市民政局提出申请，请求民政局出具书面材料，说明养子曾经是张某与辛某领养而不是二人婚生子女及张某与其已没有领养关系的事实。2001年6月20日张某向我院提起行政诉讼，请求确认沈阳市民政局解除张某与养子的收养关系的行政行为无效。

本院认为：被告沈阳市民政局依据《中华人民共和国收养法》第十五条、第二十八条，《中国公民收养子女登记办法》第二条的规定，办理收养登记和解除收养登记，具有法定职权。但被告不能提供在其解除收养关系时张某是否到场以及收养人、送养人解除协议的证据，被告在收养人之一的张某没有到场、收养人、送养人没有解除协议的情况下，作出解除张某、辛某与养子收养关系登记的行为，违反了《中华人民共和国收养法》第二十六条"收养人在被收养人成年以前，不得解除收养关系，但收养人、送养人双方协议解除的除外……"和《中国公民收养子女登记办法》第九条"收养关系当事人协议解除收养关系的，应当持居民户口簿、居民身份证、收养登记证和解除收养关系的书面协议，共同到被收养人常住户口所在地的收养登记机关办理解除收养关系登记"的规定，故被告作出的解除收养关系登记行为缺少法定要件，其行为主要证据不足，且程序违法。原告要求确认被告解除收养关系的行政行为无效，因被告作出的该行政行为不属于无效的行政行为，而属于可撤销的行政行为。但由于被收养人辛某某已经被第三人赵某、邱某收养，改名为邱某某，并于2000年3月29日经沈阳市民政局核准登记。按照《中华人民共和国收养法》第二条"收养应当有利于被收养的未成年人的抚养、成长，保障被收养人和收养人的合法权益，遵循平等自愿的原则，并不得违背社会公德"的规定，且赵某、邱某收养邱某某并经民政部门登记的行为未被任何有权机关予以撤销，对赵某、邱某收养邱某某的收养行为应当予以保护。故应当确认被告解除张某、辛某与其养子的收养关系的行为违法。被告称原告起诉超过法定起诉期限的观点，没有事实根据及法律依据，本院不予采纳。原告要求追回被辛某非法送给他人的孩子的请求，没有法律依据，本院不予支持。依照《中华人民共和国行政诉讼法》第五十四条第（二）项第1、3目和最高人民法院《关于执行〈中华人民共和国行政诉讼法〉若干问题的解释》第五十六条第(四)项、第五十七条第二款第(二)项的规定,判决如下:

一、确认沈阳市民政局2000年3月10日作出的解除张某、辛某与辛某某的收养关系的具体行政行为违法。

二、驳回原告其他诉讼请求。

案件受理费100元由被告负担。

如不服本判决,可在判决书送达之日起十五日内,向本院递交上诉状,并按对方当事人的人数提出副本,上诉于辽宁省沈阳市中级人民法院。

甄某等与广州市番禺区人口和计划生育局征收社会抚养费纠纷上诉案

上诉人(原审原告)甄某。

上诉人(原审原告)陈某。

两上诉人共同委托代理人甄某某。

被上诉人(原审被告)广州市番禺区人口和计划生育局。地址:广州市番禺区市桥街盛泰路计生综合楼。

法定代表人黄锡洪,职务:局长。

委托代理人龚卫国、龚敏玲,该局工作人员。

上诉人甄某、陈某因诉广州市番禺区人口和计划生育局作出征收社会抚养费决定一案,不服广州市番禺区人民法院(2007)番法行初字第3号行政判决,向本院提起上诉。本院依法组成合议庭,对本案进行了审理,现已审理终结。

原审法院认为:根据《广东省人口与计划生育条例》第六条规定,县级以上人民政府计划生育行政部门主管计划生育工作,在本行政区域内负责本条例的具体实施和监督检查。因此,被告广州市番禺区人口和计划生育局主管本区域内的计划生育工作。《中华人民共和国收养法》第六条规定:“收养人应当同时具备下列条件:(一)无子女;……”《关于解决我市居民收养子女落户有关问题的通知》(穗府〔2000〕13号文)第三条规定:“对1992年4月1日后至1997年6月25日前,抱养人有子女不符合收养条件又私下抱养非社会福利机构抚养的查找不到生父母的弃婴、儿童的,本着‘实事求是,妥善处理’的原则,由计生部门按每抱养一个弃婴、儿童10000元的标准征收计划外生育费……”本案中,两原告已育有两名子女,因此,两原告收养女婴不符合上述收养条件。被告经过调查,认定两原告于1994年8月违法收养一名女婴,从而对两原告作出征决字〔2006〕第14010号《社会抚养费征收决定书》,根据《关于解决我市居民收养子女落户有关问题的通知》第三条的规定,决定对两原告征收社会抚养费10000元,认定事实清楚,证据充分,适用法律正确,程序合法。原告主张的收养时间是1992年2月8日,由于上述时间只是谭某某捡拾女婴时间,且当时两原告只是代谭某某抚养女婴,由谭某某支付抚养费至1994年8月,因此,两原告收养女孩的时间应是1994年8月,因此,对于原告的主张,法院不予支持。综上所述,依照《中华人民共和国行政诉讼法》第五十四条第(一)项的规定,判决:维持被告广州市番禺区人口和计划生育局于2006年9月14日作出征决字〔2006〕第14010号《征收社会抚养费决定书》。

上诉人甄某，陈某不服原审判决，向本院上诉称：谭某某于1992年2月8日拾到女婴，放在上诉人处抚养。平均每月资助约400元，被上诉人当时已经知道情况，却一直不处理此事。两年后谭某某不再资助，上诉人无奈只好继续抚养。因此弃婴自出生至今一直由陈某抚养，并不是一审与被上诉人认定的上诉人在替谭某某抚养孩子。上诉人自1992年2月8日出生就抚养孩子，被上诉人错误更改时间为1994年8月，规避了《关于解决我市居民收养子女落户问题有关问题的通知》第二条“1992年4月以前抱养不收费”的规定，错误引用第三条向上诉人无理收费，事实定性错误。一审法院回避上诉人陈述的主要部分，错误维持被上诉人的收费决定，对上诉人不公平。请求：一、撤销一审判决；二、撤销征决字〔2006〕第14010号《征收社会抚养费决定书》。

被上诉人广州市番禺区人口和计划生育局答辩同意原审判决。

经审理查明：上诉人甄某与陈某夫妇均为广州市番禺区新造镇新造社区居民。分别于1972年、1974年生育儿子甄广某、甄亮某。1992年2月8日，案外人谭某某捡到一名女婴，即雇请两上诉人照料女婴，并每月支付托养费400元。1994年8月，谭某某以与该女婴无感情为由停止支付托养费，但两上诉人继续收养该女婴至今。2005年11月22日，被上诉人对两上诉人作出征决字〔2005〕第14022号《社会抚养费征收决定》，认定两上诉人违反计划生育的相关规定，决定对两上诉人征收社会抚养费20244元。后又以法律条款适用错误为由，作出《关于撤销征收决字〔2005〕第14022号〈社会抚养费征收决定书〉的通知》，撤销了上述决定。2006年9月14日，被上诉人重新对两上诉人作出征决字〔2006〕第14010号《社会抚养费征收决定》，认定两上诉人于1994年8月违法收养一名女婴，根据《关于解决我市居民收养子女落户有关问题的通知》（穗府〔2000〕13号）第三条的规定，决定对两上诉人征收社会抚养费10000元。两上诉人不服该征费决定，遂提起行政诉讼。

本院认为：《中华人民共和国收养法》第六条规定：“收养人应当同时具备下列条件：（一）无子女；……”两上诉人育有两个儿子，再抱养弃婴不符合上述法律规定。《关于解决我市居民收养子女落户有关问题的通知》（穗府〔2000〕13号）第三条规定：“对1992年4月1日后至1997年6月25日前，抱养人有子女不符合收养条件又私下抱养非社会福利机构抚养的查找不到生父母的弃婴、儿童的，本着‘实事求是，妥善处理’的原则，由计生部门按每抱养一个弃婴、儿童10000元的标准征收计划外生育费……”两上诉人于1994年8月收养弃婴，被上诉人对其作出征决字〔2006〕第14010号《社会抚养费征收决定》认定事实清楚，适用法律正确，原审法院予以维持并无不当，本院予以维持。关于上诉人主张收养时间的问题，原审法院已予以查明认定，本院予以确认。综上所述，依照《中华人民共和国行政诉讼法》第六十一条第（一）项的规定，判决如下：

驳回上诉，维持原判。

二审案件受理费50元由两上诉人负担。

本判决为终审判决。

文书范本

收养协议

收养人：________［写明姓名、性别、年龄、民族、籍贯（国籍）、职业、婚姻状况、工作单位、详细住址］。

送养人：________［写明姓名、性别、年龄、民族、籍贯（国籍）、职业、婚姻状况、工作单位、详细住址］。

被收养人：________（写明姓名、性别、年龄、籍贯）。

根据《中华人民共和国收养法》的规定，经收养人和送养人协商一致，达成以下协议：

1. 收养原因

____。

2. 送养原因

____。

3. 收养人的权利和义务

____。

4. 送养人的权利和义务

____。

5. 甲乙双方在本协议签订后____日内，到民政局办理收养登记手续。本收养协议自公证机关公证之日起生效。

6. 其他事项：____。

收养人：________

送养人：________

见证人：________

________年____月____日

注 意 事 项

收养协议是收养人为收养他人子女与送养人订立的协议。收养法以收养登记为收养关系的成立要件,只要当事人办理了收养登记,收养关系即依法成立。因此,收养协议并非收养成立的必备形式,属于法定形式要件之外的选择性形式,是否订立收养协议,不影响收养的效力。

制作本文书时应当注意谁可以作为送养人。一般而言,送养人为被收养人的生父母;丧失父母的孤儿的近亲属(即监护人)可以作为送养人。

收养公证书

公证书格式之一

(____)____字第____号

收养人:________,男,________年____月____日出生,现住________________。

________,女,________年____月____日出生,现住________________。

被收养人:________,男(女),________年____月____日出生,现住________________。

送养人:________,男,________年____月____日出生,现住________________。

________,女,________年____月____日出生,现住________________。

兹证明收养人________、________夫妇与被收养人________的生父母(或监护人)________、________商定,[并征得被收养人________的同意]由________、________收养________为养子(女)。其收养关系自________年____月____日依法登记之日起成立。________为________的养父,________为________的养母。(________改名为________)

被收养人照片

________公证处

公证员:________(签名)

________年____月____日

注:本格式适用于生父母或孤儿的监护人作为送养人的情况。

公证书格式之二

(____)____字第____号

收养人:________,男,________年____月____日出生,现住________________。

________,女,________年____月____日出生,现住________________。

被收养人:________,男(女),________年____月____日出生,现住________________。

送养人:____________(社会福利机构全称),法人代表________[男(女),________年____月____日出生],地址________________。

兹证明收养人________、________夫妇与被收养人的监护人____________(社会福利机构全称)的法定代表人________商定,[并征得被收养人________的同意]由________、________收养________为养子(女)。其收养关系自________年____月____日依法登记之日起成立。________为________的养父,________为________的养母。(________改名为________)

被收养人照片

________公证处

公证员:________(签名)

________年____月____日

注:本格式适用于社会福利机构作为送养人的情况。

公证书格式之三

(____)____字第____号

收养人:________,男(女),________年____月____日出生,现住________________。

被收养人:________,男(女),________年____月____日出生,现住________________。

关系人:________,男(女),________年____月____日出生,现住________________。

[送养人:________,女(男),________年____月____日出生,现住________________]。

兹证明收养人________与被收养人的生父(母)________、________商定,[并征得被收养人________的同意]由________收养________为养子(女)。其收养关系自________年____月____日依法登记之日起成立。________为________的养父(母)。(________改名为________)

被收养人照片

________公证处

公证员:________(签名)

________年____月____日

注:1. 本格式适用于继父或继母收养继子女的情况;

2. 关系人系指收养人的配偶及被收养人的生父或生母。

公证书格式之四

(____)____字第____号

收养人:________,男,________年____月____日出生,现住________________。

________,女,________年____月____日出生,现住________________。

被收养人:________,男(女),________年____月____日出生,现住________________。

送养人:________(社会福利机构全称),法人代表________[男(女),________年____月____日出生],地址________________。

兹证明收养人________、________夫妇与被收养人________的监护人________(社会福利机构全称)的法定代表人________{或代理人________[男(女),________年____月____日出生]}商定,[并征得被收养人________的同意]由________、________收养________为养子(女)。收养人、送养人已自愿放弃《中华人民共和国收养法》第四章规定的请求解除收养关系的权利,保证不解除该收养关系。其收养符合《中华人民共和国收养法》,收养关系自________年____月____日依法登记之日起成立,并不可撤销。________为________的养父,________为________的养母。(________改名为________)

________公证处

公证员:________(签名)

________年____月____日

被收养人照片

注:本格式适用于法国公民收养社会福利机构抚养的孤儿或弃婴的情况。

公证书格式之五

(____)____字第____号

收养人:________,男,________年____月____日出生,现住________________。

________,女,________年____月____日出生,现住________________。

被收养人:________,男(女),________年____月____日出生,现住________________。

送养人:________,男,________年____月____日出生,现住________________。

________,女,________年____月____日出生,现住________________。

兹证明收养人________、________夫妇与被收养人________的生父母________、________商定,[并征得被收养人________的同意]由________、________收养________为养子(女)。收养人、送养人已自愿放弃《中华人民共和国收养法》第四章规定的请求解除收养关系的权利,保证不解除该收养关系。其收养符合《中华人民共和国收养法》,收养关系自________年____月____日依法登记之日起成立,并不可撤销。________为________的养父,________为________的养母。(________改名为________)

被收养人照片

________公证处

公证员:________(签名)

________年____月____日

注:本格式适用于法国公民收养、生父母送养的情况。

公证书格式之六

（____）____字第____号

收养人：________，男，________年____月____日出生，现住________________。

________，女，________年____月____日出生，现住________________。

被收养人：________，男（女），________年____月____日出生，现住________________。

兹证明收养人________、________夫妇自愿收养________为养子（女）。其收养关系自________年____月____日依法登记之日起成立。________为________的养父，________为________的养母。（________改名为________）

被收养人照片

________公证处

公证员：________（签名）

________年____月____日

注：本格式适用于中国公民收养非社会福利机构抚养的查找不到生父母的弃婴和儿童的情况。

解除收养关系公证书

公证书格式之一

（____）____字第____号

兹证明养父母________和________夫妇与生父母________和________夫妇协商，[并征得养子（女）________同意]于________年____月____日达成解除________和________与________收养关系协议，并于________年____月____日依法登记。

________公证处

公证员：________（签名）

________年____月____日

注：本格式适用于未成年养子女与养父母间收养关系的解除。

公证书格式之二

（____）____字第____号

兹证明养父母________和________夫妇与养子(女)________协商,于________年____月____日达成解除________和________与________收养关系协议,并于________年____月____日依法登记。[经协商,________与生父母________和________夫妇恢复相互间的权利义务关系。]

________公证处

公证员:________(签名)

________年____月____日

注:1. 本格式适用于养父母和成年养子女间收养关系的解除;

2. 经当事人申请,可加入“经协商,________与生父母________和________夫妇恢复相互间的权利义务关系。”的证词。

解除收养关系证明

________字第____号

收养人:________,性别:________,出生日期:________年____月____日。

收养人:________,性别:________,出生日期:________年____月____日。

被收养人:________,性别:________,出生日期:________年____月____日。

送养人:________(姓名或名称)

收养人与被收养人于________年____月____日经________________成立收养关系。

现因________________,经当事人协议,申请解除收养人和被收养人的养父母子女关系。经审查,其申请符合《中华人民共和国收养法》的规定,准予登记。收养关系自登记之日起解除。

(登记机关公章)

________年____月____日

流程图表

国内收养程序

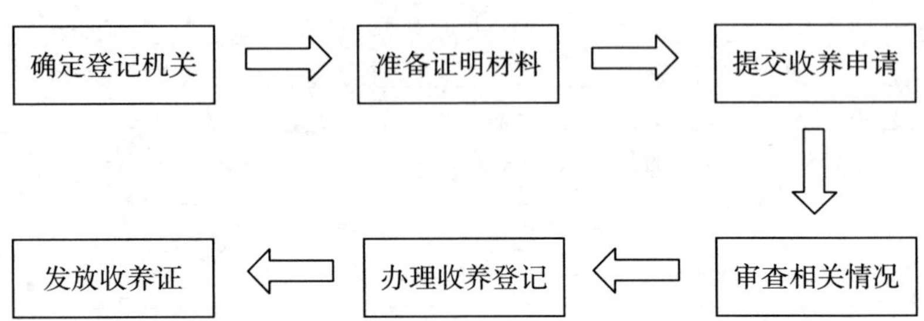

一、收养登记的级别管辖

级别管辖是指各级民政部门之间在办理收养登记时的分工和权限。根据《中国公民收养子女登记办法》和《华侨以及居住在香港、澳门、台湾地区的中国公民办理收养登记的管辖以及所需要出具的证件和证明材料的规定》的要求，中国公民办理收养登记的机关是县级人民政府民政部门；华侨以及居住在香港、澳门、台湾地区的中国公民在内地收养子女的，应当到被收养人常住户口所在地的直辖市、设区的市、自治州人民政府民政部门或者地区(盟)行政公署民政部门申请办理收养登记。

二、收养登记的地域管辖

地域管辖是指同级民政部门之间在办理收养登记时的分工和权限。根据《中国公民收养子女登记办法》的规定：收养社会福利机构抚养的查找不到生父母的弃婴、儿童和孤儿的，在社会福利机构所在地的收养登记机关办理登记；收养非社会福利机构抚养的查找不到生父母的弃婴和儿童的，在弃婴和儿童发现地的收养登记机关办理登记；收养生父母有特殊困难无力抚养子女或者由监护人监护的孤儿的，在被收养人生父母或者监护人常住户口所在地(组织作监护人的，在该组织所在地)的收养登记机关办理登记；收养三代以内同辈旁系血亲的子女，以及继父或者继母收养继子女的，在被收养人生父或者生母常住户口所在地的收养登记机关办理登记。

三、收养人需要提交的证明材料

由于收养关系的主体不同，收养人办理收养登记时应当提供的证明材料也有所不同，按下列五种情况提供不同的证明材料。

第一种情况：一般中国公民申请收养登记

一般中国公民在申请收养登记时，应当提供以下证明材料：

(1)收养人的居民户口簿和居民身份证；

(2)由收养人所在单位或者村民委员会、居民委员会出具的本人婚姻状况、有无子女和抚养教育被收养人的能力等情况的证明；

(3)县级以上医疗机构出具的未患有在医学上认为不应当收养子女的疾病的身体健康检查证明。

收养查找不到生父母的弃婴、儿童的,并应当提交收养人经常居住地计划生育部门出具的收养人生育情况证明;其中,收养非社会福利机构抚养的查找不到生父母的弃婴、儿童的,收养人还应当提交下列证明材料:

(1)收养人经常居住地计划生育部门出具的收养人无子女的证明;

(2)公安机关出具的捡拾弃婴、儿童报案证明。

收养继子女的,可以只提交居民户口簿、居民身份证和收养人与被收养人生父或者生母结婚的证明。

第二种情况:华侨申请收养登记

华侨申请收养登记时,按下列不同情况,提供不同证明材料:

其一,居住在已与中国建立外交关系国家的华侨申请办理成立收养关系的登记时,应当提交收养申请书和下列证件、证明材料:

(1)护照;

(2)收养人居住国有权机构出具的收养人的年龄、婚姻、有无子女、职业、财产、健康、有无受过刑事处罚等状况的证明材料,该证明材料应当经其居住国外交或者外交授权的机构认证,并经中国驻该国使领馆认证。

其二,居住在未与中国建立外交关系国家的华侨申请办理成立收养关系的登记时,应当提交收养申请书和下列证件、证明材料:

(1)护照;

(2)收养人居住国有权机构出具的收养人的年龄、婚姻、有无子女、职业、财产、健康、有无受过刑事处罚等状况的证明材料,该证明材料应当经其居住国外交或者外交授权的机构认证,并经已与中国建立外交关系的国家驻该国使领馆认证。

第三种情况:香港居民中的中国居民申请收养登记

香港居民中的中国公民申请办理成立收养关系的登记时,应当提交收养申请书和下列证件、证明材料:

(1)香港居民身份证、香港居民来往内地通行证或者香港同胞回乡证;

(2)经国家主管机关委托香港委托公证人证明的收养人的年龄、婚姻、有无子女、职业、财产、健康、有无受过刑事处罚等状况的证明材料。

第四种情况:澳门居民中的中国公民申请收养登记

澳门居民中的中国公民申请办理成立收养关系的登记时,应当提交收养申请书和下列证件、证明材料:

(1)澳门居民身份证、澳门居民来往内地通行证或者澳门同胞回乡证;

(2)澳门地区有权机构出具的收养人的年龄、婚姻、有无子女、职业、财产、健康、有无受过刑事处罚等状况的证明材料。

第五种情况:台湾居民中的中国公民申请办理收养登记

台湾居民中的中国公民申请办理成立收养关系的登记时,应当提交收养申请书和下列证件、证明材料:

(1)在台湾地区居住的有效证明;

(2)中华人民共和国主管机关签发或签注的在有效期内的旅行证件;

(3)经台湾地区公证机构公证的收养人的年龄、婚姻、有无子女、职业、财产、健康、有无受过刑事处罚等状况的证明材料。

四、送养人需要提交的证明材料

送养人应当向收养登记机关提交下列证件和证明材料:

(1)送养人的居民户口簿和居民身份证(组织作监护人的,提交其负责人的身份证件);

(2)收养法规定送养时应当征得其他有抚养义务的人同意的,并提交其他有抚养义务的人同意送养的书面意见。

社会福利机构为送养人的,并应提交弃婴、儿童进入社会福利机构的原始记录,公安机关出具捡拾弃婴、儿童报案的证明,或者孤儿的生父母死亡或者宣告死亡的证明。

监护人为送养人的,并应当提交实际承担监护责任的证明,孤儿的父母死亡或者宣告死亡的证明,或者被收养人生父母无完全民事行为能力并对被收养人有严重危害的证明。

生父母为送养人的,并应当提交与当地计划生育部门签订的不违反计划生育规定的协议;有特殊困难无力抚养子女的,还应当提交其所在单位或者村民委员会、居民委员会出具的送养人有特殊困难的证明。其中,因丧偶或者一方下落不明由单方送养的,还应当提交配偶死亡或者下落不明的证明;子女由三代以内同辈旁系血亲收养的,还应当提交公安机关出具的或者经过公证的与收养人有亲属关系的证明。

五、收养登记的具体程序

(一)申请

收养关系当事人应当亲自到收养登记机关申请办理收养登记。夫妻共同收养子女的,应当共同到收养登记机关办理登记手续;一方因故不能亲自前往的,应当书面委托另一方办理登记手续,委托书应当经过村民委员会或者居民委员会证明或者经过公证。

(二)审查

审查是收养登记的中心环节。登记机关受理登记申请后,要对当事人的情况进行全面的审查,审查的内容包括:

(1)收养人提交的证明材料是否齐全、有效;

(2)收养人、送养人、被收养人的条件是否符合我国法律的规定;

(3)收养人的收养目的是否正当,意思表示是否真实;

(4)是否有买卖儿童或变相买卖儿童的行为;

(5)是否有其他违反法律的行为。

审查工作必须耐心、细致,依法办事,不能草率,更不能徇私舞弊。

(三)登记

经过认真的审查,凡符合法律规定的,收养登记机关应当在受理登记申请之次日起30日内,为申请人办理收养登记,发给《收养证》,收养关系自登记之日起成立;对不符合收养法规定条件的,不予登记,并对当事人说明理由。

收养查找不到生父母的弃婴、儿童的,收养登记机关应当在登记前公告查找其生父母;自公告之日起满60日,弃婴、儿童的生父母或者其他监护人未认领的,视为查找不到生父母的弃婴、儿童。公告期间不计算在登记办理期限内。

六、解除收养关系的登记

收养关系当事人协议解除收养关系的,应当持居民户口簿、居民身份证、收养登记证和解除收养关系的书面协议,共同到被收养人常住户口所在地的收养登记机关办理解除收养关系登记。

收养登记机关收到解除收养关系登记申请书及有关材料后,应当自次日起30日内进行审查;对符合收养法规定的,为当事人办理解除收养关系登记,收回收养证,发给解除收养关系证明。

外国人来华收养子女基本程序①

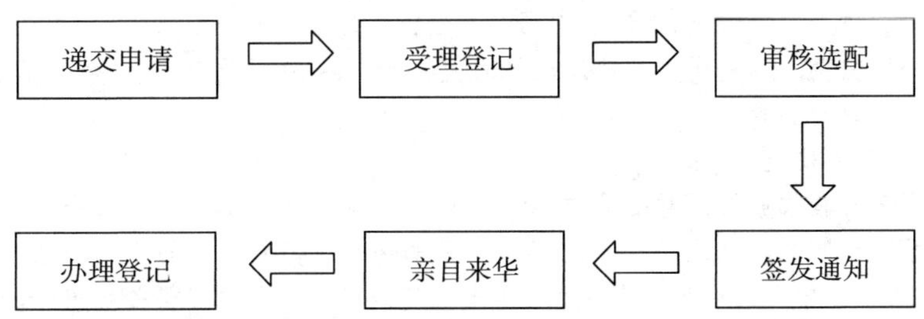

目前,与中国建立收养合作关系的国家有17个,分别是美国、加拿大、英国、法国、西班牙、意大利、荷兰、比利时、丹麦、挪威、瑞典、芬兰、冰岛、爱尔兰、澳大利亚、新西兰、新加坡。这些国家的公民可以在中国收养子女,基本程序如下:

第一步:递交申请

外国收养人来华收养子女,首先要通过其所在国政府或政府委托的收养组织向中国收养中心转交收养申请和证明文件:

(1)跨国收养申请书;

(2)出生证明;

① 参见中国儿童福利和收养中心网站:http://cccwa.mca.gov.cn/article/sysw/zxjd/201103/20110300141456.shtml,2011年11月29日访问。

(3)婚姻状况证明；

(4)职业、经济收入和财产状况证明；

(5)身体健康检查证明；

(6)有无受过刑事处罚证明；

(7)家庭情况报告；

(8)外国收养人所在国主管机关同意其跨国收养子女的证明；

(9)外国收养人的护照复印件；

(10)外国收养人二寸免冠照片各2张及家庭生活照片6张。

以上文件除第九项、第十项外，其他八种证明文件均须由所在国有权机构出具，经其所在国外交机关或者外交机关授权的机构认证，并经中华人民共和国驻该国使、领馆认证。

中国收养中心不受理个人直接递交的收养文件。

第二步：受理登记

中国收养中心在收到外国收养人通过其所在国政府或收养组织递交的收养文件后，对齐全、有效并向中国收养中心交纳了服务费的收养文件予以受理登记，并将受理登记情况告知递交收养文件的外国政府或外国收养组织。

第三步：审核选配

经中国收养中心审核，对符合中国有关法律规定条件的外国收养人，中国收养中心参照外国收养人的意愿为其选择适当的被收养人，并将被收养人、送养人的有关情况转交外国政府和收养人征求意见。

第四步：签发通知

外国政府和收养人同意接受推荐的被收养人后，中国收养中心为收养人签发《来华收养子女通知书》，并通过外国政府或外国收养组织将通知书转交给外国收养人。同时，中国收养中心向被收养人所在地的省级民政部门收养登记机关发出《涉外送养通知》。

第五步：亲自来华

外国收养人接到《来华收养子女通知书》后，夫妻双方须持通知书原件亲自来华，到被收养人常住户口所在地的省级民政部门办理收养登记手续。

第六步：办理登记

外国收养人办理收养登记，应当填写外国人来华收养子女登记申请书，并提交与送养人订立的书面收养协议，同时提交中国收养中心签发的《来华收养子女通知书》原件、外国收养人身份证件和照片。省级民政部门对符合法律规定的收养关系当事人办理收养登记，颁发《收养登记证》，出具《跨国收养合格证明》。收养关系自登记之日起成立。

协议解除收养关系的程序

向收养登记机关提出申请
出示有关证件及证明材料

收养登记机关调查审核
有关证件以及证明材料

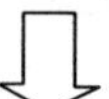

符合解除条件的，受理之日起 30 日内

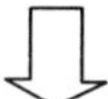

准予办理解除收养关系的登记

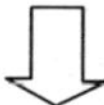

收回收养登记证
发给解除收养关系证明

4. 家庭生活保障

(1)最低生活保障

城市居民最低生活保障条例

1. *1999 年 9 月 28 日国务院令第 271 号公布*
2. *自 1999 年 10 月 1 日起施行*

第一条 为了规范城市居民最低生活保障制度，保障城市居民基本生活，制定本条例。

第二条 持有非农业户口的城市居民，凡共同生活的家庭成员人均收入低于当地城市居民最低生活保障标准的，均有从当地人民政府获得基本生活物质帮助的权利。

前款所称收入，是指共同生活的家庭成员的全部货币收入和实物收入，包括法定赡养人、扶养人或者抚养人应当给付的赡养费、扶养费或者抚养费，不包括优抚对象按照国家规定享受的抚恤金、补助金。

第二条 城市居民最低生活保障制度遵循保障城市居民基本生活的原则，坚持国家保障与社会帮扶相结合、鼓励劳动自救的方针。

第四条 城市居民最低生活保障制度实行地方各级人民政府负责制。县级以上地方各级人民政府民政部门具体负责本行政区域内城市居民最低生活保障的管理工作；财政部门按照规定落实城市居民最低生活保障资金；统计、物价、审计、劳动保障和人事等部门分工负责，在各自的职责范围内负责城市居民最低生活保障的有关工作。

县级人民政府民政部门以及街道办事处和镇人民政府（以下统称管理审批机关）负责城市居民最低生活保障的具体管理审批工作。

居民委员会根据管理审批机关的委托，可以承担城市居民最低生活保障的日常管理、服务工作。

国务院民政部门负责全国城市居民最低生活保障的管理工作。

第五条 城市居民最低生活保障所需资金，由地方人民政府列入财政预算，纳入社会救济专项资金支出项目，专项管理，专款专用。

国家鼓励社会组织和个人为城市居民最低生活保障提供捐赠、资助；所提供的捐赠资助，全部纳入当地城市居民最低生活保障资金。

第六条 城市居民最低生活保障标准，按照当地维持城市居民基本生活所必需的衣、食、住费用，并适当考虑水电燃煤（燃气）费用以及未成年人的义务教育费用确定。

直辖市、设区的市的城市居民最低生活保障标准，由市人民政府民政部门会同财政、统计、物价等部门制定，报本级人民政府批准并公布执行；县（县级市）的城市居民最低生活保障标准，由县（县级市）人民政府民政部门会同财政、统计、物价等部门制定，报本级人民政府批准并报上一级人民政府备案后公布执行。

城市居民最低生活保障标准需要提高时，依照前两款的规定重新核定。

第七条 申请享受城市居民最低生活保障待遇，由户主向户籍所在地的街道办事处或者镇人民政府提出书面申请，并出具有关证明材料，填写《城市居民最低生活保障待遇审批表》。城市居民最低生活保障待遇，由其所在地的街道办事处或者镇人民政府初审，并将有关材料和初审意见报送县级人民政府民政部门审批。

管理审批机关为审批城市居民最低生活保障待遇的需要，可以通过入户调查、邻里访问以及信函索证等方式对申请人的家庭经济状况和实际生活水平进行调查核实。申请人及有关单位、组织或者个人应当接受调查，如实提供有关情况。

第八条 县级人民政府民政部门经审查，对符合享受城市居民最低生活保障待遇条件的家庭，应当区分下列不同情况批准其享受城市居民最低生活保障待遇：

（一）对无生活来源、无劳动能力又无法定赡养人、扶养人或者抚养人的城市居民，批准其按照当地城市居民最低生活保障标准全额享受；

（二）对尚有一定收入的城市居民，批准其按照家庭人均收入低于当地城市居民最低生活保障标准的差额享受。

县级人民政府民政部门经审查，对不符合享受城市居民最低生活保障待遇条件的，应当书面通知申请人，并说明理由。

管理审批机关应当自接到申请人提出申请之日起的30日内办结审批手续。

城市居民最低生活保障待遇由管理审批机关以货币形式按月发放;必要时,也可以给付实物。

第九条 对经批准享受城市居民最低生活保障待遇的城市居民,由管理审批机关采取适当形式以户为单位予以公布,接受群众监督。任何人对不符合法定条件而享受城市居民最低生活保障待遇的,都有权向管理审批机关提出意见;管理审批机关经核查,对情况属实的,应当予以纠正。

第十条 享受城市居民最低生活保障待遇的城市居民家庭人均收入情况发生变化的,应当及时通过居民委员会告知管理审批机关,办理停发、减发或者增发城市居民最低生活保障待遇的手续。

管理审批机关应当对享受城市居民最低生活保障待遇的城市居民的家庭收入情况定期进行核查。

在就业年龄内有劳动能力但尚未就业的城市居民,在享受城市居民最低生活保障待遇期间,应当参加其所在的居民委员会组织的公益性社区服务劳动。

第十一条 地方各级人民政府及其有关部门,应当对享受城市居民最低生活保障待遇的城市居民在就业、从事个体经营等方面给予必要的扶持和照顾。

第十二条 财政部门、审计部门依法监督城市居民最低生活保障资金的使用情况。

第十三条 从事城市居民最低生活保障管理审批工作的人员有下列行为之一的,给予批评教育,依法给予行政处分;构成犯罪的,依法追究刑事责任:

(一)对符合享受城市居民最低生活保障待遇条件的家庭拒不签署同意享受城市居民最低生活保障待遇意见的,或者对不符合享受城市居民最低生活保障待遇条件的家庭故意签署同意享受城市居民最低生活保障待遇意见的;

(二)玩忽职守、徇私舞弊,或者贪污、挪用、扣压、拖欠城市居民最低生活保障款物的。

第十四条 享受城市居民最低生活保障待遇的城市居民有下列行为之一的,由县级人民政府民政部门给予批评教育或者警告,追回其冒领的城市居民最低生活保障款物;情节恶劣的,处冒领金额1倍以上3倍以下的罚款:

(一)采取虚报、隐瞒、伪造等手段,骗取享受城市居民最低生活保障待遇的;

(二)在享受城市居民最低生活保障待遇期间家庭收入情况好转,不按规定告知管理审批机关,继续享受城市居民最低生活保障待遇的。

第十五条 城市居民对县级人民政府民政部门作出的不批准享受城市居民最低生活保障待遇或者减发、停发城市居民最低生活保障款物的决定或者给予的行政处罚不服的,可以依法申请行政复议;对复议决定仍不服的,可以依法提起行政诉讼。

第十六条 省、自治区、直辖市人民政府可以根据本条例,结合本行政区域城市居民最低生活保障工作的实际情况，规定实施的办法和步骤。

第十七条　本条例自1999年10月1日起施行。

社会救助暂行办法

1. 2014年2月21日国务院令第649号公布
2. 根据2019年3月2日《国务院关于修改部分行政法规的决定》修订

第一章　总　　则

第一条　为了加强社会救助，保障公民的基本生活，促进社会公平，维护社会和谐稳定，根据宪法，制定本办法。

第二条　社会救助制度坚持托底线、救急难、可持续，与其他社会保障制度相衔接，社会救助水平与经济社会发展水平相适应。

社会救助工作应当遵循公开、公平、公正、及时的原则。

第三条　国务院民政部门统筹全国社会救助体系建设。国务院民政、应急管理、卫生健康、教育、住房城乡建设、人力资源社会保障、医疗保障等部门，按照各自职责负责相应的社会救助管理工作。

县级以上地方人民政府民政、应急管理、卫生健康、教育、住房城乡建设、人力资源社会保障、医疗保障等部门，按照各自职责负责本行政区域内相应的社会救助管理工作。

前两款所列行政部门统称社会救助管理部门。

第四条　乡镇人民政府、街道办事处负责有关社会救助的申请受理、调查审核，具体工作由社会救助经办机构或者经办人员承担。

村民委员会、居民委员会协助做好有关社会救助工作。

第五条　县级以上人民政府应当将社会救助纳入国民经济和社会发展规划，建立健全政府领导、民政部门牵头、有关部门配合、社会力量参与的社会救助工作协调机制，完善社会救助资金、物资保障机制，将政府安排的社会救助资金和社会救助工作经费纳入财政预算。

社会救助资金实行专项管理，分账核算，专款专用，任何单位或者个人不得挤占挪用。社会救助资金的支付，按照财政国库管理的有关规定执行。

第六条　县级以上人民政府应当按照国家统一规划建立社会救助管理信息系统，实现社会救助信息互联互通、资源共享。

第七条　国家鼓励、支持社会力量参与社会救助。

第八条　对在社会救助工作中作出显著成绩的单位、个人，按照国家有关规定给予表彰、奖励。

第二章　最低生活保障

第九条　国家对共同生活的家庭成员人均收入低于当地最低生活保障标准，且符合当地最低生活保障家庭财产状况规定的家庭，给予最低生活保障。

第十条　最低生活保障标准，由省、自治区、直辖市或者设区的市级人民政府按照当地居民生活必需的费用确定、公布，并根据当地经济社会发展水平和物价变动情况适时调整。

最低生活保障家庭收入状况、财产

状况的认定办法，由省、自治区、直辖市或者设区的市级人民政府按照国家有关规定制定。

第十一条　申请最低生活保障，按照下列程序办理：

（一）由共同生活的家庭成员向户籍所在地的乡镇人民政府、街道办事处提出书面申请；家庭成员申请有困难的，可以委托村民委员会、居民委员会代为提出申请。

（二）乡镇人民政府、街道办事处应当通过入户调查、邻里访问、信函索证、群众评议、信息核查等方式，对申请人的家庭收入状况、财产状况进行调查核实，提出初审意见，在申请人所在村、社区公示后报县级人民政府民政部门审批。

（三）县级人民政府民政部门经审查，对符合条件的申请予以批准，并在申请人所在村、社区公布；对不符合条件的申请不予批准，并书面向申请人说明理由。

第十二条　对批准获得最低生活保障的家庭，县级人民政府民政部门按照共同生活的家庭成员人均收入低于当地最低生活保障标准的差额，按月发给最低生活保障金。

对获得最低生活保障后生活仍有困难的老年人、未成年人、重度残疾人和重病患者，县级以上地方人民政府应当采取必要措施给予生活保障。

第十三条　最低生活保障家庭的人口状况、收入状况、财产状况发生变化的，应当及时告知乡镇人民政府、街道办事处。

县级人民政府民政部门以及乡镇人民政府、街道办事处应当对获得最低生活保障家庭的人口状况、收入状况、财产状况定期核查。

最低生活保障家庭的人口状况、收入状况、财产状况发生变化的，县级人民政府民政部门应当及时决定增发、减发或者停发最低生活保障金；决定停发最低生活保障金的，应当书面说明理由。

第三章　特困人员供养

第十四条　国家对无劳动能力、无生活来源且无法定赡养、抚养、扶养义务人，或者其法定赡养、抚养、扶养义务人无赡养、抚养、扶养能力的老年人、残疾人以及未满16周岁的未成年人，给予特困人员供养。

第十五条　特困人员供养的内容包括：

（一）提供基本生活条件；

（二）对生活不能自理的给予照料；

（三）提供疾病治疗；

（四）办理丧葬事宜。

特困人员供养标准，由省、自治区、直辖市或者设区的市级人民政府确定、公布。

特困人员供养应当与城乡居民基本养老保险、基本医疗保障、最低生活保障、孤儿基本生活保障等制度相衔接。

第十六条　申请特困人员供养，由本人向户籍所在地的乡镇人民政府、街道办事处提出书面申请；本人申请有困难的，可以委托村民委员会、居民委员会代为提出申请。

特困人员供养的审批程序适用本

办法第十一条规定。

第十七条 乡镇人民政府、街道办事处应当及时了解掌握居民的生活情况，发现符合特困供养条件的人员，应当主动为其依法办理供养。

第十八条 特困供养人员不再符合供养条件的，村民委员会、居民委员会或者供养服务机构应当告知乡镇人民政府、街道办事处，由乡镇人民政府、街道办事处审核并报县级人民政府民政部门核准后，终止供养并予以公示。

第十九条 特困供养人员可以在当地的供养服务机构集中供养，也可以在家分散供养。特困供养人员可以自行选择供养形式。

第四章 受灾人员救助

第二十条 国家建立健全自然灾害救助制度，对基本生活受到自然灾害严重影响的人员，提供生活救助。

自然灾害救助实行属地管理，分级负责。

第二十一条 设区的市级以上人民政府和自然灾害多发、易发地区的县级人民政府应当根据自然灾害特点、居民人口数量和分布等情况，设立自然灾害救助物资储备库，保障自然灾害发生后救助物资的紧急供应。

第二十二条 自然灾害发生后，县级以上人民政府或者人民政府的自然灾害救助应急综合协调机构应当根据情况紧急疏散、转移、安置受灾人员，及时为受灾人员提供必要的食品、饮用水、衣被、取暖、临时住所、医疗防疫等应急救助。

第二十三条 灾情稳定后，受灾地区县级以上人民政府应当评估、核定并发布自然灾害损失情况。

第二十四条 受灾地区人民政府应当在确保安全的前提下，对住房损毁严重的受灾人员进行过渡性安置。

第二十五条 自然灾害危险消除后，受灾地区人民政府应急管理等部门应当及时核实本行政区域内居民住房恢复重建补助对象，并给予资金、物资等救助。

第二十六条 自然灾害发生后，受灾地区人民政府应当为因当年冬寒或者次年春荒遇到生活困难的受灾人员提供基本生活救助。

第五章 医疗救助

第二十七条 国家建立健全医疗救助制度，保障医疗救助对象获得基本医疗卫生服务。

第二十八条 下列人员可以申请相关医疗救助：

（一）最低生活保障家庭成员；

（二）特困供养人员；

（三）县级以上人民政府规定的其他特殊困难人员。

第二十九条 医疗救助采取下列方式：

（一）对救助对象参加城镇居民基本医疗保险或者新型农村合作医疗的个人缴费部分，给予补贴；

（二）对救助对象经基本医疗保险、大病保险和其他补充医疗保险支付后，个人及其家庭难以承担的符合规定的基本医疗自负费用，给予补助。

医疗救助标准，由县级以上人民政府按照经济社会发展水平和医疗救助资金情况确定、公布。

第三十条 申请医疗救助的，应当向乡镇人民政府、街道办事处提出，经审核、公示后，由县级人民政府民政部门审批。最低生活保障家庭成员和特困供养人员的医疗救助，由县级人民政府医疗保障部门直接办理。

第三十一条　县级以上人民政府应当建立健全医疗救助与基本医疗保险、大病保险相衔接的医疗费用结算机制，为医疗救助对象提供便捷服务。

第三十二条　国家建立疾病应急救助制度，对需要急救但身份不明或者无力支付急救费用的急重危伤病患者给予救助。符合规定的急救费用由疾病应急救助基金支付。

疾病应急救助制度应当与其他医疗保障制度相衔接。

第六章　教育救助

第三十三条　国家对在义务教育阶段就学的最低生活保障家庭成员、特困供养人员，给予教育救助。

对在高中教育（含中等职业教育）、普通高等教育阶段就学的最低生活保障家庭成员、特困供养人员，以及不能入学接受义务教育的残疾儿童，根据实际情况给予适当教育救助。

第三十四条　教育救助根据不同教育阶段需求，采取减免相关费用、发放助学金、给予生活补助、安排勤工助学等方式实施，保障教育救助对象基本学习、生活需求。

第三十五条　教育救助标准，由省、自治区、直辖市人民政府根据经济社会发展水平和教育救助对象的基本学习、生活需求确定、公布。

第三十六条　申请教育救助，应当按照国家有关规定向就读学校提出，按规定程序审核、确认后，由学校按照国家有关规定实施。

第七章　住房救助

第三十七条　国家对符合规定标准的住房困难的最低生活保障家庭、分散供养的特困人员，给予住房救助。

第三十八条　住房救助通过配租公共租赁住房、发放住房租赁补贴、农村危房改造等方式实施。

第三十九条　住房困难标准和救助标准，由县级以上地方人民政府根据本行政区域经济社会发展水平、住房价格水平等因素确定、公布。

第四十条　城镇家庭申请住房救助的，应当经由乡镇人民政府、街道办事处或者直接向县级人民政府住房保障部门提出，经县级人民政府民政部门审核家庭收入、财产状况和县级人民政府住房保障部门审核家庭住房状况并公示后，对符合申请条件的申请人，由县级人民政府住房保障部门优先给予保障。

农村家庭申请住房救助的，按照县级以上人民政府有关规定执行。

第四十一条　各级人民政府按照国家规定通过财政投入、用地供应等措施为实施住房救助提供保障。

第八章　就业救助

第四十二条　国家对最低生活保障家庭中有劳动能力并处于失业状态的成员，通过贷款贴息、社会保险补贴、岗位补贴、培训补贴、费用减免、公益性岗位安置等办法，给予就业救助。

第四十三条　最低生活保障家庭有劳动能力的成员均处于失业状态的，县级以上地方人民政府应当采取有针对性的措施，确保该家庭至少有一人就业。

第四十四条 申请就业救助的，应当向住所地街道、社区公共就业服务机构提出，公共就业服务机构核实后予以登记，并免费提供就业岗位信息、职业介绍、职业指导等就业服务。

第四十五条 最低生活保障家庭中有劳动能力但未就业的成员，应当接受人力资源社会保障等有关部门介绍的工作；无正当理由，连续3次拒绝接受介绍的与其健康状况、劳动能力等相适应的工作的，县级人民政府民政部门应当决定减发或者停发其本人的最低生活保障金。

第四十六条 吸纳就业救助对象的用人单位，按照国家有关规定享受社会保险补贴、税收优惠、小额担保贷款等就业扶持政策。

第九章 临时救助

第四十七条 国家对因火灾、交通事故等意外事件，家庭成员突发重大疾病等原因，导致基本生活暂时出现严重困难的家庭，或者因生活必需支出突然增加超出家庭承受能力，导致基本生活暂时出现严重困难的最低生活保障家庭，以及遭遇其他特殊困难的家庭，给予临时救助。

第四十八条 申请临时救助的，应当向乡镇人民政府、街道办事处提出，经审核、公示后，由县级人民政府民政部门审批；救助金额较小的，县级人民政府民政部门可以委托乡镇人民政府、街道办事处审批。情况紧急的，可以按照规定简化审批手续。

第四十九条 临时救助的具体事项、标准，由县级以上地方人民政府确定、公布。

第五十条 国家对生活无着的流浪、乞讨人员提供临时食宿、急病救治、协助返回等救助。

第五十一条 公安机关和其他有关行政机关的工作人员在执行公务时发现流浪、乞讨人员的，应当告知其向救助管理机构求助。对其中的残疾人、未成年人、老年人和行动不便的其他人员，应当引导、护送到救助管理机构；对突发急病人员，应当立即通知急救机构进行救治。

第十章 社会力量参与

第五十二条 国家鼓励单位和个人等社会力量通过捐赠、设立帮扶项目、创办服务机构、提供志愿服务等方式，参与社会救助。

第五十三条 社会力量参与社会救助，按照国家有关规定享受财政补贴、税收优惠、费用减免等政策。

第五十四条 县级以上地方人民政府可以将社会救助中的具体服务事项通过委托、承包、采购等方式，向社会力量购买服务。

第五十五条 县级以上地方人民政府应当发挥社会工作服务机构和社会工作者作用，为社会救助对象提供社会融入、能力提升、心理疏导等专业服务。

第五十六条 社会救助管理部门及相关机构应当建立社会力量参与社会救助的机制和渠道，提供社会救助项目、需求信息，为社会力量参与社会救助创造条件、提供便利。

第十一章 监督管理

第五十七条 县级以上人民政府及其社

会救助管理部门应当加强对社会救助工作的监督检查，完善相关监督管理制度。

第五十八条 申请或者已获得社会救助的家庭，应当按照规定如实申报家庭收入状况、财产状况。

县级以上人民政府民政部门根据申请或者已获得社会救助家庭的请求、委托，可以通过户籍管理、税务、社会保险、不动产登记、工商登记、住房公积金管理、车船管理等单位和银行、保险、证券等金融机构，代为查询、核对其家庭收入状况、财产状况；有关单位和金融机构应当予以配合。

县级以上人民政府民政部门应当建立申请和已获得社会救助家庭经济状况信息核对平台，为审核认定社会救助对象提供依据。

第五十九条 县级以上人民政府社会救助管理部门和乡镇人民政府、街道办事处在履行社会救助职责过程中，可以查阅、记录、复制与社会救助事项有关的资料，询问与社会救助事项有关的单位、个人，要求其对相关情况作出说明，提供相关证明材料。有关单位、个人应当如实提供。

第六十条 申请社会救助，应当按照本办法的规定提出；申请人难以确定社会救助管理部门的，可以先向社会救助经办机构或者县级人民政府民政部门求助。社会救助经办机构或者县级人民政府民政部门接到求助后，应当及时办理或者转交其他社会救助管理部门办理。

乡镇人民政府、街道办事处应当建立统一受理社会救助申请的窗口，及时受理、转办申请事项。

第六十一条 履行社会救助职责的工作人员对在社会救助工作中知悉的公民个人信息，除按照规定应当公示的信息外，应当予以保密。

第六十二条 县级以上人民政府及其社会救助管理部门应当通过报刊、广播、电视、互联网等媒体，宣传社会救助法律、法规和政策。

县级人民政府及其社会救助管理部门应当通过公共查阅室、资料索取点、信息公告栏等便于公众知晓的途径，及时公开社会救助资金、物资的管理和使用等情况，接受社会监督。

第六十三条 履行社会救助职责的工作人员行使职权，应当接受社会监督。

任何单位、个人有权对履行社会救助职责的工作人员在社会救助工作中的违法行为进行举报、投诉。受理举报、投诉的机关应当及时核实、处理。

第六十四条 县级以上人民政府财政部门、审计机关依法对社会救助资金、物资的筹集、分配、管理和使用实施监督。

第六十五条 申请或者已获得社会救助的家庭或者人员，对社会救助管理部门作出的具体行政行为不服的，可以依法申请行政复议或者提起行政诉讼。

第十二章 法律责任

第六十六条 违反本办法规定，有下列情形之一的，由上级行政机关或者监察机关责令改正；对直接负责的主管人员和其他直接责任人员依法给予处分：

（一）对符合申请条件的救助申请不予受理的；

（二）对符合救助条件的救助申请不予批准的；

（三）对不符合救助条件的救助申

请予以批准的；

（四）泄露在工作中知悉的公民个人信息，造成后果的；

（五）丢失、篡改接受社会救助款物、服务记录等数据的；

（六）不按照规定发放社会救助资金、物资或者提供相关服务的；

（七）在履行社会救助职责过程中有其他滥用职权、玩忽职守、徇私舞弊行为的。

第六十七条 违反本办法规定，截留、挤占、挪用、私分社会救助资金、物资的，由有关部门责令追回；有违法所得的，没收违法所得；对直接负责的主管人员和其他直接责任人员依法给予处分。

第六十八条 采取虚报、隐瞒、伪造等手段，骗取社会救助资金、物资或者服务的，由有关部门决定停止社会救助，责令退回非法获取的救助资金、物资，可以处非法获取的救助款额或者物资价值1倍以上3倍以下的罚款；构成违反治安管理行为的，依法给予治安管理处罚。

第六十九条 违反本办法规定，构成犯罪的，依法追究刑事责任。

第十三章 附　　则

第七十条 本办法自2014年5月1日起施行。

国务院关于在全国建立农村最低生活保障制度的通知

1. 2007年7月11日发布
2. 国发〔2007〕19号

为贯彻落实党的十六届六中全会精神，切实解决农村贫困人口的生活困难，国务院决定，2007年在全国建立农村最低生活保障制度。现就有关问题通知如下：

一、充分认识建立农村最低生活保障制度的重要意义

改革开放以来，我国经济持续快速健康发展，党和政府高度重视“三农”工作，不断加大扶贫开发和社会救助工作力度，农村贫困人口数量大幅减少。但是，仍有部分贫困人口尚未解决温饱问题，需要政府给予必要的救助，以保障其基本生活，并帮助其中有劳动能力的人积极劳动脱贫致富。党的十六大以来，部分地区根据中央部署，积极探索建立农村最低生活保障制度，为全面解决农村贫困人口的基本生活问题打下了良好基础。在全国建立农村最低生活保障制度，是践行“三个代表”重要思想、落实科学发展观和构建社会主义和谐社会的必然要求，是解决农村贫困人口温饱问题的重要举措，也是建立覆盖城乡的社会保障体系的重要内容。做好这一工作，对于促进农村经济社会发展，逐步缩小城乡差距，维护社会公平具有重要意义。各地区、各部门要充分认识建立农村最低生活保障制度的重要性，将其作为社会主义新农村建设的一项重要任务，高度重视，扎实推进。

二、明确建立农村最低生活保障制度的目标和总体要求

建立农村最低生活保障制度的目标是：通过在全国范围建立农村最低生活保障制度，将符合条件的农村贫困人口全部纳入保障范围，稳定、持久、有效地解决全国农村贫困人口的温饱问题。

建立农村最低生活保障制度，实行地方人民政府负责制，按属地进行管理。各地要从当地农村经济社会发展水平和财力状况的实际出发，合理确定保障标准和对象范围。同时，要做到制度完善、程序明确、操作规范、方法简便，保证公开、公平、公正。要实行动态管理，做到保障对象有进有出，补助水平有升有降。要与扶贫开发、促进就业以及其他农村社会保障政策、生活性补助措施相衔接，坚持政府救济与家庭赡养扶养、社会互助、个人自立相结合，鼓励和支持有劳动能力的贫困人口生产自救，脱贫致富。

三、合理确定农村最低生活保障标准和对象范围

农村最低生活保障标准由县级以上地方人民政府按照能够维持当地农村居民全年基本生活所必需的吃饭、穿衣、用水、用电等费用确定，并报上一级地方人民政府备案后公布执行。农村最低生活保障标准要随着当地生活必需品价格变化和人民生活水平提高适时进行调整。

农村最低生活保障对象是家庭年人均纯收入低于当地最低生活保障标准的农村居民，主要是因病残、年老体弱、丧失劳动能力以及生存条件恶劣等原因造成生活常年困难的农村居民。

四、规范农村最低生活保障管理

农村最低生活保障的管理既要严格规范，又要从农村实际出发，采取简便易行的方法。

（一）申请、审核和审批。申请农村最低生活保障，一般由户主本人向户籍所在地的乡（镇）人民政府提出申请；村民委员会受乡（镇）人民政府委托，也可受理申请。受乡（镇）人民政府委托，在村党组织的领导下，村民委员会对申请人开展家庭经济状况调查、组织村民会议或村民代表会议民主评议后提出初步意见，报乡（镇）人民政府；乡（镇）人民政府审核后，报县级人民政府民政部门审批。乡（镇）人民政府和县级人民政府民政部门要核查申请人的家庭收入，了解其家庭财产、劳动力状况和实际生活水平，并结合村民民主评议，提出审核、审批意见。在核算申请人家庭收入时，申请人家庭按国家规定所获得的优待抚恤金、计划生育奖励与扶助金以及教育、见义勇为等方面的奖励性补助，一般不计入家庭收入，具体核算办法由地方人民政府确定。

（二）民主公示。村民委员会、乡（镇）人民政府以及县级人民政府民政部门要及时向社会公布有关信息，接受群众监督。公示的内容重点为：最低生活保障对象的申请情况和对最低生活保障对象的民主评议意见，审核、审批意见，实际补助水平等情况。对公示没有异议的，要按程序及时落实申请人的最低生活保障待遇；对公示有异议的，要进行调查核实，认真处理。

（三）资金发放。最低生活保障金原则上按照申请人家庭年人均纯收入与保障标准的差额发放，也可以在核查申请人家庭收入的基础上，按照其家庭的困难程度和类别，分档发放。要加快推行国库集中支付方式，通过代理金融机构直接、及时地将最低生活保障金支付到最低生活保障对象账户。

（四）动态管理。乡（镇）人民政府和县级人民政府民政部门要采取多种形式，定期或不定期调查了解农村困难群众的生活状况，及时将符合条件的困难群众纳入保障范围；并根据其家庭经济状况的变化，及时按程序办理停发、减发或增发最低生活保障金的手续。保障对象和补助水平变动情况都要及时向社会公示。

五、落实农村最低生活保障资金

农村最低生活保障资金的筹集以地方为主，地方各级人民政府要将农村最低生活保障资金列入财政预算，省级人民政府要加大投入。地方各级人民政府民政部门要根据保障对象人数等提出资金需求，经同级财政部门审核后列入预算。中央财政对财政困难地区给予适当补助。

地方各级人民政府及其相关部门要统筹考虑农村各项社会救助制度，合理安排农村最低生活保障资金，提高资金使用效益。同时，鼓励和引导社会力量为农村最低生活保障提供捐赠和资助。农村最低生活保障资金实行专项管理，专账核算，专款专用，严禁挤占挪用。

六、加强领导，确保农村最低生活保障制度的顺利实施

在全国建立农村最低生活保障制度，是一项重大而又复杂的系统性工作。地方各级人民政府要高度重视，将其纳入政府工作的重要议事日程，加强领导，明确责任，统筹协调，抓好落实。

要精心设计制度方案，周密组织实施。各省、自治区、直辖市人民政府制订和修订的方案，要报民政部、财政部备案。已建立农村最低生活保障制度的，要进一步完善制度，规范操作，努力提高管理水平；尚未建立农村最低生活保障制度的，要抓紧建章立制，在今年内把最低生活保障制度建立起来并组织实施。要加大政策宣传力度，利用广播、电视、报刊、互联网等媒体，做好宣传普及工作，使农村最低生活保障政策进村入户、家喻户晓。要加强协调与配合，各级民政部门要发挥职能部门作用，建立健全各项规章制度，推进信息化建设，不断提高规范化、制度化、科学化管理水平；财政部门要落实资金，加强对资金使用和管理的监督；扶贫部门要密切配合、搞好衔接，在最低生活保障制度实施后，仍要坚持开发式扶贫的方针，扶持有劳动能力的贫困人口脱贫致富。要做好新型农村合作医疗和农村医疗救助工作，防止因病致贫或返贫。要加强监督检查，县级以上地方人民政府及其相关部门要定期组织检查或抽查，对违法违纪行为及时纠正处理，对工作成绩突出的予以表彰，并定期向上一级人民政府及其相关部门报告工作进展情况。各省、自治区、直辖市人民政府要于每年年底前，将农村最低生活保障制度实施情况报告国务院。

农村最低生活保障工作涉及面广、政策性强、工作量大，地方各级人民政府在推进农村综合改革，加强农村公共服务能力建设的过程中，要统筹考虑建立农村最低生活保障制度的需要，科学整合县乡管理机构及人力资源，合理安排工作人员和工作经费，切实加强工作力量，提供必要的工作条件，逐步实现低保信息化管理，努力提高管理和服务质量，确保农村最低生活保障制度顺利实施和不断完善。

民政部关于进一步加强城市低保对象认定工作的通知

1. *2010年6月13日发布*
2. *民函〔2010〕140号*

各省、自治区、直辖市民政厅（局），各计划单列市民政局，新疆生产建设兵团民政局：

近年来，我国政府在城市低保方面的财政投入越来越大，低保标准和低保对象的救助水平都有了较大幅度的提高，这对于保障困难群众的基本生活，维护社会稳定发挥了重要作用。但是，从最近的检查以及国家审计署对部分地区低保工作审计反馈的情况看，还存在低保对象认定不够准确问题，个别地方还相当突出。为进一步规范城市低保管理工作，落实好"全国社会救助规范管理工作会议"精神，现就进一步做好城市低保对象认定工作通知如下：

一、进一步完善低保对象认定制度

低保对象认定是城市低保工作的核心环节。只有准确认定低保对象，才能确保这项民生实事真正落到实处，才能确保困难群众的基本生活真正得到保障，也才能确保"应保尽保"的制度目标顺利实现。针对近期一些地方暴露出的低保对象认定不准问题，各地要严肃查处，并举一反三，认真总结经验教训，切实加强制度建设，从根本上杜绝低保对象认定工作中的各种漏洞。

各地要按照党中央、国务院的新要求，根据我国经济社会形势的新变化，及时修订完善《城市居民最低生活保障条例》实施办法或实施细则，制定并实施城市低保操作规程，从资格条件、申请审批、收入核定、分类施保、动态管理、退出机制等各方面作出规定，努力做到制度完善、规定明确、有章可依、便于操作。

二、进一步规范低保对象认定条件

（一）规范户籍认定条件。根据《城市居民最低生活保障条例》的有关规定，享受城市低保待遇的必须是持有非农业户口的城市居民。在取消农业户口和非农业户口划分的地区，原则上可将户籍所在地为城镇行政区域且居住超过一定期限、不拥有承包土地、不参加农村集体经济收益分配等作为申请城市低保的户籍条件。对于户口不在一起的城市家庭，应首先将户口迁移到一起，然后再申请低保。因特殊原因无法将户口迁移到一起的，应由户主在其户籍所在地提出低保申请，其他家庭成员分别提供收入证明。原则上，户籍不在本地的家庭成员应申请享受其户籍所在地的低保待遇；特殊情况也可随户主一起申请享受居住地的低保待遇。申请享受居住地低保待遇的，应由其户籍所在地乡镇（街道）政府或村（居）民委员会出具未享受低保待遇的证明。家庭生活确有困难，且已丧失劳动能力的成年重度残疾人，应在单独立户后申请低保。

（二）规范家庭财产的类别和条件。家庭财产是指共同生活的家庭成员所拥有的有价证券、存款、房产、车辆等资产。各地应将家庭财产作为认定城市低保对象的重要依据。对于拥有大额存款、有价证券、多套房产、机动车、经营性资产等财产的家庭，各地应根据财产类型规定不同的条件，并依据这些条件来认定低保对象。

（三）规范家庭收入的类别和计算方法。家庭收入是指共同生活的家庭成员在规定期限内的全部可支配收入，包括扣除缴纳的个人所得税及个人按规定缴纳的社会保障性支出后的工资性收入、经营性净收入、财产性收入和转移性收入等。家庭人均月收入是否低于当地低保标准，是能否享受低保待遇的基本条件。

（四）规范家庭收入的减免类型和金额。根据《城市居民最低生活保障条例》规定，优抚对象按照国家规定享受的抚恤金、补助金不计入家庭收入。其他可以减免的类型如独生子女费、孤残儿童基本生活费等，应由当地人民政府作出明确规定。

各地在认定城市低保对象时，要按照户籍条件、家庭财产条件、家庭收入条件，认真操作，严格把关。对破产改制企业下岗职工、城镇集体企业未参保退休人员以及失地农民等家庭申请低保的，应及时受理申请，符合条件的及时纳入城市低保救助范围；不符合低保救助条件，但生活确有困难的，应通过临时救助等方式保障其基本生活。

三、进一步改进低保对象认定方法

（一）由街道、乡镇低保经办机构直接受理低保申请。受街道或乡镇低保经办机构委托受理低保申请的社区居民委员会，要将申请人提交的所有材料以及家庭经济状况调查结果全部上交到街道或者乡镇低保经办机构，不得自行作出不予受理或不符合低保条件的决定。

（二）入户调查应存录原始资料。入户调查和邻里走访应由两人以上同行，并详细、真实记录低保申请人家庭生活情况，以备街道和区（县）级民政部门审核、审批时查验。

（三）民主评议应规范、简便，讲求实效。民主评议的参加人员应为社区居民委员会成员、街道及社区低保工作人员、居民代表以及驻社区人大代表、政协委员等，总人数不得少于 7 人，并定期轮换。评议时，应充分了解低保申请家庭的情况，必要时，可向低保申请人或者其代理人询问。民主评议应采取无记名的方式使与会人员充分表达意见，并当场公布评议结果。评议结果无论同意与否，都应上报街道、乡镇低保经办机构。

（四）张榜公示应限定范围和时间。一般情况下，公示的范围应限于低保申请人所居住的社区居委会，不提倡在互联网站上公示；公示的内容应仅限于拟批准享受低保的户主姓名、家庭人口数及享受金额，应注意保护其家庭特别是儿童的隐私；对于老年人家庭、残疾人家庭等家庭收入无变化或变化不大的，不宜实行常年公示。

（五）县级民政部门应建立随机抽查制度。要对低保家庭实行分类管理，对于家庭收入无变化或者变化不大的家庭，可每年复核一次；对于家庭收入处于经常变动状态的，至少每半年复核一次。县级民政部门要加强随机抽查力度，每年抽查数量应分别不少于新申请低保家庭总数和已有低保家庭总数的 20%。

（六）加快推进居民家庭收入核对机制建设。要按照《城市低收入家庭认定办法》(民发〔2008〕156号)的有关要求,认真分析居民家庭收入核对涉及的部门和机构,精心研究各类居民家庭收入信息共享的办法和措施,根据居民家庭收入的不同类型,尽快与税务、房地产、社会保险、公积金、车辆、工商、金融等部门协商收入核对的具体程序和办法,建立分层次、多类别、高效率、运转灵活的居民家庭收入核对运行机制。

四、做好低保对象认定排查工作

从现在起到今年年底,各地要组织开展一次针对城市低保对象认定工作的排查。一是查制度规定。确保与低保对象认定有关的各项制度健全、翔实,符合国家有关法规政策和当地实际情况。二是查制度落实。通过排查,准确掌握低保对象的基本信息,进一步摸清他们的实际生活状况,对符合低保条件的要实现"应保尽保",对不符合低保条件的要"应退尽退"。三是查问题纠正。对有关部门反映的低保工作中存在的问题,以及群众举报、信访等个案,要认真核查,及时纠正。排查的具体形式由当地民政部门决定,并将有关情况及时报民政部。

民政部、国家发展改革委员会、财政部、国家统计局关于进一步规范城乡居民最低生活保障标准制定和调整工作的指导意见

1. 2011年5月11日发布

2. 民发〔2011〕80号

各省、自治区、直辖市民政厅(局)、发展改革委(物价局)、财政厅(局)、统计局,新疆生产建设兵团民政局、发展改革委、财务局、统计局,国家统计局各调查总队:

为进一步规范城乡居民最低生活保障(以下简称城乡低保)标准的制定和调整工作,根据《城市居民最低生活保障条例》(国务院令第271号,以下简称《条例》)和《国务院关于在全国建立农村最低生活保障制度的通知》(国发〔2007〕19号,以下简称《通知》)有关规定,结合各地的实践经验和做法,提出以下指导意见:

一、深刻认识规范城乡低保标准制定和调整工作的重要意义

低保标准是城乡低保制度的关键环节,是界定低保范围、核定低保对象、确定补助水平以及安排补助资金的重要依据。近年来,各地按照《条例》和《通知》要求,在科学制定和调整低保标准方面不断探索完善,取得了一定成效。但是,从全国情况看,城乡低保标准的制定和调整工作还存在一些需要规范的问题。如,一些地方缺乏必要论证和科学测算,简单参照扶贫标准或全国平均低保标准来制定和调整低保标准,难以真实反映当地居民的基本生活需求,甚至导致保障面过宽而影响了低保对象劳动就业的积极性;还有一些地方没有及时根据经济社会发展水平和财政承受能力,随着生活必需品的价格变化和人民生活水平的提高而适时调整低保标准,影响了低保制度实施效果和困难群众基本生活保障力度。为确保城乡低保制度平稳运行,真正发挥好最后一道社会安全网的保障作用,各地

要统一思想，提高认识，将规范城乡低保标准制定和调整工作作为当前健全完善城乡低保制度的一项重要任务，加强领导，精心组织，切实抓紧、抓实、抓好。

二、准确把握城乡低保标准制定和调整的指导思想和基本原则

（一）指导思想。进一步规范城乡低保标准制定和调整工作，要深入贯彻落实科学发展观，按照党的十七届五中全会关于“努力实现居民收入增长和经济发展同步，低收入者收入明显增加”和“实现城乡社会救助全覆盖”的总体要求，以《条例》和《通知》为根本依据，以确保困难群众基本生活为核心目标，不断提高城乡低保标准制定和调整的科学化、精细化和规范化水平。

（二）基本原则。进一步规范城乡低保标准制定和调整工作，必须结合当地社会救助事业发展实际，不断完善和创新机制。要坚持科学性原则，以维持当地居民基本生活所必需的消费品支出数据为基础，科学测算，充分论证；坚持合理性原则，统筹考虑困难群众基本生活保障需要、当地经济社会发展水平和财力状况，使城乡低保标准与失业保险、最低工资、扶贫开发等政策标准合理衔接；坚持动态性原则，建立和完善城乡低保标准与物价上涨挂钩的联动机制，并随着当地居民生活必需品价格变化和人民生活水平的提高定期调整城乡低保标准；坚持规范性原则，制定和调整城乡低保标准要严格遵循有关政策规定和程序规范，确保公开、公正和透明。

三、科学确定城乡低保标准制定和调整的方法

各地在制定和调整城乡低保标准时，可以采用基本生活费用支出法、恩格尔系数法或消费支出比例法。

（一）基本生活费用支出法。

城乡低保标准根据当地居民基本生活费用支出确定，包括必需食品消费支出和非食品类生活必需品支出两部分。用公式表示为：

城乡低保标准 = 必需食品消费支出 + 非食品类生活必需品支出

其中，必需食品消费支出通过市场调查确定当地食品必需品消费清单（即标准食物清单）、根据中国营养学会推荐的能量摄入量（见附件1）、相应食物摄入量（见附件2）以及食物的市场价格计算得出；非食品类生活必需品支出根据调查数据确定维持基本生活所必需的衣物、水电、燃煤（燃气）、公共交通、日用品等消费清单测算支出数额。

为确保城乡低保标准的制定和调整符合当地实际，各地可以参考当地上年度城乡居民人均消费支出、城镇居民人均可支配收入、农民人均纯收入、城乡低收入居民基本生活费用，以及经济发展水平、财政状况等因素对测算得出的低保标准予以适当调整。

（二）恩格尔系数法。

城乡低保标准根据当地居民必需食品消费支出和上年度最低收入家庭恩格尔系数确定。用公式表示为：

城乡低保标准 = 必需食品消费支出/上年度最低收入家庭恩格尔系数

其中，必需食品消费支出的确定方

法同基本生活费用支出法，即通过市场调查确定当地食品必需品消费清单（即标准食物清单）、根据中国营养学会推荐的能量摄入量（见附件1）、相应食物摄入量（见附件2）以及食物的市场价格计算得出。

为确保城乡低保标准的制定和调整符合当地实际，各地可以参考当地上年度城乡居民人均消费支出、城镇居民人均可支配收入、农民人均纯收入、城乡低收入居民基本生活费用，以及经济发展水平、财政状况等因素对测算得出的低保标准予以适当调整。

（三）消费支出比例法。

已按基本生活费用支出法或恩格尔系数法测算出城乡低保标准的地区，可将此数据与当地上年度城乡居民人均消费支出进行比较，得出低保标准占上年度城乡居民人均消费支出的比例。在今后一定时期内再次计算城乡低保标准时，可直接用当地上年度城乡居民人均消费支出乘以此比例。用公式表示为：

城乡低保标准 = 当地上年度城乡居民人均消费支出 × 低保标准占上年度城乡居民人均消费支出的比例

四、认真做好城乡低保标准的制定和调整工作

（一）精心组织。各地要按照《条例》和《通知》规定的城乡低保标准制定权限，成立由民政、财政、发展改革（价格）、统计（调查队）等部门组成的城乡低保标准制定和调整工作小组（以下简称工作小组），制定工作方案，明确工作方法、步骤和时间表。工作小组各成员单位要明确职责，相互配合，共同做好城乡低保标准制定和调整工作。

（二）科学测算。工作小组要综合使用统计数据、监测数据和调查数据，运用“基本生活费用支出法”、“恩格尔系数法”或“消费支出比例法”，科学测算当地城乡低保标准。其中，统计数据是指当地统计部门通过调查所得，并已向社会公布的数据，主要包括上年度城乡居民人均消费支出、上年度城镇居民人均可支配收入、农民人均纯收入、城乡最低收入家庭恩格尔系数等；监测数据是指价格主管部门监测的基本生活必需品消费清单所涉及的商品市场价格；调查数据是指未纳入当地统计和监测，需要工作小组通过抽样调查获得的数据。

（三）规范程序。城乡低保标准测算完成后，要由工作小组或其成员单位联合报请本级人民政府审批。按照《条例》和《通知》规定，需要备案的，要同时报上一级地方人民政府备案。根据本级人民政府的批复，工作小组或民政部门要通过网站、报纸等媒体以适当方式，将新的城乡低保标准向社会公告，并按批复要求的时间执行。

（四）加强指导。省级人民政府民政部门、财政部门要发挥好指导和调控作用，注意引导经济社会发展水平相近地区逐步缩小地区间城乡低保标准差距。条件成熟的地方，也可试行由省级人民政府民政部门会同财政、发展改革（价格）、统计（调查总队）等部门，根据区域经济社会发展状况，制定本辖区内相对统一的区域城乡低保标准。

附件：（略）

最低生活保障审核审批办法(试行)

1. *2012年12月12日民政部印发*
2. *民发〔2012〕220号*

第一章　总　　则

第一条　为规范最低生活保障(以下简称低保)审核审批工作,根据《城市居民最低生活保障条例》(国务院令第271号)、《国务院关于在全国建立农村最低生活保障制度的通知》(国发〔2007〕19号)、《国务院关于进一步加强和改进最低生活保障工作的意见》(国发〔2012〕45号)及国家相关规定,制定本办法。

第二条　县级人民政府民政部门以及乡镇人民政府(街道办事处),依据本办法开展低保审核审批工作,村(居)民委员会协助做好相关工作。

第三条　县级以上地方人民政府民政部门应当加强本辖区内低保审核审批工作的规范管理和相关服务,促进低保工作公开、公平、公正。

第二章　资格条件

第四条　户籍状况、家庭收入和家庭财产是认定低保对象的三个基本要件。

持有当地常住户口的居民,凡共同生活的家庭成员人均收入低于当地低保标准,且家庭财产状况符合当地人民政府规定条件的,可以申请低保。

第五条　共同生活的家庭成员包括:

(一)配偶;

(二)父母和未成年子女;

(三)已成年但不能独立生活的子女,包括在校接受本科及其以下学历教育的成年子女;

(四)其他具有法定赡养、扶养、抚养义务关系并长期共同居住的人员。

第六条　持有非农业户口的居民,可以申请城市低保。持有农业户口的居民,可以申请农村低保。

第七条　家庭收入是指共同生活的家庭成员在规定期限内的全部可支配收入。

第八条　家庭财产是指家庭成员拥有的全部动产和不动产。

第三章　申请及受理

第九条　申请低保应当以家庭为单位,由户主或者其代理人以户主的名义向户籍所在地乡镇人民政府(街道办事处)提出书面申请。

第十条　申请人有下列情况之一的,可以单独提出申请:

(一)困难家庭中丧失劳动能力且单独立户的成年重度残疾人。

(二)脱离家庭、在宗教场所居住三年以上(含三年)的生活困难的宗教教职人员。

第十一条　申请人或者其家庭成员的户籍有下列情况之一的,可以按以下方式办理:

(一)在同一市县辖区内,申请人经常居住地与户籍所在地不一致的,根据市县人民政府的规定,申请人凭户籍所在地县级人民政府民政部门出具的未享受最低生活保障的证明,可以向经常居住地乡镇人民政府(街道办事处)提出申请。

(二)户籍类别相同但家庭成员户口不在一起的家庭,应将户口迁移到一起后再提出申请。因特殊原因无法将户口迁移到一起的，可选择在户主或者其主要家庭成员的户籍所在地提出申请，户籍不在申请地的其他家庭成员分别提供各自户籍所在地县级人民政府民政部门出具的未享受低保的证明。

（三）共同生活的家庭成员分别持有非农业户口和农业户口的，一般按户籍类别分别申请城市低保和农村低保。

第十二条　申请人应当履行以下义务：

（一）按规定提交相关材料，书面声明家庭收入和财产状况，并签字确认；

（二）履行授权核查家庭经济状况的相关手续；

（三）承诺所提供的信息真实、完整。

第十三条　乡镇人民政府（街道办事处）应当对申请人或者其代理人提交的材料进行审查，材料齐备的，予以受理；材料不齐备的，应当一次性告知申请人或者其代理人补齐所有规定材料。

乡镇人民政府（街道办事处）应当及时受理低保申请，农村地区可以实行定期集中受理。

第十四条　申请低保时，申请人与低保经办人员和村（居）民委员会成员有近亲属关系的，应当如实申明。

第四章　家庭经济状况调查

第十五条　家庭经济状况是指申请人及其家庭成员拥有的全部可支配收入和家庭财产。

第十六条　家庭可支配收入是指扣除缴纳的个人所得税及个人按规定缴纳的社会保障性支出后的收入。

第十七条　家庭财产主要包括：

（一）银行存款和有价证券；

（二）机动车辆（残疾人功能性补偿代步机动车辆除外）、船舶；

（三）房屋；

（四）债权；

（五）其他财产。

第十八条　乡镇人民政府（街道办事处）应当自受理低保申请之日起 10 个工作日内，在村（居）民委员会协助下，组织驻村干部、社区低保专干等工作人员对申请人家庭经济状况和实际生活情况逐一进行调查核实。每组调查人员不得少于 2 人。

第十九条　调查申请人家庭经济状况和实际生活情况，可以采取以下方式：

（一）信息核对。

（二）入户调查。

（三）邻里访问。

（四）信函索证。

（五）其他调查方式。

第二十条　经家庭经济状况信息核对，对符合条件的低保申请，乡镇人民政府（街道办事处）应当依程序开展入户调查。不符合条件的，乡镇人民政府（街道办事处）应当书面通知申请人并说明理由。

第五章　民主评议

第二十一条　家庭经济状况调查结束后，乡镇人民政府（街道办事处）应当在 5 个工作日内，在村（居）民委员会的协助下，以村（居）为单位对申请人家庭经济状况调查结果的客观性、真实性进行民主评议。

第二十二条　民主评议由乡镇人民政府（街道办事处）工作人员、村（居）党组织和村（居）委会成员、熟悉村（居）民情况的党员代表、村（居）民代表等参加。村（居）民代表人数不得少于参加评议总人数的三分之二。

第二十三条　民主评议应当遵循以下程序：

（一）宣讲政策。

（二）介绍情况。

（三）现场评议。

（四）形成结论。

（五）签字确认。

第二十四条　对民主评议争议较大的低保申请，乡镇人民政府（街道办事处）应当重新组织家庭经济状况调查核实。

第六章　审核审批

第二十五条　乡镇人民政府（街道办事处）应当根据家庭经济状况信息核对、入户调查、民主评议等情况，对申请家庭是否给予低保提出建议意见，并及时在村（居）民委员会设置的村（居）务公开栏公示入户调查、民主评议和审核结果。公示期为7天。公示结束后，乡镇人民政府（街道办事处）应当将申请材料、家庭经济状况调查结果、民主评议情况等相关材料报送县级人民政府民政部门审批。

第二十六条　县级人民政府民政部门应当自收到乡镇人民政府（街道办事处）审核意见和相关材料5个工作日内提出审批意见。拟批准给予低保的，应当同时确定拟保障金额。不符合条件、不予批准的，应当在作出审批决定3日内，通过乡镇人民政府（街道办事处）书面告知申请人或者其代理人并说明理由。

第二十七条　保障金额应当按照核定的申请人家庭人均收入与当地低保标准的差额乘以共同生活的家庭成员人数计算。

第二十八条　对低保家庭中的下列人员，可以采取多种措施提高救助水平。

（一）老年人；

（二）未成年人；

（三）重度残疾人；

（四）重病患者；

（五）县级以上地方人民政府确定的其他生活困难人员。

第二十九条　县级人民政府民政部门应当对拟批准的低保家庭通过乡镇人民政府（街道办事处）、村（居）民委员会固定的政务公开栏、村（居）务公开栏以及政务大厅设置的电子屏等场所和地点进行公示。公示内容包括申请人姓名、家庭成员、拟保障金额等。公示期为7天。

第七章　资金发放

第三十条　低保金原则上实行社会化发放，通过银行、信用社等代理金融机构，直接支付到低保家庭的账户。

第三十一条　低保金应当按月发放，每月10日前发放到户。金融服务不发达的农村地区，低保金可以按季发放，每季度初10日前发放到户。

第八章　动态管理

第三十二条　县级人民政府民政部门应当根据低保对象的年龄、健康状况、劳动能力以及家庭收入来源等情况对低保家庭实行分类管理。乡镇人民政府（街道办事处）应当根据低保家庭成员和其家庭经济状况的变化情况进行分类复核,并根据复核情况及时报请县级人民政府民政部门办理低保金停发、减发或者增发手续。

第三十三条　对城市“三无”人员和家庭成员中有重病、重残人员且收入基本无变化的低保家庭,可每年复核一次。对短期内家庭经济状况和家庭成员基本情况相对稳定的低保家庭,可每半年复核一次。对收入来源不固定、有劳动能力和劳动条件的低保家庭,原则上城市按月、农村按季复核。

第三十四条　县级人民政府民政部门应当对低保家庭实行长期公示,并完善面向公众的低保对象信息查询机制。公示中应当保护低保对象个人隐私,不得公开与低保无关的信息。

第三十五条　县级以上地方人民政府民政部门和乡镇人民政府(街道办事处)应当公开低保监督咨询电话,主动接受社会和群众对低保审核审批工作的监督、投诉和举报。有条件的地方可以省为单位设置统一的举报投诉电话。

第三十六条　县级以上地方人民政府民政部门和乡镇人民政府(街道办事处)应当健全完善举报核查制度,对接到的实名举报,应当逐一核查,并及时向举报人反馈核查处理结果。

第九章　附　　则

第三十七条　各省(自治区、直辖市)人民政府民政部门可以根据本办法,结合本地实际,制定实施细则,并报民政部备案。

第三十八条　本办法由民政部负责解释。

第三十九条　本办法自公布之日起施行。

特困人员认定办法

1. 2016年10月10日民政部发布

2. 民发〔2016〕178号

第一章　总　　则

第一条　根据《社会救助暂行办法》(国务院令第649号)、《国务院关于进一步健全特困人员救助供养制度的意见》(国发〔2016〕14号)及国家相关规定,制定本办法。

第二条　特困人员认定工作应当遵循以下原则:

(一)应救尽救,应养尽养;

(二)属地管理,分级负责;

(三)严格规范,高效便民;

(四)公开、公平、公正。

第三条　县级以上地方人民政府民政部门统筹做好本行政区域内特困人员认定及救助供养工作。

县级人民政府民政部门以及乡镇人民政府(街道办事处)具体负责特困人员认定工作,村(居)民委员会协助做好相关工作。

第二章　认定条件

第四条　城乡老年人、残疾人以及未满16周岁的未成年人,同时具备以下条件的,应当依法纳入特困人员救助供养范围:

(一)无劳动能力;

(二)无生活来源;

(三)无法定赡养、抚养、扶养义务人或者其法定义务人无履行义务能力。

第五条　符合下列情形之一的,应当认定为本办法所称的无劳动能力：

（一）60周岁以上的老年人；

（二）未满16周岁的未成年人；

（三）残疾等级为一、二级的智力、精神残疾人，残疾等级为一级的肢体残疾人；

（四）省、自治区、直辖市人民政府规定的其他情形。

第六条　收入总和低于当地最低生活保障标准，且财产符合当地特困人员财产状况规定的，应当认定为本办法所称的无生活来源。

前款所称收入包括工资性收入、经营净收入、财产净收入、转移净收入等各类收入，不包括城乡居民基本养老保险中的基础养老金、基本医疗保险等社会保险和高龄津贴等社会福利补贴。

第七条　特困人员财产状况认定标准由设区的市级以上地方人民政府民政部门制定，并报同级地方人民政府同意。

第八条　法定义务人符合下列情形之一的，应当认定为本办法所称的无履行义务能力：

（一）具备特困人员条件的；

（二）60周岁以上或者重度残疾的最低生活保障对象，且财产符合当地特困人员财产状况规定的；

（三）无民事行为能力、被宣告失踪、或者在监狱服刑的人员，且财产符合当地特困人员财产状况规定的；

（四）省、自治区、直辖市人民政府规定的其他情形。

第九条　未满16周岁的未成年人同时符合特困人员救助供养条件和孤儿认定条件的，应当纳入孤儿基本生活保障范围，不再认定为特困人员。

第三章　申请及受理

第十条　申请特困人员救助供养，应当由本人向户籍所在地乡镇人民政府（街道办事处）提出书面申请。本人申请有困难的，可以委托村（居）民委员会或者他人代为提出申请。

申请材料主要包括本人有效身份证明，劳动能力、生活来源、财产状况以及赡养、抚养、扶养情况的书面声明，承诺所提供信息真实、完整的承诺书，残疾人还应当提供第二代《中华人民共和国残疾证》。

申请人应当履行授权核查家庭经济状况的相关手续。

第十一条　乡镇人民政府（街道办事处）、村（居）民委员会应当及时了解掌握辖区内居民的生活情况，发现符合特困人员救助供养条件的，应当告知其救助供养政策，对无民事行为能力等无法自主申请的，应当主动帮助其申请。

第十二条　乡镇人民政府（街道办事处）应当对申请人或者其代理人提交的材料进行审查，材料齐备的，予以受理；材料不齐备的，应当一次性告知申请人或者其代理人补齐所有规定材料。

第四章　审　　核

第十三条　乡镇人民政府（街道办事处）应当自受理申请之日起20个工作日内，通过入户调查、邻里访问、信函索证、民主评议、信息核对等方式，对申请人的经济状况、实际生活状况以及赡养、抚养、扶养状况等进行调查核实，并提出审核意见。

申请人以及有关单位、组织或者个人应当配合调查，如实提供有关情况。

村(居)民委员会应当协助乡镇人民政府(街道办事处)开展调查核实。

第十四条 调查核实过程中,乡镇人民政府(街道办事处)可视情组织民主评议,在村(居)民委员会协助下,对申请人书面声明内容的真实性、完整性及调查核实结果的客观性进行评议。

第十五条 乡镇人民政府(街道办事处)应当将审核意见及时在申请人所在村(社区)公示。公示期为7天。

公示期满无异议的,乡镇人民政府(街道办事处)应当将审核意见连同申请、调查核实、民主评议等相关材料报送县级人民政府民政部门审批。对公示有异议的,乡镇人民政府(街道办事处)应当重新组织调查核实,在20个工作日内提出审核意见,并重新公示。

第五章 审 批

第十六条 县级人民政府民政部门应当全面审查乡镇人民政府(街道办事处)上报的申请材料、调查材料和审核意见,根据审核意见和公示情况,按照不低于30%的比例随机抽查核实,并在20个工作日内作出审批决定。

第十七条 对符合救助供养条件的申请,县级人民政府民政部门应当及时予以批准,发给《特困人员救助供养证》,建立救助供养档案,从批准之日下月起给予救助供养待遇,并通过乡镇人民政府(街道办事处)在申请人所在村(社区)公布。

第十八条 对不符合救助供养条件的申请,县级人民政府民政部门不予批准,并将理由通过乡镇人民政府(街道办事处)书面告知申请人。

第十九条 城乡特困人员救助供养标准不一致的地区,对于拥有承包土地或者参加农村集体经济收益分配的特困人员,应当给予农村特困人员救助供养待遇。

第六章 生活自理能力评估

第二十条 县级人民政府民政部门应当在乡镇人民政府(街道办事处)、村(居)民委员会协助下,对特困人员生活自理能力进行评估,并根据评估结果,确定特困人员应当享受的照料护理标准档次。

有条件的地方,可以委托第三方机构开展特困人员生活自理能力评估。

第二十一条 特困人员生活自理能力,一般依据以下6项指标综合评估:

(一)自主吃饭;

(二)自主穿衣;

(三)自主上下床;

(四)自主如厕;

(五)室内自主行走;

(六)自主洗澡。

第二十二条 根据本办法第二十一条规定内容,特困人员生活自理状况,6项指标全部达到的,可以视为具备生活自理能力;有3项以下(含3项)指标不能达到的,可以视为部分丧失生活自理能力;有4项以上(含4项)指标不能达到的,可以视为完全丧失生活自理能力。

第二十三条 特困人员生活自理能力发生变化的,村(居)民委员会或者供养服务机构应当通过乡镇人民政府(街道办事处)及时报告县级人民政府民政部门,县级人民政府民政部门应当自接到报告之日起10个工作日内组织复核评估，并根据评估结果及时调整特困人员生活自理能力认定类别。

第七章　终止救助供养

第二十四条　特困人员有下列情形之一的，应当及时终止救助供养：

（一）死亡、被宣告失踪或者死亡；

（二）经过康复治疗恢复劳动能力或者年满16周岁且具有劳动能力；

（三）依法被判处刑罚，且在监狱服刑；

（四）收入和财产状况不再符合本办法第六条规定；

（五）法定义务人具有了履行义务能力或者新增具有履行义务能力的法定义务人。

特困人员中的未成年人，满16周岁后仍在接受义务教育或者在普通高中、中等职业学校就读的，可继续享有救助供养待遇。

第二十五条　特困人员不再符合救助供养条件的，本人、村（居）民委员会或者供养服务机构应当及时告知乡镇人民政府（街道办事处），由乡镇人民政府（街道办事处）审核并报县级人民政府民政部门核准。

县级人民政府民政部门、乡镇人民政府（街道办事处）在工作中发现特困人员不再符合救助供养条件的，应当及时办理终止救助供养手续。

第二十六条　对拟终止救助供养的特困人员，县级人民政府民政部门应当通过乡镇人民政府（街道办事处），在其所在村（社区）或者供养服务机构公示。公示期为7天。

公示期满无异议的，县级人民政府民政部门应当从下月起终止救助供养，核销《特困人员救助供养证》。对公示有异议的，县级人民政府民政部门应当组织调查核实，在20个工作日内作出是否终止救助供养决定，并重新公示。对决定终止救助供养的，应当通过乡镇人民政府（街道办事处）将终止理由书面告知当事人、村（居）民委员会或者其亲属。

第二十七条　对终止救助供养的原特困人员，符合最低生活保障、医疗救助、临时救助等其他社会救助条件的，应当按规定及时纳入相应救助范围。

第八章　附　　则

第二十八条　本办法公布前已经确定为农村五保对象的，可以直接确定为特困人员。

第二十九条　《特困人员救助供养证》由民政部规定式样，由县级以上地方人民政府民政部门制作。

（2）住房保障

住房公积金管理条例

1. 1999年4月3日国务院令第262号发布
2. 根据2002年3月24日《国务院关于修改〈住房公积金管理条例〉的决定》第一次修订
3. 根据2019年3月24日《国务院关于修改部分行政法规的决定》第二次修订

第一章　总　　则

第一条　为了加强对住房公积金的管理，维护住房公积金所有者的合法权益，促进城镇住房建设，提高城镇居民的居住水平，制定本条例。

第二条　本条例适用于中华人民共和国境内住房公积金的缴存、提取、使用、管理和监督。

本条例所称住房公积金，是指国家机关、国有企业、城镇集体企业、外商投资企业、城镇私营企业及其他城镇企业、事业单位、民办非企业单位、社会团体（以下统称单位）及其在职职工缴存的长期住房储金。

第三条　职工个人缴存的住房公积金和职工所在单位为职工缴存的住房公积金，属于职工个人所有。

第四条　住房公积金的管理实行住房公积金管理委员会决策、住房公积金管理中心运作、银行专户存储、财政监督的原则。

第五条　住房公积金应当用于职工购买、建造、翻建、大修自住住房，任何单位和个人不得挪作他用。

第六条　住房公积金的存、贷利率由中国人民银行提出，经征求国务院建设行政主管部门的意见后，报国务院批准。

第七条　国务院建设行政主管部门会同国务院财政部门、中国人民银行拟定住房公积金政策，并监督执行。

省、自治区人民政府建设行政主管部门会同同级财政部门以及中国人民银行分支机构，负责本行政区域内住房公积金管理法规、政策执行情况的监督。

第二章　机构及其职责

第八条　直辖市和省、自治区人民政府所在地的市以及其他设区的市（地、州、盟），应当设立住房公积金管理委员会，作为住房公积金管理的决策机构。住房公积金管理委员会的成员中，人民政府负责人和建设、财政、人民银行等有关部门负责人以及有关专家占1/3，工会代表和职工代表占1/3，单位代表占1/3。

住房公积金管理委员会主任应当由具有社会公信力的人士担任。

第九条　住房公积金管理委员会在住房公积金管理方面履行下列职责：

（一）依据有关法律、法规和政策，制定和调整住房公积金的具体管理措施，并监督实施；

（二）根据本条例第十八条的规定，拟订住房公积金的具体缴存比例；

（三）确定住房公积金的最高贷款额度；

（四）审批住房公积金归集、使用计划；

（五）审议住房公积金增值收益分配方案；

（六）审批住房公积金归集、使用计划执行情况的报告。

第十条　直辖市和省、自治区人民政府所在地的市以及其他设区的市（地、州、盟）应当按照精简、效能的原则，设立一个住房公积金管理中心，负责住房公积金的管理运作。县（市）不设立住房公积金管理中心。

前款规定的住房公积金管理中心可以在有条件的县（市）设立分支机构。住房公积金管理中心与其分支机构应当实行统一的规章制度，进行统一核算。

住房公积金管理中心是直属城市人民政府的不以营利为目的的独立的

事业单位。

第十一条 住房公积金管理中心履行下列职责：

（一）编制、执行住房公积金的归集、使用计划；

（二）负责记载职工住房公积金的缴存、提取、使用等情况；

（三）负责住房公积金的核算；

（四）审批住房公积金的提取、使用；

（五）负责住房公积金的保值和归还；

（六）编制住房公积金归集、使用计划执行情况的报告；

（七）承办住房公积金管理委员会决定的其他事项。

第十二条 住房公积金管理委员会应当按照中国人民银行的有关规定，指定受委托办理住房公积金金融业务的商业银行（以下简称受委托银行）；住房公积金管理中心应当委托受委托银行办理住房公积金贷款、结算等金融业务和住房公积金账户的设立、缴存、归还等手续。

住房公积金管理中心应当与受委托银行签订委托合同。

第三章 缴　　存

第十三条 住房公积金管理中心应当在受委托银行设立住房公积金专户。

单位应当向住房公积金管理中心办理住房公积金缴存登记，并为本单位职工办理住房公积金账户设立手续。每个职工只能有一个住房公积金账户。

住房公积金管理中心应当建立职工住房公积金明细账，记载职工个人住房公积金的缴存、提取等情况。

第十四条 新设立的单位应当自设立之日起30日内向住房公积金管理中心办理住房公积金缴存登记，并自登记之日起20日内，为本单位职工办理住房公积金账户设立手续。

单位合并、分立、撤销、解散或者破产的，应当自发生上述情况之日起30日内由原单位或者清算组织向住房公积金管理中心办理变更登记或者注销登记，并自办妥变更登记或者注销登记之日起20日内，为本单位职工办理住房公积金账户转移或者封存手续。

第十五条 单位录用职工的，应当自录用之日起30日内向住房公积金管理中心办理缴存登记，并办理职工住房公积金账户的设立或者转移手续。

单位与职工终止劳动关系的，单位应当自劳动关系终止之日起30日内向住房公积金管理中心办理变更登记，并办理职工住房公积金账户转移或者封存手续。

第十六条 职工住房公积金的月缴存额为职工本人上一年度月平均工资乘以职工住房公积金缴存比例。

单位为职工缴存的住房公积金的月缴存额为职工本人上一年度月平均工资乘以单位住房公积金缴存比例。

第十七条 新参加工作的职工从参加工作的第二个月开始缴存住房公积金，月缴存额为职工本人当月工资乘以职工住房公积金缴存比例。

单位新调入的职工从调入单位发放工资之日起缴存住房公积金，月缴存额为职工本人当月工资乘以职工住房公积金缴存比例。

第十八条 职工和单位住房公积金的缴存比例均不得低于职工上一年度月平均工资的5%；有条件的城市，可以适当提高缴存比例。具体缴存比例由住房公积金管理委员会拟订，经本级人民政府审核后，报省、自治区、直辖市人民政府批准。

第十九条 职工个人缴存的住房公积金，由所在单位每月从其工资中代扣代缴。

单位应当于每月发放职工工资之日起5日内将单位缴存的和为职工代缴的住房公积金汇缴到住房公积金专户内，由受委托银行计入职工住房公积金账户。

第二十条 单位应当按时、足额缴存住房公积金，不得逾期缴存或者少缴。

对缴存住房公积金确有困难的单位，经本单位职工代表大会或者工会讨论通过，并经住房公积金管理中心审核，报住房公积金管理委员会批准后，可以降低缴存比例或者缓缴；待单位经济效益好转后，再提高缴存比例或者补缴缓缴。

第二十一条 住房公积金自存入职工住房公积金账户之日起按照国家规定的利率计息。

第二十二条 住房公积金管理中心应当为缴存住房公积金的职工发放缴存住房公积金的有效凭证。

第二十三条 单位为职工缴存的住房公积金，按照下列规定列支：

（一）机关在预算中列支；

（二）事业单位由财政部门核定收支后，在预算或者费用中列支；

（三）企业在成本中列支。

第四章 提取和使用

第二十四条 职工有下列情形之一的，可以提取职工住房公积金账户内的存储余额：

（一）购买、建造、翻建、大修自住住房的；

（二）离休、退休的；

（三）完全丧失劳动能力，并与单位终止劳动关系的；

（四）出境定居的；

（五）偿还购房贷款本息的；

（六）房租超出家庭工资收入的规定比例的。

依照前款第（二）、（三）、（四）项规定，提取职工住房公积金的，应当同时注销职工住房公积金账户。

职工死亡或者被宣告死亡的，职工的继承人、受遗赠人可以提取职工住房公积金账户内的存储余额；无继承人也无受遗赠人的，职工住房公积金账户内的存储余额纳入住房公积金的增值收益。

第二十五条 职工提取住房公积金账户内的存储余额的，所在单位应当予以核实，并出具提取证明。

职工应当持提取证明向住房公积金管理中心申请提取住房公积金。住房公积金管理中心应当自受理申请之日起3日内作出准予提取或者不准提取的决定，并通知申请人；准予提取的，由受委托银行办理支付手续。

第二十六条 缴存住房公积金的职工，在购买、建造、翻建、大修自住住房时，可以向住房公积金管理中心申请住房公积金贷款。

住房公积金管理中心应当自受理

申请之日起15日内作出准予贷款或者不准贷款的决定，并通知申请人；准予贷款的，由受委托银行办理贷款手续。

住房公积金贷款的风险，由住房公积金管理中心承担。

第二十七条 申请人申请住房公积金贷款的，应当提供担保。

第二十八条 住房公积金管理中心在保证住房公积金提取和贷款的前提下，经住房公积金管理委员会批准，可以将住房公积金用于购买国债。

住房公积金管理中心不得向他人提供担保。

第二十九条 住房公积金的增值收益应当存入住房公积金管理中心在受委托银行开立的住房公积金增值收益专户，用于建立住房公积金贷款风险准备金、住房公积金管理中心的管理费用和建设城市廉租住房的补充资金。

第三十条 住房公积金管理中心的管理费用，由住房公积金管理中心按照规定的标准编制全年预算支出总额，报本级人民政府财政部门批准后，从住房公积金增值收益中上交本级财政，由本级财政拨付。

住房公积金管理中心的管理费用标准，由省、自治区、直辖市人民政府建设行政主管部门会同同级财政部门按照略高于国家规定的事业单位费用标准制定。

第五章 监　　督

第三十一条 地方有关人民政府财政部门应当加强对本行政区域内住房公积金归集、提取和使用情况的监督，并向本级人民政府的住房公积金管理委员会通报。

住房公积金管理中心在编制住房公积金归集、使用计划时，应当征求财政部门的意见。

住房公积金管理委员会在审批住房公积金归集、使用计划和计划执行情况的报告时，必须有财政部门参加。

第三十二条 住房公积金管理中心编制的住房公积金年度预算、决算，应当经财政部门审核后，提交住房公积金管理委员会审议。

住房公积金管理中心应当每年定期向财政部门和住房公积金管理委员会报送财务报告，并将财务报告向社会公布。

第三十三条 住房公积金管理中心应当依法接受审计部门的审计监督。

第三十四条 住房公积金管理中心和职工有权督促单位按时履行下列义务：

（一）住房公积金的缴存登记或者变更、注销登记；

（二）住房公积金账户的设立、转移或者封存；

（三）足额缴存住房公积金。

第三十五条 住房公积金管理中心应当督促受委托银行及时办理委托合同约定的业务。

受委托银行应当按照委托合同的约定，定期向住房公积金管理中心提供有关的业务资料。

第三十六条 职工、单位有权查询本人、本单位住房公积金的缴存、提取情况，住房公积金管理中心、受委托银行不得拒绝。

职工、单位对住房公积金账户内的存储余额有异议的，可以申请受委托银行复核；对复核结果有异议的，可以申请住房公积金管理中心重新复核。受委托银行、住房公积金管理中心应当自收到申请之日起5日内给予书面答复。

职工有权揭发、检举、控告挪用住房公积金的行为。

第六章　罚　　则

第三十七条　违反本条例的规定，单位不办理住房公积金缴存登记或者不为本单位职工办理住房公积金账户设立手续的，由住房公积金管理中心责令限期办理；逾期不办理的，处1万元以上5万元以下的罚款。

第三十八条　违反本条例的规定，单位逾期不缴或者少缴住房公积金的，由住房公积金管理中心责令限期缴存；逾期仍不缴存的，可以申请人民法院强制执行。

第三十九条　住房公积金管理委员会违反本条例规定审批住房公积金使用计划的，由国务院建设行政主管部门会同国务院财政部门或者由省、自治区人民政府建设行政主管部门会同同级财政部门，依据管理职权责令限期改正。

第四十条　住房公积金管理中心违反本条例规定，有下列行为之一的，由国务院建设行政主管部门或者省、自治区人民政府建设行政主管部门依据管理职权，责令限期改正；对负有责任的主管人员和其他直接责任人员，依法给予行政处分：

（一）未按照规定设立住房公积金专户的；

（二）未按照规定审批职工提取、使用住房公积金的；

（三）未按照规定使用住房公积金增值收益的；

（四）委托住房公积金管理委员会指定的银行以外的机构办理住房公积金金融业务的；

（五）未建立职工住房公积金明细账的；

（六）未为缴存住房公积金的职工发放缴存住房公积金的有效凭证的；

（七）未按照规定用住房公积金购买国债的。

第四十一条　违反本条例规定，挪用住房公积金的，由国务院建设行政主管部门或者省、自治区人民政府建设行政主管部门依据管理职权，追回挪用的住房公积金，没收违法所得；对挪用或者批准挪用住房公积金的人民政府负责人和政府有关部门负责人以及住房公积金管理中心负有责任的主管人员和其他直接责任人员，依照刑法关于挪用公款罪或者其他罪的规定，依法追究刑事责任；尚不够刑事处罚的，给予降级或者撤职的行政处分。

第四十二条　住房公积金管理中心违反财政法规的，由财政部门依法给予行政处罚。

第四十三条　违反本条例规定，住房公积金管理中心向他人提供担保的，对直接负责的主管人员和其他直接责任人员依法给予行政处分。

第四十四条　国家机关工作人员在住房公积金监督管理工作中滥用职权、玩忽职守、徇私舞弊，构成犯罪的，依法追究刑事责任；尚不构成犯罪的，依法给予行政处分。

第七章 附 则

第四十五条 住房公积金财务管理和会计核算的办法,由国务院财政部门商国务院建设行政主管部门制定。

第四十六条 本条例施行前尚未办理住房公积金缴存登记和职工住房公积金账户设立手续的单位,应当自本条例施行之日起60日内到住房公积金管理中心办理缴存登记,并到受委托银行办理职工住房公积金账户设立手续。

第四十七条 本条例自发布之日起施行。

经济适用住房管理办法

1. 2007年11月19日建设部、国家发展和改革委员会、监察部、财政部、国土资源部、中国人民银行、国家税务总局发布

2. 建住房〔2007〕258号

第一章 总 则

第一条 为改进和规范经济适用住房制度,保护当事人合法权益,制定本办法。

第二条 本办法所称经济适用住房,是指政府提供政策优惠,限定套型面积和销售价格,按照合理标准建设,面向城市低收入住房困难家庭供应,具有保障性质的政策性住房。

本办法所称城市低收入住房困难家庭,是指城市和县人民政府所在地镇的范围内,家庭收入、住房状况等符合市、县人民政府规定条件的家庭。

第三条 经济适用住房制度是解决城市低收入家庭住房困难政策体系的组成部分。经济适用住房供应对象要与廉租住房保障对象相衔接。经济适用住房的建设、供应、使用及监督管理,应当遵守本办法。

第四条 发展经济适用住房应当在国家统一政策指导下,各地区因地制宜,政府主导、社会参与。市、县人民政府要根据当地经济社会发展水平、居民住房状况和收入水平等因素,合理确定经济适用住房的政策目标、建设标准、供应范围和供应对象等,并组织实施。省、自治区、直辖市人民政府对本行政区域经济适用住房工作负总责,对所辖市、县人民政府实行目标责任制管理。

第五条 国务院建设行政主管部门负责对全国经济适用住房工作的指导和实施监督。县级以上地方人民政府建设或房地产行政主管部门(以下简称"经济适用住房主管部门")负责本行政区域内经济适用住房管理工作。

县级以上人民政府发展改革(价格)、监察、财政、国土资源、税务及金融管理等部门根据职责分工,负责经济适用住房有关工作。

第六条 市、县人民政府应当在解决城市低收入家庭住房困难发展规划和年度计划中,明确经济适用住房建设规模、项目布局和用地安排等内容,并纳入本级国民经济与社会发展规划和住房建设规划,及时向社会公布。

第二章 优惠和支持政策

第七条 经济适用住房建设用地以划拨方式供应。经济适用住房建设用地应纳入当地年度土地供应计划,在申报年度用地指标时单独列出,确保优先供应。

第八条 经济适用住房建设项目免收城市基础设施配套费等各种行政事业性

收费和政府性基金。经济适用住房项目外基础设施建设费用,由政府负担。经济适用住房建设单位可以以在建项目作抵押向商业银行申请住房开发贷款。

第九条 购买经济适用住房的个人向商业银行申请贷款,除符合《个人住房贷款管理办法》规定外,还应当出具市、县人民政府经济适用住房主管部门准予购房的核准通知。

购买经济适用住房可提取个人住房公积金和优先办理住房公积金贷款。

第十条 经济适用住房的贷款利率按有关规定执行。

第十一条 经济适用住房的建设和供应要严格执行国家规定的各项税费优惠政策。

第十二条 严禁以经济适用住房名义取得划拨土地后,以补交土地出让金等方式,变相进行商品房开发。

第三章 建设管理

第十三条 经济适用住房要统筹规划、合理布局、配套建设,充分考虑城市低收入住房困难家庭对交通等基础设施条件的要求,合理安排区位布局。

第十四条 在商品住房小区中配套建设经济适用住房的,应当在项目出让条件中,明确配套建设的经济适用住房的建设总面积、单套建筑面积、套数、套型比例、建设标准以及建成后移交或者回购等事项,并以合同方式约定。

第十五条 经济适用住房单套的建筑面积控制在60平方米左右。市、县人民政府应当根据当地经济发展水平、群众生活水平、住房状况、家庭结构和人口等因素,合理确定经济适用住房建设规模和各种套型的比例,并进行严格管理。

第十六条 经济适用住房建设按照政府组织协调、市场运作的原则,可以采取项目法人招标的方式,选择具有相应资质和良好社会责任的房地产开发企业实施;也可以由市、县人民政府确定的经济适用住房管理实施机构直接组织建设。在经济适用住房建设中,应注重发挥国有大型骨干建筑企业的积极作用。

第十七条 经济适用住房的规划设计和建设必须按照发展节能省地环保型住宅的要求,严格执行《住宅建筑规范》等国家有关住房建设的强制性标准,采取竞标方式优选规划设计方案,做到在较小的套型内实现基本的使用功能。积极推广应用先进、成熟、适用、安全的新技术、新工艺、新材料、新设备。

第十八条 经济适用住房建设单位对其建设的经济适用住房工程质量负最终责任,向买受人出具《住宅质量保证书》和《住宅使用说明书》,并承担保修责任,确保工程质量和使用安全。有关住房质量和性能等方面的要求,应在建设合同中予以明确。

经济适用住房的施工和监理,应当采取招标方式,选择具有资质和良好社会责任的建筑企业和监理公司实施。

第十九条 经济适用住房项目可采取招标方式选择物业服务企业实施前期物业服务,也可以在社区居委会等机构的指导下,由居民自我管理,提供符合居住区居民基本生活需要的物业服务。

第四章 价格管理

第二十条 确定经济适用住房的价格应当以保本微利为原则。其销售基准价格及浮动幅度,由有定价权的价格主管部门会同经济适用住房主管部门,依据经济适用住房价格管理的有关规定,在综合考虑建设、管理成本和利润的基础上确定并向社会公布。房地产开发企业实施的经济适用住房项目利润率按不高于3%核定;市、县人民政府直接组织建设的经济适用住房只能按成本价销售,不得有利润。

第二十一条 经济适用住房销售应当实行明码标价,销售价格不得高于基准价格及上浮幅度,不得在标价之外收取任何未予标明的费用。经济适用住房价格确定后应当向社会公布。价格主管部门应依法进行监督管理。

第二十二条 经济适用住房实行收费卡制度,各有关部门收取费用时,必须填写价格主管部门核发的交费登记卡。任何单位不得以押金、保证金等名义,变相向经济适用住房建设单位收取费用。

第二十三条 价格主管部门要加强成本监审,全面掌握经济适用住房成本及利润变动情况,确保经济适用住房做到质价相符。

第五章 准入和退出管理

第二十四条 经济适用住房管理应建立严格的准入和退出机制。经济适用住房由市、县人民政府按限定的价格,统一组织向符合购房条件的低收入家庭出售。经济适用住房供应实行申请、审核、公示和轮候制度。市、县人民政府应当制定经济适用住房申请、审核、公示和轮候的具体办法,并向社会公布。

第二十五条 城市低收入家庭申请购买经济适用住房应同时符合下列条件:

(一)具有当地城镇户口;

(二)家庭收入符合市、县人民政府划定的低收入家庭收入标准;

(三)无房或现住房面积低于市、县人民政府规定的住房困难标准。

经济适用住房供应对象的家庭收入标准和住房困难标准,由市、县人民政府根据当地商品住房价格、居民家庭可支配收入、居住水平和家庭人口结构等因素确定,实行动态管理,每年向社会公布一次。

第二十六条 经济适用住房资格申请采取街道办事处(镇人民政府)、市(区)、县人民政府逐级审核并公示的方式认定。审核单位应当通过入户调查、邻里访问以及信函索证等方式对申请人的家庭收入和住房状况等情况进行核实。申请人及有关单位、组织或者个人应当予以配合,如实提供有关情况。

第二十七条 经审核公示通过的家庭,由市、县人民政府经济适用住房主管部门发放准予购买经济适用住房的核准通知,注明可以购买的面积标准。然后按照收入水平、住房困难程度和申请顺序等因素进行轮候。

第二十八条 符合条件的家庭,可以持核准通知购买一套与核准面积相对应的经济适用住房。购买面积原则上不得超过核准面积。购买面积在核准面积以内的,按核准的价格购买;超过核准面积的部分,不得享受政府优惠,由购房人按照同地段同类普通商品住房的价格补交差价。

第二十九条　居民个人购买经济适用住房后，应当按照规定办理权属登记。房屋、土地登记部门在办理权属登记时，应当分别注明经济适用住房、划拨土地。

第三十条　经济适用住房购房人拥有有限产权。

购买经济适用住房不满 5 年，不得直接上市交易，购房人因特殊原因确需转让经济适用住房的，由政府按照原价格并考虑折旧和物价水平等因素进行回购。

购买经济适用住房满 5 年，购房人上市转让经济适用住房的，应按照届时同地段普通商品住房与经济适用住房差价的一定比例向政府交纳土地收益等相关价款，具体交纳比例由市、县人民政府确定，政府可优先回购；购房人也可以按照政府所定的标准向政府交纳土地收益等相关价款后，取得完全产权。

上述规定应在经济适用住房购买合同中予以载明，并明确相关违约责任。

第三十一条　已经购买经济适用住房的家庭又购买其他住房的，原经济适用住房由政府按规定及合同约定回购。政府回购的经济适用住房，仍应用于解决低收入家庭的住房困难。

第三十二条　已参加福利分房的家庭在退回所分房屋前不得购买经济适用住房，已购买经济适用住房的家庭不得再购买经济适用住房。

第三十三条　个人购买的经济适用住房在取得完全产权以前不得用于出租经营。

第六章　单位集资合作建房

第三十四条　距离城区较远的独立工矿企业和住房困难户较多的企业，在符合土地利用总体规划、城市规划、住房建设规划的前提下，经市、县人民政府批准，可以利用单位自用土地进行集资合作建房。参加单位集资合作建房的对象，必须限定在本单位符合市、县人民政府规定的低收入住房困难家庭。

第三十五条　单位集资合作建房是经济适用住房的组成部分，其建设标准、优惠政策、供应对象、产权关系等均按照经济适用住房的有关规定严格执行。单位集资合作建房应当纳入当地经济适用住房建设计划和用地计划管理。

第三十六条　任何单位不得利用新征用或新购买土地组织集资合作建房；各级国家机关一律不得搞单位集资合作建房。单位集资合作建房不得向不符合经济适用住房供应条件的家庭出售。

第三十七条　单位集资合作建房在满足本单位低收入住房困难家庭购买后，房源仍有少量剩余的，由市、县人民政府统一组织向符合经济适用住房购房条件的家庭出售，或由市、县人民政府以成本价收购后用作廉租住房。

第三十八条　向职工收取的单位集资合作建房款项实行专款管理、专项使用，并接受当地财政和经济适用住房主管部门的监督。

第三十九条　已参加福利分房、购买经济适用住房或参加单位集资合作建房的人员，不得再次参加单位集资合作建房。严禁任何单位借集资合作建房名义，变相实施住房实物分配或商品房开发。

第四十条　单位集资合作建房原则上不收取管理费用，不得有利润。

第七章　监 督 管 理

第四十一条　市、县人民政府要加强对已购经济适用住房的后续管理，经济适用住房主管部门要切实履行职责，对已购经济适用住房家庭的居住人员、房屋的使用等情况进行定期检查，发现违规行为及时纠正。

第四十二条　市、县人民政府及其有关部门应当加强对经济适用住房建设、交易中违纪违法行为的查处。

（一）擅自改变经济适用住房或集资合作建房用地性质的，由国土资源主管部门按有关规定处罚。

（二）擅自提高经济适用住房或集资合作建房销售价格等价格违法行为的，由价格主管部门依法进行处罚。

（三）未取得资格的家庭购买经济适用住房或参加集资合作建房的，其所购买或集资建设的住房由经济适用住房主管部门限期按原价格并考虑折旧等因素作价收购；不能收购的，由经济适用住房主管部门责成其补缴经济适用住房或单位集资合作建房与同地段同类普通商品住房价格差，并对相关责任单位和责任人依法予以处罚。

第四十三条　对弄虚作假、隐瞒家庭收入和住房条件，骗购经济适用住房或单位集资合作建房的个人，由市、县人民政府经济适用住房主管部门限期按原价格并考虑折旧等因素作价收回所购住房，并依法和有关规定追究责任。对出具虚假证明的，依法追究相关责任人的责任。

第四十四条　国家机关工作人员在经济适用住房建设、管理过程中滥用职权、玩忽职守、徇私舞弊的，依法依纪追究责任；涉嫌犯罪的，移送司法机关处理。

第四十五条　任何单位和个人有权对违反本办法规定的行为进行检举和控告。

第八章　附　　则

第四十六条　省、自治区、直辖市人民政府经济适用住房主管部门会同发展改革（价格）、监察、财政、国土资源、金融管理、税务主管部门根据本办法，可以制定具体实施办法。

第四十七条　本办法由建设部会同发展改革委、监察部、财政部、国土资源部、人民银行、税务总局负责解释。

第四十八条　本办法下发后尚未销售的经济适用住房，执行本办法有关准入和退出管理、价格管理、监督管理等规定；已销售的经济适用住房仍按原有规定执行。此前已审批但尚未开工的经济适用住房项目，凡不符合本办法规定内容的事项，应按本办法做相应调整。

第四十九条　建设部、发展改革委、国土资源部、人民银行《关于印发〈经济适用住房管理办法〉的通知》（建住房〔2004〕77号）同时废止。

城镇最低收入家庭廉租住房申请、审核及退出管理办法

1. 2005年7月7日建设部、民政部发布
2. 建住房〔2005〕122号
3. 自2005年10月1日起施行

第一条　为规范城镇最低收入家庭廉租

住房管理，完善廉租住房工作机制，根据《城镇最低收入家庭廉租住房管理办法》（建设部令第120号），制定本办法。

第二条　城镇最低收入家庭廉租住房的申请、审核及退出管理，适用本办法。

第三条　市、县人民政府房地产行政主管部门负责城镇最低收入家庭廉租住房的申请、审核及退出管理工作。

第四条　申请廉租住房的家庭（以下简称申请家庭）应当同时具备下列条件：

（一）申请家庭人均收入符合当地廉租住房政策确定的收入标准；

（二）申请家庭人均现住房面积符合当地廉租住房政策确定的面积标准；

（三）申请家庭成员中至少有1人为当地非农业常住户口；

（四）申请家庭成员之间有法定的赡养、扶养或者抚养关系；

（五）符合当地廉租住房政策规定的其他标准。

第五条　申请廉租住房，应当由申请家庭的户主作为申请人；户主不具有完全民事行为能力的，申请家庭推举具有完全民事行为能力的家庭成员作为申请人。

申请人应当向户口所在地街道办事处或乡镇人民政府（以下简称受理机关）提出书面申请，并提供下列申请材料：

（一）民政部门出具的最低生活保障、救助证明或政府认定有关部门或单位出具的收入证明；

（二）申请家庭成员所在单位或居住地街道办事处出具的现住房证明；

（三）申请家庭成员身份证和户口簿；

（四）地方政府或房地产行政主管部门规定需要提交的其他证明材料。

申请人为非户主的，还应当出具其他具有完全行为能力的家庭成员共同签名的书面委托书。

第六条　受理机关收到廉租住房申请材料后，应当及时作出是否受理的决定，并向申请人出具书面凭证。申请资料不齐全或者不符合法定形式的，应当在5日内书面告知申请人需要补正的全部内容，受理时间从申请人补齐资料的次日起计算；逾期不告知的，自收到申请材料之日起即为受理。

材料齐备后，受理机关应当及时签署意见并将全部申请资料移交房地产行政主管部门。

第七条　接到受理机关移交的申请资料后，房地产行政主管部门应当会同民政等部门组成审核小组予以审核。并可以通过查档取证、入户调查、邻里访问以及信函索证等方式对申请家庭收入、家庭人口和住房状况进行调查。申请家庭及有关单位、组织或者个人应当如实提供有关情况。房地产行政主管部门应当自收到申请材料之日起15日内向申请人出具审核决定。

经审核不符合条件的，房地产行政主管部门应当书面通知申请人，说明理由。经审核符合条件的，房地产行政主管部门应当在申请人的户口所在地、居住地或工作单位将审核决定予以公示，公示期限为15日。

第八条　经公示无异议或者异议不成立的，由房地产行政主管部门予以登记，并书面通知申请人。

经公示有异议的，房地产行政主管部门应在10日内完成核实。经核实异议成立的，不予登记。对不予登记的，应当书面通知申请人，说明不予登记的理由。

第九条 对于已登记的、申请租赁住房补贴或者实物配租的家庭，由房地产行政主管部门按照规定条件排队轮候。经民政等部门认定的由于无劳动能力、无生活来源、无法定赡养人、扶养人或抚养人、优抚对象、重度残疾等原因造成困难的家庭可优先予以解决。

轮候期间，申请家庭收入、人口、住房等情况发生变化，申请人应当及时告知房地产行政主管部门，经审核后，房地产行政主管部门应对变更情况进行变更登记，不再符合廉租住房条件的，由房地产行政主管部门取消资格。

第十条 已准予租赁住房补贴的家庭，应当与房地产行政主管部门签订《廉租住房租赁补贴协议》。协议应当明确租赁住房补贴标准、停止廉租住房补贴的规定及违约责任。租赁补贴家庭根据协议约定，可以根据居住需要，选择适当的住房，在与出租人达成租赁意向后，报房地产行政主管部门审查。经审查同意后，方可与出租人签订房屋租赁合同，并报房地产行政主管部门备案。房地产行政主管部门按规定标准向该家庭发放租赁补贴，用于冲减房屋租金。

第十一条 已准予实物配租的家庭，应当与廉租住房产权人签订廉租住房租赁合同。合同应当明确廉租住房情况、租金标准、腾退住房方式及违约责任等内容。承租人应当按照合同约定的标准缴纳租金，并按约定的期限腾退原有住房。

确定实物配租的最低收入家庭不接受配租方案的，原则上不再享有实物配租资格，房地产行政主管部门可视情况采取发放租赁住房补贴或其他保障方式对其实施住房保障。

第十二条 已准予租金核减的家庭，由房地产行政主管部门出具租金核减认定证明，到房屋产权单位办理租金核减手续。

第十三条 房地产行政主管部门应当在发放租赁住房补贴、配租廉租住房或租金核减后一个月内将结果在一定范围内予以公布。

第十四条 享受廉租住房保障的最低收入家庭应当按年度向房地产行政主管部门如实申报家庭收入、人口及住房变动情况。

房地产行政主管部门应当每年会同民政等相关部门对享受廉租住房保障家庭的收入、人口及住房等状况进行复核，并根据复核结果对享受廉租住房保障的资格、方式、额度等进行及时调整并书面告知当事人。

第十五条 享受廉租住房保障的家庭有下列情况之一的，由房地产行政主管部门作出取消保障资格的决定，收回承租的廉租住房，或者停止发放租赁补贴，或者停止租金核减：

（一）未如实申报家庭收入、家庭人口及住房状况的；

（二）家庭人均收入连续一年以上超出当地廉租住房政策确定的收入标准的；

（三）因家庭人数减少或住房面积增加，人均住房面积超出当地廉租住房政策确定的住房标准的；

（四）擅自改变房屋用途的；

（五）将承租的廉租住房转借、转租的；

（六）连续六个月以上未在廉租住房居住的。

第十六条　房地产行政主管部门作出取消保障资格的决定后，应当在5日内书面通知当事人，说明理由。享受实物配租的家庭应当将承租的廉租住房在规定的期限内退回。逾期不退回的，房地产行政主管部门可以依法申请人民法院强制执行。

第十七条　房地产行政主管部门或者其他有关行政管理部门工作人员，违反本办法规定，在廉租住房管理工作中利用职务上的便利，收受他人财物或者其他好处的，对已批准的廉租住房不依法履行监督管理职责的，或者发现违法行为不予查处的，依法给予行政处分；构成犯罪的，依法追究刑事责任。

第十八条　各地可根据当地的实际情况制定具体细则。

第十九条　纳入廉租住房管理的其他家庭的申请、审核及退出管理办法，由各地结合当地实际情况，比照本办法自行制定。

第二十条　本办法自2005年10月1日起施行。

廉租住房保障办法

1. 2007年11月8日建设部、国家发展和改革委员会、监察部、民政部、财政部、国土资源部、中国人民银行、国家税务总局、国家统计局令第162号公布

2. 自2007年12月1日起施行

第一章　总　　则

第一条　为促进廉租住房制度建设，逐步解决城市低收入家庭的住房困难，制定本办法。

第二条　城市低收入住房困难家庭的廉租住房保障及其监督管理，适用本办法。

本办法所称城市低收入住房困难家庭，是指城市和县人民政府所在地的镇范围内，家庭收入、住房状况等符合市、县人民政府规定条件的家庭。

第三条　市、县人民政府应当在解决城市低收入家庭住房困难的发展规划及年度计划中，明确廉租住房保障工作目标、措施，并纳入本级国民经济与社会发展规划和住房建设规划。

第四条　国务院建设主管部门指导和监督全国廉租住房保障工作。县级以上地方人民政府建设（住房保障）主管部门负责本行政区域内廉租住房保障管理工作。廉租住房保障的具体工作可以由市、县人民政府确定的实施机构承担。

县级以上人民政府发展改革（价格）、监察、民政、财政、国土资源、金融管理、税务、统计等部门按照职责分工，负责廉租住房保障的相关工作。

第二章　保 障 方 式

第五条　廉租住房保障方式实行货币补贴和实物配租等相结合。货币补贴是指县级以上地方人民政府向申请廉租住房保障的城市低收入住房困难家庭发放租赁住房补贴，由其自行承租住房。实物配租是指县级以上地方人民政府向申请廉租住房保障的城市低收入住房困难家庭提供住房，并按照规定标准收取租金。

实施廉租住房保障,主要通过发放租赁补贴,增强城市低收入住房困难家庭承租住房的能力。廉租住房紧缺的城市,应当通过新建和收购等方式,增加廉租住房实物配租的房源。

第六条 市、县人民政府应当根据当地家庭平均住房水平、财政承受能力以及城市低收入住房困难家庭的人口数量、结构等因素,以户为单位确定廉租住房保障面积标准。

第七条 采取货币补贴方式的,补贴额度按照城市低收入住房困难家庭现住房面积与保障面积标准的差额、每平方米租赁住房补贴标准确定。

每平方米租赁住房补贴标准由市、县人民政府根据当地经济发展水平、市场平均租金、城市低收入住房困难家庭的经济承受能力等因素确定。其中对城市居民最低生活保障家庭,可以按照当地市场平均租金确定租赁住房补贴标准;对其他城市低收入住房困难家庭,可以根据收入情况等分类确定租赁住房补贴标准。

第八条 采取实物配租方式的,配租面积为城市低收入住房困难家庭现住房面积与保障面积标准的差额。

实物配租的住房租金标准实行政府定价。实物配租住房的租金,按照配租面积和市、县人民政府规定的租金标准确定。有条件的地区,对城市居民最低生活保障家庭,可以免收实物配租住房中住房保障面积标准内的租金。

第三章 保障资金及房屋来源

第九条 廉租住房保障资金采取多种渠道筹措。

廉租住房保障资金来源包括:

(一)年度财政预算安排的廉租住房保障资金;

(二)提取贷款风险准备金和管理费用后的住房公积金增值收益余额;

(三)土地出让净收益中安排的廉租住房保障资金;

(四)政府的廉租住房租金收入;

(五)社会捐赠及其他方式筹集的资金。

第十条 提取贷款风险准备金和管理费用后的住房公积金增值收益余额,应当全部用于廉租住房建设。

土地出让净收益用于廉租住房保障资金的比例,不得低于10%。

政府的廉租住房租金收入应当按照国家财政预算支出和财务制度的有关规定,实行收支两条线管理,专项用于廉租住房的维护和管理。

第十一条 对中西部财政困难地区,按照中央预算内投资补助和中央财政廉租住房保障专项补助资金的有关规定给予支持。

第十二条 实物配租的廉租住房来源主要包括:

(一)政府新建、收购的住房;

(二)腾退的公有住房;

(三)社会捐赠的住房;

(四)其他渠道筹集的住房。

第十三条 廉租住房建设用地,应当在土地供应计划中优先安排,并在申报年度用地指标时单独列出,采取划拨方式,保证供应。

廉租住房建设用地的规划布局,应当考虑城市低收入住房困难家庭居住和就业的便利。

廉租住房建设应当坚持经济、适用原则，提高规划设计水平，满足基本使用功能，应当按照发展节能省地环保型住宅的要求，推广新材料、新技术、新工艺。廉租住房应当符合国家质量安全标准。

第十四条 新建廉租住房，应当采取配套建设与相对集中建设相结合的方式，主要在经济适用住房、普通商品住房项目中配套建设。

新建廉租住房，应当将单套的建筑面积控制在50平方米以内，并根据城市低收入住房困难家庭的居住需要，合理确定套型结构。

配套建设廉租住房的经济适用住房或者普通商品住房项目，应当在用地规划、国有土地划拨决定书或者国有土地使用权出让合同中，明确配套建设的廉租住房总建筑面积、套数、布局、套型以及建成后的移交或回购等事项。

第十五条 廉租住房建设免征行政事业性收费和政府性基金。

鼓励社会捐赠住房作为廉租住房房源或捐赠用于廉租住房的资金。

政府或经政府认定的单位新建、购买、改建住房作为廉租住房，社会捐赠廉租住房房源、资金，按照国家规定的有关税收政策执行。

第四章 申请与核准

第十六条 申请廉租住房保障，应当提供下列材料：

（一）家庭收入情况的证明材料；

（二）家庭住房状况的证明材料；

（三）家庭成员身份证和户口簿；

（四）市、县人民政府规定的其他证明材料。

第十七条 申请廉租住房保障，按照下列程序办理：

（一）申请廉租住房保障的家庭，应当由户主向户口所在地街道办事处或者镇人民政府提出书面申请；

（二）街道办事处或者镇人民政府应当自受理申请之日起30日内，就申请人的家庭收入、家庭住房状况是否符合规定条件进行审核，提出初审意见并张榜公布，将初审意见和申请材料一并报送市（区）、县人民政府建设（住房保障）主管部门；

（三）建设（住房保障）主管部门应当自收到申请材料之日起15日内，就申请人的家庭住房状况是否符合规定条件提出审核意见，并将符合条件的申请人的申请材料转同级民政部门；

（四）民政部门应当自收到申请材料之日起15日内，就申请人的家庭收入是否符合规定条件提出审核意见，并反馈同级建设（住房保障）主管部门；

（五）经审核，家庭收入、家庭住房状况符合规定条件的，由建设（住房保障）主管部门予以公示，公示期限为15日；对经公示无异议或者异议不成立的，作为廉租住房保障对象予以登记，书面通知申请人，并向社会公开登记结果。

经审核，不符合规定条件的，建设（住房保障）主管部门应当书面通知申请人，说明理由。申请人对审核结果有异议的，可以向建设（住房保障）主管部门申诉。

第十八条 建设（住房保障）主管部门、民政等有关部门以及街道办事处、镇人民政府，可以通过入户调查、邻里访问以及信函索证等方式对申请人的家庭收入和住房状况等进行核实。申请人及有关单位和个人应当予以配合，如实提供有关情况。

第十九条 建设（住房保障）主管部门应当综合考虑登记的城市低收入住房困难家庭的收入水平、住房困难程度和申请顺序以及个人申请的保障方式等，确定相应的保障方式及轮候顺序，并向社会公开。

对已经登记为廉租住房保障对象的城市居民最低生活保障家庭，凡申请租赁住房货币补贴的，要优先安排发放补贴，基本做到应保尽保。

实物配租应当优先面向已经登记为廉租住房保障对象的孤、老、病、残等特殊困难家庭，城市居民最低生活保障家庭以及其他急需救助的家庭。

第二十条 对轮候到位的城市低收入住房困难家庭，建设（住房保障）主管部门或者具体实施机构应当按照已确定的保障方式，与其签订租赁住房补贴协议或者廉租住房租赁合同，予以发放租赁住房补贴或者配租廉租住房。

发放租赁住房补贴和配租廉租住房的结果，应当予以公布。

第二十一条 租赁住房补贴协议应当明确租赁住房补贴额度、停止发放租赁住房补贴的情形等内容。

廉租住房租赁合同应当明确下列内容：

（一）房屋的位置、朝向、面积、结构、附属设施和设备状况；

（二）租金及其支付方式；

（三）房屋用途和使用要求；

（四）租赁期限；

（五）房屋维修责任；

（六）停止实物配租的情形，包括承租人已不符合规定条件的，将所承租的廉租住房转借、转租或者改变用途，无正当理由连续6个月以上未在所承租的廉租住房居住或者未交纳廉租住房租金等；

（七）违约责任及争议解决办法，包括退回廉租住房、调整租金、依照有关法律法规规定处理等；

（八）其他约定。

第五章 监督管理

第二十二条 国务院建设主管部门、省级建设（住房保障）主管部门应当会同有关部门，加强对廉租住房保障工作的监督检查，并公布监督检查结果。

市、县人民政府应当定期向社会公布城市低收入住房困难家庭廉租住房保障情况。

第二十三条 市（区）、县人民政府建设（住房保障）主管部门应当按户建立廉租住房档案，并采取定期走访、抽查等方式，及时掌握城市低收入住房困难家庭的人口、收入及住房变动等有关情况。

第二十四条 已领取租赁住房补贴或者配租廉租住房的城市低收入住房困难家庭，应当按年度向所在地街道办事处或者镇人民政府如实申报家庭人口、收入及住房等变动情况。

街道办事处或者镇人民政府可以对申报情况进行核实、张榜公布，并将申报情况及核实结果报建设（住房保障）主管部门。

建设(住房保障)主管部门应当根据城市低收入住房困难家庭人口、收入、住房等变化情况,调整租赁住房补贴额度或实物配租面积、租金等;对不再符合规定条件的,应当停止发放租赁住房补贴,或者由承租人按照合同约定退回廉租住房。

第二十五条 城市低收入住房困难家庭不得将所承租的廉租住房转借、转租或者改变用途。

城市低收入住房困难家庭违反前款规定或者有下列行为之一的,应当按照合同约定退回廉租住房:

(一)无正当理由连续6个月以上未在所承租的廉租住房居住的;

(二)无正当理由累计6个月以上未交纳廉租住房租金的。

第二十六条 城市低收入住房困难家庭未按照合同约定退回廉租住房的,建设(住房保障)主管部门应当责令其限期退回;逾期未退回的,可以按照合同约定,采取调整租金等方式处理。

城市低收入住房困难家庭拒绝接受前款规定的处理方式的,由建设(住房保障)主管部门或者具体实施机构依照有关法律法规规定处理。

第二十七条 城市低收入住房困难家庭的收入标准、住房困难标准等以及住房保障面积标准,实行动态管理,由市、县人民政府每年向社会公布一次。

第二十八条 任何单位和个人有权对违反本办法规定的行为进行检举和控告。

第六章 法律责任

第二十九条 城市低收入住房困难家庭隐瞒有关情况或者提供虚假材料申请廉租住房保障的,建设(住房保障)主管部门不予受理,并给予警告。

第三十条 对以欺骗等不正当手段,取得审核同意或者获得廉租住房保障的,由建设(住房保障)主管部门给予警告;对已经登记但尚未获得廉租住房保障的,取消其登记;对已经获得廉租住房保障的,责令其退还已领取的租赁住房补贴,或者退出实物配租的住房并按市场价格补交以前房租。

第三十一条 廉租住房保障实施机构违反本办法规定,不执行政府规定的廉租住房租金标准的,由价格主管部门依法查处。

第三十二条 违反本办法规定,建设(住房保障)主管部门及有关部门的工作人员或者市、县人民政府确定的实施机构的工作人员,在廉租住房保障工作中滥用职权、玩忽职守、徇私舞弊的,依法给予处分;构成犯罪的,依法追究刑事责任。

第七章 附 则

第三十三条 对承租直管公房的城市低收入家庭,可以参照本办法有关规定,对住房保障面积标准范围内的租金予以适当减免。

第三十四条 本办法自2007年12月1日起施行。2003年12月31日发布的《城镇最低收入家庭廉租住房管理办法》(建设部、财政部、民政部、国土资源部、国家税务总局令第120号)同时废止。

公共租赁住房管理办法

1. *2012年5月28日住房和城乡建设部令第11号公布*
2. *自2012年7月15日起施行*

第一章 总 则

第一条 为了加强对公共租赁住房的管理,保障公平分配,规范运营与使用,健全退出机制,制定本办法。

第二条 公共租赁住房的分配、运营、使用、退出和管理,适用本办法。

第三条 本办法所称公共租赁住房,是指限定建设标准和租金水平,面向符合规定条件的城镇中等偏下收入住房困难家庭、新就业无房职工和在城镇稳定就业的外来务工人员出租的保障性住房。

公共租赁住房通过新建、改建、收购、长期租赁等多种方式筹集,可以由政府投资,也可以由政府提供政策支持、社会力量投资。

公共租赁住房可以是成套住房,也可以是宿舍型住房。

第四条 国务院住房和城乡建设主管部门负责全国公共租赁住房的指导和监督工作。

县级以上地方人民政府住房城乡建设(住房保障)主管部门负责本行政区域内的公共租赁住房管理工作。

第五条 直辖市和市、县级人民政府住房保障主管部门应当加强公共租赁住房管理信息系统建设,建立和完善公共租赁住房管理档案。

第六条 任何组织和个人对违反本办法的行为都有权进行举报、投诉。

住房城乡建设(住房保障)主管部门接到举报、投诉,应当依法及时核实、处理。

第二章 申请与审核

第七条 申请公共租赁住房,应当符合以下条件:

(一)在本地无住房或者住房面积低于规定标准;

(二)收入、财产低于规定标准;

(三)申请人为外来务工人员的,在本地稳定就业达到规定年限。

具体条件由直辖市和市、县级人民政府住房保障主管部门根据本地区实际情况确定,报本级人民政府批准后实施并向社会公布。

第八条 申请人应当根据市、县级人民政府住房保障主管部门的规定,提交申请材料,并对申请材料的真实性负责。申请人应当书面同意市、县级人民政府住房保障主管部门核实其申报信息。

申请人提交的申请材料齐全的,市、县级人民政府住房保障主管部门应当受理,并向申请人出具书面凭证;申请材料不齐全的,应当一次性书面告知申请人需要补正的材料。

对在开发区和园区集中建设面向用工单位或者园区就业人员配租的公共租赁住房,用人单位可以代表本单位职工申请。

第九条 市、县级人民政府住房保障主管部门应当会同有关部门,对申请人提交的申请材料进行审核。

经审核,对符合申请条件的申请人,应当予以公示,经公示无异议或者异议不成立的，登记为公共租赁住房轮候对象，并向社会公开；对不符合申请条件的申请人，应当书面通知并说明理由。

申请人对审核结果有异议，可以向市、县级人民政府住房保障主管部门申请复核。市、县级人民政府住房保障主管部门应当会同有关部门进行复核，并在15个工作日内将复核结果书面告知申请人。

第三章 轮候与配租

第十条 对登记为轮候对象的申请人，应当在轮候期内安排公共租赁住房。

直辖市和市、县级人民政府住房保障主管部门应当根据本地区经济发展水平和公共租赁住房需求，合理确定公共租赁住房轮候期，报本级人民政府批准后实施并向社会公布。轮候期一般不超过5年。

第十一条 公共租赁住房房源确定后，市、县级人民政府住房保障主管部门应当制定配租方案并向社会公布。

配租方案应当包括房源的位置、数量、户型、面积，租金标准，供应对象范围，意向登记时限等内容。

企事业单位投资的公共租赁住房的供应对象范围，可以规定为本单位职工。

第十二条 配租方案公布后，轮候对象可以按照配租方案，到市、县级人民政府住房保障主管部门进行意向登记。

市、县级人民政府住房保障主管部门应当会同有关部门，在15个工作日内对意向登记的轮候对象进行复审。对不符合条件的，应当书面通知并说明理由。

第十三条 对复审通过的轮候对象，市、县级人民政府住房保障主管部门可以采取综合评分、随机摇号等方式，确定配租对象与配租排序。

综合评分办法、摇号方式及评分、摇号的过程和结果应当向社会公开。

第十四条 配租对象与配租排序确定后应当予以公示。公示无异议或者异议不成立的，配租对象按照配租排序选择公共租赁住房。

配租结果应当向社会公开。

第十五条 复审通过的轮候对象中享受国家定期抚恤补助的优抚对象、孤老病残人员等，可以优先安排公共租赁住房。优先对象的范围和优先安排的办法由直辖市和市、县级人民政府住房保障主管部门根据本地区实际情况确定，报本级人民政府批准后实施并向社会公布。

社会力量投资和用人单位代表本单位职工申请的公共租赁住房，只能向经审核登记为轮候对象的申请人配租。

第十六条 配租对象选择公共租赁住房后，公共租赁住房所有权人或者其委托的运营单位与配租对象应当签订书面租赁合同。

租赁合同签订前，所有权人或者其委托的运营单位应当将租赁合同中涉及承租人责任的条款内容和应当退回公共租赁住房的情形向承租人明确说明。

第十七条 公共租赁住房租赁合同一般应当包括以下内容：

（一）合同当事人的名称或姓名；

（二）房屋的位置、用途、面积、结构、室内设施和设备，以及使用要求；

（三）租赁期限、租金数额和支付方式；

（四）房屋维修责任；

（五）物业服务、水、电、燃气、供热等相关费用的缴纳责任；

（六）退回公共租赁住房的情形；

（七）违约责任及争议解决办法；

（八）其他应当约定的事项。

省、自治区、直辖市人民政府住房城乡建设（住房保障）主管部门应当制定公共租赁住房租赁合同示范文本。

合同签订后，公共租赁住房所有权人或者其委托的运营单位应当在30日内将合同报市、县级人民政府住房保障主管部门备案。

第十八条 公共租赁住房租赁期限一般不超过5年。

第十九条 市、县级人民政府住房保障主管部门应当会同有关部门，按照略低于同地段住房市场租金水平的原则，确定本地区的公共租赁住房租金标准，报本级人民政府批准后实施。

公共租赁住房租金标准应当向社会公布，并定期调整。

第二十条 公共租赁住房租赁合同约定的租金数额，应当根据市、县级人民政府批准的公共租赁住房租金标准确定。

第二十一条 承租人应当根据合同约定，按时支付租金。

承租人收入低于当地规定标准的，可以依照有关规定申请租赁补贴或者减免。

第二十二条 政府投资的公共租赁住房的租金收入按照政府非税收入管理的有关规定缴入同级国库，实行收支两条线管理，专项用于偿还公共租赁住房贷款本息及公共租赁住房的维护、管理等。

第二十三条 因就业、子女就学等原因需要调换公共租赁住房的，经公共租赁住房所有权人或者其委托的运营单位同意，承租人之间可以互换所承租的公共租赁住房。

第四章 使用与退出

第二十四条 公共租赁住房的所有权人及其委托的运营单位应当负责公共租赁住房及其配套设施的维修养护，确保公共租赁住房的正常使用。

政府投资的公共租赁住房维修养护费用主要通过公共租赁住房租金收入以及配套商业服务设施租金收入解决，不足部分由财政预算安排解决；社会力量投资建设的公共租赁住房维修养护费用由所有权人及其委托的运营单位承担。

第二十五条 公共租赁住房的所有权人及其委托的运营单位不得改变公共租赁住房的保障性住房性质、用途及其配套设施的规划用途。

第二十六条 承租人不得擅自装修所承租公共租赁住房。确需装修的，应当取得公共租赁住房的所有权人或其委托的运营单位同意。

第二十七条 承租人有下列行为之一的，应当退回公共租赁住房：

（一）转借、转租或者擅自调换所承租公共租赁住房的；

（二）改变所承租公共租赁住房用途的；

（三）破坏或者擅自装修所承租公共租赁住房，拒不恢复原状的；

（四）在公共租赁住房内从事违法活动的；

（五）无正当理由连续6个月以上闲置公共租赁住房的。

承租人拒不退回公共租赁住房的，市、县级人民政府住房保障主管部门应当责令其限期退回；逾期不退回的，市、县级人民政府住房保障主管部门可以依法申请人民法院强制执行。

第二十八条　市、县级人民政府住房保障主管部门应当加强对公共租赁住房使用的监督检查。

公共租赁住房的所有权人及其委托的运营单位应当对承租人使用公共租赁住房的情况进行巡查，发现有违反本办法规定行为的，应当及时依法处理或者向有关部门报告。

第二十九条　承租人累计6个月以上拖欠租金的，应当腾退所承租的公共租赁住房；拒不腾退的，公共租赁住房的所有权人或者其委托的运营单位可以向人民法院提起诉讼，要求承租人腾退公共租赁住房。

第三十条　租赁期届满需要续租的，承租人应当在租赁期满3个月前向市、县级人民政府住房保障主管部门提出申请。

市、县级人民政府住房保障主管部门应当会同有关部门对申请人是否符合条件进行审核。经审核符合条件的，准予续租，并签订续租合同。

未按规定提出续租申请的承租人，租赁期满应当腾退公共租赁住房；拒不腾退的，公共租赁住房的所有权人或者其委托的运营单位可以向人民法院提起诉讼，要求承租人腾退公共租赁住房。

第三十一条　承租人有下列情形之一的，应当腾退公共租赁住房：

（一）提出续租申请但经审核不符合续租条件的；

（二）租赁期内，通过购买、受赠、继承等方式获得其他住房并不再符合公共租赁住房配租条件的；

（三）租赁期内，承租或者承购其他保障性住房的。

承租人有前款规定情形之一的，公共租赁住房的所有权人或者其委托的运营单位应当为其安排合理的搬迁期，搬迁期内租金按照合同约定的租金数额缴纳。

搬迁期满不腾退公共租赁住房，承租人确无其他住房的，应当按照市场价格缴纳租金；承租人有其他住房的，公共租赁住房的所有权人或者其委托的运营单位可以向人民法院提起诉讼，要求承租人腾退公共租赁住房。

第三十二条　房地产经纪机构及其经纪人员不得提供公共租赁住房出租、转租、出售等经纪业务。

第五章　法律责任

第三十三条　住房城乡建设（住房保障）主管部门及其工作人员在公共租赁住房管理工作中不履行本办法规定的职责，或者滥用职权、玩忽职守、徇私舞弊的，对直接负责的主管人员和其他直接责任人员依法给予处分；构成犯罪的，依法追究刑事责任。

第三十四条　公共租赁住房的所有权人及其委托的运营单位违反本办法，有下列行为之一的，由市、县级人民政府住房保障主管部门责令限期改正，并处以3万元以下罚款：

（一）向不符合条件的对象出租公共租赁住房的；

（二）未履行公共租赁住房及其配套设施维修养护义务的；

（三）改变公共租赁住房的保障性住房性质、用途，以及配套设施的规划用途的。

公共租赁住房的所有权人为行政机关的，按照本办法第三十三条处理。

第三十五条　申请人隐瞒有关情况或者提供虚假材料申请公共租赁住房的，市、县级人民政府住房保障主管部门不予受理，给予警告，并记入公共租赁住房管理档案。

以欺骗等不正手段，登记为轮候对象或者承租公共租赁住房的，由市、县级人民政府住房保障主管部门处以1000元以下罚款，记入公共租赁住房管理档案；登记为轮候对象的，取消其登记；已承租公共租赁住房的，责令限期退回所承租公共租赁住房，并按市场价格补缴租金，逾期不退回的，可以依法申请人民法院强制执行，承租人自退回公共租赁住房之日起五年内不得再次申请公共租赁住房。

第三十六条　承租人有下列行为之一的，由市、县级人民政府住房保障主管部门责令按市场价格补缴从违法行为发生之日起的租金，记入公共租赁住房管理档案，处以1000元以下罚款；有违法所得的，处以违法所得3倍以下但不超过3万元的罚款：

（一）转借、转租或者擅自调换所承租公共租赁住房的；

（二）改变所承租公共租赁住房用途的；

（三）破坏或者擅自装修所承租公共租赁住房，拒不恢复原状的；

（四）在公共租赁住房内从事违法活动的；

（五）无正当理由连续6个月以上闲置公共租赁住房的。

有前款所列行为，承租人自退回公共租赁住房之日起五年内不得再次申请公共租赁住房；造成损失的，依法承担赔偿责任。

第三十七条　违反本办法第三十二条的，依照《房地产经纪管理办法》第三十七条，由县级以上地方人民政府住房城乡建设（房地产）主管部门责令限期改正，记入房地产经纪信用档案；对房地产经纪人员，处以1万元以下罚款；对房地产经纪机构，取消网上签约资格，处以3万元以下罚款。

第六章　附　　则

第三十八条　省、自治区、直辖市住房城乡建设（住房保障）主管部门可以根据本办法制定实施细则。

第三十九条　本办法自2012年7月15日起施行。

5. 特殊群体权益保障

中华人民共和国
未成年人保护法

1. 1991 年 9 月 4 日第七届全国人民代表大会常务委员会第二十一次会议通过
2. 2006 年 12 月 29 日第十届全国人民代表大会常务委员会第二十五次会议修订
3. 根据 2012 年 10 月 26 日第十一届全国人民代表大会常务委员会第二十九次会议《关于修改〈中华人民共和国未成年人保护法〉的决定》修正

目　　录

第一章　总　　则

第一条　【立法目的、依据】为了保护未成年人的身心健康,保障未成年人的合法权益,促进未成年人在品德、智力、体质等方面全面发展,培养有理想、有道德、有文化、有纪律的社会主义建设者和接班人,根据宪法,制定本法。

第二条　【未成年人概念】本法所称未成年人是指未满十八周岁的公民。

第三条　【未成年人权利】未成年人享有生存权、发展权、受保护权、参与权等权利,国家根据未成年人身心发展特点给予特殊、优先保护,保障未成年人的合法权益不受侵犯。

未成年人享有受教育权,国家、社会、学校和家庭尊重和保障未成年人的受教育权。

未成年人不分性别、民族、种族、家庭财产状况、宗教信仰等,依法平等地享有权利。

第四条　【保护原则】国家、社会、学校和家庭对未成年人进行理想教育、道德教育、文化教育、纪律和法制教育,进行爱国主义、集体主义和社会主义的教育,提倡爱祖国、爱人民、爱劳动、爱科学、爱社会主义的公德,反对资本主义的、封建主义的和其他的腐朽思想的侵蚀。

第五条　【理想道德教育】保护未成年人的工作,应当遵循下列原则:

(一)尊重未成年人的人格尊严;

(二)适应未成年人身心发展的规律和特点;

(三)教育与保护相结合。

第六条　【全社会的共同责任】保护未成年人,是国家机关、武装力量、政党、社会团体、企业事业组织、城乡基层群众性自治组织、未成年人的监护人和其他成年公民的共同责任。

对侵犯未成年人合法权益的行为,任何组织和个人都有权予以劝阻、制止或者向有关部门提出检举或者控告。

国家、社会、学校和家庭应当教育和帮助未成年人维护自己的合法权益,增强自我保护的意识和能力,增强社会责任感。

第七条　【国家机关的职责】中央和地方各级国家机关应当在各自的职责范围内做好未成年人保护工作。

国务院和地方各级人民政府领导有关部门做好未成年人保护工作；将未成年人保护工作纳入国民经济和社会发展规划以及年度计划，相关经费纳入本级政府预算。

国务院和省、自治区、直辖市人民政府采取组织措施，协调有关部门做好未成年人保护工作。具体机构由国务院和省、自治区、直辖市人民政府规定。

第八条 **【社会团体的责任】**共产主义青年团、妇女联合会、工会、青年联合会、学生联合会、少年先锋队以及其他有关社会团体，协助各级人民政府做好未成年人保护工作，维护未成年人的合法权益。

第九条 **【表彰和奖励】**各级人民政府和有关部门对保护未成年人有显著成绩的组织和个人，给予表彰和奖励。

第二章 家庭保护

第十条 **【父母的责任和义务】**父母或者其他监护人应当创造良好、和睦的家庭环境，依法履行对未成年人的监护职责和抚养义务。

禁止对未成年人实施家庭暴力，禁止虐待、遗弃未成年人，禁止溺婴和其他残害婴儿的行为，不得歧视女性未成年人或者有残疾的未成年人。

第十一条 **【家庭教育】**父母或者其他监护人应当关注未成年人的生理、心理状况和行为习惯，以健康的思想、良好的品行和适当的方法教育和影响未成年人，引导未成年人进行有益身心健康的活动，预防和制止未成年人吸烟、酗酒、流浪、沉迷网络以及赌博、吸毒、卖淫等行为。

第十二条 **【家庭教育指导】**父母或者其他监护人应当学习家庭教育知识，正确履行监护职责，抚养教育未成年人。

有关国家机关和社会组织应当为未成年人的父母或者其他监护人提供家庭教育指导。

第十三条 **【未成年人的受教育权】**父母或者其他监护人应当尊重未成年人受教育的权利，必须使适龄未成年人依法入学接受并完成义务教育，不得使接受义务教育的未成年人辍学。

第十四条 **【未成年人的参与权】**父母或者其他监护人应当根据未成年人的年龄和智力发展状况，在作出与未成年人权益有关的决定时告知其本人，并听取他们的意见。

第十五条 **【不得迫使未成年人结婚】**父母或者其他监护人不得允许或者迫使未成年人结婚，不得为未成年人订立婚约。

第十六条 **【委托监护】**父母因外出务工或者其他原因不能履行对未成年人监护职责的，应当委托有监护能力的其他成年人代为监护。

第三章 学校保护

第十七条 **【教育方针】**学校应当全面贯彻国家的教育方针，实施素质教育，提高教育质量，注重培养未成年学生独立思考能力、创新能力和实践能力，促进未成年学生全面发展。

第十八条 **【尊重未成年人的受教育权】**学校应当尊重未成年学生受教育的权利，关心、爱护学生，对品行有缺点、学习有困难的学生，应当耐心教育、帮助，不得歧视，不得违反法律和国家规定开除未成年学生。

第十九条 【社会生活指导】学校应当根据未成年学生身心发展的特点，对他们进行社会生活指导、心理健康辅导和青春期教育。

第二十条 【不得加重学习负担】学校应当与未成年学生的父母或者其他监护人互相配合，保证未成年学生的睡眠、娱乐和体育锻炼时间，不得加重其学习负担。

第二十一条 【尊重未成年人的人格尊严】学校、幼儿园、托儿所的教职员工应当尊重未成年人的人格尊严，不得对未成年人实施体罚、变相体罚或者其他侮辱人格尊严的行为。

第二十二条 【安全制度】学校、幼儿园、托儿所应当建立安全制度，加强对未成年人的安全教育，采取措施保障未成年人的人身安全。

学校、幼儿园、托儿所不得在危及未成年人人身安全、健康的校舍和其他设施、场所中进行教育教学活动。

学校、幼儿园安排未成年人参加集会、文化娱乐、社会实践等集体活动，应当有利于未成年人的健康成长，防止发生人身安全事故。

第二十三条 【应急预案】教育行政等部门和学校、幼儿园、托儿所应当根据需要，制定应对各种灾害、传染性疾病、食物中毒、意外伤害等突发事件的预案，配备相应设施并进行必要的演练，增强未成年人的自我保护意识和能力。

第二十四条 【及时救护】学校对未成年学生在校内或者本校组织的校外活动中发生人身伤害事故的，应当及时救护，妥善处理，并及时向有关主管部门报告。

第二十五条 【专门学校】对于在学校接受教育的有严重不良行为的未成年学生，学校和父母或者其他监护人应当互相配合加以管教；无力管教或者管教无效的，可以按照有关规定将其送专门学校继续接受教育。

依法设置专门学校的地方人民政府应当保障专门学校的办学条件，教育行政部门应当加强对专门学校的管理和指导，有关部门应当给予协助和配合。

专门学校应当对在校就读的未成年学生进行思想教育、文化教育、纪律和法制教育、劳动技术教育和职业教育。

专门学校的教职员工应当关心、爱护、尊重学生，不得歧视、厌弃。

第二十六条 【幼儿园教育】幼儿园应当做好保育、教育工作，促进幼儿在体质、智力、品德等方面和谐发展。

第四章 社 会 保 护

第二十七条 【全社会关心未成年人】全社会应当树立尊重、保护、教育未成年人的良好风尚，关心、爱护未成年人。

国家鼓励社会团体、企业事业组织以及其他组织和个人，开展多种形式的有利于未成年人健康成长的社会活动。

第二十八条 【政府保护未成年人受教育权】各级人民政府应当保障未成年人受教育的权利，并采取措施保障家庭经济困难的、残疾的和流动人口中的未成年人等接受义务教育。

第二十九条 【举办未成年人活动场所】各级人民政府应当建立和改善适合未

成年人文化生活需要的活动场所和设施，鼓励社会力量兴办适合未成年人的活动场所，并加强管理。

第三十条 【公共设施的免费和优惠开放】爱国主义教育基地、图书馆、青少年宫、儿童活动中心应当对未成年人免费开放；博物馆、纪念馆、科技馆、展览馆、美术馆、文化馆以及影剧院、体育场馆、动物园、公园等场所，应当按照有关规定对未成年人免费或者优惠开放。

第三十一条 【公益性互联网上网服务设施】县级以上人民政府及其教育行政部门应当采取措施，鼓励和支持中小学校在节假日期间将文化体育设施对未成年人免费或者优惠开放。

社区中的公益性互联网上网服务设施，应当对未成年人免费或者优惠开放，为未成年人提供安全、健康的上网服务。

第三十二条 【创作健康的文化作品】国家鼓励新闻、出版、信息产业、广播、电影、电视、文艺等单位和作家、艺术家、科学家以及其他公民，创作或者提供有利于未成年人健康成长的作品。出版、制作和传播专门以未成年人为对象的内容健康的图书、报刊、音像制品、电子出版物以及网络信息等，国家给予扶持。

国家鼓励科研机构和科技团体对未成年人开展科学知识普及活动。

第三十三条 【预防未成年人沉迷网络】国家采取措施，预防未成年人沉迷网络。

国家鼓励研究开发有利于未成年人健康成长的网络产品，推广用于阻止未成年人沉迷网络的新技术。

第三十四条 【禁止制作和传播非法出版物】禁止任何组织、个人制作或者向未成年人出售、出租或者以其他方式传播淫秽、暴力、凶杀、恐怖、赌博等毒害未成年人的图书、报刊、音像制品、电子出版物以及网络信息等。

第三十五条 【未成年人食品、用品及设施】生产、销售用于未成年人的食品、药品、玩具、用具和游乐设施等，应当符合国家标准或者行业标准，不得有害于未成年人的安全和健康；需要标明注意事项的，应当在显著位置标明。

第三十六条 【未成年人不得进入歌舞厅和网吧】中小学校园周边不得设置营业性歌舞娱乐场所、互联网上网服务营业场所等不适宜未成年人活动的场所。

营业性歌舞娱乐场所、互联网上网服务营业场所等不适宜未成年人活动的场所，不得允许未成年人进入，经营者应当在显著位置设置未成年人禁入标志；对难以判明是否已成年的，应当要求其出示身份证件。

第三十七条 【禁止向未成年人出售烟酒】禁止向未成年人出售烟酒，经营者应当在显著位置设置不向未成年人出售烟酒的标志；对难以判明是否已成年的，应当要求其出示身份证件。

任何人不得在中小学校、幼儿园、托儿所的教室、寝室、活动室和其他未成年人集中活动的场所吸烟、饮酒。

第三十八条 【禁止招用童工】任何组织或者个人不得招用未满十六周岁的未成年人，国家另有规定的除外。

任何组织或者个人按照国家有关规定招用已满十六周岁未满十八周岁的未成年人的，应当执行国家在工种、劳动时间、劳动强度和保护措施等方面的规定，不得安排其从事过重、有毒、有害等危害未成年人身心健康的劳动或者危险作业。

第三十九条　【未成年人的隐私权】任何组织或者个人不得披露未成年人的个人隐私。

对未成年人的信件、日记、电子邮件,任何组织或者个人不得隐匿、毁弃;除因追查犯罪的需要,由公安机关或者人民检察院依法进行检查,或者对无行为能力的未成年人的信件、日记、电子邮件由其父母或者其他监护人代为开拆、查阅外,任何组织或者个人不得开拆、查阅。

第四十条　【优先救护未成年人】学校、幼儿园、托儿所和公共场所发生突发事件时,应当优先救护未成年人。

第四十一条　【禁止对未成年人实施人身侵害】禁止拐卖、绑架、虐待未成年人,禁止对未成年人实施性侵害。

禁止胁迫、诱骗、利用未成年人乞讨或者组织未成年人进行有害其身心健康的表演等活动。

第四十二条　【维护校园周边治安】公安机关应当采取有力措施,依法维护校园周边的治安和交通秩序,预防和制止侵害未成年人合法权益的违法犯罪行为。

任何组织或者个人不得扰乱教学秩序,不得侵占、破坏学校、幼儿园、托儿所的场地、房屋和设施。

第四十三条　【对流浪乞讨未成年人的救助】县级以上人民政府及其民政部门应当根据需要设立救助场所,对流浪乞讨等生活无着未成年人实施救助,承担临时监护责任;公安部门或者其他有关部门应当护送流浪乞讨或者离家出走的未成年人到救助场所,由救助场所予以救助和妥善照顾,并及时通知其父母或者其他监护人领回。

对孤儿、无法查明其父母或者其他监护人的以及其他生活无着的未成年人,由民政部门设立的儿童福利机构收留抚养。

未成年人救助机构、儿童福利机构及其工作人员应当依法履行职责,不得虐待、歧视未成年人;不得在办理收留抚养工作中牟取利益。

第四十四条　【未成年人的卫生保健】卫生部门和学校应当对未成年人进行卫生保健和营养指导,提供必要的卫生保健条件,做好疾病预防工作。

卫生部门应当做好对儿童的预防接种工作,国家免疫规划项目的预防接种实行免费;积极防治儿童常见病、多发病,加强对传染病防治工作的监督管理,加强对幼儿园、托儿所卫生保健的业务指导和监督检查。

第四十五条　【积极发展托幼事业】地方各级人民政府应当积极发展托幼事业,办好托儿所、幼儿园,支持社会组织和个人依法兴办哺乳室、托儿所、幼儿园。

各级人民政府和有关部门应当采取多种形式,培养和训练幼儿园、托儿所的保教人员,提高其职业道德素质和业务能力。

第四十六条　【保护未成年人的智力成果】国家依法保护未成年人的智力成果和荣誉权不受侵犯。

第四十七条　【职业教育】未成年人已经完成规定年限的义务教育不再升学的,政府有关部门和社会团体、企业事业组织应当根据实际情况,对他们进行职业教育,为他们创造劳动就业条件。

第四十八条 【教育和挽救违法犯罪的未成年人】居民委员会、村民委员会应当协助有关部门教育和挽救违法犯罪的未成年人，预防和制止侵害未成年人合法权益的违法犯罪行为。

第四十九条 【未成年人受到侵权后的投诉】未成年人的合法权益受到侵害的，被侵害人及其监护人或者其他组织和个人有权向有关部门投诉，有关部门应当依法及时处理。

第五章 司 法 保 护

第五十条 【司法机关的职责】公安机关、人民检察院、人民法院以及司法行政部门，应当依法履行职责，在司法活动中保护未成年人的合法权益。

第五十一条 【法律援助和司法救助】未成年人的合法权益受到侵害，依法向人民法院提起诉讼的，人民法院应当依法及时审理，并适应未成年人生理、心理特点和健康成长的需要，保障未成年人的合法权益。

在司法活动中对需要法律援助或者司法救助的未成年人，法律援助机构或者人民法院应当给予帮助，依法为其提供法律援助或者司法救助。

第五十二条 【保护未成年人的继承权】人民法院审理继承案件，应当依法保护未成年人的继承权和受遗赠权。

人民法院审理离婚案件，涉及未成年子女抚养问题的，应当听取有表达意愿能力的未成年子女的意见，根据保障子女权益的原则和双方具体情况依法处理。

第五十三条 【监护人资格的撤销】父母或者其他监护人不履行监护职责或者侵害被监护的未成年人的合法权益，经教育不改的，人民法院可以根据有关人员或者有关单位的申请，撤销其监护人的资格，依法另行指定监护人。被撤销监护资格的父母应当依法继续负担抚养费用。

第五十四条 【教育为主、惩罚为辅】对违法犯罪的未成年人，实行教育、感化、挽救的方针，坚持教育为主、惩罚为辅的原则。

对违法犯罪的未成年人，应当依法从轻、减轻或者免除处罚。

第五十五条 【办理未成年人案件的原则】公安机关、人民检察院、人民法院办理未成年人犯罪案件和涉及未成年人权益保护案件，应当照顾未成年人身心发展特点，尊重他们的人格尊严，保障他们的合法权益，并根据需要设立专门机构或者指定专人办理。

第五十六条 【司法机关讯问未成年人的特殊要求】讯问、审判未成年犯罪嫌疑人、被告人，询问未成年证人、被害人，应当依照刑事诉讼法的规定通知其法定代理人或者其他人员到场。

公安机关、人民检察院、人民法院办理未成年人遭受性侵害的刑事案件，应当保护被害人的名誉。

第五十七条 【对羁押、服刑未成年人的保护】对羁押、服刑的未成年人，应当与成年人分别关押。

羁押、服刑的未成年人没有完成义务教育的，应当对其进行义务教育。

解除羁押、服刑期满的未成年人的复学、升学、就业不受歧视。

第五十八条 【对未成年人犯罪案件的新闻报道要求】对未成年人犯罪案件，新闻报道、影视节目、公开出版物、网络等不得披露该未成年人的姓名、住所、照片、图像以及可能推断出该未成年人的资料。

第五十九条　【本法与预防未成年人犯罪法的衔接】对未成年人严重不良行为的矫治与犯罪行为的预防，依照预防未成年人犯罪法的规定执行。

第六章　法律责任

第六十条　【三种法律责任】违反本法规定，侵害未成年人的合法权益，其他法律、法规已规定行政处罚的，从其规定；造成人身财产损失或者其他损害的，依法承担民事责任；构成犯罪的，依法追究刑事责任。

第六十一条　【国家机关及其工作人员的法律责任】国家机关及其工作人员不依法履行保护未成年人合法权益的责任，或者侵害未成年人合法权益，或者对提出申诉、控告、检举的人进行打击报复的，由其所在单位或者上级机关责令改正，对直接负责的主管人员和其他直接责任人员依法给予行政处分。

第六十二条　【父母及其他监护人的法律责任】父母或者其他监护人不依法履行监护职责，或者侵害未成年人合法权益的，由其所在单位或者居民委员会、村民委员会予以劝诫、制止；构成违反治安管理行为的，由公安机关依法给予行政处罚。

第六十三条　【学校及其教职员工的法律责任】学校、幼儿园、托儿所侵害未成年人合法权益的，由教育行政部门或者其他有关部门责令改正；情节严重的，对直接负责的主管人员和其他直接责任人员依法给予处分。

学校、幼儿园、托儿所教职员工对未成年人实施体罚、变相体罚或者其他侮辱人格行为的，由其所在单位或者上级机关责令改正；情节严重的，依法给予处分。

第六十四条　【制作或者向未成年人传播非法出版物的法律责任】制作或者向未成年人出售、出租或者以其他方式传播淫秽、暴力、凶杀、恐怖、赌博等图书、报刊、音像制品、电子出版物以及网络信息等的，由主管部门责令改正，依法给予行政处罚。

第六十五条　【生产、销售不合格的未成年人产品的法律责任】生产、销售用于未成年人的食品、药品、玩具、用具和游乐设施不符合国家标准或者行业标准，或者没有在显著位置标明注意事项的，由主管部门责令改正，依法给予行政处罚。

第六十六条　【歌舞厅、网吧允许未成年人进入的法律责任】在中小学校园周边设置营业性歌舞娱乐场所、互联网上网服务营业场所等不适宜未成年人活动的场所的，由主管部门予以关闭，依法给予行政处罚。

营业性歌舞娱乐场所、互联网上网服务营业场所等不适宜未成年人活动的场所允许未成年人进入，或者没有在显著位置设置未成年人禁入标志的，由主管部门责令改正，依法给予行政处罚。

第六十七条　【向未成年人出售烟酒的法律责任】向未成年人出售烟酒，或者没有在显著位置设置不向未成年人出售烟酒标志的，由主管部门责令改正，依法给予行政处罚。

第六十八条　【招用童工的法律责任】非

法招用未满十六周岁的未成年人，或者招用已满十六周岁的未成年人从事过重、有毒、有害等危害未成年人身心健康的劳动或者危险作业的，由劳动保障部门责令改正，处以罚款；情节严重的，由工商行政管理部门吊销营业执照。

第六十九条 【侵犯未成年人隐私的法律责任】侵犯未成年人隐私，构成违反治安管理行为的，由公安机关依法给予行政处罚。

第七十条 【未成年人救助机构、儿童福利机构的法律责任】未成年人救助机构、儿童福利机构及其工作人员不依法履行对未成年人的救助保护职责，或者虐待、歧视未成年人，或者在办理收留抚养工作中牟取利益的，由主管部门责令改正，依法给予行政处分。

第七十一条 【胁迫未成年人乞讨的法律责任】胁迫、诱骗、利用未成年人乞讨或者组织未成年人进行有害其身心健康的表演等活动的，由公安机关依法给予行政处罚。

第七章 附 则

第七十二条 【施行日期】本法自2007年6月1日起施行。

国务院办公厅关于加强孤儿保障工作的意见

1. 2010年11月16日发布

2. 国办发〔2010〕54号

党和政府历来关心孤儿的健康成长。新中国成立以来，我国孤儿福利事业取得了长足进展，孤儿生活状况得到了明显改善，但总体看，孤儿保障体系还不够健全，保障水平有待提高。为建立与我国经济社会发展水平相适应的孤儿保障制度，使孤儿生活得更加幸福、更有尊严，经国务院同意，现提出以下意见：

一、拓展安置渠道，妥善安置孤儿

孤儿是指失去父母、查找不到生父母的未满18周岁的未成年人，由地方县级以上民政部门依据有关规定和条件认定。地方各级政府要按照有利于孤儿身心健康成长的原则，采取多种方式，拓展孤儿安置渠道，妥善安置孤儿。

（一）亲属抚养。孤儿的监护人依照《中华人民共和国民法通则》等法律法规确定。孤儿的祖父母、外祖父母、兄、姐要依法承担抚养义务、履行监护职责；鼓励关系密切的其他亲属、朋友担任孤儿监护人；没有前述监护人的，未成年人的父、母的所在单位或者未成年人住所地的居民委员会、村民委员会或者民政部门担任监护人。监护人不履行监护职责或者侵害孤儿合法权益的，应承担相应的法律责任。

（二）机构养育。对没有亲属和其他监护人抚养的孤儿，经依法公告后由民政部门设立的儿童福利机构收留抚养。有条件的儿童福利机构可在社区购买、租赁房屋，或在机构内部建造单元式居所，为孤儿提供家庭式养育。公安部门应及时为孤儿办理儿童福利机构集体户口。

（三）家庭寄养。由孤儿父母生前所在单位或者孤儿住所地的村（居）民委员会或者民政部门担任监护人的，可由监护人对有抚养意愿和抚养能力的家庭进行评估，选择抚育条件较好的家庭开展委托监护或者家庭寄养,并给予养育费用补贴,当地政府可酌情给予劳务补贴。

（四）依法收养。鼓励收养孤儿。收养孤儿按照《中华人民共和国收养法》的规定办理。对中国公民依法收养的孤儿,需要为其办理户口登记或者迁移手续的,户口登记机关应及时予以办理,并在登记与户主关系时注明子女关系。对寄养的孤儿,寄养家庭有收养意愿的,应优先为其办理收养手续。继续稳妥开展涉外收养,进一步完善涉外收养办法。

二、建立健全孤儿保障体系,维护孤儿基本权益

（一）建立孤儿基本生活保障制度。为满足孤儿基本生活需要,建立孤儿基本生活保障制度。各省、自治区、直辖市政府按照不低于当地平均生活水平的原则,合理确定孤儿基本生活最低养育标准,机构抚养孤儿养育标准应高于散居孤儿养育标准,并建立孤儿基本生活最低养育标准自然增长机制。地方各级财政要安排专项资金,确保孤儿基本生活费及时足额到位;中央财政安排专项资金,对地方支出孤儿基本生活费按照一定标准给予补助。民政、财政部门要建立严格的孤儿基本生活费管理制度,加强监督检查,确保专款专用、按时发放,确保孤儿基本生活费用于孤儿。

（二）提高孤儿医疗康复保障水平。将孤儿纳入城镇居民基本医疗保险、新型农村合作医疗、城乡医疗救助等制度覆盖范围,适当提高救助水平,参保（合）费用可通过城乡医疗救助制度解决;将符合规定的残疾孤儿医疗康复项目纳入基本医疗保障范围,稳步提高待遇水平;有条件的地方政府和社会慈善组织可为孤儿投保意外伤害保险和重大疾病保险等商业健康保险或补充保险。卫生部门要对儿童福利机构设置的医院、门诊部、诊所、卫生所（室）给予支持和指导;疾病预防控制机构要加强对儿童福利机构防疫工作的指导,及时调查处理机构内发生的传染病疫情;鼓励、支持医疗机构采取多种形式减免孤儿医疗费用。继续实施"残疾孤儿手术康复明天计划"。

（三）落实孤儿教育保障政策。家庭经济困难的学龄前孤儿到学前教育机构接受教育的,由当地政府予以资助。将义务教育阶段的孤儿寄宿生全面纳入生活补助范围。在普通高中、中等职业学校、高等职业学校和普通本科高校就读的孤儿,纳入国家资助政策体系优先予以资助;孤儿成年后仍在校就读的,继续享有相应政策;学校为其优先提供勤工助学机会。切实保障残疾孤儿受教育的权利,具备条件的残疾孤儿,在普通学校随班就读;不适合在普通学校就读的视力、听力、言语、智力等残疾孤儿,安排到特殊教育学校就读;不能到特殊教育学校就读的残疾孤儿,鼓励并扶持儿童福利机构设立特殊教育班或特殊教育学校,为其提供特殊教育。

（四）扶持孤儿成年后就业。认真贯彻落实《中华人民共和国就业促进法》和《国务院关于做好促进就业工作的通知》（国发〔2008〕5号）等精神,鼓励和帮扶有劳动能力的孤儿成年后实现就业,按规定落实好职业培训补贴、职业技能鉴定补贴、免费职业介绍、职业介绍补贴和社会保险补贴等政策;孤儿成年后就业困难的，优先安排其到政府开发的公益性岗位就业。人力资源社会保障部门要进一步落实孤儿成年后就业扶持政策，提供针对性服务和就业援助，促进有劳动能力的孤儿成年后就业。

（五）加强孤儿住房保障和服务。居住在农村的无住房孤儿成年后，按规定纳入农村危房改造计划优先予以资助，乡镇政府和村民委员会要组织动员社会力量和当地村民帮助其建房。居住在城市的孤儿成年后，符合城市廉租住房保障条件或其他保障性住房供应条件的，当地政府要优先安排、应保尽保。对有房产的孤儿，监护人要帮助其做好房屋的维修和保护工作。

三、加强儿童福利机构建设，提高专业保障水平

（一）完善儿童福利机构设施。"十二五"期间，继续实施"儿童福利机构建设蓝天计划"，孤儿较多的县（市）可独立设置儿童福利机构，其他县（市）要依托民政部门设立的社会福利机构建设相对独立的儿童福利设施，并根据实际需要，为其配备抚育、康复、特殊教育必需的设备器材和救护车、校车等，完善儿童福利机构养护、医疗康复、特殊教育、技能培训、监督评估等方面的功能。儿童福利机构设施建设、维修改造及有关设备购置，所需经费由财政预算、民政部门使用的彩票公益金、社会捐助等多渠道解决。发展改革部门要充分考虑儿童福利事业发展需要，统筹安排儿童福利机构设施建设项目，逐步改善儿童福利机构条件。海关在办理国（境）外无偿捐赠给儿童福利机构的物资设备通关手续时，给予通关便利。

（二）加强儿童福利机构工作队伍建设。科学设置儿童福利机构岗位，加强孤残儿童护理员、医护人员、特教教师、社工、康复师等专业人员培训。在整合现有儿童福利机构从业人员队伍的基础上，积极创造条件，通过购买服务和社会化用工等形式，充实儿童福利机构工作力量，提升服务水平。按照国家有关规定，落实对儿童福利机构工作人员的工资倾斜政策。将儿童福利机构中设立的特殊教育班或特殊教育学校的教师、医护人员专业技术职务评定工作纳入教育、卫生系统职称评聘体系，在结构比例、评价方面给予适当倾斜。教育、卫生部门举办的继续教育和业务培训要主动吸收儿童福利机构相关人员参加。积极推进孤残儿童护理员职业资格制度建设，支持开发孤残儿童护理员教材，设置孤残儿童护理员专业，对孤残儿童护理员进行培训。

（三）发挥儿童福利机构的作用。儿童福利机构是孤儿保障的专业机构，要发挥其在孤儿保障中的重要作用。对社会上无人监护的孤儿，儿童福利机构要及时收留抚养，确保孤儿居有定所、生活有着。要发挥儿童福利机构的专业优势，为亲属抚养、家庭寄养的孤儿提供有针对性的指导和服务。

四、健全工作机制，促进孤儿福利事业健康发展

（一）加强组织领导。地方各级政府要高度重视孤儿保障工作，把孤儿福利事业纳入国民经济和社会发展总体规划、相关专项规划和年度计划。要加强对孤儿保障工作的领导，健全"政府主导，民政牵头，部门协作，社会参与"

的孤儿保障工作机制，及时研究解决孤儿保障工作中存在的实际困难和问题。民政部门要发挥牵头部门作用，加强孤儿保障工作能力建设，充实儿童福利工作力量，强化对儿童福利机构的监督管理，建设好全国儿童福利信息管理系统。财政部门要建立稳定的经费保障机制，将孤儿保障所需资金纳入社会福利事业发展资金预算，通过财政拨款、民政部门使用的彩票公益金等渠道安排资金，切实保障孤儿的基本生活和儿童福利专项工作经费。发展改革、教育、公安、司法、人力资源社会保障、住房城乡建设、卫生、人口计生等部门要将孤儿保障有关工作列入职责范围和目标管理，进一步明确责任。

（二）保障孤儿合法权益。依法保护孤儿的人身、财产权利，积极引导法律服务人员为孤儿提供法律服务，为符合法律援助条件的孤儿依法提供法律援助。有关方面要严厉打击查处拐卖孤儿、遗弃婴儿等违法犯罪行为，及时发现并制止公民私自收养弃婴和儿童的行为。公安部门应及时出具弃婴捡拾报案证明，积极查找弃婴和儿童的生父母或者其他监护人。卫生部门要加强对医疗保健机构的监督管理，医疗保健机构发现弃婴，应及时向所在地公安机关报案，不得转送他人。有关部门要尽快研究拟订有关儿童福利的法规。

（三）加强宣传引导。进一步加大宣传工作力度，弘扬中华民族慈幼恤孤的人道主义精神和传统美德，积极营造全社会关心关爱孤儿的氛围。大力发展孤儿慈善事业，引导社会力量通过慈善捐赠、实施公益项目、提供服务等多种方式，广泛开展救孤恤孤活动。

儿童福利机构管理办法

1. 2018年10月30日民政部令第63号公布
2. 自2019年1月1日起施行

第一章　总　　则

第一条　为了加强儿童福利机构管理，维护儿童的合法权益，根据《中华人民共和国民法总则》、《中华人民共和国未成年人保护法》等有关法律法规，制定本办法。

第二条　本办法所称儿童福利机构是指民政部门设立的，主要收留抚养由民政部门担任监护人的未满18周岁儿童的机构。

儿童福利机构包括按照事业单位法人登记的儿童福利院、设有儿童部的社会福利院等。

第三条　国务院民政部门负责指导、监督全国儿童福利机构管理工作。

县级以上地方人民政府民政部门负责本行政区域内儿童福利机构管理工作，依照有关法律法规和本办法的规定，对儿童福利机构进行监督和检查。

第四条　儿童福利机构应当坚持儿童利益最大化，依法保障儿童的生存权、发展权、受保护权、参与权等权利，不断提高儿童生活、医疗、康复和教育水平。

儿童福利机构及其工作人员不得歧视、侮辱、虐待儿童。

第五条　儿童福利机构的建设应当纳入县级以上地方人民政府国民经济和社

会发展规划，建设水平应当与当地经济和社会发展相适应。

第六条 儿童福利机构所需经费由县级以上地方人民政府财政部门按照规定予以保障。

第七条 鼓励自然人、法人或者其他组织通过捐赠、设立公益慈善项目、提供志愿服务等方式，参与儿童福利机构相关服务。

第八条 对在儿童福利机构服务和管理工作中做出突出成绩的单位和个人，依照国家有关规定给予表彰和奖励。

第二章 服务对象

第九条 儿童福利机构应当收留抚养下列儿童：

（一）无法查明父母或者其他监护人的儿童；

（二）父母死亡或者宣告失踪且没有其他依法具有监护资格的人的儿童；

（三）父母没有监护能力且没有其他依法具有监护资格的人的儿童；

（四）人民法院指定由民政部门担任监护人的儿童；

（五）法律规定应当由民政部门担任监护人的其他儿童。

第十条 儿童福利机构收留抚养本办法第九条第（一）项规定的儿童的，应当区分情况登记保存以下材料：

（一）属于无法查明父母或者其他监护人的被遗弃儿童的，登记保存公安机关出具的经相关程序确认查找不到父母或者其他监护人的捡拾报案证明、儿童福利机构发布的寻亲公告、民政部门接收意见等材料。

（二）属于无法查明父母或者其他监护人的打拐解救儿童的，登记保存公安机关出具的打拐解救儿童临时照料通知书、DNA信息比对结果、暂时未查找到生父母或者其他监护人的证明，儿童福利机构发布的寻亲公告，民政部门接收意见以及其他与儿童有关的材料。

（三）属于超过3个月仍无法查明父母或者其他监护人的流浪乞讨儿童的，登记保存公安机关出具的DNA信息比对结果、未成年人救助保护机构发布的寻亲公告、民政部门接收意见以及其他与儿童有关的材料。

第十一条 儿童福利机构收留抚养本办法第九条第（二）项规定的儿童的，应当登记保存儿童户籍所在地乡镇人民政府（街道办事处）提交的儿童父母死亡证明或者宣告死亡、宣告失踪的判决书以及没有其他依法具有监护资格的人的情况报告，民政部门接收意见等材料。

第十二条 儿童福利机构收留抚养本办法第九条第（三）项规定的儿童的，应当登记保存儿童户籍所在地乡镇人民政府（街道办事处）提交的父母没有监护能力的情况报告、没有其他依法具有监护资格的人的情况报告，民政部门接收意见等材料。

父母一方死亡或者失踪的，还应当登记保存死亡或者失踪一方的死亡证明或者宣告死亡、宣告失踪的判决书。

第十三条 儿童福利机构收留抚养本办法第九条第（四）项规定的儿童的，应当登记保存人民法院生效判决书、民政部门接收意见等材料。

第十四条　儿童福利机构可以接受未成年人救助保护机构委托，收留抚养民政部门承担临时监护责任的儿童。儿童福利机构应当与未成年人救助保护机构签订委托协议。

儿童福利机构应当接收需要集中供养的未满16周岁的特困人员。

第三章　服务内容

第十五条　儿童福利机构接收儿童后，应当及时送医疗机构进行体检和传染病检查。确实无法送医疗机构的，应当先行隔离照料。

第十六条　儿童福利机构收留抚养本办法第九条第（一）项规定的儿童的，应当保存儿童随身携带的能够标识其身份或者具有纪念价值的物品。

第十七条　儿童福利机构收留抚养本办法第九条规定的儿童，应当及时到当地公安机关申请办理户口登记。

第十八条　儿童福利机构应当根据《儿童福利机构基本规范》等国家标准、行业标准，提供日常生活照料、基本医疗、基本康复等服务，依法保障儿童受教育的权利。

第十九条　儿童福利机构应当设置起居室、活动室、医疗室、隔离室、康复室、厨房、餐厅、值班室、卫生间、储藏室等功能区域，配备符合儿童安全保护要求的设施设备。

第二十条　儿童福利机构应当考虑儿童个体差异，组织专业人员进行评估，并制定个性化抚养方案。

第二十一条　儿童福利机构应当提供吃饭、穿衣、如厕、洗澡等生活照料服务。

除重度残疾儿童外，对于6周岁以上儿童，儿童福利机构应当按照性别区分生活区域。女童应当由女性工作人员提供前款规定的生活照料服务。

儿童福利机构提供的饮食应当符合卫生要求，有利于儿童营养平衡。

第二十二条　儿童福利机构应当保障儿童参加基本医疗保险，安排儿童定期体检、免疫接种，做好日常医疗护理、疾病预防控制等工作。

儿童福利机构可以通过设立医疗机构或者采取与定点医疗机构合作的方式，为儿童提供基本医疗服务。

发现儿童为疑似传染病病人或者精神障碍患者时，儿童福利机构应当依照传染病防治、精神卫生等相关法律法规的规定处理。

第二十三条　儿童福利机构应当根据儿童的残疾状况提供有针对性的康复服务。暂不具备条件的，可以与有资质的康复服务机构合作开展康复服务。

第二十四条　对符合入学条件的儿童，儿童福利机构应当依法保障其接受普通教育；对符合特殊教育学校入学条件的儿童，应当依法保障其接受特殊教育。

鼓励具备条件的儿童福利机构开展特殊教育服务。

第二十五条　儿童确需跨省级行政区域接受手术医治、康复训练、特殊教育的，儿童福利机构应当选择具备相应资质的机构，并经所属民政部门批准同意。

儿童福利机构应当动态掌握儿童情况，并定期实地探望。

第二十六条　对于符合条件、适合送养的儿童,儿童福利机构依法安排送养。送养儿童前,儿童福利机构应当将儿童的智力、精神健康、患病及残疾状况等重要事项如实告知收养申请人。

对于符合家庭寄养条件的儿童,儿童福利机构按照《家庭寄养管理办法》的规定办理。

第二十七条 出现下列情形,儿童福利机构应当为儿童办理离院手续:

(一)儿童父母或者其他监护人出现的;

(二)儿童父母恢复监护能力或者有其他依法具有监护资格的人的;

(三)儿童父母或者其他监护人恢复监护人资格的;

(四)儿童被依法收养的;

(五)儿童福利机构和未成年人救助保护机构签订的委托协议期满或者被解除的;

(六)其他情形应当离院的。

第二十八条 出现本办法第二十七条第(一)项情形的,儿童福利机构应当根据情况登记保存公安机关出具的打拐解救儿童送还通知书,儿童确属于走失、被盗抢或者被拐骗的结案证明,人民法院撤销宣告失踪或者宣告死亡的判决书,以及能够反映原监护关系的材料等。

出现本办法第二十七条第(二)项情形的,儿童福利机构应当登记保存儿童原户籍所在地乡镇人民政府(街道办事处)提交的父母恢复监护能力或者有其他依法具有监护资格的人的情况报告。

出现本办法第二十七条第(三)项情形的,儿童福利机构应当登记保存人民法院恢复监护人资格的判决书。

出现本办法第二十七条第(一)项至第(三)项情形的,儿童福利机构还应当登记保存父母、其他监护人或者其他依法具有监护资格的人提交的户口簿、居民身份证复印件等证明身份的材料以及民政部门离院意见等材料。

出现本办法第二十七条第(四)项情形的,儿童福利机构应当登记保存收养登记证复印件、民政部门离院意见等材料。

出现本办法第二十七条第(五)项情形的,儿童福利机构应当登记保存儿童福利机构和未成年人救助保护机构签订的委托协议或者解除委托协议的相关材料。

第二十九条 儿童离院的,儿童福利机构应当出具儿童离院确认书。

第三十条 由民政部门担任监护人的儿童年满18周岁后,儿童福利机构应当报请所属民政部门提请本级人民政府解决其户籍、就学、就业、住房、社会保障等安置问题,并及时办理离院手续。

第三十一条 儿童福利机构收留抚养的儿童正常死亡或者经医疗卫生机构救治非正常死亡的,儿童福利机构应当取得负责救治或者正常死亡调查的医疗卫生机构签发的《居民死亡医学证明(推断)书》;儿童未经医疗卫生机构救治非正常死亡的,儿童福利机构应当取得由公安司法部门按照规定及程序出具的死亡证明。

儿童福利机构应当及时将儿童死亡情况报告所属民政部门,并依法做好遗体处理、户口注销等工作。

第四章 内部管理

第三十二条 儿童福利机构应当按照国家有关规定建立健全安全、食品、应急、财务、档案管理、信息化等制度。

第三十三条 儿童福利机构应当落实岗位安全责任，在各出入口、接待大厅、楼道、食堂、观察室以及儿童康复、教育等区域安装具有存储功能的视频监控系统。监控录像资料保存期不少于 3 个月，载有特殊、重要资料的存储介质应当归档保存。

第三十四条 儿童福利机构应当实行 24 小时值班巡查制度。值班人员应当熟知机构内抚养儿童情况，做好巡查记录，在交接班时重点交接患病等特殊状况儿童。

第三十五条 儿童福利机构应当依法建立并落实逐级消防安全责任制，健全消防安全管理制度，按照国家标准、行业标准配置消防设施、器材，对消防设施、器材进行维护保养和检测，保障疏散通道、安全出口、消防车通道畅通，开展日常防火巡查、检查，定期组织消防安全教育培训和灭火、应急疏散演练。

第三十六条 儿童福利机构应当加强食品安全管理，保障儿童用餐安全卫生、营养健康。

儿童福利机构内设食堂的，应当取得市场监管部门的食品经营许可；儿童福利机构从供餐单位订餐以及外购预包装食品的，应当从取得食品生产经营许可的企业订购，并按照要求对订购的食品进行查验。

儿童福利机构应当按照有关规定对食品留样备查。

第三十七条 儿童福利机构应当制定疫情、火灾、食物中毒等突发事件应急预案。

突发事件发生后，儿童福利机构应当立即启动应急处理程序，根据突发事件应对管理职责分工向有关部门报告。

第三十八条 儿童福利机构应当执行国家统一的会计制度，依法使用资金，专款专用，不得挪用、截留孤儿基本生活费等专项经费。

第三十九条 儿童福利机构应当建立儿童个人档案，做到一人一档。

第四十条 儿童福利机构应当依托全国儿童福利信息管理系统，及时采集并录入儿童的基本情况及重要医疗、康复、教育等信息，并定期更新数据。

第四十一条 儿童福利机构应当根据工作需要设置岗位。从事医疗卫生等准入类职业的专业技术人员，应当持相关的国家职业资格证书上岗。鼓励其他专业人员接受职业技能培训。

第四十二条 儿童福利机构应当鼓励、支持工作人员参加职业资格考试或者职称评定，按照国家有关政策妥善解决医疗、康复、教育、社会工作等专业技术人员的职称、工资及福利待遇。

儿童福利机构工作人员着装应当整洁、统一。

第四十三条 儿童福利机构与境外组织开展活动和合作项目的，应当按照国家有关规定办理相关手续。

第五章 保障与监督

第四十四条 县级以上地方人民政府民政部门应当支持儿童福利机构发展，协调落实相关政策和保障措施。

第四十五条 鼓励县级以上地方人民政府民政部门通过引入专业社会工作机构、公益慈善项目等多种方式提高儿童福利机构专业服务水平。

第四十六条 县级以上地方人民政府民政部门应当加强儿童福利机构人员队伍建设，定期培训儿童福利机构相关人员。

第四十七条 县级以上地方人民政府民政部门应当建立健全日常监管制度，对其设立的儿童福利机构及工作人员履行下列监督管理职责：

（一）负责对儿童福利机构建立健全内部管理制度、规范服务流程、加强风险防控等情况进行监督检查；

（二）负责对执行儿童福利机构管理相关法律法规及本办法情况进行监督检查；

（三）负责对违反儿童福利机构管理相关法律法规及本办法行为，依法给予处分；

（四）负责儿童福利机构监督管理的其他事项。

上级民政部门应当加强对下级民政部门的指导和监督检查，及时处理儿童福利机构管理中的违法违规行为。

第四十八条 对私自收留抚养无法查明父母或者其他监护人的儿童的社会服务机构、宗教活动场所等组织，县级以上地方人民政府民政部门应当会同公安、宗教事务等有关部门责令其停止收留抚养活动，并将收留抚养的儿童送交儿童福利机构。

对现存的与民政部门签订委托代养协议的组织，民政部门应当加强监督管理。

第四十九条 儿童福利机构及其工作人员不依法履行收留抚养职责，或者歧视、侮辱、虐待儿童的，由所属民政部门责令改正，依法给予处分；构成犯罪的，依法追究刑事责任。

第五十条 民政部门及其工作人员在儿童福利机构管理工作中滥用职权、玩忽职守、徇私舞弊的，由有权机关责令改正，依法给予处分；构成犯罪的，依法追究刑事责任。

第六章 附　　则

第五十一条 本办法所称未成年人救助保护机构是指未成年人（救助）保护中心和设有未成年人救助保护科（室）的救助管理站。

第五十二条 本办法自2019年1月1日起施行。

关于进一步加强事实无人抚养儿童保障工作的意见

1. 2019年6月18日民政部、最高人民法院、最高人民检察院、国家发展改革委、教育部、公安部、司法部、财政部、医疗保障局、共青团中央、全国妇联、中国残联发布

2. 民发〔2019〕62号

各省、自治区、直辖市民政厅（局）、高级人民法院、人民检察院、发展改革委、教育厅（教委）、公安厅（局）、司法厅（局）、财政厅（局）、医保局、团委、妇联、残联，新疆生产建设兵团民政局、新疆维吾尔自治区高级人民法院生产建设兵团分院，新疆生产建设兵团人民检察院、发展改革委、教育局、公安局、司法局、财政局、医保局、团委、妇联、残联：

为深入学习贯彻习近平新时代中国特色社会主义思想，全面贯彻党的十九大和十九届二中、三中全会精神，认真落实习近平总书记关于民政工作的重要指示精神，坚持以人民为中心的发展思想，聚焦脱贫攻坚，聚焦特殊群体，聚焦群众关切，推动落实《国务院关于加强困境儿童保障工作的意见》（国发〔2016〕36 号）要求，进一步加强事实无人抚养儿童保障工作，提出如下意见：

一、明确保障对象

事实无人抚养儿童是指父母双方均符合重残、重病、服刑在押、强制隔离戒毒、被执行其他限制人身自由的措施、失联情形之一的儿童；或者父母一方死亡或失踪，另一方符合重残、重病、服刑在押、强制隔离戒毒、被执行其他限制人身自由的措施、失联情形之一的儿童。

以上重残是指一级二级残疾或三级四级精神、智力残疾；重病由各地根据当地大病、地方病等实际情况确定；失联是指失去联系且未履行监护抚养责任 6 个月以上；服刑在押、强制隔离戒毒或被执行其他限制人身自由的措施是指期限在 6 个月以上；死亡是指自然死亡或人民法院宣告死亡，失踪是指人民法院宣告失踪。

二、规范认定流程

（一）申请。事实无人抚养儿童监护人或受监护人委托的近亲属填写《事实无人抚养儿童基本生活补贴申请表》（见附件），向儿童户籍所在地乡镇人民政府（街道办事处）提出申请。情况特殊的，可由儿童所在村（居）民委员会提出申请。

（二）查验。乡镇人民政府（街道办事处）受理申请后，应当对事实无人抚养儿童父母重残、重病、服刑在押、强制隔离戒毒、被执行其他限制人身自由的措施、失联以及死亡、失踪等情况进行查验。查验一般采取部门信息比对的方式进行。因档案管理、数据缺失等原因不能通过部门信息比对核实的，可以请事实无人抚养儿童本人或其监护人、亲属协助提供必要补充材料。乡镇人民政府（街道办事处）应当在自收到申请之日起 15 个工作日内作出查验结论。对符合条件的，连同申报材料一并报县级民政部门。对有异议的，可根据工作需要采取入户调查、邻里访问、信函索证、群众评议等方式再次进行核实。为保护儿童隐私，不宜设置公示环节。

（三）确认。县级民政部门应当在自收到申报材料及查验结论之日起 15 个工作日内作出确认。符合条件的，从确认的次月起纳入保障范围，同时将有关信息录入“全国儿童福利信息管理系统”。不符合保障条件的，应当书面说明理由。

（四）终止。规定保障情形发生变化的，事实无人抚养儿童监护人或受委托的亲属、村（居）民委员会应当及时告知乡镇人民政府（街道办事处）。乡镇人民政府（街道办事处）、县级民政部门要加强动态管理，对不再符合规定保障情形的，应当及时终止其保障资格。

三、突出保障重点

（一）强化基本生活保障。各地对事实无人抚养儿童发放基本生活补贴，应当根据本地区经济社会发展水平以及儿童关爱保护工作需要，按照与当地孤儿保障标准相衔接的原则确定补贴标准，参照孤儿基本生活费发放办法确定发放方式。中央财政比照孤儿基本生活保障资金测算方法，通过困难群众救助补助经费渠道对生活困难家庭中的和纳入特困人员救助供养范围的事实无人抚养儿童给予适当补助。生活困难家庭是指建档立卡贫困户家庭、城乡最低生活保障家庭。已获得最低生活保障金、特困人员救助供养金或者困难残疾人生活补贴且未达到事实无人抚养儿童基本生活保障补贴标准的进行补差发放，其他事实无人抚养儿童按照补贴标准全额发放。已全额领取事实无人抚养儿童补贴的儿童家庭申请最低生活保障或特困救助供养的，事实无人抚养儿童基本生活补贴不计入家庭收入，在享受低保或特困救助供养待遇之后根据人均救助水平进行重新计算，补差发放。已全额领取事实无人抚养儿童补贴的残疾儿童不享受困难残疾人生活补贴。

（二）加强医疗康复保障。对符合条件的事实无人抚养儿童按规定实施医疗救助，分类落实资助参保政策。重点加大对生活困难家庭的重病、重残儿童救助力度。加强城乡居民基本医疗保险、大病保险、医疗救助有效衔接，实施综合保障，梯次减轻费用负担。符合条件的事实无人抚养儿童可同时享受重度残疾人护理补贴及康复救助等相关政策。

（三）完善教育资助救助。将事实无人抚养儿童参照孤儿纳入教育资助范围，享受相应的政策待遇。优先纳入国家资助政策体系和教育帮扶体系，落实助学金、减免学费政策。对于残疾事实无人抚养儿童，通过特殊教育学校就读、普通学校就读、儿童福利机构特教班就读、送教上门等多种方式，做好教育安置。将义务教育阶段的事实无人抚养儿童列为享受免住宿费的优先对象，对就读高中阶段（含普通高中及中职学校）的事实无人抚养儿童，根据家庭困难情况开展结对帮扶和慈善救助。完善义务教育控辍保学工作机制，依法完成义务教育。事实无人抚养儿童成年后仍在校就读的，按国家有关规定享受相应政策。

（四）督促落实监护责任。人民法院、人民检察院和公安机关等部门应当依法打击故意或者恶意不履行监护职责等各类侵害儿童权益的违法犯罪行为，根据情节轻重依法追究其法律责任。对符合《最高人民法院 最高人民检察院 公安部 民政部关于依法处理监护人侵害未成年人权益行为若干问题的意见》（法发〔2014〕24 号）规定情形的，应当依法撤销监护人监护资格。对有能力履行抚养义务而拒不抚养的父母，民政部门可依法追索抚养费，因此起诉到人民法院的，人民法院应当支持。民政部门应当加强送养工作指导，创建信息对接渠道，在充分尊重被送养儿童和送养人意愿的前提下，鼓励支持有收养意愿的国内家庭依法收养。加大流浪儿童救助保护力度，及时帮助儿童寻亲返家，教育、督促其父母及其他监护人履行抚养义务，并将其纳入重点关爱对象，当地未成年人救助保护机构每季度应当至少组织一次回访，防止其再次外出流浪。

（五）优化关爱服务机制。完善法律援助机制，加强对权益受到侵害的事实无人抚养儿童的法律援助工作。维护残疾儿童权益，大力推进残疾事实无人抚养儿童康复、教育服务，提高保障水平和服务能力。充分发挥儿童福利机构、未成年人救助保护机构、康复和特教服务机构等服务平台作用，提供政策咨询、康复、特教、养护和临时照料等关爱服务支持。加强家庭探访，协助提供监护指导、返校复学、落实户籍等关爱服务。加强精神关爱，通过政府购买服务等方式，发挥共青团、妇联等群团组织的社会动员优势，引入专业社会组织和青少年事务社工，提供心理咨询、心理疏导、情感抚慰等专业服务，培养健康心理和健全人格。

四、强化保障措施

（一）加强组织领导。各地要充分认识推进事实无人抚养儿童保障工作的重大意义，将其作为保障和改善民生的重要任务，及时研究解决事实无人抚养儿童保障工作中存在的实际困难和问题。抓紧制定政策措施，切实贯彻与当地孤儿保障标准相衔接的原则要求，加强与相关社会福利、社会救助、社会保险等制度有效衔接，做到应保尽保、不漏一人。落实工作责任，明确职责分工，细化业务流程，健全跟踪调研和督促落实机制，确保事实无人抚养儿童保障工作顺利推进。

（二）加强部门协作。民政部门应当履行主管部门职责，做好资格确认、生活补贴发放、综合协调和监督管理等工作。对认定过程中处境危急的儿童，应当实施临时救助和监护照料。人民法院应当对申请宣告儿童父母失踪、死亡及撤销父母监护权等案件设立绿色通道，及时将法律文书抄送儿童户籍地县级民政部门、乡镇人民政府（街道办事处），实现信息实时共享。人民检察院应当对涉及儿童权益的民事诉讼活动进行监督，必要时可以支持起诉维护合法权益，对有关部门不履行相关职责的应当提出依法履职的检察建议。公安部门应当加大对失联父母的查寻力度，对登记受理超过6个月仍下落不明的，通过信息共享、书面函复等途径，向民政部门或相关当事人提供信息查询服务。财政部门应当加强资金保障，支持做好事实无人抚养儿童保障等相关工作。共青团应当充分动员青年社会组织和青少年事务社工，指导少先队组织，依托基层青少年服务阵地，配合提供各类关爱和志愿服务。妇联组织应当发挥村（居）妇联主席和妇联执委作用，提供家庭教育指导、关爱帮扶及权益维护等服务。公安、司法、刑罚执行机关在办案中发现涉案人员子女或者涉案儿童属于或者可能属于事实无人抚养儿童的，应当及时通报其所在地民政部门或乡镇人民政府（街道办事处）。民政、公安、司法、医疗保障、残联等部门和组织应当加强工作衔接和信息共享，为开展查验工作提供支持，切实让数据多跑路、让群众少跑腿。

（三）加强监督管理。健全信用评

价和失信行为联合惩戒机制，将存在恶意弃养情形或者采取虚报、隐瞒、伪造等手段骗取保障资金、物资或服务的父母及其他监护人失信行为记入信用记录，纳入全国信用信息共享平台，实施失信联合惩戒。对于监护人有能力支配保障金的，补贴发放至其监护人，并由监护人管理和使用；监护人没有能力支配的，补贴发放至儿童实际抚养人或抚养机构，并明确其对儿童的抚养义务。财政、民政部门要加强资金使用管理，提高财政资金绩效，防止发生挤占、挪用、冒领、套取等违法违规现象，对存在违法违规行为的，要按照相关规定进行处理。

（四）加强政策宣传。充分利用报纸、电台、电视、网络等新闻媒体，大力开展事实无人抚养儿童保障政策宣传，使社会各界广泛了解党和政府的爱民之心、惠民之举，帮助事实无人抚养儿童及其监护人准确知晓保障对象范围、补助标准和申请程序。动员引导社会力量关心、支持事实无人抚养儿童帮扶救助工作，为儿童及其家庭提供多样化、个性化服务，营造良好氛围。

各省、自治区、直辖市可根据本意见精神，在2019年10月底之前制定完善本地事实无人抚养儿童保障政策，民政部将会同财政部等相关部门督促各地做好贯彻落实工作。

附件：事实无人抚养儿童基本生活补贴申请表（略）

中华人民共和国
老年人权益保障法

1. 1996年8月29日第八届全国人民代表大会常务委员会第二十一次会议通过

2. 根据2009年8月27日第十一届全国人民代表大会常务委员会第十次会议《关于修改部分法律的决定》第一次修正

3. 2012年12月28日第十一届全国人民代表大会常务委员会第三十次会议修订

4. 根据2015年4月24日第十二届全国人民代表大会常务委员会第十四次会议《关于修改〈中华人民共和国电力法〉等六部法律的决定》第二次修正

5. 根据2018年12月29日第十三届全国人民代表大会常务委员会第七次会议《关于修改〈中华人民共和国劳动法〉等七部法律的决定》第三次修正

目　录

第一章　总　　则

第一条　【立法目的】为了保障老年人合法权益，发展老龄事业，弘扬中华民族敬老、养老、助老的美德，根据宪法，制定本法。

第二条　【适用范围】本法所称老年人是

指六十周岁以上的公民。

第三条　【基本原则】国家保障老年人依法享有的权益。

老年人有从国家和社会获得物质帮助的权利，有享受社会服务和社会优待的权利，有参与社会发展和共享发展成果的权利。

禁止歧视、侮辱、虐待或者遗弃老年人。

第四条　【总体目标】积极应对人口老龄化是国家的一项长期战略任务。

国家和社会应当采取措施，健全保障老年人权益的各项制度，逐步改善保障老年人生活、健康、安全以及参与社会发展的条件，实现老有所养、老有所医、老有所为、老有所学、老有所乐。

第五条　【社会保障】国家建立多层次的社会保障体系，逐步提高对老年人的保障水平。

国家建立和完善以居家为基础、社区为依托、机构为支撑的社会养老服务体系。

倡导全社会优待老年人。

第六条　【政府职责】各级人民政府应当将老龄事业纳入国民经济和社会发展规划，将老龄事业经费列入财政预算，建立稳定的经费保障机制，并鼓励社会各方面投入，使老龄事业与经济、社会协调发展。

国务院制定国家老龄事业发展规划。县级以上地方人民政府根据国家老龄事业发展规划，制定本行政区域的老龄事业发展规划和年度计划。

县级以上人民政府负责老龄工作的机构，负责组织、协调、指导、督促有关部门做好老年人权益保障工作。

第七条　【社会责任】保障老年人合法权益是全社会的共同责任。

国家机关、社会团体、企业事业单位和其他组织应当按照各自职责，做好老年人权益保障工作。

基层群众性自治组织和依法设立的老年人组织应当反映老年人的要求，维护老年人合法权益，为老年人服务。

提倡、鼓励义务为老年人服务。

第八条　【宣传教育】国家进行人口老龄化国情教育，增强全社会积极应对人口老龄化意识。

全社会应当广泛开展敬老、养老、助老宣传教育活动，树立尊重、关心、帮助老年人的社会风尚。

青少年组织、学校和幼儿园应当对青少年和儿童进行敬老、养老、助老的道德教育和维护老年人合法权益的法制教育。

广播、电影、电视、报刊、网络等应当反映老年人的生活，开展维护老年人合法权益的宣传，为老年人服务。

第九条　【社会研究】国家支持老龄科学研究，建立老年人状况统计调查和发布制度。

第十条　【奖励】各级人民政府和有关部门对维护老年人合法权益和敬老、养老、助老成绩显著的组织、家庭或者个人，对参与社会发展做出突出贡献的老年人，按照国家有关规定给予表彰或者奖励。

第十一条　【老年人的义务】老年人应当遵纪守法，履行法律规定的义务。

第十二条　【法定节日】每年农历九月初九为老年节。

第二章 家庭赡养与扶养

第十三条 【养老基础】老年人养老以居家为基础，家庭成员应当尊重、关心和照料老年人。

第十四条 【赡养人义务】赡养人应当履行对老年人经济上供养、生活上照料和精神上慰藉的义务，照顾老年人的特殊需要。

赡养人是指老年人的子女以及其他依法负有赡养义务的人。

赡养人的配偶应当协助赡养人履行赡养义务。

第十五条 【患病、经济困难、生活不能自理的老年人的赡养】赡养人应当使患病的老年人及时得到治疗和护理；对经济困难的老年人，应当提供医疗费用。

对生活不能自理的老年人，赡养人应当承担照料责任；不能亲自照料的，可以按照老年人的意愿委托他人或者养老机构等照料。

第十六条 【老年人的住房保障】赡养人应当妥善安排老年人的住房，不得强迫老年人居住或者迁居条件低劣的房屋。

老年人自有的或者承租的住房，子女或者其他亲属不得侵占，不得擅自改变产权关系或者租赁关系。

老年人自有的住房，赡养人有维修的义务。

第十七条 【老年人承包的田地及其林木、牲畜的收益】赡养人有义务耕种或者委托他人耕种老年人承包的田地，照管或者委托他人照管老年人的林木和牲畜等，收益归老年人所有。

第十八条 【老年人的精神需求】家庭成员应当关心老年人的精神需求，不得忽视、冷落老年人。

与老年人分开居住的家庭成员，应当经常看望或者问候老年人。

用人单位应当按照国家有关规定保障赡养人探亲休假的权利。

第十九条 【赡养义务的强制性】赡养人不得以放弃继承权或者其他理由，拒绝履行赡养义务。

赡养人不履行赡养义务，老年人有要求赡养人付给赡养费等权利。

赡养人不得要求老年人承担力不能及的劳动。

第二十条 【赡养协议】经老年人同意，赡养人之间可以就履行赡养义务签订协议。赡养协议的内容不得违反法律的规定和老年人的意愿。

基层群众性自治组织、老年人组织或者赡养人所在单位监督协议的履行。

第二十一条 【老年人的婚姻自由】老年人的婚姻自由受法律保护。子女或者其他亲属不得干涉老年人离婚、再婚及婚后的生活。

赡养人的赡养义务不因老年人的婚姻关系变化而消除。

第二十二条 【老年人的财产权益】老年人对个人的财产，依法享有占有、使用、收益和处分的权利，子女或者其他亲属不得干涉，不得以窃取、骗取、强行索取等方式侵犯老年人的财产权益。

老年人有依法继承父母、配偶、子女或者其他亲属遗产的权利，有接受赠与的权利。子女或者其他亲属不得侵占、抢夺、转移、隐匿或者损毁应当由老年人继承或者接受赠与的财产。

老年人以遗嘱处分财产，应当依法为老年配偶保留必要的份额。

第二十三条 【扶养义务】老年人与配偶

有相互扶养的义务。

由兄、姐扶养的弟、妹成年后，有负担能力的，对年老无赡养人的兄、姐有扶养的义务。

第二十四条 【不履行赡养、扶养义务】 赡养人、扶养人不履行赡养、扶养义务的，基层群众性自治组织、老年人组织或者赡养人、扶养人所在单位应当督促其履行。

第二十五条 【禁止家庭暴力】 禁止对老年人实施家庭暴力。

第二十六条 【监护人】 具备完全民事行为能力的老年人，可以在近亲属或者其他与自己关系密切、愿意承担监护责任的个人、组织中协商确定自己的监护人。监护人在老年人丧失或者部分丧失民事行为能力时，依法承担监护责任。

老年人未事先确定监护人的，其丧失或者部分丧失民事行为能力时，依照有关法律的规定确定监护人。

第二十七条 【家庭养老支持政策】 国家建立健全家庭养老支持政策，鼓励家庭成员与老年人共同生活或者就近居住，为老年人随配偶或者赡养人迁徙提供条件，为家庭成员照料老年人提供帮助。

第三章 社会保障

第二十八条 【养老保险制度】 国家通过基本养老保险制度，保障老年人的基本生活。

第二十九条 【医疗保险制度】 国家通过基本医疗保险制度，保障老年人的基本医疗需要。享受最低生活保障的老年人和符合条件的低收入家庭中的老年人参加新型农村合作医疗和城镇居民基本医疗保险所需个人缴费部分，由政府给予补贴。

有关部门制定医疗保险办法，应当对老年人给予照顾。

第三十条 【护理保障工作】 国家逐步开展长期护理保障工作，保障老年人的护理需求。

对生活长期不能自理、经济困难的老年人，地方各级人民政府应当根据其失能程度等情况给予护理补贴。

第三十一条 【老年人救助】 国家对经济困难的老年人给予基本生活、医疗、居住或者其他救助。

老年人无劳动能力、无生活来源、无赡养人和扶养人，或者其赡养人和扶养人确无赡养能力或者扶养能力的，由地方各级人民政府依照有关规定给予供养或者救助。

对流浪乞讨、遭受遗弃等生活无着的老年人，由地方各级人民政府依照有关规定给予救助。

第三十二条 【住房照顾】 地方各级人民政府在实施廉租住房、公共租赁住房等住房保障制度或者进行危旧房屋改造时，应当优先照顾符合条件的老年人。

第三十三条 【老年人福利】 国家建立和完善老年人福利制度，根据经济社会发展水平和老年人的实际需要，增加老年人的社会福利。

国家鼓励地方建立八十周岁以上低收入老年人高龄津贴制度。

国家建立和完善计划生育家庭老年人扶助制度。

农村可以将未承包的集体所有的部分土地、山林、水面、滩涂等作为养老基地,收益供老年人养老。

第三十四条 【养老金及其他待遇保障】老年人依法享有的养老金、医疗待遇和其他待遇应当得到保障,有关机构必须按时足额支付,不得克扣、拖欠或者挪用。

国家根据经济发展以及职工平均工资增长、物价上涨等情况,适时提高养老保障水平。

第三十五条 【物质帮助】国家鼓励慈善组织以及其他组织和个人为老年人提供物质帮助。

第三十六条 【扶养、扶助协议】老年人可以与集体经济组织、基层群众性自治组织、养老机构等组织或者个人签订遗赠扶养协议或者其他扶助协议。

负有扶养义务的组织或者个人按照遗赠扶养协议,承担该老年人生养死葬的义务,享有受遗赠的权利。

第四章 社会服务

第三十七条 【社区养老服务】地方各级人民政府和有关部门应当采取措施,发展城乡社区养老服务,鼓励、扶持专业服务机构及其他组织和个人,为居家的老年人提供生活照料、紧急救援、医疗护理、精神慰藉、心理咨询等多种形式的服务。

对经济困难的老年人,地方各级人民政府应当逐步给予养老服务补贴。

第三十八条 【基础设施】地方各级人民政府和有关部门、基层群众性自治组织,应当将养老服务设施纳入城乡社区配套设施建设规划,建立适应老年人需要的生活服务、文化体育活动、日间照料、疾病护理与康复等服务设施和网点,就近为老年人提供服务。

发扬邻里互助的传统,提倡邻里间关心、帮助有困难的老年人。

鼓励慈善组织、志愿者为老年人服务。倡导老年人互助服务。

第三十九条 【政策支持】各级人民政府应当根据经济发展水平和老年人服务需求,逐步增加对养老服务的投入。

各级人民政府和有关部门在财政、税费、土地、融资等方面采取措施,鼓励、扶持企业事业单位、社会组织或者个人兴办、运营养老、老年人日间照料、老年文化体育活动等设施。

第四十条 【养老服务设施用地】地方各级人民政府和有关部门应当按照老年人口比例及分布情况,将养老服务设施建设纳入城乡规划和土地利用总体规划,统筹安排养老服务设施建设用地及所需物资。

公益性养老服务设施用地,可以依法使用国有划拨土地或者农民集体所有的土地。

养老服务设施用地,非经法定程序不得改变用途。

第四十一条 【养老机构】政府投资兴办的养老机构,应当优先保障经济困难的孤寡、失能、高龄等老年人的服务需求。

第四十二条 【分类管理和评估】国务院有关部门制定养老服务设施建设、养老服务质量和养老服务职业等标准,建立健全养老机构分类管理和养老服务评估制度。

各级人民政府应当规范养老服务收费项目和标准,加强监督和管理。

第四十三条 【养老机构的许可、登记】设立公益性养老机构,应当依法办理相应的登记。

设立经营性养老机构，应当在市场监督管理部门办理登记。

养老机构登记后即可开展服务活动，并向县级以上人民政府民政部门备案。

第四十四条 【综合监管制度】地方各级人民政府加强对本行政区域养老机构管理工作的领导，建立养老机构综合监管制度。

县级以上人民政府民政部门负责养老机构的指导、监督和管理，其他有关部门依照职责分工对养老机构实施监督。

第四十五条 【监督检查措施】县级以上人民政府民政部门依法履行监督检查职责，可以采取下列措施：

（一）向养老机构和个人了解情况；

（二）进入涉嫌违法的养老机构进行现场检查；

（三）查阅或者复制有关合同、票据、账簿及其他有关资料；

（四）发现养老机构存在可能危及人身健康和生命财产安全风险的，责令限期改正，逾期不改正的，责令停业整顿。

县级以上人民政府民政部门调查养老机构涉嫌违法的行为，应当遵守《中华人民共和国行政强制法》和其他有关法律、行政法规的规定。

第四十六条 【养老机构的变更、终止】养老机构变更或者终止的，应当妥善安置收住的老年人，并依照规定到有关部门办理手续。有关部门应当为养老机构妥善安置老年人提供帮助。

第四十七条 【养老服务人才培养】国家建立健全养老服务人才培养、使用、评价和激励制度，依法规范用工，促进从业人员劳动报酬合理增长，发展专职、兼职和志愿者相结合的养老服务队伍。

国家鼓励高等学校、中等职业学校和职业培训机构设置相关专业或者培训项目，培养养老服务专业人才。

第四十八条 【养老服务协议】养老机构应当与接受服务的老年人或者其代理人签订服务协议，明确双方的权利、义务。

养老机构及其工作人员不得以任何方式侵害老年人的权益。

第四十九条 【养老责任保险】国家鼓励养老机构投保责任保险，鼓励保险公司承保责任保险。

第五十条 【老年医疗卫生服务】各级人民政府和有关部门应当将老年医疗卫生服务纳入城乡医疗卫生服务规划，将老年人健康管理和常见病预防等纳入国家基本公共卫生服务项目。鼓励为老年人提供保健、护理、临终关怀等服务。

国家鼓励医疗机构开设针对老年病的专科或者门诊。

医疗卫生机构应当开展老年人的健康服务和疾病防治工作。

第五十一条 【健康教育和医学研究】国家采取措施，加强老年医学的研究和人才培养，提高老年病的预防、治疗、科研水平，促进老年病的早期发现、诊断和治疗。

国家和社会采取措施，开展各种形式的健康教育，普及老年保健知识，增强老年人自我保健意识。

第五十二条 【老龄产业】国家采取措施，发展老龄产业，将老龄产业列入国家扶持行业目录。扶持和引导企业开发、生产、经营适应老年人需要的用品和提供相关的服务。

第五章 社会优待

第五十三条 【优待老年人】县级以上人民政府及其有关部门根据经济社会发展情况和老年人的特殊需要，制定优待老年人的办法，逐步提高优待水平。

对常住在本行政区域内的外埠老年人给予同等优待。

第五十四条 【为老年人及时、便利地享受物质帮助提供条件】各级人民政府和有关部门应当为老年人及时、便利地领取养老金、结算医疗费和享受其他物质帮助提供条件。

第五十五条 【重大事项询问并优先办理】各级人民政府和有关部门办理房屋权属关系变更、户口迁移等涉及老年人权益的重大事项时，应当就办理事项是否为老年人的真实意思表示进行询问，并依法优先办理。

第五十六条 【法律援助】老年人因其合法权益受侵害提起诉讼交纳诉讼费确有困难的，可以缓交、减交或者免交；需要获得律师帮助，但无力支付律师费用的，可以获得法律援助。

鼓励律师事务所、公证处、基层法律服务所和其他法律服务机构为经济困难的老年人提供免费或者优惠服务。

第五十七条 【医疗便利措施】医疗机构应当为老年人就医提供方便，对老年人就医予以优先。有条件的地方，可以为老年人设立家庭病床，开展巡回医疗、护理、康复、免费体检等服务。

提倡为老年人义诊。

第五十八条 【优先、优惠服务】提倡与老年人日常生活密切相关的服务行业为老年人提供优先、优惠服务。

城市公共交通、公路、铁路、水路和航空客运，应当为老年人提供优待和照顾。

第五十九条 【享受精神文化生活】博物馆、美术馆、科技馆、纪念馆、公共图书馆、文化馆、影剧院、体育场馆、公园、旅游景点等场所，应当对老年人免费或者优惠开放。

第六十条 【筹劳义务免除】农村老年人不承担兴办公益事业的筹劳义务。

第六章 宜居环境

第六十一条 【宜居环境建设】国家采取措施，推进宜居环境建设，为老年人提供安全、便利和舒适的环境。

第六十二条 【服务设施建设】各级人民政府在制定城乡规划时，应当根据人口老龄化发展趋势、老年人口分布和老年人的特点，统筹考虑适合老年人的公共基础设施、生活服务设施、医疗卫生设施和文化体育设施建设。

第六十三条 【工程建设标准体系】国家制定和完善涉及老年人的工程建设标准体系，在规划、设计、施工、监理、验收、运行、维护、管理等环节加强相关标准的实施与监督。

第六十四条 【无保障设施建设】国家制定无障碍设施工程建设标准。新建、改建和扩建道路、公共交通设施、建筑物、居住区等，应当符合国家无障碍设施工程建设标准。

各级人民政府和有关部门应当按照国家无障碍设施工程建设标准，优先推进与老年人日常生活密切相关的公共服务设施的改造。

无障碍设施的所有人和管理人应当保障无障碍设施正常使用。

第六十五条　【宜居社区建设】国家推动老年宜居社区建设，引导、支持老年宜居住宅的开发，推动和扶持老年人家庭无障碍设施的改造，为老年人创造无障碍居住环境。

第七章　参与社会发展

第六十六条　【重视老年人作用】国家和社会应当重视、珍惜老年人的知识、技能、经验和优良品德，发挥老年人的专长和作用，保障老年人参与经济、政治、文化和社会生活。

第六十七条　【组织活动】老年人可以通过老年人组织，开展有益身心健康的活动。

第六十八条　【听取老年人和老年人组织的意见建议】制定法律、法规、规章和公共政策，涉及老年人权益重大问题的，应当听取老年人和老年人组织的意见。

老年人和老年人组织有权向国家机关提出老年人权益保障、老龄事业发展等方面的意见和建议。

第六十九条　【对老年人参与社会活动的支持和保障】国家为老年人参与社会发展创造条件。根据社会需要和可能，鼓励老年人在自愿和量力的情况下，从事下列活动：

（一）对青少年和儿童进行社会主义、爱国主义、集体主义和艰苦奋斗等优良传统教育；

（二）传授文化和科技知识；

（三）提供咨询服务；

（四）依法参与科技开发和应用；

（五）依法从事经营和生产活动；

（六）参加志愿服务、兴办社会公益事业；

（七）参与维护社会治安、协助调解民间纠纷；

（八）参加其他社会活动。

第七十条　【合法收入保护】老年人参加劳动的合法收入受法律保护。

任何单位和个人不得安排老年人从事危害其身心健康的劳动或者危险作业。

第七十一条　【老年人教育】老年人有继续受教育的权利。

国家发展老年教育，把老年教育纳入终身教育体系，鼓励社会办好各类老年学校。

各级人民政府对老年教育应当加强领导，统一规划，加大投入。

第七十二条　【老年人文化生活】国家和社会采取措施，开展适合老年人的群众性文化、体育、娱乐活动，丰富老年人的精神文化生活。

第八章　法律责任

第七十三条　【侵权救济】老年人合法权益受到侵害的，被侵害人或者其代理人有权要求有关部门处理，或者依法向人民法院提起诉讼。

人民法院和有关部门，对侵犯老年人合法权益的申诉、控告和检举，应当依法及时受理，不得推诿、拖延。

第七十四条　【不作为或失职处理】不履行保护老年人合法权益职责的部门或

者组织,其上级主管部门应当给予批评教育,责令改正。

国家工作人员违法失职,致使老年人合法权益受到损害的,由其所在单位或者上级机关责令改正,或者依法给予处分;构成犯罪的,依法追究刑事责任。

第七十五条 【纠纷处理】老年人与家庭成员因赡养、扶养或者住房、财产等发生纠纷,可以申请人民调解委员会或者其他有关组织进行调解,也可以直接向人民法院提起诉讼。

人民调解委员会或者其他有关组织调解前款纠纷时,应当通过说服、疏导等方式化解矛盾和纠纷;对有过错的家庭成员,应当给予批评教育。

人民法院对老年人追索赡养费或者扶养费的申请,可以依法裁定先予执行。

第七十六条 【干涉婚姻自由,拒不履行赡养、扶养义务,虐待或实施家庭暴力的处罚】干涉老年人婚姻自由,对老年人负有赡养义务、扶养义务而拒绝赡养、扶养,虐待老年人或者对老年人实施家庭暴力的,由有关单位给予批评教育;构成违反治安管理行为的,依法给予治安管理处罚;构成犯罪的,依法追究刑事责任。

第七十七条 【侵害老年人财物的处罚】家庭成员盗窃、诈骗、抢夺、侵占、勒索、故意损毁老年人财物,构成违反治安管理行为的,依法给予治安管理处罚;构成犯罪的,依法追究刑事责任。

第七十八条 【侮辱、诽谤老年人的处罚】侮辱、诽谤老年人,构成违反治安管理行为的,依法给予治安管理处罚;构成犯罪的,依法追究刑事责任。

第七十九条 【养老机构及其工作人员侵害老年人人身、财产权益的处罚】养老机构及其工作人员侵害老年人人身和财产权益,或者未按照约定提供服务的,依法承担民事责任;有关主管部门依法给予行政处罚;构成犯罪的,依法追究刑事责任。

第八十条 【对渎职行为的处罚】对养老机构负有管理和监督职责的部门及其工作人员滥用职权、玩忽职守、徇私舞弊的,对直接负责的主管人员和其他直接责任人员依法给予处分;构成犯罪的,依法追究刑事责任。

第八十一条 【不履行优待老年人义务的处理】不按规定履行优待老年人义务的,由有关主管部门责令改正。

第八十二条 【工程设施不符合规定的处罚】涉及老年人的工程不符合国家规定的标准或者无障碍设施所有人、管理人未尽到维护和管理职责的,由有关主管部门责令改正;造成损害的,依法承担民事责任;对有关单位、个人依法给予行政处罚;构成犯罪的,依法追究刑事责任。

第九章 附 则

第八十三条 【变通或补充规定的制度】民族自治地方的人民代表大会,可以根据本法的原则,结合当地民族风俗习惯的具体情况,依照法定程序制定变通的或者补充的规定。

第八十四条 【溯及效力】本法施行前设立的养老机构不符合本法规定条件的,应当限期整改。具体办法由国务院民政部门制定。

第八十五条 【施行日期】本法自2013年7月1日起施行。

国务院关于印发中国老龄事业发展“十二五”规划的通知

1. *2011年9月17日发布*
2. *国发〔2011〕28号*

各省、自治区、直辖市人民政府，国务院各部委、各直属机构：

现将《中国老龄事业发展“十二五”规划》印发给你们，请认真贯彻执行。

中国老龄事业发展“十二五”规划

为积极应对人口老龄化，加快发展老龄事业，根据《中华人民共和国国民经济和社会发展第十二个五年规划纲要》、《中华人民共和国老年人权益保障法》和《中共中央国务院关于加强老龄工作的决定》（中发〔2000〕13号），制定本规划。

一、背景

（一）“十一五”期间取得的主要成就。

“十一五”时期是老龄事业快速发展的五年。养老保障体系逐步完善，覆盖范围进一步扩大，企业职工基本养老保险制度实现全覆盖，企业退休人员养老金水平连续五年提高，基本养老保险实现了省级统筹，新型农村社会养老保险开始试点并逐步扩大范围。职工和城镇居民基本医疗保险制度实现全覆盖，新型农村合作医疗参合率稳步提高。老年社会福利和社会救助制度逐步建立，城乡计划生育家庭养老保障支持政策逐步形成。老龄服务体系建设扎实推进，在城市深入开展并逐步向农村延伸，养老服务机构和老年活动设施建设取得较大进步。老年教育、文化、体育事业较快发展，老年精神文化生活更加丰富。全社会老龄意识明显增强，敬老爱老助老社会氛围日益浓厚，老年人权益得到较好保障。老龄领域的科学研究、国际交流与合作取得了新的进展。广大老年群众坚持老有所为，积极参与经济社会建设和公益活动，在构建社会主义和谐社会中发挥了重要作用。

（二）“十二五”时期老龄事业面临的形势。

“十二五”时期是我国全面建设小康社会的关键时期，也是老龄事业发展的重要机遇期。

长期以来，党和政府十分关心老年群众，不断采取积极措施，推动老龄事业发展进步，取得举世瞩目的成就，为老龄事业持续发展奠定了很好的基础。但是，在快速发展的老龄化进程中，老龄事业和老龄工作相对滞后的矛盾日益突出。主要表现在：社会养老保障制度尚不完善，公益性老龄服务设施、服务网络建设滞后，老龄服务市场发育不全、供给不足，老年社会管理工作相对薄弱，侵犯老年人权益的现象仍时有发生。对此，我们必须高度重视，认真解决。

“十二五”时期，随着第一个老年人口增长高峰到来，我国人口老龄化进程将进一步加快。从 2011 年到 2015 年,全国 60 岁以上老年人将由 1.78 亿增加到 2.21 亿,平均每年增加老年人 860 万;老年人口比重将由 13.3% 增加到 16%,平均每年递增 0.54 个百分点。老龄化进程与家庭小型化、空巢化相伴随,与经济社会转型期的矛盾相交织,社会养老保障和养老服务的需求将急剧增加。未来 20 年,我国人口老龄化日益加重,到 2030 年全国老年人口规模将会翻一番,老龄事业发展任重道远。我们必须深刻认识发展老龄事业的重要性和紧迫性,充分利用当前经济社会平稳较快发展和社会抚养比较低的有利时机,着力解决老龄工作领域的突出矛盾和问题,从物质、精神、服务、政策、制度和体制机制等方面打好应对人口老龄化挑战的基础。

二、指导思想、发展目标和基本原则

(一)指导思想。

高举中国特色社会主义伟大旗帜,以邓小平理论和"三个代表"重要思想为指导,深入贯彻落实科学发展观,适应人口老龄化新形势,以科学发展为主题,以改革创新为动力,建立健全老龄战略规划体系、社会养老保障体系、老年健康支持体系、老龄服务体系、老年宜居环境体系和老年群众工作体系,服务经济社会改革发展大局,努力实现老有所养、老有所医、老有所教、老有所学、老有所为、老有所乐的工作目标,让广大老年人共享改革发展成果。

(二)主要发展目标。

——建立应对人口老龄化战略体系基本框架,制定实施老龄事业中长期发展规划。

——健全覆盖城乡居民的社会养老保障体系,初步实现全国老年人人人享有基本养老保障。

——健全老年人基本医疗保障体系,基层医疗卫生机构为辖区内 65 岁及以上老年人开展健康管理服务,普遍建立健康档案。

——建立以居家为基础、社区为依托、机构为支撑的养老服务体系,居家养老和社区养老服务网络基本健全,全国每千名老年人拥有养老床位数达到 30 张。

——全面推行城乡建设涉老工程技术标准规范、无障碍设施改造和新建小区老龄设施配套建设规划标准。

——增加老年文化、教育和体育健身活动设施,进一步扩大各级各类老年大学(学校)办学规模。

——加强老年社会管理工作。各地成立老龄工作委员会,80% 以上退休人员纳入社区管理服务对象,基层老龄协会覆盖面达到 80% 以上,老年志愿者数量达到老年人口的 10% 以上。

(三)基本原则。

1. 老龄事业与经济社会发展相适应。紧紧围绕全面建设小康社会和构建社会主义和谐社会宏伟目标,确立老龄事业在改革发展大局中的重要地位,促进老龄事业与经济社会协调发展。

2. 立足当前与着眼长远相结合。从我国的基本国情出发,把着力解决当前的突出矛盾和应对人口老龄化长期挑战紧密联系,注重体制机制创新和法规制度建设,统筹兼顾,综合施策,实现全面、协调、可持续发展。

3. 政府引导与社会参与相结合。按照社会主义市场经济的要求，积极发展老龄服务业。加强政策指导、资金支持、市场培育和监督管理，发挥市场机制在资源配置上的基础性作用，充分调动社会各方面力量积极参与老龄事业发展。

4. 家庭养老与社会养老相结合。充分发挥家庭和社区功能，着力巩固家庭养老地位，优先发展社会养老服务，构建居家为基础、社区为依托、机构为支撑的社会养老服务体系，创建中国特色的新型养老模式。

5. 统筹协调与分类指导相结合。注重城乡、区域协调发展，加大对农村和中西部地区的政策支持力度，资源配置向基层、特别是农村和中西部地区倾斜。充分发挥各地优势和群众的创造性，因地制宜地开展老龄工作，发展老龄事业。

6. 道德规范与法律约束相结合。广泛开展孝亲敬老道德教育，加强老龄法制工作，为老龄工作和老龄事业的全面发展提供动力和保证。

三、主要任务

（一）老年社会保障。

1. 加快推进养老保险制度建设。实现新型农村社会养老保险和城镇居民养老保险制度全覆盖。完善实施城镇职工基本养老保险制度，全面落实城镇职工基本养老保险省级统筹，实现基础养老金全国统筹，做好城镇职工基本养老保险关系转移接续工作。逐步推进城乡养老保障制度有效衔接，推动机关事业单位养老保险制度改革。建立随工资增长、物价上涨等因素调整退休人员基本养老金待遇的正常机制。发展企业年金和职业年金。发挥商业保险补充性作用。

2. 完善基本医疗保险制度。进一步完善职工基本医疗保险、城镇居民基本医疗保险、新型农村合作医疗制度。逐步提高城镇居民医保和新农合人均筹资标准及保障水平，减轻老年人等参保人员的医疗费用负担。提高职工医保、城镇居民医保、新农合基金最高支付限额和政策范围内住院费用支付比例，全面推进门诊统筹。做好各项制度间的衔接，逐步提高统筹层次，加快实现医保关系转移接续和医疗费用异地就医结算。全面推进基本医疗费用即时结算，改革付费方式。积极发展商业健康保险，完善补充医疗保险制度。

3. 加大老年社会救助力度。完善城乡最低生活保障制度，将符合条件的老年人全部纳入最低生活保障范围。根据经济社会发展水平，适时调整最低生活保障和农村五保供养标准。完善城乡医疗救助制度，着力解决贫困老年人的基本医疗保障问题。完善临时救助制度，保障因灾因病等支出性生活困难老年人的基本生活。

4. 完善老年社会福利制度。积极探索中国特色社会福利的发展模式，发展适度普惠型的老年社会福利事业，研究制定政府为特殊困难老年人群购买服务的相关政策。进一步完善老年人优待办法，积极为老年人提供各种形式的照顾和优先、优待服务，逐步提高老年人的社会福利水平。有条件的地方可发放高龄老年人生活补贴和家庭经济困难的老年人养老服务补贴。

（二）老年医疗卫生保健。

1. 推进老年医疗卫生服务网点和队伍建设。将老年医疗卫生服务纳入各地卫生事业发展规划，加强老年病医院、护理院、老年康复医院和综合医院老年病科建设，有条件的三级综合医院应当设立老年病科。基层医疗卫生机构积极开展老年人医疗、护理、卫生保健、健康监测等服务，为老年人提供居家康复护理服务。基层医疗卫生机构应加强人员队伍建设，切实提高开展老年人卫生服务的能力。

2. 开展老年疾病预防工作。基层医疗卫生机构要为辖区内65岁及以上老年人开展健康管理服务，建立健康档案。组织老年人定期进行生活方式和健康状况评估，开展体格检查，及时发现健康风险因素，促进老年疾病早发现、早诊断和早治疗。开展老年疾病防控知识的宣传，做好老年人常见病、慢性病的健康指导和综合干预。

3. 发展老年保健事业。广泛开展老年健康教育，普及保健知识，增强老年人运动健身和心理健康意识。注重老年精神关怀和心理慰藉，提供疾病预防、心理健康、自我保健及伤害预防、自救等健康指导和心理健康指导服务，重点关注高龄、空巢、患病等老年人的心理健康状况。鼓励为老年人家庭成员提供专项培训和支持，充分发挥家庭成员的精神关爱和心理支持作用。老年性痴呆、抑郁等精神疾病的早期识别率达到40%。

（三）老年家庭建设。

1. 改善老年人居住条件。引导开发老年宜居住宅和代际亲情住宅，鼓励家庭成员与老年人共同生活或就近居住。推动和扶持老年人家庭无障碍改造。

2. 完善家庭养老支持政策。完善老年人口户籍迁移管理政策，为老年人随赡养人迁徙提供条件。健全家庭养老保障和照料服务扶持政策，完善农村计划生育家庭奖励扶助制度和计划生育家庭特别扶助制度，落实城镇独生子女父母年老奖励政策，建立奖励扶助金动态调整机制。

3. 弘扬孝亲敬老传统美德。强化尊老敬老道德建设，提倡亲情互助，营造温馨和谐的家庭氛围，发挥家庭养老的基础作用。努力建设老年温馨家庭，提高老年人居家养老的幸福指数。

（四）老龄服务。

1. 重点发展居家养老服务。建立健全县（市、区）、乡镇（街道）和社区（村）三级服务网络，城市街道和社区基本实现居家养老服务网络全覆盖；80%以上的乡镇和50%以上的农村社区建立包括老龄服务在内的社区综合服务设施和站点。加快居家养老服务信息系统建设，做好居家养老服务信息平台试点工作，并逐步扩大试点范围。培育发展居家养老服务中介组织，引导和支持社会力量开展居家养老服务。鼓励社会服务企业发挥自身优势，开发居家养老服务项目，创新服务模式。大力发展家庭服务业，并将养老服务特别是居家老年护理服务作为重点发展任务。积极拓展居家养老服务领域，实现从基本生活照料向医疗健康、辅具配置、精神慰藉、法律服务、紧急救援等方面延伸。

2. 大力发展社区照料服务。把日间照料中心、托老所、星光老年之家、互助式社区养老服务中心等社区养老设施,纳入小区配套建设规划。本着就近、就便和实用的原则,开展全托、日托、临托等多种形式的老年社区照料服务。

3. 统筹发展机构养老服务。按照统筹规划、合理布局的原则,加大财政投入和社会筹资力度,推进供养型、养护型、医护型养老机构建设。积极推进养老机构运营机制改革与完善,探索多元化、社会化的投资建设和管理模式。进一步完善和落实优惠政策,鼓励社会力量参与公办养老机构建设和运行管理。"十二五"期间,新增各类养老床位342万张。

4. 优先发展护理康复服务。在规划、完善医疗卫生服务体系和社会养老服务体系中,加强老年护理院和康复医疗机构建设。政府重点投资兴建和鼓励社会资本兴办具有长期医疗护理、康复促进、临终关怀等功能的养老机构。根据《护理院基本标准》加强规范管理。地(市)级以上城市至少要有一所专业性养老护理机构。研究探索老年人长期护理制度,鼓励、引导商业保险公司开展长期护理保险业务。

5. 切实加强养老服务行业监管。进一步完善养老机构行政管理的法律法规,建立养老机构准入、退出与监管制度,做好养老机构登记注册和日常检查、监督管理工作。寄宿制养老机构等关系老年人安全和健康的重要场所,要列入消防安全和卫生许可制度重点管理范围。

(五)老年人生活环境。

1. 加快老年活动场所和便利化设施建设。在城乡规划建设中,充分考虑老年人需求,加强街道、社区"老年人生活圈"配套设施建设,着力改善老年人的生活环境。通过新建和资源整合,缓解老年生活基础设施不足的矛盾。利用公园、绿地、广场等公共空间,开辟老年人运动健身场所。

2. 完善涉老工程建设技术标准体系和实施监督制度。按照适应老龄化的要求,对现行老龄设施工程建设技术标准规范进行全面梳理、审定、修订和完善,在规划、设计、施工、监理、验收等各个环节加强技术标准的实施与监督,形成有效规范的约束机制。

3. 加快推进无障碍设施建设。突出高龄和失能老年人居家养老服务设施、环境的无障碍改造,推行无障碍进社区、进家庭。加快对居住小区、园林绿地、道路、建筑物等与老年人日常生活密切相关的设施无障碍改造步伐,方便老年人出行和参与社会生活。研究制定《无障碍环境建设条例》,继续开展全国无障碍建设城市创建工作。

4. 推动建设老年友好型城市和老年宜居社区。创新老年型社会新思维,树立老年友好环境建设和家庭发展的新理念。研究编制建设老年友好型城市、老年宜居社区指南,发挥典型示范作用。

(六)老龄产业。

1. 完善老龄产业政策。把老龄产业纳入经济社会发展总体规划,列入国家扶持行业目录。研究制定、落实引导和扶持老龄产业发展的信贷、投资等支持政策。鼓励社会资本投入老龄产业。引导老年人合理消费,培育壮大老年用品消费市场。

2. 促进老年用品、用具和服务产品开发。重视康复辅具、电子呼救等老年特需产品的研究开发。拓展适合老年人多样化需求的特色护理、家庭服务、健身休养、文化娱乐、金融理财等服务项目。培育一批生产老年用品、用具和提供老年服务的龙头企业,打造一批老龄产业知名品牌。

3. 加强老年旅游服务工作。积极开发符合老年需求、适合老年人年龄特点的旅游产品。完善旅游景区、宾馆饭店、旅游道路的老年服务设施建设。完善针对老年人旅游的导游讲解、线路安排等特色服务。规范老年人旅游服务市场秩序。

4. 引导老龄产业健康发展。研究制定老年产品用品质量标准,加强老龄产业市场监督管理。发挥老龄产业行业协会和中介组织的积极作用,加强信息服务和行业自律。疏通老龄产业发展融资渠道。

(七)老年人精神文化生活。

1. 加强老年教育工作。创新老年教育体制机制,探索老年教育新模式,丰富教学内容。加大对老年大学(学校)建设的财政投入,积极支持社会力量参与发展老年教育,扩大各级各类老年大学办学规模。充分发挥党支部、基层自治组织和老年群众组织的作用,做好新形势下老年思想教育工作。

2. 加强老年文化工作。加强农村文化设施建设,完善城市社区文化设施。鼓励创作老年题材的文艺作品,增加老年公共文化产品供给。鼓励和支持各级广播电台、电视台积极开设专栏,加大老年文化传播和老龄工作宣传力度。支持老年群众组织开展各种文化娱乐活动,丰富老年人的精神文化生活。

3. 加强老年体育健身工作。在城乡建设、旧城改造和社区建设中,要安排老年体育健身活动场所。加强老年体育组织建设,积极组织老年人参加全民健身活动。经常参加体育健身的老年人达到50%以上。举办第二届全国老年人体育健身大会。

4. 扩大老年人社会参与。注重开发老年人力资源,支持老年人以适当方式参与经济发展和社会公益活动。贯彻落实《中共中央办公厅国务院办公厅转发〈中央组织部、中央宣传部、中央统战部、人事部、科技部、劳动保障部、解放军总政治部、中国科协关于进一步发挥离退休专业技术人员作用的意见〉的通知》(中办发〔2005〕9号),健全政策措施,搭建服务平台,支持广大离退休专业技术人员更好地发挥作用。重视发挥老年人在社区服务、关心教育下一代、调解邻里纠纷和家庭矛盾、维护社会治安等方面的积极作用。不断探索"老有所为"的新形式,积极做好"银龄行动"组织工作,广泛开展老年志愿服务活动,老年志愿者数量达到老年人口的10%以上。

(八)老年社会管理。

1. 加强基层老龄工作机构和老年群众组织建设。各地要建立老龄工作委员会,城乡社区(村、居)要健全老龄工作机制。加强基层老年协会规范化建设，充分发挥老年人自我管理、自我教育、自我服务的积极作用。“十二五”期间，成立老年协会的城镇社区达到95%以上，农村社区（行政村）达到80%以上。

2. 做好离退休人员管理服务工作。充分利用社区资源面向全体老年人开展服务，切实把为离退休老年人服务工作纳入社区服务范围。推进街道（乡镇）、社区劳动保障工作平台建设，为退休人员提供方便、快捷、高效、优质的服务。“十二五”期末，纳入社区管理服务的企业退休人员比例达到80%以上。

（九）老年人权益保障。

1. 加强老龄法制建设。推进老年人权益保障法制化进程，做好修订《中华人民共和国老年人权益保障法》的相关工作，开展执法检查和普法教育，提高老年人权益保障法制化水平。

2. 健全老年维权机制。弘扬孝亲敬老美德，促进家庭和睦、代际和顺。加强弱势老年人社会保护工作，把高龄、孤独、空巢、失能和行为能力不健全的老年人列为社会维权服务重点对象。加强对养老机构服务质量的检查、监督，维护老年人的生活质量与生命尊严，杜绝歧视、虐待老年人现象。

3. 做好老年人法律服务工作。拓展老年人维权法律援助渠道，扩大法律援助覆盖面。重点在涉及老年人医疗、保险、救助、赡养、住房、婚姻等方面，为老年人提供及时、便利、高效、优质的法律服务。加大对侵害老年人权益案件的处理力度，切实保障老年人的合法权益。

4. 加强青少年尊老敬老的传统美德教育。在义务教育中，增加孝亲敬老教育内容，开展形式多样的尊老敬老社会实践活动，营造良好的校园文化环境。

（十）老龄科研。

1. 抓好重点科研项目。开展应对人口老龄化战略研究，制定国家老龄事业中长期发展规划。做好老年人生活状况追踪调查，开展区域性应对人口老龄化战略研究工作，为制定老龄政策提供决策依据。

2. 加强老龄学科教育和专业人才培养。按照老龄事业发展规划和重点发展领域，统筹部署职业教育、高等教育学科专业设置，培养技能型、应用型、复合型人才，做好人力资源支撑，服务老龄事业发展。

3. 推进信息化建设。建立老龄事业信息化协同推进机制，建立老龄信息采集、分析数据平台，健全城乡老年人生活状况跟踪监测系统。

（十一）老龄国际交流与合作。

广泛开展双边、多边国际交流，增进相互了解。积极发挥我国在国际老龄领域的重要影响，深化国际合作。密切跟踪联合国大会老龄问题工作组对建构老年人权利国际保护机制的动向，积极发挥作用，引导相关进程朝有利方向发展。积极研究借鉴国外应对人口老龄化理念和经验，做好联合国人口基金第七周期老龄项目。完成《国际老龄行动计划》在中国执行情况的检查评估。

四、保障措施

（一）加强组织领导。

各级政府要高度重视老龄问题，加

强老龄工作。把发展老龄事业纳入重要议事日程,列入经济社会发展总体规划,及时解决老龄工作中的矛盾和问题。健全党政主导、老龄委协调、部门尽责、社会参与、全民关怀的大老龄工作格局。

(二)加大改革创新力度。

进一步解放思想,坚持改革,在体制机制、政策制度、工作思路和发展模式等方面加大创新力度,围绕涉老社会保障制度的配套衔接、老龄事业投入机制、政府购买服务方式、老龄服务市场准入与日常监管、民办养老机构扶持政策、社区养老服务资源的综合开发利用、老龄社会组织规范化建设等比较突出的矛盾和问题,深入开展调查研究,逐步完善政策法规制度,创新体制机制。

(三)建立多元长效投入机制。

各级政府要根据经济发展状况和老龄工作实际,多渠道筹资,不断加大老龄事业投入。进一步完善实施促进老龄事业发展的税收政策,政策引导与体制创新并重,调动社会资本投入老龄事业的积极性。大力发展老龄慈善事业。

(四)加强人才队伍建设。

加强老龄工作队伍的思想建设、组织建设、作风建设和业务能力建设。加快养老服务业人才培养,特别是养老护理员、老龄产业管理人员的培养。根据国家职业标准,组织开展养老护理人员职业培训和职业资格认证工作。有条件的普通高校和职业学校,在相关专业开设老年学、老年护理学、老年心理学等课程。大力发展为老服务志愿者队伍和社会工作者队伍。

(五)建立监督检查评估机制。

本规划由全国老龄工作委员会负责协调、督促、检查有关部门执行,2015年对规划的执行情况进行全面评估。

养老机构管理办法

1. *2013年6月28日民政部令第49号公布*
2. *自2013年7月1日起施行*

第一章　总　　则

第一条　为了规范对养老机构的管理,促进养老事业健康发展,根据《中华人民共和国老年人权益保障法》和有关法律、行政法规,制定本办法。

第二条　本办法所称养老机构是指依照《养老机构设立许可办法》设立并依法办理登记的为老年人提供集中居住和照料服务的机构。

第三条　国务院民政部门负责全国养老机构的指导、监督和管理,县级以上地方人民政府民政部门负责本行政区域内养老机构的指导、监督和管理。其他有关部门依照职责分工对养老机构实施监督。

第四条　养老机构应当依法保障收住老年人的合法权益。

入住养老机构的老年人应当遵守养老机构的规章制度。

第五条　县级以上地方人民政府民政部门应当根据本级人民政府经济社会发展规划和相关规划,会同有关部门编制养老机构建设规划,并组织实施。

第六条　政府投资兴办的养老机构,应当优先保障孤老优抚对象和经济困难的孤寡、失能、高龄等老年人的服务需求。

第七条 民政部门应当会同有关部门采取措施，鼓励、支持企业事业单位、社会组织或者个人兴办、运营养老机构。

鼓励公民、法人或者其他组织为养老机构提供捐赠和志愿服务。

第八条 民政部门对在养老机构服务和管理工作中做出显著成绩的单位和个人，依照国家有关规定给予表彰和奖励。

第二章 服务内容

第九条 养老机构按照服务协议为收住的老年人提供生活照料、康复护理、精神慰藉、文化娱乐等服务。

第十条 养老机构提供的服务应当符合养老机构基本规范等有关国家标准或者行业标准和规范。

第十一条 养老机构为老年人提供服务，应当与接受服务的老年人或者其代理人签订服务协议。

服务协议应当载明下列事项：

（一）养老机构的名称、住所、法定代表人或者主要负责人、联系方式；

（二）老年人及其代理人和老年人指定的经常联系人的姓名、住址、身份证明、联系方式；

（三）服务内容和服务方式；

（四）收费标准以及费用支付方式；

（五）服务期限和地点；

（六）当事人的权利和义务；

（七）协议变更、解除与终止的条件；

（八）违约责任；

（九）意外伤害责任认定和争议解决方式；

（十）当事人协商一致的其他内容。

服务协议示范文本由国务院民政部门另行制定。

第十二条 养老机构应当提供满足老年人日常生活需求的吃饭、穿衣、如厕、洗澡、室内外活动等服务。

养老机构应当提供符合老年人居住条件的住房，并配备适合老年人安全保护要求的设施、设备及用具，定期对老年人活动场所和物品进行消毒和清洗。

养老机构提供的饮食应当符合卫生要求、有利于老年人营养平衡、符合民族风俗习惯。

第十三条 养老机构应当建立入院评估制度，做好老年人健康状况评估，并根据服务协议和老年人的生活自理能力，实施分级分类服务。

养老机构应当为老年人建立健康档案，组织定期体检，做好疾病预防工作。

养老机构可以通过设立医疗机构或者采取与周边医疗机构合作的方式，为老年人提供医疗服务。养老机构设立医疗机构的，应当依法取得医疗机构执业许可证，按照医疗机构管理相关法律法规进行管理。

第十四条 养老机构在老年人突发危重疾病时，应当及时通知代理人或者经常联系人并转送医疗机构救治；发现老年人为疑似传染病病人或者精神障碍患者时，应当依照传染病防治、精神卫生等相关法律法规的规定处理。

第十五条 养老机构应当根据需要为老

年人提供情绪疏导、心理咨询、危机干预等精神慰藉服务。

第十六条　养老机构应当开展适合老年人的文化、体育、娱乐活动，丰富老年人的精神文化生活。

养老机构开展文化、体育、娱乐活动时，应当为老年人提供必要的安全防护措施。

第三章　内部管理

第十七条　养老机构应当按照国家有关规定建立健全安全、消防、卫生、财务、档案管理等规章制度，制定服务标准和工作流程，并予以公开。

第十八条　养老机构应当配备与服务和运营相适应的工作人员，并依法与其签订聘用合同或者劳动合同。

养老机构中从事医疗、康复、社会工作等服务的专业技术人员，应当持有关部门颁发的专业技术等级证书上岗；养老护理人员应当接受专业技能培训，经考核合格后持证上岗。

养老机构应当定期组织工作人员进行职业道德教育和业务培训。

第十九条　养老机构应当依照其登记类型、经营性质、设施设备条件、管理水平、服务质量、护理等级等因素确定服务项目的收费标准。

养老机构应当在醒目位置公示各类服务项目收费标准和收费依据，并遵守国家和地方政府价格管理有关规定。

第二十条　养老机构应当按照国家有关规定接受、使用捐赠物资，接受志愿服务。

第二十一条　养老机构应当实行24小时值班，做好老年人安全保障工作。

第二十二条　养老机构应当依法履行消防安全职责，健全消防安全管理制度，实行消防工作责任制，配置、维护消防设施、器材，开展日常防火检查，定期组织灭火和应急疏散消防安全培训。

第二十三条　养老机构应当制定突发事件应急预案。

突发事件发生后，养老机构应当立即启动应急处理程序，根据突发事件应对管理职责分工向有关部门报告，并将应急处理结果报实施许可的民政部门和住所地民政部门。

第二十四条　鼓励养老机构投保责任保险，降低机构运营风险。

第二十五条　养老机构应当建立老年人信息档案，妥善保存相关原始资料。

养老机构应当保护老年人的个人信息。

第二十六条　养老机构应当经常听取老年人的意见和建议，发挥老年人对养老机构服务和管理的监督促进作用。

第二十七条　养老机构因变更或者终止等原因暂停、终止服务的，应当于暂停或者终止服务60日前，向实施许可的民政部门提交老年人安置方案，方案中应当明确收住老年人的数量、安置计划及实施日期等事项，经批准后方可实施。

民政部门应当自接到安置方案之日起20日内完成审核工作。

民政部门应当督促养老机构实施安置方案，并及时为其妥善安置老年人提供帮助。

第四章　监督检查

第二十八条　民政部门应当按照实施许

可权限,通过书面检查或者实地查验等方式对养老机构进行监督检查,并向社会公布检查结果。上级民政部门可以委托下级民政部门进行监督检查。

养老机构应当于每年3月31日之前向实施许可的民政部门提交上一年度的工作报告。年度工作报告内容包括服务范围、服务质量、运营管理等情况。

第二十九条 民政部门应当建立养老机构评估制度,定期对养老机构的人员、设施、服务、管理、信誉等情况进行综合评价。

养老机构评估工作可以委托第三方实施,评估结果应当向社会公布。

第三十条 民政部门应当定期开展养老服务行业统计工作,养老机构应当及时准确报送相关信息。

第三十一条 民政部门应当建立对养老机构管理的举报和投诉制度。

民政部门接到举报、投诉后,应当及时核实、处理。

第三十二条 上级民政部门应当加强对下级民政部门的指导和监督,及时纠正养老机构管理中的违规违法行为。

第五章 法律责任

第三十三条 养老机构有下列行为之一的,由实施许可的民政部门责令改正;情节严重的,处以3万元以下的罚款;构成犯罪的,依法追究刑事责任:

(一)未与老年人或者其代理人签订服务协议,或者协议不符合规定的;

(二)未按照国家有关标准和规定开展服务的;

(三)配备人员的资格不符合规定的;

(四)向负责监督检查的民政部门隐瞒有关情况、提供虚假材料或者拒绝提供反映其活动情况真实材料的;

(五)利用养老机构的房屋、场地、设施开展与养老服务宗旨无关的活动的;

(六)歧视、侮辱、虐待或遗弃老年人以及其他侵犯老年人合法权益行为的;

(七)擅自暂停或者终止服务的;

(八)法律、法规、规章规定的其他违法行为。

第三十四条 民政部门及其工作人员违反本办法有关规定,由上级行政机关责令改正;情节严重的,对直接负责的主管人员和其他责任人员依法给予行政处分;构成犯罪的,依法追究刑事责任。

第六章 附 则

第三十五条 国家对光荣院、农村五保供养服务机构等养老机构的管理有特别规定的,依照其规定办理。

第三十六条 本办法自2013年7月1日起施行。

中华人民共和国残疾人保障法

1. 1990年12月28日第七届全国人民代表大会常务委员会第十七次会议通过

2. 2008年4月24日第十一届全国人民代表大会常务委员会第二次会议修订

3. 根据2018年10月26日第十三届全国人民代表大会常务委员会第六次会议《关于修改〈中华人民共和国野生动物保护法〉等十五部法律的决定》修正

目 录

第一章 总　则

第一条 【立法目的和依据】为了维护残疾人的合法权益，发展残疾人事业，保障残疾人平等地充分参与社会生活，共享社会物质文化成果，根据宪法，制定本法。

第二条 【残疾人定义】残疾人是指在心理、生理、人体结构上，某种组织、功能丧失或者不正常，全部或者部分丧失以正常方式从事某种活动能力的人。

残疾人包括视力残疾、听力残疾、言语残疾、肢体残疾、智力残疾、精神残疾、多重残疾和其他残疾的人。

残疾标准由国务院规定。

第三条 【残疾人权利】残疾人在政治、经济、文化、社会和家庭生活等方面享有同其他公民平等的权利。

残疾人的公民权利和人格尊严受法律保护。

禁止基于残疾的歧视。禁止侮辱、侵害残疾人。禁止通过大众传播媒介或者其他方式贬低损害残疾人人格。

第四条 【对残疾人的特别扶助】国家采取辅助方法和扶持措施，对残疾人给予特别扶助，减轻或者消除残疾影响和外界障碍，保障残疾人权利的实现。

第五条 【经费保障】县级以上人民政府应当将残疾人事业纳入国民经济和社会发展规划，加强领导，综合协调，并将残疾人事业经费列入财政预算，建立稳定的经费保障机制。

国务院制定中国残疾人事业发展纲要，县级以上地方人民政府根据中国残疾人事业发展纲要，制定本行政区域的残疾人事业发展规划和年度计划，使残疾人事业与经济、社会协调发展。

县级以上人民政府负责残疾人工作的机构，负责组织、协调、指导、督促有关部门做好残疾人事业的工作。

各级人民政府和有关部门，应当密切联系残疾人，听取残疾人的意见，按照各自的职责，做好残疾人工作。

第六条 【保障残疾人参与管理国家事务和社会事务】国家采取措施，保障残疾人依照法律规定，通过各种途径和形式，管理国家事务，管理经济和文化事业，管理社会事务。

制定法律、法规、规章和公共政策，对涉及残疾人权益和残疾人事业的重大问题，应当听取残疾人和残疾人组织的意见。

残疾人和残疾人组织有权向各级国家机关提出残疾人权益保障、残疾人事业发展等方面的意见和建议。

第七条 【社会支持残疾人事业】全社会应当发扬人道主义精神，理解、尊重、关心、帮助残疾人，支持残疾人事业。

国家鼓励社会组织和个人为残疾人提供捐助和服务。

国家机关、社会团体、企业事业单位和城乡基层群众性自治组织，应当做好所属范围内的残疾人工作。

从事残疾人工作的国家工作人员

和其他人员，应当依法履行职责，努力为残疾人服务。

第八条 【残联组织】中国残疾人联合会及其地方组织，代表残疾人的共同利益，维护残疾人的合法权益，团结教育残疾人，为残疾人服务。

中国残疾人联合会及其地方组织依照法律、法规、章程或者接受政府委托，开展残疾人工作，动员社会力量，发展残疾人事业。

第九条 【对残疾人的扶养义务】残疾人的扶养人必须对残疾人履行扶养义务。

残疾人的监护人必须履行监护职责，尊重被监护人的意愿，维护被监护人的合法权益。

残疾人的亲属、监护人应当鼓励和帮助残疾人增强自立能力。

禁止对残疾人实施家庭暴力，禁止虐待、遗弃残疾人。

第十条 【残疾人的义务】国家鼓励残疾人自尊、自信、自强、自立，为社会主义建设贡献力量。

残疾人应当遵守法律、法规，履行应尽的义务，遵守公共秩序，尊重社会公德。

第十一条 【残疾预防工作】国家有计划地开展残疾预防工作，加强对残疾预防工作的领导，宣传、普及母婴保健和预防残疾的知识，建立健全出生缺陷预防和早期发现、早期治疗机制，针对遗传、疾病、药物、事故、灾害、环境污染和其他致残因素，组织和动员社会力量，采取措施，预防残疾的发生，减轻残疾程度。

国家建立健全残疾人统计调查制度，开展残疾人状况的统计调查和分析。

第十二条 【对残疾军人等的特别保障】国家和社会对残疾军人、因公致残人员以及其他为维护国家和人民利益致残的人员实行特别保障，给予抚恤和优待。

第十三条 【表彰和奖励】对在社会主义建设中做出显著成绩的残疾人，对维护残疾人合法权益、发展残疾人事业、为残疾人服务做出显著成绩的单位和个人，各级人民政府和有关部门给予表彰和奖励。

第十四条 【助残日】每年5月的第三个星期日为全国助残日。

第二章 康 复

第十五条 【康复服务】国家保障残疾人享有康复服务的权利。

各级人民政府和有关部门应当采取措施，为残疾人康复创造条件，建立和完善残疾人康复服务体系，并分阶段实施重点康复项目，帮助残疾人恢复或者补偿功能，增强其参与社会生活的能力。

第十六条 【康复工作的总体要求】康复工作应当从实际出发，将现代康复技术与我国传统康复技术相结合；以社区康复为基础，康复机构为骨干，残疾人家庭为依托；以实用、易行、受益广的康复内容为重点，优先开展残疾儿童抢救性治疗和康复；发展符合康复要求的科学技术，鼓励自主创新，加强康复新技术的研究、开发和应用，为残疾人提供有效的康复服务。

第十七条 【举办康复机构】各级人民政府鼓励和扶持社会力量兴办残疾人康

复机构。

地方各级人民政府和有关部门，应当组织和指导城乡社区服务组织、医疗预防保健机构、残疾人组织、残疾人家庭和其他社会力量，开展社区康复工作。

残疾人教育机构、福利性单位和其他为残疾人服务的机构，应当创造条件，开展康复训练活动。

残疾人在专业人员的指导和有关工作人员、志愿工作者及亲属的帮助下，应当努力进行功能、自理能力和劳动技能的训练。

第十八条 【开展康复医疗与训练】地方各级人民政府和有关部门应当根据需要有计划地在医疗机构设立康复医学科室，举办残疾人康复机构，开展康复医疗与训练、人员培训、技术指导、科学研究等工作。

第十九条 【培养康复专业人才】医学院校和其他有关院校应当有计划地开设康复课程，设置相关专业，培养各类康复专业人才。

政府和社会采取多种形式对从事康复工作的人员进行技术培训；向残疾人、残疾人亲属、有关工作人员和志愿工作者普及康复知识，传授康复方法。

第二十条 【残疾人辅助器具】政府有关部门应当组织和扶持残疾人康复器械、辅助器具的研制、生产、供应、维修服务。

第三章 教 育

第二十一条 【残疾人的教育权利】国家保障残疾人享有平等接受教育的权利。

各级人民政府应当将残疾人教育作为国家教育事业的组成部分，统一规划，加强领导，为残疾人接受教育创造条件。

政府、社会、学校应当采取有效措施，解决残疾儿童、少年就学存在的实际困难，帮助其完成义务教育。

各级人民政府对接受义务教育的残疾学生、贫困残疾人家庭的学生提供免费教科书，并给予寄宿生活费等费用补助；对接受义务教育以外其他教育的残疾学生、贫困残疾人家庭的学生按照国家有关规定给予资助。

第二十二条 【残疾人教育方针】残疾人教育，实行普及与提高相结合、以普及为重点的方针，保障义务教育，着重发展职业教育，积极开展学前教育，逐步发展高级中等以上教育。

第二十三条 【实施残疾人教育的要求】残疾人教育应当根据残疾人的身心特性和需要，按照下列要求实施：

（一）在进行思想教育、文化教育的同时，加强身心补偿和职业教育；

（二）依据残疾类别和接受能力，采取普通教育方式或者特殊教育方式；

（三）特殊教育的课程设置、教材、教学方法、入学和在校年龄，可以有适度弹性。

第二十四条 【设置残疾人教育机构】县级以上人民政府应当根据残疾人的数量、分布状况和残疾类别等因素，合理设置残疾人教育机构，并鼓励社会力量办学、捐资助学。

第二十五条 【普通教育机构的责任】普通教育机构对具有接受普通教育能力的残疾人实施教育，并为其学习提供便利和帮助。

普通小学、初级中等学校，必须招收能适应其学习生活的残疾儿童、少年入学；普通高级中等学校、中等职业学校和高等学校，必须招收符合国家规定的录取要求的残疾考生入学，不得因其残疾而拒绝招收；拒绝招收的，当事人或者其亲属、监护人可以要求有关部门处理，有关部门应当责令该学校招收。

普通幼儿教育机构应当接收能适应其生活的残疾幼儿。

第二十六条　【特殊教育机构的责任】残疾幼儿教育机构、普通幼儿教育机构附设的残疾儿童班、特殊教育机构的学前班、残疾儿童福利机构、残疾儿童家庭，对残疾儿童实施学前教育。

初级中等以下特殊教育机构和普通教育机构附设的特殊教育班，对不具有接受普通教育能力的残疾儿童、少年实施义务教育。

高级中等以上特殊教育机构、普通教育机构附设的特殊教育班和残疾人职业教育机构，对符合条件的残疾人实施高级中等以上文化教育、职业教育。

提供特殊教育的机构应当具备适合残疾人学习、康复、生活特点的场所和设施。

第二十七条　【对残疾人的职业教育和培训】政府有关部门、残疾人所在单位和有关社会组织应当对残疾人开展扫除文盲、职业培训、创业培训和其他成人教育，鼓励残疾人自学成才。

第二十八条　【特殊教育师资的培养】国家有计划地举办各级各类特殊教育师范院校、专业，在普通师范院校附设特殊教育班，培养、培训特殊教育师资。普通师范院校开设特殊教育课程或者讲授有关内容，使普通教师掌握必要的特殊教育知识。

特殊教育教师和手语翻译，享受特殊教育津贴。

第二十九条　【扶持盲文、手语的研究和应用】政府有关部门应当组织和扶持盲文、手语的研究和应用，特殊教育教材的编写和出版，特殊教育教学用具及其他辅助用品的研制、生产和供应。

第四章　劳动就业

第三十条　【残疾人劳动的权利】国家保障残疾人劳动的权利。

各级人民政府应当对残疾人劳动就业统筹规划，为残疾人创造劳动就业条件。

第三十一条　【残疾人劳动就业的方针】残疾人劳动就业，实行集中与分散相结合的方针，采取优惠政策和扶持保护措施，通过多渠道、多层次、多种形式，使残疾人劳动就业逐步普及、稳定、合理。

第三十二条　【集中残疾人就业】政府和社会举办残疾人福利企业、盲人按摩机构和其他福利性单位，集中安排残疾人就业。

第三十三条　【按比例安排残疾人就业】国家实行按比例安排残疾人就业制度。

国家机关、社会团体、企业事业单位、民办非企业单位应当按照规定的比例安排残疾人就业，并为其选择适当的工种和岗位。达不到规定比例的，按照国家有关规定履行保障残疾人就业义务。国家鼓励用人单位超过规定比例安排残疾人就业。

残疾人就业的具体办法由国务院规定。

第三十四条 **【鼓励残疾人自主创业】**国家鼓励和扶持残疾人自主择业、自主创业。

第三十五条 **【扶持农村残疾人的生产劳动】**地方各级人民政府和农村基层组织,应当组织和扶持农村残疾人从事种植业、养殖业、手工业和其他形式的生产劳动。

第三十六条 **【扶持残疾人就业的优惠措施】**国家对安排残疾人就业达到、超过规定比例或者集中安排残疾人就业的用人单位和从事个体经营的残疾人,依法给予税收优惠,并在生产、经营、技术、资金、物资、场地等方面给予扶持。国家对从事个体经营的残疾人,免除行政事业性收费。

县级以上地方人民政府及其有关部门应当确定适合残疾人生产、经营的产品、项目,优先安排残疾人福利性单位生产或者经营,并根据残疾人福利性单位的生产特点确定某些产品由其专产。

政府采购,在同等条件下应当优先购买残疾人福利性单位的产品或者服务。

地方各级人民政府应当开发适合残疾人就业的公益性岗位。

对申请从事个体经营的残疾人,有关部门应当优先核发营业执照。

对从事各类生产劳动的农村残疾人,有关部门应当在生产服务、技术指导、农用物资供应、农副产品购销和信贷等方面,给予帮助。

第三十七条 **【公共就业服务机构对残疾人就业的服务】**政府有关部门设立的公共就业服务机构,应当为残疾人免费提供就业服务。

残疾人联合会举办的残疾人就业服务机构,应当组织开展免费的职业指导、职业介绍和职业培训,为残疾人就业和用人单位招用残疾人提供服务和帮助。

第三十八条 **【保障残疾人的劳动权利】**国家保护残疾人福利性单位的财产所有权和经营自主权,其合法权益不受侵犯。

在职工的招用、转正、晋级、职称评定、劳动报酬、生活福利、休息休假、社会保险等方面,不得歧视残疾人。

残疾职工所在单位应当根据残疾职工的特点,提供适当的劳动条件和劳动保护,并根据实际需要对劳动场所、劳动设备和生活设施进行改造。

国家采取措施,保障盲人保健和医疗按摩人员从业的合法权益。

第三十九条 **【对残疾职工的技术培训】**残疾职工所在单位应当对残疾职工进行岗位技术培训,提高其劳动技能和技术水平。

第四十条 **【不得强迫残疾人劳动】**任何单位和个人不得以暴力、威胁或者非法限制人身自由的手段强迫残疾人劳动。

第五章 文化生活

第四十一条 **【残疾人的文化生活权利】**国家保障残疾人享有平等参与文化生活的权利。

各级人民政府和有关部门鼓励、帮助残疾人参加各种文化、体育、娱乐活动,积极创造条件,丰富残疾人精神文化生活。

第四十二条 **【开展残疾人文体活动的要

求】残疾人文化、体育、娱乐活动应当面向基层,融于社会公共文化生活,适应各类残疾人的不同特点和需要,使残疾人广泛参与。

第四十三条 【丰富残疾人精神文化生活的措施】政府和社会采取下列措施,丰富残疾人的精神文化生活:

(一)通过广播、电影、电视、报刊、图书、网络等形式,及时宣传报道残疾人的工作、生活等情况,为残疾人服务;

(二)组织和扶持盲文读物、盲人有声读物及其他残疾人读物的编写和出版,根据盲人的实际需要,在公共图书馆设立盲文读物、盲人有声读物图书室;

(三)开办电视手语节目,开办残疾人专题广播栏目,推进电视栏目、影视作品加配字幕、解说;

(四)组织和扶持残疾人开展群众性文化、体育、娱乐活动,举办特殊艺术演出和残疾人体育运动会,参加国际性比赛和交流;

(五)文化、体育、娱乐和其他公共活动场所,为残疾人提供方便和照顾。有计划地兴办残疾人活动场所。

第四十四条 【鼓励残疾人进行创造性劳动】政府和社会鼓励、帮助残疾人从事文学、艺术、教育、科学、技术和其他有益于人民的创造性劳动。

第四十五条 【倡导助残的社会风尚】政府和社会促进残疾人与其他公民之间的相互理解和交流,宣传残疾人事业和扶助残疾人的事迹,弘扬残疾人自强不息的精神,倡导团结、友爱、互助的社会风尚。

第六章 社会保障

第四十六条 【残疾人享有社会保障的权利】国家保障残疾人享有各项社会保障的权利。

政府和社会采取措施,完善对残疾人的社会保障,保障和改善残疾人的生活。

第四十七条 【残疾人按照规定参加社会保险】残疾人及其所在单位应当按照国家有关规定参加社会保险。

残疾人所在城乡基层群众性自治组织、残疾人家庭,应当鼓励、帮助残疾人参加社会保险。

对生活确有困难的残疾人,按照国家有关规定给予社会保险补贴。

第四十八条 【对残疾人的社会救助】各级人民政府对生活确有困难的残疾人,通过多种渠道给予生活、教育、住房和其他社会救助。

县级以上地方人民政府对享受最低生活保障待遇后生活仍有特别困难的残疾人家庭,应当采取其他措施保障其基本生活。

各级人民政府对贫困残疾人的基本医疗、康复服务、必要的辅助器具的配置和更换,应当按照规定给予救助。

对生活不能自理的残疾人,地方各级人民政府应当根据情况给予护理补贴。

第四十九条 【对残疾人的供养】地方各级人民政府对无劳动能力、无扶养人或者扶养人不具有扶养能力、无生活来源的残疾人,按照规定予以供养。

国家鼓励和扶持社会力量举办残疾人供养、托养机构。

残疾人供养、托养机构及其工作人

员不得侮辱、虐待、遗弃残疾人。

第五十条 【对残疾人搭乘公共交通工具等给予便利和优惠】县级以上人民政府对残疾人搭乘公共交通工具，应当根据实际情况给予便利和优惠。残疾人可以免费携带随身必备的辅助器具。

盲人持有效证件免费乘坐市内公共汽车、电车、地铁、渡船等公共交通工具。盲人读物邮件免费寄递。

国家鼓励和支持提供电信、广播电视服务的单位对盲人、听力残疾人、言语残疾人给予优惠。

各级人民政府应当逐步增加对残疾人的其他照顾和扶助。

第五十一条 【鼓励和发展残疾人慈善事业】政府有关部门和残疾人组织应当建立和完善社会各界为残疾人捐助和服务的渠道，鼓励和支持发展残疾人慈善事业，开展志愿者助残等公益活动。

第七章 无障碍环境

第五十二条 【为残疾人创造无障碍环境】国家和社会应当采取措施，逐步完善无障碍设施，推进信息交流无障碍，为残疾人平等参与社会生活创造无障碍环境。

各级人民政府应当对无障碍环境建设进行统筹规划，综合协调，加强监督管理。

第五十三条 【无障碍设施的建设和改造】无障碍设施的建设和改造，应当符合残疾人的实际需要。

新建、改建和扩建建筑物、道路、交通设施等，应当符合国家有关无障碍设施工程建设标准。

各级人民政府和有关部门应当按照国家无障碍设施工程建设规定，逐步推进已建成设施的改造，优先推进与残疾人日常工作、生活密切相关的公共服务设施的改造。

对无障碍设施应当及时维修和保护。

第五十四条 【信息交流无障碍】国家采取措施，为残疾人信息交流无障碍创造条件。

各级人民政府和有关部门应当采取措施，为残疾人获取公共信息提供便利。

国家和社会研制、开发适合残疾人使用的信息交流技术和产品。

国家举办的各类升学考试、职业资格考试和任职考试，有盲人参加的，应当为盲人提供盲文试卷、电子试卷或者由专门的工作人员予以协助。

第五十五条 【为残疾人提供无障碍服务】公共服务机构和公共场所应当创造条件，为残疾人提供语音和文字提示、手语、盲文等信息交流服务，并提供优先服务和辅助性服务。

公共交通工具应当逐步达到无障碍设施的要求。有条件的公共停车场应当为残疾人设置专用停车位。

第五十六条 【为残疾人选举提供便利】组织选举的部门应当为残疾人参加选举提供便利；有条件的，应当为盲人提供盲文选票。

第五十七条 【无障碍辅助设备的研制和开发】国家鼓励和扶持无障碍辅助设备、无障碍交通工具的研制和开发。

第五十八条 【导盲犬出入公共场所】盲人携带导盲犬出入公共场所，应当遵守国家有关规定。

第八章 法律责任

第五十九条 【残疾人组织的维权职责】 残疾人的合法权益受到侵害的，可以向残疾人组织投诉，残疾人组织应当维护残疾人的合法权益，有权要求有关部门或者单位查处。有关部门或者单位应当依法查处，并予以答复。

残疾人组织对残疾人通过诉讼维护其合法权益需要帮助的，应当给予支持。

残疾人组织对侵害特定残疾人群体利益的行为，有权要求有关部门依法查处。

第六十条 【残疾人权益受侵害的救济渠道】 残疾人的合法权益受到侵害的，有权要求有关部门依法处理，或者依法向仲裁机构申请仲裁，或者依法向人民法院提起诉讼。

对有经济困难或者其他原因确需法律援助或者司法救助的残疾人，当地法律援助机构或者人民法院应当给予帮助，依法为其提供法律援助或者司法救助。

第六十一条 【国家工作人员的法律责任】 违反本法规定，对侵害残疾人权益行为的申诉、控告、检举，推诿、拖延、压制不予查处，或者对提出申诉、控告、检举的人进行打击报复的，由其所在单位、主管部门或者上级机关责令改正，并依法对直接负责的主管人员和其他直接责任人员给予处分。

国家工作人员未依法履行职责，对侵害残疾人权益的行为未及时制止或者未给予受害残疾人必要帮助，造成严重后果的，由其所在单位或者上级机关依法对直接负责的主管人员和其他直接责任人员给予处分。

第六十二条 【通过大众传播媒介损害残疾人人格的法律责任】 违反本法规定，通过大众传播媒介或者其他方式贬低损害残疾人人格的，由文化、广播电视、电影、新闻出版或者其他有关主管部门依据各自的职权责令改正，并依法给予行政处罚。

第六十三条 【有关教育机构的法律责任】 违反本法规定，有关教育机构拒不接收残疾学生入学，或者在国家规定的录取要求以外附加条件限制残疾学生就学的，由有关主管部门责令改正，并依法对直接负责的主管人员和其他直接责任人员给予处分。

第六十四条 【歧视残疾人劳动者的法律责任】 违反本法规定，在职工的招用等方面歧视残疾人的，由有关主管部门责令改正；残疾人劳动者可以依法向人民法院提起诉讼。

第六十五条 【供养、托养机构及其工作人员的法律责任】 违反本法规定，供养、托养机构及其工作人员侮辱、虐待、遗弃残疾人的，对直接负责的主管人员和其他直接责任人员依法给予处分；构成违反治安管理行为的，依法给予行政处罚。

第六十六条 【违反无障碍设施管理的法律责任】 违反本法规定，新建、改建和扩建建筑物、道路、交通设施，不符合国家有关无障碍设施工程建设标准，或者对无障碍设施未进行及时维修和保护造成后果的，由有关主管部门依法处理。

第六十七条 【综合性法律责任】 违反本法规定，侵害残疾人的合法权益，其他法律、法规规定行政处罚的，从其规定；

造成财产损失或者其他损害的，依法承担民事责任；构成犯罪的，依法追究刑事责任。

第九章　附　　则

第六十八条　【施行日期】本法自2008年7月1日起施行。

伤残抚恤管理办法

1. 2007年7月31日民政部令第34号公布
2. 根据2013年7月5日民政部令第50号《关于修改〈伤残抚恤管理办法〉的决定》第一次修订
3. 根据2019年12月16日退役军人事务部令第1号第二次修订

第一章　总　　则

第一条　为了规范和加强退役军人事务部门管理的伤残抚恤工作，根据《军人抚恤优待条例》等法规，制定本办法。

第二条　本办法适用于符合下列情况的中国公民：

（一）在服役期间因战因公致残退出现役的军人，在服役期间因病评定了残疾等级退出现役的残疾军人；

（二）因战因公负伤时为行政编制的人民警察；

（三）因参战、参加军事演习、军事训练和执行军事勤务致残的预备役人员、民兵、民工以及其他人员；

（四）为维护社会治安同违法犯罪分子进行斗争致残的人员；

（五）为抢救和保护国家财产、人民生命财产致残的人员；

（六）法律、行政法规规定应当由退役军人事务部门负责伤残抚恤的其他人员。

前款所列第（三）、第（四）、第（五）项人员根据《工伤保险条例》应当认定视同工伤的，不再办理因战、因公伤残抚恤。

第三条　本办法第二条所列人员符合《军人抚恤优待条例》及有关政策中因战因公致残规定的，可以认定因战因公致残；个人对导致伤残的事件和行为负有过错责任的，以及其他不符合因战因公致残情形的，不得认定为因战因公致残。

第四条　伤残抚恤工作应当遵循公开、公平、公正的原则。县级人民政府退役军人事务部门应当公布有关评残程序和抚恤金标准。

第二章　残疾等级评定

第五条　评定残疾等级包括新办评定残疾等级、补办评定残疾等级、调整残疾等级。

新办评定残疾等级是指对本办法第二条第一款第（一）项以外的人员认定因战因公残疾性质，评定残疾等级。补办评定残疾等级是指对现役军人因战因公致残未能及时评定残疾等级，在退出现役后依据《军人抚恤优待条例》的规定，认定因战因公残疾性质、评定残疾等级。调整残疾等级是指对已经评定残疾等级，因原致残部位残疾情况变化与原评定的残疾等级明显不符的人员调整残疾等级级别，对达不到最低评残标准的可以取消其残疾等级。

属于新办评定残疾等级的，申请人应当在因战因公负伤或者被诊断、鉴定为职业病3年内提出申请；属于调整残疾等级的，应当在上一次评定残疾等级1年后提出申请。

第六条 申请人（精神病患者由其利害关系人帮助申请，下同）申请评定残疾等级，应当向所在单位提出书面申请。申请人所在单位应及时审查评定残疾等级申请，出具书面意见并加盖单位公章，连同相关材料一并报送户籍地县级人民政府退役军人事务部门审查。

没有工作单位的或者以原致残部位申请评定残疾等级的，可以直接向户籍地县级人民政府退役军人事务部门提出申请。

第七条 申请人申请评定残疾等级，应当提供以下真实确切材料：书面申请，身份证或者居民户口簿复印件，退役军人证（退役军人登记表）、人民警察证等证件复印件，本人近期二寸免冠彩色照片。

申请新办评定残疾等级，应当提交致残经过证明和医疗诊断证明。致残经过证明应包括相关职能部门提供的执行公务证明，交通事故责任认定书、调解协议书、民事判决书、医疗事故鉴定书等证明材料；抢救和保护国家财产、人民生命财产致残或者为维护社会治安同犯罪分子斗争致残证明；统一组织参战、参加军事演习、军事训练和执行军事勤务的证明材料。医疗诊断证明应包括加盖出具单位相关印章的门诊病历原件、住院病历复印件及相关检查报告。

申请补办评定残疾等级，应当提交因战因公致残档案记载或者原始医疗证明。档案记载是指本人档案中所在部队作出的涉及本人负伤原始情况、治疗情况及善后处理情况等确切书面记载。职业病致残需提供有直接从事该职业病相关工作经历的记载。医疗事故致残需提供军队后勤卫生机关出具的医疗事故鉴定结论。原始医疗证明是指原所在部队体系医院出具的能说明致残原因、残疾情况的病情诊断书、出院小结或者门诊病历原件、加盖出具单位相关印章的住院病历复印件。

申请调整残疾等级，应当提交近6个月内在二级甲等以上医院的就诊病历及医院检查报告、诊断结论等。

第八条 县级人民政府退役军人事务部门对报送的有关材料进行核对，对材料不全或者材料不符合法定形式的应当告知申请人补充材料。

县级人民政府退役军人事务部门经审查认为申请人符合因战因公负伤条件的，在报经设区的市级人民政府以上退役军人事务部门审核同意后，应当填写《残疾等级评定审批表》，并在受理之日起20个工作日内，签发《受理通知书》，通知本人到设区的市级人民政府以上退役军人事务部门指定的医疗卫生机构，对属于因战因公导致的残疾情况进行鉴定，由医疗卫生专家小组根据《军人残疾等级评定标准》，出具残疾等级医学鉴定意见。职业病的残疾情况鉴定由省级人民政府退役军人事务部门指定的承担职业病诊断的医疗卫生机构作出；精神病的残疾情况鉴定由省级人民政府退役军人事务部门指定的二级以上精神病专科医院作出。

县级人民政府退役军人事务部门依据医疗卫生专家小组出具的残疾等级医学鉴定意见对申请人拟定残疾等

级，在《残疾等级评定审批表》上签署意见，加盖印章，连同其他申请材料，于收到医疗卫生专家小组签署意见之日起20个工作日内，一并报送设区的市级人民政府退役军人事务部门。

县级人民政府退役军人事务部门对本办法第二条第一款第（一）项人员，经审查认为不符合因战因公负伤条件的，或者经医疗卫生专家小组鉴定达不到补评或者调整残疾等级标准的，应当根据《军人抚恤优待条例》相关规定逐级上报省级人民政府退役军人事务部门。对本办法第二条第一款第（一）项以外的人员，经审查认为不符合因战因公负伤条件的，或者经医疗卫生专家小组鉴定达不到新评或者调整残疾等级标准的，应当填写《残疾等级评定结果告知书》，连同申请人提供的材料，退还申请人或者所在单位。

第九条 设区的市级人民政府退役军人事务部门对报送的材料审查后，在《残疾等级评定审批表》上签署意见，并加盖印章。

对符合条件的，于收到材料之日起20个工作日内，将上述材料报送省级人民政府退役军人事务部门。对不符合条件的，属于本办法第二条第一款第（一）项人员，根据《军人抚恤优待条例》相关规定上报省级人民政府退役军人事务部门；属于本办法第二条第一款第（一）项以外的人员，填写《残疾等级评定结果告知书》，连同申请人提供的材料，逐级退还申请人或者其所在单位。

第十条 省级人民政府退役军人事务部门对报送的材料初审后，认为符合条件的，逐级通知县级人民政府退役军人事务部门对申请人的评残情况进行公示。公示内容应当包括致残的时间、地点、原因、残疾情况（涉及隐私或者不宜公开的不公示）、拟定的残疾等级以及县级退役军人事务部门联系方式。公示应当在申请人工作单位所在地或者居住地进行，时间不少于7个工作日。县级人民政府退役军人事务部门应当对公示中反馈的意见进行核实并签署意见，逐级上报省级人民政府退役军人事务部门，对调整等级的应当将本人持有的伤残人员证一并上报。

省级人民政府退役军人事务部门应当对公示的意见进行审核，在《残疾等级评定审批表》上签署审批意见，加盖印章。对符合条件的，办理伤残人员证（调整等级的，在证件变更栏处填写新等级），于公示结束之日起60个工作日内逐级发给申请人或者其所在单位。对不符合条件的，填写《残疾等级评定结果告知书》，连同申请人提供的材料，于收到材料之日或者公示结束之日起60个工作日内逐级退还申请人或者其所在单位。

第十一条 申请人或者退役军人事务部门对医疗卫生专家小组作出的残疾等级医学鉴定意见有异议的，可以到省级人民政府退役军人事务部门指定的医疗卫生机构重新进行鉴定。

省级人民政府退役军人事务部门可以成立医疗卫生专家小组，对残疾情况与应当评定的残疾等级提出评定意见。

第十二条 伤残人员以军人、人民警察或者其他人员不同身份多次致残的，退役军人事务部门按上述顺序只发给一种证件,并在伤残证件变更栏上注明再次致残的时间和性质,以及合并评残后的等级和性质。

致残部位不能合并评残的,可以先对各部位分别评残。等级不同的,以重者定级;两项(含)以上等级相同的,只能晋升一级。

多次致残的伤残性质不同的,以等级重者定性。等级相同的,按因战、因公、因病的顺序定性。

第三章 伤残证件和档案管理

第十三条 伤残证件的发放种类:

(一)退役军人在服役期间因战因公因病致残的,发给《中华人民共和国残疾军人证》;

(二)人民警察因战因公致残的,发给《中华人民共和国伤残人民警察证》;

(三)退出国家综合性消防救援队伍的人员在职期间因战因公因病致残的,发给《中华人民共和国残疾消防救援人员证》;

(四)因参战、参加军事演习、军事训练和执行军事勤务致残的预备役人员、民兵、民工以及其他人员,发给《中华人民共和国伤残预备役人员、伤残民兵民工证》;

(五)其他人员因公致残的,发给《中华人民共和国因公伤残人员证》。

第十四条 伤残证件由国务院退役军人事务部门统一制作。证件的有效期:15周岁以下为5年,16–25周岁为10年,26–45周岁为20年,46周岁以上为长期。

第十五条 伤残证件有效期满或者损毁、遗失的,证件持有人应当到县级人民政府退役军人事务部门申请换发证件或者补发证件。伤残证件遗失的须本人登报声明作废。

县级人民政府退役军人事务部门经审查认为符合条件的,填写《伤残人员换证补证审批表》,连同照片逐级上报省级人民政府退役军人事务部门。省级人民政府退役军人事务部门将新办理的伤残证件逐级通过县级人民政府退役军人事务部门发给申请人。各级退役军人事务部门应当在20个工作日内完成本级需要办理的事项。

第十六条 伤残人员前往我国香港特别行政区、澳门特别行政区、台湾地区定居或者其他国家和地区定居前,应当向户籍地(或者原户籍地)县级人民政府退役军人事务部门提出申请,由户籍地(或者原户籍地)县级人民政府退役军人事务部门在变更栏内注明变更内容。对需要换发新证的,“身份证号”处填写定居地的居住证件号码。“户籍地”为国内抚恤关系所在地。

第十七条 伤残人员死亡的,其家属或者利害关系人应及时告知伤残人员户籍地县级人民政府退役军人事务部门,县级人民政府退役军人事务部门应当注销其伤残证件,并逐级上报省级人民政府退役军人事务部门备案。

第十八条 退役军人事务部门对申报和审批的各种材料、伤残证件应当有登记手续。送达的材料或者证件,均须挂号邮寄或者由申请人签收。

第十九条 县级人民政府退役军人事务部门应当建立伤残人员资料档案,一人一档，长期保存。

第四章　伤残抚恤关系转移

第二十条　残疾军人退役或者向政府移交，必须自军队办理了退役手续或者移交手续后60日内，向户籍迁入地的县级人民政府退役军人事务部门申请转入抚恤关系。退役军人事务部门必须进行审查、登记、备案。审查的材料有：《户口登记簿》、《残疾军人证》、军队相关部门监制的《军人残疾等级评定表》、《换领〈中华人民共和国残疾军人证〉申报审批表》、退役证件或者移交政府安置的相关证明。

县级人民政府退役军人事务部门应当对残疾军人残疾情况及有关材料进行审查，必要时可以复查鉴定残疾情况。认为符合条件的，将《残疾军人证》及有关材料逐级报送省级人民政府退役军人事务部门。省级人民政府退役军人事务部门审查无误的，在《残疾军人证》变更栏内填写新的户籍地、重新编号，并加盖印章，将《残疾军人证》逐级通过县级人民政府退役军人事务部门发还申请人。各级退役军人事务部门应当在20个工作日内完成本级需要办理的事项。如复查、鉴定残疾情况的可以适当延长工作日。

《军人残疾等级评定表》或者《换领〈中华人民共和国残疾军人证〉申报审批表》记载的残疾情况与残疾等级明显不符的，县级退役军人事务部门应当暂缓登记，逐级上报省级人民政府退役军人事务部门通知原审批机关更正，或者按复查鉴定的残疾情况重新评定残疾等级。伪造、变造《残疾军人证》和评残材料的，县级人民政府退役军人事务部门收回《残疾军人证》不予登记，并移交当地公安机关处理。

第二十一条　伤残人员跨省迁移户籍时，应同步转移伤残抚恤关系，迁出地的县级人民政府退役军人事务部门根据伤残人员申请及其伤残证件和迁入地户口簿，将伤残档案、迁入地户口簿复印件以及《伤残人员关系转移证明》，发送迁入地县级人民政府退役军人事务部门，并同时将此信息逐级上报本省级人民政府退役军人事务部门。

迁入地县级人民政府退役军人事务部门在收到上述材料和申请人提供的伤残证件后，逐级上报省级人民政府退役军人事务部门。省级人民政府退役军人事务部门在向迁出地省级人民政府退役军人事务部门核实无误后，在伤残证件变更栏内填写新的户籍地、重新编号，并加盖印章，逐级通过县级人民政府退役军人事务部门发还申请人。各级退役军人事务部门应当在20个工作日内完成本级需要办理的事项。

迁出地退役军人事务部门邮寄伤残档案时，应当将伤残证件及其军队或者地方相关的评残审批表或者换证表复印备查。

第二十二条　伤残人员本省、自治区、直辖市范围内迁移的有关手续，由省、自治区、直辖市人民政府退役军人事务部门规定。

第五章　抚恤金发放

第二十三条　伤残人员从被批准残疾等级评定后的下一个月起，由户籍地县级人民政府退役军人事务部门按照规定予以抚恤。伤残人员抚恤关系转移的，其当年的抚恤金由部队或者迁出地的退役军人事务部门负责发给，从下一年起由迁入地退役军人事务部门按当地标准发给。由于申请人原因造成抚恤金断发的，不再补发。

第二十四条　在境内异地（指非户籍地）居住的伤残人员或者前往我国香港特别行政区、澳门特别行政区、台湾地区定居或者其他国家和地区定居的伤残人员，经向其户籍地（或者原户籍地）县级人民政府退役军人事务部门申请并办理相关手续后，其伤残抚恤金可以委托他人代领，也可以委托其户籍地（或者原户籍地）县级人民政府退役军人事务部门存入其指定的金融机构账户，所需费用由本人负担。

第二十五条　伤残人员本人（或者其家属）每年应当与其户籍地（或者原户籍地）的县级人民政府退役军人事务部门联系一次，通过见面、人脸识别等方式确认伤残人员领取待遇资格。当年未联系和确认的，县级人民政府退役军人事务部门应当经过公告或者通知本人或者其家属及时联系、确认；经过公告或者通知本人或者其家属后60日内仍未联系、确认的，从下一个月起停发伤残抚恤金和相关待遇。

伤残人员（或者其家属）与其户籍地（或者原户籍地）退役军人事务部门重新确认伤残人员领取待遇资格后，从下一个月起恢复发放伤残抚恤金和享受相关待遇，停发的抚恤金不予补发。

第二十六条　伤残人员变更国籍、被取消残疾等级或者死亡的，从变更国籍、被取消残疾等级或者死亡后的下一个月起停发伤残抚恤金和相关待遇，其伤残人员证件自然失效。

第二十七条　有下列行为之一的，由县级人民政府退役军人事务部门给予警告，停止其享受的抚恤、优待，追回非法所得；构成犯罪的，依法追究刑事责任：

（一）伪造残情的；

（二）冒领抚恤金的；

（三）骗取医药费等费用的；

（四）出具假证明，伪造证件、印章骗取抚恤金和相关待遇的。

第二十八条　县级人民政府退役军人事务部门依据人民法院生效的法律文书、公安机关发布的通缉令或者国家有关规定，对具有中止抚恤、优待情形的伤残人员，决定中止抚恤、优待，并通知本人或者其家属、利害关系人。

第二十九条　中止抚恤的伤残人员在刑满释放并恢复政治权利、取消通缉或者符合国家有关规定后，经本人（精神病患者由其利害关系人）申请，并经县级退役军人事务部门审查符合条件的，从审核确认的下一个月起恢复抚恤和相关待遇，原停发的抚恤金不予补发。办理恢复抚恤手续应当提供下列材料：本人申请、户口登记簿、司法机关的相关证明。需要重新办证的，按照证件丢失规定办理。

第六章　附　　则

第三十条　本办法适用于中国人民武装警察部队。

第三十一条　因战因公致残的深化国防和军队改革期间部队现役干部转改的文职人员，因参加军事训练、非战争军事行动和作战支援保障任务致残的其他文职人员，因战因公致残消防救援人员、因病致残评定了残疾等级的消防救援人员，退出军队或国家综合性消防救援队伍后的伤残抚恤管理参照退出现役的残疾军人有关规定执行。

第三十二条 未列入行政编制的人民警察，参照本办法评定伤残等级，其伤残抚恤金由所在单位按规定发放。?

第三十三条 省级人民政府退役军人事务部门可以根据本地实际情况，制定具体工作细则。

第三十四条 本办法自2007年8月1日起施行。

附件：1. 受理通知书（略）
2. 残疾等级评定审批表（略）
3. 残疾等级评定结果告知书（略）
4. 伤残人员换证补证审批表（略）
5. 伤残人员关系转移证明（略）
6. 评定残疾情况公示书（略）

农村五保供养工作条例

1. 2006年1月21日国务院令第456号公布
2. 自2006年3月1日起施行

第一章 总 则

第一条 为了做好农村五保供养工作，保障农村五保供养对象的正常生活，促进农村社会保障制度的发展，制定本条例。

第二条 本条例所称农村五保供养，是指依照本条例规定，在吃、穿、住、医、葬方面给予村民的生活照顾和物质帮助。

第三条 国务院民政部门主管全国的农村五保供养工作；县级以上地方各级人民政府民政部门主管本行政区域内的农村五保供养工作。

乡、民族乡、镇人民政府管理本行政区域内的农村五保供养工作。

村民委员会协助乡、民族乡、镇人民政府开展农村五保供养工作。

第四条 国家鼓励社会组织和个人为农村五保供养对象和农村五保供养工作提供捐助和服务。

第五条 国家对在农村五保供养工作中做出显著成绩的单位和个人，给予表彰和奖励。

第二章 供养对象

第六条 老年、残疾或者未满16周岁的村民，无劳动能力、无生活来源又无法定赡养、抚养、扶养义务人，或者其法定赡养、抚养、扶养义务人无赡养、抚养、扶养能力的，享受农村五保供养待遇。

第七条 享受农村五保供养待遇，应当由村民本人向村民委员会提出申请；因年幼或者智力残疾无法表达意愿的，由村民小组或者其他村民代为提出申请。经村民委员会民主评议，对符合本条例第六条规定条件的，在本村范围内公告；无重大异议的，由村民委员会将评议意见和有关材料报送乡、民族乡、镇人民政府审核。

乡、民族乡、镇人民政府应当自收到评议意见之日起20日内提出审核意见，并将审核意见和有关材料报送县级人民政府民政部门审批。县级人民政府民政部门应当自收到审核意见和有关材料之日起20日内作出审批决定。对批准给予农村五保供养待遇的，发给《农村五保供养证书》；对不符合条件不予批准的，应当书面说明理由。

乡、民族乡、镇人民政府应当对申请人的家庭状况和经济条件进行调查核实；必要时，县级人民政府民政部门可以进行复核。申请人、有关组织或者个人应当配合、接受调查，如实提供有关情况。

第八条　农村五保供养对象不再符合本条例第六条规定条件的，村民委员会或者敬老院等农村五保供养服务机构(以下简称农村五保供养服务机构)应当向乡、民族乡、镇人民政府报告，由乡、民族乡、镇人民政府审核并报县级人民政府民政部门核准后，核销其《农村五保供养证书》。

农村五保供养对象死亡，丧葬事宜办理完毕后，村民委员会或者农村五保供养服务机构应当向乡、民族乡、镇人民政府报告，由乡、民族乡、镇人民政府报县级人民政府民政部门核准后，核销其《农村五保供养证书》。

第三章　供养内容

第九条　农村五保供养包括下列供养内容：

(一)供给粮油、副食品和生活用燃料；

(二)供给服装、被褥等生活用品和零用钱；

(三)提供符合基本居住条件的住房；

(四)提供疾病治疗，对生活不能自理的给予照料；

(五)办理丧葬事宜。

农村五保供养对象未满16周岁或者已满16周岁仍在接受义务教育的，应当保障他们依法接受义务教育所需费用。

农村五保供养对象的疾病治疗，应当与当地农村合作医疗和农村医疗救助制度相衔接。

第十条　农村五保供养标准不得低于当地村民的平均生活水平，并根据当地村民平均生活水平的提高适时调整。

农村五保供养标准，可以由省、自治区、直辖市人民政府制定，在本行政区域内公布执行，也可以由设区的市级或者县级人民政府制定，报所在的省、自治区、直辖市人民政府备案后公布执行。

国务院民政部门、国务院财政部门应当加强对农村五保供养标准制定工作的指导。

第十一条　农村五保供养资金，在地方人民政府财政预算中安排。有农村集体经营等收入的地方，可以从农村集体经营等收入中安排资金，用于补助和改善农村五保供养对象的生活。农村五保供养对象将承包土地交由他人代耕的，其收益归该农村五保供养对象所有。具体办法由省、自治区、直辖市人民政府规定。

中央财政对财政困难地区的农村五保供养，在资金上给予适当补助。

农村五保供养资金，应当专门用于农村五保供养对象的生活，任何组织或者个人不得贪污、挪用、截留或者私分。

第四章 供养形式

第十二条 农村五保供养对象可以在当地的农村五保供养服务机构集中供养,也可以在家分散供养。农村五保供养对象可以自行选择供养形式。

第十三条 集中供养的农村五保供养对象,由农村五保供养服务机构提供供养服务;分散供养的农村五保供养对象,可以由村民委员会提供照料,也可以由农村五保供养服务机构提供有关供养服务。

第十四条 各级人民政府应当把农村五保供养服务机构建设纳入经济社会发展规划。

县级人民政府和乡、民族乡、镇人民政府应当为农村五保供养服务机构提供必要的设备、管理资金,并配备必要的工作人员。

第十五条 农村五保供养服务机构应当建立健全内部民主管理和服务管理制度。

农村五保供养服务机构工作人员应当经过必要的培训。

第十六条 农村五保供养服务机构可以开展以改善农村五保供养对象生活条件为目的的农副业生产。地方各级人民政府及其有关部门应当对农村五保供养服务机构开展农副业生产给予必要的扶持。

第十七条 乡、民族乡、镇人民政府应当与村民委员会或者农村五保供养服务机构签订供养服务协议,保证农村五保供养对象享受符合要求的供养。

村民委员会可以委托村民对分散供养的农村五保供养对象提供照料。

第五章 监督管理

第十八条 县级以上人民政府应当依法加强对农村五保供养工作的监督管理。县级以上地方各级人民政府民政部门和乡、民族乡、镇人民政府应当制定农村五保供养工作的管理制度,并负责督促实施。

第十九条 财政部门应当按时足额拨付农村五保供养资金,确保资金到位,并加强对资金使用情况的监督管理。

审计机关应当依法加强对农村五保供养资金使用情况的审计。

第二十条 农村五保供养待遇的申请条件、程序、民主评议情况以及农村五保供养的标准和资金使用情况等,应当向社会公告,接受社会监督。

第二十一条 农村五保供养服务机构应当遵守治安、消防、卫生、财务会计等方面的法律、法规和国家有关规定,向农村五保供养对象提供符合要求的供养服务,并接受地方人民政府及其有关部门的监督管理。

第六章 法律责任

第二十二条 违反本条例规定,有关行政机关及其工作人员有下列行为之一的,对直接负责的主管人员以及其他直接责任人员依法给予行政处分;构成犯罪的,依法追究刑事责任:

(一)对符合农村五保供养条件的村民不予批准享受农村五保供养待遇的,或者对不符合农村五保供养条件的村民批准其享受农村五保供养待遇的;

(二)贪污、挪用、截留、私分农村五保供养款物的;

(三)有其他滥用职权、玩忽职守、

徇私舞弊行为的。

第二十三条　违反本条例规定，村民委员会组成人员贪污、挪用、截留农村五保供养款物的，依法予以罢免；构成犯罪的，依法追究刑事责任。

违反本条例规定，农村五保供养服务机构工作人员私分、挪用、截留农村五保供养款物的，予以辞退；构成犯罪的，依法追究刑事责任。

第二十四条　违反本条例规定，村民委员会或者农村五保供养服务机构对农村五保供养对象提供的供养服务不符合要求的，由乡、民族乡、镇人民政府责令限期改正；逾期不改正的，乡、民族乡、镇人民政府有权终止供养服务协议；造成损失的，依法承担赔偿责任。

第七章　附　　则

第二十五条　《农村五保供养证书》由国务院民政部门规定式样，由省、自治区、直辖市人民政府民政部门监制。

第二十六条　本条例自2006年3月1日起施行。1994年1月23日国务院发布的《农村五保供养工作条例》同时废止。

中华人民共和国反家庭暴力法

1. 2015年12月27日第十二届全国人民代表大会常务委员会第十八次会议通过

2. 2015年12月27日中华人民共和国主席令第37号公布

3. 自2016年3月1日起施行

目　　录

第一章　总　　则

第一条　**【立法目的】**为了预防和制止家庭暴力，保护家庭成员的合法权益，维护平等、和睦、文明的家庭关系，促进家庭和谐、社会稳定，制定本法。

第二条　**【定义】**本法所称家庭暴力，是指家庭成员之间以殴打、捆绑、残害、限制人身自由以及经常性谩骂、恐吓等方式实施的身体、精神等侵害行为。

第三条　**【家庭成员之间的义务】**家庭成员之间应当互相帮助，互相关爱，和睦相处，履行家庭义务。

反家庭暴力是国家、社会和每个家庭的共同责任。

国家禁止任何形式的家庭暴力。

第四条　**【政府职责】**县级以上人民政府负责妇女儿童工作的机构，负责组织、协调、指导、督促有关部门做好反家庭暴力工作。

县级以上人民政府有关部门、司法机关、人民团体、社会组织、居民委员会、村民委员会、企业事业单位，应当依照本法和有关法律规定，做好反家庭暴力工作。

各级人民政府应当对反家庭暴力工作给予必要的经费保障。

第五条　**【反家庭暴力工作的原则】**反家庭暴力工作遵循预防为主，教育、矫治与惩处相结合原则。

反家庭暴力工作应当尊重受害人

真实意愿，保护当事人隐私。

未成年人、老年人、残疾人、孕期和哺乳期的妇女、重病患者遭受家庭暴力的，应当给予特殊保护。

第二章　家庭暴力的预防

第六条　【宣传教育】国家开展家庭美德宣传教育，普及反家庭暴力知识，增强公民反家庭暴力意识。

工会、共产主义青年团、妇女联合会、残疾人联合会应当在各自工作范围内，组织开展家庭美德和反家庭暴力宣传教育。

广播、电视、报刊、网络等应当开展家庭美德和反家庭暴力宣传。

学校、幼儿园应当开展家庭美德和反家庭暴力教育。

第七条　【业务培训、统计】县级以上人民政府有关部门、司法机关、妇女联合会应当将预防和制止家庭暴力纳入业务培训和统计工作。

医疗机构应当做好家庭暴力受害人的诊疗记录。

第八条　【乡镇人民政府、街道办事处的职责】乡镇人民政府、街道办事处应当组织开展家庭暴力预防工作，居民委员会、村民委员会、社会工作服务机构应当予以配合协助。

第九条　【政府支持】各级人民政府应当支持社会工作服务机构等社会组织开展心理健康咨询、家庭关系指导、家庭暴力预防知识教育等服务。

第十条　【调解家庭纠纷】人民调解组织应当依法调解家庭纠纷，预防和减少家庭暴力的发生。

第十一条　【用人单位的职责】用人单位发现本单位人员有家庭暴力情况的，应当给予批评教育，并做好家庭矛盾的调解、化解工作。

第十二条　【监护人的职责】未成年人的监护人应当以文明的方式进行家庭教育，依法履行监护和教育职责，不得实施家庭暴力。

第三章　家庭暴力的处置

第十三条　【投诉、反映和求助】家庭暴力受害人及其法定代理人、近亲属可以向加害人或者受害人所在单位、居民委员会、村民委员会、妇女联合会等单位投诉、反映或者求助。有关单位接到家庭暴力投诉、反映或者求助后，应当给予帮助、处理。

家庭暴力受害人及其法定代理人、近亲属也可以向公安机关报案或者依法向人民法院起诉。

单位、个人发现正在发生的家庭暴力行为，有权及时劝阻。

第十四条　【报案】学校、幼儿园、医疗机构、居民委员会、村民委员会、社会工作服务机构、救助管理机构、福利机构及其工作人员在工作中发现无民事行为能力人、限制民事行为能力人遭受或者疑似遭受家庭暴力的，应当及时向公安机关报案。公安机关应当对报案人的信息予以保密。

第十五条　【公安机关接到报案后的工作】公安机关接到家庭暴力报案后应当及时出警，制止家庭暴力，按照有关规定调查取证，协助受害人就医、鉴定伤情。

无民事行为能力人、限制民事行为能力人因家庭暴力身体受到严重伤害、面临人身安全威胁或者处于无人照料等危险状态的,公安机关应当通知并协助民政部门将其安置到临时庇护场所、救助管理机构或者福利机构。

第十六条 【告诫书的出具和内容】家庭暴力情节较轻,依法不给予治安管理处罚的,由公安机关对加害人给予批评教育或者出具告诫书。

告诫书应当包括加害人的身份信息、家庭暴力的事实陈述、禁止加害人实施家庭暴力等内容。

第十七条 【告诫书的送达】公安机关应当将告诫书送交加害人、受害人,并通知居民委员会、村民委员会。

居民委员会、村民委员会、公安派出所应当对收到告诫书的加害人、受害人进行查访,监督加害人不再实施家庭暴力。

第十八条 【设立临时庇护场所】县级或者设区的市级人民政府可以单独或者依托救助管理机构设立临时庇护场所,为家庭暴力受害人提供临时生活帮助。

第十九条 【法律援助和诉讼费用的缓减免】法律援助机构应当依法为家庭暴力受害人提供法律援助。

人民法院应当依法对家庭暴力受害人缓收、减收或者免收诉讼费用。

第二十条 【人民法院对家庭暴力事实的认定依据】人民法院审理涉及家庭暴力的案件,可以根据公安机关出警记录、告诫书、伤情鉴定意见等证据,认定家庭暴力事实。

第二十一条 【监护人资格的撤销】监护人实施家庭暴力严重侵害被监护人合法权益的,人民法院可以根据被监护人的近亲属、居民委员会、村民委员会、县级人民政府民政部门等有关人员或者单位的申请,依法撤销其监护人资格,另行指定监护人。

被撤销监护人资格的加害人,应当继续负担相应的赡养、扶养、抚养费用。

第二十二条 【对加害人进行法治教育】工会、共产主义青年团、妇女联合会、残疾人联合会、居民委员会、村民委员会等应当对实施家庭暴力的加害人进行法治教育,必要时可以对加害人、受害人进行心理辅导。

第四章 人身安全保护令

第二十三条 【申请人身安全保护令】当事人因遭受家庭暴力或者面临家庭暴力的现实危险,向人民法院申请人身安全保护令的,人民法院应当受理。

当事人是无民事行为能力人、限制民事行为能力人,或者因受到强制、威吓等原因无法申请人身安全保护令的,其近亲属、公安机关、妇女联合会、居民委员会、村民委员会、救助管理机构可以代为申请。

第二十四条 【申请方式】申请人身安全保护令应当以书面方式提出;书面申请确有困难的,可以口头申请,由人民法院记入笔录。

第二十五条 【管辖法院】人身安全保护令案件由申请人或者被申请人居住地、家庭暴力发生地的基层人民法院管辖。

第二十六条 【以裁定形式作出】人身安全保护令由人民法院以裁定形式作出。

第二十七条 【作出人身安全保护令的条件】作出人身安全保护令,应当具备下列条件:

(一)有明确的被申请人;

（二）有具体的请求；

（三）有遭受家庭暴力或者面临家庭暴力现实危险的情形。

第二十八条 【作出人身安全保护令或者驳回申请的时限】人民法院受理申请后，应当在七十二小时内作出人身安全保护令或者驳回申请；情况紧急的，应当在二十四小时内作出。

第二十九条 【措施】人身安全保护令可以包括下列措施：

（一）禁止被申请人实施家庭暴力；

（二）禁止被申请人骚扰、跟踪、接触申请人及其相关近亲属；

（三）责令被申请人迁出申请人住所；

（四）保护申请人人身安全的其他措施。

第三十条 【有效期】人身安全保护令的有效期不超过六个月，自作出之日起生效。人身安全保护令失效前，人民法院可以根据申请人的申请撤销、变更或者延长。

第三十一条 【复议】申请人对驳回申请不服或者被申请人对人身安全保护令不服的，可以自裁定生效之日起五日内向作出裁定的人民法院申请复议一次。人民法院依法作出人身安全保护令的，复议期间不停止人身安全保护令的执行。

第三十二条 【送达】人民法院作出人身安全保护令后，应当送达申请人、被申请人、公安机关以及居民委员会、村民委员会等有关组织。人身安全保护令由人民法院执行，公安机关以及居民委员会、村民委员会等应当协助执行。

第五章 法律责任

第三十三条 【实施家庭暴力的法律责任】加害人实施家庭暴力，构成违反治安管理行为的，依法给予治安管理处罚；构成犯罪的，依法追究刑事责任。

第三十四条 【被申请人违反人身安全保护令的法律责任】被申请人违反人身安全保护令，构成犯罪的，依法追究刑事责任；尚不构成犯罪的，人民法院应当给予训诫，可以根据情节轻重处以一千元以下罚款、十五日以下拘留。

第三十五条 【不依据规定向公安机关报案的法律责任】学校、幼儿园、医疗机构、居民委员会、村民委员会、社会工作服务机构、救助管理机构、福利机构及其工作人员未依照本法第十四条规定向公安机关报案，造成严重后果的，由上级主管部门或者本单位对直接负责的主管人员和其他直接责任人员依法给予处分。

第三十六条 【国家工作人员违反职责的法律责任】负有反家庭暴力职责的国家工作人员玩忽职守、滥用职权、徇私舞弊的，依法给予处分；构成犯罪的，依法追究刑事责任。

第六章 附 则

第三十七条 【参照适用】家庭成员以外共同生活的人之间实施的暴力行为，参照本法规定执行。

第三十八条 【实施日期】本法自2016年3月1日起施行。

民政部、全国妇联关于做好家庭暴力受害人庇护救助工作的指导意见

1. 2015年9月24日发布
2. 民发〔2015〕189号

各省、自治区、直辖市民政厅(局)、妇联,新疆生产建设兵团民政局、妇联:

为加大反对家庭暴力工作力度,依法保护家庭暴力受害人,特别是遭受家庭暴力侵害的妇女、未成年人、老年人等弱势群体的人身安全和其他合法权益,根据《中华人民共和国妇女权益保障法》、《中华人民共和国未成年人保护法》、《中华人民共和国老年人权益保障法》、《社会救助暂行办法》等有关规定,现就民政部门和妇联组织做好家庭暴力受害人(以下简称受害人)庇护救助工作提出以下指导意见:

一、工作对象

家庭暴力受害人庇护救助工作对象是指常住人口及流动人口中,因遭受家庭暴力导致人身安全受到威胁,处于无处居住等暂时生活困境,需要进行庇护救助的未成年人和寻求庇护救助的成年受害人。寻求庇护救助的妇女可携带需要其照料的未成年子女同时申请庇护。

二、工作原则

(一)未成年人特殊、优先保护原则。为遭受家庭暴力侵害的未成年人提供特殊、优先保护,积极主动庇护救助未成年受害人。依法干预处置监护人侵害未成年人合法权益的行为,切实保护未成年人合法权益。

(二)依法庇护原则。依法为受害人提供临时庇护救助服务,充分尊重受害人合理意愿,严格保护其个人隐私。积极运用家庭暴力告诫书、人身安全保护裁定、调解诉讼等法治手段,保障受害人人身安全,维护其合法权益。

(三)专业化帮扶原则。积极购买社会工作、心理咨询等专业服务,鼓励受害人自主接受救助方案和帮扶方式,协助家庭暴力受害人克服心理阴影和行为障碍,协调解决婚姻、生活、学习、工作等方面的实际困难,帮助其顺利返回家庭、融入社会。

(四)社会共同参与原则。在充分发挥民政部门和妇联组织职能职责和工作优势的基础上,动员引导多方面社会力量参与受害人庇护救助服务和反对家庭暴力宣传等工作,形成多方参与、优势互补、共同协作的工作合力。

三、工作内容

(一)及时受理求助。妇联组织要及时接待受害人求助请求或相关人员的举报投诉,根据调查了解的情况向公安机关报告,请公安机关对家庭暴力行为进行调查处置。妇联组织、民政部门发现未成年人遭受虐待、暴力伤害等家庭暴力情形的,应当及时报请公安机关进行调查处置和干预保护。民政部门及救助管理机构应当及时接收公安机关、妇联等有关部门护送或主动寻求庇护救助的受害人,办理入站登记手续,根据性别、年龄实行分类分区救助,妥

善安排食宿等临时救助服务并做好隐私保护工作。救助管理机构庇护救助成年受害人期限一般不超过10天,因特殊情况需要延长的,报主管民政部门备案。城乡社区服务机构可以为社区内遭受家庭暴力的居民提供应急庇护救助服务。

(二)按需提供转介服务。民政部门及救助管理机构和妇联组织可以通过与社会工作服务机构、心理咨询机构等专业力量合作方式对受害人进行安全评估和需求评估,根据受害人的身心状况和客观需求制定个案服务方案。要积极协调人民法院、司法行政、人力资源社会保障、卫生等部门、社会救助经办机构、医院和社会组织,为符合条件的受害人提供司法救助、法律援助、婚姻家庭纠纷调解、就业援助、医疗救助、心理康复等转介服务。对于实施家庭暴力的未成年人监护人,应通过家庭教育指导、监护监督等多种方式,督促监护人改善监护方式,提升监护能力;对于目睹家庭暴力的未成年人,要提供心理辅导和关爱服务。

(三)加强受害人人身安全保护。民政部门及救助管理机构或妇联组织可以根据需要协助受害人或代表未成年受害人向人民法院申请人身安全保护裁定,依法保护受害人的人身安全,避免其再次受到家庭暴力的侵害。成年受害人在庇护期间自愿离开救助管理机构的,应提出书面申请,说明离开原因,可自行离开、由受害人亲友接回或由当地村(居)民委员会、基层妇联组织护送回家。其他监护人、近亲属前来接领未成年受害人的,经公安机关或村(居)民委员会确认其身份后,救助管理机构可以将未成年受害人交由其照料,并与其办理书面交接手续。

(四)强化未成年受害人救助保护。民政部门和救助管理机构要按照《最高人民法院、最高人民检察院、公安部、民政部关于依法处理监护人侵害未成年人权益行为若干问题的意见》(法发〔2014〕24号)要求,做好未成年受害人临时监护、调查评估、多方会商等工作。救助管理机构要将遭受家庭暴力侵害的未成年受害人安排在专门区域进行救助保护。对于年幼的未成年受害人,要安排专业社会工作者或专人予以陪护和精心照料,待其情绪稳定后可根据需要安排到爱心家庭寄养。未成年受害人接受司法机关调查时,民政部门或救助管理机构要安排专职社会工作者或专人予以陪伴,必要时请妇联组织派员参加,避免其受到“二次伤害”。对于遭受严重家庭暴力侵害的未成年人,民政部门或救助管理机构、妇联组织可以向人民法院提出申请,要求撤销施暴人监护资格,依法另行指定监护人。

四、工作要求

(一)健全工作机制。民政部门和妇联组织要建立有效的信息沟通渠道,建立健全定期会商、联合作业、协同帮扶等联动协作机制,细化具体任务职责和合作流程,共同做好受害人的庇护救助和权益维护工作。民政部门及救助管理机构要为妇联组织、司法机关开展受害人维权服务、司法调查等工作提供设施场所、业务协作等便利。妇联组织要依法为受害人提供维权服务。

（二）加强能力建设。民政部门及救助管理机构和妇联组织要选派政治素质高、业务能力强的工作人员参与受害人庇护救助工作，加强对工作人员的业务指导和能力培训。救助管理机构应开辟专门服务区域设立家庭暴力庇护场所，实现与流浪乞讨人员救助服务区域的相对隔离，有条件的地方可充分利用现有设施设置生活居室、社会工作室、心理访谈室、探访会客室等，设施陈列和环境布置要温馨舒适。救助管理机构要加强家庭暴力庇护工作的管理服务制度建设，建立健全来访会谈、出入登记、隐私保护、信息查阅等制度。妇联组织要加强“12338”法律维权热线和维权队伍建设，为受害人主动求助、法律咨询和依法维权提供便利渠道和服务。

（三）动员社会参与。民政部门和救助管理机构可以通过购买服务、项目合作、志愿服务等多种方式，鼓励支持社会组织、社会工作服务机构、法律服务机构参与家庭暴力受害人庇护救助服务，提供法律政策咨询、心理疏导、婚姻家庭纠纷调解、家庭关系辅导、法律援助等服务，并加强对社会力量的统筹协调。妇联组织可以发挥政治优势、组织优势和群众工作优势，动员引导爱心企业、爱心家庭和志愿者等社会力量通过慈善捐赠、志愿服务等方式参与家庭暴力受害人庇护救助服务。

（四）强化宣传引导。各级妇联组织和民政部门要积极调动舆论资源，主动借助新兴媒体，切实运用各类传播阵地，公布家庭暴力救助维权热线电话，开设反对家庭暴力专题栏目，传播介绍反对家庭暴力的法律法规；加强依法处理家庭暴力典型事例（案例）的法律解读、政策释义和宣传报道，引导受害人及时保存证据，依法维护自身合法权益；城乡社区服务机构要积极开展反对家庭暴力宣传，提高社区居民参与反对家庭暴力工作的意识，鼓励社区居民主动发现和报告监护人虐待未成年人等家庭暴力线索。

最高人民法院、最高人民检察院、公安部、司法部关于依法办理家庭暴力犯罪案件的意见

1. 2015年3月2日发布
2. 法发〔2015〕4号

发生在家庭成员之间，以及具有监护、扶养、寄养、同居等关系的共同生活人员之间的家庭暴力犯罪，严重侵害公民人身权利，破坏家庭关系，影响社会和谐稳定。人民法院、人民检察院、公安机关、司法行政机关应当严格履行职责，充分运用法律，积极预防和有效惩治各种家庭暴力犯罪，切实保障人权，维护社会秩序。为此，根据刑法、刑事诉讼法、婚姻法、未成年人保护法、老年人权益保障法、妇女权益保障法等法律，结合司法实践经验，制定本意见。

一、基本原则

1. 依法及时、有效干预。针对家庭暴力持续反复发生，不断恶化升级的特

点，人民法院、人民检察院、公安机关、司法行政机关对已发现的家庭暴力，应当依法采取及时、有效的措施，进行妥善处理，不能以家庭暴力发生在家庭成员之间，或者属于家务事为由而置之不理，互相推诿。

2. 保护被害人安全和隐私。办理家庭暴力犯罪案件，应当首先保护被害人的安全。通过对被害人进行紧急救治、临时安置，以及对施暴人采取刑事强制措施、判处刑罚、宣告禁止令等措施，制止家庭暴力并防止再次发生，消除家庭暴力的现实侵害和潜在危险。对与案件有关的个人隐私，应当保密，但法律有特别规定的除外。

3. 尊重被害人意愿。办理家庭暴力犯罪案件，既要严格依法进行，也要尊重被害人的意愿。在立案、采取刑事强制措施、提起公诉、判处刑罚、减刑、假释时，应当充分听取被害人意见，在法律规定的范围内作出合情、合理的处理。对法律规定可以调解、和解的案件，应当在当事人双方自愿的基础上进行调解、和解。

4. 对未成年人、老年人、残疾人、孕妇、哺乳期妇女、重病患者特殊保护。办理家庭暴力犯罪案件，应当根据法律规定和案件情况，通过代为告诉、法律援助等措施，加大对未成年人、老年人、残疾人、孕妇、哺乳期妇女、重病患者的司法保护力度，切实保障他们的合法权益。

二、案件受理

5. 积极报案、控告和举报。依照刑事诉讼法第一百零八条第一款“任何单位和个人发现有犯罪事实或者犯罪嫌疑人，有权利也有义务向公安机关、人民检察院或者人民法院报案或者举报”的规定，家庭暴力被害人及其亲属、朋友、邻居、同事，以及村（居）委会、人民调解委员会、妇联、共青团、残联、医院、学校、幼儿园等单位、组织，发现家庭暴力，有权利也有义务及时向公安机关、人民检察院、人民法院报案、控告或者举报。

公安机关、人民检察院、人民法院对于报案人、控告人和举报人不愿意公开自己的姓名和报案、控告、举报行为的，应当为其保守秘密，保护报案人、控告人和举报人的安全。

6. 迅速审查、立案和转处。公安机关、人民检察院、人民法院接到家庭暴力的报案、控告或者举报后，应当立即问明案件的初步情况，制作笔录，迅速进行审查，按照刑事诉讼法关于立案的规定，根据自己的管辖范围，决定是否立案。对于符合立案条件的，要及时立案。对于可能构成犯罪但不属于自己管辖的，应当移送主管机关处理，并且通知报案人、控告人或者举报人；对于不属于自己管辖而又必须采取紧急措施的，应当先采取紧急措施，然后移送主管机关。

经审查，对于家庭暴力行为尚未构成犯罪，但属于违反治安管理行为的，应当将案件移送公安机关，依照治安管理处罚法的规定进行处理，同时告知被害人可以向人民调解委员会提出申请，或者向人民法院提起民事诉讼，要求施暴人承担停止侵害、赔礼道歉、赔偿损失等民事责任。

7. 注意发现犯罪案件。公安机关

在处理人身伤害、虐待、遗弃等行政案件过程中，人民法院在审理婚姻家庭、继承、侵权责任纠纷等民事案件过程中，应当注意发现可能涉及的家庭暴力犯罪。一旦发现家庭暴力犯罪线索，公安机关应当将案件转为刑事案件办理，人民法院应当将案件移送公安机关；属于自诉案件的，公安机关、人民法院应当告知被害人提起自诉。

8. 尊重被害人的程序选择权。对于被害人有证据证明的轻微家庭暴力犯罪案件，在立案审查时，应当尊重被害人选择公诉或者自诉的权利。被害人要求公安机关处理的，公安机关应当依法立案、侦查。在侦查过程中，被害人不再要求公安机关处理或者要求转为自诉案件的，应当告知被害人向公安机关提交书面申请。经审查确系被害人自愿提出的，公安机关应当依法撤销案件。被害人就这类案件向人民法院提起自诉的，人民法院应当依法受理。

9. 通过代为告诉充分保障被害人自诉权。对于家庭暴力犯罪自诉案件，被害人无法告诉或者不能亲自告诉的，其法定代理人、近亲属可以告诉或者代为告诉；被害人是无行为能力人、限制行为能力人，其法定代理人、近亲属没有告诉或者代为告诉的，人民检察院可以告诉；侮辱、暴力干涉婚姻自由等告诉才处理的案件，被害人因受强制、威吓无法告诉的，人民检察院也可以告诉。人民法院对告诉或者代为告诉的，应当依法受理。

10. 切实加强立案监督。人民检察院要切实加强对家庭暴力犯罪案件的立案监督，发现公安机关应当立案而不立案的，或者被害人及其法定代理人、近亲属，有关单位、组织就公安机关不予立案向人民检察院提出异议的，人民检察院应当要求公安机关说明不立案的理由。人民检察院认为不立案理由不成立的，应当通知公安机关立案，公安机关接到通知后应当立案；认为不立案理由成立的，应当将理由告知提出异议的被害人及其法定代理人、近亲属或者有关单位、组织。

11. 及时、全面收集证据。公安机关在办理家庭暴力案件时，要充分、全面地收集、固定证据，除了收集现场的物证、被害人陈述、证人证言等证据外，还应当注意及时向村（居）委会、人民调解委员会、妇联、共青团、残联、医院、学校、幼儿园等单位、组织的工作人员，以及被害人的亲属、邻居等收集涉及家庭暴力的处理记录、病历、照片、视频等证据。

12. 妥善救治、安置被害人。人民法院、人民检察院、公安机关等负有保护公民人身安全职责的单位和组织，对因家庭暴力受到严重伤害需要紧急救治的被害人，应当立即协助联系医疗机构救治；对面临家庭暴力严重威胁，或者处于无人照料等危险状态，需要临时安置的被害人或者相关未成年人，应当通知并协助有关部门进行安置。

13. 依法采取强制措施。人民法院、人民检察院、公安机关对实施家庭暴力的犯罪嫌疑人、被告人，符合拘留、逮捕条件的，可以依法拘留、逮捕；没有采取拘留、逮捕措施的，应当通过走访、打电话等方式与被害人或者其法定代理人、近亲属联系，了解被害人的人身安全状况。对于犯罪嫌疑人、被告人再次实施家庭暴力的，应当根据情况，依法采取必要的强制措施。

人民法院、人民检察院、公安机关决定对实施家庭暴力的犯罪嫌疑人、被告人取保候审的，为了确保被害人及其子女和特定亲属的安全，可以依照刑事诉讼法第六十九条第二款的规定，责令犯罪嫌疑人、被告人不得再次实施家庭暴力；不得侵扰被害人的生活、工作、学习；不得进行酗酒、赌博等活动；经被害人申请且有必要的，责令不得接近被害人及其未成年子女。

14. 加强自诉案件举证指导。家庭暴力犯罪案件具有案发周期较长、证据难以保存，被害人处于相对弱势、举证能力有限，相关事实难以认定等特点。有些特点在自诉案件中表现得更为突出。因此，人民法院在审理家庭暴力自诉案件时，对于因当事人举证能力不足等原因，难以达到法律规定的证据要求的，应当及时对当事人进行举证指导，告知需要收集的证据及收集证据的方法。对于因客观原因不能取得的证据，当事人申请人民法院调取的，人民法院应当认真审查，认为确有必要的，应当调取。

15. 加大对被害人的法律援助力度。人民检察院自收到移送审查起诉的案件材料之日起三日内，人民法院自受理案件之日起三日内，应当告知被害人及其法定代理人或者近亲属有权委托诉讼代理人，如果经济困难，可以向法律援助机构申请法律援助；对于被害人是未成年人、老年人、重病患者或者残疾人等，因经济困难没有委托诉讼代理人的，人民检察院、人民法院应当帮助其申请法律援助。

法律援助机构应当依法为符合条件的被害人提供法律援助，指派熟悉反家庭暴力法律法规的律师办理案件。

三、定罪处罚

16. 依法准确定罪处罚。对故意杀人、故意伤害、强奸、猥亵儿童、非法拘禁、侮辱、暴力干涉婚姻自由、虐待、遗弃等侵害公民人身权利的家庭暴力犯罪，应当根据犯罪的事实、犯罪的性质、情节和对社会的危害程度，严格依照刑法的有关规定判处。对于同一行为同时触犯多个罪名的，依照处罚较重的规定定罪处罚。

17. 依法惩处虐待犯罪。采取殴打、冻饿、强迫过度劳动、限制人身自由、恐吓、侮辱、谩骂等手段，对家庭成员的身体和精神进行摧残、折磨，是实践中较为多发的虐待性质的家庭暴力。根据司法实践，具有虐待持续时间较长、次数较多；虐待手段残忍；虐待造成被害人轻微伤或者患较严重疾病；对未成年人、老年人、残疾人、孕妇、哺乳期妇女、重病患者实施较为严重的虐待行为等情形，属于刑法第二百六十条第一款规定的虐待"情节恶劣"，应当依法以虐待罪定罪处罚。

准确区分虐待犯罪致人重伤、死亡与故意伤害、故意杀人犯罪致人重伤、死亡的界限，要根据被告人的主观故意、所实施的暴力手段与方式、是否立即或者直接造成被害人伤亡后果等进行综合判断。对于被告人主观上不具有侵害被害人健康或者剥夺被害人生命的故意,而是出于追求被害人肉体和精神上的痛苦,长期或者多次实施虐待行为,逐渐造成被害人身体损害,过失导致被害人重伤或者死亡的;或者因虐待致使被害人不堪忍受而自残、自杀,导致重伤或者死亡的,属于刑法第二百六十条第二款规定的虐待"致使被害人重伤、死亡",应当以虐待罪定罪处罚。对于被告人虽然实施家庭暴力呈现出经常性、持续性、反复性的特点,但其主观上具有希望或者放任被害人重伤或者死亡的故意,持凶器实施暴力,暴力手段残忍,暴力程度较强,直接或者立即造成被害人重伤或者死亡的,应当以故意伤害罪或者故意杀人罪定罪处罚。

依法惩处遗弃犯罪。负有扶养义务且有扶养能力的人,拒绝扶养年幼、年老、患病或者其他没有独立生活能力的家庭成员,是危害严重的遗弃性质的家庭暴力。根据司法实践,具有对被害人长期不予照顾、不提供生活来源;驱赶、逼迫被害人离家,致使被害人流离失所或者生存困难;遗弃患严重疾病或者生活不能自理的被害人;遗弃致使被害人身体严重损害或者造成其他严重后果等情形,属于刑法第二百六十一条规定的遗弃"情节恶劣",应当依法以遗弃罪定罪处罚。

准确区分遗弃罪与故意杀人罪的界限,要根据被告人的主观故意、所实施行为的时间与地点、是否立即造成被害人死亡,以及被害人对被告人的依赖程度等进行综合判断。对于只是为了逃避扶养义务,并不希望或者放任被害人死亡,将生活不能自理的被害人弃置在福利院、医院、派出所等单位或者广场、车站等行人较多的场所,希望被害人得到他人救助的,一般以遗弃罪定罪处罚。对于希望或者放任被害人死亡,不履行必要的扶养义务,致使被害人因缺乏生活照料而死亡,或者将生活不能自理的被害人带至荒山野岭等人迹罕至的场所扔弃,使被害人难以得到他人救助的,应当以故意杀人罪定罪处罚。

18.切实贯彻宽严相济刑事政策。对于实施家庭暴力构成犯罪的,应当根据罪刑法定、罪刑相适应原则,兼顾维护家庭稳定、尊重被害人意愿等因素综合考虑,宽严并用,区别对待。根据司法实践,对于实施家庭暴力手段残忍或者造成严重后果;出于恶意侵占财产等卑劣动机实施家庭暴力;因酗酒、吸毒、赌博等恶习而长期或者多次实施家庭暴力;曾因实施家庭暴力受到刑事处罚、行政处罚;或者具有其他恶劣情形的,可以酌情从重处罚。对于实施家庭暴力犯罪情节较轻,或者被告人真诚悔罪,获得被害人谅解,从轻处罚有利于被扶养人的,可以酌情从轻处罚;对于情节轻微不需要判处刑罚的,人民检察院可以不起诉,人民法院可以判处免予刑事处罚。

对于实施家庭暴力情节显著轻微危害不大不构成犯罪的,应当撤销案件、不起诉,或者宣告无罪。

人民法院、人民检察院、公安机关应当充分运用训诫,责令施暴人保证不再实施家庭暴力,或者向被害人赔礼道歉、赔偿损失等非刑罚处罚措施，加强对施暴人的教育与惩戒。

19. 准确认定对家庭暴力的正当防卫。为了使本人或者他人的人身权利免受不法侵害，对正在进行的家庭暴力采取制止行为，只要符合刑法规定的条件，就应当依法认定为正当防卫，不负刑事责任。防卫行为造成施暴人重伤、死亡，且明显超过必要限度，属于防卫过当，应当负刑事责任，但是应当减轻或者免除处罚。

认定防卫行为是否“明显超过必要限度”，应当以足以制止并使防卫人免受家庭暴力不法侵害的需要为标准，根据施暴人正在实施家庭暴力的严重程度、手段的残忍程度，防卫人所处的环境、面临的危险程度、采取的制止暴力的手段、造成施暴人重大损害的程度，以及既往家庭暴力的严重程度等进行综合判断。

20. 充分考虑案件中的防卫因素和过错责任。对于长期遭受家庭暴力后，在激愤、恐惧状态下为了防止再次遭受家庭暴力，或者为了摆脱家庭暴力而故意杀害、伤害施暴人，被告人的行为具有防卫因素，施暴人在案件起因上具有明显过错或者直接责任的，可以酌情从宽处罚。对于因遭受严重家庭暴力，身体、精神受到重大损害而故意杀害施暴人；或者因不堪忍受长期家庭暴力而故意杀害施暴人，犯罪情节不是特别恶劣，手段不是特别残忍的，可以认定为刑法第二百三十二条规定的故意杀人“情节较轻”。在服刑期间确有悔改表现的，可以根据其家庭情况，依法放宽减刑的幅度，缩短减刑的起始时间与间隔时间；符合假释条件的，应当假释。被杀害施暴人的近亲属表示谅解的，在量刑、减刑、假释时应当予以充分考虑。

四、其他措施

21. 充分运用禁止令措施。人民法院对实施家庭暴力构成犯罪被判处管制或者宣告缓刑的犯罪分子，为了确保被害人及其子女和特定亲属的人身安全，可以依照刑法第三十八条第二款、第七十二条第二款的规定，同时禁止犯罪分子再次实施家庭暴力，侵扰被害人的生活、工作、学习，进行酗酒、赌博等活动；经被害人申请且有必要的，禁止接近被害人及其未成年子女。

22. 告知申请撤销施暴人的监护资格。人民法院、人民检察院、公安机关对于监护人实施家庭暴力，严重侵害被监护人合法权益的，在必要时可以告知被监护人及其他有监护资格的人员、单位，向人民法院提出申请，要求撤销监护人资格，依法另行指定监护人。

23. 充分运用人身安全保护措施。人民法院为了保护被害人的人身安全，避免其再次受到家庭暴力的侵害，可以根据申请，依照民事诉讼法等法律的相关规定，作出禁止施暴人再次实施家庭暴力、禁止接近被害人、迁出被害人的住所等内容的裁定。对于施暴人违反裁定的行为，如对被害人进行威胁、恐吓、殴打、伤害、杀害，或者未经被害人同意拒不迁出住所的，人民法院可以根据情节轻重予以罚款、拘留；构成犯罪的，应当依法追究刑事责任。

24. 充分运用社区矫正措施。社区

矫正机构对因实施家庭暴力构成犯罪被判处管制、宣告缓刑、假释或者暂予监外执行的犯罪分子,应当依法开展家庭暴力行为矫治,通过制定有针对性的监管、教育和帮助措施,矫正犯罪分子的施暴心理和行为恶习。

25. 加强反家庭暴力宣传教育。人民法院、人民检察院、公安机关、司法行政机关应当结合本部门工作职责,通过以案说法、社区普法、针对重点对象法制教育等多种形式,开展反家庭暴力宣传教育活动,有效预防家庭暴力,促进平等、和睦、文明的家庭关系,维护社会和谐、稳定。

典型案例

最高人民法院公布十起涉家庭暴力典型案例

(2014 年 2 月 28 日)

案例 1

女童罗某某诉罗某抚养权纠纷案

——人身安全保护裁定制止儿童虐待

(一)基本案情

2007 年,原告余某某与被告罗某离婚,婚生女孩罗某某(2001 年 12 月 26 日出生)由被告罗某抚养。2011 年 12 月 28 日,原告向法院诉称,被告长期在外打工,女儿罗某某与祖母和大伯共同生活期间,罗某某经常遭受殴打和辱骂,且罗某某与离异的大伯同住一室,随时可能遭受性侵犯。原告向法院提供了女儿的伤情鉴定书及其要求与母亲共同生活的书信等证据,并请求法院判令变更女儿罗某某由原告抚养。诉讼过程中,罗某某向法院申请人身安全保护。

(二)裁判结果

法院经审理认为,申请人罗某某在与被申请人余某金、罗某衡共同生活期间多次无故遭受殴打,且有法医学人体损伤程度鉴定书为证。申请人罗某某的申请符合法律规定。据此,依法裁定禁止被申请人余某金、罗某衡殴打、威胁、辱骂、骚扰、跟踪申请人罗某某,裁定有效期为六个月。之后,经法院调解,双方变更了抚养权,此案在一周内结案,未成年人罗某某在最短的时间摆脱了家庭暴力。

案例 2

郑某丽诉倪某斌离婚纠纷案

——威胁作为一种家庭暴力手段的司法认定

(一)基本案情

原告郑某丽与被告倪某斌于 2009 年 2 月 11 日登记结婚,2010 年 5 月 7 日生育儿子倪某某。在原、被告共同生活期间,被告经常击打一个用白布包裹的篮球,上面写着"我要打死、打死郑某丽"的字句。2011 年 2 月 23 日,原、被告因家庭琐事发生争执,后被告将原告殴打致轻微伤。2011 年 3 月 14 日,原告向法院提起离婚诉讼,请求法院依法判令准予原、被告离婚;婚生男孩倪某某由原告抚养,抚养费由原告自行承担;原、被告夫妻共同财产依法分割;被告赔偿原告精神损失费人民币30000元。

(二)裁判结果

法院经审理认为,原告郑某丽与被告倪某斌婚前缺乏了解,草率结婚。婚后被告将一个裹着白布的篮球挂在家中的阳台上,且在白布上写着对原告具有攻击性和威胁性的字句,还经常击打篮球,从视觉上折磨原告,使原告产生恐惧感,该行为构成精神暴力。在夫妻发生矛盾时,被告对原告实施身体暴力致其轻微伤,最终导致了原、被告夫妻感情的完全破裂。因被告存在家庭暴力行为不宜直接抚养子女,且婚生男孩倪某某未满两周岁随母亲生活更有利于其身心健康。被告对原告实施家庭暴力使原告遭受精神损害,被告应承担过错责任,故被告应酌情赔偿原告精神损害抚慰金。据此,依法判决准予原告郑某丽与被告倪某斌离婚;婚生男孩倪某某由原告郑某丽抚养,抚养费由原告承担;被告倪某斌赔偿原告郑某丽精神损害抚慰金人民币5000元。该判决已生效。

案例3

陈某转诉张某强离婚纠纷案

——滥施"家规"构成家庭暴力

(一)基本案情

原告陈某转、被告张某强于1988年8月16日登记结婚,1989年7月9日生育女儿张某某(已成年)。因经常被张某强打骂,陈某转曾于1989年起诉离婚,张某强当庭承认错误保证不再施暴后,陈某转撤诉。此后,张某强未有改变,依然要求陈某转事事服从。稍不顺从,轻则辱骂威胁,重则拳脚相加。2012年5月14日,张某强认为陈某转未将其衣服洗净,辱骂陈某转并命令其重洗。陈某转不肯,张某强即殴打陈某转。女儿张某某在阻拦过程中也被打伤。2012年5月17日,陈某转起诉离婚。被告张某强答辩称双方只是一般夫妻纠纷,保证以后不再殴打陈某转。庭审中,张某强仍态度粗暴,辱骂陈某转,又坚决不同意离婚。

(二)裁判结果

法院经审理认为,家庭暴力是婚姻关系中一方控制另一方的手段。法院查明事实说明,张某强给陈某转规定了很多不成文家规,如所洗衣服必须让张某强满意、挨骂不许还嘴、挨打后不许告诉他人等。张某强对陈某转的控制还可见于其诉讼中的表现,如在答辩状中表示道歉并保证不再殴打陈某转,但在庭审中却对陈某转进行威胁、指责、贬损,显见其无诚意和不思悔改。遂判决准许陈某转与张某强离婚。一审宣判后,双方均未上诉。

一审宣判前,法院依陈某转申请发出人身安全保护裁定,禁止张某强殴打、威胁、跟踪、骚扰陈某转及女儿张某某。裁定有效期六个月,经跟踪回访确认,张某强未违反。

案例4

李某娥诉罗某超离婚纠纷案

——优先考虑儿童最佳利益

(一)基本案情

原告李某娥、被告罗某超于1994年1

月17日登记结婚,1994年8月7日生育女儿罗某蔚,2002年6月27日生育儿子罗某海。双方婚后感情尚可,自2003年开始因罗某超经常酗酒引起矛盾。2011年起,罗某超酗酒严重,经常酒后施暴。女儿罗某蔚在日记中记录了罗某超多次酒后打骂李某娥母子三人的经过。2012年1月5日,李某娥第一次起诉离婚。因罗某超提出双方登记离婚,李某娥申请撤诉。但之后罗某超反悔,酗酒和施暴更加频繁。2012年7月30日,罗某超酒后扬言要杀死全家。李某娥母子反锁房门在卧室躲避,罗某超踢烂房门后殴打李某娥,子女在劝阻中也被殴打,李某娥当晚两次报警。2012年8月底,为躲避殴打,李某娥带子女在外租房居住,与罗某超分居。2012年9月21日,李某娥再次起诉离婚并请求由自己抚养一双子女。罗某超答辩称双方感情好,不承认自己酗酒及实施家庭暴力,不同意离婚,也不同意由李某娥抚养子女。

(二)裁判结果

法院经审理认为,罗某超长期酗酒,多次酒后实施家庭暴力。子女罗某蔚、罗某海数次目睹父亲殴打母亲,也曾直接遭受殴打,这都给他们身心造成严重伤害,同时也可能造成家庭暴力的代际传递。为避免罗某蔚、罗某海继续生活在暴力环境中,应由李某娥抚养两个子女,罗某超依法支付抚养费。遂判决准许李某娥与罗某超离婚,子女罗某蔚、罗某海由李某娥抚养,罗某超每月支付抚养费共计900元。罗某超可于每月第一个星期日探视子女,探视前12小时内及探视期间不得饮酒,否则视为放弃该次探视权利,李某娥及子女可拒绝探视。一审宣判后双方均未提起上诉。

案例5

郝某某诉郝某华赡养纠纷案
——人身安全保护裁定制止子女虐待老人

(一)基本案情

申请人郝某某与其妻王某某(已故)育有五个子女。现郝某某已丧失劳动能力,除每月的低保金320元外,无其他经济来源,其日常生活需要子女照顾。申请人郝某某轮流在除被告郝某华之外的其他子女处居住生活。因其他子女经济情况一般,住房较为紧张,申请人郝某某遂要求被告郝某华支付赡养费,并解决其居住问题。被申请人郝某华对原告郝某某提出的要求不满,经常用激烈言辞对郝某某进行言语威胁、谩骂,致使郝某某产生精神恐惧,情绪紧张。郝某某诉至法院,要求被告郝某华支付赡养费,并解决其居住问题。经法院多次通知,被告郝某华仍不到庭应诉,反而对原告恫吓威胁,致使原告终日处在恐惧之中。原告遂在诉讼期间向本院申请人身安全保护裁定,要求法院采取措施,制止被告郝某华对郝某某威胁、谩骂侮辱行为。

(二)裁判结果

针对申请人提出的人身安全保护裁定申请,法院经审理认为,被申请人郝某华对申请人郝某某经常进行言语威胁、谩骂等行为,导致申请人终日生活在恐惧之中,故其申请符合法律规定,应予支持。法院裁定:禁止被申请人郝某华对申请人郝某某采取言语威胁、谩骂、侮辱以及可能导致申请人产生心理恐惧、担心、害怕的其他行为。同时,法院对被申请人进行了训诫，告知其在有效期内，若发生上述行为，则视情节轻重对被申请人采取拘留、罚款等强制措施。经跟踪回访，被申请人对申请人再无威胁行为。对原告请求被告履行赡养义务的请求，法院判决被告郝某华每月向原告郝某某支付赡养费600元。

案例6

钟某芳申请诉后人身安全保护案
——诉后人身安全保护裁定制止“分手暴力”

（一）基本案情

申请人钟某芳与被申请人陈某于2010年2月2日经法院判决离婚，子女由钟某芳抚养。判决生效后，陈某拒不搬出钟某芳房屋，还要求与钟某芳同吃、同睡，限制钟某芳的人身自由和社会交往。钟某芳稍有不从，就遭其辱骂和殴打，并多次写字条威胁钟某芳。法院强制其搬离后，他仍然借探视子女为由，多次进入钟某芳家中对其实施威胁，还经常尾随、监视钟某芳的行踪，不仅使钟某芳的身体受到伤害，还使其处于极度恐惧之中。钟某芳于2010年5月6日向法院提出了人身安全保护裁定的申请，并提交了报警证明、妇联的来访记录、被申请人威胁申请人的字条、被撕烂的衣物、照片等证明材料。

（二）裁判结果

法院经审理认为，申请人钟某芳在离婚后仍然被前夫陈某无理纠缠，经常遭其辱骂、殴打和威胁，人身自由和社会交往仍受前夫的限制，是典型的控制型暴力行为受害者。为保护申请人的人身安全，防止“分手暴力”事件从民事转为刑事案件，法院裁定：禁止被申请人陈某骚扰、跟踪、威胁、殴打申请人钟某芳，或与申请人钟某芳以及未成年子女陈某某进行不受欢迎的接触；禁止被申请人陈某在距离申请人钟某芳的住所或工作场所200米内活动；被申请人陈某探视子女时应征得子女的同意，并不得到申请人的家中进行探视。该保护令的有效期为六个月。经跟踪回访，申请人此后再没有受到被申请人的侵害或骚扰。

案例7

邓荣萍故意伤害案
——长期对养女实施家暴获刑

（一）基本案情

被害人范某某（女，时年7岁）出生后不久即由被告人邓荣萍收养。在收养期间，邓荣萍多次采取持木棒打、用火烧、拿钳子夹等手段虐待范某某，致范某某头部、面部、胸腹部、四肢多达百余处皮肤裂伤，数枚牙齿缺失。2010年3月26日上午，因范某某尿床，邓荣萍使用木棒殴打范某某腿部，致范某某左股骨骨折，构成轻伤。案发后，邓荣萍向公安机关投案。

（二）裁判结果

法院经审理认为，被告人邓荣萍故意伤害他人身体的行为已构成故意伤害罪。邓荣萍为人之母，长期对养女范某某进行虐待，又因琐事持木棒将范某某直接打致轻伤，手段残忍，情节恶劣，后果严重，应依法惩处。鉴于邓荣萍自动投案后，如实供述自己的罪行,具有自首情节,依法可对其从轻处罚。据此,贵州省关岭布依族苗族自治县人民法院依法以故意伤害罪判处被告人邓荣萍有期徒刑二年二个月。

案例8

汤翠连故意杀人案
——经常遭受家暴致死丈夫获刑

(一)基本案情

被告人汤翠连与被害人杨玉合(殁年39岁)系夫妻。杨玉合经常酗酒且酒后无故打骂汤翠连。2002年4月15日17时许,杨玉合醉酒后吵骂着进家,把几块木板放到同院居住的杨某洪、杨某春父子家的墙脚处。为此,杨某春和杨玉合发生争执、拉扯。汤翠连见状上前劝阻,杨玉合即用手中的木棍追打汤翠连。汤翠连随手从柴堆上拿起一块柴,击打杨玉合头部左侧,致杨玉合倒地。杨玉洪劝阻汤翠连不要再打杨玉合。汤翠连因惧怕杨玉合站起来后殴打自己,仍继续用柴块击打杨玉合头部数下,致杨玉合因钝器打击头部颅脑损伤死亡。案发后,村民由于同情汤翠连,劝其不要投案,并帮助掩埋了杨玉合的尸体。

(二)裁判结果

法院经审理认为,被告人汤翠连故意非法剥夺他人生命的行为已构成故意杀人罪。被害人杨玉合因琐事与邻居发生争执和拉扯,因汤翠连上前劝阻,杨玉合即持木棍追打汤翠连。汤翠连持柴块将杨玉合打倒在地后,不顾邻居劝阻,继续击打杨玉合头部致其死亡,后果严重,应依法惩处。鉴于杨玉合经常酒后实施家庭暴力,无故殴打汤翠连,具有重大过错;汤翠连在案发后能如实供述犯罪事实,认罪态度好;当地群众请求对汤翠连从轻处罚。综上,对汤翠连可酌情从轻处罚。据此,云南省施甸县人民法院依法以故意杀人罪判处被告人汤翠连有期徒刑十年。

案例9

肖正喜故意杀人、故意伤害案
——长期实施家暴并杀人获死刑

(一)基本案情

被告人肖正喜和被害人肖海霞(殁年26岁)于1998年结婚并生育一女一子。2005年,肖正喜怀疑肖海霞与他人有染,二人感情出现矛盾。2009年4月,肖海霞提出离婚,肖正喜未同意。2010年5月22日,肖正喜将在外打工的肖海霞强行带回家中,并打伤肖海霞。肖海霞的父母得知情况后报警,将肖海霞接回江西省星子县娘家居住。

2010年5月25日下午,肖正喜与其表哥程某欲找肖海霞的父亲肖某谈谈。肖某拒绝与肖正喜见面。肖正喜遂购买了一把菜刀、一把水果刀以及黑色旅行包、手电筒等物品,欲杀死肖海霞。当日16时许,肖正喜不顾程某劝阻,独自乘车来到肖海霞父亲家中,躲在屋外猪圈旁。23时许,肖正喜进入肖海霞所住房间,持菜刀砍击肖海霞头部、脸部和手部数下,又用水果刀捅刺肖海霞前胸,致肖海霞开放性血气胸合并失血性、创伤性休克死亡。肖正喜扔弃水果刀后逃离。肖某及其妻子李某听到肖海霞的呼救声后，即追赶上肖正喜并与之发生搏斗，肖正喜用菜刀砍伤肖某，用随身携带的墙纸刀划伤李某。后肖正喜被接到报警赶来的公安民警抓获。

（二）裁判结果

法院经审理认为，被告人肖正喜故意非法剥夺他人生命的行为已构成故意杀人罪，故意伤害他人身体的行为又构成故意伤害罪，应依法数罪并罚。肖正喜不能正确处理夫妻矛盾，因肖海霞提出离婚，即将肖海霞打伤，后又携带凶器至肖海霞家中将肖海霞杀死，将岳父、岳母刺伤，情节极其恶劣，后果极其严重，应依法惩处。据此，依法对被告人肖正喜以故意杀人罪判处死刑，剥夺政治权利终身；以故意伤害罪判处有期徒刑二年，决定执行死刑，剥夺政治权利终身。经最高人民法院复核核准，罪犯肖正喜已被执行死刑。

案例10

薛某凤故意杀人案

——养女被养父长期性侵杀死养父获刑

（一）基本案情

被告人薛某凤自幼被薛某太（被害人，殁年54岁）收养。自1999年薛某凤11岁起，薛某太曾多次对薛某凤强行实施奸淫。2004年3月，薛某凤因被薛某太强奸导致怀孕，后引产。2005年1月，薛某凤与他人结婚。2007年11月11日晚，薛某太酒后将薛某凤叫至其房间内，持刀威胁薛某凤，要求发生性关系。薛某凤谎称同意，趁机用绳子将薛某太双手、双脚捆住，薛某凤离开房间。次日3时许，薛某凤返回房间，采取用扳手击打薛某太头部等手段，致薛某太颅脑损伤死亡。后薛某凤将薛某太的尸体浇油焚烧。

（二）裁判结果

法院经审理认为，被告人薛某凤故意非法剥夺他人生命的行为已构成故意杀人罪。薛某凤持械击打被害人薛某太头部致其死亡，后果严重，应依法惩处。鉴于薛某太利用其养父身份，在薛某凤还系幼女时即长期奸淫并导致薛某凤怀孕引产，对薛某凤的身心健康造成巨大伤害。在薛某凤与他人结婚后，薛某太仍持刀欲强行奸淫薛某凤，具有重大过错；河北省临漳县人民检察院认为，因薛某凤自幼被薛某太长期奸淫，薛某凤为反抗而杀死薛某太，故意杀人情节较轻，建议对薛某凤适用缓刑；当地村委会及数百名群众以薛某凤实施杀人行为实属忍无可忍，其家中又有两个年幼子女和一个呆傻养母需要照顾为由，联名请求对薛某凤从轻处罚；临漳县妇女联合会建议，为挽救薛某凤的家庭，减少社会不和谐因素，尽量从轻处罚；案发后薛某凤认罪态度较好，有悔罪表现。综上，对被告人薛某凤可从轻处罚。据此，临漳县人民法院依法以故意杀人罪判处被告人薛某凤有期徒刑三年，缓刑五年。

6. 母婴保健、计划生育

中华人民共和国
妇女权益保障法

1. 1992年4月3日第七届全国人民代表大会第五次会议通过
2. 根据2005年8月28日第十届全国人民代表大会常务委员会第十七次会议《关于修改〈中华人民共和国妇女权益保障法〉的决定》第一次修正
3. 根据2018年10月26日第十三届全国人民代表大会常务委员会第六次会议《关于修改〈中华人民共和国野生动物保护法〉等十五部法律的决定》第二次修正

目　　录

第一章　总　　则

第一条　【立法目的】为了保障妇女的合法权益,促进男女平等,充分发挥妇女在社会主义现代化建设中的作用,根据宪法和我国的实际情况,制定本法。

第二条　【男女平等】妇女在政治的、经济的、文化的、社会的和家庭的生活等各方面享有同男子平等的权利。

实行男女平等是国家的基本国策。国家采取必要措施,逐步完善保障妇女权益的各项制度,消除对妇女一切形式的歧视。

国家保护妇女依法享有的特殊权益。

禁止歧视、虐待、遗弃、残害妇女。

第三条　【妇女发展纲要和规划】国务院制定中国妇女发展纲要,并将其纳入国民经济和社会发展规划。

县级以上地方各级人民政府根据中国妇女发展纲要,制定本行政区域的妇女发展规划,并将其纳入国民经济和社会发展计划。

第四条　【保障妇女合法权益】保障妇女的合法权益是全社会的共同责任。国家机关、社会团体、企业事业单位、城乡基层群众性自治组织,应当依照本法和有关法律的规定,保障妇女的权益。

国家采取有效措施,为妇女依法行使权利提供必要的条件。

第五条　【权利与义务统一】国家鼓励妇女自尊、自信、自立、自强,运用法律维护自身合法权益。

妇女应当遵守国家法律,尊重社会公德,履行法律所规定的义务。

第六条　【妇女权益的保障工作】各级人民政府应当重视和加强妇女权益的保障工作。

县级以上人民政府负责妇女儿童工作的机构,负责组织、协调、指导、督促有关部门做好妇女权益的保障工作。

县级以上人民政府有关部门在各自的职责范围内做好妇女权益的保障工作。

第七条　【妇女联合会】中华全国妇女联合会和地方各级妇女联合会依照法律

和中华全国妇女联合会章程，代表和维护各族各界妇女的利益，做好维护妇女权益的工作。

工会、共产主义青年团，应当在各自的工作范围内，做好维护妇女权益的工作。

第八条 【表彰和奖励】对保障妇女合法权益成绩显著的组织和个人，各级人民政府和有关部门给予表彰和奖励。

第二章 政治权利

第九条 【政治权利男女平等】国家保障妇女享有与男子平等的政治权利。

第十条 【意见和建议权】妇女有权通过各种途径和形式，管理国家事务，管理经济和文化事业，管理社会事务。

制定法律、法规、规章和公共政策，对涉及妇女权益的重大问题，应当听取妇女联合会的意见。

妇女和妇女组织有权向各级国家机关提出妇女权益保障方面的意见和建议。

第十一条 【选举与被选举权】妇女享有与男子平等的选举权和被选举权。

全国人民代表大会和地方各级人民代表大会的代表中，应当有适当数量的妇女代表。国家采取措施，逐步提高全国人民代表大会和地方各级人民代表大会的妇女代表的比例。

居民委员会、村民委员会成员中，妇女应当有适当的名额。

第十二条 【女干部的培养和选拔】国家积极培养和选拔女干部。

国家机关、社会团体、企业事业单位培养、选拔和任用干部，必须坚持男女平等的原则，并有适当数量的妇女担任领导成员。

国家重视培养和选拔少数民族女干部。

第十三条 【妇联的权利】中华全国妇女联合会和地方各级妇女联合会代表妇女积极参与国家和社会事务的民主决策、民主管理和民主监督。

各级妇女联合会及其团体会员，可以向国家机关、社会团体、企业事业单位推荐女干部。

第十四条 【对侵害妇女权益的申诉、控告和检举的处理】对于有关保障妇女权益的批评或者合理建议，有关部门应当听取和采纳；对于有关侵害妇女权益的申诉、控告和检举，有关部门必须查清事实，负责处理，任何组织或者个人不得压制或者打击报复。

第三章 文化教育权益

第十五条 【文化教育权利男女平等】国家保障妇女享有与男子平等的文化教育权利。

第十六条 【入学、分配等不得歧视女性】学校和有关部门应当执行国家有关规定，保障妇女在入学、升学、毕业分配、授予学位、派出留学等方面享有与男子平等的权利。

学校在录取学生时，除特殊专业外，不得以性别为由拒绝录取女性或者提高对女性的录取标准。

第十七条 【保障女性青少年身心健康发展】学校应当根据女性青少年的特点，在教育、管理、设施等方面采取措施，保障女性青少年身心健康发展。

第十八条 【保障适龄女性儿童少年接受义务教育】父母或者其他监护人必须履

行保障适龄女性儿童少年接受义务教育的义务。

除因疾病或者其他特殊情况经当地人民政府批准的以外，对不送适龄女性儿童少年入学的父母或者其他监护人，由当地人民政府予以批评教育，并采取有效措施，责令送适龄女性儿童少年入学。

政府、社会、学校应当采取有效措施，解决适龄女性儿童少年就学存在的实际困难，并创造条件，保证贫困、残疾和流动人口中的适龄女性儿童少年完成义务教育。

第十九条　【扫除妇女中的文盲、半文盲】各级人民政府应当依照规定把扫除妇女中的文盲、半文盲工作，纳入扫盲和扫盲后继续教育规划，采取符合妇女特点的组织形式和工作方法，组织、监督有关部门具体实施。

第二十条　【职业教育和技术培训】各级人民政府和有关部门应当采取措施，根据城镇和农村妇女的需要，组织妇女接受职业教育和实用技术培训。

第二十一条　【科教文卫活动中的男女平等】国家机关、社会团体和企业事业单位应当执行国家有关规定，保障妇女从事科学、技术、文学、艺术和其他文化活动，享有与男子平等的权利。

第四章　劳动和社会保障权益

第二十二条　【劳动和社会保障权利男女平等】国家保障妇女享有与男子平等的劳动权利和社会保障权利。

第二十三条　【职工录用禁止性别歧视和禁用女童工】各单位在录用职工时，除不适合妇女的工种或者岗位外，不得以性别为由拒绝录用妇女或者提高对妇女的录用标准。

各单位在录用女职工时，应当依法与其签订劳动（聘用）合同或者服务协议，劳动（聘用）合同或者服务协议中不得规定限制女职工结婚、生育的内容。

禁止录用未满十六周岁的女性未成年人，国家另有规定的除外。

第二十四条　【男女同工同酬】实行男女同工同酬。妇女在享受福利待遇方面享有与男子平等的权利。

第二十五条　【晋职、晋级和评定专业技术职务男女平等】在晋职、晋级、评定专业技术职务等方面，应当坚持男女平等的原则，不得歧视妇女。

第二十六条　【保证妇女的劳动安全和健康】任何单位均应根据妇女的特点，依法保护妇女在工作和劳动时的安全和健康，不得安排不适合妇女从事的工作和劳动。

妇女在经期、孕期、产期、哺乳期受特殊保护。

第二十七条　【对用人单位的要求】任何单位不得因结婚、怀孕、产假、哺乳等情形，降低女职工的工资，辞退女职工，单方解除劳动（聘用）合同或者服务协议。但是，女职工要求终止劳动（聘用）合同或者服务协议的除外。

各单位在执行国家退休制度时，不得以性别为由歧视妇女。

第二十八条　【保护妇女的社会保障权益】国家发展社会保险、社会救助、社会福利和医疗卫生事业，保障妇女享有社会保险、社会救助、社会福利和卫生保健等权益。

国家提倡和鼓励为帮助妇女开展的社会公益活动。

第二十九条　【生育保险】国家推行生育保险制度，建立健全与生育相关的其他保障制度。

地方各级人民政府和有关部门应当按照有关规定为贫困妇女提供必要的生育救助。

第五章　财产权益

第三十条　【财产权男女平等】国家保障妇女享有与男子平等的财产权利。

第三十一条　【保护妇女婚姻、家庭共有财产权益】在婚姻、家庭共有财产关系中，不得侵害妇女依法享有的权益。

第三十二条　【农村妇女的平等权益】妇女在农村土地承包经营、集体经济组织收益分配、土地征收或者征用补偿费使用以及宅基地使用等方面，享有与男子平等的权利。

第三十三条　【禁止以婚姻理由侵害妇女在农村集体经济组织中的权益】任何组织和个人不得以妇女未婚、结婚、离婚、丧偶等为由，侵害妇女在农村集体经济组织中的各项权益。

因结婚男方到女方住所落户的，男方和子女享有与所在地农村集体经济组织成员平等的权益。

第三十四条　【继承权男女平等】妇女享有的与男子平等的财产继承权受法律保护。在同一顺序法定继承人中，不得歧视妇女。

丧偶妇女有权处分继承的财产，任何人不得干涉。

第三十五条　【丧偶妇女的继承权】丧偶妇女对公、婆尽了主要赡养义务的，作为公、婆的第一顺序法定继承人，其继承权不受子女代位继承的影响。

第六章　人身权利

第三十六条　【人身权利男女平等】国家保障妇女享有与男子平等的人身权利。

第三十七条　【人身自由权】妇女的人身自由不受侵犯。禁止非法拘禁和以其他非法手段剥夺或者限制妇女的人身自由；禁止非法搜查妇女的身体。

第三十八条　【生命健康权】妇女的生命健康权不受侵犯。禁止溺、弃、残害女婴；禁止歧视、虐待生育女婴的妇女和不育的妇女；禁止用迷信、暴力等手段残害妇女；禁止虐待、遗弃病、残妇女和老年妇女。

第三十九条　【禁止拐卖、绑架妇女】禁止拐卖、绑架妇女；禁止收买被拐卖、绑架的妇女；禁止阻碍解救被拐卖、绑架的妇女。

各级人民政府和公安、民政、劳动和社会保障、卫生等部门按照其职责及时采取措施解救被拐卖、绑架的妇女，做好善后工作，妇女联合会协助和配合做好有关工作。任何人不得歧视被拐卖、绑架的妇女。

第四十条　【禁止性骚扰】禁止对妇女实施性骚扰。受害妇女有权向单位和有关机关投诉。

第四十一条　【禁止卖淫、嫖娼】禁止卖淫、嫖娼。

禁止组织、强迫、引诱、容留、介绍妇女卖淫或者对妇女进行猥亵活动。

禁止组织、强迫、引诱妇女进行淫秽表演活动。

第四十二条　【保护民事权利】妇女的名

誉权、荣誉权、隐私权、肖像权等人格权受法律保护。

禁止用侮辱、诽谤等方式损害妇女的人格尊严。禁止通过大众传播媒介或者其他方式贬低损害妇女人格。未经本人同意,不得以营利为目的,通过广告、商标、展览橱窗、报纸、期刊、图书、音像制品、电子出版物、网络等形式使用妇女肖像。

第七章 婚姻家庭权益

第四十三条 【婚姻家庭权利男女平等】国家保障妇女享有与男子平等的婚姻家庭权利。

第四十四条 【婚姻自主权】国家保护妇女的婚姻自主权。禁止干涉妇女的结婚、离婚自由。

第四十五条 【对男方提出离婚的限制】女方在怀孕期间、分娩后一年内或者终止妊娠后六个月内,男方不得提出离婚。女方提出离婚的,或者人民法院认为确有必要受理男方离婚请求的,不在此限。

第四十六条 【禁止家庭暴力】禁止对妇女实施家庭暴力。

国家采取措施,预防和制止家庭暴力。

公安、民政、司法行政等部门以及城乡基层群众性自治组织、社会团体,应当在各自的职责范围内预防和制止家庭暴力,依法为受害妇女提供救助。

第四十七条 【共有财产权利男女平等】妇女对依照法律规定的夫妻共同财产享有与其配偶平等的占有、使用、收益和处分的权利,不受双方收入状况的影响。

夫妻书面约定婚姻关系存续期间所得的财产归各自所有,女方因抚育子女、照料老人、协助男方工作等承担较多义务的,有权在离婚时要求男方予以补偿。

第四十八条 【财产分割照顾女方原则】夫妻共有的房屋,离婚时,分割住房由双方协议解决;协议不成的,由人民法院根据双方的具体情况,按照照顾子女和女方权益的原则判决。夫妻双方另有约定的除外。

夫妻共同租用的房屋,离婚时,女方的住房应当按照照顾子女和女方权益的原则解决。

第四十九条 【子女监护权男女平等】父母双方对未成年子女享有平等的监护权。

父亲死亡、丧失行为能力或者有其他情形不能担任未成年子女的监护人的,母亲的监护权任何人不得干涉。

第五十条 【子女抚养照顾女方要求】离婚时,女方因实施绝育手术或者其他原因丧失生育能力的,处理子女抚养问题,应在有利子女权益的条件下,照顾女方的合理要求。

第五十一条 【生育自由和生殖健康】妇女有按照国家有关规定生育子女的权利,也有不生育的自由。

育龄夫妻双方按照国家有关规定计划生育,有关部门应当提供安全、有效的避孕药具和技术,保障实施节育手术的妇女的健康和安全。

国家实行婚前保健、孕产期保健制度,发展母婴保健事业。各级人民政府应当采取措施,保障妇女享有计划生育技术服务,提高妇女的生殖健康水平。

第八章 法律责任

第五十二条 【妇女合法权益受侵害的救济措施】妇女的合法权益受到侵害的，有权要求有关部门依法处理，或者依法向仲裁机构申请仲裁，或者向人民法院起诉。

对有经济困难需要法律援助或者司法救助的妇女，当地法律援助机构或者人民法院应当给予帮助，依法为其提供法律援助或者司法救助。

第五十三条 【妇女组织维护妇女合法权益】妇女的合法权益受到侵害的，可以向妇女组织投诉，妇女组织应当维护被侵害妇女的合法权益，有权要求并协助有关部门或者单位查处。有关部门或者单位应当依法查处，并予以答复。

第五十四条 【对妇女维权的诉讼和传媒帮助】妇女组织对于受害妇女进行诉讼需要帮助的，应当给予支持。

妇女联合会或者相关妇女组织对侵害特定妇女群体利益的行为，可以通过大众传播媒介揭露、批评，并有权要求有关部门依法查处。

第五十五条 【对妇女在集体经济组织中权益受侵害的救济】违反本法规定，以妇女未婚、结婚、离婚、丧偶等为由，侵害妇女在农村集体经济组织中的各项权益的，或者因结婚男方到女方住所落户，侵害男方和子女享有与所在地农村集体经济组织成员平等权益的，由乡镇人民政府依法调解；受害人也可以依法向农村土地承包仲裁机构申请仲裁，或者向人民法院起诉，人民法院应当依法受理。

第五十六条 【违法责任形式】违反本法规定，侵害妇女的合法权益，其他法律、法规规定行政处罚的，从其规定；造成财产损失或者其他损害的，依法承担民事责任；构成犯罪的，依法追究刑事责任。

第五十七条 【相关违法责任】违反本法规定，对侵害妇女权益的申诉、控告、检举，推诿、拖延、压制不予查处，或者对提出申诉、控告、检举的人进行打击报复的，由其所在单位、主管部门或者上级机关责令改正，并依法对直接负责的主管人员和其他直接责任人员给予行政处分。

国家机关及其工作人员未依法履行职责，对侵害妇女权益的行为未及时制止或者未给予受害妇女必要帮助，造成严重后果的，由其所在单位或者上级机关依法对直接负责的主管人员和其他直接责任人员给予行政处分。

违反本法规定，侵害妇女文化教育权益、劳动和社会保障权益、人身和财产权益以及婚姻家庭权益的，由其所在单位、主管部门或者上级机关责令改正，直接负责的主管人员和其他直接责任人员属于国家工作人员的，由其所在单位或者上级机关依法给予行政处分。

第五十八条 【性骚扰和家庭暴力的责任】违反本法规定，对妇女实施性骚扰或者家庭暴力，构成违反治安管理行为的，受害人可以提请公安机关对违法行为人依法给予行政处罚，也可以依法向人民法院提起民事诉讼。

第五十九条 【贬损妇女人格的责任】违反本法规定，通过大众传播媒介或者其他方式贬低损害妇女人格的，由文化、广播电视、电影、新闻出版或者其他有关部门依据各自的职权责令改正，并依法给予行政处罚。

第九章 附 则

第六十条 【实施办法及变通或补充规定】省、自治区、直辖市人民代表大会常务委员会可以根据本法制定实施办法。

民族自治地方的人民代表大会,可以依据本法规定的原则,结合当地民族妇女的具体情况,制定变通的或者补充的规定。自治区的规定,报全国人民代表大会常务委员会批准后生效;自治州、自治县的规定,报省、自治区、直辖市人民代表大会常务委员会批准后生效,并报全国人民代表大会常务委员会备案。

第六十一条 【施行日期】本法自 1992 年 10 月 1 日起施行。

中华人民共和国母婴保健法

1. *1994 年 10 月 27 日第八届全国人民代表大会常务委员会第十次会议通过*
2. *根据 2009 年 8 月 27 日第十一届全国人民代表大会常务委员会第十次会议《关于修改部分法律的决定》第一次修正*
3. *根据 2017 年 11 月 4 日第十二届全国人民代表大会常务委员会第三十次会议《关于修改〈中华人民共和国会计法〉等十一部法律的决定》第二次修正*

目 录

第一章 总 则

第一条 【立法目的】为了保障母亲和婴儿健康,提高出生人口素质,根据宪法,制定本法。

第二条 【国家扶持】国家发展母婴保健事业,提供必要条件和物质帮助,使母亲和婴儿获得医疗保健服务。

国家对边远贫困地区的母婴保健事业给予扶持。

第三条 【政府领导】各级人民政府领导母婴保健工作。

母婴保健事业应当纳入国民经济和社会发展计划。

第四条 【主管部门】国务院卫生行政部门主管全国母婴保健工作,根据不同地区情况提出分级分类指导原则,并对全国母婴保健工作实施监督管理。

国务院其他有关部门在各自职责范围内,配合卫生行政部门做好母婴保健工作。

第五条 【教育、科研】国家鼓励、支持母婴保健领域的教育和科学研究,推广先进、实用的母婴保健技术,普及母婴保健科学知识。

第六条 【奖励】对在母婴保健工作中做出显著成绩和在母婴保健科学研究中取得显著成果的组织和个人,应当给予奖励。

第二章 婚前保健

第七条 【婚前保健服务】医疗保健机构应当为公民提供婚前保健服务。

婚前保健服务包括下列内容:

(一)婚前卫生指导:关于性卫生知识、生育知识和遗传病知识的教育;

（二）婚前卫生咨询：对有关婚配、生育保健等问题提供医学意见；

（三）婚前医学检查：对准备结婚的男女双方可能患影响结婚和生育的疾病进行医学检查。

第八条 【**疾病检查**】婚前医学检查包括对下列疾病的检查：

（一）严重遗传性疾病；

（二）指定传染病；

（三）有关精神病。

经婚前医学检查，医疗保健机构应当出具婚前医学检查证明。

第九条 【**暂缓结婚**】经婚前医学检查，对患指定传染病在传染期内或者有关精神病在发病期内的，医师应当提出医学意见；准备结婚的男女双方应当暂缓结婚。

第十条 【**不宜生育**】经婚前医学检查，对诊断患医学上认为不宜生育的严重遗传性疾病的，医师应当向男女双方说明情况，提出医学意见；经男女双方同意，采取长效避孕措施或者施行结扎手术后不生育的，可以结婚。但《中华人民共和国婚姻法》规定禁止结婚的除外。

第十一条 【**医学技术鉴定**】接受婚前医学检查的人员对检查结果持有异议的，可以申请医学技术鉴定，取得医学鉴定证明。

第十二条 【**结婚登记**】男女双方在结婚登记时，应当持有婚前医学检查证明或者医学鉴定证明。

第十三条 【**实施办法**】省、自治区、直辖市人民政府根据本地区的实际情况，制定婚前医学检查制度实施办法。

省、自治区、直辖市人民政府对婚前医学检查应当规定合理的收费标准，对边远贫困地区或者交费确有困难的人员应当给予减免。

第三章 孕产期保健

第十四条 【**孕产期保健服务内容**】医疗保健机构应当为育龄妇女和孕产妇提供孕产期保健服务。

孕产期保健服务包括下列内容：

（一）母婴保健指导：对孕育健康后代以及严重遗传性疾病和碘缺乏病等地方病的发病原因、治疗和预防方法提供医学意见；

（二）孕妇、产妇保健：为孕妇、产妇提供卫生、营养、心理等方面的咨询和指导以及产前定期检查等医疗保健服务；

（三）胎儿保健：为胎儿生长发育进行监护，提供咨询和医学指导；

（四）新生儿保健：为新生儿生长发育、哺乳和护理提供医疗保健服务。

第十五条 【**医学指导**】对患严重疾病或者接触致畸物质，妊娠可能危及孕妇生命安全或者可能严重影响孕妇健康和胎儿正常发育的，医疗保健机构应当予以医学指导。

第十六条 【**医学意见**】医师发现或者怀疑患严重遗传性疾病的育龄夫妻，应当提出医学意见，育龄夫妻应当根据医师的医学意见采取相应的措施。

第十七条 【**胎儿异常**】经产前检查，医师发现或者怀疑胎儿异常的，应当对孕妇进行产前诊断。

第十八条 【**终止妊娠**】经产前诊断，有下列情形之一的，医师应当向夫妻双方说明情况，并提出终止妊娠的医学意见：

（一）胎儿患严重遗传性疾病的；

（二）胎儿有严重缺陷的；

（三）因患严重疾病，继续妊娠可能危及孕妇生命安全或者严重危害孕妇健康的。

第十九条　【终止妊娠和结扎手术】依照本法规定施行终止妊娠或者结扎手术，应当经本人同意，并签署意见。本人无行为能力的，应当经其监护人同意，并签署意见。

依照本法规定施行终止妊娠或者结扎手术的，接受免费服务。

第二十条　【医学检查】生育过严重缺陷患儿的妇女再次妊娠前，夫妻双方应当到县级以上医疗保健机构接受医学检查。

第二十一条　【产伤预防】医师和助产人员应当严格遵守有关操作规程，提高助产技术和服务质量，预防和减少产伤。

第二十二条　【不住院分娩】不能住院分娩的孕妇应当由经过培训、具备相应接生能力的接生人员实行消毒接生。

第二十三条　【家庭接生】医疗保健机构和从事家庭接生的人员按照国务院卫生行政部门的规定，出具统一制发的新生儿出生医学证明；有产妇和婴儿死亡以及新生儿出生缺陷情况的，应当向卫生行政部门报告。

第二十四条　【育儿指导】医疗保健机构为产妇提供科学育儿、合理营养和母乳喂养的指导。

医疗保健机构对婴儿进行体格检查和预防接种，逐步开展新生儿疾病筛查、婴儿多发病和常见病防治等医疗保健服务。

第四章　技术鉴定

第二十五条　【鉴定组织和对象】县级以上地方人民政府可以设立医学技术鉴定组织，负责对婚前医学检查、遗传病诊断和产前诊断结果有异议的进行医学技术鉴定。

第二十六条　【鉴定人员】从事医学技术鉴定的人员，必须具有临床经验和医学遗传学知识，并具有主治医师以上的专业技术职务。

医学技术鉴定组织的组成人员，由卫生行政部门提名，同级人民政府聘任。

第二十七条　【回避】医学技术鉴定实行回避制度。凡与当事人有利害关系，可能影响公正鉴定的人员，应当回避。

第五章　行政管理

第二十八条　【政府职责】各级人民政府应当采取措施，加强母婴保健工作，提高医疗保健服务水平，积极防治由环境因素所致严重危害母亲和婴儿健康的地方性高发性疾病，促进母婴保健事业的发展。

第二十九条　【管理机关】县级以上地方人民政府卫生行政部门管理本行政区域内的母婴保健工作。

第三十条　【监测和技术指导机构】省、自治区、直辖市人民政府卫生行政部门指定的医疗保健机构负责本行政区域内的母婴保健监测和技术指导。

第三十一条　【医疗保健机构职责】医疗保健机构按照国务院卫生行政部门的规定，负责其职责范围内的母婴保健工作，建立医疗保健工作规范，提高医学技术水平，采取各种措施方便人民群众，做好母婴保健服务工作。

第三十二条 【技术标准】医疗保健机构依照本法规定开展婚前医学检查、遗传病诊断、产前诊断以及施行结扎手术和终止妊娠手术的，必须符合国务院卫生行政部门规定的条件和技术标准，并经县级以上地方人民政府卫生行政部门许可。

严禁采用技术手段对胎儿进行性别鉴定，但医学上确有需要的除外。

第三十三条 【合格证书制度】从事本法规定的遗传病诊断、产前诊断的人员，必须经过省、自治区、直辖市人民政府卫生行政部门的考核，并取得相应的合格证书。

从事本法规定的婚前医学检查、施行结扎手术和终止妊娠手术的人员，必须经过县级以上地方人民政府卫生行政部门的考核，并取得相应的合格证书。

第三十四条 【保密】从事母婴保健工作的人员应当严格遵守职业道德，为当事人保守秘密。

第六章 法律责任

第三十五条 【无证从业行为】未取得国家颁发的有关合格证书的，有下列行为之一，县级以上地方人民政府卫生行政部门应当予以制止，并可以根据情节给予警告或者处以罚款：

（一）从事婚前医学检查、遗传病诊断、产前诊断或者医学技术鉴定的；

（二）施行终止妊娠手术的；

（三）出具本法规定的有关医学证明的。

上款第（三）项出具的有关医学证明无效。

第三十六条 【刑事责任对象】未取得国家颁发的有关合格证书，施行终止妊娠手术或者采取其他方法终止妊娠，致人死亡、残疾、丧失或者基本丧失劳动能力的，依照刑法有关规定追究刑事责任。

第三十七条 【执业人员违法】从事母婴保健工作的人员违反本法规定，出具有关虚假医学证明或者进行胎儿性别鉴定的，由医疗保健机构或者卫生行政部门根据情节给予行政处分；情节严重的，依法取消执业资格。

第七章 附 则

第三十八条 【专门用语含义】本法下列用语的含义：

指定传染病，是指《中华人民共和国传染病防治法》中规定的艾滋病、淋病、梅毒、麻疯病以及医学上认为影响结婚和生育的其他传染病。

严重遗传性疾病，是指由于遗传因素先天形成，患者全部或者部分丧失自主生活能力，后代再现风险高，医学上认为不宜生育的遗传性疾病。

有关精神病，是指精神分裂症、躁狂抑郁型精神病以及其他重型精神病。

产前诊断，是指对胎儿进行先天性缺陷和遗传性疾病的诊断。

第三十九条 【生效日期】本法自 1995 年 6 月 1 日起施行。

中华人民共和国人口与计划生育法

1. 2001年12月29日第九届全国人民代表大会常务委员会第二十五次会议通过

2. 根据2015年12月27日第十二届全国人民代表大会常务委员会第十八次会议《关于修改〈中华人民共和国人口与计划生育法〉的决定》修正

目　　录

第一章　总　　则

第一条　【立法目的】为了实现人口与经济、社会、资源、环境的协调发展，推行计划生育，维护公民的合法权益，促进家庭幸福、民族繁荣与社会进步，根据宪法，制定本法。

第二条　【基本国策】我国是人口众多的国家，实行计划生育是国家的基本国策。

国家采取综合措施，控制人口数量，提高人口素质。

国家依靠宣传教育、科学技术进步、综合服务、建立健全奖励和社会保障制度，开展人口与计划生育工作。

第三条　【结合妇女保护】开展人口与计划生育工作，应当与增加妇女受教育和就业机会、增进妇女健康、提高妇女地位相结合。

第四条　【保护公民合法权益】各级人民政府及其工作人员在推行计划生育工作中应当严格依法行政，文明执法，不得侵犯公民的合法权益。

计划生育行政部门及其工作人员依法执行公务受法律保护。

第五条　【领导机构】国务院领导全国的人口与计划生育工作。

地方各级人民政府领导本行政区域内的人口与计划生育工作。

第六条　【责任机构】国务院计划生育行政部门负责全国计划生育工作和与计划生育有关的人口工作。

县级以上地方各级人民政府计划生育行政部门负责本行政区域内的计划生育工作和与计划生育有关的人口工作。

县级以上各级人民政府其他有关部门在各自的职责范围内，负责有关的人口与计划生育工作。

第七条　【协助机构】工会、共产主义青年团、妇女联合会及计划生育协会等社会团体、企业事业组织和公民应当协助人民政府开展人口与计划生育工作。

第八条　【工作奖励】国家对在人口与计划生育工作中作出显著成绩的组织和个人，给予奖励。

第二章　人口发展规划的制定与实施

第九条　【编制规划】国务院编制人口发展规划，并将其纳入国民经济和社会发展计划。

县级以上地方各级人民政府根据全国人口发展规划以及上一级人民政府人口发展规划，结合当地实际情况编制本行政区域的人口发展规划，并将其纳入国民经济和社会发展计划。

第十条 【制定实施方案】县级以上各级人民政府根据人口发展规划，制定人口与计划生育实施方案并组织实施。

县级以上各级人民政府计划生育行政部门负责实施人口与计划生育实施方案的日常工作。

乡、民族乡、镇的人民政府和城市街道办事处负责本管辖区域内的人口与计划生育工作，贯彻落实人口与计划生育实施方案。

第十一条 【方案内容】人口与计划生育实施方案应当规定控制人口数量，加强母婴保健，提高人口素质的措施。

第十二条 【基层组织工作】村民委员会、居民委员会应当依法做好计划生育工作。

机关、部队、社会团体、企业事业组织应当做好本单位的计划生育工作。

第十三条 【宣传教育】计划生育、教育、科技、文化、卫生、民政、新闻出版、广播电视等部门应当组织开展人口与计划生育宣传教育。

大众传媒负有开展人口与计划生育的社会公益性宣传的义务。

学校应当在学生中，以符合受教育者特征的适当方式，有计划地开展生理卫生教育、青春期教育或者性健康教育。

第十四条 【流动人口管理】流动人口的计划生育工作由其户籍所在地和现居住地的人民政府共同负责管理，以现居住地为主。

第十五条 【经费投入】国家根据国民经济和社会发展状况逐步提高人口与计划生育经费投入的总体水平。各级人民政府应当保障人口与计划生育工作必要的经费。

各级人民政府应当对贫困地区、少数民族地区开展人口与计划生育工作给予重点扶持。

国家鼓励社会团体、企业事业组织和个人为人口与计划生育工作提供捐助。

任何单位和个人不得截留、克扣、挪用人口与计划生育工作费用。

第十六条 【科研与交流】国家鼓励开展人口与计划生育领域的科学研究和对外交流与合作。

第三章 生育调节

第十七条 【夫妻权、义】公民有生育的权利，也有依法实行计划生育的义务，夫妻双方在实行计划生育中负有共同的责任。

第十八条 【生育政策】国家提倡一对夫妻生育两个子女。

符合法律、法规规定条件的，可以要求安排再生育子女。具体办法由省、自治区、直辖市人民代表大会或者其常务委员会规定。

少数民族也要实行计划生育，具体办法由省、自治区、直辖市人民代表大会或者其常务委员会规定。

夫妻双方户籍所在地的省、自治区、直辖市之间关于再生育子女的规定不一致的，按照有利于当事人的原则适用。

第十九条 【避孕节育】实行计划生育，以避孕为主。

国家创造条件，保障公民知情选择

安全、有效、适宜的避孕节育措施。实施避孕节育手术，应当保证受术者的安全。

第二十条 【自觉避孕】育龄夫妻自主选择计划生育避孕节育措施，预防和减少非意愿妊娠。

第二十一条 【免费计生服务】实行计划生育的育龄夫妻免费享受国家规定的基本项目的计划生育技术服务。

前款规定所需经费，按照国家有关规定列入财政预算或者由社会保险予以保障。

第二十二条 【禁止虐待】禁止歧视、虐待生育女婴的妇女和不育的妇女。

禁止歧视、虐待、遗弃女婴。

第四章 奖励与社会保障

第二十三条 【奖励】国家对实行计划生育的夫妻，按照规定给予奖励。

第二十四条 【保险保障】国家建立、健全基本养老保险、基本医疗保险、生育保险和社会福利等社会保障制度，促进计划生育。

国家鼓励保险公司举办有利于计划生育的保险项目。

有条件的地方可以根据政府引导、农民自愿的原则，在农村实行多种形式的养老保障办法。

第二十五条 【假期鼓励】符合法律、法规规定生育子女的夫妻，可以获得延长生育假的奖励或者其他福利待遇。

第二十六条 【劳动保护】妇女怀孕、生育和哺乳期间，按照国家有关规定享受特殊劳动保护并可以获得帮助和补偿。

公民实行计划生育手术，享受国家规定的休假；地方人民政府可以给予奖励。

第二十七条 【独生子女奖励】在国家提倡一对夫妻生育一个子女期间，自愿终身只生育一个子女的夫妻，国家发给《独生子女父母光荣证》。

获得《独生子女父母光荣证》的夫妻，按照国家和省、自治区、直辖市有关规定享受独生子女父母奖励。

法律、法规或者规章规定给予获得《独生子女父母光荣证》的夫妻奖励的措施中由其所在单位落实的，有关单位应当执行。

获得《独生子女父母光荣证》的夫妻，独生子女发生意外伤残、死亡的，按照规定获得扶助。

在国家提倡一对夫妻生育一个子女期间，按照规定应当享受计划生育家庭老年人奖励扶助的，继续享受相关奖励扶助。

第二十八条 【政府支持】地方各级人民政府对农村实行计划生育的家庭发展经济，给予资金、技术、培训等方面的支持、优惠；对实行计划生育的贫困家庭，在扶贫贷款、以工代赈、扶贫项目和社会救济等方面给予优先照顾。

第二十九条 【奖励实施办法】本章规定的奖励措施，省、自治区、直辖市和较大的市的人民代表大会及其常务委员会或者人民政府可以依据本法和有关法律、行政法规的规定，结合当地实际情况，制定具体实施办法。

第五章 计划生育技术服务

第三十条 【婚、孕保障】国家建立婚前保健、孕产期保健制度，防止或者减少出生缺陷，提高出生婴儿健康水平。

第三十一条　【生殖健康】各级人民政府应当采取措施，保障公民享有计划生育技术服务，提高公民的生殖健康水平。

第三十二条　【建立服务网络】地方各级人民政府应当合理配置、综合利用卫生资源，建立、健全由计划生育技术服务机构和从事计划生育技术服务的医疗、保健机构组成的计划生育技术服务网络，改善技术服务设施和条件，提高技术服务水平。

第三十三条　【服务内容】计划生育技术服务机构和从事计划生育技术服务的医疗、保健机构应当在各自的职责范围内，针对育龄人群开展人口与计划生育基础知识宣传教育，对已婚育龄妇女开展孕情检查、随访服务工作，承担计划生育、生殖保健的咨询、指导和技术服务。

第三十四条　【避孕服务】计划生育技术服务人员应当指导实行计划生育的公民选择安全、有效、适宜的避孕措施。

对已生育子女的夫妻，提倡选择长效避孕措施。

国家鼓励计划生育新技术、新药具的研究、应用和推广。

第三十五条　【禁止性别鉴定】严禁利用超声技术和其他技术手段进行非医学需要的胎儿性别鉴定；严禁非医学需要的选择性别的人工终止妊娠。

第六章　法律责任

第三十六条　【违法计生行为处罚】违反本法规定，有下列行为之一的，由计划生育行政部门或者卫生行政部门依据职权责令改正，给予警告，没收违法所得；违法所得一万元以上的，处违法所得二倍以上六倍以下的罚款；没有违法所得或者违法所得不足一万元的，处一万元以上三万元以下的罚款；情节严重的，由原发证机关吊销执业证书；构成犯罪的，依法追究刑事责任：

（一）非法为他人施行计划生育手术的；

（二）利用超声技术和其他技术手段为他人进行非医学需要的胎儿性别鉴定或者选择性别的人工终止妊娠的；

（三）进行假医学鉴定、出具假计划生育证明的。

第三十七条　【违法计生证明】伪造、变造、买卖计划生育证明，由计划生育行政部门没收违法所得，违法所得五千元以上的，处违法所得二倍以上十倍以下的罚款；没有违法所得或者违法所得不足五千元的，处五千元以上二万元以下的罚款；构成犯罪的，依法追究刑事责任。

以不正当手段取得计划生育证明的，由计划生育行政部门取消其计划生育证明；出具证明的单位有过错的，对直接负责的主管人员和其他直接责任人员依法给予行政处分。

第三十八条　【服务人员违法处罚】计划生育技术服务人员违章操作或者延误抢救、诊治，造成严重后果的，依照有关法律、行政法规的规定承担相应的法律责任。

第三十九条　【计生工作人员违法处罚】国家机关工作人员在计划生育工作中，有下列行为之一，构成犯罪的，依法追究刑事责任；尚不构成犯罪的，依法给予行政处分；有违法所得的，没收违法所得：

（一）侵犯公民人身权、财产权和其他合法权益的；

（二）滥用职权、玩忽职守、徇私舞弊的；

（三）索取、收受贿赂的；

（四）截留、克扣、挪用、贪污计划生育经费或者社会抚养费的；

（五）虚报、瞒报、伪造、篡改或者拒报人口与计划生育统计数据的。

第四十条　【管理人员违规处罚】违反本法规定，不履行协助计划生育管理义务的，由有关地方人民政府责令改正，并给予通报批评；对直接负责的主管人员和其他直接责任人员依法给予行政处分。

第四十一条　【超生处罚】不符合本法第十八条规定生育子女的公民，应当依法缴纳社会抚养费。

未在规定的期限内足额缴纳应当缴纳的社会抚养费的，自欠缴之日起，按照国家有关规定加收滞纳金；仍不缴纳的，由作出征收决定的计划生育行政部门依法向人民法院申请强制执行。

第四十二条　【超生行政处罚】按照本法第四十一条规定缴纳社会抚养费的人员，是国家工作人员的，还应当依法给予行政处分；其他人员还应当由其所在单位或者组织给予纪律处分。

第四十三条　【阻碍计生工作的处罚】拒绝、阻碍计划生育行政部门及其工作人员依法执行公务的，由计划生育行政部门给予批评教育并予以制止；构成违反治安管理行为的，依法给予治安管理处罚；构成犯罪的，依法追究刑事责任。

第四十四条　【行政复议与诉讼】公民、法人或者其他组织认为行政机关在实施计划生育管理过程中侵犯其合法权益，可以依法申请行政复议或者提起行政诉讼。

第七章　附　　则

第四十五条　【制定管理办法】流动人口计划生育工作的具体管理办法、计划生育技术服务的具体管理办法和社会抚养费的征收管理办法，由国务院制定。

第四十六条　【解放军实施办法】中国人民解放军执行本法的具体办法，由中央军事委员会依据本法制定。

第四十七条　【生效日期】本法自2002年9月1日起施行。

社会抚养费征收管理办法

1. 2002年8月2日国务院令第357号公布
2. 自2002年9月1日起施行

第一条　为了规范社会抚养费的征收管理，维护计划生育基本国策，保护公民的合法权益，实现人口与经济、社会、资源、环境的协调发展，根据《中华人民共和国人口与计划生育法》（以下简称人口与计划生育法），制定本办法。

第二条　公民享有依法生育的权利，同时应当依法履行计划生育的义务，其生育行为应当符合人口与计划生育法的规定。

地方各级人民政府和县级以上各级人民政府计划生育行政部门应当采取综合措施，做好计划生育宣传教育、避孕节育服务等经常性工作，使本行政区域内公民的生育行为符合人口与计划生育法的规定。

第三条 不符合人口与计划生育法第十八条的规定生育子女的公民，应当依照本办法的规定缴纳社会抚养费。

社会抚养费的征收标准，分别以当地城镇居民年人均可支配收入和农村居民年人均纯收入为计征的参考基本标准，结合当事人的实际收入水平和不符合法律、法规规定生育子女的情节，确定征收数额。社会抚养费的具体征收标准由省、自治区、直辖市规定。

任何单位和个人不得违反法律、法规的规定擅自增设与计划生育有关的收费项目，提高社会抚养费征收标准。

第四条 社会抚养费的征收，由县级人民政府计划生育行政部门作出书面征收决定；县级人民政府计划生育行政部门可以委托乡（镇）人民政府或者街道办事处作出书面征收决定。

第五条 不符合人口与计划生育法第十八条规定生育子女的流动人口的社会抚养费的征收，按照下列规定办理：

（一）当事人的生育行为发生在其现居住地的，由现居住地县级人民政府计划生育行政部门按照现居住地的征收标准作出征收决定；

（二）当事人的生育行为发生在其户籍所在地的，由户籍所在地县级人民政府计划生育行政部门按照户籍所在地的征收标准作出征收决定；

（三）当事人的生育行为发生时，其现居住地或者户籍所在地县级人民政府计划生育行政部门均未发现的，此后由首先发现其生育行为的县级人民政府计划生育行政部门按照当地的征收标准作出征收决定。

当事人在一地已经被征收社会抚养费的，在另一地不因同一事实再次被征收社会抚养费。

第六条 社会抚养费的征收决定，自送达当事人之日起生效。当事人应当自收到征收决定之日起30日内一次性缴纳社会抚养费。

当事人一次性缴纳社会抚养费确有实际困难的，应当自收到征收决定之日起30日内向作出征收决定的县级人民政府计划生育行政部门提出分期缴纳的书面申请，并提供有关证明材料。县级人民政府计划生育行政部门应当自收到当事人的申请之日起30日内作出批准或者不批准分期缴纳的决定，并书面通知当事人。

征收社会抚养费，应当向当事人出具由省、自治区、直辖市人民政府财政部门统一印制的社会抚养费收据。

第七条 社会抚养费的具体征收、缴纳方式，由省、自治区、直辖市根据当地实际情况规定。

第八条 当事人未在规定的期限内缴纳社会抚养费的，自欠缴之日起每月加收欠缴社会抚养费的千分之二的滞纳金；仍不缴纳的，由作出征收决定的计划生育行政部门依法申请人民法院强制执行。

第九条 当事人对征收决定不服的，可以依法申请行政复议或者提起行政诉讼。

行政复议或者行政诉讼期间，征收决定不停止执行；但是，行政复议法、行政诉讼法另有规定的除外。

第十条 社会抚养费及滞纳金应当全部上缴国库，按照国务院财政部门的规定纳入地方财政预算管理；任何单位和个人不得截留、挪用、贪污、私分。

计划生育工作必要的经费，由各级人民政府财政予以保障。

第十一条　县级以上人民政府计划生育、财政、计划（物价）、审计、监察等部门，应当加强对社会抚养费征收管理工作的监督、检查。

第十二条　当事人所在单位或者村民委员会、城市居民委员会，应当依法配合做好社会抚养费的征收工作。

第十三条　违反法律、法规的规定，擅自增设与计划生育有关的收费项目或者擅自提高社会抚养费征收标准的，依照《违反行政事业性收费和罚没收入收支两条线管理规定行政处分暂行规定》处理。

第十四条　截留、挪用、贪污、私分社会抚养费的，依照刑法关于贪污罪、挪用公款罪、私分国有资产罪的规定，依法追究刑事责任；尚不够刑事处罚的，对直接负责的主管人员和其他直接责任人员依法给予降级、撤职或者开除的行政处分。

第十五条　本办法自2002年9月1日起施行。

计划生育技术服务管理条例

1. 2001年6月13日国务院令第309号公布
2. 根据2004年12月10日国务院令第428号《关于修改〈计划生育技术服务管理条例〉的决定》修订

第一章　总　　则

第一条　为了加强对计划生育技术服务工作的管理，控制人口数量，提高人口素质，保障公民的生殖健康权利，制定本条例。

第二条　在中华人民共和国境内从事计划生育技术服务活动的机构及其人员应当遵守本条例。

第三条　计划生育技术服务实行国家指导和个人自愿相结合的原则。

公民享有避孕方法的知情选择权。国家保障公民获得适宜的计划生育技术服务的权利。

国家向农村实行计划生育的育龄夫妻免费提供避孕、节育技术服务，所需经费由地方财政予以保障，中央财政对西部困难地区给予适当补助。

第四条　国务院计划生育行政部门负责管理全国计划生育技术服务工作。国务院卫生行政等有关部门在各自的职责范围内，配合计划生育行政部门做好计划生育技术服务工作。

第五条　计划生育技术服务网络由计划生育技术服务机构和从事计划生育技术服务的医疗、保健机构组成，并纳入区域卫生规划。

国家依靠科技进步提高计划生育技术服务质量，鼓励研究、开发、引进和推广计划生育新技术、新药具。

第二章　技 术 服 务

第六条　计划生育技术服务包括计划生育技术指导、咨询以及与计划生育有关的临床医疗服务。

第七条　计划生育技术指导、咨询包括下列内容：

（一）生殖健康科普宣传、教育、咨询；

（二）提供避孕药具及相关的指导、咨询、随访；

（三）对已经施行避孕、节育手术和输卵（精）管复通手术的，提供相关的咨询、随访。

第八条 县级以上城市从事计划生育技术服务的机构可以在批准的范围内开展下列与计划生育有关的临床医疗服务：

（一）避孕和节育的医学检查；

（二）计划生育手术并发症和计划生育药具不良反应的诊断、治疗；

（三）施行避孕、节育手术和输卵（精）管复通手术；

（四）开展围绕生育、节育、不育的其他生殖保健项目。具体项目由国务院计划生育行政部门、卫生行政部门共同规定。

第九条 乡级计划生育技术服务机构可以在批准的范围内开展下列计划生育技术服务项目：

（一）放置宫内节育器；

（二）取出宫内节育器；

（三）输卵（精）管结扎术；

（四）早期人工终止妊娠术。

乡级计划生育技术服务机构开展上述全部或者部分项目的，应当依照本条例的规定，向所在地设区的市级人民政府计划生育行政部门提出申请。设区的市级人民政府计划生育行政部门应当根据其申请的项目，进行逐项审查。对符合本条例规定条件的，应当予以批准，并在其执业许可证上注明获准开展的项目。

第十条 乡级计划生育技术服务机构申请开展本条例第九条规定的项目，应当具备下列条件：

（一）具有1名以上执业医师或者执业助理医师；其中，申请开展输卵（精）管结扎术、早期人工终止妊娠术的，必须具备1名以上执业医师；

（二）具有与申请开展的项目相适应的诊疗设备；

（三）具有与申请开展的项目相适应的抢救设施、设备、药品和能力，并具有转诊条件；

（四）具有保证技术服务安全和服务质量的管理制度；

（五）符合与申请开展的项目有关的技术标准和条件。

具体的技术标准和条件由国务院卫生行政部门会同国务院计划生育行政部门制定。

第十一条 各级计划生育行政部门和卫生行政部门应当定期互相通报开展与计划生育有关的临床医疗服务的审批情况。

计划生育技术服务机构开展本条例第八条、第九条规定以外的其他临床医疗服务，应当依照《医疗机构管理条例》的有关规定进行申请、登记和执业。

第十二条 因生育病残儿要求再生育的，应当向县级人民政府计划生育行政部门申请医学鉴定，经县级人民政府计划生育行政部门初审同意后，由设区的市级人民政府计划生育行政部门组织医学专家进行医学鉴定；当事人对医学鉴定有异议的，可以向省、自治区、直辖市人民政府计划生育行政部门申请再鉴定。省、自治区、直辖市人民政府计划生育行政部门组织的医学鉴定为终局鉴定。具体办法由国务院计划生育行政部门会同国务院卫生行政部门制定。

第十三条 向公民提供的计划生育技术

服务和药具应当安全、有效,符合国家规定的质量技术标准。

第十四条 国务院计划生育行政部门定期编制并发布计划生育技术、药具目录,指导列入目录的计划生育技术、药具的推广和应用。

第十五条 开展计划生育科技项目和计划生育国际合作项目,应当经国务院计划生育行政部门审核批准,并接受项目实施地县级以上地方人民政府计划生育行政部门的监督管理。

第十六条 涉及计划生育技术的广告,其内容应当经省、自治区、直辖市人民政府计划生育行政部门审查同意。

第十七条 从事计划生育技术服务的机构施行避孕、节育手术、特殊检查或者特殊治疗时,应当征得受术者本人同意,并保证受术者的安全。

第十八条 任何机构和个人不得进行非医学需要的胎儿性别鉴定或者选择性别的人工终止妊娠。

第三章 机构及其人员

第十九条 从事计划生育技术服务的机构包括计划生育技术服务机构和从事计划生育技术服务的医疗、保健机构。

第二十条 从事计划生育技术服务的机构,必须符合国务院计划生育行政部门规定的设置标准。

第二十一条 设立计划生育技术服务机构,由设区的市级以上地方人民政府计划生育行政部门批准,发给《计划生育技术服务机构执业许可证》,并在《计划生育技术服务机构执业许可证》上注明获准开展的计划生育技术服务项目。

第二十二条 从事计划生育技术服务的医疗、保健机构,由县级以上地方人民政府卫生行政部门审查批准,在其《医疗机构执业许可证》上注明获准开展的计划生育技术服务项目,并向同级计划生育行政部门通报。

第二十三条 乡、镇已有医疗机构的,不再新设立计划生育技术服务机构;但是,医疗机构内必须设有计划生育技术服务科(室),专门从事计划生育技术服务工作。乡、镇既有医疗机构,又有计划生育技术服务机构的,各自在批准的范围内开展计划生育技术服务工作。乡、镇没有医疗机构,需要设立计划生育技术服务机构的,应当依照本条例第二十一条的规定从严审批。

第二十四条 计划生育技术服务机构从事产前诊断的,应当经省、自治区、直辖市人民政府计划生育行政部门同意后,由同级卫生行政部门审查批准,并报国务院计划生育行政部门和国务院卫生行政部门备案。

从事计划生育技术服务的机构使用辅助生育技术治疗不育症的,由省级以上人民政府卫生行政部门审查批准,并向同级计划生育行政部门通报。使用辅助生育技术治疗不育症的具体管理办法,由国务院卫生行政部门会同国务院计划生育行政部门制定。使用辅助生育技术治疗不育症的技术规范,由国务院卫生行政部门征求国务院计划生育行政部门意见后制定。

第二十五条 从事计划生育技术服务的机构的执业许可证明文件每三年由原批准机关校验一次。

从事计划生育技术服务的机构的执业许可证明文件不得买卖、出借、出租，不得涂改、伪造。

从事计划生育技术服务的机构的执业许可证明文件遗失的，应当自发现执业许可证明文件遗失之日起30日内向原发证机关申请补发。

第二十六条 从事计划生育技术服务的机构应当按照批准的业务范围和服务项目执业，并遵守有关法律、行政法规和国务院卫生行政部门制定的医疗技术常规和抢救与转诊制度。

第二十七条 县级以上地方人民政府计划生育行政部门应当对本行政区域内的计划生育技术服务工作进行定期检查。

第二十八条 国家建立避孕药具流通管理制度。具体办法由国务院药品监督管理部门会同国务院计划生育行政部门及其他有关主管部门制定。

第二十九条 计划生育技术服务人员中依据本条例的规定从事与计划生育有关的临床服务人员，应当依照执业医师法和国家有关护士管理的规定，分别取得执业医师、执业助理医师、乡村医生或者护士的资格，并在依照本条例设立的机构中执业。在计划生育技术服务机构执业的执业医师和执业助理医师应当依照执业医师法的规定向所在地县级以上地方人民政府卫生行政部门申请注册。具体办法由国务院计划生育行政部门、卫生行政部门共同制定。

个体医疗机构不得从事计划生育手术。

第三十条 计划生育技术服务人员必须按照批准的服务范围、服务项目、手术术种从事计划生育技术服务，遵守与执业有关的法律、法规、规章、技术常规、职业道德规范和管理制度。

第四章 监督管理

第三十一条 国务院计划生育行政部门负责全国计划生育技术服务的监督管理工作。县级以上地方人民政府计划生育行政部门负责本行政区域内计划生育技术服务的监督管理工作。

县级以上人民政府卫生行政部门依据本条例的规定，负责对从事计划生育技术服务的医疗、保健机构的监督管理工作。

第三十二条 国家建立计划生育技术服务统计制度和计划生育技术服务事故、计划生育手术并发症和计划生育药具不良反应的鉴定制度和报告制度。

计划生育手术并发症鉴定和管理办法由国务院计划生育行政部门会同国务院卫生行政部门制定。

从事计划生育技术服务的机构发生计划生育技术服务事故、发现计划生育手术并发症和计划生育药具不良反应的，应当在国务院计划生育行政部门规定的时限内同时向所在地人民政府计划生育行政部门和卫生行政部门报告；对计划生育技术服务重大事故、计划生育手术严重的并发症和计划生育药具严重的或者新出现的不良反应，应当同时逐级向上级人民政府计划生育行政部门、卫生行政部门和国务院计划生育行政部门、卫生行政部门报告。

第三十三条 国务院计划生育行政部门会同国务院卫生行政部门汇总、分析计划生育技术服务事故、计划生育手术并发症和计划生育药具不良反应的数据，并应当及时向有关部门通报。国务院计划生育行政部门应当按照国家有关规定及时公布计划生育技术服务重大事故、计划生育手术严重的并发症和计划生育药具严重的或者新出现的不良反应,并可以授权省、自治区、直辖市计划生育行政部门及时公布和通报本行政区域内计划生育技术服务事故、计划生育手术并发症和计划生育药具不良反应。

第五章 罚 则

第三十四条 计划生育技术服务机构或者医疗、保健机构以外的机构或者人员违反本条例的规定,擅自从事计划生育技术服务的,由县级以上地方人民政府计划生育行政部门依据职权,责令改正,给予警告,没收违法所得和有关药品、医疗器械;违法所得 5000 元以上的,并处违法所得 2 倍以上 5 倍以下的罚款;没有违法所得或者违法所得不足 5000 元的,并处 5000 元以上 2 万元以下的罚款;造成严重后果,构成犯罪的,依法追究刑事责任。

第三十五条 计划生育技术服务机构违反本条例的规定,未经批准擅自从事产前诊断和使用辅助生育技术治疗不育症的,由县级以上地方人民政府卫生行政部门会同计划生育行政部门依据职权,责令改正,给予警告,没收违法所得和有关药品、医疗器械;违法所得 5000 元以上的,并处违法所得 2 倍以上 5 倍以下的罚款;没有违法所得或者违法所得不足 5000 元的,并处 5000 元以上 2 万元以下的罚款;情节严重的,并由原发证部门吊销计划生育技术服务的执业资格。

第三十六条 违反本条例的规定,逾期不校验计划生育技术服务执业许可证明文件,继续从事计划生育技术服务的,由原发证部门责令限期补办校验手续;拒不校验的,由原发证部门吊销计划生育技术服务的执业资格。

第三十七条 违反本条例的规定,买卖、出借、出租或者涂改、伪造计划生育技术服务执业许可证明文件的,由原发证部门责令改正,没收违法所得;违法所得 3000 元以上的,并处违法所得 2 倍以上 5 倍以下的罚款;没有违法所得或者违法所得不足 3000 元的,并处 3000 元以上 5000 元以下的罚款;情节严重的,并由原发证部门吊销相关的执业资格。

第三十八条 从事计划生育技术服务的机构违反本条例第三条第三款的规定,向农村实行计划生育的育龄夫妻提供避孕、节育技术服务,收取费用的,由县级地方人民政府计划生育行政部门责令退还所收费用,给予警告,并处所收费用 2 倍以上 5 倍以下的罚款;情节严重的,并对该机构的正职负责人、直接负责的主管人员和其他直接责任人员给予降级或者撤职的行政处分。

第三十九条 从事计划生育技术服务的机构违反本条例的规定,未经批准擅自扩大计划生育技术服务项目的,由原发证部门责令改正,给予警告,没收违法所得;违法所得 5000 元以上的,并处违法所得 2 倍以上 5 倍以下的罚款;没有违法所得或者违法所得不足 5000 元的,并处 5000 元以上 2 万元以下的罚款;情节严重的,并由原发证部门吊销计划生育技术服务的执业资格。

第四十条 从事计划生育技术服务的机

构违反本条例的规定，使用没有依法取得相应的医师资格的人员从事与计划生育技术服务有关的临床医疗服务的，由县级以上人民政府卫生行政部门依据职权，责令改正，没收违法所得；违法所得3000元以上的，并处违法所得1倍以上3倍以下的罚款；没有违法所得或者违法所得不足3000元的，并处3000元以上5000元以下的罚款；情节严重的，并由原发证部门吊销计划生育技术服务的执业资格。

第四十一条 从事计划生育技术服务的机构出具虚假证明文件，构成犯罪的，依法追究刑事责任；尚不构成犯罪的，由原发证部门责令改正，给予警告，没收违法所得；违法所得5000元以上的，并处违法所得2倍以上5倍以下的罚款；没有违法所得或者违法所得不足5000元的，并处5000元以上2万元以下的罚款；情节严重的，并由原发证部门吊销计划生育技术服务的执业资格。

第四十二条 计划生育行政部门、卫生行政部门违反规定，批准不具备规定条件的计划生育技术服务机构或者医疗、保健机构开展与计划生育有关的临床医疗服务项目，或者不履行监督职责，或者发现违法行为不予查处，导致计划生育技术服务重大事故发生的，对该部门的正职负责人、直接负责的主管人员和其他直接责任人员给予降级或者撤职的行政处分；构成犯罪的，依法追究刑事责任。

第六章 附 则

第四十三条 依照本条例的规定，乡级计划生育技术服务机构开展本条例第九条规定的项目发生计划生育技术服务事故的，由计划生育行政部门行使依照《医疗事故处理条例》有关规定由卫生行政部门承担的受理、交由负责医疗事故技术鉴定工作的医学会组织鉴定和赔偿调解的职能；对发生计划生育技术服务事故的该机构及其有关责任人员，依法进行处理。

第四十四条 设区的市级以上地方人民政府计划生育行政部门应当自《国务院关于修改〈计划生育技术服务管理条例〉的决定》施行之日起6个月内，对本行政区域内已经获得批准开展本条例第九条规定的项目的乡级计划生育技术服务机构，依照本条例第十条规定的条件重新进行检查；对不符合条件的，应当责令其立即停止开展相应的项目，并收回原批准文件。

第四十五条 在乡村计划生育技术服务机构或者乡村医疗、保健机构中从事计划生育技术服务的人员，符合本条例规定的，可以经认定取得执业资格；不具备本条例规定条件的，按照国务院的有关规定执行。

第四十六条 本条例自2001年10月1日起施行。

流动人口计划生育工作条例

1. 2009年5月11日国务院令第555号公布
2. 自2009年10月1日起施行

第一条 为了加强流动人口计划生育工作，寓管理于服务之中，维护流动人口的合法权益，稳定低生育水平，根据《中华人民共和国人口与计划生育法》，制定本条例。

第二条　本条例所称流动人口，是指离开户籍所在地的县、市或者市辖区，以工作、生活为目的异地居住的成年育龄人员。但是，下列人员除外：

（一）因出差、就医、上学、旅游、探亲、访友等事由异地居住、预期将返回户籍所在地居住的人员；

（二）在直辖市、设区的市行政区域内区与区之间异地居住的人员。

第三条　县级以上地方人民政府领导本行政区域内流动人口计划生育工作，将流动人口计划生育工作纳入本地经济社会发展规划，并提供必要的保障；建立健全流动人口计划生育工作协调机制，组织协调有关部门对流动人口计划生育工作实行综合管理；实行目标管理责任制，对有关部门承担的流动人口计划生育工作进行考核、监督。

第四条　流动人口计划生育工作由流动人口户籍所在地和现居住地的人民政府共同负责，以现居住地人民政府为主，户籍所在地人民政府予以配合。

第五条　国务院人口和计划生育部门主管全国流动人口计划生育工作，制定流动人口计划生育工作规划并组织实施；建立流动人口计划生育信息管理系统，实现流动人口户籍所在地和现居住地计划生育信息共享，并与相关部门有关人口的信息管理系统实现信息共享。

县级以上地方人民政府人口和计划生育部门主管本行政区域内流动人口计划生育工作，落实本级人民政府流动人口计划生育管理和服务措施；组织实施流动人口计划生育工作检查和考核；建立流动人口计划生育信息通报制度，汇总、通报流动人口计划生育信息；受理并及时处理与流动人口计划生育工作有关的举报，保护流动人口相关权益。

县级以上人民政府公安、民政、人力资源社会保障、住房城乡建设、卫生、价格等部门和县级以上工商行政管理部门在各自职责范围内，负责有关的流动人口计划生育工作。

第六条　乡（镇）人民政府、街道办事处负责本管辖区域内流动人口计划生育工作，对流动人口实施计划生育管理，开展计划生育宣传教育；组织从事计划生育技术服务的机构指导流动人口中的育龄夫妻（以下称育龄夫妻）选择安全、有效、适宜的避孕节育措施，依法向育龄夫妻免费提供国家规定的基本项目的计划生育技术服务。

流动人口现居住地和户籍所在地的乡（镇）人民政府、街道办事处之间建立流动人口计划生育信息通报制度，及时采集流动人口计划生育信息，运用流动人口计划生育信息管理系统核实、通报流动人口计划生育信息。

第七条　流动人口中的成年育龄妇女（以下称成年育龄妇女）在离开户籍所在地前，应当凭本人居民身份证到户籍所在地的乡（镇）人民政府或者街道办事处办理婚育证明；已婚的，办理婚育证明还应当出示结婚证。婚育证明应当载明成年育龄妇女的姓名、年龄、公民身份号码、婚姻状况、配偶信息、生育状况、避孕节育情况等内容。

流动人口户籍所在地的乡（镇）人民政府、街道办事处应当及时出具婚育证明。

第八条 成年育龄妇女应当自到达现居住地之日起30日内提交婚育证明。成年育龄妇女可以向现居住地的乡（镇）人民政府或者街道办事处提交婚育证明，也可以通过村民委员会、居民委员会向现居住地的乡（镇）人民政府或者街道办事处提交婚育证明。

流动人口现居住地的乡（镇）人民政府、街道办事处应当查验婚育证明，督促未办理婚育证明的成年育龄妇女及时补办婚育证明；告知流动人口在现居住地可以享受的计划生育服务和奖励、优待，以及应当履行的计划生育相关义务。

村民委员会、居民委员会应当协助乡（镇）人民政府、街道办事处开展本条第二款规定的工作，做好流动人口婚育情况登记。

第九条 流动人口现居住地的县级人民政府公安、民政、人力资源社会保障、卫生等部门和县级工商行政管理部门应当结合部门职责，将流动人口计划生育工作纳入相关管理制度；及时向所在地同级人口和计划生育部门通报在办理有关登记和证照等工作中了解的流动人口婚育证明办理情况等计划生育信息。

接到通报的人口和计划生育部门应当及时会同乡（镇）人民政府、街道办事处落实流动人口计划生育管理和服务措施。

第十条 流动人口在现居住地享受下列计划生育服务和奖励、优待：

（一）免费参加有关人口与计划生育法律知识和生殖健康知识普及活动；

（二）依法免费获得避孕药具，免费享受国家规定的其他基本项目的计划生育技术服务；

（三）晚婚晚育或者在现居住地施行计划生育手术的，按照现居住地省、自治区、直辖市或者较大的市的规定，享受休假等；

（四）实行计划生育的，按照流动人口现居住地省、自治区、直辖市或者较大的市的规定，在生产经营等方面获得支持、优惠，在社会救济等方面享受优先照顾。

第十一条 流动人口现居住地的地方各级人民政府和县级以上地方人民政府有关部门应当采取措施，落实本条例第十条规定的流动人口计划生育服务和奖励、优待。

流动人口户籍所在地的地方各级人民政府和县级以上地方人民政府有关部门应当依法落实法律、法规和规章规定的流动人口计划生育服务和奖励、优待。

第十二条 育龄夫妻应当自觉落实计划生育避孕节育措施，接受户籍所在地和现居住地人民政府的计划生育管理。

第十三条 流动人口现居住地从事计划生育技术服务的机构应当按照所在地省、自治区、直辖市或者较大的市的规定，为已婚育龄妇女出具避孕节育情况证明。

流动人口现居住地的乡（镇）人民政府或者街道办事处应当根据已婚育龄妇女的避孕节育情况证明，及时向其户籍所在地的乡（镇）人民政府或者街道办事处通报流动人口避孕节育情况。流动人口户籍所在地的县级人民政府人口和计划生育部门、乡(镇)人民政府或者街道办事处不得要求已婚育龄妇女返回户籍所在地进行避孕节育情况检查。

第十四条 流动人口现居住地的村民委员会、居民委员会应当协助所在地的乡(镇)人民政府或者街道办事处了解本村或者本居住地区流动人口计划生育情况,及时向乡(镇)人民政府或者街道办事处通报相关信息。

房屋租赁中介机构、房屋的出租(借)人和物业服务企业等有关组织和个人在村民委员会、居民委员会了解流动人口计划生育情况时,应当如实提供相关信息。

第十五条 用人单位应当做好本单位流动人口计划生育工作,依法落实法律、法规和规章规定的流动人口计划生育奖励、优待,接受所在地的乡(镇)人民政府或者街道办事处和县级以上地方人民政府人口和计划生育部门的监督、检查。

第十六条 育龄夫妻生育第一个子女的,可以在现居住地的乡(镇)人民政府或者街道办事处办理生育服务登记。办理生育服务登记,应当提供下列证明材料:

(一)夫妻双方的居民身份证;

(二)结婚证;

(三)女方的婚育证明和男方户籍所在地的乡(镇)人民政府或者街道办事处出具的婚育情况证明材料。

育龄夫妻现居住地的乡(镇)人民政府或者街道办事处应当自收到女方的婚育证明和男方的婚育情况证明材料之日起7个工作日内,向育龄夫妻户籍所在地的乡(镇)人民政府或者街道办事处核实有关情况。育龄夫妻户籍所在地的乡(镇)人民政府或者街道办事处应当自接到核实要求之日起15个工作日内予以反馈。核查无误的,育龄夫妻现居住地的乡(镇)人民政府或者街道办事处应当在接到情况反馈后即时办理生育服务登记;情况有误、不予办理的,应当书面说明理由。

现居住地的乡(镇)人民政府或者街道办事处应当自办理生育服务登记之日起15个工作日内向育龄夫妻户籍所在地的乡(镇)人民政府或者街道办事处通报办理结果。

第十七条 出具婚育证明或者其他计划生育证明材料,不得收取任何费用。

流动人口计划生育工作所需经费,按照国家有关规定予以保障。

第十八条 地方各级人民政府和政府有关部门以及协助查验婚育证明的村民委员会、居民委员会及其工作人员,应当对涉及公民隐私的流动人口信息予以保密。

第十九条 县级以上人民政府人口和计划生育部门未依照本条例的规定履行流动人口计划生育工作职责的,由本级人民政府或者上级人民政府人口和计划生育部门责令改正,通报批评;情节严重的,对主要负责人、直接负责的主管人员和其他直接责任人员依法给予处分。

第二十条 流动人口户籍所在地的乡(镇)人民政府或者街道办事处在流动人口计划生育工作中有下列情形之一的,分别由乡(镇)人民政府的上级人民政府或者设立街道办事处的人民政府责令改正，通报批评；情节严重的，对主要负责人、直接负责的主管人员和其他直接责任人员依法给予处分：

（一）未依照本条例规定为流动人口出具计划生育证明材料，出具虚假计划生育证明材料，或者出具计划生育证明材料收取费用的；

（二）违反本条例规定，要求已婚育龄妇女返回户籍所在地进行避孕节育情况检查的；

（三）未依法落实流动人口计划生育奖励、优待的；

（四）未依照本条例规定向流动人口现居住地的乡（镇）人民政府、街道办事处反馈流动人口计划生育信息的；

（五）违反本条例规定的其他情形。

第二十一条 流动人口现居住地的乡（镇）人民政府或者街道办事处在流动人口计划生育工作中有下列情形之一的，分别由乡（镇）人民政府的上级人民政府或者设立街道办事处的人民政府责令改正，通报批评；情节严重的，对主要负责人、直接负责的主管人员和其他直接责任人员依法给予处分：

（一）未依照本条例规定向育龄夫妻免费提供国家规定的基本项目的计划生育技术服务，或者未依法落实流动人口计划生育奖励、优待的；

（二）未依照本条例规定查验婚育证明的；

（三）未依照本条例规定为育龄夫妻办理生育服务登记，或者出具虚假计划生育证明材料，或者出具计划生育证明材料收取费用的；

（四）未依照本条例规定向流动人口户籍所在地的乡（镇）人民政府、街道办事处通报流动人口计划生育信息的；

（五）违反本条例规定的其他情形。

第二十二条 流动人口现居住地的县级人民政府公安、民政、人力资源社会保障、卫生等部门和县级工商行政管理部门违反本条例第九条规定的，由本级人民政府或者上级人民政府主管部门责令改正，通报批评。

第二十三条 流动人口未依照本条例规定办理婚育证明的，现居住地的乡（镇）人民政府或者街道办事处应当通知其在3个月内补办；逾期仍不补办或者拒不提交婚育证明的，由流动人口现居住地的乡（镇）人民政府或者街道办事处予以批评教育。

第二十四条 用人单位违反本条例第十五条规定的，由所在地县级人民政府人口和计划生育部门责令改正，通报批评。

房屋租赁中介机构、房屋的出租（借）人和物业服务企业等有关组织或者个人未依照本条例规定如实提供流动人口信息的，由所在地的乡（镇）人民政府或者街道办事处责令改正，予以批评教育。

第二十五条 本条例自2009年10月1日起施行。1998年8月6日国务院批准、1998年9月22日原国家计划生育委员会发布的《流动人口计划生育工作管理办法》同时废止。

三、继　承

1. 总　类

中华人民共和国民法典（节录）

1. 2020年5月28日第十三届全国人民代表大会第三次会议通过
2. 2020年5月28日中华人民共和国主席令第45号公布
3. 自2021年1月1日起施行

第六编　继　承

第一章　一般规定

第一千一百一十九条　【继承编的调整范围】本编调整因继承产生的民事关系。

第一千一百二十条　【继承权受国家保护】国家保护自然人的继承权。

第一千一百二十一条　【继承开始的时间及死亡先后的推定】继承从被继承人死亡时开始。

相互有继承关系的数人在同一事件中死亡，难以确定死亡时间的，推定没有其他继承人的人先死亡。都有其他继承人，辈份不同的，推定长辈先死亡；辈份相同的，推定同时死亡，相互不发生继承。

第一千一百二十二条　【遗产的定义】遗产是自然人死亡时遗留的个人合法财产。

依照法律规定或者根据其性质不得继承的遗产，不得继承。

第一千一百二十三条　【法定继承、遗嘱继承、遗赠和遗赠扶养协议的效力】继承开始后，按照法定继承办理；有遗嘱的，按照遗嘱继承或者遗赠办理；有遗赠扶养协议的，按照协议办理。

第一千一百二十四条　【继承的接受和放弃】继承开始后，继承人放弃继承的，应当在遗产处理前，以书面形式作出放弃继承的表示；没有表示的，视为接受继承。

受遗赠人应当在知道受遗赠后六十日内，作出接受或者放弃受遗赠的表示；到期没有表示的，视为放弃受遗赠。

第一千一百二十五条　【继承权的丧失和恢复】继承人有下列行为之一的，丧失继承权：

（一）故意杀害被继承人；

（二）为争夺遗产而杀害其他继承人；

（三）遗弃被继承人，或者虐待被继承人情节严重；

（四）伪造、篡改、隐匿或者销毁遗嘱，情节严重；

（五）以欺诈、胁迫手段迫使或者妨碍被继承人设立、变更或者撤回遗嘱，情节严重。

继承人有前款第三项至第五项行为，确有悔改表现，被继承人表示宽恕或者事后在遗嘱中将其列为继承人的，该继承人不丧失继承权。

受遗赠人有本条第一款规定行为的，丧失受遗赠权。

第二章 法定继承

第一千一百二十六条 【男女平等享有继承权】继承权男女平等。

第一千一百二十七条 【法定继承人的范围及继承顺序】遗产按照下列顺序继承：

（一）第一顺序：配偶、子女、父母；

（二）第二顺序：兄弟姐妹、祖父母、外祖父母。

继承开始后，由第一顺序继承人继承，第二顺序继承人不继承；没有第一顺序继承人继承的，由第二顺序继承人继承。

本编所称子女，包括婚生子女、非婚生子女、养子女和有扶养关系的继子女。

本编所称父母，包括生父母、养父母和有扶养关系的继父母。

本编所称兄弟姐妹，包括同父母的兄弟姐妹、同父异母或者同母异父的兄弟姐妹、养兄弟姐妹、有扶养关系的继兄弟姐妹。

第一千一百二十八条 【代位继承】被继承人的子女先于被继承人死亡的，由被继承人的子女的直系晚辈血亲代位继承。

被继承人的兄弟姐妹先于被继承人死亡的，由被继承人的兄弟姐妹的子女代位继承。

代位继承人一般只能继承被代位继承人有权继承的遗产份额。

第一千一百二十九条 【丧偶儿媳、丧偶女婿的继承权】丧偶儿媳对公婆，丧偶女婿对岳父母，尽了主要赡养义务的，作为第一顺序继承人。

第一千一百三十条 【遗产分配的原则】同一顺序继承人继承遗产的份额，一般应当均等。

对生活有特殊困难又缺乏劳动能力的继承人，分配遗产时，应当予以照顾。

对被继承人尽了主要扶养义务或者与被继承人共同生活的继承人，分配遗产时，可以多分。

有扶养能力和有扶养条件的继承人，不尽扶养义务的，分配遗产时，应当不分或者少分。

继承人协商同意的，也可以不均等。

第一千一百三十一条 【酌情分得遗产权】对继承人以外的依靠被继承人扶养的人，或者继承人以外的对被继承人扶养较多的人，可以分给适当的遗产。

第一千一百三十二条 【继承处理方式】继承人应当本着互谅互让、和睦团结的精神，协商处理继承问题。遗产分割的时间、办法和份额，由继承人协商确定；协商不成的，可以由人民调解委员会调解或者向人民法院提起诉讼。

第三章 遗嘱继承和遗赠

第一千一百三十三条 【遗嘱处分个人财产】自然人可以依照本法规定立遗嘱处分个人财产，并可以指定遗嘱执行人。

自然人可以立遗嘱将个人财产指定由法定继承人中的一人或者数人继承。

自然人可以立遗嘱将个人财产赠与国家、集体或者法定继承人以外的组织、个人。

自然人可以依法设立遗嘱信托。

第一千一百三十四条　【自书遗嘱】自书遗嘱由遗嘱人亲笔书写，签名，注明年、月、日。

第一千一百三十五条　【代书遗嘱】代书遗嘱应当有两个以上见证人在场见证，由其中一人代书，并由遗嘱人、代书人和其他见证人签名，注明年、月、日。

第一千一百三十六条　【打印遗嘱】打印遗嘱应当有两个以上见证人在场见证。遗嘱人和见证人应当在遗嘱每一页签名，注明年、月、日。

第一千一百三十七条　【录音录像遗嘱】以录音录像形式立的遗嘱，应当有两个以上见证人在场见证。遗嘱人和见证人应当在录音录像中记录其姓名或者肖像，以及年、月、日。

第一千一百三十八条　【口头遗嘱】遗嘱人在危急情况下，可以立口头遗嘱。口头遗嘱应当有两个以上见证人在场见证。危急情况消除后，遗嘱人能够以书面或者录音录像形式立遗嘱的，所立的口头遗嘱无效。

第一千一百三十九条　【公证遗嘱】公证遗嘱由遗嘱人经公证机构办理。

第一千一百四十条　【遗嘱见证人资格的限制性规定】下列人员不能作为遗嘱见证人：

（一）无民事行为能力人、限制民事行为能力人以及其他不具有见证能力的人；

（二）继承人、受遗赠人；

（三）与继承人、受遗赠人有利害关系的人。

第一千一百四十一条　【必留份】遗嘱应当为缺乏劳动能力又没有生活来源的继承人保留必要的遗产份额。

第一千一百四十二条　【遗嘱的撤回、变更以及遗嘱效力顺位】遗嘱人可以撤回、变更自己所立的遗嘱。

立遗嘱后，遗嘱人实施与遗嘱内容相反的民事法律行为的，视为对遗嘱相关内容的撤回。

立有数份遗嘱，内容相抵触的，以最后的遗嘱为准。

第一千一百四十三条　【遗嘱的实质要件】无民事行为能力人或者限制民事行为能力人所立的遗嘱无效。

遗嘱必须表示遗嘱人的真实意思，受欺诈、胁迫所立的遗嘱无效。

伪造的遗嘱无效。

遗嘱被篡改的，篡改的内容无效。

第一千一百四十四条　【附义务遗嘱】遗嘱继承或者遗赠附有义务的，继承人或者受遗赠人应当履行义务。没有正当理由不履行义务的，经利害关系人或者有关组织请求，人民法院可以取消其接受附义务部分遗产的权利。

第四章　遗产的处理

第一千一百四十五条　【遗产管理人的选任】继承开始后，遗嘱执行人为遗产管理人；没有遗嘱执行人的，继承人应当及时推选遗产管理人；继承人未推选的，由继承人共同担任遗产管理人；没有继承人或者继承人均放弃继承的，由被继承人生前住所地的民政部门或者村民委员会担任遗产管理人。

第一千一百四十六条　【遗产管理人的指

定】对遗产管理人的确定有争议的，利害关系人可以向人民法院申请指定遗产管理人。

第一千一百四十七条 【遗产管理人的职责】遗产管理人应当履行下列职责：

（一）清理遗产并制作遗产清单；

（二）向继承人报告遗产情况；

（三）采取必要措施防止遗产毁损、灭失；

（四）处理被继承人的债权债务；

（五）按照遗嘱或者依照法律规定分割遗产；

（六）实施与管理遗产有关的其他必要行为。

第一千一百四十八条 【遗产管理人未尽职责的民事责任】遗产管理人应当依法履行职责，因故意或者重大过失造成继承人、受遗赠人、债权人损害的，应当承担民事责任。

第一千一百四十九条 【遗产管理人的报酬】遗产管理人可以依照法律规定或者按照约定获得报酬。

第一千一百五十条 【继承开始后的通知】继承开始后，知道被继承人死亡的继承人应当及时通知其他继承人和遗嘱执行人。继承人中无人知道被继承人死亡或者知道被继承人死亡而不能通知的，由被继承人生前所在单位或者住所地的居民委员会、村民委员会负责通知。

第一千一百五十一条 【遗产的保管】存有遗产的人，应当妥善保管遗产，任何组织或者个人不得侵吞或者争抢。

第一千一百五十二条 【转继承】继承开始后，继承人于遗产分割前死亡，并没有放弃继承的，该继承人应当继承的遗产转给其继承人，但是遗嘱另有安排的除外。

第一千一百五十三条 【遗产的认定】夫妻共同所有的财产，除有约定的外，遗产分割时，应当先将共同所有的财产的一半分出为配偶所有，其余的为被继承人的遗产。

遗产在家庭共有财产之中的，遗产分割时，应当先分出他人的财产。

第一千一百五十四条 【法定继承的适用范围】有下列情形之一的，遗产中的有关部分按照法定继承办理：

（一）遗嘱继承人放弃继承或者受遗赠人放弃受遗赠；

（二）遗嘱继承人丧失继承权或者受遗赠人丧失受遗赠权；

（三）遗嘱继承人、受遗赠人先于遗嘱人死亡或者终止；

（四）遗嘱无效部分所涉及的遗产；

（五）遗嘱未处分的遗产。

第一千一百五十五条 【胎儿预留份】遗产分割时，应当保留胎儿的继承份额。胎儿娩出时是死体的，保留的份额按照法定继承办理。

第一千一百五十六条 【遗产分割的原则和方法】遗产分割应当有利于生产和生活需要，不损害遗产的效用。

不宜分割的遗产，可以采取折价、适当补偿或者共有等方法处理。

第一千一百五十七条 【再婚时对所继承遗产的处分权】夫妻一方死亡后另一方再婚的，有权处分所继承的财产，任何组织或者个人不得干涉。

第一千一百五十八条 【遗赠扶养协议】自然人可以与继承人以外的组织或者

个人签订遗赠扶养协议。按照协议,该组织或者个人承担该自然人生养死葬的义务,享有受遗赠的权利。

第一千一百五十九条 【遗产分割时的义务】分割遗产,应当清偿被继承人依法应当缴纳的税款和债务;但是,应当为缺乏劳动能力又没有生活来源的继承人保留必要的遗产。

第一千一百六十条 【无人继承遗产的归属】无人继承又无人受遗赠的遗产,归国家所有,用于公益事业;死者生前是集体所有制组织成员的,归所在集体所有制组织所有。

第一千一百六十一条 【被继承人税款、债务清偿的原则】继承人以所得遗产实际价值为限清偿被继承人依法应当缴纳的税款和债务。超过遗产实际价值部分,继承人自愿偿还的不在此限。

继承人放弃继承的,对被继承人依法应当缴纳的税款和债务可以不负清偿责任。

第一千一百六十二条 【清偿被继承人税款、债务优先于执行遗赠的原则】执行遗赠不得妨碍清偿遗赠人依法应当缴纳的税款和债务。

第一千一百六十三条 【既有法定继承又有遗嘱继承、遗赠时税款和债务的清偿】既有法定继承又有遗嘱继承、遗赠的,由法定继承人清偿被继承人依法应当缴纳的税款和债务;超过法定继承遗产实际价值部分,由遗嘱继承人和受遗赠人按比例以所得遗产清偿。

中华人民共和国继承法

1. 1985年4月10日第六届全国人民代表大会第三次会议通过
2. 1985年4月10日中华人民共和国主席令第24号公布
3. 自1985年10月1日起施行

目 录

第一章 总 则

第一条 【立法目的】根据《中华人民共和国宪法》规定,为保护公民的私有财产的继承权,制定本法。

第二条 【继承的开始】继承从被继承人死亡时开始。

第三条 【遗产范围】遗产是公民死亡时遗留的个人合法财产,包括:

(一)公民的收入;

(二)公民的房屋、储蓄和生活用品;

(三)公民的林木、牲畜和家禽;

(四)公民的文物、图书资料;

(五)法律允许公民所有的生产资料;

(六)公民的著作权、专利权中的财产权利;

(七)公民的其他合法财产。

第四条 【承包关系与继承】个人承包应得的个人收益,依照本法规定继承。个人承包,依照法律允许由继承人继续承包的，按照承包合同办理。

第五条 【继承方式】继承开始后，按照法定继承办理；有遗嘱的，按照遗嘱继承或者遗赠办理；有遗赠扶养协议的，按照协议办理。

第六条 【无行为能力人、限制行为能力人继承权、受遗赠权的行使】无行为能力人的继承权、受遗赠权，由他的法定代理人代为行使。

限制行为能力人的继承权、受遗赠权，由他的法定代理人代为行使，或者征得法定代理人同意后行使。

第七条 【继承权的丧失】继承人有下列行为之一的，丧失继承权：

（一）故意杀害被继承人的；

（二）为争夺遗产而杀害其他继承人的；

（三）遗弃被继承人的，或者虐待被继承人情节严重的；

（四）伪造、篡改或者销毁遗嘱，情节严重的。

第八条 【诉讼时效】继承权纠纷提起诉讼的期限为二年，自继承人知道或者应当知道其权利被侵犯之日起计算。但是，自继承开始之日起超过二十年的，不得再提起诉讼。

第二章 法定继承

第九条 【男女平等】继承权男女平等。

第十条 【继承人范围及继承顺序】遗产按照下列顺序继承：

第一顺序：配偶、子女、父母。

第二顺序：兄弟姐妹、祖父母、外祖父母。

继承开始后，由第一顺序继承人继承，第二顺序继承人不继承。没有第一顺序继承人继承的，由第二顺序继承人继承。

本法所说的子女，包括婚生子女、非婚生子女、养子女和有扶养关系的继子女。

本法所说的父母，包括生父母、养父母和有扶养关系的继父母。

本法所说的兄弟姐妹，包括同父母的兄弟姐妹、同父异母或者同母异父的兄弟姐妹、养兄弟姐妹、有扶养关系的继兄弟姐妹。

第十一条 【代位继承】被继承人的子女先于被继承人死亡的，由被继承人的子女的晚辈直系血亲代位继承。代位继承人一般只能继承他的父亲或者母亲有权继承的遗产份额。

第十二条 【丧偶儿媳、女婿的继承权】丧偶儿媳对公、婆，丧偶女婿对岳父、岳母，尽了主要赡养义务的，作为第一顺序继承人。

第十三条 【遗产分配】同一顺序继承人继承遗产的份额，一般应当均等。

对生活有特殊困难的缺乏劳动能力的继承人，分配遗产时，应当予以照顾。

对被继承人尽了主要扶养义务或者与被继承人共同生活的继承人，分配遗产时，可以多分。

有扶养能力和有扶养条件的继承人，不尽扶养义务的，分配遗产时，应当不分或者少分。

继承人协商同意的，也可以不均等。

第十四条 【酌情分得遗产权】对继承人以外的依靠被继承人扶养的缺乏劳动能力又没有生活来源的人，或者继承人以外的对被继承人扶养较多的人，可以分给他们适当的遗产。

第十五条　【继承解决方式】继承人应当本着互谅互让、和睦团结的精神，协商处理继承问题。遗产分割的时间、办法和份额，由继承人协商确定。协商不成的，可以由人民调解委员会调解或者向人民法院提起诉讼。

第三章　遗嘱继承和遗赠

第十六条　【遗嘱与遗赠的一般规定】公民可以依照本法规定立遗嘱处分个人财产，并可以指定遗嘱执行人。

公民可以立遗嘱将个人财产指定由法定继承人的一人或者数人继承。

公民可以立遗嘱将个人财产赠给国家、集体或者法定继承人以外的人。

第十七条　【遗嘱的形式】公证遗嘱由遗嘱人经公证机关办理。

自书遗嘱由遗嘱人亲笔书写，签名，注明年、月、日。

代书遗嘱应当有两个以上见证人在场见证，由其中一人代书，注明年、月、日，并由代书人、其他见证人和遗嘱人签名。

以录音形式立的遗嘱，应当有两个以上见证人在场见证。

遗嘱人在危急情况下，可以立口头遗嘱。口头遗嘱应当有两个以上见证人在场见证。危急情况解除后，遗嘱人能够用书面或者录音形式立遗嘱的，所立的口头遗嘱无效。

第十八条　【遗嘱见证人】下列人员不能作为遗嘱见证人：

（一）无行为能力人、限制行为能力人；

（二）继承人、受遗赠人；

（三）与继承人、受遗赠人有利害关系的人。

第十九条　【必留份规定】遗嘱应当对缺乏劳动能力又没有生活来源的继承人保留必要的遗产份额。

第二十条　【遗嘱的撤销、变更】遗嘱人可以撤销、变更自己所立的遗嘱。

立有数份遗嘱，内容相抵触的，以最后的遗嘱为准。

自书、代书、录音、口头遗嘱，不得撤销、变更公证遗嘱。

第二十一条　【附义务的遗嘱】遗嘱继承或者遗赠附有义务的，继承人或者受遗赠人应当履行义务。没有正当理由不履行义务的，经有关单位或者个人请求，人民法院可以取消他接受遗产的权利。

第二十二条　【遗嘱的无效】无行为能力人或者限制行为能力人所立的遗嘱无效。

遗嘱必须表示遗嘱人的真实意思，受胁迫、欺骗所立的遗嘱无效。

伪造的遗嘱无效。

遗嘱被篡改的，篡改的内容无效。

第四章　遗产的处理

第二十三条　【继承开始的通知】继承开始后，知道被继承人死亡的继承人应当及时通知其他继承人和遗嘱执行人。继承人中无人知道被继承人死亡或者知道被继承人死亡而不能通知的，由被继承人生前所在单位或者住所地的居民委员会、村民委员会负责通知。

第二十四条　【遗产的保管】存有遗产的人，应当妥善保管遗产，任何人不得侵吞或者争抢。

第二十五条 【继承和遗赠的接受和放弃】继承开始后，继承人放弃继承的，应当在遗产处理前，作出放弃继承的表示。没有表示的，视为接受继承。

受遗赠人应当在知道受遗赠后两个月内，作出接受或者放弃受遗赠的表示。到期没有表示的，视为放弃受遗赠。

第二十六条 【遗产的认定】夫妻在婚姻关系存续期间所得的共同所有的财产，除有约定的以外，如果分割遗产，应当先将共同所有的财产的一半分出为配偶所有，其余的为被继承人的遗产。

遗产在家庭共有财产之中的，遗产分割时，应当先分出他人的财产。

第二十七条 【法定继承的适用范围】有下列情形之一的，遗产中的有关部分按照法定继承办理：

(一)遗嘱继承人放弃继承或者受遗赠人放弃受遗赠的；

(二)遗嘱继承人丧失继承权的；

(三)遗嘱继承人、受遗赠人先于遗嘱人死亡的；

(四)遗嘱无效部分所涉及的遗产；

(五)遗嘱未处分的遗产。

第二十八条 【胎儿预留份】遗产分割时，应当保留胎儿的继承份额。胎儿出生时是死体的，保留的份额按照法定继承办理。

第二十九条 【遗产分割的原则和方法】遗产分割应当有利于生产和生活需要，不损害遗产的效用。

不宜分割的遗产，可以采取折价、适当补偿或者共有等方法处理。

第三十条 【再婚时对所继承遗产的处分权】夫妻一方死亡后另一方再婚的，有权处分所继承的财产，任何人不得干涉。

第三十一条 【遗赠扶养协议】公民可以与扶养人签订遗赠扶养协议。按照协议，扶养人承担该公民生养死葬的义务，享有受遗赠的权利。

公民可以与集体所有制组织签订遗赠扶养协议。按照协议，集体所有制组织承担该公民生养死葬的义务，享有受遗赠的权利。

第三十二条 【无人继承的遗产】无人继承又无人受遗赠的遗产，归国家所有；死者生前是集体所有制组织成员的，归所在集体所有制组织所有。

第三十三条 【继承遗产与清偿债务】继承遗产应当清偿被继承人依法应当缴纳的税款和债务，缴纳税款和清偿债务以他的遗产实际价值为限。超过遗产实际价值部分，继承人自愿偿还的不在此限。

继承人放弃继承的，对被继承人依法应当缴纳的税款和债务可以不负偿还责任。

第三十四条 【遗赠与债务清偿】执行遗赠不得妨碍清偿遗赠人依法应当缴纳的税款和债务。

第五章 附 则

第三十五条 【民族自治地方的变通或补充规定】民族自治地方的人民代表大会可以根据本法的原则，结合当地民族财产继承的具体情况，制定变通的或者补充的规定。自治区的规定，报全国人民代表大会常务委员会备案。自治州、自治县的规定，报省或者自治区的人民代表大会常务委员会批准后生效，并报全国人民代表大会常务委员会备案。

第三十六条　【涉外继承】中国公民继承在中华人民共和国境外的遗产或者继承在中华人民共和国境内的外国人的遗产，动产适用被继承人住所地法律，不动产适用不动产所在地法律。

外国人继承在中华人民共和国境内的遗产或者继承在中华人民共和国境外的中国公民的遗产，动产适用被继承人住所地法律，不动产适用不动产所在地法律。

中华人民共和国与外国订有条约、协定的，按照条约、协定办理。

第三十七条　【生效日期】本法自 1985 年 10 月 1 日起施行。

最高人民法院关于贯彻执行《中华人民共和国继承法》若干问题的意见

1. 1985 年 9 月 11 日发布

2. 法(民)发〔1985〕22 号

第六届全国人民代表大会第三次会议通过的《中华人民共和国继承法》，是我国公民处理继承问题的准则，是人民法院正确、及时审理继承案件的依据。人民法院贯彻执行继承法，要根据社会主义的法制原则，坚持继承权男女平等，贯彻互相扶助和权利义务相一致的精神，依法保护公民的私有财产的继承权。

为了正确贯彻执行继承法，我们根据继承法的有关规定和审判实践经验，对审理继承案件中具体适用继承法的一些问题，提出以下意见，供各级人民法院在审理继承案件时试行。

一、关于总则部分

1. 继承从被继承人生理死亡或被宣告死亡时开始。

失踪人被宣告死亡的，以法院判决中确定的失踪人的死亡日期，为继承开始的时间。

2. 相互有继承关系的几个人在同一事件中死亡，如不能确定死亡先后时间的，推定没有继承人的人先死亡。死亡人各自都有继承人的，如几个死亡人辈分不同，推定长辈先死亡；几个死亡人辈分相同，推定同时死亡，彼此不发生继承，由他们各自的继承人分别继承。

3. 公民可继承的其他合法财产包括有价证券和履行标的为财物的债权等。

4. 承包人死亡时尚未取得承包收益的，可把死者生前对承包所投入的资金和所付出的劳动及其增值和孳息，由发包单位或者接续承包合同的人合理折价、补偿。其价额作为遗产。

5. 被继承人生前与他人订有遗赠扶养协议，同时又立有遗嘱的，继承开始后，如果遗赠扶养协议与遗嘱没有抵触，遗产分别按协议和遗嘱处理；如果有抵触，按协议处理，与协议抵触的遗嘱全部或部分无效。

6. 遗嘱继承人依遗嘱取得遗产后，仍有权依继承法第十三条的规定取得遗嘱未处分的遗产。

7. 不满六周岁的儿童、精神病患者，应当认定其为无行为能力人。

已满六周岁，不满十八周岁的未成年人，应当认定其为限制行为能力人。

8. 法定代理人代理被代理人行使继承权、受遗赠权，不得损害被代理人的利益。法定代理人一般不能代理被代理人放弃继承权、受遗赠权。明显损害被代理人利益的，应认定其代理行为无效。

9. 在遗产继承中，继承人之间因是否丧失继承权发生纠纷，诉讼到人民法院的，由人民法院根据继承法第七条的规定，判决确认其是否丧失继承权。

10. 继承人虐待被继承人情节是否严重，可以从实施虐待行为的时间、手段、后果和社会影响等方面认定。

虐待被继承人情节严重的，不论是否追究刑事责任，均可确认其丧失继承权。

11. 继承人故意杀害被继承人的，不论是既遂还是未遂，均应确认其丧失继承权。

12. 继承人有继承法第七条第(一)项或第(二)项所列之行为，而被继承人以遗嘱将遗产指定由该继承人继承的，可确认遗嘱无效，并按继承法第七条的规定处理。

13. 继承人虐待被继承人情节严重的，或者遗弃被继承人的，如以后确有悔改表现，而且被虐待人、被遗弃人生前又表示宽恕，可不确认其丧失继承权。

14. 继承人伪造、篡改或者销毁遗嘱，侵害了缺乏劳动能力又无生活来源的继承人的利益，并造成其生活困难的，应认定其行为情节严重。

15. 在诉讼时效期间内，因不可抗拒的事由致继承人无法主张继承权利的，人民法院可按中止诉讼时效处理。

16. 继承人在知道自己的权利受到侵犯之日起的二年之内，其遗产继承权纠纷确在人民调解委员会进行调解期间，可按中止诉讼时效处理。

17. 继承人因遗产继承纠纷向人民法院提起诉讼，诉讼时效即为中断。

18. 自继承开始之日起的第十八年至第二十年期间内，继承人才知道自己的权利被侵犯的，其提起诉讼的权利，应当在继承开始之日起的二十年之内行使，超过二十年的，不得再行提起诉讼。

二、关于法定继承部分

19. 被收养人对养父母尽了赡养义务，同时又对生父母扶养较多的，除可依继承法第十条的规定继承养父母的遗产外，还可依继承法第十四条的规定分得生父母的适当的遗产。

20. 在旧社会形成的一夫多妻家庭中，子女与生母以外的父亲的其他配偶之间形成扶养关系的，互有继承权。

21. 继子女继承了继父母遗产的，不影响其继承生父母的遗产。

继父母继承了继子女遗产的，不影响其继承生子女的遗产。

22. 收养他人为养孙子女，视为养父母与养子女的关系的，可互为第一顺序继承人。

23. 养子女与生子女之间、养子女与养子女之间，系养兄弟姐妹，可互为第二顺序继承人。

被收养人与其亲兄弟姐妹之间

的权利义务关系,因收养关系的成立而消除,不能互为第二顺序继承人。

24. 继兄弟姐妹之间的继承权,因继兄弟姐妹之间的扶养关系而发生。没有扶养关系的,不能互为第二顺序继承人。

继兄弟姐妹之间相互继承了遗产的,不影响其继承亲兄弟姐妹的遗产。

25. 被继承人的孙子女、外孙子女、曾孙子女、外曾孙子女都可以代位继承,代位继承人不受辈数的限制。

26. 被继承人的养子女、已形成扶养关系的继子女的生子女可代位继承;被继承人亲生子女的养子女可代位继承;被继承人养子女的养子女可代位继承;与被继承人已形成扶养关系的继子女的养子女也可以代位继承。

27. 代位继承人缺乏劳动能力又没有生活来源,或者对被继承人尽过主要赡养义务的,分配遗产时,可以多分。

28. 继承人丧失继承权的,其晚辈直系血亲不得代位继承。如该代位继承人缺乏劳动能力又没有生活来源,或对被继承人尽赡养义务较多的,可适当分给遗产。

29. 丧偶儿媳对公婆、丧偶女婿对岳父、岳母,无论其是否再婚,依继承法第十二条规定作为第一顺序继承人时,不影响其子女代位继承。

30. 对被继承人生活提供了主要经济来源,或在劳务等方面给予了主要扶助的,应当认定其尽了主要赡养义务或主要扶养义务。

31. 依继承法第十四条规定可以分给适当遗产的人,分给他们遗产时,按具体情况可多于或少于继承人。

32. 依继承法第十四条规定可以分给适当遗产的人,在其依法取得被继承人遗产的权利受到侵犯时,本人有权以独立的诉讼主体的资格向人民法院提起诉讼,但在遗产分割时,明知而未提出请求的,一般不予受理;不知而未提出请求,在二年以内起诉的,应予受理。

33. 继承人有扶养能力和扶养条件,愿意尽扶养义务,但被继承人因有固定收入和劳动能力,明确表示不要求其扶养的,分配遗产时,一般不应因此而影响其继承份额。

34. 有扶养能力和扶养条件的继承人虽然与被继承人共同生活,但对需要扶养的被继承人不尽扶养义务,分配遗产时,可以少分或者不分。

三、关于遗嘱继承部分

35. 继承法实施前订立的,形式上稍有欠缺的遗嘱,如内容合法,又有充分证据证明确为遗嘱人真实意思表示的,可以认定遗嘱有效。

36. 继承人、受遗赠人的债权人、债务人,共同经营的合伙人,也应当视为与继承人、受遗赠人有利害关系,不能作为遗嘱的见证人。

37. 遗嘱人未保留缺乏劳动能力又没有生活来源的继承人的遗产份额,遗产处理时,应当为该继承人留下必要的遗产,所剩余的部分,才可参照遗嘱确定的分配原则处理。

继承人是否缺乏劳动能力又没有生活来源,应按遗嘱生效时该继承人的具体情况确定。

38. 遗嘱人以遗嘱处分了属于国家、集体或他人所有的财产,遗嘱的这部分,应认定无效。

39. 遗嘱人生前的行为与遗嘱的意思表示相反,而使遗嘱处分的财产在继承开始前灭失,部分灭失或所有权转移、部分转移的,遗嘱视为被撤销或部分被撤销。

40. 公民在遗书中涉及死后个人财产处分的内容,确为死者真实意思的表示,有本人签名并注明了年、月、日,又无相反证据的,可按自书遗嘱对待。

41. 遗嘱人立遗嘱时必须有行为能力。无行为能力人所立的遗嘱,即使其本人后来有了行为能力,仍属无效遗嘱。遗嘱人立遗嘱时有行为能力,后来丧失了行为能力,不影响遗嘱的效力。

42. 遗嘱人以不同形式立有数份内容相抵触的遗嘱,其中有公证遗嘱的,以最后所立公证遗嘱为准;没有公证遗嘱的,以最后所立的遗嘱为准。

43. 附义务的遗嘱继承或遗赠,如义务能够履行,而继承人、受遗赠人无正当理由不履行,经受益人或其他继承人请求,人民法院可以取消他接受附义务那部分遗产的权利,由提出请求的继承人或受益人负责按遗嘱人的意愿履行义务,接受遗产。

四、关于遗产的处理部分

44. 人民法院在审理继承案件时,如果知道有继承人而无法通知的,分割遗产时,要保留其应继承的遗产,并确定该遗产的保管人或保管单位。

45. 应当为胎儿保留的遗产份额没有保留的,应从继承人所继承的遗产中扣回。

为胎儿保留的遗产份额,如胎儿出生后死亡的,由其继承人继承;如胎儿出生时就是死体的,由被继承人的继承人继承。

46. 继承人因放弃继承权,致其不能履行法定义务的,放弃继承权的行为无效。

47. 继承人放弃继承应当以书面形式向其他继承人表示。用口头方式表示放弃继承,本人承认,或有其他充分证据证明的,也应当认定其有效。

48. 在诉讼中,继承人向人民法院以口头方式表示放弃继承的,要制作笔录,由放弃继承的人签名。

49. 继承人放弃继承的意思表示,应当在继承开始后、遗产分割前作出。遗产分割后表示放弃的不再是继承权,而是所有权。

50. 遗产处理前或在诉讼进行中,继承人对放弃继承翻悔的,由人民法院根据其提出的具体理由,决定是否承认。遗产处理后,继承人对放弃继承翻悔的,不予承认。

51. 放弃继承的效力,追溯到继承开始的时间。

52. 继承开始后,继承人没有表示放弃继承,并于遗产分割前死亡的,其继承遗产的权利转移给他的合法继承人。

53. 继承开始后,受遗赠人表示接受遗赠,并于遗产分割前死亡的,其接受遗赠的权利转移给他的继承人。

54. 由国家或集体组织供给生活费用的烈属和享受社会救济的城市居民,其遗产仍应准许合法继承人继承。

55. 集体组织对“五保户”实行“五保”时，双方有扶养协议的，按协议处理；没有扶养协议，死者有遗嘱继承人或法定继承人要求继承的，按遗嘱继承或法定继承处理，但集体组织有权要求扣回“五保”费用。

56. 扶养人或集体组织与公民订有遗赠扶养协议，扶养人或集体组织无正当理由不履行，致协议解除的，不能享有受遗赠的权利，其支付的供养费用一般不予补偿；遗赠人无正当理由不履行，致协议解除的，则应偿还扶养人或集体组织已支付的供养费用。

57. 遗产因无人继承收归国家或集体组织所有时，按继承法第十四条规定可以分给遗产的人提出取得遗产的要求，人民法院应视情况适当分给遗产。

58. 人民法院在分割遗产中的房屋、生产资料和特定职业所需要的财产时，应依据有利于发挥其使用效益和继承人的实际需要，兼顾各继承人的利益进行处理。

59. 人民法院对故意隐匿、侵吞或争抢遗产的继承人，可以酌情减少其应继承的遗产。

60. 继承诉讼开始后，如继承人、受遗赠人中有既不愿参加诉讼，又不表示放弃实体权利的，应追加为共同原告；已明确表示放弃继承的，不再列为当事人。

61. 继承人中有缺乏劳动能力又没有生活来源的人，即使遗产不足清偿债务，也应为其保留适当遗产，然后再按继承法第三十三条和民事诉讼法第一百八十条的规定清偿债务。

62. 遗产已被分割而未清偿债务时，如有法定继承又有遗嘱继承和遗赠的，首先由法定继承人用其所得遗产清偿债务；不足清偿时，剩余的债务由遗嘱继承人和受遗赠人按比例用所得遗产偿还；如果只有遗嘱继承和遗赠的，由遗嘱继承人和受遗赠人按比例用所得遗产偿还。

五、关于附则部分

63. 涉外继承，遗产为动产的，适用被继承人住所地法律，即适用被继承人生前最后住所地国家的法律。

64. 继承法施行前，人民法院已经审结的继承案件，继承法施行后，按审判监督程序提起再审的，适用审结时的有关政策、法律。

人民法院对继承法生效前已经受理、生效时尚未审结的继承案件，适用继承法。但不得再以超过诉讼时效为由驳回起诉。

中华全国律师协会律师承办继承法律业务操作指引

2013年6月中华全国律师协会发布

目 录

第一章 总 则

第1条 为了指导律师承办继承业务,指导律师从事继承业务的执业行为,根据《中华人民共和国律师法》、《中华人民共和国继承法》及相关法律、法规,特制定本指引。

第2条 律师办理继承业务,应当坚持以事实为根据、以法律为准绳的原则,勤勉尽责、恪守律师执业纪律及职业道德,维护法律的正确实施,维护委托人的合法权益。

第3条 律师办理继承业务,应当依据委托人的委托,在委托权限内依法履行职责,诚实守信、审慎及时地完成委托人交付的各项法律事务。

第4条 律师办理继承业务,依法不得私自泄露当事人的个人隐私。

第5条 本指引旨在为全国律师办理继承业务提供指导意见和建议,并非强制性或规范性的规定,仅供律师在办理继承业务中参考。

第二章 律师办理继承非诉讼业务

第一节 律师接待遗嘱继承咨询

第6条 律师可以解释如下内容

6.1 律师可以向当事人说明遗嘱的含义。

遗嘱是立遗嘱人生前在法律允许的范围内,按照法律规定的方式对其遗产或其他事务所作的个人处分或安排,并于立遗嘱人死亡时才发生法律效力的法律行为。

6.2 律师可以向当事人说明遗嘱无效的情形主要有以下几种形式:

(1)无民事行为能力人或者限制民事行为能力人超越其行为能力所立的遗嘱无效;

(2)遗嘱必须表示立遗嘱人的真实意思,受胁迫、欺骗所立的遗嘱无效;

(3)伪造的遗嘱无效;

(4)遗嘱被篡改的,篡改的内容无效;

(5)违反现行法律强制性规范和违反社会公序良俗的遗嘱无效或部分无效;

(6)立遗嘱人立遗嘱处分属于国家、集体或他人所有财产的内容无效,处分国家禁止公民持有、禁止或限制流通的物品的内容无效。

6.3 律师可向当事人说明遗嘱可以处分财产的范围。

立遗嘱人立遗嘱处分的财产只能是立遗嘱人的个人合法财产,国家、集体或他人所有的财产,国家禁止公民持有、禁止或限制流通的物品都不能作为遗产进行处分。律师可询问立遗嘱人的婚姻状况,对已婚的应特别提醒在遗嘱中只能处分夫妻共同财产中属于立遗嘱人的份额。

对于其他共有财产,律师应当告知立遗嘱人只能处分属于自己的份额,也可以考虑进行析产后再设立遗嘱。

6.4 律师可以向当事人说明遗嘱处分财产内容变化的可能。

如果由于立遗嘱人生前的行为,使得遗嘱处分的财产在继承开始前灭失、部分灭失或所有权转移、部分转移的,遗嘱视为被撤销或部分被撤销。

6.5 律师应当向当事人说明遗嘱的形式。

遗嘱可以分为五种形式:公证遗嘱、自书遗嘱、代书遗嘱、口头遗嘱和录音遗嘱。

律师可以向当事人解释五种不同形式遗嘱的有效要件及相应的法律后果。

如当事人要求采用视频录像的方式立遗嘱,则律师可以提醒当事人,视频立遗嘱在我国没有明确的法律规定,也没有与其相应的法定遗嘱形式,故建议在以视频立遗嘱的同时,还需按法律规定的录音遗嘱的要求制作遗嘱。

6.6 律师可以向当事人说明遗嘱继承、遗赠与法定继承的区别:

遗嘱继承是按照立遗嘱人生前所立的合法有效的遗嘱来确定遗产继承人和遗产分割的一种继承方式;

遗赠是指被继承人以遗嘱的方式将个人财产赠与国家、集体或者法定继承人以外的人的民事法律行为;

法定继承是指在没有遗赠扶养协议和遗嘱,或者遗赠扶养协议和遗嘱无效的情况下,继承人根据法律规定的继承人范围、继承顺序和遗产分割原则取得被继承人遗产的方式。

6.7 律师可以向当事人解释适用遗嘱继承应具备的条件:

(1)被继承人立有遗嘱,并且遗嘱合法有效;

(2)没有与遗嘱相冲突的遗赠扶养协议;

(3)遗嘱继承人、受遗赠人未丧失、放弃继承权或受赠权。

6.8 律师可以向当事人解释适用遗赠须具备的条件:

(1)遗嘱合法有效;

(2)须受遗赠人未丧失或放弃受遗赠权。

6.9 律师可以提示当事人,有下列特殊情形时,遗产中的有关部分按法定继承办理:

(1)遗嘱继承人放弃继承或者受遗赠人放弃受遗赠的;

(2)遗嘱继承人丧失继承权的;

(3)遗嘱继承人、受遗赠人先于立遗嘱人死亡的;

(4)遗嘱无效部分所涉及的遗产;

(5)遗嘱未处分的遗产。

6.10 律师可以向当事人解释遗产的范围,遗产是公民死亡时遗留的个人合法财产,包括:

(1)公民的收入;

(2)公民的房屋、储蓄和生活用品;

(3)公民的林木、牲畜和家禽;

(4)公民的文物、图书资料;

(5)法律允许公民所有的生产资料;

(6)公民的著作权、专利权中的财产权利;

(7)股份有限公司的股份、有限责任公司的出资、合伙企业中的出资、独资企业的投资等企业出资权益;

(8)有价证券及收益;

(9)公民的履行标的为财物的债权;

(10)荒山、荒沟、荒丘、荒滩承包经营权、林地承包经营权、海域使用权;

(11)公民的其他合法财产。

6.11 律师可以提示立遗嘱人,下列权利并非遗产,遗嘱中处分无效:

(1)耕地承包经营权、草地承包经营权、宅基地使用权及其他与人身紧密相关的专属性的财产权。

律师可向当事人说明,虽然以上财产权益不能作为遗产进行继承,但根据法律规定,若其他家庭成员符合继续经营、使用的法律条件者还可通过其他途径争取继续经营、使用。

(2)采矿权、狩猎权、渔业权、水资源使用权、海洋使用权、空间使用权及其他需通过法定的特别程序依法才能取得的国有资源的使用权。

律师可向当事人说明,虽然以上财产权益不能作为遗产进行继承,但继承人如想取得被继承人所享有的国有资源的使用权,可自行向国家相关机构进行申请,经核准后也可取得。

(3)丧葬费、抚恤金、被继承人死亡后其亲戚朋友给付的礼金、工伤赔偿款、侵权赔偿款等。

律师可向当事人说明,虽然以上财产权益不能作为遗产进行继承,但可建议当事人先用于法律或政策指定用途,若有剩余的,律师可以根据继承人的共同意愿指导他们按遗产的分割原则分割剩余款项。

6.12 继承契约目前并非法律明确规定的契约形式,一般认为,继承契约是指以发生继承法上的法律关系为目的的契约,律师在处理此类纠纷时应格外注意,充分考虑以此种形式处理继承问题的法律风险。对于当事人拟签订继承契约以解决生养死葬及遗产分配问题的,律师可以建议当事人优先考虑立遗嘱。

如当事人坚持签订继承契约的,由于继承契约的效力法律并无明确规定,律师可建议委托人仍有必要以法律规定的形式立遗嘱,以免日后发生继承纠纷。

6.13 立遗嘱人拟将遗产留给未成年子女等无民事行为能力、限制民事行为能力人,但指定监护人以外的人在一定时期内为遗产管理人(受托人)的,对遗产管理人(受托人)的选用应符合我国《信托法》或其他相关法律的规定。

就《信托法》而言,具体调整遗嘱信托的条款为《信托法》第 13 条之规定,遗嘱指定的人拒绝或者无能力担任受托人的,由受益人另行选任受托人;受益人为无民事行为能力人或者限制民事行为能力人的,依法由其监护人代行选任。遗嘱对选任受托人另有规定的,从其规定。

因该规定与《民法通则》的相关规定有冲突,并且目前就该冲突如何解决尚未确定,所以提示律师,可向立遗嘱人作出特别说明,由于遗产管理人的财产管理权和监护人对被监护人的财产管理权有一定的冲突,在法律无明确规定何者优先的情况下,将来有发生纠纷的可能性。

第 7 条 律师可以提醒当事人,继承开始后,继承人放弃继承的,应当在遗产处理前,作出放弃继承的表示。没有表示的,视为接受继承。受遗赠人应当在知道受遗赠后两个月内,作出接受或者放弃受遗赠的表示,到期没有表示的,视为放弃受遗赠。

第8条 律师承办与遗嘱有关的法律业务时,可以向委托人了解以下情况:

8.1 律师可以询问立遗嘱人是否有配偶,遗嘱处分财产时是否与配偶协商过遗产的处理及分割方式。

8.2 律师应提醒立遗嘱人,不能擅自处分配偶及其他人的共有财产的份额。

8.3 律师可以询问立遗嘱人的法定继承人的自然状况,在处理财产时是否特别考虑了无劳动能力又无生活来源的继承人和未出生胎儿的遗产份额。

8.4 律师可以询问立遗嘱人处分财产中是否包含公司股权,并提醒立遗嘱人,公司股权的继承应首先依据公司章程处理,若公司章程未作说明而公司股东另有补充协议的,律师可告知公司股权继承应按补充协议处理。

立遗嘱人如对公司股权继承另有安排,律师可协助立遗嘱人提前与公司其他股东进行商议,依法修改章程或达成其他补充协议。

第9条 律师接受自书遗嘱咨询

9.1 律师可以告知当事人,自书遗嘱应如何书写:

(1)由立遗嘱人亲笔书写;

(2)由立遗嘱人亲笔签名;

若遗嘱有两页以上,需要立遗嘱人在每页签字确认;

(3)由立遗嘱人在遗嘱结尾注明年月日;

为避免先后立有多份遗嘱的情况,律师可建议当事人尽量采用公历日期,以避免日期混淆不清,影响遗嘱的最终效力;

(4)遗嘱应尽量不作涂改,以免产生遗嘱效力纠纷,如紧急情况下必须涂改的,应在涂改处签名并注明年月日。

9.2 律师可以提醒当事人,自书遗嘱使用打印件易引起纠纷,建议不要使用打印件。

9.3 若立遗嘱人因身体原因不便或不能书写,可建议立遗嘱人制作公证遗嘱,减少将来可能发生的法律风险。

9.4 律师应提醒当事人,遗嘱应当对缺乏劳动能力又没有生活来源的继承人和未出生的胎儿保留必要的遗产份额。

第10条 律师接受口头遗嘱咨询

10.1 因口头遗嘱易引发争议,律师应建议当事人一般不要以口头形式设立遗嘱。

10.2 律师应告知当事人,口头遗嘱必须符合以下几个条件:

(1)立遗嘱人必须是处在情况危急时刻;

(2)立遗嘱人立遗嘱时必须具有完全民事行为能力;

(3)应当有两个以上的无利害关系见证人在场见证;

(4)立遗嘱人要以口述形式表示其处理遗产的真实意思。

10.3 律师应向立遗嘱人说明口头遗嘱适用场合的特殊性:

(1)口头遗嘱一般只适用于立遗嘱人因病情危急或因其他原因导致生

命极度危险的时刻；

(2) 口头遗嘱须有两名无利害关系人在场见证方可有效；

(3) 律师应向当事人说明口头遗嘱的失效情形，即危急情况解除后，立遗嘱人能够用书面或者录音形式立遗嘱的，所立的口头遗嘱无效，立遗嘱人可以及时将口头遗嘱变更为其他形式的遗嘱。

10.4 律师应告知当事人，下列人员不能作为遗嘱见证人：

(1) 无行为能力人、限制行为能力人；

(2) 继承人、受遗赠人；

(3) 与继承人、受遗赠人有利害关系的人，共同经营的合伙人等也可能会被视为与继承人、受遗赠人有利害关系，尽量不要作为遗嘱的见证人；

(4) 继承人、受遗赠人的债权人，继承人、受遗赠人的债务人。

以下其他形式遗嘱中的见证人的条件同样适用以上规定。

第 11 条 律师接受录音遗嘱咨询

11.1 律师应提示当事人，可优先采用自书遗嘱、公证遗嘱、律师见证方式订立遗嘱，还可告知当事人，若采用录音方式订立遗嘱，应尽量采用录音遗嘱与其他遗嘱相结合的方式，以确保遗嘱的法律效力，避免日后发生争议。

11.2 律师应提示当事人，要保证立遗嘱时所用录音设备完好、录音效果清晰，录音后应注意保存录音电子源文件或磁带原件。

11.3 律师应提示当事人，以录音方式订立遗嘱时，应由两个以上见证人在场见证，见证人条件符合《继承法》的规定。

11.4 录音遗嘱应由立遗嘱人亲自口述所立遗嘱的全部内容，立遗嘱人口述遗嘱时应当陈述自己的身份情况，并将其处分财产内容及处分方式陈述清楚。

11.5 律师可建议当事人，以录音方式订立遗嘱时，录入订立遗嘱的时间和地址的相关内容。

11.6 律师可以提示当事人，在录音时，可以由立遗嘱人说明在场见证人姓名、与本人的关系，并可以让见证人在录音中陈述自己的身份情况。

11.7 律师可建议当事人，在录音遗嘱录制完毕、经回放校对无误后将录音遗嘱的载体封存，并由立遗嘱人、见证人共同验证、签名、封存，并注明封存的年月日后妥善保存。

11.8 律师应提示当事人，一般不能用旁人的提问、立遗嘱人的摇头或点头来表示遗嘱内容，或者是以手势来表达所订立遗嘱的内容，以避免日后发生争议。

11.9 若立遗嘱人为聋哑人士的，则律师可建议立遗嘱人作公证遗嘱为妥。

第二节 律师代书遗嘱

第 12 条 律师代书遗嘱的含义

律师代书遗嘱，是指律师事务所接受立遗嘱人的委托，指派律师按立遗嘱人的意愿，代为书写遗嘱的行为。

第 13 条 律师代书责任的明确

律师代书遗嘱，建议可与立遗嘱人签订代书合同。

律师可以提示当事人，并尽量将提

示的内容写入代书合同中，代书律师对于遗嘱所涉及财产是否客观存在以及该财产是否为立遗嘱人所有，不负审核查实的义务。

第14条　律师代书前的准备

14.1 律师代书遗嘱前，可与立遗嘱人沟通以下内容并可记入笔录：

(1) 立遗嘱人的身份；

(2) 立遗嘱人立遗嘱的原因和目的；

(3) 立遗嘱人的第一、二顺序继承人的自然状况；

(4) 立遗嘱人之前有无遗嘱或遗赠扶养协议，有无夫妻财产约定等协议；

(5) 立遗嘱人处分的财产权属、该财产有无担保、抵押等他项权利情况；如系共有财产是否经过析产分割，及其他共有人的意见；

(6) 了解有无缺乏劳动能力又没有生活来源的继承人，有无未出生的胎儿；

(7) 其他认为需要了解的情况。

若律师制作谈话笔录，可由委托人签名确认。

14.2 律师代书遗嘱前，可观察了解：

(1) 立遗嘱人订立遗嘱时意识是否清楚，能否正常表达自己的意思，有无认知能力，有无立遗嘱能力；

(2) 立遗嘱人的意思表示是否真实，是否有受到欺诈、胁迫的情形。

律师只有在确认立遗嘱人可以表达其真实意思，并且能领会律师意见的情况下，才可以接受遗嘱代书业务。

14.3 律师为身患严重疾病或年长的立遗嘱人代书遗嘱，可建议由立遗嘱人及其家属从医院开具立遗嘱人"意识清醒、有认知力"或类似的医学证明，以证明立遗嘱人的行为能力符合立遗嘱的要求。

第15条　为避免纠纷，建议律师事务所应当与立遗嘱人就律师代书遗嘱订立书面委托合同。

第16条　律师应制作与立遗嘱人谈话笔录

16.1 律师与立遗嘱人签订委托代理合同时，应制作与立遗嘱人的谈话笔录。

16.2 谈话笔录内容包括但不限于：

(1) 立遗嘱人的自然身份状况；

(2) 立遗嘱人现在或曾经有无精神方面的疾病，有无其他影响其行为能力的疾病，立遗嘱时行为能力如何；

(3) 立遗嘱人聘请律师代书遗嘱的意思表示；

(4) 所立遗嘱的主要内容；

(5) 立遗嘱人对于立遗嘱的法律后果是否理解；

(6) 笔录制作的时间、地点、律师及立遗嘱人在谈话笔录上确认的签字；

(7) 其他应当记入谈话笔录的内容。

第17条　律师代书遗嘱的具体工作

律师代书遗嘱一般包括以下几部分内容：

(1) 立遗嘱人及遗嘱继承人、受遗赠人的姓名、性别、出生日期、住址、身份证号等；

(2) 立遗嘱人与遗嘱继承人、受遗赠人的关系；

（3）除非立遗嘱人要求或为保护立遗嘱人的利益，遗嘱可以只注明"立遗嘱人名下全部遗产归某某所有"等笼统内容，否则律师应当尽量列清遗产目录；

（4）对财产的分配和有关事务的安排；

（5）如果有遗嘱执行人的还应写明执行人的姓名、性别、出生日期、住址及身份信息等基本信息，还应写明立遗嘱人委托其执行的事项；

（6）遗嘱制作日期。

第三节　律师遗嘱见证

第18条　律师遗嘱见证的含义

18.1 律师遗嘱见证，是指律师事务所应立遗嘱人的委托，指派两名以上的律师参与订立遗嘱的过程，并对立遗嘱人订立遗嘱过程予以证明的一种活动。

18.2 律师应向委托人说明，除非另有约定，律师仅对委托人身份、立遗嘱人订立遗嘱的过程以及立遗嘱人在遗嘱落款上签字确认这一法律行为的真实性见证，而对于遗嘱所涉及财产是否客观存在以及该财产是否存在权利瑕疵，不负审核查实义务，但为减少律师执业风险，建议律师要求当事人提供相关财产凭证，进行形式审核。说明过程应制作谈话笔录，并由委托人签字确认。谈话笔录应当存档，作为律师见证业务档案的组成部分。

第19条　律师见证书的制作程序

建议律师在做遗嘱见证业务时，考虑采取如下见证书制作程序：

（1）律师向委托人介绍我国继承法及相关法律、法规的规定，并听取委托人、遗嘱继承人、受遗赠人的基本情况；

（2）接受委托的律师事务所应与委托人签订委托合同；

（3）律师应与委托人制作谈话笔录；

（4）律师应整理、书面列明当事人提交的财产清单、财产权属证明等文件；

（5）如果委托合同有约定，律师可对遗嘱要处分的财产状况进行必要的调查审核；

（6）如果对立遗嘱人在立遗嘱时的精神状态产生疑问的，律师可请立遗嘱人或其亲属出具立遗嘱人具有完全民事行为能力的医学证明；

（7）立遗嘱人与两名律师均在场时，由立遗嘱人订立自书遗嘱或录音遗嘱或口头遗嘱，或由律师代书遗嘱；

（8）遗嘱订立完毕后，律师应询问立遗嘱人是否理解遗嘱内容，是否是其真实意思表示；

（9）律师制作见证书，由当场见证的律师签字，经律师事务所审核后，加盖律师事务所公章；

（10）按委托合同约定，见证书交立遗嘱人或遗嘱执行人保存，同时律师事务所将见证书及委托业务档案归档保存。

第20条　律师见证过程可进行全程录音录像，并将视听资料一并存档，便于将来查询。

第21条　律师遗嘱见证书的内容

律师遗嘱见证书可包括以下四个部分：

(1)首部。写明委托人的基本情况。

(2)如订立的是自书遗嘱,要有立遗嘱人签字及日期的书面遗嘱;如订立的是录音遗嘱,则应保存视听电子资料及相应的文字说明;如订立的是口头遗嘱,则代理律师应在见证书中记录立遗嘱人所立口头遗嘱的内容。

(3)见证条款或见证文书。见证律师应写明见证事项、见证材料、见证结论、见证时间。

(4)附项。附项中可对见证律师、立遗嘱人需补充说明的内容予以列明。

第22条 律师可以向当事人解释律师遗嘱见证与遗嘱公证的区别。

第四节 律师协助办理遗嘱公证业务

第23条 遗嘱公证是国家司法证明机关公证处按照法定程序证明立遗嘱人设立遗嘱行为真实、合法的活动。

第24条 律师可提示当事人,公证遗嘱的制作过程及公证遗嘱的效力,可根据当事人的委托协助其办理遗嘱公证业务。

第25条 办理公证遗嘱所需携带的材料

律师可提示当事人,在办理公证遗嘱时一般需携带的材料包括:

(1)境内当事人应提供居民身份证、户口簿;境外的,应提供护照或其他境外身份证件;

(2)立遗嘱涉及的财产凭证(如房屋产权证、存款证明、股权证明等);

(3)立遗嘱人的亲属关系证明;

(4)立遗嘱人先行草拟好的遗嘱;

(5)遗嘱中指定遗嘱执行人的,应提交执行人的身份证明;

(6)根据受理公证处的规定要提交的其他材料。

第26条 律师应询问当事人以前是否办过遗嘱公证。

立遗嘱人原来已办过公证遗嘱的,现需要变更或撤销原公证遗嘱的,律师应当提示当事人提交原来的遗嘱公证书,并尽量到原公证处办理。

第27条 律师可向委托人解释,自书、代书、录音、口头遗嘱不得撤销、变更公证遗嘱;立有数份遗嘱,内容相抵触的,以最后的遗嘱为准;但其中有公证遗嘱的,以最后所立的公证遗嘱为准。

律师可以提醒立遗嘱人,立遗嘱人可以撤回、变更自己所立的遗嘱,但如先前曾以公证方式立有遗嘱的,新遗嘱仍应以公证方式设立方为有效。

第五节 律师担任遗嘱执行人

第28条 律师事务所可以接受委托,指派律师作为遗嘱执行人。

律师作为遗嘱执行人执行遗嘱时,应当依法按照立遗嘱人的意愿忠实地履行自己的职责。

第29条 律师作为遗嘱执行人的依据

29.1 被继承人在遗嘱中指定律师作为遗嘱执行人。

29.2 被继承人生前与律师事务所签订委托合同约定相关事项。

29.3 被继承人虽然在遗嘱中没有指定律师作为遗嘱执行人,但在继承开始后,遗嘱继承人及受遗赠人对遗嘱没有争议且共同委托律师作为遗嘱执行人的。

第30条 律师作为遗嘱执行人的工作

职责

30.1 律师作为遗嘱执行人，其主要任务是根据当事人的委托或者遗嘱的要求，按照遗嘱的内容进行遗产的分配和交割，促使遗嘱依法得以实现，避免和减少纠纷。

30.2 律师事务所可以与立遗嘱人订立有关立遗嘱人死亡后遗嘱执行的具体方式、流程以及报酬的支付方式的委托合同。

30.3 除遗嘱中另有特别规定外，遗嘱执行人可执行下列事务：

(1)对遗嘱的真实性、合法性以及遗嘱内容进行解释和说明；

(2)召集全体遗嘱继承人和受遗赠人，公开遗嘱内容；

(3)依据立遗嘱人或者全体继承人和受遗赠人的委托，清理遗产、登记造册；

(4)依据立遗嘱人或者全体继承人和受遗赠人的委托，保管与遗产有关的财产凭证；

(5)协助遗嘱继承人或受遗赠人达成遗产交接或分割协议；

(6)按照遗嘱内容将遗产最终转移交付给遗嘱继承人和受遗赠人；

(7)依据立遗嘱人或者全体继承人和受遗赠人的委托，排除各种执行遗嘱的妨碍；

(8)对遗嘱继承有争议时，遗嘱执行人可进行调解，但律师不应作为继承人或受遗赠人任何一方的委托代理人；

(9)遗嘱执行的其他事项。

律师办理上述业务时，可根据案件需要制作办案笔录，并要求相关当事人在笔录上签名。

第31条 律师应注意继承开始的时间

31.1 继承从被继承人生理死亡或被宣告死亡时开始。

31.2 失踪人被宣告死亡的，以法院判决中确定的失踪人的死亡日期为继承开始的时间。

第六节 律师承办法定继承业务

第32条 法定继承的含义

32.1 法定继承，是指被继承人死亡时没有立遗嘱或者所订立遗嘱无效或部分无效，其遗产继承按法律规定的继承人范围、顺序和分配原则进行继承的法律制度。

32.2 法定继承的顺序为：

(1)第一顺序继承人：配偶、子女、父母；

(2)第二顺序继承人：兄弟姐妹、祖父母、外祖父母。

继承开始后，由第一顺序继承人继承，第二顺序继承人不继承。没有第一顺序继承人继承的，由第二顺序继承人继承。

第一顺序继承人中的“子女”，包括婚生子女、非婚生子女、养子女和有扶养关系的继子女。

第一顺序继承人中的“父母”，包括生父母、养父母和有扶养关系的继父母。

第二顺序继承人中的“兄弟姐妹”，包括同父母的兄弟姐妹、同父异母或者同母异父的兄弟姐妹、养兄弟姐妹、有扶养关系的继兄弟姐妹。

32.3 丧偶的儿媳对公、婆，丧偶的女婿对岳父、岳母，尽了主要赡养义务的，作为第一顺序继承人。

第 33 条 适用法定继承的情形

律师应注意,在遗产继承出现下列情形时,适用法定继承:

(1)没有遗赠,又没有合法遗嘱;

(2)遗嘱的继承人、受遗赠人先于立遗嘱人死亡;

(3)遗嘱继承人表示放弃继承;

(4)遗嘱继承人丧失继承权;

(5)遗嘱的受遗赠人表示放弃受遗赠;

(6)遗嘱的受遗赠人丧失受遗赠权;

(7)遗嘱全部无效;

(8)遗嘱部分无效情况下无效部分的遗产;

(9)遗嘱中为胎儿保留的特定遗产份额,如胎儿出生时是死胎,其为胎儿保留的份额适用法定继承;

(10)遗嘱未处分的遗产;

(11)其他适用法定继承的情形。

第 34 条 办理法定继承业务可询问的内容

律师承办法定继承业务时可以询问的内容:

(1)委托人及其亲属关系的基本情况;

(2)被继承人死亡的时间、地点、原因;

(3)可供继承的遗产范围及现有状况;

(4)遗产是否属于与他人共有财产;

(5)法定继承人的基本情况及范围;

(6)全体法定继承人对遗产的权属、范围有无争议;

(7)继承人以外的人对遗产的权属有无争议;

(8)继承人之间就继承事宜是否达成一致意见;

(9)被继承人有无养父母和养子女,有无具有扶养关系的继子女和继父母,有无非婚生子女和遗腹胎儿,有无代位继承与转继承的情况,以及代位继承人、转继承人与被继承人之间的关系;

(10)有无对被继承人尽了主要赡养义务的丧偶儿媳或丧偶女婿,有无继承人以外的依靠被继承人扶养的缺乏劳动能力又没有生活来源的人,有无继承人以外的对被继承人扶养较多的人;

(11)被继承人生前是否签订过遗赠扶养协议和立有遗嘱;

(12)其他可询问的事项。

第 35 条 若遗产为共有,律师可告知委托人应先析产、后继承。

第 36 条 律师可向委托人说明有继承关系的人在同一事件中死亡的继承程序。

36.1 律师应注意,相互有继承关系的几个人在同一事件中死亡,如不能确定死亡先后时间的,推定没有继承人的人先死亡。

36.2 死亡人各自都有继承人的,如几个死亡人辈分不同,推定长辈先死亡。

36.3 几个死亡人辈分相同,推定同时死亡,彼此不发生继承,由他们各自的继承人分别继承。

第 37 条 法定继承可参考下列程序处理:

37.1 如遗产涉及共有财产,应对遗产进行析产,即将共有财产中属于被继承人的份额明确出来。

37.2 继承遗产应当先清偿被继承人依法应当缴纳的税款和债务。

37.3 按“有利于生产和生活需要,不损害遗产的效用”的原则进行遗产分割。

37.4 律师承办继承业务时,应当注意提示当事人保留胎儿的继承份额。为胎儿保留的遗产份额,如胎儿出生后死亡的,由其继承人继承;如胎儿出生时就是死体的,由被继承人的继承人继承。

第38条 律师应提示当事人,夫妻在婚姻关系存续期间所得的共同所有的财产,除有约定的以外,如果分割遗产,应当先将共同所有的财产的一半分出为配偶所有,其余的为被继承人的遗产。

第39条 律师应注意遗嘱继承与法定继承的关系。

遗嘱继承人在按照遗嘱继承后,不影响其作为法定继承人继承其应得的法定继承份额。

第40条 律师应注意遗赠扶养协议与遗嘱的关系。

如果律师发现被继承人生前与他人订有遗赠扶养协议,同时又立有遗嘱的,继承开始后,如果遗赠扶养协议与遗嘱没有抵触,遗产分别按协议和遗嘱处理;如果有抵触,按协议处理,与协议抵触的遗嘱全部或部分无效。

第41条 继承人放弃继承权的处理

有继承人放弃继承权的,律师应提示当事人,在遗产处理前作出明确放弃继承的书面表示。

第42条 受遗赠人放弃受赠权的处理

有受遗赠人接受或放弃受赠权的,律师应提示其在知道受遗赠后两个月内,作出接受或者放弃受遗赠的表示;到期没有表示的,视为放弃受遗赠。

律师应当告知当事人,遗嘱中含有遗赠内容的,继承人应当及时告知受遗赠人遗嘱内容。

第43条 律师应注意胎儿的权利

43.1 律师在处理遗产分割时,应当提示当事人保留胎儿的继承份额。

43.2 胎儿出生时是死体的,保留的份额按照法定继承办理。

第44条 被继承人税款和债务的处理

律师应提示当事人,继承遗产应当清偿被继承人依法应当缴纳的税款和债务,缴纳税款和清偿债务以遗产实际价值为限。超过遗产实际价值部分,继承人可不予清偿,但继承人自愿偿还的不在此限。

继承人放弃继承的,对被继承人依法应缴纳的税款和债务可以不负偿还责任。

第45条 转继承的含义

转继承是指继承开始后,继承人没有表示放弃继承,并于遗产分割前死亡的,其继承遗产的权利转移给他的合法继承人的一项法律制度。

第46条 转继承的适用条件

适用转继承,须具备以下条件:

(1)须继承人于被继承人死亡后、遗产分割前死亡;

(2)须继承人未表示放弃继承权,也未丧失继承权;

(3)被转继承人存在其合法继承人。

第47条 代位继承的含义

代位继承是指被继承人的子女先

于被继承人死亡,由被继承人的子女的晚辈直系血亲代为继承的一项法律制度。

代位继承人一般只能继承他的父亲或者母亲有权继承的遗产份额。

律师应当注意,在继承人丧失继承权时,其晚辈直系血亲不得代位继承,但如该代位继承人缺乏劳动能力又没有生活来源,或对被继承人尽赡养义务较多的,可适当分给遗产。

第48条 代位继承的条件

适用代位继承,须具备以下条件:

(1)须被代位人于继承开始前死亡;

(2)须被代位人是被继承人的子女;

(3)须被代位人未丧失继承权;

(4)须代位人为被代位人的晚辈直系亲属。

第三章 律师办理继承诉讼业务

律师办理继承诉讼业务,应首先依据中华全国律师协会《律师办理民事诉讼案件规范》办理,在此基础上,针对继承案件的特殊性,特作如下补充:

第一节 收 案

第49条 委托人是高龄老人或重症病人的,建议律师首先通过适当的方式初步判断委托人的行为能力,确定委托人具有完全民事行为能力的,方可签订委托代理合同。

第50条 律师在接受继承案件委托前,应注意审查案件是否符合继承法及相关法律中关于诉讼时效的规定。继承权纠纷提起诉讼的期限为两年,自继承人知道或者应当知道其权利被侵犯之日起计算。如果自继承开始之日起的第18年后至第20年期间内,继承人才知道自己的权利被侵犯的,其提起诉讼的权利,应当在继承开始之日起的20年之内行使,超过20年的,不得再行提起诉讼。

第51条 接受继承案件委托,律师应注意审查继承案件的管辖问题。

51.1 对非涉外继承案件,应审查被继承人死亡时住所地或者主要遗产所在地情况,以确定管辖地。

51.2 对于涉外继承案件,应了解案件所涉遗产情况,动产适用被继承人住所地法律,不动产适用不动产所在地法律。

第52条 律师应当特别注意,根据《律师服务收费管理办法》的规定,继承案件不能采用风险代理收费。

第53条 由于继承案件中的当事人经常为多人,律师可接受数位原告或被告的委托,律师在接受多人委托时,应注意审查各委托人之间是否存在利益冲突,只有在各委托人之间的利益完全一致时才考虑接受多人委托,同时律师应征得各委托人的一致同意,否则应当尽量只接受某一位当事人的委托。

第54条 由于继承案件涉及人身关系,受委托人感情因素影响较大,建议代理律师通常情形下只接受一般授权代理。如为调解方便等原因需接受特别授权代理的,代理律师在达成调解意见等重大事项前可与委托人进行充分沟通,注意保留调解方案等书面材料,以免将来发生纠纷。

第55条 律师应在收案时制作谈话笔录,同时,在收案时可向委托人解释说明继承纠纷的民事诉讼程序,并告知委托人任何案件均有法律风险,笔录由委托人签名确认。

第56条 律师在承办继承案件中,可以注意了解并记录如下情况:

56.1 委托人基本信息并复印委托人身份证件。

56.2 被继承人自然情况、死亡原因。

56.3 全面了解被继承人的法定继承人、遗嘱继承人、受遗赠人及胎儿的情况。对委托人为原告的,应当列齐全部当事人;对委托人为被告的,应审查起诉状有无遗漏当事人现象。

56.4 了解被继承人遗产情况,包括有无债权债务及未缴纳税款。

56.5 若有遗嘱或遗赠扶养协议,应审查如下内容以确定遗嘱或遗赠扶养协议的效力:

(1)遗嘱或遗赠扶养协议的形式要件是否符合法律规定;

(2)立遗嘱人或协议签订人在签署文书时的民事行为能力如何;

(3)遗嘱或遗赠扶养协议中有无处分他人财产的情况;

(4)有无内容相互冲突的遗嘱或遗赠扶养协议;

(5)遗嘱中是否对缺乏劳动能力又没有生活来源的继承人保留必要的遗产份额;

(6)立遗嘱人生前有无与遗嘱的意思表示相反的行为,使遗嘱处分的财产在继承开始前灭失、部分灭失或所有权转移、部分转移;

(7)立遗嘱人立遗嘱时有无受胁迫、欺骗等情形;

(8)遗嘱有无伪造或被篡改的迹象;

(9)其他可能影响遗嘱或遗赠扶养协议效力的内容。

56.6 律师应审查遗嘱或遗赠扶养协议是否已处理被继承人全部遗产,如有遗漏遗产,律师应提示委托人可在继承案件中一并处理。

56.7 了解有无法定的继承人丧失继承权或酌情减少继承人应继承遗产份额的情况。

56.8 法定继承案件中,了解有无下列人员:

(1)对公婆尽了主要赡养义务的丧偶儿媳、对岳父母尽了主要赡养义务的丧偶女婿;

(2)生活有特殊困难的缺乏劳动能力的继承人;

(3)对被继承人尽了主要扶养义务或者与被继承人共同生活的继承人;

(4)有扶养能力和扶养条件但不尽扶养义务的继承人;

(5)继承人以外的依靠被继承人扶养的缺乏劳动能力又没有生活来源的人;

(6)继承人以外的对被继承人尽了较多扶养义务的人;

(7)胎儿。

56.9 根据原告委托人的陈述,结合最高人民法院《民事案件案由规定》的规定确定案由。

56.10 律师可在诉前询问委托人是否有调解方案。

第二节 调查和收集证据

第57条 立案前的材料准备

代理律师在立案前可向委托人告知提交以下所需材料：

(1)被继承人身份证明；

(2)被继承人死亡证明、火化证明等证明被继承人已死亡的材料；

(3)被继承人与案件当事人之间的关系证明，如父母子女关系证明；

(4)遗嘱继承纠纷和遗赠扶养协议纠纷案件，应准备遗嘱及遗赠扶养协议；

(5)代位继承纠纷案件还应准备被代位人死亡证明，被代位人与被继承人关系证明，被代位人与代位继承人关系证明；

(6)转继承纠纷案件还应准备被转继承人死亡证明，被转继承人与被继承人关系证明，被转继承人与转继承人关系证明；

(7)关于管辖的证据；

(8)关于遗产的财产凭证及占有人、保管人的证据；

(9)其他相关材料。

第58条　因遗嘱和遗赠扶养协议等继承类案件中的重要证据一旦灭失难以补救，因此，建议律师尽量不要保管遗嘱或遗赠扶养协议等重要证据原件，如因客观情况必须收取原件的，注意妥善保管，使用后应尽快归还。

第59条　对遗嘱继承纠纷和遗赠扶养协议纠纷案件，律师可提示委托人准备好被继承人生前笔迹鉴定样本，以备某方当事人对遗嘱或遗赠扶养协议真实性提出异议时，申请笔迹司法鉴定之用。

第60条　对遗嘱纠纷中的代书遗嘱、录音遗嘱、口头遗嘱，代理律师可提前向见证人了解情况，审查见证人是否符合《继承法》规定的见证人条件。如有必要可安排见证人出庭作证，对于证人确有困难不能出庭的，建议律师协助见证人制作经公证的证人证言。

第61条　由于继承案件经常涉及扶养、赡养等事实情况的认定，代理律师可根据案情需要向居(村)民委员会、当事人工作单位等机构及证人进行取证。

第62条　律师应当将所有证据整理制作证据目录。因遗嘱等证据非常重要，应在证据目录中注明向法庭提交了哪些证据原件，以备当事人查询。

第三节　一审诉讼程序

第63条　代理律师拟定诉讼请求时，尽量明确遗产的具体情况。若委托人可能继承不动产或需变更登记的其他财产权利时，律师在确定诉讼请求内容时应方便委托人在诉讼终结后持生效法律文书直接至有关单位办理权属变更手续。

第64条　因继承纠纷当事人多系家庭成员，律师在代理案件开庭前，可根据案情需要，在委托人同意的情况下尝试庭前调解，促成矛盾理性解决。

第65条　考虑到继承纠纷的特点，律师可建议委托人亲自出庭，以便于法庭查明案件事实。

第66条　遗产继承纠纷当事人之间多存在亲属关系，律师参与庭审或调解时，应注意口头及书面措词的表达，避免激化矛盾。

第67条　遗产继承纠纷中常常涉及申请证人出庭作证及申请法庭调查事项，律师应在法定期限内或受理法院要求的举证期限内向法庭提出书面申请。

第68条 律师应在开庭前提示委托人，在开庭当日携带身份证件、遗嘱等全部证据材料原件。若证据较多，律师可提前协助委托人按证据清单排列证据原件。

第69条 遗产继承纠纷中涉及养子女关系认定的，律师可考虑自行或申请法院至民政部门调取收养登记证明，或至公证机关调取收养公证。

第70条 遗产继承纠纷当事人在庭审结束前对遗产分割达成一致调解意见的，律师应根据委托人意见请求受理法院出具调解书，将遗产范围及分割方式在调解书中逐一明确，以便执行。

第71条 遗产继承纠纷一审判决后，代理律师可向委托人解释判决内容及上诉期限，明确征求委托人是否上诉的意见，并作相关书面记录。

第72条 律师代委托人签收相关法律文书后，应及时将法律文书原件送达委托人签收。应委托人要求，律师可告知申请执行等相关程序性规定。若委托人为多位的，应分别交付法律文书并签收。

第四节 二审诉讼程序

第73条 律师在接受二审程序的委托代理时，可要求委托人明确上诉请求以及对一审判决的具体意见，并制作谈话笔录。

律师拟定上诉状后，应由委托人确认。上诉状由委托人签名。

第74条 未代理一审程序而直接代理二审程序的律师，在接受委托后，应及时与法院联系，查阅、复印一审案卷材料，以了解一审相关情况。

第75条 二审代理律师应注意审查是否有新证据。若有新证据的，应当及时提交。

第76条 必须参加诉讼的当事人在一审时未参加诉讼，律师可建议二审法院根据当事人自愿原则进行调解。调解不成的，请求发回重审。

第77条 对于二审期间发现遗漏遗产的，律师可建议委托人增加诉讼请求，由法院进行调解。调解不成的，告知委托人可另行起诉。

第五节 结案后的工作

第78条 律师在办理继承案件过程中，应该注意材料的收集、整理和妥善保管。在审判程序结束时，写出结案报告或办案小结，依照司法部《律师业务档案立卷归档办法》整理案卷的归档。

第79条 若律师代委托人从法院领取退回的证据原件的，律师在交付给委托人时，应要求委托人作书面签收。

第80条 律师可询问委托人，是否要求协助办理遗产权属变更等结案后事务。

第六节 执行程序中的律师代理

第81条 律师接受委托人的委托，代理继承案件执行程序法律业务的，应由所在律师事务所与委托人签订委托代理协议，审查相关法律文书和执行申请的时效，并在委托人的配合下准备有关法律文件。

第82条 律师可告知当事人在取得生效法律文书后两年内向人民法院申请执行。

第83条 律师在代理继承案件执行时，可根据继承案件的特点，建议当事人进行调解,促使当事人达成和解。

第84条　律师义务的终止

出现下列情形之一的,执行结案,律师的义务终止:

(1)法院生效文书确定的内容全部履行完毕;

(2)人民法院裁定执行终结;

(3)人民法院裁定不予执行;

(4)当事人之间达成和解或调解协议并已履行完毕;

(5)其他应结案的情形。

第四章　律师办理涉外、涉港澳台继承业务

第85条　涉外继承的概念

涉外继承是指含有涉外因素的遗产继承关系。所谓"涉外因素"是指继承法律关系的主体、客体等要素或者与遗产有关的法律事实涉及外国。包括但不限于以下几种情况:

(1)被继承人或继承人、受遗赠人是外国人、无国籍人;

(2)继承法律关系中的全部或部分遗产在国外;

(3)与继承有关的法律事实涉外,如被继承人的死亡、遗嘱等法律事实发生在国外;

(4)委托人办理委托手续时或诉讼期间在国外居住或停留。

第86条　律师接待涉外继承案件的遗嘱咨询时,注意向当事人说明涉外遗嘱继承会产生的法律冲突问题。涉外遗嘱继承的法律冲突主要表现在以下几个方面:遗嘱形式要件、遗嘱的实质要件及效力等。律师可以根据当事人的具体情况帮助当事人分析因法律冲突所带来的涉外遗嘱继承的不同结果及风险。

第87条　律师在接受涉外继承诉讼案件委托之前,若委托人办理委托事务的前提是要求该案在国内管辖的,律师首先应根据委托人的案情介绍及相关书面材料,分析考虑我国是否有权管辖,在确认我国有管辖权时,再办理委托代理手续。

第88条　律师接受委托时,对于委托人所委托的涉外继承案件,经调查了解发现若委托人要求继承的遗产有部分在国外的,律师应当特别注意中国管辖法院对当事人在境外的遗产有可能不作处理,建议律师接受委托时,注意这种风险,并作为酌减费用的依据。

第89条　当事人的涉外继承纠纷在中国及外国均有权管辖的,律师可告知委托人选择中国内地法院立案管辖与选择其他国家和地区法院管辖可能存在的不同诉讼风险及法律结果,并可以建议委托人向国外的专业律师进行咨询,让委托人充分了解有关法律后果后,经过分析比较再对继承纠纷的管辖作出选择。

第90条　律师在接受代拟起草涉外遗嘱业务前,应尽可能地了解涉外遗嘱继承可能适用的准据法对遗嘱效力的相关规定,避免所代书的涉外遗嘱出现无效情形。在外国法查明有困难时,律师要慎重考虑是否接受立遗嘱人的委托。

第91条　律师可以建议或指导立遗嘱人对所立涉外遗嘱办理相关的公证、认证手续。

第92条　律师在处理涉外法定继承业务时,应注意涉外法定继承的法律冲突问

题。涉外法定继承的法律冲突表现在以下几个方面:遗产的范围、继承的开始、法定继承人的范围、继承的顺序、继承的财产、继承人的特留份、遗产的管理与执行等。

第93条　对涉外继承案件,律师可视具体情况决定接受委托人的特别授权或一般授权。如委托人办理委托代理手续时或诉讼期间可能不在境内的,建议接受特别授权。

律师接受特别授权代理的,应在授权委托书中载明授权的权限及授权期限。特别要注明律师是否有权代为签收法律文件。

第94条　律师接受境外委托人的委托代理涉外继承案件,如委托人不能回到境内参加诉讼的,与代理事项相关的并来自境内的授权委托书、起诉书、答辩状、委托人的身份材料、证据等相关法律文件,建议律师可提前协助委托人办理公证手续。

与代理事项相关的并来自境外的授权委托书、起诉书、答辩状、委托人的身份材料、证据等相关资料,建议律师可提前协助、指导委托人在境外办理公证、认证手续。

第95条　律师接受境内外中国公民的委托所需向法院提供的材料

95.1 律师接受境内外中国公民的委托,担任涉外继承案件的代理人,需要向法院提交的法律文件通常有:

(1)委托人的身份证复印件;

(2)委托人的护照及签证复印件;

(3)委托人签名的授权委托书;

(4)委托人签名的起诉状或答辩状;

(5)境内及境外来源的证据材料。

95.2 上述法律文件若为外文的,应当在经案件管辖法院认可的翻译机构进行翻译,一并向法庭提交翻译件。

95.3 上述法律文件应当根据其来源及案件管辖法院的具体要求,代理律师决定是否需经过委托人所在国公证机关或公证员进行公证,并经我国驻该国使领馆认证,或直接由我国使领馆公证。律师收到相关公证或认证的材料后再提交给管辖法院。

第96条　律师接受境外外籍委托人委托所需向法院提供的材料

96.1 律师接受境外外籍委托人委托,担任涉外继承案件代理人,需要向法院提交的法律文件通常有:

(1)委托人的国籍身份证明或护照复印件;

(2)委托人签名的特别授权委托书;

(3)委托人签名的起诉状或答辩状;

(4)境内及境外来源的证据材料。

96.2 上述法律文件若为外文的,应当经受理案件法院认可的翻译机构进行翻译,一并向法庭提交翻译件。

96.3 上述法律文件应当根据其来源及案件管辖法院的具体要求,代理律师决定是否需经过委托人所在国公证机关或公证员进行公证,并经我国驻该国使领馆认证。律师需要注意各国对公证认证的具体要求有所不同。律师收到相关公证或认证的材料后再提交给管辖法院。

第97条　律师承办涉港澳台继承法律业务时,可参照前述涉外继承法律业务的注意要点，并参照最高人民法院《关于内地与香港特别行政区法院相互委托送达民商事司法文书的安排》、最高人民法院《关于内地与澳门特别行政区法院就民商事案件相互委托送达司法文书和调取证据的安排》、最高人民法院《关于涉外民事或商事案件司法文书送达问题若干规定》、最高人民法院《内地与澳门特别行政区关于相互认可和执行民商事判决的安排》、最高人民法院《关于内地与香港特别行政区法院相互认可和执行当事人协议管辖的民商事案件判决的安排》等规定办理。

第98条　律师接受居住在香港的委托人的委托所需向法院提供的材料

98.1 律师接受居住在香港的委托人的委托，担任继承案件代理人的，需要向法院提交的法律文件通常有：

(1)委托人的身份证明；

(2)委托人的特别授权委托书；

(3)委托人的中文起诉状或答辩状；

(4)来自境内及境外的证据材料。

98.2 上述法律文件应当根据其来源及案件管辖法院的具体要求，代理律师决定是否需经过司法部指定的具有公证人资格的香港律师公证，并加盖中国法律服务(香港)有限公司转递章后提交给法院。

第99条　律师接受居住在澳门的委托人的委托所需向法院提供的材料

99.1 律师接受居住在澳门的委托人的委托，担任继承案件代理人的，需要向法院提交的法律文件通常有：

(1)委托人的身份证明；

(2)委托人的特别授权委托书；

(3)委托人的中文起诉状或答辩状；

(4)来自境内及境外的证据材料。

99.2 上述法律文件应当根据其来源及案件管辖法院的具体要求，代理律师决定是否需经过中国法律服务(澳门)公司证明，之后再提交给法院。

第100条　律师接受居住在台湾地区的委托人的委托所需向法院提供的材料

100.1 律师接受居住在台湾地区的委托人的委托，担任继承案件代理人的，需要向法院提交的法律文件通常有：

(1)委托人的身份证明；

(2)委托人的特别授权委托书；

(3)委托人的起诉状或答辩状(包括继承意见书)；

(4)来自境内境外的证据材料。

100.2 上述法律文件应当根据其来源及案件管辖法院的具体要求，代理律师决定是否需由委托人在台湾地区进行公证，并在境内受案法院所在地公证处核证后再提交给管辖法院。

第101条　若在境外的委托人委托其内地亲友代为办理律师委托代理手续的，律师要核实内地亲友方相关的委托手续及授权范围，并保留相关的委托手续，在此基础上再签订委托代理协议。

第102条　律师在承办涉外继承案件时应当注意案件的期间具有一定的特殊性，与无涉外因素继承案件的不同，防止出现因超期或其他原因造成承办案件的重大失误。在涉外及涉港澳台继承案件诉讼中，当事人的答辩期、上诉期间均为30日，而关于公告期方面，涉外继承案件的公告期为6个月，涉港澳台案件的公告期为3个月。具体可参见《中华人民共和国民事诉讼法》、最高人民法院《关于涉港澳民商事案件司法文书送达问题若干规定》及最高人民法院《关于涉台民事诉讼文书送达的若干规定》。

第103条 律师在承办涉外继承案件时，在送达方式上需要了解相关的法律规定。在涉外民事诉讼中，如果当事人在我国领域内居住，诉讼文书和法律文书的送达方式，则适用《民事诉讼法》的一般规定；如果当事人在我国领域内没有住所，则按照涉外民事诉讼程序的特别规定送达。送达的方式主要有：依条约规定的方式送达；通过外交途径送达；由我国驻外国使、领馆代为送达；向受送达人委托的人送达；向受送达人设在我国的代表机构送达；邮寄送达。在以上几种送达方式都不能采用时，可以通过公告送达。

第104条 当我国涉外继承案件判决生效后，律师可以提示委托人是否需要向作出生效判决的我国法院请求出具生效证明，便于委托人在境外申请中国判决在境外的承认与执行，或用于其他用途。

第105条 律师在代理涉外继承案件过程中，可预先告知委托人，因涉外案件的送达等法定期间较长，且存在更多的不可预料的意外因素，可能会导致涉外继承案件持续期间较长。避免因委托人不理解而对律师代理产生误解。

第五章 附 则

第106条 律师办理继承诉讼案件的其他事项，可参照中华全国律师协会《律师办理民事诉讼案件规范》办理。

第107条 全国各民族自治地方根据《继承法》的原则，结合当地民族财产继承的具体情况，存在制定了变通或者补充规定的情况，本指引并未涉及。律师在民族自治地方办理继承案件，注意依照法律结合民族自治地方变通的或补充的规定执行。

第108条 本指引根据2012年10月30日之前的法律、法规等规定，结合相关司法操作实践编写。若本指引公布后，法律、法规、司法解释有新规定的，应以新的规范为依据。

2. 析产、遗产认定

最高人民法院关于高原生活补助费能否作为夫妻共同财产继承的批复

1. 1983年9月3日发布
2. 〔83〕民他字第22号

青海省高级人民法院：

你院6月16日〔83〕青法研字第36号《关于退休费能否作为家庭共同财产来继承的请示报告》收阅。经研究，原则上同意你院意见。即肖桂兰的住房补助费应为夫妻双方共有，属于其夫赵泰部分，可由其合法继承人继承，高原生活补助费不属共同财产，应归肖个人所有。

此复

最高人民法院关于张寿朋、张惜时与王素卿继承案的批复

1. 1985年11月20日发布
2. 〔85〕民他字第39号

辽宁省高级人民法院：

你院1985年8月1日关于张寿朋、张惜时与王素卿房屋继承纠纷一案处理意见的请示报告收悉。

从报告及附材料看，双方讼争的房屋，系张利堂与其妻张陈氏、妾王素卿、儿媳李长春等人所共有。张陈氏、张利堂先后于1938年、1950年病故。1949年张利堂将房屋登记在自己名下，1951年张寿朋等3人又将该房屋作为张利堂个人遗产办理了"继承"手续。但有关当事人对房屋并没有进行分割，长期以来仍为王素卿、李长春等人共同使用。1959年王素卿、张寿松与李长春、张寿朋分居时，双方共同商定：正东房3间由王素卿、张寿松居住，东厢房出租，租金由王素卿收用；正房西3间由李长春、张寿朋居住，西厢房出租，租金由李长春收用。"文革"期间，共同"申请"交公。1981年落实房屋政策发还时，双方为王素卿的赡养问题引起对房屋产权讼争。

根据上述事实，我们研究认为，讼争人双方于1959年分居时，实际上已对共有房屋作了分割，而后各自独立行使权利已20余年，互无争议。此案应依法确认1959年析产有效，不宜再以房屋继承纠纷处理。

最高人民法院关于产权从未变更过的祖遗房下掘获祖辈所埋的白银归谁所有问题的批复

1. 1987年2月21日发布
2. 〔86〕民他字第38号

云南省高级人民法院：

你院《关于唐绍清等人诉唐学周白银纠纷案请示报告》收悉。

被告唐学周于1985年3月15日翻建自有房屋时，在墙脚掘获刻有乾隆字样的白银二十九公斤四公两。该房系唐氏家庭之祖遗产，历经数代均由唐姓家族人居住，从未变更过产权。族人皆知房下埋有白银，解放前曾两次掘获。因年代久远，白银究系唐姓家族中何人所埋不能证实。原告唐绍清等以此白银系高祖母遗产为由，起诉要求继承。被告唐学周辩称白银为其父临终前告知所埋，不同意原告唐绍清等继承。

根据以上事实，我们研究认为，被告唐学周在祖遗房下所掘获的白银，应认定唐姓家族人所埋，视为原、被告等人的共有财产，由共有人合理分割，不宜作遗产处理。

最高人民法院关于产权人生前已处分的房屋死后不应认定为遗产的批复

1. 1987年6月24日发布
2. 〔87〕民他字第31号

贵州省高级人民法院：

你院《关于陶冶与邓秀芳财产继承一

案的请示报告》收悉。

据报告称，陶庭柱、陶齐氏夫妇生有一子（陶国祥）二女（陶冶，另一女早亡）。陶庭柱于1924年死亡，遗有祖遗房屋3间。陶齐氏于1941年将3间房屋过户在儿子陶国祥名下并交了该房产权状。解放后该房产权仍由陶国祥登记，并管理使用达40余年。直至1968年陶齐氏死亡时，双方均未提出异议。1983年陶国祥死亡后，陶冶以房屋系父母遗产为由要求继承。陶冶有无权利继承此房。

我们研究认为，此案讼争房屋虽系祖遗产，但陶齐氏已将产权状交与陶国祥，并在两次产权登记和私房改造中，均确定由陶国祥长期管理使用，陶冶在陶齐氏生前从未提出异议。据此应当认为该房产权早已转归陶国祥、邓秀芳夫妻共有。陶国祥死后的遗产，依法应由邓秀芳及其子女继承。陶冶无权要求继承。

最高人民法院民事审判庭关于盲人刘春和生前从事“算命”所积累的财产死后可否视为非法所得加以没收的电话答复

1. 1987年10月14日发布

2. 〔87〕民他字第22号

江苏省高级人民法院：

关于盲人刘春和生前从事“算命”所积累的财产，死后可否视为非法所得加以没收的请示，我们研究认为：

《中华人民共和国治安管理处罚条例》第二十四条第四款“利用封建迷信手段，扰乱社会秩序或骗取财物”和第三十二条第一款“赌博或者为赌博提供条件的”，对这两种行为人予以拘留或罚款。据公安部法规局、政策研究室的同志解释，是指正在进行非法活动之时，对其所得予以没收，对其其他财产则不予追缴。本案中刘春和死后遗留的财产，没有没收的法律依据。第二，事实上也无充分的事实根据和确凿的证据证明刘春和死后遗留这笔财产都是“算命”所得。据此，我们同意你院审委会的意见，即：刘春和遗留的存款和其他财产，应视为遗产，由其法定继承人继承。

最高人民法院关于继承开始时继承人未表示放弃继承遗产又未分割的可按析产案件处理的批复

1. 1987年10月17日发布

2. 〔87〕民他字第12号

江苏省高级人民法院：

你院关于费宝珍、费江诉周福祥析产一案的请示报告收悉。

据你院报告称：费宝珍与费翼臣婚生3女1子，在无锡市有房产一处共241.2平方米。1942年长女费玉英与周福祥结婚后，夫妻住在费家，随费宝珍生活。次女费秀英、三女费惠英相继于1950年以前出嫁，住在丈夫家。1956年费翼臣、费宝珍及其子费江迁居安徽，无锡的房产由长女一家管理使用。1958年私房改造时，改造了78.9平方米，留自住房162.3平方米。1960年费翼臣病故，费宝珍、费江迁回无锡，与费玉英夫妇共同住在自留房内，分开生活。1962年费玉英病故。

1985年12月，费宝珍、费江向法院起诉，称此房为费家财产，要求周福祥及其子女搬出。周福祥认为，其妻费玉英有继承父亲费翼臣的遗产的权利，并且已经有占、使用40多年，不同意搬出。原审在调查过程中，费秀英、费惠英也表示应有她们的产权份额。

我们研究认为，双方当事人诉争的房屋，原为费宝珍与费翼臣的夫妻共有财产，1985年私房改造所留自住房，仍属于原产权人共有。费翼臣病故后，对属于费翼臣所有的那一份遗产，各继承人都没有表示过放弃继承，根据《继承法》第二十五条第一款的规定，应视为均已接受继承。诉争的房屋应属各继承人共同共有，他们之间为此发生之诉讼，可按析产案件处理，并参照财产来源、管理使用及实际需要等情况，进行具体分割。

最高人民法院关于保险金能否作为被保险人遗产的批复

1. 1988年3月24日发布

2. 〔87〕民他字第52号

河北省高级人民法院：

你院冀法民〔1987〕1号请示报告收悉。据报告称：栾城县南焦村个体三轮摩托车司机孙文兴于1986年5月26日运送货主张新国及其货物（锡锭）时，在京广铁路窦妪道口与火车相撞，致孙文兴、张新国双亡，三轮摩托车毁损。这次事故应由孙文兴负责。孙文兴生前在本县保险公司除投保了车损险（保险金为三千五百元）外，还投保了人身意外伤害险（保险金为五千元），并指定了受益人。现托运人张新国之妻梁聚芬向栾城县人民法院起诉，要求承运人孙文兴之妻郭香荣给予赔偿。

经征求有关部门的意见，现将你院请示关于人身保险金能否作为被保险人的遗产进行赔偿的问题，答复如下：

（一）根据我国保险法规有关条文规定的精神，人身保险金能否列入被保险人的遗产，取决于被保险人是否指定了受益人。指定了受益人的，被保险人死亡后，其人身保险金应付给受益人；未指定受益人的，被保险人死亡后，其人身保险金应作为遗产处理，可以用来清偿债务或者赔偿。

（二）财产保险与人身保险不同。财产保险不存在指定受益人的问题。因而，财产保险金属于被保险人的遗产。孙文兴投保的车损险是财产保险，属于他的遗产，可以用来清偿债务或者赔偿。

在处理本案时，应本着上述原则，适当注意保护债权人的权益，合情合理解决。

最高人民法院关于刘士庚诉定州市东赵庄乡东赵庄村委会白银纠纷一案的批复

1988年4月20日发布

河北省高级人民法院：

你院〔88〕冀法民字第1号关于刘士庚诉定州市东赵庄乡东赵庄村委会白银纠纷一案的请示报告收悉。

据你院报告称：双方争执的白银系刘士庚的祖父刘洛纯所埋。土改时，刘洛纯被定为地主，其被没收的房屋由东赵庄村委会使用至今。1986 年 10 月，刘士庚之夫刘运凯向定州市政府提出，其妻刘士庚的祖父临终前告诉他们，在被没收的 3 间南房东头屋内埋有白银 1 坛，要求挖掘。经市、区、乡政府同意，刘运凯等前往东赵庄村与村委会干部一同挖掘未获。村委会经向知情人调查了解后，即组织人员在南房西头一间内挖出白银 1 坛，计 2401 块。刘士庚为白银的归属与村委会发生纠纷诉至法院，要求返还掘获的银元。

经我们研究认为：根据《民法通则》第七十九条第一款及我院《关于贯彻执行〈民法通则〉若干问题的意见（试行）》第九十三条规定的精神，争执的白银应归埋藏人刘洛纯所有，由其法定继承人依法继承。在处理时，对挖掘过程中提供过条件、帮助的单位和个人，可酌情予以适当的补偿。

最高人民法院关于对从香港调回的被继承人的遗产如何处理的函

1. 1990 年 4 月 12 日发布
2. 〔90〕民他字第 9 号

福建省高级人民法院：

你院〔1989〕闽法民他字第 24 号“关于福建省福鼎县法院受理的林泽莘等诉林丛析产纠纷案的请示报告”收悉。经研究，答复如下：

一、被继承人林泽芸的遗产从香港调回后，被告林丛违反“通过协商解决”的一致协议，私自将遗嘱继承后剩余的遗产以自己的名义存入银行，原告要求分割遗产提起诉讼，应以继承纠纷立案审理。

二、被继承人林泽芸与被告林丛的养母子关系可予认定。但对遗产的处理，应根据被继承人生前真实意愿和权利义务相一致的原则，参照继承法第 14 条规定的精神，分给林泽莘、林传壁、林传绶等人适当的遗产。

最高人民法院关于空难死亡赔偿金能否作为遗产处理的复函

1. 2005 年 3 月 22 日发布
2. 〔2004〕民一他字第 26 号

广东省高级人民法院：

你院粤高法民一请字〔2004〕1 号《关于死亡赔偿金能否作为遗产处理的请示》收悉。经研究，答复如下：

空难死亡赔偿金是基于死者死亡对死者近亲属所支付的赔偿。获得空难死亡赔偿金的权利人是死者近亲属，而非死者。故空难死亡赔偿金不宜认定为遗产。

以上意见，供参考。

典型案例

李某祥诉李某梅继承权纠纷案

原告:李某祥。

被告:李某梅。

原告李某祥因与被告李某梅发生继承权纠纷,向江苏省南京市江宁区人民法院提起诉讼。

原告李某祥诉称:原告与被告李某梅系姐弟关系。1998年2月13日,原告父亲李某云将其承包的农田3.08亩转包给同村村民芮某经营,因李某云不识字,转包合同由李某梅代签。后李某云于2004年去世,去世前将上述3.08亩农地的承包证交给原告,并言明该3.08亩土地由本人和李某梅共同继承,每人一半。但李某梅一直将该3.08亩土地全部据为己有。原告曾多次与李某梅协商,李某梅均不同意返还。请求判令原告对该3.08亩土地中的1.54亩土地享有继承权,判令被告向原告交付该部分土地。

被告李某梅辩称:讼争土地应全部由被告承包经营,理由为:1.原告李某祥系非农业户口,不应享有农村土地的承包经营权;2.原、被告的父母去世的时间均已超过两年,原告的起诉已过诉讼时效;3.被告家庭人口比原告多,父母因此将讼争土地交给被告耕种;4.原告对父母所尽赡养义务较少,而被告对父母所尽赡养义务较多,应该多享有诉争土地承包权的继承份额。

南京市江宁区人民法院一审查明:

被告李某梅与原告李某祥系姐弟关系。农村土地实行第一轮家庭承包经营时,原、被告及其父李某云、母周某共同生活。当时,李某云家庭取得了6.68亩土地的承包经营权。此后李某梅、李某祥相继结婚并各自组建家庭。至1995年农村土地实行第二轮家庭承包经营时,当地农村集体经济组织对李某云家庭原有6.68亩土地的承包经营权重新进行了划分,李某祥家庭取得了1.8亩土地的承包经营权,李某梅家庭取得了3.34亩土地的承包经营权,李某云家庭取得了1.54亩土地的承包经营权,三个家庭均取得了相应的承包经营权证书。1998年2月,李某云将其承包的1.54亩土地流转给本村村民芮某经营,流转协议由李某梅代签。2004年11月3日和2005年4月4日,李某云、周某夫妇相继去世。此后,李某云家庭原承包的1.54亩土地的流转收益被李某梅占有。

本案的争议焦点是:家庭承包方式的农村土地承包经营权是否可以继承。

南京市江宁区人民法院一审认为:

根据《中华人民共和国农村土地承包法》(以下简称农村土地承包法)第三条第二款的规定,农村土地承包采取农村集体经济组织内部的家庭承包方式,不宜采取家庭承包方式的荒山、荒沟、荒丘、荒滩等农村土地,可以采取招标、拍卖、公开协商等方式承包。因此,我国的农村土地承包经营权分为家庭承包和以其他方式承包两种类型。

以家庭承包方式实行农村土地承包经营,主要目的在于为农村集体经济组织的每一位成员提供基本的生活保障。根据农村土地承包法第十五条的规定,家庭承包方式的农村土地承包经营权，其承包方是本集体经济组织的农户，其本质特征是以本集体经济组织内部的农户家庭为单位实行农村土地承包经营。因此，这种形式的农村土地承包经营权只能属于农户家庭，而不可能属于某一个家庭成员。根据《中华人民共和国继承法》（以下简称继承法）第三条的规定，遗产是公民死亡时遗留的个人合法财产。农村土地承包经营权不属于个人财产，故不发生继承问题。

家庭承包中的林地承包和针对“四荒”地的以其他方式的承包，由于土地性质特殊，投资周期长，见效慢，收益期间长，为维护承包合同的长期稳定性，保护承包方的利益，维护社会稳定，根据农村土地承包法第三十一条第二款、第五十条的规定，林地承包的承包人死亡，其继承人可以在承包期内继续承包。以其他方式承包的承包人死亡，在承包期内，其继承人也可以继续承包。但是，继承人继续承包并不等同于继承法所规定的继承。而对于除林地外的家庭承包，法律未授予继承人可以继续承包的权利。当承包农地的农户家庭中的一人或几人死亡，承包经营仍然是以户为单位，承包地仍由该农户的其他家庭成员继续承包经营；当承包经营农户家庭的成员全部死亡，由于承包经营权的取得是以集体成员权为基础，该土地承包经营权归于消灭，农地应收归农村集体经济组织另行分配，不能由该农户家庭成员的继承人继续承包经营。否则，将对集体经济组织其他成员的权益造成损害，对农地的社会保障功能产生消极影响。

本案中，讼争土地的承包经营权属于李某云家庭，系家庭承包方式的承包，且讼争土地并非林地，因此，李某云夫妇死亡后，讼争土地应收归当地农村集体经济组织另行分配，不能由李某云夫妇的继承人继续承包，更不能将讼争农地的承包权作为李某云夫妇的遗产处理。

李某云、周某夫妇虽系原告李某祥和被告李某梅的父母，但李某祥、李某梅均已再婚后组成了各自的家庭。农村土地实行第二轮家庭承包经营时，李某云家庭、李某祥家庭、李某梅家庭均各自取得了土地承包经营权及相应的土地承包经营权证书，至此，李某祥、李某梅已不属于李某云土地承包户的成员，而是各自独立的三个土地承包户。李某云夫妇均已去世，该承包户已无继续承包人，李某云夫妇去世后遗留的1.54亩土地的承包经营权应由该土地的发包人予以收回。根据《中华人民共和国民事诉讼法》第五十六条的规定，对当事人双方的诉讼标的，第三人虽然没有独立请求权，但案件处理结果同其有法律上的利害关系，可以申请参加诉讼，或者由人民法院通知其参加诉讼。在本案的审理过程中，法院通知发包方参加诉讼，并向发包方释明相关的权利义务，但发包方明确表示不参加诉讼，根据不告不理的原则，在本案中，法院对于讼争土地的承包经营权的权属问题不作处理。李某祥、李某梅虽系李某云夫妇的子女，但各自的家庭均已取得了相应的土地承包经营权，故李某祥、李某梅均不具备其父母去世后遗留土地承包经营权继续承包的法定条件。故对李某祥要求李某梅返还讼争土地的诉讼请求予以驳回。

据此，南京市江宁区人民法院依照《中华人民共和国民事诉讼法》第六十四条第一款和农村土地承包法第九条、第十五条、第三十一条、第五十条之规定，于

2009年5月13日判决：

驳回原告李某祥的全部诉讼请求。

一审宣判后，双方当事人在法定期限内均未提出上诉，一审判决已经发生法律效力。

赵某与代某继承纠纷上诉案

上诉人(原审原告)：赵某。

委托代理人：喻正昭，某律师事务所律师。

委托代理人：张先容。

被上诉人(原审被告)：代某。

上诉人赵某与被上诉人代某继承纠纷一案，重庆市綦江县人民法院于2010年2月10日作出(2010)綦法民初字第277号民事判决，赵某对该判决不服，向本院提起上诉。本院依法组成合议庭，于2010年7月14日进行了询问审理，赵某及其委托代理人喻正昭、张先容，代某到庭参加诉讼。本案现已审理终结。

一审法院审理查明：2006年赵某与代某的儿子代某甲相识恋爱，于2007年7月4日在綦江县赶水镇人民政府登记结婚。代某甲于2000年1月10日依法取得位于重庆市綦江县赶水镇某村某栋317－15号第三层，建筑面积为43.37平方米的私有房屋一套。2006年6月至8月，赵某与代某甲在结婚前对该套房屋进行装修，婚后一直居住在该套房屋内。2009年8月19日，代某甲未依法取得机动车驾驶证驾驶未入户的三轮摩托车，因缺少基本操作的驾驶技能，临危操作不当，致使车辆冲入沟内，造成代某甲当场死亡的重大交通事故。代某甲死亡后，赵某、代某为继承该房屋发生纠纷，2009年9月17日，双方经重庆市綦江县赶水镇土台社区、洋渡村调解委员会调解，未能达成协议，现该套房屋由代某居住使用。赵某乃起诉至一审法院，请求继承该套房屋。一审审理中，赵某、代某均一致认为该套房屋的现有价值为24000元。一审代某认为赵某与代江川在婚前装修房屋自己出了资金。

一审法院认为：赵某与代某系代江川的妻子和父亲，对代江川死亡后留下的遗产，即位于重庆市綦江县赶水镇某村某栋317－15号房屋一套，作为第一顺序的继承人，均依法享有继承权。由于代某年龄大，又无其他房屋居住，现在居住使用该套争议房屋。赵某提出代某有其他房屋居住，未提供证据证明。审理中，赵某、代某均认为该套房屋的现有价值为24000元，不要求评估。因该套房屋不宜进行分割，故该套房屋由代某继承为宜，但由代某折价补偿赵某应继承的份额。故赵某请求继承丈夫代某甲的遗产合法，一审法院予以支持。为此，依照《中华人民共和国继承法》第五条、第十条、第十三条、第二十九条，《中华人民共和国民法通则》第五条之规定，遂判决：一、位于重庆市綦江县赶水镇某村某栋317－15号房屋一套归代某所有；二、由代某在本判决生效后十日内补偿赵某房屋折款12000元；三、驳回赵某的其他诉讼请求。本案案件受理费400元，由原告赵某、被告代某各负担200元。

赵某对一审判决不服，向本院提起上诉，请求：1. 撤销一审判决，改判扣除代江川遗产中赵某婚前房屋改建费21000元还给赵某；2. 改判位于重庆市綦江县赶水镇某村某栋317－15号房屋归赵某所有,由赵某补偿代某房屋所继承份额。其理由是:(1)一审法院判决认定代某"无其他房屋居住"、2009年12月迁入綦江县某村某栋317-15号房屋居住的"迁移申请"有效,将代某甲的遗产房屋判给代某是认定事实不清,采信证据错误。代某十几年前与綦江县洋渡村农妇张某碧结婚,住张某碧家。2008年2月张某碧用国家征地补偿款购买了綦江县赶水镇跃进村10栋419-6号房屋(价值52000元)。"迁移申请"是为合法入住代某甲的遗产房,该房屋是赵某与代某甲结婚后一直居住。(2)一审法院违反法定程序,影响案件正确判决。赵某一审提交了婚前投资改建装修代某甲的遗产房屋费用21000元的证据,一审判决未确认21000元婚前投资款何处取得,也未说明理由;代某坚持认为该房价值24000元,赵某不要求评估,赵某同意是以房屋归赵某为前提的。该房现市值约50000元,继承分割时应扣除赵某婚前投资款21000元。(3)赵某无房居住,判决继承遗产时应将该房屋归赵某,由赵某补偿代某应继承的份额款。

代某答辩称:赵某上诉状说的是错的,不合道理,不是事实。房屋是其单位分给代某的,优惠售房后买的,房屋装修其给了儿子5500元钱,赵某的证据是假的。"迁移申请"赵某说的也不是事实。房屋价值我认为只值24000元左右,赵某也是同意了的。该房屋不是代某甲与赵某的夫妻共同财产。

本院二审查明的事实有赵某提供的张代碧于2008年11月14日在重庆市綦江县赶水镇某村419-6号住房一套(价格52000元)的购房协议一份等,拟证明代某有房住。代某对张某碧购房一事予以认可。其余事实同一审法院查明的事实相同。调解未果。

本院认为:位于重庆市綦江县赶水镇某村某栋317-15号第三层的房系綦江县铁矿于1984年分给代某居住,在1999年年底优惠售房中,代某的儿子代某甲于2000年1月10日依法取得该房屋所有权。赵某(系再婚)与代某甲(系初婚)于2007年7月4日登记结婚,未生育子女,夫妻居住于上述房屋。2009年8月19日,代某甲因交通事故死亡。代某甲死后留下的遗产系上述房屋一套,赵某、代某均系合法的第一顺序的法定继承人,均依法享有继承权。赵某请求继承代某甲的合法遗产,应予支持。因双方当事人均认同上述房屋的价值为24000元,一审法院考虑到该房屋不便分割,判决该房屋的来源等情况,将该房屋由代某继承为宜,由代某补偿赵某应继承的份额,并非不当。一审法院对赵某提供的婚前装修房屋的投资款的证据未予采信,并非错误。一审法院并未违反法定程序。张某碧虽然购买了房屋,并不影响代某继承其子代某甲的遗产。一审法院综合考虑本案的实际情况依法作出的判决是恰当的。

综上所述,赵某的上诉理由不能成立,对其上诉请求,本院不予支持。一审判决认定事实基本清楚,适用法律正确,程序合法。依照《中华人民共和国民事诉讼法》第一百五十三条第一款第(一)项的规定,判决如下:

驳回上诉,维持原判。

本院二审案件受理费400元,由上诉人赵某负担。

本判决为终审判决。

3. 法定继承

最高人民法院关于在台湾的合法继承人其继承权应否受到保护问题的批复

1. 1984年7月30日发布
2. 〔84〕民他字第8号

北京市高级人民法院：

你院1984年4月24日关于袁惠等4人诉袁行健继承一案的请示收悉。我们的意见：

一、袁行濂及袁行广的5个子女均属合法继承人，他们虽然均在台湾，其合法继承权仍应受到保护。根据党和国家的对台政策，从祖国统一大业的需要出发，在审理上应予以方便。

二、袁行濂既与原、被告均有信件来往，并明确提出继承房产的意见，法院可以通过原、被告代为传递诉讼文书。对袁行广的5个子女如能通过袁行濂得知他们下落，亦应照此办理。

三、袁行广的5个子女，如经努力查询，仍然联系不上，可以保留他们的应继承份额，请房管部门代管。

四、本案按请示所述情况，不宜中止审理，亦不宜动员原告撤诉。

此复

最高人民法院关于顾月华诉孙怀英房产继承案的批复

1. 1985年2月27日发布
2. 法(民)复〔1985〕15号

江苏省高级人民法院：

你院〔84〕民请字第5号《关于顾月华诉孙怀英房产继承案件的请示报告》及补充意见材料均收悉。我院经研究认为，根据本案实际情况，孙怀英有权继承丈夫顾鸿滨的遗产，同时，鉴于她长期经管房屋，付出了代价，在分配遗产时，还应给予适当照顾。

最高人民法院关于王晏和房屋继承申诉案的批复

1. 1985年4月27日发布
2. 〔85〕法民字第10号

湖北省高级人民法院：

你院1984年11月12日鄂法〔83〕民监字第12号关于王晏和房屋继承申诉一案的请示报告及所附案卷五宗均收悉。经研究我们认为：

申诉人王晏和虽然自幼随母吴秀依靠堂姑王秀珊扶助长大，但他一直与生母吴秀保持母子关系，与王秀珊之间不存在养母子关系，故王晏和不应成为王秀珊的合法继承人。第三人颜竹香、吴秀长期与王秀珊居住在一起共同生活，共同劳动，应属于亲友间的互相扶助，她们之间不存在继承与被继承的关系。因此，严家巷7

号房屋，不论是属于王顺和夫妇的遗产，还是属于王秀珊的遗产，王照清和王瑞珍都享有继承权利，讼争之房屋应由王照清和王瑞珍继承。但是考虑到颜竹香、吴秀母子与王秀珊曾经多年共同生活的实际情况，可从遗产中给予适当照顾。

最高人民法院民事审判庭关于招远县陆许氏遗产应由谁继承的电话答复

1. 1985年10月28日发布
2. 〔85〕民他字第24号

山东省高级人民法院民事审判庭：

你院〔85〕鲁法民字第25号《关于招远县陆许氏遗产应由谁继承一案的请示报告》及补充意见均收悉。根据报告查明的情况，经我们研究认为，原则上以承认陆许氏为“五保户”比较合适，其遗产应按最高人民法院《关于贯彻执行民事政策法律若干问题的意见》第47条有关规定处理。入社前，被继承人依靠女儿陆玉芳生活，入社后一个月病故，尽管遗产分割多年，陆玉芳要求继承是有道理的。我们的意见：一、承认陆玉芳有继承权；二、原房已卖掉，现只能将陆家村所售房屋价款作为遗产归陆玉芳继承；三、陆家村为陆许氏所花丧葬费和医药费，从卖房款中扣除。并请作好双方当事人的调解工作。此意见系根据本案的特殊情况提出来的变通处理办法，请参照此意见，妥善处理。

最高人民法院关于土改后不久被收养的子女能否参加分割土改前的祖遗房产的批复

1. 1986年2月13日发布
2. 〔86〕民他字第6号

河南省高级人民法院：

你院〔1985〕豫法民字第5号《关于经土改确权的祖业房产能否按参加土改的人口分析以确定遗产范围的请示报告》收悉。

据你院报告称，被继承人马希良家有十六间祖遗房屋，土改时由其母马韩氏、马希良夫妇及其次女、三女（长女土改前已出嫁）五口人填登了土地房产证。1953年马希良收马海庆为养子（当时1岁）。三个女儿离开家庭后，在经济和生活方面对父母各自尽了赡养扶助义务。1983年前，马韩氏及马希良夫妇先后去世，为分割处理十六间祖遗房屋，三个女儿与养子发生纠纷。

经我们研究认为：对土改已确权的房屋，一般应以确定的产权为准，由参加土改的家庭成员进行析产，其中被继承人应得的份额属于遗产。本案讼争的房屋系祖遗房产，土改时没有变动；马海庆土改后不久被收养，以后对该房屋长期进行了使用和管理。根据此案具体情况，可按马家参加土改的人口加上养子共六人先行析产，然后确定马希良夫妇的遗产数额。马希良夫妇从析产中所得的份额及马希良继承其母马韩氏的份额属于他们的遗产，其三个女儿及养子都有继承权。至于每人继承份额多少，应视具体情况合理确定。

此复

最高人民法院关于未成年的养子女，其养父在国外死亡后回生母处生活，仍有权继承其养父的遗产的批复

1. 1986年5月19日发布

2. 〔86〕民他字第22号

福建省高级人民法院：

你院1985年12月10日《关于泉州市戴玉芳与戴文良析产、继承上诉案中黄钦辉有无继承权的请示报告》收悉。

据报告称，戴文化、戴文良兄弟二人于1929年至1931年先后从菲律宾回国在泉州市新街四十一号建楼房一座，由其父母戴淑和、林英蕊等人居住。1942年戴母林英蕊收黄钦辉为戴文化的养子。黄钦辉与祖母林英蕊共同生活，由其养父戴文化从国外寄给生活费和教育费，直至1955年戴文化在国外去世。当时黄钦辉尚未成年，后因生活无来源于1957年回到生母处。1980年黄钦辉向法院提起诉讼，要求继承其养父戴文化新街四十一号楼房遗产。

经我们研究认为：黄钦辉于1942年被戴文化之母林英蕊收养为戴文化的养子，直至1955年戴文化去世，在长达十三年的时间里，其生活费和教育费一直由戴文化供给。这一收养关系戴文化生前及其亲属、当地基层组织和群众都承认，应依法予以保护。

关于黄钦辉是否自动解除收养关系或放弃继承权的问题，黄钦辉因养父戴文化1955年在国外去世。当时本人尚未成年，在无人供给生活费，又无其他经济来源的情况下，不得不于1957年回到生母处生活，对此不能认为黄钦辉自动解除了收养关系。黄钦辉在继承开始和遗产处理前，没有明确表示放弃继承，应当依法准许其继承戴文化的遗产。

最高人民法院关于土改时部分确权、部分未确权的祖遗房产应如何继承问题的批复

1. 1987年4月25日发布

2. 〔87〕民他字第48号

湖南省高级人民法院：

你院〔1986〕湘字第1号《关于处理房屋纠纷的有关问题的请示报告》及1987年2月24日补充报告收悉。

据你院报告称：双方讼争的4间房屋系刘验福（1927年故）、田二妹（1960年故）夫妇于1912年所建。1952年土改时，将其中3间瓦屋确权为田二妹及养子刘志国（1982年故）、儿媳向翠莲、孙儿刘射仁4人所有，另1间房屋未确权。田二妹之女刘志珍1927年出嫁。

1953年刘志珍即迁回与其母田二妹一起生活，对田二妹的生养死葬等尽了主要义务。1983年刘志珍以4间房屋系父母遗产，她应继承1/2为由，诉讼到法院。

经研究，同意你院审判委员会的意见，即处理这类案件一般应以土改时确定

的产权为准。1952 年确权的 3 间房屋，应归田二妹与其养子刘志国、儿媳向翠莲、孙儿刘射仁四人所共有。该共有房屋中属于田二妹的那一部分房屋和土改未确权的 1 间房屋可以作为田二妹的遗产，由其法定继承人共同继承。因刘志珍与其母共同生活，尽了主要赡养义务，分配遗产时可以多分。

最高人民法院关于父母的房屋遗产由兄弟姐妹中一人领取了房屋产权证并视为己有发生纠纷应如何处理的批复

1. 1987 年 6 月 15 日发布
2. 〔87〕民他字第 16 号

广东省高级人民法院：

你院粤法民字〔1987〕31 号《关于惠阳地区中级人民法院请示的上诉人钟秋香、钟玉妹诉钟寿祥房屋纠纷一案的报告》及卷宗收悉。

据你院报告称：钟和记（1941 年故）与妻子苏衬（1926 年故）、继妻王细（1984 年故）先后生有四个儿女，即：钟妙（1976 年故）、钟秋香、钟玉妹、钟秋胜（1981 年故）。1940 年钟和记与王细夫妇收养了钟寿祥（当时 12 岁）。1939 年、1940 年钟和记和王细购置房屋六间，钟和记死后，由王细、钟玉妹、钟秋香、钟寿祥等长期居住。1973 年钟秋香将自己居住的那部分房屋进行了改建。钟寿祥曾以自己的名字，于 1947 年、1953 年、1960 年先后领取了六间房屋所有权证。王细于 1984 年死后，钟寿祥便在 1985 年将部分房屋拆除改建，并将其中部分房屋宅基地给其子使用，为此，双方发生纠纷。

经研究，同意你院审判委员会的意见。即根据该房产的来源及使用等情况，以认定该屋为钟和记、王细的遗产，属钟秋香、钟玉妹、钟寿祥、钟妙、钟秋胜 5 人共有为宜。钟寿祥以个人名义领取的产权证，可视为代表共有人登记取得的产权证明。钟妙、钟秋胜已故，其应得部分由其合法继承人继承。以上意见供你院批复时参考。

最高人民法院关于冯钢百遗留的油画等应如何处理的批复

1. 1987 年 6 月 17 日发布
2. 法（办）发〔1988〕6 号

广东省高级人民法院：

你院〔1986〕粤法民上字第 38 号关于冯贵真与冯学平等四人继承纠纷一案的请示报告收悉。

据报告称，画家冯钢百于 1984 年 10 月病逝后，其子女为其父所绘油画 32 幅和绘画工具等的处理发生争执：冯贵真要求继承部分油画；冯学平等四人则认为，其父是我国著名的油画家，所遗油画有一定的艺术价值，不同意分割，主张按其父的遗愿将油画全部献给国家。为此，冯贵真向人民法院提起诉讼。

经与有关部门研究后认为，冯钢百生前所绘油画虽有一定艺术价值，但仍属可分割的遗产，他生前表示将其油画献给国家的意愿不是遗嘱。因此，冯钢百遗留的油画等遗产应根据我国继承法的有关规定，由其子女冯贵真、冯约素、冯振玉、冯磊、冯学平等人继承。

最高人民法院民事审判庭关于未经结婚登记以夫妻名义同居生活一方死亡后另一方有无继承其遗产权利的答复

1. 1987年7月25日发布
2. 〔87〕民他字第40号

辽宁省高级人民法院：

你院关于未经结婚登记以夫妻名义同居生活，一方死亡后另一方有无继承其遗产权利的案情报告收悉。经研究认为，在本案中，不能承认刘美珍与栾庆吉为事实婚姻。

至于栾庆吉死亡后遗留的财产，可按财产纠纷处理。

最高人民法院民事审判庭关于钱伯春能否继承和尚钱定安遗产的电话答复

1. 1987年10月16日发布
2. 〔86〕民他字第63号

上海市高级人民法院：

你院〔86〕沪高民他字第4号函请示的钱伯春能否继承和尚钱定安遗产的问题，经研究认为：

1. 我国现行法律对和尚个人遗产的继承问题并无例外的规定，因而，对作为公民的和尚，在其死后，其有继承权的亲属继承其遗产的权利尚不能否定；

2. 鉴于本案的具体情况，同意对和尚钱定安个人遗款的继承纠纷，由受理本案的法院在原、被告双方之间作调解处理。

请你院按照我院审判委员会的上述意见办理。对你院的请示报告不再作文字批复。

最高人民法院关于金瑞仙与黄宗廉房产纠纷一案的批复

1. 1988年2月4日发布
2. 〔87〕民他字第59号

安徽省高级人民法院：

你院民他字〔87〕第15号《关于金瑞仙与黄宗廉等房产纠纷一案的请示报告》及1987年12月15日补充报告收悉。

据你院报告称：黄耀庭、姚玉莲夫妻于土改前死亡，遗有坐落在屯溪市屯光乡的砖木结构房屋四处，建筑面积530.22平方米（其中徐家巷7号367平方米、荷花池38号73.4平方米、40号63.32平方米、42号26.5平方米）。土改时，黄耀庭、姚玉莲的五个子女，除长女黄惠珍（无配偶、子女）已经死亡外，长子黄文卿（1972年死亡）、次女黄翠珍（1982年死亡）、三女黄毓珍（1982年死亡）均在外地生活，只有次子黄润生（1964年死亡）一家6口人在当地生活，参加了土改，黄耀庭、姚玉莲所遗房产，其中荷花池42号冒登在黄惠珍名下，另外3处房屋登记在黄润生一家名下，4处房屋均由黄润生占有、使用。但黄润生生前一直承认徐家巷7号房屋系其与黄文卿共有，黄润生死亡后，其子黄宗廉、女婿朱兆生还受黄文卿之妻金瑞仙、子黄宗义的委托，答应代为出售共有的房屋。1984 年 12 月，金瑞仙以黄宗廉、朱兆生擅自出卖共有房屋、价款据为已有为由，诉至法院。1985 年 11 月以后，黄翠珍、黄毓珍的法定继承人亦向法院主张继承房产的权利。

我们经研究认为：讼争房屋 4 处原系黄耀庭、姚玉莲的遗产，土改时虽然登记在黄润生、黄惠珍名下，但根据土改时的有关政策法律规定及当地土改的实际情况，4 处房屋并非确权归黄润生一家所有，黄润生及其子黄宗廉也一直承认徐家巷 7 号房屋产权系与黄文卿共有。据此，讼争房屋产权以认定为黄文卿、黄润生、黄翠珍、黄毓珍 4 人所共有为宜。但在具体分割时，应考虑对共有房屋长期使用、管理等实际情况，并照顾共有人的实际需要。至于黄翠珍、黄毓珍的法定继承人主张继承遗产的权利是否超过诉讼时效期间的问题，请按照我院《关于贯彻执行〈中华人民共和国继承法〉若干问题的意见》第 64 条第 2 款的规定处理。

此复

最高人民法院民事审判庭关于王敬民诉胡宁声房屋继承案的复函

1. 1990 年 8 月 13 日发布
2. 〔90〕民他字第 6 号

江西省高级人民法院：

你院《关于复查王敬民诉胡宁声房屋继承案请示报告》收悉。经我们研究认为，胡国珍 1951 年 1 月死亡后其所遗景德镇市原中山路 522 号房屋，早已于同年经民政部门调解，达成了由胡济清和倪锦芳各继承一半的协议，当时倪锦芳作为继承人和王敬民的监护人有权行使此项权利。1953 年据此协议，由政府发证、确权。这些早已发生效力的法律行为，不应当再予推翻。因此本案再作继承案件处理不当。

最高人民法院关于向勋珍与叶学枝房屋纠纷案的复函

1. 1990 年 11 月 15 日发布
2. 〔90〕民他字第 45 号

贵州省高级人民法院：

你院〔90〕民请字第 7 号《关于向勋珍与叶学枝房屋纠纷一案的请示报告》收悉。经研究认为：宁国锋夫妇于 1929 年、1946 年先后死亡，所遗房屋由三子宁让祥一家一直居住至今，其他子女宁福英、宁雪冰、宁让贤于 1986 年以前先后死亡，他们生前均未表示放弃继承。根据我国《继承法》第 25 条和我院《关于贯彻执行〈中华人民共和国民法通则〉若干问题的意见（试行）》第 177 条的规定和该案具体情况，宁氏姐弟对其父母所遗房产可视为接受继承，并对未分割的房产享有共有权。据此，我们基本同意你院的第二种意见，即宁雪冰之妻向勋珍现提出分割共有房屋，可按分割共同财产的诉讼请示处理。但鉴于叶学枝一家居住使用房屋达 40 多年等情况，为稳定住房秩序，可由叶学枝给予向勋珍等转继承人适当补偿。

以上意见，供参考。

最高人民法院关于被继承人死亡后没有法定继承人，分享遗产人能否分得全部遗产的复函

1. 1992年9月16日发布
2. 〔92〕民他字第25号

江苏省高级人民法院：

你院〔1991〕民请字第21号关于沈玉根诉马以荣房屋典当一案的请示报告和卷宗均已收悉。

经研究认为，沈玉根与叔祖母沈戴氏共同生活十多年，并尽了生养死葬的义务。依照我国继承法第十四条的规定，可分给沈玉根适当的遗产。根据沈戴氏死亡后没有法定继承人等情况，沈玉根可以分享沈戴氏的全部遗产，包括对已出典房屋的回赎权。至于是否允许回赎，应依照有关规定和具体情况妥善处理。

典型案例

唐某诉李某某、唐某乙法定继承纠纷案*

【裁判摘要】

夫妻之间达成的婚内财产分割协议是双方通过订立契约对采取何种夫妻财产制所作的约定，是双方协商一致对家庭财产进行内部分配的结果，在不涉及婚姻家庭以外第三人利益的情况下，应当尊重夫妻之间的真实意思表示，按照双方达成的婚内财产分割协议履行，优先保护事实物权人，不宜以产权登记作为确认不动产权属的唯一依据。

原告：唐某。

被告：李某某。

被告：唐某乙。

法定代理人：李某某（唐某乙之母），48岁。

原告唐某因与被告李某某、唐某乙发生法定继承纠纷，向北京市朝阳区人民法院提起诉讼。

原告唐某诉称：唐某甲于2011年9月16日在外地出差期间猝死，未留下遗嘱。名下财产有位于北京市朝阳区东三环北路二十三号财富中心某房屋（以下简称财富中心房屋）等多处房产、银行存款、轿车等。唐某甲的继承人是配偶李某某及子女唐某、唐某乙。现诉至法院，请求判令：由唐某、唐某乙、李某某共同依法继承唐某甲的全部遗产。

被告李某某、唐某乙辩称：认可李某某、唐某、唐某乙作为唐某甲的继承人参与继承，但登记在唐某甲名下的财富中心房屋并非唐某甲的财产，不应作为其遗产予以继承。虽然该房屋是以唐某甲名义购买并向中国银行贷款，但根据唐某甲与李某某签订的《分居协议书》，财富中心房屋属于李某某的个人财产，之所以没有变更登记至李某某名下，是因为有贷款没有还清。这份协议书没有以离婚为前提，属于双方对婚后共同财产的安排，在唐某

* 摘自《最高人民法院公报》2014年第12期。

甲去世前,双方均未对此协议反悔。因此该协议书是有效的,财富中心房屋是李某某的个人财产,不属于唐某甲的遗产。对于唐某甲名下的其他财产同意依法予以分割继承。

北京市朝阳区人民法院一审查明:

唐某甲与被告李某某系夫妻关系,二人生育一子唐某乙。唐某甲与前妻曾生育一女唐某,离婚后由其前妻抚养。唐某甲父母均早已去世。唐某甲于 2011 年 9 月 16 日在外地出差期间突发疾病死亡,未留下遗嘱。

2010 年 10 月 2 日,唐某甲与被告李某某签订《分居协议书》,双方约定:“唐某甲、李某某的感情已经破裂。为了不给儿子心灵带来伤害,我们决定分居。双方财产作如下切割:现在财富中心和慧谷根园的房子归李某某拥有。李某某可以任何方式处置这些房产,唐某甲不得阻挠和反对,并有义务协办相关事务。湖光中街和花家地的房产归唐某甲所有。唐某甲可以任何方式处置这些房产,李某某不得阻挠和反对,并有义务协办相关事务。儿子唐某乙归李某某所有。唐某甲承担监护、抚养、教育之责。李某某每月付生活费 5000 元。双方采取离异不离家的方式解决感情破裂的问题。为了更好地达到效果,双方均不得干涉对方的私生活和属于个人的事务。”2012 年 11 月 28 日,北京民生物证司法鉴定所出具司法鉴定意见书,鉴定意见为该《分居协议书》上唐某甲签名为其本人所签。

关于财富中心房屋,2002 年 12 月 16 日,唐某甲作为买受人与北京香江兴利房地产开发有限公司签订了《商品房买卖合同》,约定:唐某甲购买北京香江兴利房地产开发有限公司开发的财富中心房屋,总金额为 1579796 元。庭审中,原告唐某、被告唐某乙、李某某均认可截止唐某甲去世时间点,该房屋仍登记在唐某甲名下,尚欠银行贷款 877125.88 元未偿还。此外,李某某与唐某甲名下还有其他两处房产、汽车及存款等财产。

本案一审的争议焦点是:如何确定唐某甲的遗产范围。

北京市朝阳区人民法院一审认为:

原告唐某、被告唐某乙作为被继承人唐某甲的子女,被告李某某作为被继承人唐某甲的配偶,均属于第一顺序继承人,三人对于唐某甲的遗产,应予以均分。本案中,应对哪些财产属于唐某甲的遗产予以界定。关于财富中心房屋,唐某甲与李某某虽然在《分居协议书》中约定了该房屋归李某某拥有,但直至唐某甲去世,该房屋仍登记在唐某甲名下。故该协议书并未实际履行,因此应根据物权登记主义原则,确认该房屋属于唐某甲与李某某夫妻共同财产。该房屋价值应根据评估报告确定的数额减去唐某甲去世时该房屋尚未还清的贷款数额,该数额的一半为李某某夫妻共同财产,另一半为唐某甲遗产,属于唐某甲遗产的份额应均分为三份,由李某某、唐某乙和唐某均分。考虑到唐某乙尚未成年,而唐某要求获得折价款,故法院判决该房屋归李某某所有,由李某某向唐某支付折价款并偿还该房屋剩余未还贷款。关于唐某甲名下的其他房屋、车辆及银行存款等遗产,法院按照法定继承的相关规定予以分割。

综上,北京市朝阳区人民法院依照《中华人民共和国继承法》第二条、第三条、第五条、第十条、第十三条之规定,于

2014年4月8日判决:

一、被继承人唐某甲遗产车牌号为京KN××××号北京现代牌轿车由被告李某某继承,归被告李某某所有,被告李某某于本判决生效后十日内向原告唐某支付折价款一万六千六百六十六元六角七分。

二、被继承人唐某甲遗产位于北京市朝阳区湖光中街某房屋归被告李某某所有,被告李某某于本判决生效后十日内向原告唐某支付折价款一百八十万元。

三、被继承人唐某甲遗产位于北京市朝阳区东三环北路23号财富中心某房屋归被告李某某所有,并由李某某偿还剩余贷款,被告李某某于本判决生效后十日内向原告唐某支付折价款八十八万五千一百八十元六角九分。

四、被告李某某于本判决生效后十日内向原告唐某支付被继承人唐某甲遗产家属一次性抚恤金一万八千三百六十六元六角七分。

五、被告李某某于本判决生效后十日内向原告唐某支付被继承人唐某甲遗产工会发放的家属生活补助费五千三百六十六元六角七分。

六、驳回原告唐某其他诉讼请求。

李某某、唐某乙不服一审判决,向北京市第三中级人民法院提起上诉称:唐某甲与李某某签订的《分居协议书》的性质应属婚内财产分割协议,财富中心房屋无论登记在何方名下,都应以唐某甲与李某某的有效婚内财产约定确定其归属。请求二审法院撤销原审判决,改判财富中心房屋为李某某个人所有,不属于唐某甲遗产范围。

被上诉人唐某辩称:一审法院认定事实清楚,适用法律正确,请求二审法院依法判决。

北京市第三中级人民法院经二审,确认了一审查明的事实。

本案二审的争议焦点是:财富中心房屋的权属问题及其应否作为唐某甲的遗产予以继承。

北京市第三中级人民法院二审认为:

解决该争议焦点的关键在于厘清以下三个子问题:

第一,唐某甲与上诉人李某某于2010年10月2日签订的《分居协议书》的法律性质。

上诉人李某某、唐某乙认为该协议属于婚内财产分割协议,是唐某甲与李某某对其婚姻关系存续期间所得财产权属的约定,该约定合法有效,对双方均具有约束力;唐某认为该协议系以离婚为目的达成的离婚财产分割协议,在双方未离婚的情况下,该协议不发生法律效力。法院认为,本案中唐某甲与李某某签订的《分居协议书》是婚内财产分割协议,而非离婚财产分割协议。理由如下:

首先,从《分居协议书》内容来看,唐某甲与上诉人李某某虽认为彼此感情已经破裂,但明确约定为不给儿子心灵带来伤害,采取"离异不离家"的方式解决感情破裂问题,双方是在婚姻关系存续的基础上选择以分居作为一种解决方式并对共同财产予以分割,并非以离婚为目的而达成财产分割协议。其次,从文义解释出发,二人所签《分居协议书》中只字未提"离婚",显然不是为了离婚而对共同财产进行分割,相反,双方在协议书中明确提出"分居"、"离异不离家",是以该协议书来规避离婚这一法律事实的出现。再次,婚姻法第十九条第一款对夫妻约定财产制作出明确规定："夫妻可以约定婚姻关系存续期间所得的财产以及婚前财产归各自所有、共同所有或部分各自所有、部分共同所有。约定应采用书面形式。没有约定或者约定不明确的，适用本法第十七条、第十八条的规定。"本案所涉及的《分居协议书》中，唐某甲与李某某一致表示"对财产作如下切割"，该约定系唐某甲与李某某不以离婚为目的对婚姻关系存续期间所得财产作出的分割，应认定为婚内财产分割协议，是双方通过订立契约对采取何种夫妻财产制所作的约定。

第二，本案应当优先适用物权法还是婚姻法的相关法律规定。

上诉人李某某、唐某乙认为，应适用婚姻法第十九条之规定，只要夫妻双方以书面形式对财产分割作出约定即发生法律效力，无需过户登记；被上诉人唐某主张，本案应适用物权法第九条之规定，不动产物权的权属变更未经登记不发生法律效力。法院认为，该问题首先要厘清物权法与婚姻法在调整婚姻家庭领域内财产关系时的衔接与适用问题，就本案而言，应以优先适用婚姻法的相关规定处理为宜。理由如下：

物权领域，法律主体因物而产生联系，物权法作为调整平等主体之间因物之归属和利用而产生的财产关系的基础性法律，重点关注主体对物的关系，其立法旨在保护交易安全以促进资源的有效利用。而婚姻法作为身份法，旨在调整规制夫妻之间的人身关系和财产关系，其中财产关系则依附于人身关系而产生，仅限于异性之间或家庭成员之间因身份而产生的权利义务关系，不体现直接的经济目的，而是凸显亲属共同生活和家庭职能的要求。故婚姻法关于夫妻子女等特别人伦或财产关系的规定不是出于功利目的创设和存在，而是带有"公法"意味和社会保障、制度福利的色彩，将保护"弱者"和"利他"价值取向直接纳入权利义务关系的考量。

因此，婚姻家庭的团体性特点决定了婚姻法不可能完全以个人为本位，必须考虑夫妻共同体、家庭共同体的利益，与物权法突出个人本位主义有所不同。在调整夫妻财产关系领域，物权法应当保持谦抑性，对婚姻法的适用空间和规制功能予以尊重，尤其是夫妻之间关于具体财产制度的约定不宜由物权法过度调整，应当由婚姻法去规范评价。本案中，唐某甲与上诉人李某某所签协议关于财富中心房屋的分割，属于夫妻内部对财产的约定，不涉及家庭外部关系，应当优先和主要适用婚姻法的相关规定，物权法等调整一般主体之间财产关系的相关法律规定应作为补充。

第三，物权法上的不动产登记公示原则在夫妻财产领域中是否具有强制适用的效力。

上诉人李某某、唐某乙认为，婚内财产分割协议只涉及财产在夫妻之间的归属问题，依双方约定即可确定，无须以公示作为物权变动要件；被上诉人唐某则主张财富中心房屋的产权人是唐某甲，即使唐某甲与李某某曾约定该房屋归李某某拥有，也因未办理产权变更登记而未发生物权变动效力，该房屋仍应纳入唐某甲的遗产范围。本院认为，唐某甲与李某某所签《分居协议书》已经确定财富中心房屋归李某某一人所有，虽仍登记在唐某甲名下，并不影响双方对上述房屋内部处分的效力。理由如下：

物权法以登记作为不动产物权变动的法定公示要件，赋予登记以公信力，旨在明晰物权归属，保护交易安全和交易秩序，提高交易效率。但实践中，由于法律的例外规定、错误登记的存在、法律行为的效力变动、当事人的真实意思保留以及对交易习惯的遵从等原因，存在大量欠缺登记外观形式，但依法、依情、依理应当给予法律保护的事实物权。物权法第二十八条至第三十条对于非基于法律行为所引起的物权变动亦进行了例示性规定，列举了无需公示即可直接发生物权变动的情形。当然，这种例示性规定并未穷尽非因法律行为而发生物权变动的所有情形，婚姻法及其司法解释规定的相关情形亦应包括在内。

在夫妻财产领域，存在大量夫妻婚后由一方签订买房合同，并将房屋产权登记在该方名下的情形，但实际上只要夫妻之间没有另行约定，双方对婚后所得的财产即享有共同所有权，这是基于婚姻法规定的法定财产制而非当事人之间的法律行为。因为结婚作为客观事实，已经具备了公示特征，无须另外再为公示。而夫妻之间的约定财产制，是夫妻双方通过书面形式，在平等、自愿、意思表示真实的前提下对婚后共有财产归属作出的明确约定。此种约定充分体现了夫妻真实意愿，系意思自治的结果，应当受到法律尊重和保护，故就法理而言，亦应纳入非依法律行为即可发生物权变动效力的范畴。因此，当夫妻婚后共同取得的不动产物权归属发生争议时，应当根据不动产物权变动的原因行为是否有效、有无涉及第三人利益等因素进行综合判断，不宜以产权登记作为确认不动产权属的唯一依据，只要有充分证据足以确定该不动产的权属状况，且不涉及第三人利益，就应当尊重夫妻之间的真实意思表示，按照双方达成的婚内财产分割协议履行，优先保护事实物权人。需要指出的是，此处的第三人主要是相对于婚姻家庭关系外部而言，如夫妻财产涉及向家庭以外的第三人处分物权，就应当适用物权法等调整一般主体之间财产关系的相关法律规定。而对于夫妻家庭关系内的财产问题，应当优先适用婚姻法的相关规定。

本案中，《分居协议书》约定"财富中心房屋归李某某拥有，李某某可以任何方式处置这些房产，唐某甲不得阻挠和反对，并有义务协办相关事务。"该协议书系唐某甲与上诉人李某某基于夫妻关系作出的内部约定，是二人在平等自愿的前提下协商一致对家庭财产在彼此之间进行分配的结果，不涉及婚姻家庭以外的第三人利益，具有民事合同性质，对双方均具有约束力。财富中心房屋并未进入市场交易流转，其所有权归属的确定亦不涉及交易秩序与流转安全。故唐某虽在本案中对该约定的效力提出异议，但其作为唐某甲的子女并非《物权法》意义上的第三人。因此，虽然财富中心房屋登记在唐某甲名下，双方因房屋贷款之故没有办理产权过户登记手续，但物权法的不动产登记原则不应影响婚内财产分割协议关于房屋权属约定的效力。且结合唐某甲与李某某已依据《分居协议书》各自占有、使用、管理相应房产之情形，应当将财富中心房屋认定为李某某的个人财产，而非唐某甲之遗产予以法定继承。一审法院根据物权登记主义原则确认财富中心房屋为唐某甲与李某某夫妻共同财产实属不妥，应予调整。

据此，北京市第三中级人民法院依照《中华人民共和国物权法》第九条，《中华人民共和国婚姻法》第十九条，《中华人民共和国继承法》第二条、第三条、第五条、第十条、第十三条，《中华人民共和国民事诉讼法》第一百七十条第一款第（二）项之规定，于2014年8月25日判决：

一、维持北京市朝阳区人民法院（2013）朝民初字第30975号民事判决第一项、第二项、第四项、第五项；

二、撤销北京市朝阳区人民法院（2013）朝民初字第30975号民事判决第六项；

三、变更北京市朝阳区人民法院（2013）朝民初字第30975号民事判决主文第三项为：位于北京市朝阳区东三环北路二十三号财富中心某房屋归李某某所有，并由李某某偿还剩余贷款；

四、驳回唐某其他诉讼请求。

本判决为终审判决。

单洪远、刘春林诉胡秀花、单良、单译贤法定继承纠纷案*

【裁判摘要】

《最高人民法院关于适用〈中华人民共和国婚姻法〉若干问题的解释（二）》第二十四条的规定，本意在于加强对债权人的保护，一般只适用于对夫妻外部债务关系的处理。人民法院在处理涉及夫妻内部财产关系的纠纷时，不能简单依据该规定将夫或妻一方的对外债务认定为夫妻共同债务，其他人民法院依据该规定作出的关于夫妻对外债务纠纷的生效裁判，也不能当然地作为处理夫妻内部财产纠纷的判决依据，主张夫或妻一方的对外债务属于夫妻共同债务的当事人仍负有证明该债务确为夫妻共同债务的举证责任。

原告：单洪远，男，64岁，退休教师，住江苏省连云港市新浦区。

原告：刘春林，女，61岁，农民，单洪远之妻，住址同单洪远。

被告：胡秀花，女，38岁，个体工商户，住江苏省连云港市新浦区。

被告：单良，男，13岁，学生，胡秀花之子，住址同胡秀花。

被告：单译贤，女，5岁，幼儿，胡秀花之女，住址同胡秀花。

原告单洪远、刘春林因与被告胡秀花、单良、单译贤发生法定继承纠纷，向江苏省连云港市中级人民法院提起诉讼。

原告单洪远、刘春林诉称：其子单业兵因车祸死亡，遗留有家庭财产约300万元，均由单业兵的妻子、被告胡秀花掌管，去除一半作为胡秀花个人的财产，尚有约150万元的财产可以作为遗产分配，应由单洪远、刘春林、胡秀花、单良、单译贤等五位继承人均分，二原告应分得60万元左右。单业兵死亡后，原告多次与胡秀花协商分割遗产，但未达成一致，请求法院依法作出判决。

被告胡秀花辩称：首先，其所保管的单业兵遗产没有150万元。1.单业兵死亡前，因买房、买车及经营生意欠下大量

* 摘自《最高人民法院公报》2006年第5期。

债务,其中一部分债务已由她以夫妻共同财产予以偿还;2. 单业兵死亡后,其经营的公司已不能营业,原告起诉中所列的公司财产(主要是化妆品)已基本报废;3. 单业兵死亡后的丧葬费用、修车费用等不少于20万元。以上三项均应从夫妻共同财产中扣除。其次,被告单良、单译贤系其与单业兵的子女,均尚未成年,需由其抚养。母子三人只能靠原夫妻共同财产生活,并无其他经济来源。二原告生活富足,不应与孙子女争夺遗产。

连云港市中级人民法院经审理查明:被继承人单业兵系原告单洪远、刘春林之子,被告胡秀花之夫,被告单良、单译贤之父。单业兵与胡秀花于1987年10月26日结婚。2002年6月21日凌晨,单业兵因车祸死亡。此后,单洪远、刘春林与胡秀花因遗产继承问题发生纠纷,经多次协商未果,遂诉至法院。

对于单业兵死亡后遗留的夫妻共同财产,双方当事人共同认可的有:1. 位于连云港市新浦区"银城之都"5号楼102室的住宅1套及汽车库1间;2. 位于连云港市新浦区海连东路盐场医院东侧综合楼底层营业用房2间;3. 位于淮安市清河区太平东街13-29-1-508室住宅1套;4. 位于连云港市新浦区陇海步行中街1号楼109号底层营业用房1间;5. 车牌号为苏GB1616的广州本田轿车1辆;6. 车牌号为苏GB5426的长安小客车1辆;7. 连云港市倍思特化妆品有限公司(以下简称倍思特公司)34.5%的股份。以上财产均由胡秀花保管。双方当事人对以上房产、车辆的价值存在争议,根据原告申请,一审法院委托连云港市价格认证中心进行评估。根据评估结果,法院确认以上房产、车辆共价值2 601 300元。

双方当事人对以下问题存在争议:1. 单业兵、胡秀花所经营的连云港倍思特商场(以下简称倍思特商场)在单业兵死亡后尚存的财产数额;2. 倍思特商场是否欠广州市白云三元里利丰行(以下简称利丰行)货款;3. 倍思特商场是否欠广州市康丽源生物保健品有限公司(以下简称康丽源公司)货款;4. 单业兵生前是否欠北京欧洋科贸有限公司(以下简称欧洋公司)债务;5. 单业兵生前是否欠徐贵生借款。

关于倍思特商场在单业兵死亡后尚存的财产数额,原告单洪远、刘春林称:单业兵死亡后,经倍思特公司和倍思特商场会计对账,截至2002年6月30日,倍思特商场库存商品价值904 217.12元,应收账款245 394.20元,现金183 321.51元,合计1 332 923.23元。并提供了会计对账形成的《止2002年6月30日倍思特商场收入、利润、流动资产一览表》(以下简称《对账表》)为证。在一审审理过程中,倍思特公司会计赵春香到庭作证,详细说明了当时同倍思特商场会计侍作璋对账的情况及《对账表》的来历,并提供了当时侍作璋给其的2002年6月倍思特商场的财务报表。被告胡秀花辩称:原告方提供的《对账表》没有她本人签名,库存商品基本报废,相关财务报表已被她销毁。连云港市中级人民法院认为,胡秀花未能按照法院的要求将倍思特商场的会计侍作璋带到法庭,亦未能提供支持其诉讼主张的财务报表及库存商品报废的有关证据,根据民事诉讼相对优势证据原则,对胡秀花所称倍思特商场没有对账、库存不足、库存商品基本报废的辩解理由不予采纳,认定倍思特商场在单业兵死亡后尚有财产 1 332 923.23 元。

关于倍思特商场是否欠利丰行货款的问题，被告胡秀花称：单业兵生前经营倍思特商场时，欠利丰行货款 486 900 元，她本人在单业兵死亡后已偿还货款 235 000 元，尚欠 251 900 元，并提供了利丰行于 2003 年 10 月 24 日出具的证明，主张从单业兵遗产中扣除已偿还的该笔债务，并保留剩余债务份额。原告单洪远、刘春林称胡秀花所述与《对账表》不符，倍思特商场对外没有债务。根据胡秀花申请，连云港市中级人民法院前往利丰行进行核实。经查，利丰行现已更名为广州戈仕贸易公司，该公司称单业兵欠该公司 48 万余元化妆品货款，单业兵生前已还款 25 万余元，单业兵死亡后未再还款。该公司称没有详细账目可以提供，仅提供了 1 份《江苏连云港倍思特商场记账簿》。连云港市中级人民法院认为，胡秀花虽称单业兵生前经营倍思特商场时欠利丰行货款，她本人在单业兵死亡后已偿还货款 235 000 元，但胡秀花不能提供倍思特商场的原始账目以证明该笔债务的存在；广州戈仕贸易公司虽证明单业兵生前已还款 25 万余元，在单业兵死亡后倍思特商场未再偿还货款，但未向法院提供双方发生业务往来的详细账目，所提供的记账簿不能反映双方经济往来的真实情况，且该公司的证明内容与胡秀花的陈述不一致。因此，现有证据不能充分证明该笔债务确实存在，不予认定。

关于倍思特商场是否欠康丽源公司货款的问题，被告胡秀花称：单业兵生前经营倍思特商场时，欠康丽源公司货款 354 000 元，她已于单业兵死亡后还款 340 000 元，尚欠 14 000 元，并提供了康丽源公司于 2003 年 10 月 24 日出具的证明，主张从单业兵遗产中扣除已偿还的该笔债务，并保留剩余债务份额。原告单洪远、刘春林称胡秀花所述与《对账表》不符，倍思特商场对外没有债务。经胡秀花申请，连云港市中级人民法院前往康丽源公司核实情况，该公司称单业兵欠该公司 354 000 元化妆品货款，已经由胡秀花在 2003 年 10 月 24 日用现金一次还款 340 000 元，尚欠 14 000 元。但该公司没有提供双方业务往来账目，称所有账目已经在 2003 年 10 月 24 日胡秀花还款后销毁。此后，胡秀花又向法院提供了康丽源公司 2003 年 10 月 24 日出具的收款 340 000 元的收条，但原告方认为已经超过举证期限而不予质证。在原告方要求胡秀花提供偿还康丽源公司 340 000 元现金的来源时，胡秀花的陈述前后矛盾。连云港市中级人民法院认为，胡秀花不能提供倍思特商场的原始账目予以证明该笔债务的存在，在法院核实情况时，康丽源公司也未能提供双方发生业务往来的账目。胡秀花所称偿还 340 000 元货款的时间是在收到本案应诉通知和举证通知以后，其完全有条件提供与康丽源公司的往来账目而未能提供，且其对于偿还该笔债务的现金来源的说法前后矛盾，仅凭其提供的康丽源公司出具的证明和收条，不能充分证明该笔债务确实存在，故不予认定。

关于单业兵欠欧洋公司债务的问题，被告胡秀花称：单业兵生前欠欧洋公司债务 1 190 000 元，并提供了 2003 年 8 月 19 日与欧洋公司签订的协议，该协议约定以单业兵所有的连云港市新浦区海连东路盐场医院东侧综合楼底层营业用房、连云港市新浦区陇海步行中街 1 号楼 109 号底层营业用房冲抵债务，待条件成熟时办理过户手续，过户之前由胡秀花使用，每月给付欧洋公司租金11 800元，租满12年该房屋归胡秀花所有。原告单洪远、刘春林对该协议不予认可，称该协议与《对账表》相矛盾，单业兵生前没有外债。经胡秀花申请，连云港市中级人民法院前往欧洋公司核实情况，因该公司总经理欧洋瑞出国，公司其他人员称无法与其联系，与单业兵的合作是由总经理自己负责，有关合作合同、单业兵的借款手续等均由总经理保管。因无法对该笔债务进行核实，现有证据不能充分证明该笔债务确实存在，故不予认定。

关于单业兵是否欠徐贵生借款的问题，被告胡秀花称：为做化妆品生意，曾借其表哥徐贵生现金200 000元，并提供了借条，该借条载明："今借到徐贵生大哥现金贰拾万元整，借款人：胡秀花，2001年5月8日。"原告单洪远、刘春林对此不予认可，称单业兵死亡前没有对外借款，且借条原件在胡秀花手中，从借条内容来看是胡秀花个人借款，与单业兵无关。连云港市中级人民法院认为，徐贵生没有到庭，借条原件在胡秀花手中，胡秀花不能证明该笔借款现在仍然存在，且从借条内容看是胡秀花个人借款，故对该笔债务不予认定。

综上，连云港市中级人民法院认定单业兵死亡后遗留的夫妻共同财产计3 934 223.23元，另有倍思特公司34.5%的股份及当期分红款270 000元。从中扣除被告胡秀花偿还的购车贷款268 000元、修车款47 916.6元，认定实有3 888 306.63元及倍思特公司34.5%的股份，其中一半（价值1 944 153.32元的财产及倍思特公司17.25%的股份）应当作为单业兵的遗产。单业兵死亡后，继承开始，原告单洪远、刘春林和被告胡秀花、单良、单译贤作为单业兵的法定第一顺序继承人，均有权继承单业兵的遗产，单业兵的上述遗产应由五人均分，每人应得388 830.66元的财产及倍思特公司3.45%的股份。二原告只主张分得其中600 000元的财产，依法予以支持。法院认为，遗产分割应当有利于生产和生活的需要，并不损害遗产的效用。考虑到前述各项遗产均由胡秀花使用和经营，且胡秀花尚需抚养单良、单译贤，故前述各项遗产仍由胡秀花继续使用、管理和经营为宜；二原告年龄较大，以分得现金为宜。据此，连云港市中级人民法院于2004年11月20日判决：

一、单洪远、刘春林继承单业兵在倍思特公司6.9%的股份，胡秀花于本判决生效之日起15日内给付单洪远、刘春林现金60万元；

二、单良、单译贤各继承单业兵在倍思特公司3.45%的股份及12 581元的现金，二人共同继承连云港市新浦区陇海步行中街1号楼109号底层营业用房，在单良、单译贤年满18周岁之前，以上财产由其法定代理人胡秀花代为管理；

三、单业兵其余财产及倍思特公司20.7%的股份均归胡秀花所有。

一审宣判后，胡秀花不服，向江苏省高级人民法院提出上诉，主要理由是：1. 一审认定单业兵死亡后尚存价值3 888 306.63元的夫妻共同财产及倍思特公司34.5%的股份缺乏事实依据；2. 一审对单业兵遗留的夫妻共同债务不予认定错误；3. 一审让被上诉人分得现金，让上诉人占有库存商品和应收账款，这种分割显失公正。请求二审法院撤销原判,依法改判。

被上诉人单洪远、刘春林答辩称:1. 遗产作为财产,其金额应以评估结论为准,一审认定事实清楚;2. 一审关于倍思特商场是否有债务的认定正确。上诉人如欠徐贵生等人债务也是其个人债务,应由其个人来偿还。请求驳回上诉,维持原判。

江苏省高级人民法院经审理,确认了一审查明的事实。

二审的争议焦点为:1. 原审判决对单业兵死亡后遗留的夫妻共同财产价值的认定是否正确;2. 上诉人胡秀花关于单业兵生前遗留债务的主张是否成立;3. 原审判决对遗产的分割方式是否公平合理。

江苏省高级人民法院认为:

首先,一审判决对单业兵死亡后遗留的夫妻共同财产价值的认定,有评估报告等证据予以证明。上诉人胡秀花虽持异议,但未能举出确有证明作用的证据,故对其该项上诉主张不予支持。

其次,上诉人胡秀花虽主张单业兵生前遗留有债务,但未能举证证明这些债务真实存在,且属夫妻共同债务,故其该项上诉理由也不能成立。关于胡秀花向徐贵生的借款是否为夫妻共同债务的问题,胡秀花在二审时提交了江苏省南京市雨花台区人民法院(2005)雨民一初字第28号民事判决书(系在本案一审判决后作出),该判决书虽然载明"此案系民间借贷纠纷,因被告胡秀花经传票传唤无正当理由拒不到庭,法院遂依据原告徐贵生的陈述以及借条等证据认定该笔债务为夫妻共同债务,判决由胡秀花向徐贵生偿还人民币20万元",亦不足以在本案中证明胡秀花向徐贵生的借款是夫妻共同债务。该判决为处理夫妻对外债务关系,将胡秀花对徐贵生的借款认定为单业兵与胡秀花的夫妻共同债务并无不当,也符合《最高人民法院关于适用〈中华人民共和国婚姻法〉若干问题的解释(二)》第24条之规定。但前述规定的本意是通过扩大对债权的担保范围,保障债权人的合法利益,维护交易安全和社会诚信,故该规定一般只适用于对夫妻外部债务关系的处理,在处理涉及夫妻内部财产关系的纠纷时,不能简单地依据该规定,将夫或妻一方的对外债务认定为夫妻共同债务,其他人民法院依据该规定作出的关于夫妻对外债务纠纷的生效裁判,也不能当然地作为处理夫妻内部财产纠纷的判决依据,主张夫或妻一方的对外债务属于夫妻共同债务的当事人仍负有证明该项债务确为夫妻共同债务的举证责任。本案中,由于单业兵已经死亡,该笔债务是否认定为夫妻共同债务会直接影响其他继承人的权益,胡秀花应就其关于该笔借款属夫妻共同债务的主张充分举证。根据现有证据,胡秀花提供的借条的内容不能证明该笔借款系夫妻共同债务,且在本案一审期间,亦即南京市雨花台区人民法院(2005)雨民一初字第28号民事判决作出之前,该借条不在债权人手中,反被作为债务人的胡秀花持有,有违常情。鉴于二审中胡秀花不能进一步举证证明该笔债务确系夫妻共同债务,故对其该项上诉主张不予支持。

其三,原审判决以查明事实为基础,综合考虑各继承人的实际情况,将除一处营业用房外的各项遗产判归上诉人胡秀花继续管理使用,判决被上诉人单洪远、刘春林分得现金,这种对遗产的分割方式既照顾到各继承人的利益,又不损害遗产的实际效用,并无不当。故对胡秀花的该项上诉请求不予支持。

综上,江苏省高级人民法院认为原判认定事实清楚,适用法律正确,依照《中华人民共和国民事诉讼法》第一百五十三条第一款第(一)项之规定,于2005年5月15日判决:

驳回上诉,维持原判。

王某琼与王某芬等法定继承纠纷上诉案

上诉人(原审被告):王某琼。

委托代理人:赵毅、王欣桦,太乙律师事务所律师,特别授权代理。

被上诉人(原审原告):王某芬。

被上诉人(原审原告):王某甲。

被上诉人(原审原告):王某乙。

被上诉人(原审原告):王某丙。

被上诉人(原审原告):王某丁。

被上诉人(原审原告):王某戊。

被上诉人(原审原告):王某己。

上诉人王某琼因与被上诉人王某芬、王某甲、王某乙、王某丙、王某丁、王某戊、王某己法定继承纠纷一案,不服昆明市东川区人民法院(2006)东民初字第203号民事判决,向本院提起上诉。本院于2006年9月12日受理后,依法组成合议庭进行了审理,本案现已审理终结。

原审原告王某芬、王某甲、王某乙、王某丙、王某丁、王某戊、王某己的诉讼请求是:判令聂某的土地征用费由原、被告共同继承。

原审法院经审理认定的案件事实是:原、被告系同胞姐妹,2003年12月9日被继承人聂某死亡,被继承人聂某生前享有0.47亩土地的承包经营权、使用权和收益权;被继承人聂某死亡后,其享有的0.47亩土地由被告王某琼承包经营、管理使用。2006年年初,昆明兴箐房地产开发有限公司将被继承人聂某生前承包经营,死亡后由被告王某琼承包经营、管理使用的0.47亩承包地征用,被继承人聂某死亡后获得相应承包地征收补偿费56400元人民币,该款被被告王某琼领取。

原审法院认为:父母和子女有相互继承遗产的权利;同一顺序继承人继承遗产的份额,一般应当均等;个人承包应得的收益,依照《继承法》相关规定继承;《农村土地承包法》规定,承包土地被依法征用、占用的,有权依法获得相应的补偿;承包人应得的承包收益,依照《继承法》的规定继承。本案中,被继承人聂某于2003年12月9日死亡,2006年年初被继承人聂某承包地0.47亩被征收,昆明市东川区铜都镇炎山村民委员会分配给被继承人聂某的承包地征收补偿费56400元,应视为被继承人聂某丧失土地承包经营权取得的收益,应依照《继承法》规定作为聂某遗产继承。原、被告系同胞姐妹,均属第一顺序继承人,继承遗产的份额依法应均等,即原、被告分别继承7050元。据此,依照《中华人民共和国继承法》第四条、第十三条,《中华人民共和国婚姻法》第二十四条第二款,《中华人民共和国农村土地承包法》第十六条第一款第(二)项、第三十一条规定,判决:聂某承包地征收补偿费人民币56400元由原告王某芬、王某甲、王某乙、王某丙、王某丁、王某戊、王某己和被告王某琼各继承人民币7050元（限被告王某琼于本判决生效后十日内分别支付给原告王某芬、王某甲、王某乙、王某丙、王某丁、王某戊、王某己人民币7050元）。

原审判决宣判后，王某琼不服，向本院提起上诉，请求撤销原判，依法改判。其主要上诉理由是：一审认定事实错误，把母亲聂某作为被继承人，将其承包经营的0.47亩土地被征用获取的土地安置补助费作为遗产，按照法定继承进行分割错误。事实上母亲聂某去世后已丧失家庭成员资格，该土地由上诉人耕种，所以安置补助费应由上诉人获取。综上所述，原审判决认定事实不清，适用法律错误。请求二审法院撤销原判，依法改判。

被上诉人王某芬、王某甲、王某乙、王某丙、王某丁、王某戊、王某己答辩称：原审判决认定事实清楚，适用法律正确，请求二审法院驳回上诉，维持原判决。

经二审审理，关于上诉人对一审把聂某作为被继承人，将其承包经营的0.47亩土地被征用获取的土地安置补助费作为遗产的异议，根据上诉人一审举证的炎山村委会2006年6月5日出具的两份《证明》，母亲（聂某）名下0.47亩土地被征用的安置补助费56400元由上诉人领取，该承包户成员王某丁、王某己已各自分出承包的土地0.47亩；上诉人二审中举证的炎山村委会2006年7月24日《证明》表明："聂某于2003年死亡，2006年集体将56400元作为安置补助费分配给本集体经济组织中以王某琼为户主的家庭承包户。"被上诉人二审提交的炎山村委会2006年7月11日《证明》表明："第一次青苗补偿是705元，聂某的青苗补偿是王某琼领走。第二次土地征用补偿，有土地在世的是67500元、有土地人死亡或迁出的每人56400元，无土地有户口的每人11100元。"根据《证明》该项安置补助费是聂某的0.47亩承包地的收益，是其死后的遗产。故对于上诉人的观点本院不予采信。综上，二审确认的案件事实与一审认定的事实相同，本院予以确认。

本院认为：根据《继承法》第四条"个人承包应得的个人收益，依照本法规定继承。个人承包，依照法律允许由继承人继续承包的，按照承包合同办理"和最高人民法院《关于贯彻执行〈中华人民共和国继承法〉若干问题的意见》第四条"承包人死亡时尚未取得承包收益的，可把死者生前对承包所投入的资金和所付出的劳动及其增值和孳息，由发包单位或者接续承包合同的人合理折价、补偿，其价额作为遗产"的规定，聂某作为农村家庭承包经营的成员，其承包经营的0.47亩土地被征用获得的56400元安置补助费，应视为聂某的遗产，由被继承人聂某的继承人按法定继承进行继承。故一审判决根据查明的事实将土地安置补助费56400元作为被继承人聂某的遗产，按法定继承进行继承正确。综上所述，原审判决认定事实清楚，适用法律正确。据此，依照《中华人民共和国民事诉讼法》第一百五十三条第一款第（一）项、第一百零七条第一款之规定，判决如下：

驳回上诉，维持原判决。

二审案件受理费人民币2200元，由上诉人王某琼负担。

本判决为终审判决。

本判决生效后，若负有义务的当事人

不自动履行本判决，享有权利的当事人可在本判决规定履行期限届满后法律规定的期限内向一审法院申请强制执行；双方或一方当事人是公民的，申请强制执行的期限为一年；双方均是法人或其他组织的，申请强制执行的期限为六个月。

张某等与万某法定继承纠纷上诉案

上诉人（原审被告）：张某。

上诉人（原审被告）：徐某（曾用名徐某乙）。

法定代理人：张某。

二上诉人的委托代理人：陆玉春，云南潘明律师事务所律师。特别授权代理。

被上诉人（原审原告）：万某。

委托代理人：周华山，禄劝彝族苗族自治县法律援助中心法律工作者。特别授权代理。

上诉人张某、徐某因与被上诉人万某法定继承纠纷一案，不服云南省禄劝彝族苗族自治县人民法院（2006）禄民初字第713号民事判决，向本院提起上诉。本院于2007年2月25日受理此案后，依法组成合议庭进行了审理。本案现已审理终结。

一审法院依法确认下列法律事实：原告万某系被继承人徐某甲之母，被告徐某乙系被继承人徐某甲之女，被告张某系被继承人徐某甲之妻。2005年8月21日被继承人徐某甲从昆明开车驶往禄劝，途中发生意外受伤，被送往禄劝彝族苗族自治县人民医院治疗，后又被送到昆明市第一人民医院，抢救无效于2005年9月5日死亡。被继承人徐某甲死亡后，留有中国人寿保险股份有限公司昆明分公司赔付给被保险人的继承人赔付款10万元遗产。位于禄劝县屏山镇城区北街9号城建局某栋某单元某号价值7万元房屋，是被继承人徐某甲、被告徐某乙、被告张某的共有财产。被继承人徐某甲治疗及死亡后，所支出的医疗费为57938.98元、鉴定费为5000元；骨灰寄存费为2132元；购买被继承人徐某甲的坟地、小工工资及看坟地的费用8720元；被告张某为被继承人徐某甲偿还潘某的债务2000元；合计支出75790.98元。为此，原告诉至法院要求继承遗产。被告认为没有可分割的遗产，请求驳回原告的诉讼请求。

一审法院认为：根据我国继承法的规定，继承从被继承人死亡时开始，本案被继承人徐某甲于2005年9月5日死亡，继承从即日起便开始。故原、被告诉争被继承人徐某甲的遗产符合法律规定。本案双方当事人所诉争的财产，均属被继承人徐某甲死亡时所遗留的个人合法财产，符合法律规定，可依法作为遗产分割。继承开始后，无遗嘱和遗赠的，按照法定继承办理，本案无遗嘱和遗赠的情形存在，故依法定继承进行遗产分割。限制行为能力人的继承权，由其法定代理人代为行使，本案被告徐某乙属限制行为能力人，其诉讼行为由其法定代理人被告张某代为行使。遗产分割的第一顺序继承人是配偶、子女和父母，本案原、被告均系第一顺序继承人，且无其他第一顺序继承人。故原、被告均是本案法定继承人，对被继承人徐某甲的遗产依法享有继承权。除特殊情况外，同一顺序继承人继承遗产的份额，一般应当均等。本案双方当事人系老年人、未成年人和与被继承人共同生活的人,都属应当照顾之列,故亦只宜均等分割遗产。遗产在家庭共有财产之中的,遗产分割时,应当先分出他人的财产。本案位于禄劝屏山镇城区北街9号城建局某栋某单元某号房屋,系被继承人徐某甲、被告徐某乙、被告张某家庭共有财产。在遗产分割时,应当先分出被告徐某乙、被告张某的个人财产,即各占23333.33元,剩下的23333.33元才成为被继承人徐某甲的遗产。遗产分割应当有利于生产和生活需要,不损害遗产的效用。不宜分割的遗产,可以采取折价、适当补偿等方法处理。本案位于禄劝县城区北街9号城建局某栋某单元某号房屋,系二被告与被继承人徐某甲的共有财产,其中有被继承人徐某甲的遗产份额,不宜对实物进行分割,故由二被告补偿原告相应份额为宜。同时,中国人寿保险股份有限公司昆明分公司赔付给被保险人的继承人赔付款10万元遗产,已由被告张某经手,并开支了75790.98元费用,剩余24209.02元由二被告补偿原告应继承的份额为宜。另当事人对自己提出的主张负有举证责任,本案原、被告双方主张而未被确认事实,系举证不能和无法律依据所致,故不予支持。据此,原判依照《中华人民共和国民事诉讼法》第六十四条,《中华人民共和国继承法》第二条、第三条第一款第(二)项和第(七)项、第五条、第六条第二款、第十条第一款、第十三条第一至三款、第二十六条第二款、第二十九条的规定,遂判决:一、位于禄劝屏山镇城区北街9号城建局某栋某单元某号房屋归被告徐某乙、被告张某所有,由被告徐某乙、被告张某折价补偿原告万某应得被继承人徐某甲的遗产份额7777.78元;二、中国人寿保险股份有限公司昆明分公司赔付给被保险人徐某甲的继承人尚剩24209.02元遗产,由被告徐某乙、被告张某分割给原告万某应得份额8069.67元。

宣判后,上诉人张某、徐某不服一审判决,向本院提起上诉称:一审判决对证据采信不当,致使案件事实认定不清。一审判决对上诉人提交的下列证据采信不当。理由:1. 一审中,上诉人提交了住宿费和伙食费收据61份、交通费发票273份,证实上诉人支付被继承人徐某甲住院期间交通费2618元以及亲属、同事等人看望徐某甲所产生的住宿费和伙食费3080元。该三项费用均发生在徐某甲住院直至死亡期间,与住院费收据和死亡报告单等证据相互印证,但一审法院却以无其他有效证据相印证为由不予认定属采信不当。2. 授权委托书、民事代理合同以及收条各一份,证实为解决徐某甲与禄劝县人民医院之间的医患纠纷支付律师代理费3000元,此三份证据能相互印证。因此,该3000元的代理费用应得到法庭的认可。3. 借条、还款说明相互印证,依法证实上诉人在徐某甲死亡后偿还徐某甲欠张某债务连本带息51834元。4. 借条、借款合同以及证明证实现徐某甲死亡后尚欠其生前所在单位建设局、信用社10000元和13016.77元未偿还,该两笔未偿还的借款依法应用被继承人的遗产支付,法院应依法予以确认。5. 上诉人徐某的学费7855元同样属被继承人的债务范畴应得到法庭的支持和认可。综上,请求二审法院撤销原判,驳回被上诉人的诉讼请求。

被上诉人万某答辩称:请求驳回上

诉,维持原判。

另查明,徐某甲死亡后,张某为徐某交纳学费人民币7855元。

二审确认其余事实与一审确认事实一致,本院依法予以确认。

综合诉辩双方的主张,本案争议的焦点是:万某按照法定继承享有的遗产份额。

本院认为:最高人民法院《关于民事诉讼证据的若干规定》第二条规定:"当事人对自己提出的诉讼请求所依据的事实或者反驳对方诉讼请求所依据的事实有责任提供证据加以证明。没有证据或者证据不足以证明当事人的事实主张的,由负有举证责任的当事人承担不利后果。"上诉人提交的住宿费和伙食费收据61份、交通费发票273份,因不符合证据的形式要件,一审法院不予采信符合法律规定,本院予以支持。关于上诉人在徐某甲死亡后偿还徐某甲欠张某债务连本带息51834元以及徐某甲死亡后尚欠其生前所在单位建设局、信用社10000元和13016.77元未偿还的事实,因上诉人未提交证据予以证实,故其上诉主张不能成立。至于律师费需要在遗产中扣除的上诉主张,因不符合法律规定,本院不予支持。孩子徐某的学费人民币7855元系在徐某甲死亡后产生的,应在遗产中扣除,那实际遗产的金额应为人民币13654.02元(24209.02元 - 7855元 = 13654.02元),原判对此认定不当,本院予以纠正。综上所述,上诉人的上诉理由部分成立,本院予以支持。据此,依据《中华人民共和国民事诉讼法》第一百五十三条第一款第三项及第一百零七条之规定,判决如下:

一、维持云南省禄劝彝族苗族自治县人民法院(2006)禄民初字第713号民事判决书第一项,即:"位于禄劝屏山镇城区北街9号城建局某栋某单元某号房屋归被告徐某乙、被告张某所有,由被告徐某乙、被告张某折价补偿原告万某应得被继承人徐某甲的遗产份额7777.78元。"

二、变更云南省禄劝彝族苗族自治县人民法院(2006)禄民初字第713号民事判决书第二项,即"中国人寿保险股份有限公司昆明分公司赔付给被保险人徐某甲的继承人尚剩24209.02元遗产,由被告徐某乙、被告张某分割给原告万某应得份额8069.67元"为:中国人寿保险股份有限公司昆明分公司赔付给被保险人徐某甲的继承人尚剩13654.02元遗产,由上诉人张某、徐某分割给被上诉人万某应得份额5451.34元。

一、二审诉讼费人民币3650元,由上诉人张某、徐某负担人民币2733.33元,由被上诉人万某负担人民币916.67元。

本判决为终审判决。

本判决书一经送达各方当事人即发生法律效力。若负有义务的当事人不自动履行本判决,享有权利的当事人可在本判决规定履行期限届满后法律规定的期限内向一审法院申请强制执行:双方或一方当事人是公民的,申请强制执行的期限为一年;双方均是法人或其他组织的,申请强制执行的期限为六个月。

如果未按本判决指定的期间履行给付金钱义务,应当依照《中华人民共和国民事诉讼法》第二百三十二条之规定,加倍支付迟延履行期间的债务利息。

文书范本

继承公证书

（______）____字第____号

被继承人：________（应写明姓名、性别、生前住址）。

继承人：________（写明姓名、性别、出生年月日、住址、与被继承人的关系）。

继承人：________（同上，应当有几个继承人写明几个继承人）。

经查明，被继承人________于________年____月____日因________（死亡原因）在________地（死亡地点）死亡。死后留有遗产计：________（写明遗产的状况）。死者生前无遗嘱。根据《中华人民共和国继承法》第五条和第十条的规定，被继承人的遗产应当由其________、________（继承人名单）共同继承。（如果有代位继承的情况应当写明继承人先于被继承人死亡的情况；如果放弃继承，应当写明谁放弃了继承，放弃部分的遗产如何处理的内容）

________市________公证处

公证员：________（签名）

________年____月____日

注 意 事 项

继承权公证书是国家公证机关根据当事人的申请，依法证明该公民继承死者遗产符合法律规定时所使用的法律文书。

继承权公证是国家公证机关根据当事人的申请，依法证明该公民有继承死者遗留的个人合法财产权利的真实性、合法性的活动。办理继承权公证，当事人应提供必要的证明文件，包括当事人的身份证明、被继承人死亡的证明、被继承人的遗产产权证明、遗嘱、当事人与被继承人的关系证明等。办理继承权公证，遗产为动产的，由被继承人生前住所地或主要财产地公证处管辖；遗产为不动产的，由不动产所在地公证处管辖。

制作本文书时应当写明被继承人遗产处理情况。

赡养继承协议书

协议人：________（写明姓名、性别、职业、家庭住址等基本情况）。

关系人：________（写明姓名、性别、职业、家庭住址等基本情况）。

上列当事人为赡养老人和财产继承一事，依照国家法律和政策，本着互谅互让、团结友爱的精神，从实际情况和需要出发，经共同协商一致，并征得关系人同意，达成以下协议：

____
____
____
____。

以上协议，各协议人均属自愿，保证遵照执行。

协议人：________
关系人：________
代书并见证：________律师事务所________律师
________年____月____日

注意事项

赡养继承协议书是当事人协商一致，就赡养老人和财产继承问题达成的书面协议。

赡养人是指老年人的子女以及其他依法负有赡养义务的人。子女对父母有赡养扶助的义务；有负担能力的孙子女、外孙子女，对于子女已经死亡或子女无力赡养的祖父母、外祖父母，有赡养的义务。丧偶儿媳对公、婆，丧偶女婿对岳父、岳母没有赡养义务，但是丧偶儿媳对公、婆，丧偶女婿对岳父、岳母尽了主要赡养义务的，可以作为第一顺序继承人。子女对父母、有负担能力的孙子女、外孙子女对子女已经死亡或者子女无力赡养的祖父母、外祖父母的义务是法定义务。赡养义务也可以依据协议的约定而产生。

制作本文书时注意写明赡养义务的分配和遗产的处理。

遗产分配协议书

（______）____字第____号

被继承人：________。
继承人：________系被继承人之____，身份证号码：________________。
继承人：________系被继承人之____，身份证号码：________________。
继承人：________系被继承人之____，身份证号码：________________。
继承人：________系被继承人之____，身份证号码：________________。

被继承人李某于________年____月____日意外身亡,留下遗产尚未分割,继承人在平等自愿的基础上协商一致,达成如下遗产分割协议,以资共同遵照执行:

一、各继承人应当本着妥善处理被继承人后事,构建和谐的家庭氛围为原则,合理处分被继承人遗产,不得侵吞、夺占或企图侵吞、夺占其他继承人的份额。

二、各继承人应当本着利于被继承人孩子________成长的原则,照顾未成年人的利益,在遗产范围内扣除________元作为孩子抚养费用。

三、各继承人承诺遵守被继承人遗书中的意思表示,签署本协议前后均不得违背遗书中所明确的内容。

四、各继承人确认,依据法律规定,被继承人名下所有财产如下:

____

____

____。

五、各继承人确认,依据法律规定,被继承人财产分配方案如下:

____

____

____。

六、被继承人所负债务________元,由继承人________(共同)承担;为处理被继承人后事所有开支共计________元人民币,从被继承人遗产中扣除。

七、本协议在________签署,因本协议发生的纠纷或与本协议内容相关的纠纷,由________人民法院管辖。

八、本协议一式____份,各继承人执一份,主办律师执一份,公证机构留存一份。

继 承 人:________
继 承 人:________
继 承 人:________
继 承 人:________
签约地点:________
签约时间:________

注 意 事 项

遗产分配协议,是指共同继承当事人就遗产分配的问题协商一致达成的协议书。

遗产分配,是指共同继承人按照各自的应继份分配遗产的法律行为。继承人应当本着互谅互让、和睦团结的精神,协商处理继承问题。遗产分割的时间、办法和份额,由继承人协商确定。协商不成的,可以由人民调解委员会调解,或者向人民法院提起诉讼。

制作本文书时应当注意以下两个方面的问题:

(1)分配遗产时,首先应当确定遗产,把遗产与他人的财产分开。夫妻在婚姻关系存续期间所得的共有财产,除有约定以外,分割遗产时,应先将共有财产的一半分出,为生存配偶个人所有,其余一半为被继承人的遗产。遗产在家庭共有财产之中的,应先分出他人的财产。

(2)遗产分割时,应当保留胎儿的继承份额,胎儿出生时是死体的,保留的份额按法定继承办理。

流程图表

继承公证办理流程

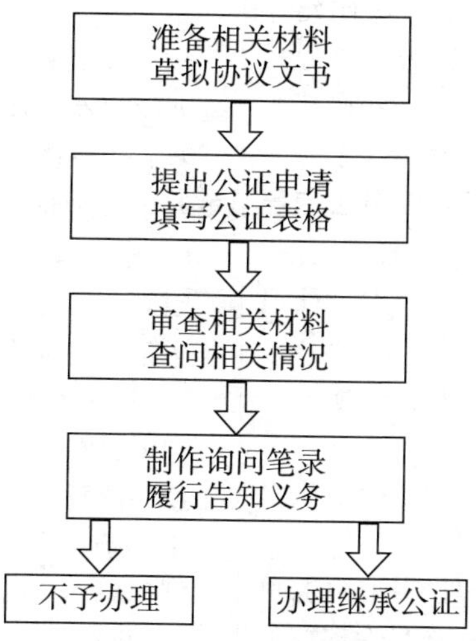

4. 遗嘱继承和遗赠

遗嘱公证细则

1. 2000年3月24日司法部令第57号公布
2. 自2000年7月1日起施行

第一条 为规范遗嘱公证程序，根据《中华人民共和国继承法》、《中华人民共和国公证暂行条例》等有关规定，制定本细则。

第二条 遗嘱是遗嘱人生前在法律允许的范围内，按照法律规定的方式处分其个人财产或者处理其他事务，并在其死亡时发生效力的单方法律行为。

第三条 遗嘱公证是公证处按照法定程序证明遗嘱人设立遗嘱行为真实、合法的活动。经公证证明的遗嘱为公证遗嘱。

第四条 遗嘱公证由遗嘱人住所地或者遗嘱行为发生地公证处管辖。

第五条 遗嘱人申办遗嘱公证应当亲自到公证处提出申请。

遗嘱人亲自到公证处有困难的，可以书面或者口头形式请求有管辖权的公证处指派公证人员到其住所或者临时处所办理。

第六条 遗嘱公证应当由两名公证人员共同办理，由其中一名公证员在公证书上署名。因特殊情况由一名公证员办理时，应当有一名见证人在场，见证人应当在遗嘱和笔录上签名。

见证人、遗嘱代书人适用《中华人民共和国继承法》第十八条的规定。

第七条 申办遗嘱公证，遗嘱人应当填写公证申请表，并提交下列证件和材料：

（一）居民身份证或者其他身份证件；

（二）遗嘱涉及的不动产、交通工具或者其他有产权凭证的财产的产权证明；

（三）公证人员认为应当提交的其他材料。

遗嘱人填写申请表确有困难的，可由公证人员代为填写，遗嘱人应当在申请表上签名。

第八条 对于属于本公证处管辖，并符合前条规定的申请，公证处应当受理。

对于不符合前款规定的申请，公证处应当在三日内作出不予受理的决定，并通知申请人。

第九条 公证人员具有《公证程序规则（试行）》第十条规定情形的，应当自行回避，遗嘱人有权申请公证人员回避。

第十条 公证人员应当向遗嘱人讲解我国《民法通则》、《继承法》中有关遗嘱和公民财产处分权利的规定，以及公证遗嘱的意义和法律后果。

第十一条 公证处应当按照《公证程序规则（试行）》第二十三条的规定进行审查，并着重审查遗嘱人的身份及意思表示是否真实、有无受胁迫或者受欺骗等情况。

第十二条 公证人员询问遗嘱人，除见证人、翻译人员外，其他人员一般不得在场。公证人员应当按照《公证程序规则（试行）》第二十四条的规定制作谈话笔录。谈话笔录应当着重记录下列内容：

（一）遗嘱人的身体状况、精神状况；遗嘱人系老年人、间歇性精神病人、

危重伤病人的,还应当记录其对事物的识别、反应能力;

(二)遗嘱人家庭成员情况,包括其配偶、子女、父母及与其共同生活人员的基本情况;

(三)遗嘱所处分财产的情况,是否属于遗嘱人个人所有,以前是否曾以遗嘱或者遗赠扶养协议等方式进行过处分,有无已设立担保、已被查封、扣押等限制所有权的情况;

(四)遗嘱人所提供的遗嘱或者遗嘱草稿的形成时间、地点和过程,是自书还是代书,是否本人的真实意愿,有无修改、补充,对遗产的处分是否附有条件;代书人的情况,遗嘱或者遗嘱草稿上的签名、盖章或者手印是否其本人所为;

(五)遗嘱人未提供遗嘱或者遗嘱草稿的,应当详细记录其处分遗产的意思表示;

(六)是否指定遗嘱执行人及遗嘱执行人的基本情况;

(七)公证人员认为应当询问的其他内容。

谈话笔录应当当场向遗嘱人宣读或者由遗嘱人阅读,遗嘱人无异议后,遗嘱人、公证人员、见证人应当在笔录上签名。

第十三条 遗嘱应当包括以下内容:

(一)遗嘱人的姓名、性别、出生日期、住址;

(二)遗嘱处分的财产状况(名称、数量、所在地点以及是否共有、抵押等);

(三)对财产和其他事务的具体处理意见;

(四)有遗嘱执行人的,应当写明执行人的姓名、性别、年龄、住址等;

(五)遗嘱制作的日期以及遗嘱人的签名。

遗嘱中一般不得包括与处分财产及处理死亡后事宜无关的其他内容。

第十四条 遗嘱人提供的遗嘱,有修改、补充的,遗嘱人应当在公证人员面前确认遗嘱内容、签名及签署日期属实。

遗嘱人提供的遗嘱或者遗嘱草稿,有修改、补充的,经整理、誊清后,应当交遗嘱人核对,并由其签名。

遗嘱人未提供遗嘱或者遗嘱草稿的,公证人员可以根据遗嘱人的意思表示代为起草遗嘱。公证人员代拟的遗嘱,应当交遗嘱人核对,并由其签名。

以上情况应当记入谈话笔录。

第十五条 两个以上的遗嘱人申请办理共同遗嘱公证的,公证处应当引导他们分别设立遗嘱。

遗嘱人坚持申请办理共同遗嘱公证的,共同遗嘱中应当明确遗嘱变更、撤销及生效的条件。

第十六条 公证人员发现有下列情形之一的,公证人员在与遗嘱人谈话时应当录音或者录像:

(一)遗嘱人年老体弱;

(二)遗嘱人为危重伤病人;

(三)遗嘱人为聋、哑、盲人;

(四)遗嘱人为间歇性精神病患者、弱智者。

第十七条 对于符合下列条件的,公证处应当出具公证书:

(一)遗嘱人身份属实,具有完全民事行为能力;

(二)遗嘱人意思表示真实;

（三）遗嘱人证明或者保证所处分的财产是其个人财产；

（四）遗嘱内容不违反法律规定和社会公共利益，内容完备，文字表述明确，签名、制作日期齐全；

（五）办证程序符合规定。

不符合前款规定条件的，应当拒绝公证。

第十八条　公证遗嘱采用打印形式。遗嘱人根据遗嘱原稿核对后，应当在打印的公证遗嘱上签名。

遗嘱人不会签名或者签名有困难的，可以盖章方式代替在申请表、笔录和遗嘱上的签名；遗嘱人既不能签字又无印章的，应当以按手印方式代替签名或者盖章。

有前款规定情形的，公证人员应当在笔录中注明。在按手印代替签名或者盖章的，公证人员应当提取遗嘱人全部的指纹存档。

第十九条　公证处审批人批准遗嘱公证书之前，遗嘱人死亡或者丧失行为能力的，公证处应当终止办理遗嘱公证。

遗嘱人提供或者公证人员代书、录制的遗嘱，符合代书遗嘱条件或者经承办公证人员见证符合自书、录音、口头遗嘱条件的，公证处可以将该遗嘱发给遗嘱受益人，并将其复印件存入终止公证的档案。

公证处审批人批准之后，遗嘱人死亡或者丧失行为能力的，公证处应当完成公证遗嘱的制作。遗嘱人无法在打印的公证遗嘱上签名的，可依符合第十七条规定的遗嘱原稿的复印件制作公证遗嘱，遗嘱原稿留公证处存档。

第二十条　公证处可根据《中华人民共和国公证暂行条例》规定保管公证遗嘱或者自书遗嘱、代书遗嘱、录音遗嘱；也可根据国际惯例保管密封遗嘱。

第二十一条　遗嘱公证卷应当列为密卷保存。遗嘱人死亡后，转为普通卷保存。

公证遗嘱生效前，遗嘱卷宗不得对外借阅，公证人员亦不得对外透露遗嘱内容。

第二十二条　公证遗嘱生效前，非经遗嘱人申请并履行公证程序，不得撤销或者变更公证遗嘱。

遗嘱人申请撤销或者变更公证遗嘱的程序适用本规定。

第二十三条　公证遗嘱生效后，与继承权益相关的人员有确凿证据证明公证遗嘱部分违法的，公证处应当予以调查核实；经调查核实，公证遗嘱部分内容确属违法的，公证处应当撤销对公证遗嘱中违法部分的公证证明。

第二十四条　因公证人员过错造成错证的，公证处应当承担赔偿责任。有关公证赔偿的规定，另行制定。

第二十五条　本细则由司法部解释。

第二十六条　本细则自2000年7月1日起施行。

最高人民法院关于张阿凤遗嘱公证部分有效问题的批复

1981年12月24日发布

上海市高级人民法院：

你院（81）沪高法民字第102号函收悉。关于张阿凤遗嘱公证效力的问题，经我院与司法部研究，现答复如下：

根据一九五〇年婚姻法第十二条、第十四条关于夫妻、子女和父母为同一顺序继承人的规定，张阿凤之父张福海去世后，张阿凤、张阿金、张阿富均有继承张福海遗产的权利。张阿凤所立遗嘱只能处理她应继承的份额，不能处理别人应得的份额。经查张阿金从未放弃对张福海遗产的继承权。因此，同意你院审判委员会讨论的第二种意见：张阿凤的遗嘱公证，其中有关处分张阿金应继承张福海遗产的部分，是无效的。你院应根据法律和此案的实际情况妥善处理。

最高人民法院关于对分家析产的房屋再立遗嘱变更产权，其遗嘱是否有效的批复

1. 1985年11月28日发布
2.〔85〕民他字第12号

四川省高级人民法院：

你院〔85〕川法民字第3号《关于处理张家定、张家铭、张家慧诉张士国房屋产权纠纷一案的请示》收悉。关于建国前已经析产确权，能否再予重新分割或立遗嘱继承等问题，经研究答复如下：张家定之祖父张文卿（张士国之父）于1948年将其家中自有房宅，除自己居住的一处外，其余四处均分给四个儿子。建国后由人民政府颁发了产权证。1953年张文卿召开有镇政府干部参加的家庭会议，经协商，重新调整各自分得的房产，以清偿分家前的债务，立了经镇政府认可的“房屋分管字据”，均无异议。1955年张文卿夫妇将调整给二儿媳的房产，又立遗嘱由四子张士国“继承”。1966年巫溪县人民法院按“遗嘱”作了调解。二儿媳的女儿张家定等人不服，提起申诉。据上，我们认为，对张家在1948年析产后，经财产所有人共同协商，于1953年分家时达成的各自管业且已执行多年的房产协议，应予以维护。张文卿夫妇于1955年所立“遗嘱”无效。

此复

最高人民法院关于财产共有人立遗嘱处分自己的财产部分有效处分他人的财产部分无效的批复

1. 1986年6月20日发布
2.〔86〕民他字第24号

广东省高级人民法院：

你院〔86〕粤法民字第16号请示报告收悉。关于刘坚诉冯仲勤房屋继承一案，经研究，我们基本同意你院审判委员会讨论的第一种意见。双方讼争的房屋，原系冯奇生及女儿冯湛清、女婿刘卓三人所共有。冯奇生于1949年病故前，经女儿冯湛清同意，用遗嘱处分属于自己和冯湛清的财产是有效的。但是，在未取得产权共有人刘卓的同意下，遗嘱也处分了刘卓的那一份财产，因此，该遗嘱所涉及刘卓财产部分则是无效的。在刘卓的权利受到侵害期间，讼争房屋进行了社会主义改造，致使刘卓无法主张权利。现讼争房屋发还，属于刘卓的那份房产应归其法定继承人刘坚等依法继承。

最高人民法院关于向美琼、熊伟浩、熊萍与张凤霞、张旭、张林录、冯树义执行遗嘱代理合同纠纷一案的请示的复函

1. 2003年1月29日发布
2. 〔2002〕民一他字第14号

陕西省高级人民法院：

你院《关于向美琼、熊伟浩、熊萍与张凤霞、张旭、张林录、冯树义执行遗嘱代理合同纠纷一案的请示报告》收悉。经研究认为，目前，《中华人民共和国民法通则》、《中华人民共和国继承法》对遗嘱执行人的法律地位、遗嘱执行人的权利义务均未作出相应的规定。只要法律无禁止性规定，民事主体的处分自己私权利行为就不应当受到限制。张凤霞作为熊毅武指定的遗嘱执行人，在遗嘱人没有明确其执行遗嘱所得报酬的情况下，与继承人熊伟浩、熊萍等人就执行遗嘱相关的事项签订协议，并按照该协议的约定收取遗嘱执行费，不属于《中华人民共和国律师法》第三十四条禁止的律师在同一案件中为双方当事人代理的情况，该协议是否有效，应当依据《中华人民共和国合同法》的规定进行审查。只要协议的签订出于双方当事人的自愿，协议内容是双方当事人真实的意思表示，不违反法律和行政法规的禁止性规定，就应认定为有效。如果熊伟浩、熊萍等人以张凤霞乘人之危，使其在违背真实意思表示的情况下签订协议为由，请求人民法院撤销或者变更该协议，应有明确的诉讼请求并提供相应的证据，否则，人民法院不宜主动对该协议加以变更或者撤销。

典型案例

李某、郭某阳诉郭某和、童某某继承纠纷案*

（最高人民法院审判委员会讨论通过
2015年4月15日发布）

关键词 民事 继承 人工授精 婚生子女

裁判要点

1. 夫妻关系存续期间，双方一致同意利用他人的精子进行人工授精并使女方受孕后，男方反悔，而女方坚持生出该子女的，不论该子女是否在夫妻关系存续期间出生，都应视为夫妻双方的婚生子女。

2. 如果夫妻一方所订立的遗嘱中没有为胎儿保留遗产份额，因违反《中华人民共和国继承法》第十九条规定，该部分遗嘱内容无效。分割遗产时，应当依照《中华人民共和国继承法》第二十八条规定，为胎儿保留继承份额。

相关法条

1.《中华人民共和国民法通则》第五十七条

---

* 最高人民法院指导案例50号，摘自最高人民法院官网。

2.《中华人民共和国继承法》第十九条、第二十八条

基本案情

原告李某诉称：位于江苏省南京市某住宅小区的306室房屋，是其与被继承人郭某顺的夫妻共同财产。郭某顺因病死亡后，其儿子郭某阳出生。郭某顺的遗产，应当由妻子李某、儿子郭某阳与郭某顺的父母即被告郭某和、童某某等法定继承人共同继承。请求法院在析产继承时，考虑郭某和、童某某有自己房产和退休工资，而李某无固定收入还要抚养幼子的情况，对李某和郭某阳给予照顾。

被告郭某和、童某某辩称：儿子郭某顺生前留下遗嘱，明确将306室赠予二被告，故对该房产不适用法定继承。李某所生的孩子与郭某顺不存在血缘关系，郭某顺在遗嘱中声明他不要这个人工授精生下的孩子，他在得知自己患癌症后，已向李某表示过不要这个孩子，是李某自己坚持要生下孩子。因此，应该由李某对孩子负责，不能将孩子列为郭某顺的继承人。

法院经审理查明：1998年3月3日，原告李某与郭某顺登记结婚。2002年，郭某顺以自己的名义购买了涉案建筑面积为45.08平方米的306室房屋，并办理了房屋产权登记。2004年1月30日，李某和郭某顺共同与南京军区南京总医院生殖遗传中心签订了人工授精协议书，对李某实施了人工授精，后李某怀孕。2004年4月，郭某顺因病住院，其在得知自己患了癌症后，向李某表示不要这个孩子，但李某不同意人工流产，坚持要生下孩子。5月20日，郭某顺在医院立下自书遗嘱，在遗嘱中声明他不要这个人工授精生下的孩子，并将306室房屋赠与其父母郭某和、童某某。郭某顺于5月23日病故。李某于当年10月22日产下一子，取名郭某阳。原告李某无业，每月领取最低生活保障金，另有不固定的打工收入，并持有夫妻关系存续期间的共同存款18705.4元。被告郭某和、童某某系郭某顺的父母，居住在同一个住宅小区的305室，均有退休工资。2001年3月，郭某顺为开店，曾向童某某借款8500元。

南京大陆房地产估价师事务所有限责任公司受法院委托，于2006年3月对涉案306室房屋进行了评估，经评估房产价值为19.3万元。

裁判结果

江苏省南京市秦淮区人民法院于2006年4月20日作出一审判决：涉案的306室房屋归原告李某所有；李某于本判决生效之日起30日内，给付原告郭某阳33442.4元，该款由郭某阳的法定代理人李某保管；李某于本判决生效之日起30日内，给付被告郭某和33442.4元、给付被告童某某41942.4元。一审宣判后，双方当事人均未提出上诉，判决已发生法律效力。

裁判理由

法院生效裁判认为：本案争议焦点主要有两方面：一是郭某阳是否为郭某顺和李某的婚生子女？二是在郭某顺留有遗嘱的情况下，对306室房屋应如何析产继承？

关于争议焦点一。《最高人民法院关于夫妻离婚后人工授精所生子女的法律地位如何确定的复函》中指出："在夫妻关系存续期间，双方一致同意进行人工授精，所生子女应视为夫妻双方的婚生子女，父母子女之间权利义务关系适用《中

华人民共和国婚姻法》的有关规定。”郭某顺因无生育能力,签字同意医院为其妻子即原告李某施行人工授精手术,该行为表明郭某顺具有通过人工授精方法获得其与李某共同子女的意思表示。只要在夫妻关系存续期间,夫妻双方同意通过人工授精生育子女,所生子女均应视为夫妻双方的婚生子女。《中华人民共和国民法通则》第五十七条规定:“民事法律行为从成立时起具有法律约束力。行为人非依法律规定或者取得对方同意,不得擅自变更或者解除。”因此,郭某顺在遗嘱中否认其与李某所怀胎儿的亲子关系,是无效民事行为,应当认定郭某阳是郭某顺和李某的婚生子女。

关于争议焦点二。《中华人民共和国继承法》(以下简称《继承法》)第五条规定:“继承开始后,按照法定继承办理;有遗嘱的,按照遗嘱继承或者遗赠办理;有遗赠扶养协议的,按照协议办理。”被继承人郭某顺死亡后,继承开始。鉴于郭某顺留有遗嘱,本案应当按照遗嘱继承办理。《继承法》第二十六条规定:“夫妻在婚姻关系存续期间所得的共同所有的财产,除有约定的以外,如果分割遗产,应当先将共同所有的财产的一半分出为配偶所有,其余的为被继承人的遗产。”最高人民法院《关于贯彻执行〈中华人民共和国继承法〉若干问题的意见》第38条规定:“遗嘱人以遗嘱处分了属于国家、集体或他人所有的财产,遗嘱的这部分,应认定无效。”登记在被继承人郭某顺名下的306室房屋,已查明是郭某顺与原告李某夫妻关系存续期间取得的夫妻共同财产。郭某顺死亡后,该房屋的一半应归李某所有,另一半才能作为郭某顺的遗产。郭某顺在遗嘱中,将306室全部房产处分归其父母,侵害了李某的房产权,遗嘱的这部分应属无效。此外,《继承法》第十九条规定:“遗嘱应当对缺乏劳动能力又没有生活来源的继承人保留必要的遗产份额。”郭某顺在立遗嘱时,明知其妻子腹中的胎儿而没有在遗嘱中为胎儿保留必要的遗产份额,该部分遗嘱内容无效。《继承法》第二十八条规定:“遗产分割时,应当保留胎儿的继承份额。”因此,在分割遗产时,应当为该胎儿保留继承份额。综上,在扣除应当归李某所有的财产和应当为胎儿保留的继承份额之后,郭某顺遗产的剩余部分才可以按遗嘱确定的分配原则处理。

高某与王某遗嘱继承纠纷上诉案

上诉人(原审原告):高某。

委托代理人:邓思源,云南锦绣江山律师事务所律师,特别授权代理。

被上诉人(原审被告):王某(曾用名高美珠)。

上诉人高某因与被上诉人王某遗嘱继承纠纷一案,不服昆明市五华区人民法院(2007)五法民二初字第52号民事判决,向本院提起上诉。本院于2007年5月15日受理此案后,依法组成合议庭审理了本案,现已审理终结。

一审判决确认:1987年3月17日,被继承人王某德与何某玲调解离婚,共同生育的孩子原告高某由何某玲抚养,被告王某由被继承人王某德抚养。而后被告王某即将户口迁至昆明与被继承人王某德共同生活。2001 年 12 月 7 日，房屋行政管理部门对坐落于云冶生活区新某幢某号房屋填发了所有权人为被继承人王某德的所有权证。被继承人王某德于 2006 年 9 月 28 日因病去世，被告王某退取了护理费 600 元。被告王某于 2006 年 10 月 20 日领取了被继承人王某德单位给予的工会补助 300 元；同月 23 日，被告王某领取了被继承人王某德单位给予的丧葬费 3765.15 元，抚恤费 13805.55 元，共计 17570.70 元。2006 年 4 月 30 日，被继承人王某德留有"遗嘱"一份，载明："本人是云冶职工王某德，但我与妻子何某玲离婚是经过西山区法院判决大女儿由何某玲负责。二女儿由王某德负责，现我 70 岁，身有糖尿病，行动不便，一直由二女儿照护，家中一切财产系云冶生活区某幢某单元某号房产证号 200175779 由王某所属，此遗嘱完全出于我本人自愿并无任何人干涉和逼迫。"被继承人王某德在遗嘱上签了字，并捺了手印。本案诉争房屋至今由被告王某居住。2006 年 12 月 29 日，原告高某遂以被告王某占有被继承人王某德的遗产并拒绝其依法继承为由，向一审法院提起本案诉讼，请求法院判令：1. 由原告高某按法定继承方式继承父亲王某德（已故）遗产的一半（价值为 43275.35 元）；2. 由被告王某承担本案诉讼费。

根据上述确认事实，一审判决认为：本案系因继承而引起的纠纷。根据我国《继承法》第三条的规定，被继承人王某德留有的遗产为本案讼争房屋一套，依法由其继承人继承，而丧葬费及抚恤金不属于遗产范围，依法不能分割。由于被继承人王某德所立"遗嘱"已将本案诉争房屋指定由被告王某一人继承所有，尽管原告高某对该份"遗嘱"不认可，但其并未能提交相反的证据证明该"遗嘱"不真实，而该份"遗嘱"从形式到内容均符合法律规定，故一审法院对该份"遗嘱"予以采信，并据此确定被继承人王某德留有的本案讼争房屋由被告王某继承所有。据此，一审判决依照《中华人民共和国继承法》第三条、第五条及《中华人民共和国民事诉讼法》第一百零七条之规定，判决：一、本市王家桥（云冶生活区）新 36 幢 2 单元 15 号房屋由被告王某继承所有；二、驳回原告高某的诉讼请求。

宣判后，上诉人高某不服原审判决，向本院提起上诉称：被上诉人在一审庭审中已认可被继承人王某德的遗产范围中还有银行存款 4000 元，但一审法院却未对此进行认定，而且，被上诉人提交的"遗嘱"系其伪造的证据，一审法院在未查清该证据真伪的情况下即判决由被上诉人继承本案讼争房屋是错误的。综上，请求二审法院判令：1. 依法撤销昆明市五华区人民法院（2007）五法民二初字第 52 号民事判决；2. 依法改判由上诉人按法定继承方式继承父亲王某德所留遗产的一半（房屋价值约 10000 元、银行存款 4000 元，合计 14000 元）。

被上诉人王某答辩称：一审判决认定事实清楚，适用法律正确，请求二审法院判令驳回上诉，维持原判。

二审经审理查明的事实与一审判决确认事实一致，且双方当事人均无异议，本院依法予以确认。

根据上述确认事实，审理本案涉及的问题主要是：上诉人的上诉请求是否成立。

本院认为：本案系被继承人王某德死亡后，就其所留遗产进行继承分割而产生的纠纷。根据本案查明的法律事实，坐落于昆明市云冶生活区新某幢某号房屋属于被继承人王某德的合法遗产，上诉人与被上诉人共同作为被继承人王某德的子女，系其法定第一顺序继承人。但是，我国《继承法》第五条规定："继承开始后，按照法定继承办理；有遗嘱的，按照遗嘱继承或者遗赠办理；有遗赠扶养协议的，按照协议办理。"由此可见，当被继承人留有处分其合法遗产的遗嘱的情况下，应当按照其所留遗嘱对遗产进行处分。而本案中，被继承人王某德生前于2006年4月30日自书所留的"遗嘱"符合我国《继承法》第十七条关于自书遗嘱由遗嘱人亲笔书写、签名并注明年、月、日的规定，尽管上诉人对该"遗嘱"的真实性提出异议，但其并未能提交确实有效的证据对此加以证实，亦在一审法院已告知其可对该"遗嘱"的签章进行司法鉴定的情况下，仍明确表示不愿对该"遗嘱"的签章进行司法鉴定。因此，上诉人在本案中应就此承担举证不能的不利后果，故对上诉人的该项上诉请求，本院不予支持。进而，依据被继承人王某德自书"遗嘱"载明的内容，即"家中一切财产系云冶生活区某幢某单元某号房产证号200175779由王某所属"，被继承人王某德所留合法遗产坐落于昆明市云冶生活区新某幢某号的房屋应当归被上诉人继承所有，而上诉人要求对该遗产按照法定继承方式进行继承的请求，无事实和法律依据，本院不予支持。至于上诉人提出被继承人王某德的遗产还有银行存款4000元，由于被上诉人对其持有该存款的事实予以了否认，而上诉人并未能提交确实有效的证据对此加以证实，因此，在上诉人未能举证证实该银行存款作为被继承人王某德的合法遗产由被上诉人占据、持有的情况下，其要求对该银行存款进行继承分割的请求不成立，本院不予支持。综上所述，上诉人的上诉请求均不成立，本院依法不予支持；而一审判决认定事实清楚，适用法律正确，本院依法予以维持。据此，依照《中华人民共和国民事诉讼法》第一百五十三条第一款第（一）项及第一百零七条之规定，判决如下：

驳回上诉，维持原判。

二审案件受理费人民币150元，由上诉人高某负担。

本判决为终审判决。

杨某与梁某甲等继承纠纷上诉案

上诉人（原审被告）：杨某。

委托代理人：陈琦，广东海迪森律师事务所律师。

委托代理人：梁昌云，广东海迪森律师事务所律师。

被上诉人（原审原告）：梁某甲。

被上诉人（原审原告）：梁某乙。

被上诉人（原审原告）：梁某丙。

三被上诉人的委托代理人郭全仔，广东大良律师事务所律师。

上诉人杨某因继承纠纷一案，不服广东省顺德市人民法院（2001）顺法民初字第1774号民事判决，向本院提起上诉。本院受理后，依法组成合议庭，于2003年3月4日询问了上诉人杨某的委托代理人陈琦和被上诉人梁某甲、梁某乙、梁某丙及其委托代理人郭全仔。本案现已审理终结。

原审判决认定：三原告是梁某与前妻黄某生育的子女，黄某死后，梁某与被告再婚，婚后没有生育子女。2000 年 5 月 16 日梁某患脑中风及出血病重，经广东省大良律师事务所见证，立下《声明书》，认为杨某不精心照顾他，却想方设法算他的钱财，还要卖掉他的房屋，声明该房屋任何人不得出卖，直至其寿终才可以处理；该房屋到其终老后属其份额归其子女梁某甲、梁某乙、梁某丙所有。同年 5 月 18 日梁某立下公证遗嘱书，认为坐落在顺德市大良区南薰横街某号房屋是其与杨某的共同财产，在其寿终后，属其份额归子女梁某甲、梁某乙、梁某丙共同继承，其所有的存款由儿子梁某丙负责保管，用于其所需的一切费用。梁某甲、梁某乙、梁某丙遂以梁某的存款用于医治梁某。梁某出院后，需坐轮椅，生活不能自理，与杨某共同生活。在与杨某共同生活期间，梁某与三原告因代管存款问题发生纠纷，并诉至本院，本院判决后，梁某丙等人按照判决书所确定的义务，于 2000 年 11 月 23 日以梁某名义存入 235201.33 元交给梁某，该款项于次日被取走。自 2000 年 8 月起，梁某长期到顺德市大良医院门诊医治，2000 年 8 月至 2001 年 1 月病历上记载梁某精神差，不能言语，2001 年 1 月 28 日和 2 月 21 日病历上记载梁某神志模糊，不能言语，3 月 15 日记载梁某神志恍惚、失语。此后，梁某住院治疗，于 2001 年 7 月 17 日因病死亡。梁某的医药费均可报销，杨某没有主张有否为梁某支付医药费。被告杨某提供了梁某在 2001 年 2 月 6 日的公证书两份，证明梁某生前立下遗嘱，将坐落在顺德市大良区南薰横街某号房屋的产权归杨某所有。梁某生前遗下的财产有：一、坐落在顺德市大良区南薰横街某号房屋，以梁某名义登记产权，是梁某与杨某的共同财产，梁某占一半份额。经本院评估，该房屋现价值 158100 元，梁某应占 79050 元。二、在上述房屋内的家电物品：冷气机一台、电视机一台，洗衣机一台、冰箱二台、按摩机三台，价值共 2640 元，梁某与杨某各占 1320 元。三、银行存款：2001 年 7 月 11 日梁某的银行存款 83575.22 元，已被杨某取走；2001 年 7 月 17 日杨某的银行存款20000元，已被杨某取走。四、三原告支付给梁某的返还款 235201.33 元，已被取走。该款扣除梁某和杨某在 2000 年 11 月 24 日起至 2001 年 7 月 17 日止的生活费 16914.72 元，余 218286.61 元。上述银行存款共 321861.83 元，杨某和梁某各占 160930.92 元。梁某死亡后，杨某支付过 10000 元丧葬费，三原告支付过丧葬费 10000 元，三原告在梁某住院期间支付过 3000 元给杨某。

原审判决认为：民事活动应遵循自愿、合法的原则。梁某在 2000 年 5 月 16 日立下《声明书》，认为杨某不精心照顾他，却想方设法算他的钱财，声明坐落在顺德市大良区南薰横街某号房屋到其终老后属其份额归子女梁某甲、梁某乙、梁某丙所有。5 月 18 日梁某立下公证遗嘱书，认为上述房屋是其与杨某的共同财产，在其寿终后，属其份额归子女梁某甲、梁某乙、梁某丙共同继承。对上述《声明书》、《遗嘱书》被告没有异议，且梁某曾为此《声明书》和《遗嘱书》向本院主张权利。因此，该《声明书》和《遗嘱书》是梁某当时的真实意思表示。被告认为梁某在2001年2月6日立下的公证书两份，将上述房屋的产权归杨某所有。梁某在2001年1月至3月期间，在医院门诊治疗，病历上记载梁某神志不清，不能言语，此后病情日益加重，最后病重住院至死亡。故而在2001年2月6日订立两份公证书时，梁某病重，神志不清，不能言语，未有证据证明梁某在订立该（2001）顺证内字第27某号和276号两份公证书时，能清晰表达自己的真实意思，且该两份公证书的内容与2000年5月《声明书》和《遗嘱书》的内容截然相反，不能证明是梁某真实意思的表示。顺德市公安局及广东省公安厅对2001年2月6日的两份公证书上梁某签名的真实性不能确认，故本院认定该两份公证书不是梁某的真实意思表示，不予采信。根据梁某在《声明书》和《遗嘱书》所反映的真实遗愿，坐落在顺德市大良区南薰横街某号房屋的1/2份额归杨某所有，1/2份额应归三原告所有。梁某的其余遗产，按法定继承的规定处理，为有利居住使用，由杨某补偿1/2房价款给三原告，即79050元，该房屋产权归杨某所有。该房屋里的家电物品，梁某占有1320元，三原告继承990元，杨某继承330元，由杨某支付990元给三原告后归杨某所有。2000年11月24日梁某已被取走的银行存款235201.33元，因杨某与梁某共同居住，且在梁某与其子女发生纠纷时，杨某曾以梁某的名义参与处理，梁某不可能在纠纷时将款项交回给子女，杨某也没有证据证明梁某把这笔款项已交给三原告。据此，可以认定该笔款项现在杨某处保管，剔除杨某和梁某的生活费后，该款余下218286.16元，连同其余由杨某取走的两笔存款，共321861.83元，梁某占160930.92元。该款三原告继承120698.19元，杨某继承40232.73元，据此，杨某应偿还三原告120698.19元。杨某支付过10000元丧葬费，三原告应负担3/4，即7500元；三原告支付过丧葬费10000元，杨某应负担1/4，即2500元；三原告在梁某住院期间支付过3000元给杨某，杨某应退还给三原告。以上费用比对，三原告应支付杨某2000元。根据《中华人民共和国民法通则》第四条，《中华人民共和国继承法》第十三条、第十六条、第二十二条第二款的规定，判决：一、坐落在顺德市大良区南薰横街某号房屋，杨某和梁某各占1/2份额，梁某的1/2份额由原告梁某甲、梁某乙、梁某丙继承。被告杨某支付79050元给原告梁某甲、梁某乙、梁某丙后，该房屋的产权归被告杨某所有。二、杨某支付990元给原告梁某甲、梁某乙、梁某丙后，在上述房屋内的冷气机一台、电视机一台、洗衣机一台、冰箱二台、按摩机三台归被告杨某所有。三、杨某补偿120698.19元给原告梁某甲、梁某乙、梁某丙后，杨某和梁某的现金和银行存款归杨某所有。四、原告梁某甲、梁某乙、梁某丙支付被告杨某2000元。五、上述款项对比，杨某应支付原告梁某甲、梁某乙、梁某丙198738.19元，该款在本判决发生法律效力之日起十日内支付给三原告。本案受理费10870元、鉴定费2090元，共计12960元，由三原告负担6950元，被告负担6010元。

宣判后，杨某不服，向本院提起上诉称：原审认定如下事实缺乏事实与法律依据，应予纠正。原审判决书第五页最后一行是:“2001 年 7 月 17 日杨某的银行存款 20000 元,已被杨某取走。”事实上,2001 年 7 月 17 日的存款凭证仅是10000 元,已用于梁某的丧事,为何却成了20000 元呢?原审判决第七页第十行是:公证书不是梁某的真实意思表示,不予采信。根据最高人民法院《关于民事诉讼证据的若干规定》第九条第六款“下列事实,当事人无需举证证明:……(六)已为有效公正文书所证明的事实”,根据《公证程序规则》第五十六条第二款“与公证事项有利害关系人对公证处出具的公证书或者作出的撤销……可以……向本级司法行政机关提出申诉……”和第五十七、五十八条的规定,再根据《公证程序规则》第二十三条“公证处应重点审查:(一)当事人的人数、身份、资格和民事行为能力”和第三十二条“法律行为公证应符合下列条件:(1)行为人具有相应的民事行为能力;(2)意思表示真实”、第三十四条“文书上的签名……应当准确属实”,上诉人认为:原审法院已调阅过顺德市公证处关于该遗嘱的公证档案,内除有公证文件外,还有询问笔录等,公证书除有梁某签名外,还有他的手指印。我们相信对于梁某是否具有民事行为能力和意思表示是否真实而作遗嘱,公证处比任何一个人或机构都清楚,原审法院仅凭一些病历就推定梁某向公证处立遗嘱时是处于“神志不清”,那不将公证人员置于万劫不复之地不可!所谓的笔迹鉴定更是浪费当事人钱财的行为,鉴定书中明显陈述是中风前后。一个人的书写与其健康状态有极大关系,只要文件中所述的事项是来源其真实意思表示即可。公证处人员所履行的职责和所出具的文书是国家承认,法律认可的法律事实,任何人或单位非经法定程序不能撤销或不予采信。否则,法律与法律之间岂不打架了吗?公证处以后的证明权和生存权又如何维系呢?原审判决认定:2000 年 11 月 24 日梁某已被取走的银行存款 235201.33 元,是他个人行为,上诉人毫不知情,梁某当时精神状态正常,有专人伺候,何时将款提走,用途是什么?上诉人不了解?上诉人还以为在三被上诉人处呢!根据《继承法》规定,遗产是指被继承人死亡时留下的财产。2000 年 11 月 24 日至 2001 年 7 月 17 日,这段期间梁某掌管着这笔款,有何用途,还剩多少,无从稽考,被上诉人在一审中又无证据证明存于上诉人处,原审法院依职权又调查了上诉人的存款情况,均无发现,则款项去向无踪,那么原审法院判决依据又是哪些呢?因而请求二审法院撤销原审判决,驳回被上诉人的诉讼请求。

上诉人答辩称:原审判决对顺德市公证处(2001)顺证内字第 27 某号和 276 号公证书不予采信符合法律规定。上述两份公证书形成于 2001 年 2 月 6 日,根据医院门诊病历显示,2001 年 1 月至 3 月期间,梁某身患重病,神志不清,不能言语,不能清晰表达自己的真实意思。另两份公证书上梁某的签名经顺德市公安局和广东省公安厅鉴定后认为“梁某的签名笔迹与梁某本人样本笔迹不同一”,即两份公证书的梁某签名不真实。并且,公证书的内容是伪造的,与梁某于 2000 年 5 月神志清醒时所作《声明书》和《遗嘱书》内容截然相反,故上述两份公证书并不是梁某的真实意思表示,不是有效的证明文书,而且办公证的全过程违反公证程序和公证手册。原审判决认定上诉人杨某取走2001年7月17日的银行存款20000元有事实依据。根据原审法院从相关银行所调查取得的证据显示，系上诉人杨某将其银行存款20000元取走。原审判决认定梁某被取走的银行存款235201.33元由上诉人保管是正确的。根据顺德市人民法院(2000)顺法民初第1220号民事判决书的判决，答辩人梁某丙曾于2000年11月23日返还235201.33元给梁某并存入银行，但该款却于次日被取走。当时梁某患重病而只有上诉人与其共同生活，寸步不离，拒绝答辩人及其他亲属包括所有认识梁某的人与梁某接触，另上诉人也没有证据证明梁某将该款交给其他人。综上所述，一审判决认定事实清楚，适用法律正确，实体处理适当，请二审法院依法维持原判。鉴定费用由上诉人承担，3000元和双方各自所出的10000元墓地费用应在梁某的遗产中扣除后，剩下的才算梁某的遗产。

上诉人与被上诉人在二审期间均未提交新证据。

上诉后，经审查，上诉人杨某对原审判决认定的"2001年7月17日杨某的银行存款20000元，已被杨某取走"、"公证书不是梁某的真实意思表示"、"2000年11月24日梁某已被取走的银行存款235201.33元，因……可认定该笔款项现在杨某处保管"以及"三原告在梁某住院期间支付过3000元给杨某，杨某应退回给三原告"的事实有异议，其余事实无异议，对无异议的部分事实，本院予以确认。

二审期间，经双方再三核对，上诉人杨某对其于2001年7月17日取走银行存款20000元及三被上诉人在梁某住院期间支付过3000元给其无异议。

本院认为：上诉人对原审法院认定的"2001年7月17日杨某的银行存款20000元，已被杨某取走"以及"三原告在梁某住院期间支付过3000元给杨某，杨某应退回给三原告"的事实有异议，在二审复核期间，上诉人对上述认定也表示无异议，故本院对该部分事实不再作认定。顺德市公安局及广东省公安厅对2001年2月6日订立的(2001)顺证内字第27某号、276号两份公证书上梁某的签名的真实性不能确认。且两份公证书的内容与2000年5月的《声明书》和《遗嘱书》的内容截然相反。而梁某在2001年2月6日订立两份公证书期间，处于病重期，其神志不清，不能言语。顺德市大良医院门诊部2001年1月至3月期间的治疗记录足以证实该事实。故可以认定梁某在2001年2月6日订立的两份公证书，不是其真实意思表示。上诉人称两份公证书是合法有效的主张，缺乏事实依据，本院不予支持。2000年11月23日以梁某名义存入银行的235201.33元款项，该款于次日便被取走。而医院病历上记载了从2000年8月至2001年1月期间，梁某精神差、不能言语的事实。在该状况下，梁某已无能力亲自到银行取款及作出对该款的一些处置。此时梁某通过诉讼从被上诉人手中拿回代管的该款项仅有一天，所以梁某也不可能再次把存折交与被上诉人保管。作为与梁某共同居住生活的上诉人，其并无证据证实梁某已把该款项交与被上诉人或是第三人。因而，该款已由上诉人杨某保管的事实足以认定。上诉人认为该款不在其处，应作去向不明处理的主张，不能成立，本院不予采信。综上，上诉人的上诉理由不成立，本院不予支持。一审判决认定事实清楚，适用法律正确，处理恰当，应予维持。被上诉人在上诉答辩期间提出鉴定费用应由上诉人承担及3000元和双方各自所出的10000元墓地费应从梁某的遗产扣除的请求，根据最高人民法院《关于民事经济审判方式改革问题的若干规定》第三十六条的规定，本院不予审查。

据此，依照《中华人民共和国民事诉讼法》第一百五十三条第一款第（一）项的规定，判决如下：

驳回上诉，维持原判。

二审案件受理费10870元，由上诉人杨某负担。

本判决为终审判决。

文书范本

自书遗嘱

遗　　嘱

本人因____________，特立以下遗嘱，具体内容如下：

1. 遗产的范围：

____

____

____

____________________（写明遗产的范围，具体包括个人遗产的名称、数额、价值、存放处所）。

2. 个人遗产的具体分配方案：

____

____

____

____________________（写明对个人遗产的具体处分意见：由哪个继承人继承哪一部分财产；若继承人是数人的，应分别写明各自的继承份额）。

3. 其他事项：

____

____

____

____________________（写明其他需要嘱托或说明的问题。如要求遗嘱继承人承担立遗嘱人丧葬的义务、指定遗嘱执行人等）。

本遗嘱一式____份，由________保存，由________具体执行。

立遗嘱人:________

立遗嘱地点:________

________年____月____日

注 意 事 项

自书遗嘱是立遗嘱人亲自书写,对其个人所有的财产进行处分,并于其死亡时发生效力的法律文书。

遗嘱继承,是指被继承人死亡以后,继承人按照被继承人生前所立的合法有效的遗嘱继承被继承人遗产的继承方式。遗嘱继承是与法定继承相对应的一种继承方式。在遗嘱继承中,生前立有遗嘱的被继承人称为遗嘱人或立遗嘱人,依照遗嘱的指定享有遗产继承权的人为遗嘱继承人。遗嘱依据书写人的不同分为自书遗嘱和代书遗嘱。自书遗嘱,是指由立遗嘱人亲笔书写的遗嘱,因此又称为亲笔遗嘱。

制作本文书时应当注意:自书遗嘱,须由遗嘱人亲笔书写遗嘱的全部内容。自书遗嘱既不能由他人代笔,也不能用打字机打印,不得以铅笔及其他易于涂改的笔书写。并且要注明年、月、日。遗嘱中未注明日期的,或者所注的日期不具体的,如只注明年、月,而未写日,遗嘱不能生效。

代书遗嘱

遗 嘱

立遗嘱人:________(写明立遗嘱人的基本情况,应写明其姓名、性别、出生年月日、民族、籍贯、职业、住址等项)。

立遗嘱的原因:________________

遗嘱的具体内容:

1. 遗产的范围:

____

____

____

____________________(写明遗产的范围,具体包括个人遗产的名称、数额、价值、存放处所)。

2. 个人遗产的具体分配方案:

____

____

____

__________(写明对个人遗产的具体处分意见:由哪个继承人继承哪一部分财产;若继承人是数人的,应分别写明各自的继承份额)。

3. 其他事项:

____

____

____

__________(写明其他需要嘱托或说明的问题。如要求遗嘱继承人承担立遗嘱人丧葬的义务、指定遗嘱执行人等)。

本遗嘱一式____份,由________保存,由________具体执行。

立遗嘱人:________

见证人:________

代书人:________

________年____月____日

立遗嘱地点:________

注 意 事 项

代书遗嘱,是立遗嘱人委托他人代为书写遗嘱,对其个人所有的财产进行处分,并于其死亡时发生效力的法律文书。在遗嘱人自己不能书写或者不愿亲笔书写的情况下,可以由他人代笔制作书面遗嘱。

遗嘱继承,是指被继承人死亡以后,继承人按照被继承人生前所立的合法有效的遗嘱,继承被继承人遗产的继承方式。遗嘱继承是与法定继承相对应的一种继承方式。

制作本文书时应当注意:代书遗嘱须有两个以上的见证人在场见证。见证人中的一人可为代书人。对见证人人数的要求,是为了保证代书的遗嘱确为遗嘱人的真实意思表示。因此,没有两个以上的见证人在场见证,而只有代书人一人在场代书的代书遗嘱,不具有代书遗嘱的效力。代书人、其他见证人和遗嘱人须在遗嘱上签名。

附义务的遗嘱

遗　嘱

本人因______________,特立以下遗嘱,具体内容如下:

1. 遗产的范围:

____

____
____________________(写明遗产的范围,具体包括个人遗产的名称、数额、价值、存放处所)。

2. 个人遗产的具体分配方案:

____
____
____
____________________(写明对个人遗产的具体处分意见:由哪个继承人继承哪一部分财产;若继承人是数人的,应分别写明各自的继承份额)。

3. 其他事项:

____
____
____
____________________(遗嘱人对继承人或受遗赠人取得遗产所附加的条件,并写明其他需要嘱托或说明的问题。如要求遗嘱继承人承担立遗嘱人丧葬的义务、指定遗嘱执行人等)。

本遗嘱一式____份,由________保存,由________具体执行。

立遗嘱人:________

________年____月____日

立遗嘱地点:________

注 意 事 项

附义务的遗嘱,是指遗嘱人明确规定继承人或受遗赠人继承或接受遗产应当履行一定的义务的遗嘱。

遗嘱人在遗嘱中所设定的义务,是遗嘱人对继承人或受遗赠人取得遗产所附加的条件。如果附义务的遗嘱中指定的继承人或受遗赠人放弃继承权或受遗赠权,那么他们也就无须履行义务。如果遗嘱指定有补充继承人或后补受遗赠人的,由补充继承人或后补受遗赠人取得遗产并履行遗嘱中所规定的义务。如果遗嘱没有规定补充继承人或后补受遗赠人时,该遗嘱不生效,所涉及的遗产部分应按照法定继承处理,所附义务或负担自然也不发生效力。

制作本文书时需要注意设定的义务须符合以下要求:(1)附义务的遗嘱中所设定的义务,只能由遗嘱继承人或受遗赠人承担。(2)附义务的遗嘱中所设定的义务,不得违反法律和社会公共利益。(3)附义务的遗嘱中所设定的义务,必须是有可能实现的。如果没有实现的可能,法律对此种遗嘱中规定的义务不予保护。(4)遗嘱中所设定的义务,不得超过继承人或受遗赠人所取得的遗产利益。

遗 赠 书

遗赠人:________(写明遗赠人的基本情况,应写明其姓名、性别、出生年月日、民族、籍贯、职业、住址)。

遗赠的内容:

____

____

________________(写明遗赠的主要内容,包括立遗赠的原因;遗赠人对其所有财产的具体处分方案)。

立遗赠人:________

代书人:________

________年____月____日

注 意 事 项

遗赠书,是指自然人以遗嘱的方式将其个人财产赠与国家、集体或者法定继承人以外的自然人,而于其死亡后才发生法律效力的法律文书。

遗赠,是指自然人以遗嘱的方式将其个人财产赠与国家、集体或者法定继承人以外的自然人,而于其死亡后才发生法律效力的民事法律行为。以继受遗产的人与遗嘱人的关系可以区分遗嘱继承与遗赠。遗嘱中指定法定继承人范围内的人继受遗产的,为遗嘱继承,且继承人须概括地继受遗产的全部或部分;遗嘱中指定法定继承人范围以外的人继受遗产的,为遗赠,且受遗赠人只能承受财产利益,而不承受财产之上的义务。遗赠人所立的遗嘱符合法律规定的形式。遗赠人设立的遗嘱不合法定形式的,遗赠无效。

制作本文书时,应当着重写明遗赠人对其所有财产的具体处分方案。

遗嘱公证书

(______)____字第____号

兹证明________(应写明姓名、性别、出生年月日和现住址)于________年____月____日在________(地点或者公证处),在我和________(可以是其他公证员,也可以是见证人)的面前,立下了前面的遗嘱,并在遗嘱上签名(或者盖章)。

经查,遗嘱人的行为和遗嘱的内容符合《中华人民共和国继承法》第16条的规定,是合法有效的。

________市________公证处
公证员:________(签名)
________年____月____日

注意事项

遗嘱公证书是国家公证机关根据遗嘱人的申请,依法证明其立遗嘱的行为真实、合法时所使用的法律文书。

经过公证的遗嘱是方式最为严格的遗嘱,较之其他的遗嘱方式更能保障遗嘱人意思表示的真实性。因此,在当事人发生继承纠纷时,公证遗嘱是证明遗嘱人处分财产的意思表示的最有力的和最可靠的证据。公证遗嘱由遗嘱人经公证机关办理。办理遗嘱公证须遵守一定的程序:(1)遗嘱人亲自申请办理公证;(2)遗嘱人在公证人员面前亲自书写遗嘱或者口授遗嘱,公证人员在办理公证遗嘱时应当遵守回避的规定;(3)公证人员应在对相关事项的真实性、合法性等予以审查的基础上依法作出公证。

制作本文书时应当注意:审查立遗嘱人的行为能力是否与其作出的遗嘱行为相适应,并且注意审查立遗嘱人的身份证明、财产所有权证明等材料的真实性。公证机关应当为遗嘱人的遗嘱内容保密。

受赠公证书

(______)____字第____号

兹证明________(男或女,________年____月____日出生,现住________省________县________乡________村)于________年____月____日来到我处(或在________地),在我的面前,在前面的受赠书上签名(盖章或按手印)。

____________的受赠行为符合《中华人民共和国民法通则》第五十五条的规定。

________市________公证处
公证员:________
________年____月____日

注 意 事 项

受赠公证书是国家公证机关对赠与人与受赠人之前赠与行为的真实性、合法性予以证明,依法出具的法律文书。

赠与公证是公证处依法证明赠与人赠与财产、受赠人收受赠与财产或赠与人与受赠人签订赠与合同真实、合法的行为。

制作本文书时需要注意赠与公证,应当着重审查下列内容:(1)赠与人的意思表示真实,行为合法;(2)赠与人必须有赠与能力,不因赠与而影响其生活或居住;(3)赠与财产的权属状况,有无争议;(4)赠与书、受赠书、赠与合同真实、合法;(5)公证人员认为应当查明的其他情况。

流程图表

遗产公证流程

申请

申请人须填写公证申请书,
并出具身份证明、财产证明
及其他有关证明。

审查

公证员依据法律规定审查以下事项:
(1)遗嘱人是否有完全的行为能力;
(2)遗嘱的内容是否合法;
(3)遗嘱人对遗嘱处分的财产是否享有处分权;
(4)遗嘱人的意思表示是否真实等。

办理公证

5. 其　他

办理继承公证的指导意见

2009年10月22日中国公证协会第五届常务理事会第九次会议通过

第一条 为了规范公证机构办理继承公证事项,根据《中华人民共和国民法通则》、《中华人民共和国继承法》、《中华人民共和国公证法》、《公证程序规则》和有关法律、法规、规章以及《中国公证协会专业委员会业务规则制定程序》的规定,制定本指导意见。

第二条 当事人可以就继承被继承人某项遗产向公证机构申请办理继承公证,也可以就继承被继承人数项遗产一并向公证机构申请办理继承公证。

二个以上当事人继承同一遗产的,应当共同向一个公证机构提出公证申请。

第三条 当事人申请办理继承公证,应当提交下列材料:

(一)当事人的身份证件;

(二)被继承人的死亡证明;

(三)全部法定继承人的基本情况及与被继承人的亲属关系证明;

(四)其他继承人已经死亡的,应当提交其死亡证明和其全部法定继承人的亲属关系证明;

(五)继承记名财产的,应当提交财产权属(权利)凭证原件;

(六)被继承人生前有遗嘱或者遗赠扶养协议的,应当提交其全部遗嘱或者遗赠扶养协议原件;

(七)被继承人生前与配偶有夫妻财产约定的,应当提交书面约定协议;

(八)继承人中有放弃继承的,应当提交其作出放弃继承表示的声明书;

(九)委托他人代理申办公证的,应当提交经公证的委托书;

(十)监护人代理申办公证的,应当提交监护资格证明。

本条所称"死亡证明",是指医疗机构出具的死亡证明;公安机关出具的死亡证明或者注明了死亡日期的注销户口证明;人民法院宣告死亡的判决书;死亡公证书。

本条所称"亲属关系证明",是指被继承人或者继承人档案所在单位的人事部门出具的证明继承人与被继承人之间具有亲属关系的证明;基层人民政府出具的证明继承人与被继承人之间具有亲属关系的证明;公安机关出具的证明继承人与被继承人之间具有亲属关系的证明;能够证明相关亲属关系的婚姻登记证明、收养登记证明、出生医学证明和公证书。

第四条 当事人有合理理由无法提交本指导意见第三条规定的死亡证明或者亲属关系证明的,应当提交二件以上足以证明相关死亡事实或者相关亲属关系的其他证明材料。

当事人有合理理由无法提交财产权属(权利)凭证原件的,应当提交财产权属(权利)凭证制发部门出具的其他证明材料。

第五条 公证机构办理继承公证,除需要按照《公证程序规则》规定的事项进行审查外,还应当重点审查下列事项:

(一)当事人的身份是否属实;

（二）当事人与被继承人的亲属关系是否属实；

（三）被继承人有无其他继承人；

（四）被继承人和已经死亡的继承人的死亡事实是否属实；

（五）被继承人生前有无遗嘱或者遗赠扶养协议；

（六）申请继承的遗产是否属于被继承人个人所有。

第六条　对当事人提交的符合本指导意见第三条规定的材料，公证机构除需要按照《公证程序规则》的规定进行审查外，还应当采用下列方式对亲属关系证明、死亡证明和财产权属（权利）凭证原件进行重点核实：

（一）对亲属关系证明，应当向出具证明材料的单位核实；

（二）对死亡证明和财产权属（权利）凭证原件进行审查后有疑义的，应当向出具证明材料的单位核实。

第七条　对当事人提交的符合本指导意见第四条规定的其他证明材料，公证机构应当按照《公证程序规则》的规定，根据不同情况采用适当的方式进行审查。对证明相关死亡事实或者相关亲属关系的证明材料，公证机构应当向出具证明材料的单位或者个人核实。证明材料经核实，应当能够互相印证且能够共同证明被继承人或者其他继承人的死亡事实或者相关亲属关系。

第八条　公证机构办理继承公证，应当询问当事人并制作询问笔录。询问笔录除需要按照《公证程序规则》的规定应当载明的内容外，还应当载明下列内容：

（一）被继承人死亡的时间、地点、原因；

（二）被继承人生前工作单位、住址、婚姻状况；

（三）申请继承的遗产的来源、取得时间、权属及基本状况；

（四）被继承人全部法定继承人（包括尽了主要赡养义务的丧偶儿媳或者女婿）的姓名、性别、与被继承人的亲属关系、工作单位、住址。法定继承人已经死亡的，应当载明死亡的时间；

（五）在继承人以外有无依靠被继承人扶养的缺乏劳动能力又没有生活来源的人或者对被继承人扶养较多的人，有无需要为其保留遗产份额的胎儿；

（六）被继承人生前有无遗嘱或者遗赠扶养协议，有几份；

（七）继承人中有无表示放弃继承的。

第九条　公证机构办理继承公证，除需要按照《公证程序规则》的规定向当事人进行告知外，还应当重点告知下列内容：

（一）当事人隐瞒、遗漏继承人（包括有权分得适当遗产的其他人）的，或者隐瞒、遗漏被继承人遗嘱（遗赠扶养协议）的，应当承担相应的法律责任；

（二）继承遗产的，应当在继承遗产实际价值内清偿被继承人依法应当缴纳的税款和债务；

（三）遗嘱（遗赠扶养协议）附有义务的，继承人（受遗赠人）应当履行义务。

第十条　当事人申请办理继承金额（数量）不明的银行卡（证券资金账户）内钱款（证券）公证的，公证机构应当告知其先申请办理用途为查询卡(户)内金额(数量)的亲属关系公证,待金额(数量)确定后,公证机构可以为其办理继承公证。

当事人申请办理继承存放在银行保管箱内物品公证的,公证机构应当告知其先申请办理用途为查询保管箱内物品的亲属关系公证和开启保管箱清点物品的保全证据公证,待保管箱内属于被继承人所有的物品的种类和数量确定后,公证机构可以为其办理继承公证。

第十一条 当事人依照《中华人民共和国保险法》第四十二条的规定申请办理继承被继承人死亡保险金公证的,公证机构应当依照《中华人民共和国继承法》及本指导意见的有关规定为其办理继承公证。

第十二条 当事人申请办理继承有限责任公司股权公证的,公证机构应当告知其《中华人民共和国公司法》第七十六条的规定。

当事人申请办理继承有限责任公司股东资格公证的,应当提交公司章程和其现任职证明。公证机构应当审查公司章程对当事人继承股东资格有无限制性规定以及审查当事人所从事的职业是否限制其继承股东资格。根据公司章程和有关法律规定,当事人不能继承股东资格的,公证机构为其办理继承股权公证。

第十三条 当事人依照《中华人民共和国合伙企业法》第五十条和第八十条的规定申请办理继承合伙人财产份额或者合伙人资格公证的,公证机构参照本指导意见第十二条的规定办理。

第十四条 公证机构办理遗嘱继承公证,应当按照下列方式审查确认遗嘱的效力:

(一)遗嘱为公证遗嘱的,公证机构应当对遗嘱内容是否符合法律规定进行审查,并向全体法定继承人核实,核实的内容包括询问被继承人有无其他遗嘱或者遗赠扶养协议,法定继承人中有无缺乏劳动能力又没有生活来源的人。

法定继承人对公证机构的核实没有回复的,或者无法与法定继承人取得联系的,公证机构在对遗嘱进行审查后,可以确认遗嘱的效力;

(二)遗嘱为公证遗嘱以外的其他符合法定形式的遗嘱的,公证机构应当取得全体法定继承人对遗嘱内容无异议的书面确认,并经审查认为遗嘱的内容符合法律规定,可以确认遗嘱的效力;

(三)遗嘱为在境外所立的遗嘱的,公证机构应当根据法律、法规及司法部的有关规定确认遗嘱的效力。

第十五条 除《公证法》和《公证程序规则》规定的不予办理公证的情形外,有下列情形之一的,公证机构不予办理遗嘱继承公证:

(一)根据法律规定遗嘱继承人丧失继承权的;

(二)遗嘱经审查无效或者效力无法确认的;

(三)遗嘱处分的财产不属于被继承人个人所有或者被继承人生前已经处分了遗嘱所涉及的财产的;

(四)继承同一遗产,遗嘱继承人中有人未提出公证申请且又未作出放弃继承表示的；

（五）利害关系人与遗嘱继承人就遗嘱内容是否符合《中华人民共和国继承法》第十九条的规定有争议的；

（六）利害关系人有充分证据证明遗嘱继承人没有履行遗嘱所附义务的。

第十六条 除《公证法》和《公证程序规则》规定的不予办理公证的情形外，有下列情形之一的，公证机构不予办理法定继承公证：

（一）根据法律规定法定继承人丧失继承权的；

（二）被继承人生前所立遗嘱或者签订的遗赠扶养协议已经处分了法定继承人申请继承的遗产的；

（三）法定继承人中有人未提出公证申请且又未作出放弃继承表示的；

（四）法定继承人不能协助公证机构完成核实或者有关单位及个人拒绝协助公证机构进行核实的；

（五）法定继承人之间对法定继承人的范围、遗产的权属或者是否有适用《中华人民共和国继承法》第十二条、第十四条规定的人有争议的。

第十七条 继承人表示放弃继承的声明书应当亲自在公证员面前作出。继承人不能亲自到受理继承公证申请的公证机构作出放弃继承表示的，其表示放弃继承的声明书应当经过公证。

继承人表示放弃继承的，公证机构仅需审查继承人个人的意思表示。

第十八条 受遗赠人申请办理接受遗赠公证的，公证机构参照本指导意见有关办理遗嘱继承公证的规定办理。

第十九条 本指导意见由中国公证协会常务理事会负责解释。

司法部、中国银行业监督管理委员会关于在办理继承公证过程中查询被继承人名下存款等事宜的通知

1. 2013年3月19日发布

2. 司发通〔2013〕78号

各省、自治区、直辖市司法厅（局），新疆生产建设兵团司法局，各银监局，各国有商业银行、股份制商业银行，邮储银行：

为保障存款人及其继承人的合法权益，便利当事人申办存款继承公证，及时办理银行存款过户或者支付手续，根据我国《商业银行法》、《公证法》、《继承法》等法律法规的规定，现就办理继承公证过程中查询被继承人名下存款等事宜通知如下：

一、经公证机构审查确认身份的继承人，可凭公证机构出具的《存款查询函》查询作为被继承人的存款人在各银行业金融机构的存款信息。

公证机构出具《存款查询函》，应当审查确认存款人的死亡事实及查询申请人为存款人的合法继承人。

二、银行业金融机构接到《存款查询函》后，应当及时为继承人办理查询事宜，并出具《存款查询情况通知书》。

继承人为多人的，可以单独或者共同向银行业金融机构提出查询请求。查询申请人可在公证机构签署《委托书》，授权他人代为查询。

三、公证机构在办理继承公证过程中需要核实被继承人银行存款情况的，各银行

业金融机构应当予以协助。

四、在办理继承公证过程中查询或者核实银行业金融机构管理、知悉的具有遗产性质的其他财产权益的情况依照本通知执行。

五、公证机构、银行业金融机构要加强协作、配合,积极做好存款查询和核实工作,切实保障存款人及其继承人的合法权益,维护银行存款过户和支付秩序。

六、本通知自发布之日起施行。本通知执行过程中遇到的问题,由司法部会同中国银行业监督管理委员会解释。

请各省(区、市)司法厅(局)和银监局,分别将本通知转发至本辖区内各公证机构、各银监分局和银行业金融机构。

附件:1.《存款查询函》格式(略)
2.《存款查询情况通知书》格式(略)
3.《委托书》格式(略)

最高人民法院关于如何处理农村五保对象遗产问题的批复

1. 2000年6月30日最高人民法院审判委员会第1121次会议通过
2. 2000年7月25日公布
3. 法释〔2000〕23号
4. 自2000年8月3日起施行

各省、自治区、直辖市高级人民法院,解放军军事法院,新疆维吾尔自治区高级人民法院生产建设兵团分院:

国务院1994年1月23日《农村五保供养工作条例》发布后,一些高级人民法院反映,我院1985年9月11日发布的法(民)发〔1985〕22号《关于贯彻执行〈中华人民共和国继承法〉若干问题的意见》第55条的规定与该条例的有关规定不一致。经研究,答复如下:

农村五保对象死亡后,其遗产按照国务院《农村五保供养工作条例》第十八条、第十九条的有关规定处理。

此复

最高人民法院办公厅关于发给杨格非遗产继承权证明书的批复

1. 1963年7月16日发布
2. 〔63〕法司字第163号

福建省高级人民法院:

你院〔63〕闽法行字第2293号函悉。关于杨格非的遗产继承问题,我们同意根据在厦门的继承人向公证机关提出国外继承人已放弃继承权的证明,发给杨瑞田继承权证明书。

此复

最高人民法院关于方益顺、方深耕与祁门县凫峰乡恒丰村中心生产队房产纠纷案的批复

1. 1985年3月28日发布
2. 〔85〕法民字第4号

安徽省高级人民法院:

你院皖民他字〔84〕第9号关于方益顺、方深耕与祁门县凫峰乡恒丰村中心生产队房产纠纷一案的请示报告收悉。经研究我们认为,双方诉争之房屋原系方益顺祖上遗产,其父母死亡后,应有权继承

其父母的遗产。但方益顺在土改前一直未主张权利，土改时其伯母张珍仂一人登记确权，张珍仂死后生产队将此房屋作绝产管理使用20余年，方也未提出过异议。所以，房产权应视为属于张珍仂。张死后她的遗产就已转移归集体所有。方益顺现要求继承此遗产自不应支持。至于方深耕，因与张珍仂生前没有形成收养关系，就不存在继承的问题。因此，该遗产归集体所有为宜。

最高人民法院关于蒋秀蓉诉彭润明、邱家乐、朱翠莲继承清偿债务纠纷一案的批复

1. 1991年1月26日发布

2. 〔90〕民他字第23号

四川省高级人民法院：

你院〔89〕川法民示字第28号关于新津县蒋秀蓉诉彭润明、邱家乐、朱翠莲继承清偿债务纠纷一案的请示报告收悉。经研究认为：蒋秀蓉在彭继承、邱国红夫妇家当保姆期间，被犯罪分子王念先杀伤致残，彭、邱夫妇亦在与该罪犯搏斗中被杀身亡。从本案事实看，蒋秀蓉并非因保护雇主一家的生命、财产安全或其他利益而被杀伤，故要求从雇主的遗产中补偿其医疗费、生活费等，于法无据。但鉴于蒋秀蓉是在受雇期间受害的具体情况，可尽量对被告多做说服工作，争取其自愿从遗产中给予蒋秀蓉适当照顾。如调解不成，即判决驳回蒋秀蓉的诉讼请求。

以上意见，供参考。

典型案例

崔某与徐某遗赠扶养协议纠纷上诉案

上诉人（原审被告）：崔某。

委托代理人：樊海宏，河南恒升律师事务所律师。

被上诉人（原审原告）：徐某。

委托代理人：郭呈世，河南恒辉律师事务所律师。

上诉人崔某因与被上诉人徐某遗赠扶养协议纠纷一案，不服卫辉市人民法院（2009）卫民初字第1511号民事判决，向本院提起上诉。本院依法组成合议庭审理了本案，现已审理终结。

原审认定：原、被告系远房亲戚，原告因配偶去世，自己无子女，与被告协商，双方于2007年9月3日签订了遗赠扶养协议书，并办理了（2007）卫证民字第128号公证书，双方在协议中约定：被告到原告处与其共同生活，并照顾原告的饮食起居。原告百年去世后，被告按照协议履行了上述义务后，将卫辉市劳动路房产一处的产权归被告所有，被告如不按照协议履行义务，原告有权单方解除协议。协议履

行中,双方发生矛盾,原告一气之下到养老院居住5个多月。

原审认为:原、被告既然签订了协议,并且进行了公证,应当按照协议全面履行。由于双方发生矛盾,且原告坚持要求解除遗赠扶养协议,对该请求,依法予以支持。被告辩称不同意解除协议的理由不足,不予支持。依照《中华人民共和国收养法》第二十七条、《中华人民共和国民法通则》第一百一十七条之规定,原审判决:一、解除原告徐某与被告崔某签订的遗赠扶养协议;二、限被告崔某于本判决生效后十日内搬出现居住原告的房屋。案件受理费100元,由被告负担。

崔某不服原审判决上诉称:上诉人对被上诉人精心照顾,被上诉人住进养老院是嫌家中寒冷,并不是上诉人照顾不周。原审认定事实有误,且适用法律不当,请求依法撤销原判,驳回被上诉人徐某的诉讼请求。徐某答辩称:崔某对其照顾不周,未按照遗赠扶养协议约定履行其应尽义务,现被上诉人要求解除协议符合法律规定,原判解除遗赠扶养协议正确,应予维持。

本院经审理查明的事实与原审认定一致。

本院认为:遗赠扶养协议是遗赠人和扶养人之间订立的,扶养人承担遗赠人的生养死葬义务,遗赠人将自己的财产于其死亡后转归扶养人的协议。遗赠扶养协议是一种平等、有偿和互为权利义务的民事法律关系。本案中崔某与徐某签订了遗赠扶养协议,按照协议约定崔某具有照顾徐某生活起居的义务,不仅应给予徐某生活上帮助,也应当给予精神上的关心和抚慰,但在履行协议过程中双方发生矛盾,崔某未能妥善处理,导致徐某从2008年12月外出独立生活至今,后徐某诉至法院要求解除遗赠扶养协议,现双方关系紧张,经作调解和好工作,徐某仍然坚持要求解除与崔某签订的遗赠扶养协议。综合上述情况,从保护老年人的合法权益出发,原审判决解除双方签订的遗赠扶养协议,符合我国相关法律规定,崔某不同意解除遗赠扶养协议的上诉理由不充分,本院不予支持。原审认定主要事实清楚,判决并无不当。依照《中华人民共和国继承法》第三十一条、《最高人民法院关于贯彻执行〈中华人民共和国继承法〉若干问题意见》第五十六条、《中华人民共和国民事诉讼法》第一百五十三条第一款第(一)项之规定,判决如下:

驳回上诉,维持原判。

二审案件受理费100元,由上诉人崔某负担。

本判决为终审判决。

文书范本

遗赠扶养协议

遗赠人(受扶养人):________(基本情况)。

扶养人(受遗赠人):________(基本情况)。

遗赠人因________需要照料,扶养人愿意照料遗赠人。双方经协商,达成如下协议:

1. 扶养人对遗赠人履行以下扶养送终义务:

____

____

____

____

____________________(写明双方约定的扶养人应当承担的义务,如日常起居照料、生活费、健康医疗、送终善后等)。

2. 遗赠人现有财产如下:

____

____

____

____________________(写明受扶养人具体有多少财产、名称和数量、价值如何,写明财产证照的名称号码,如房产证号等)。

3. 若扶养人尽到了扶养义务,可在遗赠人去世后受领上述财产。

4. 本协议自签订之日起生效,双方需共同信守(如果需要公证的,也可约定在公证后生效)。

遗赠人:________

扶养人:________

证明人:________

________年____月____日

注 意 事 项

遗赠扶养协议,是指遗赠人(即被扶养人)与扶养人签订的,由扶养人承担遗赠人生养死葬的义务,并于遗赠人死后享有按照协议接受遗赠的权利的协议书。

遗赠扶养协议有两种:一种是公民与自然人签订的遗赠扶养协议;另一种是公民与集体所有制组织签订的遗赠扶养协议。

制作本文书时应当注意写明扶养人应当承担的义务和受扶养人的财产情况。

遗赠扶养协议公证书

(______)____字第____号

兹证明遗赠人________(男或女,________年____月____日出生,现住________

省________市________街________号)与扶养人________(单位全称)的法定代表人(男或女,________年____月____日出生,现住________省________市________街________号)于________年____月____日自愿签订了前面的《遗赠扶养协议》,并在我的面前,在前面的协议上签名(盖章)。

________与________(单位名称)的代表人________签订上述协议的行为符合《中华人民共和国民法通则》第五十五条和《中华人民共和国继承法》的规定。

________市________公证处

公证员:________

________年____月____日

注意事项

遗赠扶养协议公证书是国家公证机关依法证明当事人签订遗赠扶养协议真实、合法时出具的法律文书。

遗赠扶养协议公证是公证处依法证明当事人签订遗赠扶养协议真实、合法的行为。

制作本文书时应当着重审查下列内容:

(1)当事人之间有共同生活的感情基础,一般居住在同一地;

(2)当事人的意思表示真实、协商一致,协议条款完备,权利义务明确、具体、可行;

(3)遗赠的财产属遗赠人所有,产权明确无争议;财产为特定的,不易灭失;

(4)遗赠人的债权债务有明确的处理意见;

(5)遗赠人有配偶并同居的,应以夫妻共同为一方签订协议;

(6)扶养人有配偶的,必须征得配偶的同意;

(7)担保人同意担保的意思表示及担保财产;

(8)公证人员认为应当查明的其他情况。

四、婚姻家庭纠纷处理

1. 民事调解

中华人民共和国
人民调解法

1. 2010年8月28日第十一届全国人民代表大会常务委员会第十六次会议通过
2. 2010年8月28日中华人民共和国主席令第34号公布
3. 自2011年1月1日起施行

目　　录

第一章　总　　则

第一条　【立法目的】为了完善人民调解制度，规范人民调解活动，及时解决民间纠纷，维护社会和谐稳定，根据宪法，制定本法。

第二条　【人民调解的内涵】本法所称人民调解，是指人民调解委员会通过说服、疏导等方法，促使当事人在平等协商基础上自愿达成调解协议，解决民间纠纷的活动。

第三条　【人民调解的原则】人民调解委员会调解民间纠纷，应当遵循下列原则：

（一）在当事人自愿、平等的基础上进行调解；

（二）不违背法律、法规和国家政策；

（三）尊重当事人的权利，不得因调解而阻止当事人依法通过仲裁、行政、司法等途径维护自己的权利。

第四条　【调解不收费原则】人民调解委员会调解民间纠纷，不收取任何费用。

第五条　【对人民调解工作的指导】国务院司法行政部门负责指导全国的人民调解工作，县级以上地方人民政府司法行政部门负责指导本行政区域的人民调解工作。

基层人民法院对人民调解委员会调解民间纠纷进行业务指导。

第六条　【国家对人民调解工作的支持和保障】国家鼓励和支持人民调解工作。县级以上地方人民政府对人民调解工作所需经费应当给予必要的支持和保障，对有突出贡献的人民调解委员会和人民调解员按照国家规定给予表彰奖励。

第二章　人民调解委员会

第七条　【人民调解委员会的性质和法律地位】人民调解委员会是依法设立的调解民间纠纷的群众性组织。

第八条 【人民调解委员会的组成】村民委员会、居民委员会设立人民调解委员会。企业事业单位根据需要设立人民调解委员会。

人民调解委员会由委员三至九人组成,设主任一人,必要时,可以设副主任若干人。

人民调解委员会应当有妇女成员,多民族居住的地区应当有人数较少民族的成员。

第九条 【人民调解委员会委员的产生和任期】村民委员会、居民委员会的人民调解委员会委员由村民会议或者村民代表会议、居民会议推选产生;企业事业单位设立的人民调解委员会委员由职工大会、职工代表大会或者工会组织推选产生。

人民调解委员会委员每届任期三年,可以连选连任。

第十条 【人民调解委员会的设立情况统计】县级人民政府司法行政部门应当对本行政区域内人民调解委员会的设立情况进行统计,并且将人民调解委员会以及人员组成和调整情况及时通报所在地基层人民法院。

第十一条 【人民调解委员会工作制度的建立健全和监督】人民调解委员会应当建立健全各项调解工作制度,听取群众意见,接受群众监督。

第十二条 【人民调解委员会的工作保障】村民委员会、居民委员会和企业事业单位应当为人民调解委员会开展工作提供办公条件和必要的工作经费。

第三章 人民调解员

第十三条 【人民调解员的产生】人民调解员由人民调解委员会委员和人民调解委员会聘任的人员担任。

第十四条 【人民调解员的个人素质及其培训】人民调解员应当由公道正派、热心人民调解工作,并具有一定文化水平、政策水平和法律知识的成年公民担任。

县级人民政府司法行政部门应当定期对人民调解员进行业务培训。

第十五条 【对不良调解员的处理】人民调解员在调解工作中有下列行为之一的,由其所在的人民调解委员会给予批评教育、责令改正,情节严重的,由推选或者聘任单位予以罢免或者解聘:

(一)偏袒一方当事人的;

(二)侮辱当事人的;

(三)索取、收受财物或者牟取其他不正当利益的;

(四)泄露当事人的个人隐私、商业秘密的。

第十六条 【对人民调解员的生活、医疗保障及其家属的救助】人民调解员从事调解工作,应当给予适当的误工补贴;因从事调解工作致伤致残,生活发生困难的,当地人民政府应当提供必要的医疗、生活救助;在人民调解工作岗位上牺牲的人民调解员,其配偶、子女按照国家规定享受抚恤和优待。

第四章 调解程序

第十七条 【调解程序的启动】当事人可以向人民调解委员会申请调解;人民调解委员会也可以主动调解。当事人一方明确拒绝调解的,不得调解。

第十八条 【人民调解与行政调解、诉讼调解三种方式的衔接】基层人民法院、公安机关对适宜通过人民调解方式解决的纠纷，可以在受理前告知当事人向人民调解委员会申请调解。

第十九条 【人民调解员的选择】人民调解委员会根据调解纠纷的需要，可以指定一名或者数名人民调解员进行调解，也可以由当事人选择一名或者数名人民调解员进行调解。

第二十条 【调解活动的参与】人民调解员根据调解纠纷的需要，在征得当事人的同意后，可以邀请当事人的亲属、邻里、同事等参与调解，也可以邀请具有专门知识、特定经验的人员或者有关社会组织的人员参与调解。

人民调解委员会支持当地公道正派、热心调解、群众认可的社会人士参与调解。

第二十一条 【调解公正与调解及时原则】人民调解员调解民间纠纷，应当坚持原则，明法析理，主持公道。

调解民间纠纷，应当及时、就地进行，防止矛盾激化。

第二十二条 【调解的灵活性原则】人民调解员根据纠纷的不同情况，可以采取多种方式调解民间纠纷，充分听取当事人的陈述，讲解有关法律、法规和国家政策，耐心疏导，在当事人平等协商、互谅互让的基础上提出纠纷解决方案，帮助当事人自愿达成调解协议。

第二十三条 【当事人的权利】当事人在人民调解活动中享有下列权利：

（一）选择或者接受人民调解员；

（二）接受调解、拒绝调解或者要求终止调解；

（三）要求调解公开进行或者不公开进行；

（四）自主表达意愿、自愿达成调解协议。

第二十四条 【当事人的义务】当事人在人民调解活动中履行下列义务：

（一）如实陈述纠纷事实；

（二）遵守调解现场秩序，尊重人民调解员；

（三）尊重对方当事人行使权利。

第二十五条 【人民调解员的能动性】人民调解员在调解纠纷过程中，发现纠纷有可能激化的，应当采取有针对性的预防措施；对有可能引起治安案件、刑事案件的纠纷，应当及时向当地公安机关或者其他有关部门报告。

第二十六条 【调解不成的处理】人民调解员调解纠纷，调解不成的，应当终止调解，并依据有关法律、法规的规定，告知当事人可以依法通过仲裁、行政、司法等途径维护自己的权利。

第二十七条 【调解案件的建档、归档问题】人民调解员应当记录调解情况。人民调解委员会应当建立调解工作档案，将调解登记、调解工作记录、调解协议书等材料立卷归档。

第五章 调解协议

第二十八条 【调解协议的达成】经人民调解委员会调解达成调解协议的，可以制作调解协议书。当事人认为无需制作调解协议书的，可以采取口头协议方式，人民调解员应当记录协议内容。

第二十九条 【调解协议书的内容】调解协议书可以载明下列事项：

（一）当事人的基本情况；

（二）纠纷的主要事实、争议事项以及各方当事人的责任；

（三）当事人达成调解协议的内容，履行的方式、期限。

调解协议书自各方当事人签名、盖章或者按指印，人民调解员签名并加盖人民调解委员会印章之日起生效。调解协议书由当事人各执一份，人民调解委员会留存一份。

第三十条　【口头调解协议的生效日期】口头调解协议自各方当事人达成协议之日起生效。

第三十一条　【调解协议的效力】经人民调解委员会调解达成的调解协议，具有法律约束力，当事人应当按照约定履行。

人民调解委员会应当对调解协议的履行情况进行监督，督促当事人履行约定的义务。

第三十二条　【调解协议达成后的司法救济】经人民调解委员会调解达成调解协议后，当事人之间就调解协议的履行或者调解协议的内容发生争议的，一方当事人可以向人民法院提起诉讼。

第三十三条　【人民调解协议的司法确认】经人民调解委员会调解达成调解协议后，双方当事人认为有必要的，可以自调解协议生效之日起三十日内共同向人民法院申请司法确认，人民法院应当及时对调解协议进行审查，依法确认调解协议的效力。

人民法院依法确认调解协议有效，一方当事人拒绝履行或者未全部履行的，对方当事人可以向人民法院申请强制执行。

人民法院依法确认调解协议无效的，当事人可以通过人民调解方式变更原调解协议或者达成新的调解协议，也可以向人民法院提起诉讼。

第六章　附　　则

第三十四条　【人民调解委员会的参照设立】乡镇、街道以及社会团体或者其他组织根据需要可以参照本法有关规定设立人民调解委员会，调解民间纠纷。

第三十五条　【生效日期】本法自2011年1月1日起施行。

最高人民法院关于适用简易程序审理民事案件的若干规定

1. *2003年7月4日最高人民法院审判委员会第1280次会议通过*
2. *2003年9月10日公布*
3. *法释〔2003〕15号*
4. *自2003年12月1日起施行*

为保障和方便当事人依法行使诉讼权利，保证人民法院公正、及时审理民事案件，根据《中华人民共和国民事诉讼法》的有关规定，结合民事审判经验和实际情况，制定本规定。

一、适 用 范 围

第一条　基层人民法院根据《中华人民共和国民事诉讼法》第一百四十二条规定审理简单的民事案件，适用本规定，但有下列情形之一的案件除外：

（一）起诉时被告下落不明的；

（二）发回重审的；

（三）共同诉讼中一方或者双方当事人人数众多的；

（四）法律规定应当适用特别程序、审判监督程序、督促程序、公示催告程序和企业法人破产还债程序的；

（五）人民法院认为不宜适用简易程序进行审理的。

第二条 基层人民法院适用第一审普通程序审理的民事案件，当事人各方自愿选择适用简易程序，经人民法院审查同意的，可以适用简易程序进行审理。

人民法院不得违反当事人自愿原则，将普通程序转为简易程序。

第三条 当事人就适用简易程序提出异议，人民法院认为异议成立的，或者人民法院在审理过程中发现不宜适用简易程序的，应当将案件转入普通程序审理。

二、起诉与答辩

第四条 原告本人不能书写起诉状，委托他人代写起诉状确有困难的，可以口头起诉。

原告口头起诉的，人民法院应当将当事人的基本情况、联系方式、诉讼请求、事实及理由予以准确记录，将相关证据予以登记。人民法院应当将上述记录和登记的内容向原告当面宣读，原告认为无误后应当签名或者捺印。

第五条 当事人应当在起诉或者答辩时向人民法院提供自己准确的送达地址、收件人、电话号码等其他联系方式，并签名或者捺印确认。

送达地址应当写明受送达人住所地的邮政编码和详细地址；受送达人是有固定职业的自然人的，其从业的场所可以视为送达地址。

第六条 原告起诉后，人民法院可以采取捎口信、电话、传真、电子邮件等简便方式随时传唤双方当事人、证人。

第七条 双方当事人到庭后，被告同意口头答辩的，人民法院可以当即开庭审理；被告要求书面答辩的，人民法院应当将提交答辩状的期限和开庭的具体日期告知各方当事人，并向当事人说明逾期举证以及拒不到庭的法律后果，由各方当事人在笔录和开庭传票的送达回证上签名或者捺印。

第八条 人民法院按照原告提供的被告的送达地址或者其他联系方式无法通知被告应诉的，应当按以下情况分别处理：

（一）原告提供了被告准确的送达地址，但人民法院无法向被告直接送达或者留置送达应诉通知书的，应当将案件转入普通程序审理；

（二）原告不能提供被告准确的送达地址，人民法院经查证后仍不能确定被告送达地址的，可以被告不明确为由裁定驳回原告起诉。

第九条 被告到庭后拒绝提供自己的送达地址和联系方式的，人民法院应当告知其拒不提供送达地址的后果；经人民法院告知后被告仍然拒不提供的，按下列方式处理：

（一）被告是自然人的，以其户籍登记中的住所地或者经常居住地为送达地址；

（二）被告是法人或者其他组织的，应当以其工商登记或者其他依法登记、备案中的住所地为送达地址。

人民法院应当将上述告知的内容记入笔录。

第十条 因当事人自己提供的送达地址不准确、送达地址变更未及时告知人民法院，或者当事人拒不提供自己的送达地址而导致诉讼文书未能被当事人实际接收的，按下列方式处理：

（一）邮寄送达的，以邮件回执上注明的退回之日视为送达之日；

（二）直接送达的，送达人当场在送达回证上记明情况之日视为送达之日。

上述内容，人民法院应当在原告起诉和被告答辩时以书面或者口头方式告知当事人。

第十一条 受送达的自然人以及他的同住成年家属拒绝签收诉讼文书的，或者法人、其他组织负责收件的人拒绝签收诉讼文书的，送达人应当依据《中华人民共和国民事诉讼法》第七十九条的规定邀请有关基层组织或者所在单位的代表到场见证，被邀请的人不愿到场见证的，送达人应当在送达回证上记明拒收事由、时间和地点以及被邀请人不愿到场见证的情形，将诉讼文书留在受送达人的住所或者从业场所，即视为送达。

受送达人的同住成年家属或者法人、其他组织负责收件的人是同一案件中另一方当事人的，不适用前款规定。

三、审理前的准备

第十二条 适用简易程序审理的民事案件，当事人及其诉讼代理人申请人民法院调查收集证据和申请证人出庭作证，应当在举证期限届满前提出，但其提出申请的期限不受《最高人民法院关于民事诉讼证据的若干规定》第十九条第一款、第五十四条第一款的限制。

第十三条 当事人一方或者双方就适用简易程序提出异议后，人民法院应当进行审查，并按下列情形分别处理：

（一）异议成立的，应当将案件转入普通程序审理，并将合议庭的组成人员及相关事项以书面形式通知双方当事人；

（二）异议不成立的，口头告知双方当事人，并将上述内容记入笔录。

转入普通程序审理的民事案件的审理期限自人民法院立案的次日起开始计算。

第十四条 下列民事案件，人民法院在开庭审理时应当先行调解：

（一）婚姻家庭纠纷和继承纠纷；

（二）劳务合同纠纷；

（三）交通事故和工伤事故引起的权利义务关系较为明确的损害赔偿纠纷；

（四）宅基地和相邻关系纠纷；

（五）合伙协议纠纷；

（六）诉讼标的额较小的纠纷。

但是根据案件的性质和当事人的实际情况不能调解或者显然没有调解必要的除外。

第十五条 调解达成协议并经审判人员审核后，双方当事人同意该调解协议经双方签名或者捺印生效的，该调解协议自双方签名或者捺印之日起发生法律效力。当事人要求摘录或者复制该调解协议的，应予准许。

调解协议符合前款规定的，人民法院应当另行制作民事调解书。调解协议生效后一方拒不履行的，另一方可以持民事调解书申请强制执行。

第十六条 人民法院可以当庭告知当事人到人民法院领取民事调解书的具体日期，也可以在当事人达成调解协议的次日起十日内将民事调解书发送给当事人。

第十七条 当事人以民事调解书与调解协议的原意不一致为由提出异议，人民法院审查后认为异议成立的，应当根据调解协议裁定补正民事调解书的相关内容。

四、开庭审理

第十八条 以捎口信、电话、传真、电子邮件等形式发送的开庭通知，未经当事人确认或者没有其他证据足以证明当事人已经收到的，人民法院不得将其作为按撤诉处理和缺席判决的根据。

第十九条 开庭前已经书面或者口头告知当事人诉讼权利义务，或者当事人各方均委托律师代理诉讼的，审判人员除告知当事人申请回避的权利外，可以不再告知当事人其他的诉讼权利义务。

第二十条 对没有委托律师代理诉讼的当事人，审判人员应当对回避、自认、举证责任等相关内容向其作必要的解释或者说明，并在庭审过程中适当提示当事人正确行使诉讼权利、履行诉讼义务，指导当事人进行正常的诉讼活动。

第二十一条 开庭时，审判人员可以根据当事人的诉讼请求和答辩意见归纳出争议焦点，经当事人确认后，由当事人围绕争议焦点举证、质证和辩论。

当事人对案件事实无争议的，审判人员可以在听取当事人就适用法律方面的辩论意见后迳行判决、裁定。

第二十二条 当事人双方同时到基层人民法院请求解决简单的民事纠纷，但未协商举证期限，或者被告一方经简便方式传唤到庭的，当事人在开庭审理时要求当庭举证的，应予准许；当事人当庭举证有困难的，举证的期限由当事人协商决定，但最长不得超过十五日；协商不成的，由人民法院决定。

第二十三条 适用简易程序审理的民事案件，应当一次开庭审结，但人民法院认为确有必要再次开庭的除外。

第二十四条 书记员应当将适用简易程序审理民事案件的全部活动记入笔录。对于下列事项，应当详细记载：

（一）审判人员关于当事人诉讼权利义务的告知、争议焦点的概括、证据的认定和裁判的宣告等重大事项；

（二）当事人申请回避、自认、撤诉、和解等重大事项；

（三）当事人当庭陈述的与其诉讼权利直接相关的其他事项。

第二十五条 庭审结束时，审判人员可以根据案件的审理情况对争议焦点和当事人各方举证、质证和辩论的情况进行简要总结，并就是否同意调解征询当事人的意见。

第二十六条 审判人员在审理过程中发现案情复杂需要转为普通程序的，应当在审限届满前及时作出决定，并书面通知当事人。

五、宣判与送达

第二十七条 适用简易程序审理的民事案件，除人民法院认为不宜当庭宣判的以外，应当当庭宣判。

第二十八条 当庭宣判的案件，除当事人当庭要求邮寄送达的以外，人民法院应当告知当事人或者诉讼代理人领取裁判文书的期间和地点以及逾期不领取的法律后果。上述情况，应当记入笔录。

人民法院已经告知当事人领取裁判文书的期间和地点的，当事人在指定期间内领取裁判文书之日即为送达之日；当事人在指定期间内未领取的，指定领取裁判文书期间届满之日即为送达之日，当事人的上诉期从人民法院指定领取裁判文书期间届满之日的次日起开始计算。

第二十九条 当事人因交通不便或者其他原因要求邮寄送达裁判文书的，人民法院可以按照当事人自己提供的送达地址邮寄送达。

人民法院根据当事人自己提供的送达地址邮寄送达的，邮件回执上注明收到或者退回之日即为送达之日，当事人的上诉期从邮件回执上注明收到或者退回之日的次日起开始计算。

第三十条 原告经传票传唤，无正当理由拒不到庭或者未经法庭许可中途退庭的，可以按撤诉处理；被告经传票传唤，无正当理由拒不到庭或者未经法庭许可中途退庭的，人民法院可以根据原告的诉讼请求及双方已经提交给法庭的证据材料缺席判决。

按撤诉处理或者缺席判决的，人民法院可以按照当事人自己提供的送达地址将裁判文书送达给未到庭的当事人。

第三十一条 定期宣判的案件，定期宣判之日即为送达之日，当事人的上诉期自定期宣判的次日起开始计算。当事人在定期宣判的日期无正当理由未到庭的，不影响该裁判上诉期间的计算。

当事人确有正当理由不能到庭，并在定期宣判前已经告知人民法院的，人民法院可以按照当事人自己提供的送达地址将裁判文书送达给未到庭的当事人。

第三十二条 适用简易程序审理的民事案件，有下列情形之一的，人民法院在制作裁判文书时对认定事实或者判决理由部分可以适当简化：

（一）当事人达成调解协议并需要制作民事调解书的；

（二）一方当事人在诉讼过程中明确表示承认对方全部诉讼请求或者部分诉讼请求的；

（三）当事人对案件事实没有争议或者争议不大的；

（四）涉及个人隐私或者商业秘密的案件，当事人一方要求简化裁判文书中的相关内容，人民法院认为理由正当的；

（五）当事人双方一致同意简化裁判文书的。

六、其　他

第三十三条 本院已经公布的司法解释与本规定不一致的，以本规定为准。

第三十四条 本规定自2003年12月1日起施行。2003年12月1日以后受理的民事案件，适用本规定。

最高人民法院关于人民法院民事调解工作若干问题的规定①

1. *2004年8月18日最高人民法院审判委员会第1321次会议通过*
2. *2004年9月16日公布*
3. *法释〔2004〕12号*
4. *自2004年11月1日起施行*

为了保证人民法院正确调解民事

① 本文本系根据2008年12月16日发布的《最高人民法院关于调整司法解释等文件中引用〈中华人民共和国民事诉讼法〉条文序号的决定》（法释〔2008〕18号）修改后的文本。

案件,及时解决纠纷,保障和方便当事人依法行使诉讼权利,节约司法资源,根据《中华人民共和国民事诉讼法》等法律的规定,结合人民法院调解工作的经验和实际情况,制定本规定。

第一条 人民法院对受理的第一审、第二审和再审民事案件,可以在答辩期满后裁判作出前进行调解。在征得当事人各方同意后,人民法院可以在答辩期满前进行调解。

第二条 对于有可能通过调解解决的民事案件,人民法院应当调解。但适用特别程序、督促程序、公示催告程序、破产还债程序的案件,婚姻关系、身份关系确认案件以及其他依案件性质不能进行调解的民事案件,人民法院不予调解。

第三条 根据民事诉讼法第八十七条的规定,人民法院可以邀请与当事人有特定关系或者与案件有一定联系的企业事业单位、社会团体或者其他组织,和具有专门知识、特定社会经验、与当事人有特定关系并有利于促成调解的个人协助调解工作。

经各方当事人同意,人民法院可以委托前款规定的单位或者个人对案件进行调解,达成调解协议后,人民法院应当依法予以确认。

第四条 当事人在诉讼过程中自行达成和解协议的,人民法院可以根据当事人的申请依法确认和解协议制作调解书。双方当事人申请庭外和解的期间,不计入审限。

当事人在和解过程中申请人民法院对和解活动进行协调的,人民法院可以委派审判辅助人员或者邀请、委托有关单位和个人从事协调活动。

第五条 人民法院应当在调解前告知当事人主持调解人员和书记员姓名以及是否申请回避等有关诉讼权利和诉讼义务。

第六条 在答辩期满前人民法院对案件进行调解,适用普通程序的案件在当事人同意调解之日起15天内,适用简易程序的案件在当事人同意调解之日起7天内未达成调解协议的,经各方当事人同意,可以继续调解。延长的调解期间不计入审限。

第七条 当事人申请不公开进行调解的,人民法院应当准许。

调解时当事人各方应当同时在场,根据需要也可以对当事人分别作调解工作。

第八条 当事人可以自行提出调解方案,主持调解的人员也可以提出调解方案供当事人协商时参考。

第九条 调解协议内容超出诉讼请求的,人民法院可以准许。

第十条 人民法院对于调解协议约定一方不履行协议应当承担民事责任的,应予准许。

调解协议约定一方不履行协议,另一方可以请求人民法院对案件作出裁判的条款,人民法院不予准许。

第十一条 调解协议约定一方提供担保或者案外人同意为当事人提供担保的,人民法院应当准许。

案外人提供担保的,人民法院制作调解书应当列明担保人,并将调解书送交担保人。担保人不签收调解书的,不影响调解书生效。

当事人或者案外人提供的担保符

合担保法规定的条件时生效。

第十二条 调解协议具有下列情形之一的，人民法院不予确认：

（一）侵害国家利益、社会公共利益的；

（二）侵害案外人利益的；

（三）违背当事人真实意思的；

（四）违反法律、行政法规禁止性规定的。

第十三条 根据民事诉讼法第九十条第一款第（四）项规定，当事人各方同意在调解协议上签名或者盖章后生效，经人民法院审查确认后，应当记入笔录或者将协议附卷，并由当事人、审判人员、书记员签名或者盖章后即具有法律效力。当事人请求制作调解书的，人民法院应当制作调解书送交当事人。当事人拒收调解书的，不影响调解协议的效力。一方不履行调解协议的，另一方可以持调解书向人民法院申请执行。

第十四条 当事人不能对诉讼费用如何承担达成协议的，不影响调解协议的效力。人民法院可以直接决定当事人承担诉讼费用的比例，并将决定记入调解书。

第十五条 对调解书的内容既不享有权利又不承担义务的当事人不签收调解书的，不影响调解书的效力。

第十六条 当事人以民事调解书与调解协议的原意不一致为由提出异议，人民法院审查后认为异议成立的，应当根据调解协议裁定补正民事调解书的相关内容。

第十七条 当事人就部分诉讼请求达成调解协议的，人民法院可以就此先行确认并制作调解书。

当事人就主要诉讼请求达成调解协议，请求人民法院对未达成协议的诉讼请求提出处理意见并表示接受该处理结果的，人民法院的处理意见是调解协议的一部分内容，制作调解书的记入调解书。

第十八条 当事人自行和解或者经调解达成协议后，请求人民法院按照和解协议或者调解协议的内容制作判决书的，人民法院不予支持。

第十九条 调解书确定的担保条款条件或者承担民事责任的条件成就时，当事人申请执行的，人民法院应当依法执行。

不履行调解协议的当事人按照前款规定承担了调解书确定的民事责任后，对方当事人又要求其承担民事诉讼法第二百二十九条规定的迟延履行责任的，人民法院不予支持。

第二十条 调解书约定给付特定标的物的，调解协议达成前该物上已经存在的第三人的物权和优先权不受影响。第三人在执行过程中对执行标的物提出异议的，应当按照民事诉讼法第二百零四条规定处理。

第二十一条 人民法院对刑事附带民事诉讼案件进行调解，依照本规定执行。

第二十二条 本规定实施前人民法院已经受理的案件，在本规定施行后尚未审结的，依照本规定执行。

第二十三条 本规定实施前最高人民法院的有关司法解释与本规定不一致的，适用本规定。

第二十四条 本规定自 2004 年 11 月 1 日起实施。

最高人民法院关于人民调解协议司法确认程序的若干规定

1. 2011年3月21日最高人民法院审判委员会第1515次会议通过
2. 2011年3月23日公布
3. 法释〔2011〕5号
4. 自2011年3月30日起施行

为了规范经人民调解委员会调解达成的民事调解协议的司法确认程序，进一步建立健全诉讼与非诉讼相衔接的矛盾纠纷解决机制，依照《中华人民共和国民事诉讼法》和《中华人民共和国人民调解法》的规定，结合审判实际，制定本规定。

第一条 当事人根据《中华人民共和国人民调解法》第三十三条的规定共同向人民法院申请确认调解协议的，人民法院应当依法受理。

第二条 当事人申请确认调解协议的，由主持调解的人民调解委员会所在地基层人民法院或者它派出的法庭管辖。

人民法院在立案前委派人民调解委员会调解并达成调解协议，当事人申请司法确认的，由委派的人民法院管辖。

第三条 当事人申请确认调解协议，应当向人民法院提交司法确认申请书、调解协议和身份证明、资格证明，以及与调解协议相关的财产权利证明等证明材料，并提供双方当事人的送达地址、电话号码等联系方式。委托他人代为申请的，必须向人民法院提交由委托人签名或者盖章的授权委托书。

第四条 人民法院收到当事人司法确认申请，应当在三日内决定是否受理。人民法院决定受理的，应当编立“调确字”案号，并及时向当事人送达受理通知书。双方当事人同时到法院申请司法确认的，人民法院可以当即受理并作出是否确认的决定。

有下列情形之一的，人民法院不予受理：

（一）不属于人民法院受理民事案件的范围或者不属于接受申请的人民法院管辖的；

（二）确认身份关系的；

（三）确认收养关系的；

（四）确认婚姻关系的。

第五条 人民法院应当自受理司法确认申请之日起十五日内作出是否确认的决定。因特殊情况需要延长的，经本院院长批准，可以延长十日。

在人民法院作出是否确认的决定前，一方或者双方当事人撤回司法确认申请的，人民法院应当准许。

第六条 人民法院受理司法确认申请后，应当指定一名审判人员对调解协议进行审查。人民法院在必要时可以通知双方当事人同时到场，当面询问当事人。当事人应当向人民法院如实陈述申请确认的调解协议的有关情况，保证提交的证明材料真实、合法。人民法院在审查中，认为当事人的陈述或者提供的证明材料不充分、不完备或者有疑义的，可以要求当事人补充陈述或者补充证明材料。当事人无正当理由未按时补充或者拒不接受询问的，可以按撤回司法确认申请处理。

第七条 具有下列情形之一的，人民法院不予确认调解协议效力：

（一）违反法律、行政法规强制性规定的；

（二）侵害国家利益、社会公共利益的；

（三）侵害案外人合法权益的；

（四）损害社会公序良俗的；

（五）内容不明确，无法确认的；

（六）其他不能进行司法确认的情形。

第八条 人民法院经审查认为调解协议符合确认条件的，应当作出确认决定书；决定不予确认调解协议效力的，应当作出不予确认决定书。

第九条 人民法院依法作出确认决定后，一方当事人拒绝履行或者未全部履行的，对方当事人可以向作出确认决定的人民法院申请强制执行。

第十条 案外人认为经人民法院确认的调解协议侵害其合法权益的，可以自知道或者应当知道权益被侵害之日起一年内，向作出确认决定的人民法院申请撤销确认决定。

第十一条 人民法院办理人民调解协议司法确认案件，不收取费用。

第十二条 人民法院可以将调解协议不予确认的情况定期或者不定期通报同级司法行政机关和相关人民调解委员会。

第十三条 经人民法院建立的调解员名册中的调解员调解达成协议后，当事人申请司法确认的，参照本规定办理。人民法院立案后委托他人调解达成的协议的司法确认，按照《最高人民法院关于人民法院民事调解工作若干问题的规定》（法释〔2004〕12号）的有关规定办理。

相关文书样式（略）。

2. 民事诉讼

（1）综合

中华人民共和国民事诉讼法

1. 1991年4月9日第七届全国人民代表大会第四次会议通过

2. 根据2007年10月28日第十届全国人民代表大会常务委员会第三十次会议《关于修改〈中华人民共和国民事诉讼法〉的决定》第一次修正

3. 根据2012年8月31日第十一届全国人民代表大会常务委员会第二十八次会议《关于修改〈中华人民共和国民事诉讼法〉的决定》第二次修正

4. 根据2017年6月27日第十二届全国人民代表大会常务委员会第二十八次会议《关于修改〈中华人民共和国民事诉讼法〉和〈中华人民共和国行政诉讼法〉的决定》第三次修正

目　　录

第一编 总　　则

第一章 任务、适用范围和基本原则

第一条 【立法依据】中华人民共和国民事诉讼法以宪法为根据，结合我国民事审判工作的经验和实际情况制定。

第二条 【立法任务】中华人民共和国民事诉讼法的任务，是保护当事人行使诉讼权利，保证人民法院查明事实，分清是非，正确适用法律，及时审理民事案件，确认民事权利义务关系，制裁民事违法行为，保护当事人的合法权益，教育公民自觉遵守法律，维护社会秩序、经济秩序，保障社会主义建设事业顺利进行。

第三条 【适用范围】人民法院受理公民之间、法人之间、其他组织之间以及他们相互之间因财产关系和人身关系提起的民事诉讼，适用本法的规定。

第四条 【空间效力】凡在中华人民共和国领域内进行民事诉讼，必须遵守本法。

第五条 【涉外民诉同等原则、对等原则】外国人、无国籍人、外国企业和组织在人民法院起诉、应诉，同中华人民共和国公民、法人和其他组织有同等的诉讼权利义务。

外国法院对中华人民共和国公民、法人和其他组织的民事诉讼权利加以限制的，中华人民共和国人民法院对该国公民、企业和组织的民事诉讼权利，实行对等原则。

第六条 【审判权】民事案件的审判权由人民法院行使。

人民法院依照法律规定对民事案件独立进行审判，不受行政机关、社会团体和个人的干涉。

第七条 【审理原则】人民法院审理民事案件，必须以事实为根据，以法律为准绳。

第八条 【诉讼权利平等原则】民事诉讼当事人有平等的诉讼权利。人民法院审理民事案件，应当保障和便利当事人行使诉讼权利，对当事人在适用法律上一律平等。

第九条 【调解原则】人民法院审理民事案件，应当根据自愿和合法的原则进行调解；调解不成的，应当及时判决。

第十条 【审判制度】人民法院审理民事案件，依照法律规定实行合议、回避、公开审判和两审终审制度。

第十一条 【语言文字】各民族公民都有用本民族语言、文字进行民事诉讼的权利。

在少数民族聚居或者多民族共同居住的地区，人民法院应当用当地民族通用的语言、文字进行审理和发布法律文书。

人民法院应当对不通晓当地民族通用的语言、文字的诉讼参与人提供翻译。

第十二条 【辩论权】人民法院审理民事案件时，当事人有权进行辩论。

第十三条 【诚实信用原则、当事人处分原则】民事诉讼应当遵循诚实信用原则。

当事人有权在法律规定的范围内处分自己的民事权利和诉讼权利。

第十四条 【法律监督权】人民检察院有权对民事诉讼实行法律监督。

第十五条 【支持起诉】机关、社会团体、企业事业单位对损害国家、集体或者个人民事权益的行为，可以支持受损害的单位或者个人向人民法院起诉。

第十六条 【变通规定】民族自治地方的人民代表大会根据宪法和本法的原则，结合当地民族的具体情况，可以制定变通或者补充的规定。自治区的规定，报全国人民代表大会常务委员会批准。自治州、自治县的规定，报省或者自治区的人民代表大会常务委员会批准，并报全国人民代表大会常务委员会备案。

第二章 管　辖

第一节 级别管辖

第十七条 【基层法院管辖】基层人民法院管辖第一审民事案件，但本法另有规定的除外。

第十八条 【中级法院管辖】中级人民法院管辖下列第一审民事案件：

（一）重大涉外案件；

（二）在本辖区有重大影响的案件；

（三）最高人民法院确定由中级人民法院管辖的案件。

第十九条 【高级法院管辖】高级人民法院管辖在本辖区有重大影响的第一审民事案件。

第二十条 【最高法院管辖】最高人民法院管辖下列第一审民事案件：

（一）在全国有重大影响的案件；

（二）认为应当由本院审理的案件。

第二节 地域管辖

第二十一条 【一般地域管辖】对公民提

起的民事诉讼,由被告住所地人民法院管辖;被告住所地与经常居住地不一致的,由经常居住地人民法院管辖。

对法人或者其他组织提起的民事诉讼,由被告住所地人民法院管辖。

同一诉讼的几个被告住所地、经常居住地在两个以上人民法院辖区的,各该人民法院都有管辖权。

第二十二条 【**特别规定**】下列民事诉讼,由原告住所地人民法院管辖;原告住所地与经常居住地不一致的,由原告经常居住地人民法院管辖:

(一)对不在中华人民共和国领域内居住的人提起的有关身份关系的诉讼;

(二)对下落不明或者宣告失踪的人提起的有关身份关系的诉讼;

(三)对被采取强制性教育措施的人提起的诉讼;

(四)对被监禁的人提起的诉讼。

第二十三条 【**合同纠纷管辖**】因合同纠纷提起的诉讼,由被告住所地或者合同履行地人民法院管辖。

第二十四条 【**保险合同纠纷管辖**】因保险合同纠纷提起的诉讼,由被告住所地或者保险标的物所在地人民法院管辖。

第二十五条 【**票据纠纷管辖**】因票据纠纷提起的诉讼,由票据支付地或者被告住所地人民法院管辖。

第二十六条 【**公司诉讼管辖**】因公司设立、确认股东资格、分配利润、解散等纠纷提起的诉讼,由公司住所地人民法院管辖。

第二十七条 【**运输合同纠纷管辖**】因铁路、公路、水上、航空运输和联合运输合同纠纷提起的诉讼,由运输始发地、目的地或者被告住所地人民法院管辖。

第二十八条 【**侵权纠纷管辖**】因侵权行为提起的诉讼,由侵权行为地或者被告住所地人民法院管辖。

第二十九条 【**交通事故管辖**】因铁路、公路、水上和航空事故请求损害赔偿提起的诉讼,由事故发生地或者车辆、船舶最先到达地、航空器最先降落地或者被告住所地人民法院管辖。

第三十条 【**海损事故管辖**】因船舶碰撞或者其他海事损害事故请求损害赔偿提起的诉讼,由碰撞发生地、碰撞船舶最先到达地、加害船舶被扣留地或者被告住所地人民法院管辖。

第三十一条 【**海难救助费用管辖**】因海难救助费用提起的诉讼,由救助地或者被救助船舶最先到达地人民法院管辖。

第三十二条 【**共同海损管辖**】因共同海损提起的诉讼,由船舶最先到达地、共同海损理算地或者航程终止地的人民法院管辖。

第三十三条 【**专属管辖**】下列案件,由本条规定的人民法院专属管辖:

(一)因不动产纠纷提起的诉讼,由不动产所在地人民法院管辖;

(二)因港口作业中发生纠纷提起的诉讼,由港口所在地人民法院管辖;

(三)因继承遗产纠纷提起的诉讼,由被继承人死亡时住所地或者主要遗产所在地人民法院管辖。

第三十四条 【**协议管辖**】合同或者其他财产权益纠纷的当事人可以书面协议选择被告住所地、合同履行地、合同签订地、原告住所地、标的物所在地等与争议有实际联系的地点的人民法院管辖,但不得违反本法对级别管辖和专属管辖的规定。

第三十五条 **【共同管辖】**两个以上人民法院都有管辖权的诉讼，原告可以向其中一个人民法院起诉；原告向两个以上有管辖权的人民法院起诉的，由最先立案的人民法院管辖。

第三节 移送管辖和指定管辖

第三十六条 **【移送管辖】**人民法院发现受理的案件不属于本院管辖的，应当移送有管辖权的人民法院，受移送的人民法院应当受理。受移送的人民法院认为受移送的案件依照规定不属于本院管辖的，应当报请上级人民法院指定管辖，不得再自行移送。

第三十七条 **【指定管辖】**有管辖权的人民法院由于特殊原因，不能行使管辖权的，由上级人民法院指定管辖。

人民法院之间因管辖权发生争议，由争议双方协商解决；协商解决不了的，报请它们的共同上级人民法院指定管辖。

第三十八条 **【管辖权转移】**上级人民法院有权审理下级人民法院管辖的第一审民事案件；确有必要将本院管辖的第一审民事案件交下级人民法院审理的，应当报请其上级人民法院批准。

下级人民法院对它所管辖的第一审民事案件，认为需要由上级人民法院审理的，可以报请上级人民法院审理。

第三章 审判组织

第三十九条 **【一审审判组织】**人民法院审理第一审民事案件，由审判员、陪审员共同组成合议庭或者由审判员组成合议庭。合议庭的成员人数，必须是单数。

适用简易程序审理的民事案件，由审判员一人独任审理。

陪审员在执行陪审职务时，与审判员有同等的权利义务。

第四十条 **【二审、重审、再审审判组织】**人民法院审理第二审民事案件，由审判员组成合议庭。合议庭的成员人数，必须是单数。

发回重审的案件，原审人民法院应当按照第一审程序另行组成合议庭。

审理再审案件，原来是第一审的，按照第一审程序另行组成合议庭；原来是第二审的或者是上级人民法院提审的，按照第二审程序另行组成合议庭。

第四十一条 **【审判长】**合议庭的审判长由院长或者庭长指定审判员一人担任；院长或者庭长参加审判的，由院长或者庭长担任。

第四十二条 **【评议原则】**合议庭评议案件，实行少数服从多数的原则。评议应当制作笔录，由合议庭成员签名。评议中的不同意见，必须如实记入笔录。

第四十三条 **【依法办案】**审判人员应当依法秉公办案。

审判人员不得接受当事人及其诉讼代理人请客送礼。

审判人员有贪污受贿，徇私舞弊，枉法裁判行为的，应当追究法律责任；构成犯罪的，依法追究刑事责任。

第四章 回 避

第四十四条 **【回避情形】**审判人员有下列情形之一的，应当自行回避，当事人有权用口头或者书面方式申请他们回避：

（一）是本案当事人或者当事人、

诉讼代理人近亲属的；

（二）与本案有利害关系的；

（三）与本案当事人、诉讼代理人有其他关系，可能影响对案件公正审理的。

审判人员接受当事人、诉讼代理人请客送礼，或者违反规定会见当事人、诉讼代理人的，当事人有权要求他们回避。

审判人员有前款规定的行为的，应当依法追究法律责任。

前三款规定，适用于书记员、翻译人员、鉴定人、勘验人。

第四十五条　【回避申请】当事人提出回避申请，应当说明理由，在案件开始审理时提出；回避事由在案件开始审理后知道的，也可以在法庭辩论终结前提出。

被申请回避的人员在人民法院作出是否回避的决定前，应当暂停参与本案的工作，但案件需要采取紧急措施的除外。

第四十六条　【回避决定权人】院长担任审判长时的回避，由审判委员会决定；审判人员的回避，由院长决定；其他人员的回避，由审判长决定。

第四十七条　【回避申请决定程序】人民法院对当事人提出的回避申请，应当在申请提出的三日内，以口头或者书面形式作出决定。申请人对决定不服的，可以在接到决定时申请复议一次。复议期间，被申请回避的人员，不停止参与本案的工作。人民法院对复议申请，应当在三日内作出复议决定，并通知复议申请人。

第五章　诉讼参加人

第一节　当　事　人

第四十八条　【诉讼当事人】公民、法人和其他组织可以作为民事诉讼的当事人。

法人由其法定代表人进行诉讼。其他组织由其主要负责人进行诉讼。

第四十九条　【诉讼权利义务】当事人有权委托代理人，提出回避申请，收集、提供证据，进行辩论，请求调解，提起上诉，申请执行。

当事人可以查阅本案有关材料，并可以复制本案有关材料和法律文书。查阅、复制本案有关材料的范围和办法由最高人民法院规定。

当事人必须依法行使诉讼权利，遵守诉讼秩序，履行发生法律效力的判决书、裁定书和调解书。

第五十条　【和解】双方当事人可以自行和解。

第五十一条　【诉讼请求、反诉】原告可以放弃或者变更诉讼请求。被告可以承认或者反驳诉讼请求，有权提起反诉。

第五十二条　【共同诉讼】当事人一方或者双方为二人以上，其诉讼标的是共同的，或者诉讼标的是同一种类、人民法院认为可以合并审理并经当事人同意的，为共同诉讼。

共同诉讼的一方当事人对诉讼标的有共同权利义务的，其中一人的诉讼行为经其他共同诉讼人承认，对其他共同诉讼人发生效力；对诉讼标的没有共同权利义务的，其中一人的诉讼行为对其他共同诉讼人不发生效力。

第五十三条　【人数确定的代表人诉讼】

当事人一方人数众多的共同诉讼，可以由当事人推选代表人进行诉讼。代表人的诉讼行为对其所代表的当事人发生效力，但代表人变更、放弃诉讼请求或者承认对方当事人的诉讼请求，进行和解，必须经被代表的当事人同意。

第五十四条　【人数不确定的代表人诉讼】诉讼标的是同一种类、当事人一方人数众多在起诉时人数尚未确定的，人民法院可以发出公告，说明案件情况和诉讼请求，通知权利人在一定期间向人民法院登记。

向人民法院登记的权利人可以推选代表人进行诉讼；推选不出代表人的，人民法院可以与参加登记的权利人商定代表人。

代表人的诉讼行为对其所代表的当事人发生效力，但代表人变更、放弃诉讼请求或者承认对方当事人的诉讼请求，进行和解，必须经被代表的当事人同意。

人民法院作出的判决、裁定，对参加登记的全体权利人发生效力。未参加登记的权利人在诉讼时效期间提起诉讼的，适用该判决、裁定。

第五十五条　【民事公益诉讼】对污染环境、侵害众多消费者合法权益等损害社会公共利益的行为，法律规定的机关和有关组织可以向人民法院提起诉讼。

人民检察院在履行职责中发现破坏生态环境和资源保护、食品药品安全领域侵害众多消费者合法权益等损害社会公共利益的行为，在没有前款规定的机关和组织或者前款规定的机关和组织不提起诉讼的情况下，可以向人民法院提起诉讼。前款规定的机关或者组织提起诉讼的，人民检察院可以支持起诉。

第五十六条　【诉讼第三人、第三人撤销之诉】对当事人双方的诉讼标的，第三人认为有独立请求权的，有权提起诉讼。

对当事人双方的诉讼标的，第三人虽然没有独立请求权，但案件处理结果同他有法律上的利害关系的，可以申请参加诉讼，或者由人民法院通知他参加诉讼。人民法院判决承担民事责任的第三人，有当事人的诉讼权利义务。

前两款规定的第三人，因不能归责于本人的事由未参加诉讼，但有证据证明发生法律效力的判决、裁定、调解书的部分或者全部内容错误，损害其民事权益的，可以自知道或者应当知道其民事权益受到损害之日起六个月内，向作出该判决、裁定、调解书的人民法院提起诉讼。人民法院经审理，诉讼请求成立的，应当改变或者撤销原判决、裁定、调解书；诉讼请求不成立的，驳回诉讼请求。

第二节　诉讼代理人

第五十七条　【法定代理人】无诉讼行为能力人由他的监护人作为法定代理人代为诉讼。法定代理人之间互相推诿代理责任的，由人民法院指定其中一人代为诉讼。

第五十八条　【委托代理人】当事人、法定代理人可以委托一至二人作为诉讼代理人。

下列人员可以被委托为诉讼代理人：

（一）律师、基层法律服务工作者；

（二）当事人的近亲属或者工作人员；

（三）当事人所在社区、单位以及有关社会团体推荐的公民。

第五十九条 【委托程序】委托他人代为诉讼，必须向人民法院提交由委托人签名或者盖章的授权委托书。

授权委托书必须记明委托事项和权限。诉讼代理人代为承认、放弃、变更诉讼请求，进行和解，提起反诉或者上诉，必须有委托人的特别授权。

侨居在国外的中华人民共和国公民从国外寄交或者托交的授权委托书，必须经中华人民共和国驻该国的使领馆证明；没有使领馆的，由与中华人民共和国有外交关系的第三国驻该国的使领馆证明，再转由中华人民共和国驻该第三国使领馆证明，或者由当地的爱国华侨团体证明。

第六十条 【代理权变更、解除】诉讼代理人的权限如果变更或者解除，当事人应当书面告知人民法院，并由人民法院通知对方当事人。

第六十一条 【诉讼代理人权利】代理诉讼的律师和其他诉讼代理人有权调查收集证据，可以查阅本案有关材料。查阅本案有关材料的范围和办法由最高人民法院规定。

第六十二条 【离婚诉讼代理】离婚案件有诉讼代理人的，本人除不能表达意思的以外，仍应出庭；确因特殊情况无法出庭的，必须向人民法院提交书面意见。

第六章 证 据

第六十三条 【证据种类】证据包括：

（一）当事人的陈述；

（二）书证；

（三）物证；

（四）视听资料；

（五）电子数据；

（六）证人证言；

（七）鉴定意见；

（八）勘验笔录。

证据必须查证属实，才能作为认定事实的根据。

第六十四条 【举证责任】当事人对自己提出的主张，有责任提供证据。

当事人及其诉讼代理人因客观原因不能自行收集的证据，或者人民法院认为审理案件需要的证据，人民法院应当调查收集。

人民法院应当按照法定程序，全面地、客观地审查核实证据。

第六十五条 【及时提供证据义务】当事人对自己提出的主张应当及时提供证据。

人民法院根据当事人的主张和案件审理情况，确定当事人应当提供的证据及其期限。当事人在该期限内提供证据确有困难的，可以向人民法院申请延长期限，人民法院根据当事人的申请适当延长。当事人逾期提供证据的，人民法院应当责令其说明理由；拒不说明理由或者理由不成立的，人民法院根据不同情形可以不予采纳该证据，或者采纳该证据但予以训诫、罚款。

第六十六条 【证据收据】人民法院收到当事人提交的证据材料，应当出具收据，写明证据名称、页数、份数、原件或者复印件以及收到时间等，并由经办人员签名或者盖章。

第六十七条 【人民法院调查取证】人民法院有权向有关单位和个人调查取证，有关单位和个人不得拒绝。

人民法院对有关单位和个人提出的证明文书，应当辨别真伪，审查确定其效力。

第六十八条 【法庭质证】证据应当在法庭上出示，并由当事人互相质证。对涉及国家秘密、商业秘密和个人隐私的证据应当保密，需要在法庭出示的，不得在公开开庭时出示。

第六十九条 【公证证据效力】经过法定程序公证证明的法律事实和文书，人民法院应当作为认定事实的根据，但有相反证据足以推翻公证证明的除外。

第七十条 【书证、物证】书证应当提交原件。物证应当提交原物。提交原件或者原物确有困难的，可以提交复制品、照片、副本、节录本。

提交外文书证，必须附有中文译本。

第七十一条 【视听资料】人民法院对视听资料，应当辨别真伪，并结合本案的其他证据，审查确定能否作为认定事实的根据。

第七十二条 【证人义务、资格】凡是知道案件情况的单位和个人，都有义务出庭作证。有关单位的负责人应当支持证人作证。

不能正确表达意思的人，不能作证。

第七十三条 【证人出庭作证】经人民法院通知，证人应当出庭作证。有下列情形之一的，经人民法院许可，可以通过书面证言、视听传输技术或者视听资料等方式作证：

（一）因健康原因不能出庭的；

（二）因路途遥远，交通不便不能出庭的；

（三）因自然灾害等不可抗力不能出庭的；

（四）其他有正当理由不能出庭的。

第七十四条 【证人出庭费用负担】证人因履行出庭作证义务而支出的交通、住宿、就餐等必要费用以及误工损失，由败诉一方当事人负担。当事人申请证人作证的，由该当事人先行垫付；当事人没有申请，人民法院通知证人作证的，由人民法院先行垫付。

第七十五条 【当事人陈述】人民法院对当事人的陈述，应当结合本案的其他证据，审查确定能否作为认定事实的根据。

当事人拒绝陈述的，不影响人民法院根据证据认定案件事实。

第七十六条 【鉴定程序启动和鉴定人选认】当事人可以就查明事实的专门性问题向人民法院申请鉴定。当事人申请鉴定的，由双方当事人协商确定具备资格的鉴定人；协商不成的，由人民法院指定。

当事人未申请鉴定，人民法院对专门性问题认为需要鉴定的，应当委托具备资格的鉴定人进行鉴定。

第七十七条 【鉴定人权利义务】鉴定人有权了解进行鉴定所需要的案件材料，必要时可以询问当事人、证人。

鉴定人应当提出书面鉴定意见，在鉴定书上签名或者盖章。

第七十八条 【鉴定人出庭作证】当事人对鉴定意见有异议或者人民法院认为

鉴定人有必要出庭的，鉴定人应当出庭作证。经人民法院通知，鉴定人拒不出庭作证的，鉴定意见不得作为认定事实的根据；支付鉴定费用的当事人可以要求返还鉴定费用。

第七十九条 【专家证人出庭】当事人可以申请人民法院通知有专门知识的人出庭，就鉴定人作出的鉴定意见或者专业问题提出意见。

第八十条 【勘验笔录】勘验物证或者现场，勘验人必须出示人民法院的证件，并邀请当地基层组织或者当事人所在单位派人参加。当事人或者当事人的成年家属应当到场，拒不到场的，不影响勘验的进行。

有关单位和个人根据人民法院的通知，有义务保护现场，协助勘验工作。

勘验人应当将勘验情况和结果制作笔录，由勘验人、当事人和被邀参加人签名或者盖章。

第八十一条 【证据保全】在证据可能灭失或者以后难以取得的情况下，当事人可以在诉讼过程中向人民法院申请保全证据，人民法院也可以主动采取保全措施。

因情况紧急，在证据可能灭失或者以后难以取得的情况下，利害关系人可以在提起诉讼或者申请仲裁前向证据所在地、被申请人住所地或者对案件有管辖权的人民法院申请保全证据。

证据保全的其他程序，参照适用本法第九章保全的有关规定。

第七章 期间、送达

第一节 期 间

第八十二条 【期间种类、计算】期间包括法定期间和人民法院指定的期间。

期间以时、日、月、年计算。期间开始的时和日，不计算在期间内。

期间届满的最后一日是节假日的，以节假日后的第一日为期间届满的日期。

期间不包括在途时间，诉讼文书在期满前交邮的，不算过期。

第八十三条 【期间顺延】当事人因不可抗拒的事由或者其他正当理由耽误期限的，在障碍消除后的十日内，可以申请顺延期限，是否准许，由人民法院决定。

第二节 送 达

第八十四条 【送达回证】送达诉讼文书必须有送达回证，由受送达人在送达回证上记明收到日期，签名或者盖章。

受送达人在送达回证上的签收日期为送达日期。

第八十五条 【直接送达】送达诉讼文书，应当直接送交受送达人。受送达人是公民的，本人不在交他的同住成年家属签收；受送达人是法人或者其他组织的，应当由法人的法定代表人、其他组织的主要负责人或者该法人、组织负责收件的人签收；受送达人有诉讼代理人的，可以送交其代理人签收；受送达人已向人民法院指定代收人的，送交代收人签收。

受送达人的同住成年家属，法人或者其他组织的负责收件的人，诉讼代理人或者代收人在送达回证上签收的日期为送达日期。

第八十六条 【留置送达】受送达人或者他的同住成年家属拒绝接收诉讼文书的，送达人可以邀请有关基层组织或者所在单位的代表到场，说明情况，在送达回证上记明拒收事由和日期，由送达人、见证人签名或者盖章，把诉讼文书留在受送达人的住所；也可以把诉讼文书留在受送达人的住所，并采用拍照、录像等方式记录送达过程，即视为送达。

第八十七条 **【简易送达】**经受送达人同意，人民法院可以采用传真、电子邮件等能够确认其收悉的方式送达诉讼文书，但判决书、裁定书、调解书除外。

采用前款方式送达的，以传真、电子邮件等到达受送达人特定系统的日期为送达日期。

第八十八条 **【委托送达、邮寄送达】**直接送达诉讼文书有困难的，可以委托其他人民法院代为送达，或者邮寄送达。邮寄送达的，以回执上注明的收件日期为送达日期。

第八十九条 **【转交送达之一】**受送达人是军人的，通过其所在部队团以上单位的政治机关转交。

第九十条 **【转交送达之二】**受送达人被监禁的，通过其所在监所转交。

受送达人被采取强制性教育措施的，通过其所在强制性教育机构转交。

第九十一条 **【转交送达日期】**代为转交的机关、单位收到诉讼文书后，必须立即交受送达人签收，以在送达回证上的签收日期，为送达日期。

第九十二条 **【公告送达】**受送达人下落不明，或者用本节规定的其他方式无法送达的，公告送达。自发出公告之日起，经过六十日，即视为送达。

公告送达，应当在案卷中记明原因和经过。

第八章 调　　解

第九十三条 **【调解原则】**人民法院审理民事案件，根据当事人自愿的原则，在事实清楚的基础上，分清是非，进行调解。

第九十四条 **【调解组织形式】**人民法院进行调解，可以由审判员一人主持，也可以由合议庭主持，并尽可能就地进行。

人民法院进行调解，可以用简便方式通知当事人、证人到庭。

第九十五条 **【协助调解】**人民法院进行调解，可以邀请有关单位和个人协助。被邀请的单位和个人，应当协助人民法院进行调解。

第九十六条 **【调解协议】**调解达成协议，必须双方自愿，不得强迫。调解协议的内容不得违反法律规定。

第九十七条 **【调解书】**调解达成协议，人民法院应当制作调解书。调解书应当写明诉讼请求、案件的事实和调解结果。

调解书由审判人员、书记员署名，加盖人民法院印章，送达双方当事人。

调解书经双方当事人签收后，即具有法律效力。

第九十八条 **【不制作调解书的情形】**下列案件调解达成协议，人民法院可以不制作调解书：

（一）调解和好的离婚案件；

（二）调解维持收养关系的案件；

（三）能够即时履行的案件；

（四）其他不需要制作调解书的案件。

对不需要制作调解书的协议，应当记入笔录，由双方当事人、审判人员、书记员签名或者盖章后，即具有法律效力。

第九十九条 【调解失败】调解未达成协议或者调解书送达前一方反悔的，人民法院应当及时判决。

第九章 保全和先予执行

第一百条 【诉讼中保全】人民法院对于可能因当事人一方的行为或者其他原因，使判决难以执行或者造成当事人其他损害的案件，根据对方当事人的申请，可以裁定对其财产进行保全、责令其作出一定行为或者禁止其作出一定行为；当事人没有提出申请的，人民法院在必要时也可以裁定采取保全措施。

人民法院采取保全措施，可以责令申请人提供担保，申请人不提供担保的，裁定驳回申请。

人民法院接受申请后，对情况紧急的，必须在四十八小时内作出裁定；裁定采取保全措施的，应当立即开始执行。

第一百零一条 【诉前保全】利害关系人因情况紧急，不立即申请保全将会使其合法权益受到难以弥补的损害的，可以在提起诉讼或者申请仲裁前向被保全财产所在地、被申请人住所地或者对案件有管辖权的人民法院申请采取保全措施。申请人应当提供担保，不提供担保的，裁定驳回申请。

人民法院接受申请后，必须在四十八小时内作出裁定；裁定采取保全措施的，应当立即开始执行。

申请人在人民法院采取保全措施后三十日内不依法提起诉讼或者申请仲裁的，人民法院应当解除保全。

第一百零二条 【保全范围】保全限于请求的范围，或者与本案有关的财物。

第一百零三条 【财产保全措施】财产保全采取查封、扣押、冻结或者法律规定的其他方法。人民法院保全财产后，应当立即通知被保全财产的人。

财产已被查封、冻结的，不得重复查封、冻结。

第一百零四条 【保全解除】财产纠纷案件，被申请人提供担保的，人民法院应当裁定解除保全。

第一百零五条 【保全错误补救】申请有错误的，申请人应当赔偿被申请人因保全所遭受的损失。

第一百零六条 【先予执行】人民法院对下列案件，根据当事人的申请，可以裁定先予执行：

（一）追索赡养费、扶养费、抚育费、抚恤金、医疗费用的；

（二）追索劳动报酬的；

（三）因情况紧急需要先予执行的。

第一百零七条 【先予执行条件】人民法院裁定先予执行的，应当符合下列条件：

（一）当事人之间权利义务关系明确，不先予执行将严重影响申请人的生活或者生产经营的；

（二）被申请人有履行能力。

人民法院可以责令申请人提供担保，申请人不提供担保的，驳回申请。申请人败诉的，应当赔偿被申请人因先予执行遭受的财产损失。

第一百零八条 【复议】当事人对保全或者先予执行的裁定不服的，可以申请复议一次。复议期间不停止裁定的执行。

第十章 对妨害民事诉讼的强制措施

第一百零九条 【拘传】人民法院对必须到庭的被告，经两次传票传唤，无正当理由拒不到庭的，可以拘传。

第一百一十条 【对妨害法庭秩序的强制措施】诉讼参与人和其他人应当遵守法庭规则。

人民法院对违反法庭规则的人，可以予以训诫，责令退出法庭或者予以罚款、拘留。

人民法院对哄闹、冲击法庭，侮辱、诽谤、威胁、殴打审判人员，严重扰乱法庭秩序的人，依法追究刑事责任；情节较轻的，予以罚款、拘留。

第一百一十一条 【对某些妨害诉讼行为的强制措施】诉讼参与人或者其他人有下列行为之一的，人民法院可以根据情节轻重予以罚款、拘留；构成犯罪的，依法追究刑事责任：

(一)伪造、毁灭重要证据，妨碍人民法院审理案件的；

(二)以暴力、威胁、贿买方法阻止证人作证或者指使、贿买、胁迫他人作伪证的；

(三)隐藏、转移、变卖、毁损已被查封、扣押的财产，或者已被清点并责令其保管的财产，转移已被冻结的财产的；

(四)对司法工作人员、诉讼参加人、证人、翻译人员、鉴定人、勘验人、协助执行的人，进行侮辱、诽谤、诬陷、殴打或者打击报复的；

(五)以暴力、威胁或者其他方法阻碍司法工作人员执行职务的；

(六)拒不履行人民法院已经发生法律效力的判决、裁定的。

人民法院对有前款规定的行为之一的单位，可以对其主要负责人或者直接责任人员予以罚款、拘留；构成犯罪的，依法追究刑事责任。

第一百一十二条 【对虚假诉讼、调解行为的司法处罚】当事人之间恶意串通，企图通过诉讼、调解等方式侵害他人合法权益的，人民法院应当驳回其请求，并根据情节轻重予以罚款、拘留；构成犯罪的，依法追究刑事责任。

第一百一十三条 【对恶意串通逃避执行行为的司法处罚】被执行人与他人恶意串通，通过诉讼、仲裁、调解等方式逃避履行法律文书确定的义务的，人民法院应当根据情节轻重予以罚款、拘留；构成犯罪的，依法追究刑事责任。

第一百一十四条 【不协助调查、执行的强制措施】有义务协助调查、执行的单位有下列行为之一的，人民法院除责令其履行协助义务外，并可以予以罚款：

(一)有关单位拒绝或者妨碍人民法院调查取证的；

(二)有关单位接到人民法院协助执行通知书后，拒不协助查询、扣押、冻结、划拨、变价财产的；

(三)有关单位接到人民法院协助执行通知书后，拒不协助扣留被执行人的收入、办理有关财产权证照转移手续、转交有关票证、证照或者其他财产的；

(四)其他拒绝协助执行的。

人民法院对有前款规定的行为之一的单位，可以对其主要负责人或者直接责任人员予以罚款；对仍不履行协助义务的，可以予以拘留；并可以向监察机关或者有关机关提出予以纪律处分的司法建议。

第一百一十五条 【罚款、拘留】对个人的罚款金额,为人民币十万元以下。对单位的罚款金额,为人民币五万元以上一百万元以下。

拘留的期限,为十五日以下。

被拘留的人,由人民法院交公安机关看管。在拘留期间,被拘留人承认并改正错误的,人民法院可以决定提前解除拘留。

第一百一十六条 【拘传、罚款、拘留程序】拘传、罚款、拘留必须经院长批准。

拘传应当发拘传票。

罚款、拘留应当用决定书。对决定不服的,可以向上一级人民法院申请复议一次。复议期间不停止执行。

第一百一十七条 【强制措施决定权】采取对妨害民事诉讼的强制措施必须由人民法院决定。任何单位和个人采取非法拘禁他人或者非法私自扣押他人财产追索债务的,应当依法追究刑事责任,或者予以拘留、罚款。

第十一章 诉讼费用

第一百一十八条 【诉讼费用的交纳】当事人进行民事诉讼,应当按照规定交纳案件受理费。财产案件除交纳案件受理费外,并按照规定交纳其他诉讼费用。

当事人交纳诉讼费用确有困难的,可以按照规定向人民法院申请缓交、减交或者免交。

收取诉讼费用的办法另行制定。

第二编 审判程序

第十二章 第一审普通程序

第一节 起诉和受理

第一百一十九条 【起诉条件】起诉必须符合下列条件:

(一)原告是与本案有直接利害关系的公民、法人和其他组织;

(二)有明确的被告;

(三)有具体的诉讼请求和事实、理由;

(四)属于人民法院受理民事诉讼的范围和受诉人民法院管辖。

第一百二十条 【起诉方式】起诉应当向人民法院递交起诉状,并按照被告人数提出副本。

书写起诉状确有困难的,可以口头起诉,由人民法院记入笔录,并告知对方当事人。

第一百二十一条 【起诉状】起诉状应当记明下列事项:

(一)原告的姓名、性别、年龄、民族、职业、工作单位、住所、联系方式;法人或者其他组织的名称、住所和法定代表人或者主要负责人的姓名、职务、联系方式;

(二)被告的姓名、性别、工作单位、住所等信息,法人或者其他组织的名称、住所等信息;

(三)诉讼请求和所根据的事实与理由;

(四)证据和证据来源,证人姓名和住所。

第一百二十二条 【先行调解】当事人起诉到人民法院的民事纠纷,适宜调解的,先行调解,但当事人拒绝调解的除外。

第一百二十三条 【立案期限】人民法院应当保障当事人依照法律规定享有的起诉权利。对符合本法第一百一十九条的起诉,必须受理。符合起诉条件的,应当在七日内立案,并通知当事人;不符合起诉条件的,应当在七日内作出裁定书,不予受理;原告对裁定不服的,可以提起上诉。

第一百二十四条 【**审查起诉**】人民法院对下列起诉,分别情形,予以处理:

(一)依照行政诉讼法的规定,属于行政诉讼受案范围的,告知原告提起行政诉讼;

(二)依照法律规定,双方当事人达成书面仲裁协议申请仲裁、不得向人民法院起诉的,告知原告向仲裁机构申请仲裁;

(三)依照法律规定,应当由其他机关处理的争议,告知原告向有关机关申请解决;

(四)对不属于本院管辖的案件,告知原告向有管辖权的人民法院起诉;

(五)对判决、裁定、调解书已经发生法律效力的案件,当事人又起诉的,告知原告申请再审,但人民法院准许撤诉的裁定除外;

(六)依照法律规定,在一定期限内不得起诉的案件,在不得起诉的期限内起诉的,不予受理;

(七)判决不准离婚和调解和好的离婚案件,判决、调解维持收养关系的案件,没有新情况、新理由,原告在六个月内又起诉的,不予受理。

第二节 审理前的准备

第一百二十五条 【**答辩状提出**】人民法院应当在立案之日起五日内将起诉状副本发送被告,被告应当在收到之日起十五日内提出答辩状。答辩状应当记明被告的姓名、性别、年龄、民族、职业、工作单位、住所、联系方式;法人或者其他组织的名称、住所和法定代表人或者主要负责人的姓名、职务、联系方式。人民法院应当在收到答辩状之日起五日内将答辩状副本发送原告。

被告不提出答辩状的,不影响人民法院审理。

第一百二十六条 【**权利义务告知**】人民法院对决定受理的案件,应当在受理案件通知书和应诉通知书中向当事人告知有关的诉讼权利义务,或者口头告知。

第一百二十七条 【**管辖权异议、应诉管辖**】人民法院受理案件后,当事人对管辖权有异议的,应当在提交答辩状期间提出。人民法院对当事人提出的异议,应当审查。异议成立的,裁定将案件移送有管辖权的人民法院;异议不成立的,裁定驳回。

当事人未提出管辖异议,并应诉答辩的,视为受诉人民法院有管辖权,但违反级别管辖和专属管辖规定的除外。

第一百二十八条 【**告知合议庭组成**】合议庭组成人员确定后,应当在三日内告知当事人。

第一百二十九条 【**审核取证**】审判人员必须认真审核诉讼材料,调查收集必要的证据。

第一百三十条 【**法院调查程序**】人民法院派出人员进行调查时,应当向被调查人出示证件。

调查笔录经被调查人校阅后,由被调查人、调查人签名或者盖章。

第一百三十一条 【**委托调查**】人民法院在必要时可以委托外地人民法院调查。

委托调查,必须提出明确的项目和

要求。受委托人民法院可以主动补充调查。

受委托人民法院收到委托书后，应当在三十日内完成调查。因故不能完成的，应当在上述期限内函告委托人民法院。

第一百三十二条 【当事人追加】必须共同进行诉讼的当事人没有参加诉讼的，人民法院应当通知其参加诉讼。

第一百三十三条 【开庭准备程序】人民法院对受理的案件，分别情形，予以处理：

（一）当事人没有争议，符合督促程序规定条件的，可以转入督促程序；

（二）开庭前可以调解的，采取调解方式及时解决纠纷；

（三）根据案件情况，确定适用简易程序或者普通程序；

（四）需要开庭审理的，通过要求当事人交换证据等方式，明确争议焦点。

第三节 开庭审理

第一百三十四条 【审理方式】人民法院审理民事案件，除涉及国家秘密、个人隐私或者法律另有规定的以外，应当公开进行。

离婚案件，涉及商业秘密的案件，当事人申请不公开审理的，可以不公开审理。

第一百三十五条 【巡回审理】人民法院审理民事案件，根据需要进行巡回审理，就地办案。

第一百三十六条 【开庭通知及公告】人民法院审理民事案件，应当在开庭三日前通知当事人和其他诉讼参与人。公开审理的，应当公告当事人姓名、案由和开庭的时间、地点。

第一百三十七条 【庭前准备】开庭审理前，书记员应当查明当事人和其他诉讼参与人是否到庭，宣布法庭纪律。

开庭审理时，由审判长核对当事人，宣布案由，宣布审判人员、书记员名单，告知当事人有关的诉讼权利义务，询问当事人是否提出回避申请。

第一百三十八条 【法庭调查顺序】法庭调查按照下列顺序进行：

（一）当事人陈述；

（二）告知证人的权利义务，证人作证，宣读未到庭的证人证言；

（三）出示书证、物证、视听资料和电子数据；

（四）宣读鉴定意见；

（五）宣读勘验笔录。

第一百三十九条 【当事人庭审权利】当事人在法庭上可以提出新的证据。

当事人经法庭许可，可以向证人、鉴定人、勘验人发问。

当事人要求重新进行调查、鉴定或者勘验的，是否准许，由人民法院决定。

第一百四十条 【诉的合并】原告增加诉讼请求，被告提出反诉，第三人提出与本案有关的诉讼请求，可以合并审理。

第一百四十一条 【法庭辩论】法庭辩论按照下列顺序进行：

（一）原告及其诉讼代理人发言；

（二）被告及其诉讼代理人答辩；

（三）第三人及其诉讼代理人发言或者答辩；

（四）互相辩论。

法庭辩论终结，由审判长按照原告、被告、第三人的先后顺序征询各方最后意见。

第一百四十二条 【法庭辩论后的调解】 法庭辩论终结,应当依法作出判决。判决前能够调解的,还可以进行调解,调解不成的,应当及时判决。

第一百四十三条 【按撤诉处理】 原告经传票传唤,无正当理由拒不到庭的,或者未经法庭许可中途退庭的,可以按撤诉处理;被告反诉的,可以缺席判决。

第一百四十四条 【缺席判决】 被告经传票传唤,无正当理由拒不到庭的,或者未经法庭许可中途退庭的,可以缺席判决。

第一百四十五条 【撤诉】 宣判前,原告申请撤诉的,是否准许,由人民法院裁定。

人民法院裁定不准许撤诉的,原告经传票传唤,无正当理由拒不到庭的,可以缺席判决。

第一百四十六条 【延期审理】 有下列情形之一的,可以延期开庭审理:

(一)必须到庭的当事人和其他诉讼参与人有正当理由没有到庭的;

(二)当事人临时提出回避申请的;

(三)需要通知新的证人到庭,调取新的证据,重新鉴定、勘验,或者需要补充调查的;

(四)其他应当延期的情形。

第一百四十七条 【法庭笔录】 书记员应当将法庭审理的全部活动记入笔录,由审判人员和书记员签名。

法庭笔录应当当庭宣读,也可以告知当事人和其他诉讼参与人当庭或者在五日内阅读。当事人和其他诉讼参与人认为对自己的陈述记录有遗漏或者差错的,有权申请补正。如果不予补正,应当将申请记录在案。

法庭笔录由当事人和其他诉讼参与人签名或者盖章。拒绝签名盖章的,记明情况附卷。

第一百四十八条 【宣判】 人民法院对公开审理或者不公开审理的案件,一律公开宣告判决。

当庭宣判的,应当在十日内发送判决书;定期宣判的,宣判后立即发给判决书。

宣告判决时,必须告知当事人上诉权利、上诉期限和上诉的法院。

宣告离婚判决,必须告知当事人在判决发生法律效力前不得另行结婚。

第一百四十九条 【审限】 人民法院适用普通程序审理的案件,应当在立案之日起六个月内审结。有特殊情况需要延长的,由本院院长批准,可以延长六个月;还需要延长的,报请上级人民法院批准。

第四节 诉讼中止和终结

第一百五十条 【中止诉讼】 有下列情形之一的,中止诉讼:

(一)一方当事人死亡,需要等待继承人表明是否参加诉讼的;

(二)一方当事人丧失诉讼行为能力,尚未确定法定代理人的;

(三)作为一方当事人的法人或者其他组织终止,尚未确定权利义务承受人的;

(四)一方当事人因不可抗拒的事由,不能参加诉讼的;

(五)本案必须以另一案的审理结果为依据,而另一案尚未审结的;

（六）其他应当中止诉讼的情形。

中止诉讼的原因消除后，恢复诉讼。

第一百五十一条 【终结诉讼】有下列情形之一的，终结诉讼：

（一）原告死亡，没有继承人，或者继承人放弃诉讼权利的；

（二）被告死亡，没有遗产，也没有应当承担义务的人的；

（三）离婚案件一方当事人死亡的；

（四）追索赡养费、扶养费、抚育费以及解除收养关系案件的一方当事人死亡的。

第五节 判决和裁定

第一百五十二条 【判决书】判决书应当写明判决结果和作出该判决的理由。判决书内容包括：

（一）案由、诉讼请求、争议的事实和理由；

（二）判决认定的事实和理由、适用的法律和理由；

（三）判决结果和诉讼费用的负担；

（四）上诉期间和上诉的法院。

判决书由审判人员、书记员署名，加盖人民法院印章。

第一百五十三条 【先行判决】人民法院审理案件，其中一部分事实已经清楚，可以就该部分先行判决。

第一百五十四条 【裁定】裁定适用于下列范围：

（一）不予受理；

（二）对管辖权有异议的；

（三）驳回起诉；

（四）保全和先予执行；

（五）准许或者不准许撤诉；

（六）中止或者终结诉讼；

（七）补正判决书中的笔误；

（八）中止或者终结执行；

（九）撤销或者不予执行仲裁裁决；

（十）不予执行公证机关赋予强制执行效力的债权文书；

（十一）其他需要裁定解决的事项。

对前款第一项至第三项裁定，可以上诉。

裁定书应当写明裁定结果和作出该裁定的理由。裁定书由审判人员、书记员署名，加盖人民法院印章。口头裁定的，记入笔录。

第一百五十五条 【生效裁判】最高人民法院的判决、裁定，以及依法不准上诉或者超过上诉期没有上诉的判决、裁定，是发生法律效力的判决、裁定。

第一百五十六条 【裁判文书公开】公众可以查阅发生法律效力的判决书、裁定书，但涉及国家秘密、商业秘密和个人隐私的内容除外。

第十三章 简易程序

第一百五十七条 【适用范围】基层人民法院和它派出的法庭审理事实清楚、权利义务关系明确、争议不大的简单的民事案件，适用本章规定。

基层人民法院和它派出的法庭审理前款规定以外的民事案件，当事人双方也可以约定适用简易程序。

第一百五十八条 【起诉方式】对简单的民事案件，原告可以口头起诉。

当事人双方可以同时到基层人民

法院或者它派出的法庭，请求解决纠纷。基层人民法院或者它派出的法庭可以当即审理，也可以另定日期审理。

第一百五十九条 【简便方式传唤、送达和审理】基层人民法院和它派出的法庭审理简单的民事案件，可以用简便方式传唤当事人和证人、送达诉讼文书、审理案件，但应当保障当事人陈述意见的权利。

第一百六十条 【审理方式】简单的民事案件由审判员一人独任审理，并不受本法第一百三十六条、第一百三十八条、第一百四十一条规定的限制。

第一百六十一条 【审理期限】人民法院适用简易程序审理案件，应当在立案之日起三个月内审结。

第一百六十二条 【小额诉讼程序】基层人民法院和它派出的法庭审理符合本法第一百五十七条第一款规定的简单的民事案件，标的额为各省、自治区、直辖市上年度就业人员年平均工资百分之三十以下的，实行一审终审。

第一百六十三条 【简易程序转普通程序】人民法院在审理过程中，发现案件不宜适用简易程序的，裁定转为普通程序。

第十四章 第二审程序

第一百六十四条 【上诉】当事人不服地方人民法院第一审判决的，有权在判决书送达之日起十五日内向上一级人民法院提起上诉。

当事人不服地方人民法院第一审裁定的，有权在裁定书送达之日起十日内向上一级人民法院提起上诉。

第一百六十五条 【上诉状】上诉应当递交上诉状。上诉状的内容，应当包括当事人的姓名，法人的名称及其法定代表人的姓名或者其他组织的名称及其主要负责人的姓名；原审人民法院名称、案件的编号和案由；上诉的请求和理由。

第一百六十六条 【上诉方式】上诉状应当通过原审人民法院提出，并按照对方当事人或者代表人的人数提出副本。

当事人直接向第二审人民法院上诉的，第二审人民法院应当在五日内将上诉状移交原审人民法院。

第一百六十七条 【受理上诉】原审人民法院收到上诉状，应当在五日内将上诉状副本送达对方当事人，对方当事人在收到之日起十五日内提出答辩状。人民法院应当在收到答辩状之日起五日内将副本送达上诉人。对方当事人不提出答辩状的，不影响人民法院审理。

原审人民法院收到上诉状、答辩状，应当在五日内连同全部案卷和证据，报送第二审人民法院。

第一百六十八条 【审查范围】第二审人民法院应当对上诉请求的有关事实和适用法律进行审查。

第一百六十九条 【二审审理方式】第二审人民法院对上诉案件，应当组成合议庭，开庭审理。经过阅卷、调查和询问当事人，对没有提出新的事实、证据或者理由，合议庭认为不需要开庭审理的，可以不开庭审理。

第二审人民法院审理上诉案件，可以在本院进行，也可以到案件发生地或者原审人民法院所在地进行。

第一百七十条 【二审裁判】第二审人民法院对上诉案件，经过审理，按照下列

情形,分别处理:

(一)原判决、裁定认定事实清楚,适用法律正确的,以判决、裁定方式驳回上诉,维持原判决、裁定;

(二)原判决、裁定认定事实错误或者适用法律错误的,以判决、裁定方式依法改判、撤销或者变更;

(三)原判决认定基本事实不清的,裁定撤销原判决,发回原审人民法院重审,或者查清事实后改判;

(四)原判决遗漏当事人或者违法缺席判决等严重违反法定程序的,裁定撤销原判决,发回原审人民法院重审。

原审人民法院对发回重审的案件作出判决后,当事人提起上诉的,第二审人民法院不得再次发回重审。

第一百七十一条　【裁定上诉处理】第二审人民法院对不服第一审人民法院裁定的上诉案件的处理,一律使用裁定。

第一百七十二条　【二审调解】第二审人民法院审理上诉案件,可以进行调解。调解达成协议,应当制作调解书,由审判人员、书记员署名,加盖人民法院印章。调解书送达后,原审人民法院的判决即视为撤销。

第一百七十三条　【撤回上诉】第二审人民法院判决宣告前,上诉人申请撤回上诉的,是否准许,由第二审人民法院裁定。

第一百七十四条　【二审适用程序】第二审人民法院审理上诉案件,除依照本章规定外,适用第 审普通程序。

第一百七十五条　【二审裁判效力】第二审人民法院的判决、裁定,是终审的判决、裁定。

第一百七十六条　【二审审限】人民法院审理对判决的上诉案件,应当在第二审立案之日起三个月内审结。有特殊情况需要延长的,由本院院长批准。

人民法院审理对裁定的上诉案件,应当在第二审立案之日起三十日内作出终审裁定。

第十五章　特别程序

第一节　一般规定

第一百七十七条　【适用范围】人民法院审理选民资格案件、宣告失踪或者宣告死亡案件、认定公民无民事行为能力或者限制民事行为能力案件、认定财产无主案件、确认调解协议案件和实现担保物权案件,适用本章规定。本章没有规定的,适用本法和其他法律的有关规定。

第一百七十八条　【审级及审判组织】依照本章程序审理的案件,实行一审终审。选民资格案件或者重大、疑难的案件,由审判员组成合议庭审理;其他案件由审判员一人独任审理。

第一百七十九条　【特别程序转化】人民法院在依照本章程序审理案件的过程中,发现本案属于民事权益争议的,应当裁定终结特别程序,并告知利害关系人可以另行起诉。

第一百八十条　【审限】人民法院适用特别程序审理的案件,应当在立案之日起三十日内或者公告期满后三十日内审结。有特殊情况需要延长的,由本院院长批准。但审理选民资格的案件除外。

第二节　选民资格案件

第一百八十一条　【起诉与受理】公民不服选举委员会对选民资格的申诉所作的处理决定,可以在选举日的五日以前向选区所在地基层人民法院起诉。

第一百八十二条 【审限与判决】人民法院受理选民资格案件后，必须在选举日前审结。

审理时，起诉人、选举委员会的代表和有关公民必须参加。

人民法院的判决书，应当在选举日前送达选举委员会和起诉人，并通知有关公民。

第三节 宣告失踪、宣告死亡案件

第一百八十三条 【宣告失踪】公民下落不明满二年，利害关系人申请宣告其失踪的，向下落不明人住所地基层人民法院提出。

申请书应当写明失踪的事实、时间和请求，并附有公安机关或者其他有关机关关于该公民下落不明的书面证明。

第一百八十四条 【宣告死亡】公民下落不明满四年，或者因意外事故下落不明满二年，或者因意外事故下落不明，经有关机关证明该公民不可能生存，利害关系人申请宣告其死亡的，向下落不明人住所地基层人民法院提出。

申请书应当写明下落不明的事实、时间和请求，并附有公安机关或者其他有关机关关于该公民下落不明的书面证明。

第一百八十五条 【公告与判决】人民法院受理宣告失踪、宣告死亡案件后，应当发出寻找下落不明人的公告。宣告失踪的公告期间为三个月，宣告死亡的公告期间为一年。因意外事故下落不明，经有关机关证明该公民不可能生存的，宣告死亡的公告期间为三个月。

公告期间届满，人民法院应当根据被宣告失踪、宣告死亡的事实是否得到确认，作出宣告失踪、宣告死亡的判决或者驳回申请的判决。

第一百八十六条 【判决撤销】被宣告失踪、宣告死亡的公民重新出现，经本人或者利害关系人申请，人民法院应当作出新判决，撤销原判决。

第四节 认定公民无民事行为能力、限制民事行为能力案件

第一百八十七条 【管辖与申请】申请认定公民无民事行为能力或者限制民事行为能力，由其近亲属或者其他利害关系人向该公民住所地基层人民法院提出。

申请书应当写明该公民无民事行为能力或者限制民事行为能力的事实和根据。

第一百八十八条 【医学鉴定】人民法院受理申请后，必要时应当对被请求认定为无民事行为能力或者限制民事行为能力的公民进行鉴定。申请人已提供鉴定意见的，应当对鉴定意见进行审查。

第一百八十九条 【代理人、审理与判决】人民法院审理认定公民无民事行为能力或者限制民事行为能力的案件，应当由该公民的近亲属为代理人，但申请人除外。近亲属互相推诿的，由人民法院指定其中一人为代理人。该公民健康情况许可的，还应当询问本人的意见。

人民法院经审理认定申请有事实根据的，判决该公民为无民事行为能力或者限制民事行为能力人；认定申请没有事实根据的，应当判决予以驳回。

第一百九十条 【判决撤销】人民法院根据被认定为无民事行为能力人、限制民事行为能力人或者他的监护人的申请，证实该公民无民事行为能力或者限制民事行为能力的原因已经消除的，应当作出新判决，撤销原判决。

第五节 认定财产无主案件

第一百九十一条 【管辖与申请书】申请认定财产无主，由公民、法人或者其他组织向财产所在地基层人民法院提出。

申请书应当写明财产的种类、数量以及要求认定财产无主的根据。

第一百九十二条 【公告与判决】人民法院受理申请后，经审查核实，应当发出财产认领公告。公告满一年无人认领的，判决认定财产无主，收归国家或者集体所有。

第一百九十三条 【撤销判决】判决认定财产无主后，原财产所有人或者继承人出现，在民法通则规定的诉讼时效期间可以对财产提出请求，人民法院审查属实后，应当作出新判决，撤销原判决。

第六节 确认调解协议案件

第一百九十四条 【申请与管辖】申请司法确认调解协议，由双方当事人依照人民调解法等法律，自调解协议生效之日起三十日内，共同向调解组织所在地基层人民法院提出。

第一百九十五条 【裁定与执行】人民法院受理申请后，经审查，符合法律规定的，裁定调解协议有效，一方当事人拒绝履行或者未全部履行的，对方当事人可以向人民法院申请执行；不符合法律规定的，裁定驳回申请，当事人可以通过调解方式变更原调解协议或者达成新的调解协议，也可以向人民法院提起诉讼。

第七节 实现担保物权案件

第一百九十六条 【申请与管辖】申请实现担保物权，由担保物权人以及其他有权请求实现担保物权的人依照物权法等法律，向担保财产所在地或者担保物权登记地基层人民法院提出。

第一百九十七条 【裁定与执行】人民法院受理申请后，经审查，符合法律规定的，裁定拍卖、变卖担保财产，当事人依据该裁定可以向人民法院申请执行；不符合法律规定的，裁定驳回申请，当事人可以向人民法院提起诉讼。

第十六章 审判监督程序

第一百九十八条 【法院依职权提起再审】各级人民法院院长对本院已经发生法律效力的判决、裁定、调解书，发现确有错误，认为需要再审的，应当提交审判委员会讨论决定。

最高人民法院对地方各级人民法院已经发生法律效力的判决、裁定、调解书，上级人民法院对下级人民法院已经发生法律效力的判决、裁定、调解书，发现确有错误的，有权提审或者指令下级人民法院再审。

第一百九十九条 【当事人申请再审】当事人对已经发生法律效力的判决、裁定，认为有错误的，可以向上一级人民法院申请再审；当事人一方人数众多或者当事人双方为公民的案件，也可以向原审人民法院申请再审。当事人申请再审的，不停止判决、裁定的执行。

第二百条 【申请再审的条件】当事人的申请符合下列情形之一的，人民法院应

当再审:

（一）有新的证据，足以推翻原判决、裁定的；

（二）原判决、裁定认定的基本事实缺乏证据证明的；

（三）原判决、裁定认定事实的主要证据是伪造的；

（四）原判决、裁定认定事实的主要证据未经质证的；

（五）对审理案件需要的主要证据，当事人因客观原因不能自行收集，书面申请人民法院调查收集，人民法院未调查收集的；

（六）原判决、裁定适用法律确有错误的；

（七）审判组织的组成不合法或者依法应当回避的审判人员没有回避的；

（八）无诉讼行为能力人未经法定代理人代为诉讼或者应当参加诉讼的当事人，因不能归责于本人或者其诉讼代理人的事由，未参加诉讼的；

（九）违反法律规定，剥夺当事人辩论权利的；

（十）未经传票传唤，缺席判决的；

（十一）原判决、裁定遗漏或者超出诉讼请求的；

（十二）据以作出原判决、裁定的法律文书被撤销或者变更的；

（十三）审判人员审理该案件时有贪污受贿，徇私舞弊，枉法裁判行为的。

第二百零一条　【对调解书申请再审】当事人对已经发生法律效力的调解书，提出证据证明调解违反自愿原则或者调解协议的内容违反法律的，可以申请再审。经人民法院审查属实的，应当再审。

第二百零二条　【离婚判决、调解不得再审】当事人对已经发生法律效力的解除婚姻关系的判决、调解书，不得申请再审。

第二百零三条　【当事人申请再审程序】当事人申请再审的，应当提交再审申请书等材料。人民法院应当自收到再审申请书之日起五日内将再审申请书副本发送对方当事人。对方当事人应当自收到再审申请书副本之日起十五日内提交书面意见；不提交书面意见的，不影响人民法院审查。人民法院可以要求申请人和对方当事人补充有关材料，询问有关事项。

第二百零四条　【再审申请的审查与再审案件的审级】人民法院应当自收到再审申请书之日起三个月内审查，符合本法规定的，裁定再审；不符合本法规定的，裁定驳回申请。有特殊情况需要延长的，由本院院长批准。

因当事人申请裁定再审的案件由中级人民法院以上的人民法院审理，但当事人依照本法第一百九十九条的规定选择向基层人民法院申请再审的除外。最高人民法院、高级人民法院裁定再审的案件，由本院再审或者交其他人民法院再审，也可以交原审人民法院再审。

第二百零五条　【当事人申请再审期限】当事人申请再审，应当在判决、裁定发生法律效力后六个月内提出；有本法第二百条第一项、第三项、第十二项、第十三项规定情形的，自知道或者应当知道之日起六个月内提出。

第二百零六条　【中止执行及例外】按照审判监督程序决定再审的案件，裁定中止原判决、裁定、调解书的执行，但追索赡养费、扶养费、抚育费、抚恤金、医疗费用、劳动报酬等案件，可以不中止执行。

第二百零七条　【再审审理程序】人民法院按照审判监督程序再审的案件，发生法律效力的判决、裁定是由第一审法院作出的，按照第一审程序审理，所作的判决、裁定，当事人可以上诉；发生法律效力的判决、裁定是由第二审法院作出的，按照第二审程序审理，所作的判决、裁定，是发生法律效力的判决、裁定；上级人民法院按照审判监督程序提审的，按照第二审程序审理，所作的判决、裁定是发生法律效力的判决、裁定。

人民法院审理再审案件，应当另行组成合议庭。

第二百零八条　【检察院提出抗诉或者检察建议】最高人民检察院对各级人民法院已经发生法律效力的判决、裁定，上级人民检察院对下级人民法院已经发生法律效力的判决、裁定，发现有本法第二百条规定情形之一的，或者发现调解书损害国家利益、社会公共利益的，应当提出抗诉。

地方各级人民检察院对同级人民法院已经发生法律效力的判决、裁定，发现有本法第二百条规定情形之一的，或者发现调解书损害国家利益、社会公共利益的，可以向同级人民法院提出检察建议，并报上级人民检察院备案；也可以提请上级人民检察院向同级人民法院提出抗诉。

各级人民检察院对审判监督程序以外的其他审判程序中审判人员的违法行为，有权向同级人民法院提出检察建议。

第二百零九条　【当事人申请检察建议或者抗诉】有下列情形之一的，当事人可以向人民检察院申请检察建议或者抗诉：

（一）人民法院驳回再审申请的；

（二）人民法院逾期未对再审申请作出裁定的；

（三）再审判决、裁定有明显错误的。

人民检察院对当事人的申请应当在三个月内进行审查，作出提出或者不予提出检察建议或者抗诉的决定。当事人不得再次向人民检察院申请检察建议或者抗诉。

第二百一十条　【检察院的调查权】人民检察院因履行法律监督职责提出检察建议或者抗诉的需要，可以向当事人或者案外人调查核实有关情况。

第二百一十一条　【抗诉案件的审理】人民检察院提出抗诉的案件，接受抗诉的人民法院应当自收到抗诉书之日起三十日内作出再审的裁定；有本法第二百条第一项至第五项规定情形之一的，可以交下一级人民法院再审，但经该下一级人民法院再审的除外。

第二百一十二条　【抗诉书】人民检察院决定对人民法院的判决、裁定、调解书提出抗诉的，应当制作抗诉书。

第二百一十三条　【检察员出庭】人民检察院提出抗诉的案件，人民法院再审时，应当通知人民检察院派员出席法庭。

第十七章　督促程序

第二百一十四条　【支付令申请】债权人请求债务人给付金钱、有价证券，符合下列条件的，可以向有管辖权的基层人民法院申请支付令：

（一）债权人与债务人没有其他债务纠纷的；

（二）支付令能够送达债务人的。

申请书应当写明请求给付金钱或者有价证券的数量和所根据的事实、证据。

第二百一十五条　【受理】债权人提出申请后，人民法院应当在五日内通知债权人是否受理。

第二百一十六条　【支付令的审理、异议和执行】人民法院受理申请后，经审查债权人提供的事实、证据，对债权债务关系明确、合法的，应当在受理之日起十五日内向债务人发出支付令；申请不成立的，裁定予以驳回。

债务人应当自收到支付令之日起十五日内清偿债务，或者向人民法院提出书面异议。

债务人在前款规定的期间不提出异议又不履行支付令的，债权人可以向人民法院申请执行。

第二百一十七条　【终结督促程序】人民法院收到债务人提出的书面异议后，经审查，异议成立的，应当裁定终结督促程序，支付令自行失效。

支付令失效的，转入诉讼程序，但申请支付令的一方当事人不同意提起诉讼的除外。

第十八章　公示催告程序

第二百一十八条　【适用范围】按照规定可以背书转让的票据持有人，因票据被盗、遗失或者灭失，可以向票据支付地的基层人民法院申请公示催告。依照法律规定可以申请公示催告的其他事项，适用本章规定。

申请人应当向人民法院递交申请书，写明票面金额、发票人、持票人、背书人等票据主要内容和申请的理由、事实。

第二百一十九条　【公告及期限】人民法院决定受理申请，应当同时通知支付人停止支付，并在三日内发出公告，催促利害关系人申报权利。公示催告的期间，由人民法院根据情况决定，但不得少于六十日。

第二百二十条　【停止支付】支付人收到人民法院停止支付的通知，应当停止支付，至公示催告程序终结。

公示催告期间，转让票据权利的行为无效。

第二百二十一条　【申报票据权利】利害关系人应当在公示催告期间向人民法院申报。

人民法院收到利害关系人的申报后，应当裁定终结公示催告程序，并通知申请人和支付人。

申请人或者申报人可以向人民法院起诉。

第二百二十二条　【公示催告判决】没有人申报的，人民法院应当根据申请人的申请，作出判决，宣告票据无效。判决应当公告，并通知支付人。自判决公告之日起，申请人有权向支付人请求支付。

第二百二十三条　【利害关系人起诉】利害关系人因正当理由不能在判决前向人民法院申报的，自知道或者应当知道判决公告之日起一年内，可以向作出判决的人民法院起诉。

第三编 执行程序

第十九章 一般规定

第二百二十四条 【执行根据、管辖】发生法律效力的民事判决、裁定，以及刑事判决、裁定中的财产部分，由第一审人民法院或者与第一审人民法院同级的被执行的财产所在地人民法院执行。

法律规定由人民法院执行的其他法律文书，由被执行人住所地或者被执行的财产所在地人民法院执行。

第二百二十五条 【对违法执行行为的异议】当事人、利害关系人认为执行行为违反法律规定的，可以向负责执行的人民法院提出书面异议。当事人、利害关系人提出书面异议的，人民法院应当自收到书面异议之日起十五日内审查，理由成立的，裁定撤销或者改正；理由不成立的，裁定驳回。当事人、利害关系人对裁定不服的，可以自裁定送达之日起十日内向上一级人民法院申请复议。

第二百二十六条 【变更执行法院】人民法院自收到申请执行书之日起超过六个月未执行的，申请执行人可以向上一级人民法院申请执行。上一级人民法院经审查，可以责令原人民法院在一定期限内执行，也可以决定由本院执行或者指令其他人民法院执行。

第二百二十七条 【案外人异议】执行过程中，案外人对执行标的提出书面异议的，人民法院应当自收到书面异议之日起十五日内审查，理由成立的，裁定中止对该标的的执行；理由不成立的，裁定驳回。案外人、当事人对裁定不服，认为原判决、裁定错误的，依照审判监督程序办理；与原判决、裁定无关的，可以自裁定送达之日起十五日内向人民法院提起诉讼。

第二百二十八条 【执行机构、程序】执行工作由执行员进行。

采取强制执行措施时，执行员应当出示证件。执行完毕后，应当将执行情况制作笔录，由在场的有关人员签名或者盖章。

人民法院根据需要可以设立执行机构。

第二百二十九条 【委托执行】被执行人或者被执行的财产在外地的，可以委托当地人民法院代为执行。受委托人民法院收到委托函件后，必须在十五日内开始执行，不得拒绝。执行完毕后，应当将执行结果及时函复委托人民法院；在三十日内如果还未执行完毕，也应当将执行情况函告委托人民法院。

受委托人民法院自收到委托函件之日起十五日内不执行的，委托人民法院可以请求受委托人民法院的上级人民法院指令受委托人民法院执行。

第二百三十条 【执行和解】在执行中，双方当事人自行和解达成协议的，执行员应当将协议内容记入笔录，由双方当事人签名或者盖章。

申请执行人因受欺诈、胁迫与被执行人达成和解协议，或者当事人不履行和解协议的，人民法院可以根据当事人的申请，恢复对原生效法律文书的执行。

第二百三十一条 【执行担保】在执行中，被执行人向人民法院提供担保，并经申请执行人同意的，人民法院可以决定暂缓执行及暂缓执行的期限。被执行人逾期仍不履行的，人民法院有权执行被执行人的担保财产或者担保人的财产。

第二百三十二条 【执行承担】作为被执行人的公民死亡的，以其遗产偿还债务。作为被执行人的法人或者其他组织终止的，由其权利义务承受人履行义务。

第二百三十三条 【执行回转】执行完毕后，据以执行的判决、裁定和其他法律文书确有错误，被人民法院撤销的，对已被执行的财产，人民法院应当作出裁定，责令取得财产的人返还；拒不返还的，强制执行。

第二百三十四条 【调解书执行】人民法院制作的调解书的执行，适用本编的规定。

第二百三十五条 【民事执行法律监督】人民检察院有权对民事执行活动实行法律监督。

第二十章 执行的申请和移送

第二百三十六条 【申请执行和移送执行】发生法律效力的民事判决、裁定，当事人必须履行。一方拒绝履行的，对方当事人可以向人民法院申请执行，也可以由审判员移送执行员执行。

调解书和其他应当由人民法院执行的法律文书，当事人必须履行。一方拒绝履行的，对方当事人可以向人民法院申请执行。

第二百三十七条 【仲裁裁决执行】对依法设立的仲裁机构的裁决，一方当事人不履行的，对方当事人可以向有管辖权的人民法院申请执行。受申请的人民法院应当执行。

被申请人提出证据证明仲裁裁决有下列情形之一的，经人民法院组成合议庭审查核实，裁定不予执行：

（一）当事人在合同中没有订有仲裁条款或者事后没有达成书面仲裁协议的；

（二）裁决的事项不属于仲裁协议的范围或者仲裁机构无权仲裁的；

（三）仲裁庭的组成或者仲裁的程序违反法定程序的；

（四）裁决所根据的证据是伪造的；

（五）对方当事人向仲裁机构隐瞒了足以影响公正裁决的证据的；

（六）仲裁员在仲裁该案时有贪污受贿，徇私舞弊，枉法裁决行为的。

人民法院认定执行该裁决违背社会公共利益的，裁定不予执行。

裁定书应当送达双方当事人和仲裁机构。

仲裁裁决被人民法院裁定不予执行的，当事人可以根据双方达成的书面仲裁协议重新申请仲裁，也可以向人民法院起诉。

第二百三十八条 【公证债权文书执行】对公证机关依法赋予强制执行效力的债权文书，一方当事人不履行的，对方当事人可以向有管辖权的人民法院申请执行，受申请的人民法院应当执行。

公证债权文书确有错误的，人民法院裁定不予执行，并将裁定书送达双方当事人和公证机关。

第二百三十九条 【申请执行期间】申请执行的期间为二年。申请执行时效的中止、中断，适用法律有关诉讼时效中止、中断的规定。

前款规定的期间，从法律文书规定履行期间的最后一日起计算；法律文书规定分期履行的，从规定的每次履行期间的最后一日起计算；法律文书未规定履行期间的，从法律文书生效之日起计算。

第二百四十条 【执行通知】执行员接到申请执行书或者移交执行书，应当向被执行人发出执行通知，并可以立即采取强制执行措施。

第二十一章 执行措施

第二百四十一条 【被执行人报告义务】被执行人未按执行通知履行法律文书确定的义务，应当报告当前以及收到执行通知之日前一年的财产情况。被执行人拒绝报告或者虚假报告的，人民法院可以根据情节轻重对被执行人或者其法定代理人、有关单位的主要负责人或者直接责任人员予以罚款、拘留。

第二百四十二条 【查询、扣押、冻结、划拨、变价金融资产】被执行人未按执行通知履行法律文书确定的义务，人民法院有权向有关单位查询被执行人的存款、债券、股票、基金份额等财产情况。人民法院有权根据不同情形扣押、冻结、划拨、变价被执行人的财产。人民法院查询、扣押、冻结、划拨、变价的财产不得超出被执行人应当履行义务的范围。

人民法院决定扣押、冻结、划拨、变价财产，应当作出裁定，并发出协助执行通知书，有关单位必须办理。

第二百四十三条 【扣留、提取收入】被执行人未按执行通知履行法律文书确定的义务，人民法院有权扣留、提取被执行人应当履行义务部分的收入。但应当保留被执行人及其所扶养家属的生活必需费用。

人民法院扣留、提取收入时，应当作出裁定，并发出协助执行通知书，被执行人所在单位、银行、信用合作社和其他有储蓄业务的单位必须办理。

第二百四十四条 【查封、扣押、冻结、拍卖、变卖被执行人财产】被执行人未按执行通知履行法律文书确定的义务，人民法院有权查封、扣押、冻结、拍卖、变卖被执行人应当履行义务部分的财产。但应当保留被执行人及其所扶养家属的生活必需品。

采取前款措施，人民法院应当作出裁定。

第二百四十五条 【查封、扣押财产程序】人民法院查封、扣押财产时，被执行人是公民的，应当通知被执行人或者他的成年家属到场；被执行人是法人或者其他组织的，应当通知其法定代表人或者主要负责人到场。拒不到场的，不影响执行。被执行人是公民的，其工作单位或者财产所在地的基层组织应当派人参加。

对被查封、扣押的财产，执行员必须造具清单，由在场人签名或者盖章后，交被执行人一份。被执行人是公民的，也可以交他的成年家属一份。

第二百四十六条 【查封财产保管】被查封的财产，执行员可以指定被执行人负责保管。因被执行人的过错造成的损失，由被执行人承担。

第二百四十七条 【拍卖、变卖财产】财产被查封、扣押后，执行员应当责令被执行人在指定期间履行法律文书确定的义务。被执行人逾期不履行的，人民法院应当拍卖被查封、扣押的财产；不适于拍卖或者当事人双方同意不进行拍卖的，人民法院可以委托有关单位变卖或者自行变卖。国家禁止自由买卖的物品，交有关单位按照国家规定的价格收购。

第二百四十八条 【搜查被执行人财产】被执行人不履行法律文书确定的义务，并隐匿财产的，人民法院有权发出搜查令，对被执行人及其住所或者财产隐匿地进行搜查。

采取前款措施，由院长签发搜查令。

第二百四十九条 【指定交付】法律文书指定交付的财物或者票证，由执行员传唤双方当事人当面交付，或者由执行员转交，并由被交付人签收。

有关单位持有该项财物或者票证的，应当根据人民法院的协助执行通知书转交，并由被交付人签收。

有关公民持有该项财物或者票证的，人民法院通知其交出。拒不交出的，强制执行。

第二百五十条 【强制迁出】强制迁出房屋或者强制退出土地，由院长签发公告，责令被执行人在指定期间履行。被执行人逾期不履行的，由执行员强制执行。

强制执行时，被执行人是公民的，应当通知被执行人或者他的成年家属到场；被执行人是法人或者其他组织的，应当通知其法定代表人或者主要负责人到场。拒不到场的，不影响执行。被执行人是公民的，其工作单位或者房屋、土地所在地的基层组织应当派人参加。执行员应当将强制执行情况记入笔录，由在场人签名或者盖章。

强制迁出房屋被搬出的财物，由人民法院派人运至指定处所，交给被执行人。被执行人是公民的，也可以交给他的成年家属。因拒绝接收而造成的损失，由被执行人承担。

第二百五十一条 【财产权证照转移】在执行中，需要办理有关财产权证照转移手续的，人民法院可以向有关单位发出协助执行通知书，有关单位必须办理。

第二百五十二条 【对行为执行】对判决、裁定和其他法律文书指定的行为，被执行人未按执行通知履行的，人民法院可以强制执行或者委托有关单位或者其他人完成，费用由被执行人承担。

第二百五十三条 【迟延履行】被执行人未按判决、裁定和其他法律文书指定的期间履行给付金钱义务的，应当加倍支付迟延履行期间的债务利息。被执行人未按判决、裁定和其他法律文书指定的期间履行其他义务的，应当支付迟延履行金。

第二百五十四条 【继续履行】人民法院采取本法第二百四十二条、第二百四十三条、第二百四十四条规定的执行措施后，被执行人仍不能偿还债务的，应当继续履行义务。债权人发现被执行人有其他财产的，可以随时请求人民法院执行。

第二百五十五条 【对被执行人的限制措施】被执行人不履行法律文书确定的义务的，人民法院可以对其采取或者通知有关单位协助采取限制出境，在征信系统记录、通过媒体公布不履行义务信息以及法律规定的其他措施。

第二十二章　执行中止和终结

第二百五十六条 【执行中止】有下列情

形之一的,人民法院应当裁定中止执行:

(一)申请人表示可以延期执行的;

(二)案外人对执行标的提出确有理由的异议的;

(三)作为一方当事人的公民死亡,需要等待继承人继承权利或者承担义务的;

(四)作为一方当事人的法人或者其他组织终止,尚未确定权利义务承受人的;

(五)人民法院认为应当中止执行的其他情形。

中止的情形消失后,恢复执行。

第二百五十七条 【执行终结】有下列情形之一的,人民法院裁定终结执行:

(一)申请人撤销申请的;

(二)据以执行的法律文书被撤销的;

(三)作为被执行人的公民死亡,无遗产可供执行,又无义务承担人的;

(四)追索赡养费、扶养费、抚育费案件的权利人死亡的;

(五)作为被执行人的公民因生活困难无力偿还借款,无收入来源,又丧失劳动能力的;

(六)人民法院认为应当终结执行的其他情形。

第二百五十八条 【中止、终结裁定效力】中止和终结执行的裁定,送达当事人后立即生效。

第四编 涉外民事诉讼程序的特别规定

第二十三章 一般原则

第二百五十九条 【适用本国法】在中华人民共和国领域内进行涉外民事诉讼,适用本编规定。本编没有规定的,适用本法其他有关规定。

第二百六十条 【国际条约优先】中华人民共和国缔结或者参加的国际条约同本法有不同规定的,适用该国际条约的规定,但中华人民共和国声明保留的条款除外。

第二百六十一条 【外交特权与豁免】对享有外交特权与豁免的外国人、外国组织或者国际组织提起的民事诉讼,应当依照中华人民共和国有关法律和中华人民共和国缔结或者参加的国际条约的规定办理。

第二百六十二条 【语言文字】人民法院审理涉外民事案件,应当使用中华人民共和国通用的语言、文字。当事人要求提供翻译的,可以提供,费用由当事人承担。

第二百六十三条 【中国律师代理】外国人、无国籍人、外国企业和组织在人民法院起诉、应诉,需要委托律师代理诉讼的,必须委托中华人民共和国的律师。

第二百六十四条 【公证和认证】在中华人民共和国领域内没有住所的外国人、无国籍人、外国企业和组织委托中华人民共和国律师或者其他人代理诉讼,从中华人民共和国领域外寄交或者托交的授权委托书,应当经所在国公证机关证明,并经中华人民共和国驻该国使领馆认证,或者履行中华人民共和国与该所在国订立的有关条约中规定的证明手续后,才具有效力。

第二十四章 管 辖

第二百六十五条 【特殊地域管辖】因合

同纠纷或者其他财产权益纠纷，对在中华人民共和国领域内没有住所的被告提起的诉讼，如果合同在中华人民共和国领域内签订或者履行，或者诉讼标的物在中华人民共和国领域内，或者被告在中华人民共和国领域内有可供扣押的财产，或者被告在中华人民共和国领域内设有代表机构，可以由合同签订地、合同履行地、诉讼标的物所在地、可供扣押财产所在地、侵权行为地或者代表机构住所地人民法院管辖。

第二百六十六条　【专属管辖】因在中华人民共和国履行中外合资经营企业合同、中外合作经营企业合同、中外合作勘探开发自然资源合同发生纠纷提起的诉讼，由中华人民共和国人民法院管辖。

第二十五章　送达、期间

第二百六十七条　【送达方式】人民法院对在中华人民共和国领域内没有住所的当事人送达诉讼文书，可以采用下列方式：

（一）依照受送达人所在国与中华人民共和国缔结或者共同参加的国际条约中规定的方式送达；

（二）通过外交途径送达；

（三）对具有中华人民共和国国籍的受送达人，可以委托中华人民共和国驻受送达人所在国的使领馆代为送达；

（四）向受送达人委托的有权代其接受送达的诉讼代理人送达；

（五）向受送达人在中华人民共和国领域内设立的代表机构或者有权接受送达的分支机构、业务代办人送达；

（六）受送达人所在国的法律允许邮寄送达的，可以邮寄送达，自邮寄之日起满三个月，送达回证没有退回，但根据各种情况足以认定已经送达的，期间届满之日视为送达；

（七）采用传真、电子邮件等能够确认受送达人收悉的方式送达；

（八）不能用上述方式送达的，公告送达，自公告之日起满三个月，即视为送达。

第二百六十八条　【答辩期间】被告在中华人民共和国领域内没有住所的，人民法院应当将起诉状副本送达被告，并通知被告在收到起诉状副本后三十日内提出答辩状。被告申请延期的，是否准许，由人民法院决定。

第二百六十九条　【上诉期间】在中华人民共和国领域内没有住所的当事人，不服第一审人民法院判决、裁定的，有权在判决书、裁定书送达之日起三十日内提起上诉。被上诉人在收到上诉状副本后，应当在三十日内提出答辩状。当事人不能在法定期间提起上诉或者提出答辩状，申请延期的，是否准许，由人民法院决定。

第二百七十条　【审理期限】人民法院审理涉外民事案件的期间，不受本法第一百四十九条、第一百七十六条规定的限制。

第二十六章　仲　　裁

第二百七十一条　【涉外仲裁与诉讼关系】涉外经济贸易、运输和海事中发生的纠纷，当事人在合同中订有仲裁条款或者事后达成书面仲裁协议，提交中华人民共和国涉外仲裁机构或者其他仲裁机构仲裁的，当事人不得向人民法院起诉。

当事人在合同中没有订有仲裁条款或者事后没有达成书面仲裁协议的，可以向人民法院起诉。

第二百七十二条 【涉外仲裁保全】当事人申请采取保全的，中华人民共和国的涉外仲裁机构应当将当事人的申请，提交被申请人住所地或者财产所在地的中级人民法院裁定。

第二百七十三条 【涉外仲裁效力】经中华人民共和国涉外仲裁机构裁决的，当事人不得向人民法院起诉。一方当事人不履行仲裁裁决的，对方当事人可以向被申请人住所地或者财产所在地的中级人民法院申请执行。

第二百七十四条 【涉外仲裁裁决不予执行】对中华人民共和国涉外仲裁机构作出的裁决，被申请人提出证据证明仲裁裁决有下列情形之一的，经人民法院组成合议庭审查核实，裁定不予执行：

（一）当事人在合同中没有订有仲裁条款或者事后没有达成书面仲裁协议的；

（二）被申请人没有得到指定仲裁员或者进行仲裁程序的通知，或者由于其他不属于被申请人负责的原因未能陈述意见的；

（三）仲裁庭的组成或者仲裁的程序与仲裁规则不符的；

（四）裁决的事项不属于仲裁协议的范围或者仲裁机构无权仲裁的。

人民法院认定执行该裁决违背社会公共利益的，裁定不予执行。

第二百七十五条 【救济途径】仲裁裁决被人民法院裁定不予执行的，当事人可以根据双方达成的书面仲裁协议重新申请仲裁，也可以向人民法院起诉。

第二十七章 司法协助

第二百七十六条 【协助原则】根据中华人民共和国缔结或者参加的国际条约，或者按照互惠原则，人民法院和外国法院可以相互请求，代为送达文书、调查取证以及进行其他诉讼行为。

外国法院请求协助的事项有损于中华人民共和国的主权、安全或者社会公共利益的，人民法院不予执行。

第二百七十七条 【协助途径】请求和提供司法协助，应当依照中华人民共和国缔结或者参加的国际条约所规定的途径进行；没有条约关系的，通过外交途径进行。

外国驻中华人民共和国的使领馆可以向该国公民送达文书和调查取证，但不得违反中华人民共和国的法律，并不得采取强制措施。

除前款规定的情况外，未经中华人民共和国主管机关准许，任何外国机关或者个人不得在中华人民共和国领域内送达文书、调查取证。

第二百七十八条 【文字要求】外国法院请求人民法院提供司法协助的请求书及其所附文件，应当附有中文译本或者国际条约规定的其他文字文本。

人民法院请求外国法院提供司法协助的请求书及其所附文件，应当附有该国文字译本或者国际条约规定的其他文字文本。

第二百七十九条 【协助程序】人民法院提供司法协助，依照中华人民共和国法律规定的程序进行。外国法院请求采用特殊方式的，也可以按照其请求的特殊方式进行，但请求采用的特殊方式不得违反中华人民共和国法律。

第二百八十条　【申请外国法院承认和执行】人民法院作出的发生法律效力的判决、裁定，如果被执行人或者其财产不在中华人民共和国领域内，当事人请求执行的，可以由当事人直接向有管辖权的外国法院申请承认和执行，也可以由人民法院依照中华人民共和国缔结或者参加的国际条约的规定，或者按照互惠原则，请求外国法院承认和执行。

中华人民共和国涉外仲裁机构作出的发生法律效力的仲裁裁决，当事人请求执行的，如果被执行人或者其财产不在中华人民共和国领域内，应当由当事人直接向有管辖权的外国法院申请承认和执行。

第二百八十一条　【提出申请对外国法院判决的承认和执行】外国法院作出的发生法律效力的判决、裁定，需要中华人民共和国人民法院承认和执行的，可以由当事人直接向中华人民共和国有管辖权的中级人民法院申请承认和执行，也可以由外国法院依照该国与中华人民共和国缔结或者参加的国际条约的规定，或者按照互惠原则，请求人民法院承认和执行。

第二百八十二条　【审查对外国法院裁判的承认执行的申请】人民法院对申请或者请求承认和执行的外国法院作出的发生法律效力的判决、裁定，依照中华人民共和国缔结或者参加的国际条约，或者按照互惠原则进行审查后，认为不违反中华人民共和国法律的基本原则或者国家主权、安全、社会公共利益的，裁定承认其效力，需要执行的，发出执行令，依照本法的有关规定执行。违反中华人民共和国法律的基本原则或者国家主权、安全、社会公共利益的，不予承认和执行。

第二百八十三条　【外国仲裁裁决的承认与执行】国外仲裁机构的裁决，需要中华人民共和国人民法院承认和执行的，应当由当事人直接向被执行人住所地或者其财产所在地的中级人民法院申请，人民法院应当依照中华人民共和国缔结或者参加的国际条约，或者按照互惠原则办理。

第二百八十四条　【施行日期】本法自公布之日起施行，《中华人民共和国民事诉讼法（试行）》同时废止。

最高人民法院关于适用《中华人民共和国民事诉讼法》的解释

1. 2014年12月18日最高人民法院审判委员会第1636次会议通过
2. 2015年1月30日公布
3. 法释〔2015〕5号
4. 自2015年2月4日起施行

目　　录

2012年8月31日，第十一届全国人民代表大会常务委员会第二十八次会议审议通过了《关于修改〈中华人民共和国民事诉讼法〉的决定》。根据修改后的民事诉讼法，结合人民法院民事审判和执行工作实际，制定本解释。

一、管　　辖

第一条　【重大涉外案件】民事诉讼法第十八条第一项规定的重大涉外案件，包括争议标的额大的案件、案情复杂的案件，或者一方当事人人数众多等具有重大影响的案件。

第二条　【专利、海事海商案件的管辖】专利纠纷案件由知识产权法院、最高人民法院确定的中级人民法院和基层人民法院管辖。

海事、海商案件由海事法院管辖。

第三条　【住所地】公民的住所地是指公民的户籍所在地，法人或者其他组织的住所地是指法人或者其他组织的主要办事机构所在地。

法人或者其他组织的主要办事机构所在地不能确定的，法人或者其他组织的注册地或者登记地为住所地。

第四条　【经常居住地】公民的经常居住地是指公民离开住所地至起诉时已连续居住一年以上的地方，但公民住院就医的地方除外。

第五条　【个人合伙、合伙型联营体为被告的管辖】对没有办事机构的个人合伙、合伙型联营体提起的诉讼，由被告注册登记地人民法院管辖。没有注册登记，几个被告又不在同一辖区的，被告住所地的人民法院都有管辖权。

第六条　【当事人被注销户籍的管辖】被告被注销户籍的，依照民事诉讼法第二十二条规定确定管辖；原告、被告均被注销户籍的，由被告居住地人民法院管辖。

第七条　【当事人户籍迁出后尚未落户的管辖】当事人的户籍迁出后尚未落户，有经常居住地的，由该地人民法院管辖；没有经常居住地的，由其原户籍所在地人民法院管辖。

第八条　【当事人被监禁或者被采取强制性教育措施的管辖】双方当事人都被监禁或者被采取强制性教育措施的，由被告原住所地人民法院管辖。被告被监禁或者被采取强制性教育措施一年以上的，由被告被监禁地或者被采取强制性教育措施地人民法院管辖。

第九条　【赡养费、抚育费、扶养费纠纷管辖】追索赡养费、抚育费、扶养费案件的几个被告住所地不在同一辖区的，可以由原告住所地人民法院管辖。

第十条　【监护权纠纷管辖】不服指定监护或者变更监护关系的案件，可以由被监护人住所地人民法院管辖。

第十一条 【涉军民事纠纷管辖】双方当事人均为军人或者军队单位的民事案件由军事法院管辖。

第十二条 【夫妻一方或者双方离开住所地超过一年的离婚纠纷管辖】夫妻一方离开住所地超过一年,另一方起诉离婚的案件,可以由原告住所地人民法院管辖。

夫妻双方离开住所地超过一年,一方起诉离婚的案件,由被告经常居住地人民法院管辖;没有经常居住地的,由原告起诉时被告居住地人民法院管辖。

第十三条 【国内结婚并定居国外的华侨离婚纠纷管辖】在国内结婚并定居国外的华侨,如定居国法院以离婚诉讼须由婚姻缔结地法院管辖为由不予受理,当事人向人民法院提出离婚诉讼的,由婚姻缔结地或者一方在国内的最后居住地人民法院管辖。

第十四条 【国外结婚并定居国外的华侨离婚纠纷管辖】在国外结婚并定居国外的华侨,如定居国法院以离婚诉讼须由国籍所属国法院管辖为由不予受理,当事人向人民法院提出离婚诉讼的,由一方原住所地或者在国内的最后居住地人民法院管辖。

第十五条 【中国公民一方居住在国外的离婚纠纷管辖】中国公民一方居住在国外,一方居住在国内,不论哪一方向人民法院提起离婚诉讼,国内一方住所地人民法院都有权管辖。国外一方在居住国法院起诉,国内一方向人民法院起诉的,受诉人民法院有权管辖。

第十六条 【中国公民在国外但未定居的离婚纠纷管辖】中国公民双方在国外但未定居,一方向人民法院起诉离婚的,应由原告或者被告原住所地人民法院管辖。

第十七条 【离婚后财产分割纠纷管辖】已经离婚的中国公民,双方均定居国外,仅就国内财产分割提起诉讼的,由主要财产所在地人民法院管辖。

第十八条 【合同履行地】合同约定履行地点的,以约定的履行地点为合同履行地。

合同对履行地点没有约定或者约定不明确,争议标的为给付货币的,接收货币一方所在地为合同履行地;交付不动产的,不动产所在地为合同履行地;其他标的,履行义务一方所在地为合同履行地。即时结清的合同,交易行为地为合同履行地。

合同没有实际履行,当事人双方住所地都不在合同约定的履行地的,由被告住所地人民法院管辖。

第十九条 【财产租赁合同、融资租赁合同履行地】财产租赁合同、融资租赁合同以租赁物使用地为合同履行地。合同对履行地有约定的,从其约定。

第二十条 【网络买卖合同履行地】以信息网络方式订立的买卖合同,通过信息网络交付标的的,以买受人住所地为合同履行地;通过其他方式交付标的的,收货地为合同履行地。合同对履行地有约定的,从其约定。

第二十一条 【保险合同管辖】因财产保险合同纠纷提起的诉讼,如果保险标的物是运输工具或者运输中的货物,可以由运输工具登记注册地、运输目的地、保险事故发生地人民法院管辖。

因人身保险合同纠纷提起的诉讼,

可以由被保险人住所地人民法院管辖。

第二十二条 【公司纠纷管辖】因股东名册记载、请求变更公司登记、股东知情权、公司决议、公司合并、公司分立、公司减资、公司增资等纠纷提起的诉讼,依照民事诉讼法第二十六条规定确定管辖。

第二十三条 【申请支付令的管辖】债权人申请支付令,适用民事诉讼法第二十一条规定,由债务人住所地基层人民法院管辖。

第二十四条 【侵权行为地】民事诉讼法第二十八条规定的侵权行为地,包括侵权行为实施地、侵权结果发生地。

第二十五条 【信息网络侵权行为地】信息网络侵权行为实施地包括实施被诉侵权行为的计算机等信息设备所在地,侵权结果发生地包括被侵权人住所地。

第二十六条 【产品责任纠纷管辖】因产品、服务质量不合格造成他人财产、人身损害提起的诉讼,产品制造地、产品销售地、服务提供地、侵权行为地和被告住所地人民法院都有管辖权。

第二十七条 【诉前保全损害责任纠纷管辖】当事人申请诉前保全后没有在法定期间起诉或者申请仲裁,给被申请人、利害关系人造成损失引起的诉讼,由采取保全措施的人民法院管辖。

当事人申请诉前保全后在法定期间内起诉或者申请仲裁,被申请人、利害关系人因保全受到损失提起的诉讼,由受理起诉的人民法院或者采取保全措施的人民法院管辖。

第二十八条 【不动产纠纷】民事诉讼法第三十三条第一项规定的不动产纠纷是指因不动产的权利确认、分割、相邻关系等引起的物权纠纷。

农村土地承包经营合同纠纷、房屋租赁合同纠纷、建设工程施工合同纠纷、政策性房屋买卖合同纠纷,按照不动产纠纷确定管辖。

不动产已登记的,以不动产登记簿记载的所在地为不动产所在地;不动产未登记的,以不动产实际所在地为不动产所在地。

第二十九条 【书面管辖协议】民事诉讼法第三十四条规定的书面协议,包括书面合同中的协议管辖条款或者诉讼前以书面形式达成的选择管辖的协议。

第三十条 【协议管辖的适用】根据管辖协议,起诉时能够确定管辖法院的,从其约定;不能确定的,依照民事诉讼法的相关规定确定管辖。

管辖协议约定两个以上与争议有实际联系的地点的人民法院管辖,原告可以向其中一个人民法院起诉。

第三十一条 【格式管辖协议的效力】经营者使用格式条款与消费者订立管辖协议,未采取合理方式提请消费者注意,消费者主张管辖协议无效的,人民法院应予支持。

第三十二条 【当事人住所地变更后的管辖】管辖协议约定由一方当事人住所地人民法院管辖,协议签订后当事人住所地变更的,由签订管辖协议时的住所地人民法院管辖,但当事人另有约定的除外。

第三十三条 【管辖协议对合同受让人的效力】合同转让的,合同的管辖协议对合同受让人有效,但转让时受让人不知道有管辖协议,或者转让协议另有约定且原合同相对人同意的除外。

第三十四条 【身份关系解除后财产争议的协议管辖】当事人因同居或者在解除婚姻、收养关系后发生财产争议,约定管辖的,可以适用民事诉讼法第三十四条规定确定管辖。

第三十五条 【移送管辖的期限】当事人在答辩期间届满后未应诉答辩,人民法院在一审开庭前,发现案件不属于本院管辖的,应当裁定移送有管辖权的人民法院。

第三十六条 【立案在先管辖】两个以上人民法院都有管辖权的诉讼,先立案的人民法院不得将案件移送给另一个有管辖权的人民法院。人民法院在立案前发现其他有管辖权的人民法院已先立案的,不得重复立案;立案后发现其他有管辖权的人民法院已先立案的,裁定将案件移送给先立案的人民法院。

第三十七条 【管辖恒定之一】案件受理后,受诉人民法院的管辖权不受当事人住所地、经常居住地变更的影响。

第三十八条 【管辖恒定之二】有管辖权的人民法院受理案件后,不得以行政区域变更为由,将案件移送给变更后有管辖权的人民法院。判决后的上诉案件和依审判监督程序提审的案件,由原审人民法院的上级人民法院进行审判;上级人民法院指令再审、发回重审的案件,由原审人民法院再审或者重审。

第三十九条 【管辖恒定之三】人民法院对管辖异议审查后确定有管辖权的,不因当事人提起反诉、增加或者变更诉讼请求等改变管辖,但违反级别管辖、专属管辖规定的除外。

人民法院发回重审或者按第一审程序再审的案件,当事人提出管辖异议的,人民法院不予审查。

第四十条 【管辖权争议处理】依照民事诉讼法第三十七条第二款规定,发生管辖权争议的两个人民法院因协商不成报请它们的共同上级人民法院指定管辖时,双方为同属一个地、市辖区的基层人民法院的,由该地、市的中级人民法院及时指定管辖;同属一个省、自治区、直辖市的两个人民法院的,由该省、自治区、直辖市的高级人民法院及时指定管辖;双方为跨省、自治区、直辖市的人民法院,高级人民法院协商不成的,由最高人民法院及时指定管辖。

依照前款规定报请上级人民法院指定管辖时,应当逐级进行。

第四十一条 【指定管辖】人民法院依照民事诉讼法第三十七条第二款规定指定管辖的,应当作出裁定。

对报请上级人民法院指定管辖的案件,下级人民法院应当中止审理。指定管辖裁定作出前,下级人民法院对案件作出判决、裁定的,上级人民法院应当在裁定指定管辖的同时,一并撤销下级人民法院的判决、裁定。

第四十二条 【管辖权下交】下列第一审民事案件,人民法院依照民事诉讼法第三十八条第一款规定,可以在开庭前交下级人民法院审理:

(一)破产程序中有关债务人的诉讼案件;

(二)当事人人数众多且不方便诉讼的案件;

(三)最高人民法院确定的其他类型案件。

人民法院交下级人民法院审理前,应当报请其上级人民法院批准。上级人民法院批准后，人民法院应当裁定将案件交下级人民法院审理。

二、回　　避

第四十三条　【应当回避】审判人员有下列情形之一的，应当自行回避，当事人有权申请其回避：

（一）是本案当事人或者当事人近亲属的；

（二）本人或者其近亲属与本案有利害关系的；

（三）担任过本案的证人、鉴定人、辩护人、诉讼代理人、翻译人员的；

（四）是本案诉讼代理人近亲属的；

（五）本人或者其近亲属持有本案非上市公司当事人的股份或者股权的；

（六）与本案当事人或者诉讼代理人有其他利害关系，可能影响公正审理的。

第四十四条　【申请回避】审判人员有下列情形之一的，当事人有权申请其回避：

（一）接受本案当事人及其受托人宴请，或者参加由其支付费用的活动的；

（二）索取、接受本案当事人及其受托人财物或者其他利益的；

（三）违反规定会见本案当事人、诉讼代理人的；

（四）为本案当事人推荐、介绍诉讼代理人，或者为律师、其他人员介绍代理本案的；

（五）向本案当事人及其受托人借用款物的；

（六）有其他不正当行为，可能影响公正审理的。

第四十五条　【重复参审回避】在一个审判程序中参与过本案审判工作的审判人员，不得再参与该案其他程序的审判。

发回重审的案件，在一审法院作出裁判后又进入第二审程序的，原第二审程序中合议庭组成人员不受前款规定的限制。

第四十六条　【职权回避】审判人员有应当回避的情形，没有自行回避，当事人也没有申请其回避的，由院长或者审判委员会决定其回避。

第四十七条　【回避告知】人民法院应当依法告知当事人对合议庭组成人员、独任审判员和书记员等人员有申请回避的权利。

第四十八条　【回避主体】民事诉讼法第四十四条所称的审判人员，包括参与本案审理的人民法院院长、副院长、审判委员会委员、庭长、副庭长、审判员、助理审判员和人民陪审员。

第四十九条　【书记员、执行员回避】书记员和执行员适用审判人员回避的有关规定。

三、诉讼参加人

第五十条　【诉讼代表人】法人的法定代表人以依法登记的为准，但法律另有规定的除外。依法不需要办理登记的法人，以其正职负责人为法定代表人；没有正职负责人的，以其主持工作的副职负责人为法定代表人。

法定代表人已经变更，但未完成登记，变更后的法定代表人要求代表法人参加诉讼的，人民法院可以准许。

其他组织，以其主要负责人为代表人。

第五十一条 【代表人变更】在诉讼中，法人的法定代表人变更的，由新的法定代表人继续进行诉讼，并应向人民法院提交新的法定代表人身份证明书。原法定代表人进行的诉讼行为有效。

前款规定，适用于其他组织参加的诉讼。

第五十二条 【其他组织】民事诉讼法第四十八条规定的其他组织是指合法成立、有一定的组织机构和财产，但又不具备法人资格的组织，包括：

（一）依法登记领取营业执照的个人独资企业；

（二）依法登记领取营业执照的合伙企业；

（三）依法登记领取我国营业执照的中外合作经营企业、外资企业；

（四）依法成立的社会团体的分支机构、代表机构；

（五）依法设立并领取营业执照的法人的分支机构；

（六）依法设立并领取营业执照的商业银行、政策性银行和非银行金融机构的分支机构；

（七）经依法登记领取营业执照的乡镇企业、街道企业；

（八）其他符合本条规定条件的组织。

第五十三条 【不具有诉讼主体资格的分支机构】法人非依法设立的分支机构，或者虽依法设立，但没有领取营业执照的分支机构，以设立该分支机构的法人为当事人。

第五十四条 【挂靠纠纷当事人】以挂靠形式从事民事活动，当事人请求由挂靠人和被挂靠人依法承担民事责任的，该挂靠人和被挂靠人为共同诉讼人。

第五十五条 【继承人承担诉讼】在诉讼中，一方当事人死亡，需要等待继承人表明是否参加诉讼的，裁定中止诉讼。人民法院应当及时通知继承人作为当事人承担诉讼，被继承人已经进行的诉讼行为对承担诉讼的继承人有效。

第五十六条 【职务侵权纠纷当事人】法人或者其他组织的工作人员执行工作任务造成他人损害的，该法人或者其他组织为当事人。

第五十七条 【劳务侵权纠纷当事人】提供劳务一方因劳务造成他人损害，受害人提起诉讼的，以接受劳务一方为被告。

第五十八条 【劳务派遣侵权纠纷当事人】在劳务派遣期间，被派遣的工作人员因执行工作任务造成他人损害的，以接受劳务派遣的用工单位为当事人。当事人主张劳务派遣单位承担责任的，该劳务派遣单位为共同被告。

第五十九条 【个体工商户的诉讼地位】在诉讼中，个体工商户以营业执照上登记的经营者为当事人。有字号的，以营业执照上登记的字号为当事人，但应同时注明该字号经营者的基本信息。

营业执照上登记的经营者与实际经营者不一致的，以登记的经营者和实际经营者为共同诉讼人。

第六十条 【个人合伙的诉讼地位】在诉讼中，未依法登记领取营业执照的个人合伙的全体合伙人为共同诉讼人。个人合伙有依法核准登记的字号的，应在法律文书中注明登记的字号。全体合伙人可以推选代表人;被推选的代表人,应由全体合伙人出具推选书。

第六十一条 【调解协议案件当事人】当事人之间的纠纷经人民调解委员会调解达成协议后,一方当事人不履行调解协议,另一方当事人向人民法院提起诉讼的,应以对方当事人为被告。

第六十二条 【行为人作为当事人】下列情形,以行为人为当事人:

(一)法人或者其他组织应登记而未登记,行为人即以该法人或者其他组织名义进行民事活动的;

(二)行为人没有代理权、超越代理权或者代理权终止后以被代理人名义进行民事活动的,但相对人有理由相信行为人有代理权的除外;

(三)法人或者其他组织依法终止后,行为人仍以其名义进行民事活动的。

第六十三条 【企业法人变更时当事人的确定】企业法人合并的,因合并前的民事活动发生的纠纷,以合并后的企业为当事人;企业法人分立的,因分立前的民事活动发生的纠纷,以分立后的企业为共同诉讼人。

第六十四条 【企业法人解散时当事人的确定】企业法人解散的,依法清算并注销前,以该企业法人为当事人;未依法清算即被注销的,以该企业法人的股东、发起人或者出资人为当事人。

第六十五条 【借用行为当事人】借用业务介绍信、合同专用章、盖章的空白合同书或者银行账户的,出借单位和借用人为共同诉讼人。

第六十六条 【保证纠纷当事人】因保证合同纠纷提起的诉讼,债权人向保证人和被保证人一并主张权利的,人民法院应当将保证人和被保证人列为共同被告。保证合同约定为一般保证,债权人仅起诉保证人的,人民法院应当通知被保证人作为共同被告参加诉讼;债权人仅起诉被保证人的,可以只列被保证人为被告。

第六十七条 【无民事行为能力人、限制民事行为能力人致人损害时当事人的确定】无民事行为能力人、限制民事行为能力人造成他人损害的,无民事行为能力人、限制民事行为能力人和其监护人为共同被告。

第六十八条 【村民委员会或者村民小组为当事人】村民委员会或者村民小组与他人发生民事纠纷的,村民委员会或者有独立财产的村民小组为当事人。

第六十九条 【死者近亲属为当事人】对侵害死者遗体、遗骨以及姓名、肖像、名誉、荣誉、隐私等行为提起诉讼的,死者的近亲属为当事人。

第七十条 【继承纠纷当事人】在继承遗产的诉讼中,部分继承人起诉的,人民法院应通知其他继承人作为共同原告参加诉讼;被通知的继承人不愿意参加诉讼又未明确表示放弃实体权利的,人民法院仍应将其列为共同原告。

第七十一条 【被代理人和代理人为当事人】原告起诉被代理人和代理人,要求承担连带责任的,被代理人和代理人为共同被告。

第七十二条 【共有纠纷当事人】共有财产权受到他人侵害,部分共有权人起诉的,其他共有权人为共同诉讼人。

第七十三条 【必要的共同诉讼当事人】必须共同进行诉讼的当事人没有参加

诉讼的,人民法院应当依照民事诉讼法第一百三十二条的规定,通知其参加;当事人也可以向人民法院申请追加。人民法院对当事人提出的申请,应当进行审查,申请理由不成立的,裁定驳回;申请理由成立的,书面通知被追加的当事人参加诉讼。

第七十四条　【追加共同诉讼当事人】人民法院追加共同诉讼的当事人时,应当通知其他当事人。应当追加的原告,已明确表示放弃实体权利的,可不予追加;既不愿意参加诉讼,又不放弃实体权利的,仍应追加为共同原告,其不参加诉讼,不影响人民法院对案件的审理和依法作出判决。

第七十五条　【人数众多】民事诉讼法第五十三条、第五十四条和第一百九十九条规定的人数众多,一般指十人以上。

第七十六条　【人数确定时代表人的选定】依照民事诉讼法第五十三条规定,当事人一方人数众多在起诉时确定的,可以由全体当事人推选共同的代表人,也可以由部分当事人推选自己的代表人;推选不出代表人的当事人,在必要的共同诉讼中可以自己参加诉讼,在普通的共同诉讼中可以另行起诉。

第七十七条　【人数不确定时代表人的选定】根据民事诉讼法第五十四条规定,当事人一方人数众多在起诉时不确定的,由当事人推选代表人。当事人推选不出的,可以由人民法院提出人选与当事人协商;协商不成的,也可以由人民法院在起诉的当事人中指定代表人。

第七十八条　【代表人、诉讼代理人人数】民事诉讼法第五十三条和第五十四条规定的代表人为二至五人,每位代表人可以委托一至二人作为诉讼代理人。

第七十九条　【代表诉讼案件公告】依照民事诉讼法第五十四条规定受理的案件,人民法院可以发出公告,通知权利人向人民法院登记。公告期间根据案件的具体情况确定,但不得少于三十日。

第八十条　【权利人登记】根据民事诉讼法第五十四条规定向人民法院登记的权利人,应当证明其与对方当事人的法律关系和所受到的损害。证明不了的,不予登记,权利人可以另行起诉。人民法院的裁判在登记的范围内执行。未参加登记的权利人提起诉讼,人民法院认定其请求成立的,裁定适用人民法院已作出的判决、裁定。

第八十一条　【第三人参加诉讼方式】根据民事诉讼法第五十六条的规定,有独立请求权的第三人有权向人民法院提出诉讼请求和事实、理由,成为当事人;无独立请求权的第三人,可以申请或者由人民法院通知参加诉讼。

第一审程序中未参加诉讼的第三人,申请参加第二审程序的,人民法院可以准许。

第八十二条　【无独立请求权第三人的权利义务】在一审诉讼中,无独立请求权的第三人无权提出管辖异议,无权放弃、变更诉讼请求或者申请撤诉,被判决承担民事责任的,有权提起上诉。

第八十三条　【法定代理人】在诉讼中,无民事行为能力人、限制民事行为能力人的监护人是他的法定代理人。事先没有确定监护人的,可以由有监护资格的人协商确定;协商不成的,由人民法院在他们之中指定诉讼中的法定代理人。当事人没有民法通则第十六条第一款、第二款或者第十七条第一款规定的监护人的，可以指定该法第十六条第四款或者第十七条第三款规定的有关组织担任诉讼中的法定代理人。

第八十四条 【诉讼代理人资格】无民事行为能力人、限制民事行为能力人以及其他依法不能作为诉讼代理人的，当事人不得委托其作为诉讼代理人。

第八十五条 【以近亲属名义代理诉讼】根据民事诉讼法第五十八条第二款第二项规定，与当事人有夫妻、直系血亲、三代以内旁系血亲、近姻亲关系以及其他有抚养、赡养关系的亲属，可以当事人近亲属的名义作为诉讼代理人。

第八十六条 【以工作人员名义代理诉讼】根据民事诉讼法第五十八条第二款第二项规定，与当事人有合法劳动人事关系的职工，可以当事人工作人员的名义作为诉讼代理人。

第八十七条 【社会团体推荐代理人的条件】根据民事诉讼法第五十八条第二款第三项规定，有关社会团体推荐公民担任诉讼代理人的，应当符合下列条件：

（一）社会团体属于依法登记设立或者依法免予登记设立的非营利性法人组织；

（二）被代理人属于该社会团体的成员，或者当事人一方住所地位于该社会团体的活动地域；

（三）代理事务属于该社会团体章程载明的业务范围；

（四）被推荐的公民是该社会团体的负责人或者与该社会团体有合法劳动人事关系的工作人员。

专利代理人经中华全国专利代理人协会推荐，可以在专利纠纷案件中担任诉讼代理人。

第八十八条 【诉讼代理人提交的材料】诉讼代理人除根据民事诉讼法第五十九条规定提交授权委托书外，还应当按照下列规定向人民法院提交相关材料：

（一）律师应当提交律师执业证、律师事务所证明材料；

（二）基层法律服务工作者应当提交法律服务工作者执业证、基层法律服务所出具的介绍信以及当事人一方位于本辖区内的证明材料；

（三）当事人的近亲属应当提交身份证件和与委托人有近亲属关系的证明材料；

（四）当事人的工作人员应当提交身份证件和与当事人有合法劳动人事关系的证明材料；

（五）当事人所在社区、单位推荐的公民应当提交身份证件、推荐材料和当事人属于该社区、单位的证明材料；

（六）有关社会团体推荐的公民应当提交身份证件和符合本解释第八十七条规定条件的证明材料。

第八十九条 【授权委托书】当事人向人民法院提交的授权委托书，应当在开庭审理前送交人民法院。授权委托书仅写“全权代理”而无具体授权的，诉讼代理人无权代为承认、放弃、变更诉讼请求，进行和解，提出反诉或者提起上诉。

适用简易程序审理的案件，双方当事人同时到庭并径行开庭审理的，可以当场口头委托诉讼代理人，由人民法院记入笔录。

四、证　　据

第九十条　【举证责任】当事人对自己提出的诉讼请求所依据的事实或者反驳对方诉讼请求所依据的事实，应当提供证据加以证明，但法律另有规定的除外。

在作出判决前，当事人未能提供证据或者证据不足以证明其事实主张的，由负有举证证明责任的当事人承担不利的后果。

第九十一条　【举证责任分配】人民法院应当依照下列原则确定举证证明责任的承担，但法律另有规定的除外：

（一）主张法律关系存在的当事人，应当对产生该法律关系的基本事实承担举证证明责任；

（二）主张法律关系变更、消灭或者权利受到妨害的当事人，应当对该法律关系变更、消灭或者权利受到妨害的基本事实承担举证证明责任。

第九十二条　【自认】一方当事人在法庭审理中，或者在起诉状、答辩状、代理词等书面材料中，对于己不利的事实明确表示承认的，另一方当事人无需举证证明。

对于涉及身份关系、国家利益、社会公共利益等应当由人民法院依职权调查的事实，不适用前款自认的规定。

自认的事实与查明的事实不符的，人民法院不予确认。

第九十三条　【免证事实】下列事实，当事人无须举证证明：

（一）自然规律以及定理、定律；

（二）众所周知的事实；

（三）根据法律规定推定的事实；

（四）根据已知的事实和日常生活经验法则推定出的另一事实；

（五）已为人民法院发生法律效力的裁判所确认的事实；

（六）已为仲裁机构生效裁决所确认的事实；

（七）已为有效公证文书所证明的事实。

前款第二项至第四项规定的事实，当事人有相反证据足以反驳的除外；第五项至第七项规定的事实，当事人有相反证据足以推翻的除外。

第九十四条　【因客观原因不能自行收集的证据】民事诉讼法第六十四条第二款规定的当事人及其诉讼代理人因客观原因不能自行收集的证据包括：

（一）证据由国家有关部门保存，当事人及其诉讼代理人无权查阅调取的；

（二）涉及国家秘密、商业秘密或者个人隐私的；

（三）当事人及其诉讼代理人因客观原因不能自行收集的其他证据。

当事人及其诉讼代理人因客观原因不能自行收集的证据，可以在举证期限届满前书面申请人民法院调查收集。

第九十五条　【不予准许调查收集证据申请】当事人申请调查收集的证据，与待证事实无关联、对证明待证事实无意义或者其他无调查收集必要的，人民法院不予准许。

第九十六条　【依职权调查收集的证据】民事诉讼法第六十四条第二款规定的人民法院认为审理案件需要的证据包括：

（一）涉及可能损害国家利益、社会公共利益的；

(二)涉及身份关系的;

(三)涉及民事诉讼法第五十五条规定诉讼的;

(四)当事人有恶意串通损害他人合法权益可能的;

(五)涉及依职权追加当事人、中止诉讼、终结诉讼、回避等程序性事项的。

除前款规定外,人民法院调查收集证据,应当依照当事人的申请进行。

第九十七条 【调查收集证据的程序】人民法院调查收集证据,应当由两人以上共同进行。调查材料要由调查人、被调查人、记录人签名、捺印或者盖章。

第九十八条 【证据保全】当事人根据民事诉讼法第八十一条第一款规定申请证据保全的,可以在举证期限届满前书面提出。

证据保全可能对他人造成损失的,人民法院应当责令申请人提供相应的担保。

第九十九条 【举证期限】人民法院应当在审理前的准备阶段确定当事人的举证期限。举证期限可以由当事人协商,并经人民法院准许。

人民法院确定举证期限,第一审普通程序案件不得少于十五日,当事人提供新的证据的第二审案件不得少于十日。

举证期限届满后,当事人对已经提供的证据,申请提供反驳证据或者对证据来源、形式等方面的瑕疵进行补正的,人民法院可以酌情再次确定举证期限,该期限不受前款规定的限制。

第一百条 【举证期限延长】当事人申请延长举证期限的,应当在举证期限届满前向人民法院提出书面申请。

申请理由成立的,人民法院应当准许,适当延长举证期限,并通知其他当事人。延长的举证期限适用于其他当事人。

申请理由不成立的,人民法院不予准许,并通知申请人。

第一百零一条 【逾期举证的审查】当事人逾期提供证据的,人民法院应当责令其说明理由,必要时可以要求其提供相应的证据。

当事人因客观原因逾期提供证据,或者对方当事人对逾期提供证据未提出异议的,视为未逾期。

第一百零二条 【逾期举证的法律后果】当事人因故意或者重大过失逾期提供的证据,人民法院不予采纳。但该证据与案件基本事实有关的,人民法院应当采纳,并依照民事诉讼法第六十五条、第一百一十五条第一款的规定予以训诫、罚款。

当事人非因故意或者重大过失逾期提供的证据,人民法院应当采纳,并对当事人予以训诫。

当事人一方要求另一方赔偿因逾期提供证据致使其增加的交通、住宿、就餐、误工、证人出庭作证等必要费用的,人民法院可予支持。

第一百零三条 【证据开示】证据应当在法庭上出示,由当事人互相质证。未经当事人质证的证据,不得作为认定案件事实的根据。

当事人在审理前的准备阶段认可的证据,经审判人员在庭审中说明后,视为质证过的证据。

涉及国家秘密、商业秘密、个人隐

私或者法律规定应当保密的证据,不得公开质证。

第一百零四条 【**质证内容**】人民法院应当组织当事人围绕证据的真实性、合法性以及与待证事实的关联性进行质证,并针对证据有无证明力和证明力大小进行说明和辩论。

能够反映案件真实情况、与待证事实相关联、来源和形式符合法律规定的证据,应当作为认定案件事实的根据。

第一百零五条 【**证据审核**】人民法院应当按照法定程序,全面、客观地审核证据,依照法律规定,运用逻辑推理和日常生活经验法则,对证据有无证明力和证明力大小进行判断,并公开判断的理由和结果。

第一百零六条 【**非法证据的判断标准**】对以严重侵害他人合法权益、违反法律禁止性规定或者严重违背公序良俗的方法形成或者获取的证据,不得作为认定案件事实的根据。

第一百零七条 【**调解自认的效力**】在诉讼中,当事人为达成调解协议或者和解协议作出妥协而认可的事实,不得在后续的诉讼中作为对其不利的根据,但法律另有规定或者当事人均同意的除外。

第一百零八条 【**证明标准**】对负有举证证明责任的当事人提供的证据,人民法院经审查并结合相关事实,确信待证事实的存在具有高度可能性的,应当认定该事实存在。

对一方当事人为反驳负有举证证明责任的当事人所主张事实而提供的证据,人民法院经审查并结合相关事实,认为待证事实真伪不明的,应当认定该事实不存在。

法律对于待证事实所应达到的证明标准另有规定的,从其规定。

第一百零九条 【**特殊证明标准**】当事人对欺诈、胁迫、恶意串通事实的证明,以及对口头遗嘱或者赠与事实的证明,人民法院确信该待证事实存在的可能性能够排除合理怀疑的,应当认定该事实存在。

第一百一十条 【**当事人具结**】人民法院认为有必要的,可以要求当事人本人到庭,就案件有关事实接受询问。在询问当事人之前,可以要求其签署保证书。

保证书应当载明据实陈述、如有虚假陈述愿意接受处罚等内容。当事人应当在保证书上签名或者捺印。

负有举证证明责任的当事人拒绝到庭、拒绝接受询问或者拒绝签署保证书,待证事实又欠缺其他证据证明的,人民法院对其主张的事实不予认定。

第一百一十一条 【**提交书证原件确有困难的情形**】民事诉讼法第七十条规定的提交书证原件确有困难,包括下列情形:

(一)书证原件遗失、灭失或者毁损的;

(二)原件在对方当事人控制之下,经合法通知提交而拒不提交的;

(三)原件在他人控制之下,而其有权不提交的;

(四)原件因篇幅或者体积过大而不便提交的;

(五)承担举证证明责任的当事人通过申请人民法院调查收集或者其他方式无法获得书证原件的。

前款规定情形,人民法院应当结合其他证据和案件具体情况,审查判断书证复制品等能否作为认定案件事实的根据。

第一百一十二条 【证明妨害】书证在对方当事人控制之下的，承担举证证明责任的当事人可以在举证期限届满前书面申请人民法院责令对方当事人提交。

申请理由成立的，人民法院应当责令对方当事人提交，因提交书证所产生的费用，由申请人负担。对方当事人无正当理由拒不提交的，人民法院可以认定申请人所主张的书证内容为真实。

第一百一十三条 【妨害证明行为的处理】持有书证的当事人以妨碍对方当事人使用为目的，毁灭有关书证或者实施其他致使书证不能使用行为的，人民法院可以依照民事诉讼法第一百一十一条规定，对其处以罚款、拘留。

第一百一十四条 【公文书证】国家机关或者其他依法具有社会管理职能的组织，在其职权范围内制作的文书所记载的事项推定为真实，但有相反证据足以推翻的除外。必要时，人民法院可以要求制作文书的机关或者组织对文书的真实性予以说明。

第一百一十五条 【单位出具证明文书】单位向人民法院提出的证明材料，应当由单位负责人及制作证明材料的人员签名或者盖章，并加盖单位印章。人民法院就单位出具的证明材料，可以向单位及制作证明材料的人员进行调查核实。必要时，可以要求制作证明材料的人员出庭作证。

单位及制作证明材料的人员拒绝人民法院调查核实，或者制作证明材料的人员无正当理由拒绝出庭作证的，该证明材料不得作为认定案件事实的根据。

第一百一十六条 【视听资料和电子数据】视听资料包括录音资料和影像资料。

电子数据是指通过电子邮件、电子数据交换、网上聊天记录、博客、微博客、手机短信、电子签名、域名等形成或者存储在电子介质中的信息。

存储在电子介质中的录音资料和影像资料，适用电子数据的规定。

第一百一十七条 【证人出庭】当事人申请证人出庭作证的，应当在举证期限届满前提出。

符合本解释第九十六条第一款规定情形的，人民法院可以依职权通知证人出庭作证。

未经人民法院通知，证人不得出庭作证，但双方当事人同意并经人民法院准许的除外。

第一百一十八条 【证人出庭作证费用】民事诉讼法第七十四条规定的证人因履行出庭作证义务而支出的交通、住宿、就餐等必要费用，按照机关事业单位工作人员差旅费用和补贴标准计算；误工损失按照国家上年度职工日平均工资标准计算。

人民法院准许证人出庭作证申请的，应当通知申请人预缴证人出庭作证费用。

第一百一十九条 【证人具结】人民法院在证人出庭作证前应当告知其如实作证的义务以及作伪证的法律后果，并责令其签署保证书，但无民事行为能力人和限制民事行为能力人除外。

证人签署保证书适用本解释关于当事人签署保证书的规定。

第一百二十条 【拒绝具结的后果】证人拒绝签署保证书的，不得作证，并自行承担相关费用。

第一百二十一条 【鉴定】当事人申请鉴定，可以在举证期限届满前提出。申请鉴定的事项与待证事实无关联，或者对证明待证事实无意义的，人民法院不予准许。

人民法院准许当事人鉴定申请的，应当组织双方当事人协商确定具备相应资格的鉴定人。当事人协商不成的，由人民法院指定。

符合依职权调查收集证据条件的，人民法院应当依职权委托鉴定，在询问当事人的意见后，指定具备相应资格的鉴定人。

第一百二十二条 【专家辅助人地位】当事人可以依照民事诉讼法第七十九条的规定，在举证期限届满前申请一至二名具有专门知识的人出庭，代表当事人对鉴定意见进行质证，或者对案件事实所涉及的专业问题提出意见。

具有专门知识的人在法庭上就专业问题提出的意见，视为当事人的陈述。

人民法院准许当事人申请的，相关费用由提出申请的当事人负担。

第一百二十三条 【专家辅助人参加诉讼】人民法院可以对出庭的具有专门知识的人进行询问。经法庭准许，当事人可以对出庭的具有专门知识的人进行询问，当事人各自申请的具有专门知识的人可以就案件中的有关问题进行对质。

具有专门知识的人不得参与专业问题之外的法庭审理活动。

第一百二十四条 【勘验】人民法院认为有必要的，可以根据当事人的申请或者依职权对物证或者现场进行勘验。勘验时应当保护他人的隐私和尊严。

人民法院可以要求鉴定人参与勘验。必要时，可以要求鉴定人在勘验中进行鉴定。

五、期间和送达

第一百二十五条 【期间起算】依照民事诉讼法第八十二条第二款规定，民事诉讼中以时起算的期间从次时起算；以日、月、年计算的期间从次日起算。

第一百二十六条 【立案期限】民事诉讼法第一百二十三条规定的立案期限，因起诉状内容欠缺通知原告补正的，从补正后交人民法院的次日起算。由上级人民法院转交下级人民法院立案的案件，从受诉人民法院收到起诉状的次日起算。

第一百二十七条 【不变期间】民事诉讼法第五十六条第三款、第二百零五条以及本解释第三百七十四条、第三百八十四条、第四百零一条、第四百二十二条、第四百二十三条规定的六个月，民事诉讼法第二百二十三条规定的一年，为不变期间，不适用诉讼时效中止、中断、延长的规定。

第一百二十八条 【再审审理期限】再审案件按照第一审程序或者第二审程序审理的，适用民事诉讼法第一百四十九条、第一百七十六条规定的审限。审限自再审立案的次日起算。

第一百二十九条 【再审审查期限】对申请再审案件，人民法院应当自受理之日起三个月内审查完毕，但公告期间、当事人和解期间等不计入审查期限。有特殊情况需要延长的，由本院院长批准。

第一百三十条 【留置送达】向法人或者其他组织送达诉讼文书，应当由法人的法定代表人、该组织的主要负责人或者办公室、收发室、值班室等负责收件的人签收或者盖章，拒绝签收或者盖章的，适用留置送达。

民事诉讼法第八十六条规定的有关基层组织和所在单位的代表，可以是受送达人住所地的居民委员会、村民委员会的工作人员以及受送达人所在单位的工作人员。

第一百三十一条 【直接送达】人民法院直接送达诉讼文书的，可以通知当事人到人民法院领取。当事人到达人民法院，拒绝签署送达回证的，视为送达。审判人员、书记员应当在送达回证上注明送达情况并签名。

人民法院可以在当事人住所地以外向当事人直接送达诉讼文书。当事人拒绝签署送达回证的，采用拍照、录像等方式记录送达过程即视为送达。审判人员、书记员应当在送达回证上注明送达情况并签名。

第一百三十二条 【向诉讼代理人送达】受送达人有诉讼代理人的，人民法院既可以向受送达人送达，也可以向其诉讼代理人送达。受送达人指定诉讼代理人为代收人的，向诉讼代理人送达时，适用留置送达。

第一百三十三条 【调解书送达】调解书应当直接送达当事人本人，不适用留置送达。当事人本人因故不能签收的，可由其指定的代收人签收。

第一百三十四条 【委托送达】依照民事诉讼法第八十八条规定，委托其他人民法院代为送达的，委托法院应当出具委托函，并附需要送达的诉讼文书和送达回证，以受送达人在送达回证上签收的日期为送达日期。

委托送达的，受委托人民法院应当自收到委托函及相关诉讼文书之日起十日内代为送达。

第一百三十五条 【电子送达】电子送达可以采用传真、电子邮件、移动通信等即时收悉的特定系统作为送达媒介。

民事诉讼法第八十七条第二款规定的到达受送达人特定系统的日期，为人民法院对应系统显示发送成功的日期，但受送达人证明到达其特定系统的日期与人民法院对应系统显示发送成功的日期不一致的，以受送达人证明到达其特定系统的日期为准。

第一百三十六条 【电子送达方式的确认】受送达人同意采用电子方式送达的，应当在送达地址确认书中予以确认。

第一百三十七条 【送达地址恒定】当事人在提起上诉、申请再审、申请执行时未书面变更送达地址的，其在第一审程序中确认的送达地址可以作为第二审程序、审判监督程序、执行程序的送达地址。

第一百三十八条 【公告送达】公告送达可以在法院的公告栏和受送达人住所地张贴公告，也可以在报纸、信息网络等媒体上刊登公告，发出公告日期以最后张贴或者刊登的日期为准。对公告送达方式有特殊要求的，应当按要求的方式进行。公告期满，即视为送达。

人民法院在受送达人住所地张贴公告的，应当采取拍照、录像等方式记录张贴过程。

第一百三十九条　【公告送达的内容】公告送达应当说明公告送达的原因；公告送达起诉状或者上诉状副本的，应当说明起诉或者上诉要点，受送达人答辩期限及逾期不答辩的法律后果；公告送达传票，应当说明出庭的时间和地点及逾期不出庭的法律后果；公告送达判决书、裁定书的，应当说明裁判主要内容，当事人有权上诉的，还应当说明上诉权利、上诉期限和上诉的人民法院。

第一百四十条　【简易程序不适用公告送达】适用简易程序的案件，不适用公告送达。

第一百四十一条　【宣判送达】人民法院在定期宣判时，当事人拒不签收判决书、裁定书的，应视为送达，并在宣判笔录中记明。

六、调　　解

第一百四十二条　【径行调解】人民法院受理案件后，经审查，认为法律关系明确、事实清楚，在征得当事人双方同意后，可以径行调解。

第一百四十三条　【不适用调解情形】适用特别程序、督促程序、公示催告程序的案件，婚姻等身份关系确认案件以及其他根据案件性质不能进行调解的案件，不得调解。

第一百四十四条　【虚假调解的制裁】人民法院审理民事案件，发现当事人之间恶意串通，企图通过和解、调解方式侵害他人合法权益的，应当依照民事诉讼法第一百一十二条的规定处理。

第一百四十五条　【调解原则】人民法院审理民事案件，应当根据自愿、合法的原则进行调解。当事人一方或者双方坚持不愿调解的，应当及时裁判。

人民法院审理离婚案件，应当进行调解，但不应久调不决。

第一百四十六条　【调解保密原则】人民法院审理民事案件，调解过程不公开，但当事人同意公开的除外。

调解协议内容不公开，但为保护国家利益、社会公共利益、他人合法权益，人民法院认为确有必要公开的除外。

主持调解以及参与调解的人员，对调解过程以及调解过程中获悉的国家秘密、商业秘密、个人隐私和其他不宜公开的信息，应当保守秘密，但为保护国家利益、社会公共利益、他人合法权益的除外。

第一百四十七条　【委托代理人参加调解】人民法院调解案件时，当事人不能出庭的，经其特别授权，可由其委托代理人参加调解，达成的调解协议，可由委托代理人签名。

离婚案件当事人确因特殊情况无法出庭参加调解的，除本人不能表达意志的以外，应当出具书面意见。

第一百四十八条　【和解、调解协议与判决的转换】当事人自行和解或者调解达成协议后，请求人民法院按照和解协议或者调解协议的内容制作判决书的，人民法院不予准许。

无民事行为能力人的离婚案件，由其法定代理人进行诉讼。法定代理人与对方达成协议要求发给判决书的，可根据协议内容制作判决书。

第一百四十九条　【调解书生效日期】调

解书需经当事人签收后才发生法律效力的，应当以最后收到调解书的当事人签收的日期为调解书生效日期。

第一百五十条 【无独立请求权的第三人参加调解】人民法院调解民事案件，需由无独立请求权的第三人承担责任的，应当经其同意。该第三人在调解书送达前反悔的，人民法院应当及时裁判。

第一百五十一条 【调解协议效力】根据民事诉讼法第九十八条第一款第四项规定，当事人各方同意在调解协议上签名或者盖章后即发生法律效力的，经人民法院审查确认后，应当记入笔录或者将调解协议附卷，并由当事人、审判人员、书记员签名或者盖章后即具有法律效力。

前款规定情形，当事人请求制作调解书的，人民法院审查确认后可以制作调解书送交当事人。当事人拒收调解书的，不影响调解协议的效力。

七、保全和先予执行

第一百五十二条 【保全担保】人民法院依照民事诉讼法第一百条、第一百零一条规定，在采取诉前保全、诉讼保全措施时，责令利害关系人或者当事人提供担保的，应当书面通知。

利害关系人申请诉前保全的，应当提供担保。申请诉前财产保全的，应当提供相当于请求保全数额的担保；情况特殊的，人民法院可以酌情处理。申请诉前行为保全的，担保的数额由人民法院根据案件的具体情况决定。

在诉讼中，人民法院依申请或者依职权采取保全措施的，应当根据案件的具体情况，决定当事人是否应当提供担保以及担保的数额。

第一百五十三条 【特殊物品保全】人民法院对季节性商品、鲜活、易腐烂变质以及其他不宜长期保存的物品采取保全措施时，可以责令当事人及时处理，由人民法院保存价款；必要时，人民法院可予以变卖，保存价款。

第一百五十四条 【保全财产保管】人民法院在财产保全中采取查封、扣押、冻结财产措施时，应当妥善保管被查封、扣押、冻结的财产。不宜由人民法院保管的，人民法院可以指定被保全人负责保管；不宜由被保全人保管的，可以委托他人或者申请保全人保管。

查封、扣押、冻结担保物权人占有的担保财产，一般由担保物权人保管；由人民法院保管的，质权、留置权不因采取保全措施而消灭。

第一百五十五条 【保全财产的使用】由人民法院指定被保全人保管的财产，如果继续使用对该财产的价值无重大影响，可以允许被保全人继续使用；由人民法院保管或者委托他人、申请保全人保管的财产，人民法院和其他保管人不得使用。

第一百五十六条 【保全方法和措施】人民法院采取财产保全的方法和措施，依照执行程序相关规定办理。

第一百五十七条 【担保物保全效力】人民法院对抵押物、质押物、留置物可以采取财产保全措施，但不影响抵押权人、质权人、留置权人的优先受偿权。

第一百五十八条 【保全到期收益】人民法院对债务人到期应得的收益，可以采取财产保全措施，限制其支取，通知有关单位协助执行。

第一百五十九条 【到期债权保全】债务人的财产不能满足保全请求，但对他人有到期债权的，人民法院可以依债权人的申请裁定该他人不得对本案债务人清偿。该他人要求偿付的，由人民法院提存财物或者价款。

第一百六十条 【诉前保全的移送】当事人向采取诉前保全措施以外的其他有管辖权的人民法院起诉的，采取诉前保全措施的人民法院应当将保全手续移送受理案件的人民法院。诉前保全的裁定视为受移送人民法院作出的裁定。

第一百六十一条 【上诉期间保全】对当事人不服一审判决提起上诉的案件，在第二审人民法院接到报送的案件之前，当事人有转移、隐匿、出卖或者毁损财产等行为，必须采取保全措施的，由第一审人民法院依当事人申请或者依职权采取。第一审人民法院的保全裁定，应当及时报送第二审人民法院。

第一百六十二条 【二审再审保全实施】第二审人民法院裁定对第一审人民法院采取的保全措施予以续保或者采取新的保全措施的，可以自行实施，也可以委托第一审人民法院实施。

再审人民法院裁定对原保全措施予以续保或者采取新的保全措施的，可以自行实施，也可以委托原审人民法院或者执行法院实施。

第一百六十三条 【执行前保全】法律文书生效后，进入执行程序前，债权人因对方当事人转移财产等紧急情况，不申请保全将可能导致生效法律文书不能执行或者难以执行的，可以向执行法院申请采取保全措施。债权人在法律文书指定的履行期间届满后五日内不申请执行的，人民法院应当解除保全。

第一百六十四条 【担保财产保全】对申请保全人或者他人提供的担保财产，人民法院应当依法办理查封、扣押、冻结等手续。

第一百六十五条 【保全措施解除】人民法院裁定采取保全措施后，除作出保全裁定的人民法院自行解除或者其上级人民法院决定解除外，在保全期限内，任何单位不得解除保全措施。

第一百六十六条 【解除保全裁定】裁定采取保全措施后，有下列情形之一的，人民法院应当作出解除保全裁定：

（一）保全错误的；

（二）申请人撤回保全申请的；

（三）申请人的起诉或者诉讼请求被生效裁判驳回的；

（四）人民法院认为应当解除保全的其他情形。

解除以登记方式实施的保全措施的，应当向登记机关发出协助执行通知书。

第一百六十七条 【变更保全标的物】财产保全的被保全人提供其他等值担保财产且有利于执行的，人民法院可以裁定变更保全标的物为被保全人提供的担保财产。

第一百六十八条 【诉讼保全与执行措施衔接】保全裁定未经人民法院依法撤销或者解除，进入执行程序后，自动转为执行中的查封、扣押、冻结措施，期限连续计算，执行法院无需重新制作裁定书，但查封、扣押、冻结期限届满的除外。

第一百六十九条 【先予执行时间、范

围】民事诉讼法规定的先予执行,人民法院应当在受理案件后终审判决作出前采取。先予执行应当限于当事人诉讼请求的范围,并以当事人的生活、生产经营的急需为限。

第一百七十条 【先予执行的紧急情况】 民事诉讼法第一百零六条第三项规定的情况紧急,包括:

(一)需要立即停止侵害、排除妨碍的;

(二)需要立即制止某项行为的;

(三)追索恢复生产、经营急需的保险理赔费的;

(四)需要立即返还社会保险金、社会救助资金的;

(五)不立即返还款项,将严重影响权利人生活和生产经营的。

第一百七十一条 【当事人对保全、先予执行裁定不服的救济】 当事人对保全或者先予执行裁定不服的,可以自收到裁定书之日起五日内向作出裁定的人民法院申请复议。人民法院应当在收到复议申请后十日内审查。裁定正确的,驳回当事人的申请;裁定不当的,变更或者撤销原裁定。

第一百七十二条 【利害关系人对保全、先予执行裁定不服的救济】 利害关系人对保全或者先予执行的裁定不服申请复议的,由作出裁定的人民法院依照民事诉讼法第一百零八条规定处理。

第一百七十三条 【先予执行回转】 人民法院先予执行后,根据发生法律效力的判决,申请人应当返还因先予执行所取得的利益的,适用民事诉讼法第二百三十三条的规定。

八、对妨害民事诉讼的强制措施

第一百七十四条 【拘传范围】 民事诉讼法第一百零九条规定的必须到庭的被告,是指负有赡养、抚育、扶养义务和不到庭就无法查清案情的被告。

人民法院对必须到庭才能查清案件基本事实的原告,经两次传票传唤,无正当理由拒不到庭的,可以拘传。

第一百七十五条 【拘传程序】 拘传必须用拘传票,并直接送达被拘传人;在拘传前,应当向被拘传人说明拒不到庭的后果,经批评教育仍拒不到庭的,可以拘传其到庭。

第一百七十六条 【妨害法庭秩序行为】 诉讼参与人或者其他人有下列行为之一的,人民法院可以适用民事诉讼法第一百一十条规定处理:

(一)未经准许进行录音、录像、摄影的;

(二)未经准许以移动通信等方式现场传播审判活动的;

(三)其他扰乱法庭秩序,妨害审判活动进行的。

有前款规定情形的,人民法院可以暂扣诉讼参与人或者其他人进行录音、录像、摄影、传播审判活动的器材,并责令其删除有关内容;拒不删除的,人民法院可以采取必要手段强制删除。

第一百七十七条 【训诫、责令退出法庭】 训诫、责令退出法庭由合议庭或者独任审判员决定。训诫的内容、被责令退出法庭者的违法事实应当记入庭审笔录。

第一百七十八条 【拘留程序】 人民法院依照民事诉讼法第一百一十条至第一百一十四条的规定采取拘留措施的,应经院长批准,作出拘留决定书,由司法警察将被拘留人送交当地公安机关看管。

第一百七十九条 【异地拘留】被拘留人不在本辖区的,作出拘留决定的人民法院应当派员到被拘留人所在地的人民法院,请该院协助执行,受委托的人民法院应当及时派员协助执行。被拘留人申请复议或者在拘留期间承认并改正错误,需要提前解除拘留的,受委托人民法院应当向委托人民法院转达或者提出建议,由委托人民法院审查决定。

第一百八十条 【拘留通知】人民法院对被拘留人采取拘留措施后,应当在二十四小时内通知其家属;确实无法按时通知或者通知不到的,应当记录在案。

第一百八十一条 【紧急拘留】因哄闹、冲击法庭,用暴力、威胁等方法抗拒执行公务等紧急情况,必须立即采取拘留措施的,可在拘留后,立即报告院长补办批准手续。院长认为拘留不当的,应当解除拘留。

第一百八十二条 【解除拘留】被拘留人在拘留期间认错悔改的,可以责令其具结悔过,提前解除拘留。提前解除拘留,应报经院长批准,并作出提前解除拘留决定书,交负责看管的公安机关执行。

第一百八十三条 【罚款、拘留适用】民事诉讼法第一百一十条至第一百一十三条规定的罚款、拘留可以单独适用,也可以合并适用。

第一百八十四条 【罚款、拘留不得重复适用】对同一妨害民事诉讼行为的罚款、拘留不得连续适用。发生新的妨害民事诉讼行为的,人民法院可以重新予以罚款、拘留。

第一百八十五条 【罚款、拘留复议】被罚款、拘留的人不服罚款、拘留决定申请复议的,应当自收到决定书之日起三日内提出。上级人民法院应当在收到复议申请后五日内作出决定,并将复议结果通知下级人民法院和当事人。

第一百八十六条 【罚款、拘留复议决定】上级人民法院复议时认为强制措施不当的,应当制作决定书,撤销或者变更下级人民法院作出的拘留、罚款决定。情况紧急的,可以在口头通知后三日内发出决定书。

第一百八十七条 【以暴力、威胁或者其他方法阻碍司法工作人员执行职务行为】民事诉讼法第一百一十一条第一款第五项规定的以暴力、威胁或者其他方法阻碍司法工作人员执行职务的行为,包括:

(一)在人民法院哄闹、滞留,不听从司法工作人员劝阻的;

(二)故意毁损、抢夺人民法院法律文书、查封标志的;

(三)哄闹、冲击执行公务现场,围困、扣押执行或者协助执行公务人员的;

(四)毁损、抢夺、扣留案件材料、执行公务车辆、其他执行公务器械、执行公务人员服装和执行公务证件的;

(五)以暴力、威胁或者其他方法阻碍司法工作人员查询、查封、扣押、冻结、划拨、拍卖、变卖财产的;

(六)以暴力、威胁或者其他方法阻碍司法工作人员执行职务的其他行为。

第一百八十八条 【拒不履行生效裁判】民事诉讼法第一百一十一条第一款第六项规定的拒不履行人民法院已经发生法律效力的判决、裁定的行为,包括:

(一)在法律文书发生法律效力后隐藏、转移、变卖、毁损财产或者无偿转让财产、以明显不合理的价格交易财产、放弃到期债权、无偿为他人提供担保等,致使人民法院无法执行的;

(二)隐藏、转移、毁损或者未经人民法院允许处分已向人民法院提供担保的财产的;

(三)违反人民法院限制高消费令进行消费的;

(四)有履行能力而拒不按照人民法院执行通知履行生效法律文书确定的义务的;

(五)有义务协助执行的个人接到人民法院协助执行通知书后,拒不协助执行的。

第一百八十九条 【妨害民事诉讼强制措施】诉讼参与人或者其他人有下列行为之一的,人民法院可以适用民事诉讼法第一百一十一条的规定处理:

(一)冒充他人提起诉讼或者参加诉讼的;

(二)证人签署保证书后作虚假证言,妨碍人民法院审理案件的;

(三)伪造、隐藏、毁灭或者拒绝交出有关被执行人履行能力的重要证据,妨碍人民法院查明被执行人财产状况的;

(四)擅自解冻已被人民法院冻结的财产的;

(五)接到人民法院协助执行通知书后,给当事人通风报信,协助其转移、隐匿财产的。

第一百九十条 【虚假诉讼】民事诉讼法第一百一十二条规定的他人合法权益,包括案外人的合法权益、国家利益、社会公共利益。

第三人根据民事诉讼法第五十六条第三款规定提起撤销之诉,经审查,原案当事人之间恶意串通进行虚假诉讼的,适用民事诉讼法第一百一十二条规定处理。

第一百九十一条 【单位虚假诉讼处理】单位有民事诉讼法第一百一十二条或者第一百一十三条规定行为的,人民法院应当对该单位进行罚款,并可以对其主要负责人或者直接责任人员予以罚款、拘留;构成犯罪的,依法追究刑事责任。

第一百九十二条 【单位拒不履行协助执行行为】有关单位接到人民法院协助执行通知书后,有下列行为之一的,人民法院可以适用民事诉讼法第一百一十四条规定处理:

(一)允许被执行人高消费的;

(二)允许被执行人出境的;

(三)拒不停止办理有关财产权证照转移手续、权属变更登记、规划审批等手续的;

(四)以需要内部请示、内部审批,有内部规定等为由拖延办理的。

第一百九十三条 【罚款金额】人民法院对个人或者单位采取罚款措施时,应当根据其实施妨害民事诉讼行为的性质、情节、后果,当地的经济发展水平,以及诉讼标的额等因素,在民事诉讼法第一百一十五条第一款规定的限额内确定相应的罚款金额。

九、诉 讼 费 用

第一百九十四条 【预交受理费的例外】依照民事诉讼法第五十四条审理的案件不预交案件受理费，结案后按照诉讼标的额由败诉方交纳。

第一百九十五条 【涉督促程序案件受理费】支付令失效后转入诉讼程序的，债权人应当按照《诉讼费用交纳办法》补交案件受理费。

支付令被撤销后，债权人另行起诉的，按照《诉讼费用交纳办法》交纳诉讼费用。

第一百九十六条 【原审诉讼费用的处理】人民法院改变原判决、裁定、调解结果的，应当在裁判文书中对原审诉讼费用的负担一并作出处理。

第一百九十七条 【证券诉讼标的金额计算】诉讼标的物是证券的，按照证券交易规则并根据当事人起诉之日前最后一个交易日的收盘价、当日的市场价或者其载明的金额计算诉讼标的金额。

第一百九十八条 【特定物或者知识产权诉讼标的金额计算】诉讼标的物是房屋、土地、林木、车辆、船舶、文物等特定物或者知识产权，起诉时价值难以确定的，人民法院应当向原告释明主张过高或者过低的诉讼风险，以原告主张的价值确定诉讼标的金额。

第一百九十九条 【简易程序转为普通程序案件诉讼费用】适用简易程序审理的案件转为普通程序的，原告自接到人民法院交纳诉讼费用通知之日起七日内补交案件受理费。

原告无正当理由未按期足额补交的，按撤诉处理，已经收取的诉讼费用退还一半。

第二百条 【破产衍生诉讼案件诉讼费用】破产程序中有关债务人的民事诉讼案件，按照财产案件标准交纳诉讼费，但劳动争议案件除外。

第二百零一条 【复合性案件诉讼费用】既有财产性诉讼请求，又有非财产性诉讼请求的，按照财产性诉讼请求的标准交纳诉讼费。

有多个财产性诉讼请求的，合并计算交纳诉讼费；诉讼请求中有多个非财产性诉讼请求的，按一件交纳诉讼费。

第二百零二条 【上诉受理费】原告、被告、第三人分别上诉的，按照上诉请求分别预交二审案件受理费。

同一方多人共同上诉的，只预交一份二审案件受理费；分别上诉的，按照上诉请求分别预交二审案件受理费。

第二百零三条 【连带责任当事人诉讼费用负担】承担连带责任的当事人败诉的，应当共同负担诉讼费用。

第二百零四条 【实现担保物权案件申请费】实现担保物权案件，人民法院裁定拍卖、变卖担保财产的，申请费由债务人、担保人负担；人民法院裁定驳回申请的，申请费由申请人负担。

申请人另行起诉的，其已经交纳的申请费可以从案件受理费中扣除。

第二百零五条 【实现担保物权案件执行申请费】拍卖、变卖担保财产的裁定作出后，人民法院强制执行的，按照执行金额收取执行申请费。

第二百零六条 【受理费减半一次】人民法院决定减半收取案件受理费的，只能减半一次。

第二百零七条 【诉讼费用退回】判决生效后，胜诉方预交但不应负担的诉讼费用,人民法院应当退还,由败诉方向人民法院交纳,但胜诉方自愿承担或者同意败诉方直接向其支付的除外。

当事人拒不交纳诉讼费用的,人民法院可以强制执行。

十、第一审普通程序

第二百零八条 【登记立案】人民法院接到当事人提交的民事起诉状时,对符合民事诉讼法第一百一十九条的规定,且不属于第一百二十四条规定情形的,应当登记立案;对当场不能判定是否符合起诉条件的,应当接收起诉材料,并出具注明收到日期的书面凭证。

需要补充必要相关材料的,人民法院应当及时告知当事人。在补齐相关材料后,应当在七日内决定是否立案。

立案后发现不符合起诉条件或者属于民事诉讼法第一百二十四条规定情形的,裁定驳回起诉。

第二百零九条 【明确被告】原告提供被告的姓名或者名称、住所等信息具体明确,足以使被告与他人相区别的,可以认定为有明确的被告。

起诉状列写被告信息不足以认定明确的被告的,人民法院可以告知原告补正。原告补正后仍不能确定明确的被告的,人民法院裁定不予受理。

第二百一十条 【起诉状修改】原告在起诉状中有谩骂和人身攻击之辞的,人民法院应当告知其修改后提起诉讼。

第二百一十一条 【依职权审查管辖权】对本院没有管辖权的案件,告知原告向有管辖权的人民法院起诉;原告坚持起诉的,裁定不予受理;立案后发现本院没有管辖权的,应当将案件移送有管辖权的人民法院。

第二百一十二条 【裁定不予受理、驳回起诉后再次起诉】裁定不予受理、驳回起诉的案件,原告再次起诉,符合起诉条件且不属于民事诉讼法第一百二十四条规定情形的,人民法院应予受理。

第二百一十三条 【未预交案件受理费的处理】原告应当预交而未预交案件受理费,人民法院应当通知其预交,通知后仍不预交或者申请减、缓、免未获批准而仍不预交的,裁定按撤诉处理。

第二百一十四条 【撤诉后再次起诉】原告撤诉或者人民法院按撤诉处理后,原告以同一诉讼请求再次起诉的,人民法院应予受理。

原告撤诉或者按撤诉处理的离婚案件,没有新情况、新理由,六个月内又起诉的,比照民事诉讼法第一百二十四条第七项的规定不予受理。

第二百一十五条 【或裁或诉】依照民事诉讼法第一百二十四条第二项的规定,当事人在书面合同中订有仲裁条款,或者在发生纠纷后达成书面仲裁协议,一方向人民法院起诉的,人民法院应当告知原告向仲裁机构申请仲裁,其坚持起诉的,裁定不予受理,但仲裁条款或者仲裁协议不成立、无效、失效、内容不明确无法执行的除外。

第二百一十六条 【仲裁协议审查】在人民法院首次开庭前,被告以有书面仲裁协议为由对受理民事案件提出异议的,人民法院应当进行审查。

经审查符合下列情形之一的,人民法院应当裁定驳回起诉:

(一)仲裁机构或者人民法院已经确认仲裁协议有效的;

（二）当事人没有在仲裁庭首次开庭前对仲裁协议的效力提出异议的；

（三）仲裁协议符合仲裁法第十六条规定且不具有仲裁法第十七条规定情形的。

第二百一十七条 【下落不明人离婚案件】夫妻一方下落不明，另一方诉至人民法院，只要求离婚，不申请宣告下落不明人失踪或者死亡的案件，人民法院应当受理，对下落不明人公告送达诉讼文书。

第二百一十八条 【一事不再理的例外】赡养费、扶养费、抚育费案件，裁判发生法律效力后，因新情况、新理由，一方当事人再行起诉要求增加或者减少费用的，人民法院应作为新案受理。

第二百一十九条 【超过诉讼时效期间起诉】当事人超过诉讼时效期间起诉的，人民法院应予受理。受理后对方当事人提出诉讼时效抗辩，人民法院经审理认为抗辩事由成立的，判决驳回原告的诉讼请求。

第二百二十条 【商业秘密】民事诉讼法第六十八条、第一百三十四条、第一百五十六条规定的商业秘密，是指生产工艺、配方、贸易联系、购销渠道等当事人不愿公开的技术秘密、商业情报及信息。

第二百二十一条 【诉的合并】基于同一事实发生的纠纷，当事人分别向同一人民法院起诉的，人民法院可以合并审理。

第二百二十二条 【视为申请第三人参加诉讼】原告在起诉状中直接列写第三人的，视为其申请人民法院追加该第三人参加诉讼。是否通知第三人参加诉讼，由人民法院审查决定。

第二百二十三条 【应诉管辖】当事人在提交答辩状期间提出管辖异议，又针对起诉状的内容进行答辩的，人民法院应当依照民事诉讼法第一百二十七条第一款的规定，对管辖异议进行审查。

当事人未提出管辖异议，就案件实体内容进行答辩、陈述或者反诉的，可以认定为民事诉讼法第一百二十七条第二款规定的应诉答辩。

第二百二十四条 【审理前准备方式】依照民事诉讼法第一百三十三条第四项规定，人民法院可以在答辩期届满后，通过组织证据交换、召集庭前会议等方式，作好审理前的准备。

第二百二十五条 【庭前会议】根据案件具体情况，庭前会议可以包括下列内容：

（一）明确原告的诉讼请求和被告的答辩意见；

（二）审查处理当事人增加、变更诉讼请求的申请和提出的反诉，以及第三人提出的与本案有关的诉讼请求；

（三）根据当事人的申请决定调查收集证据，委托鉴定，要求当事人提供证据，进行勘验，进行证据保全；

（四）组织交换证据；

（五）归纳争议焦点；

（六）进行调解。

第二百二十六条 【归纳争议焦点】人民法院应当根据当事人的诉讼请求、答辩意见以及证据交换的情况，归纳争议焦点，并就归纳的争议焦点征求当事人的意见。

第二百二十七条 【通知开庭】人民法院适用普通程序审理案件，应当在开庭三日前用传票传唤当事人。对诉讼代理人、证人、鉴定人、勘验人、翻译人员应当用通知书通知其到庭。当事人或者其他诉讼参与人在外地的，应当留有必要的在途时间。

第二百二十八条 【法庭审理内容】法庭审理应当围绕当事人争议的事实、证据和法律适用等焦点问题进行。

第二百二十九条 【禁反言】当事人在庭审中对其在审理前的准备阶段认可的事实和证据提出不同意见的，人民法院应当责令其说明理由。必要时，可以责令其提供相应证据。人民法院应当结合当事人的诉讼能力、证据和案件的具体情况进行审查。理由成立的，可以列入争议焦点进行审理。

第二百三十条 【法庭调查辩论合并】人民法院根据案件具体情况并征得当事人同意，可以将法庭调查和法庭辩论合并进行。

第二百三十一条 【新证据的处理】当事人在法庭上提出新的证据的，人民法院应当依照民事诉讼法第六十五条第二款规定和本解释相关规定处理。

第二百三十二条 【增加诉讼请求或反诉的合并审理】在案件受理后，法庭辩论结束前，原告增加诉讼请求，被告提出反诉，第三人提出与本案有关的诉讼请求，可以合并审理的，人民法院应当合并审理。

第二百三十三条 【反诉】反诉的当事人应当限于本诉的当事人的范围。

反诉与本诉的诉讼请求基于相同法律关系、诉讼请求之间具有因果关系，或者反诉与本诉的诉讼请求基于相同事实的，人民法院应当合并审理。

反诉应由其他人民法院专属管辖，或者与本诉的诉讼标的及诉讼请求所依据的事实、理由无关联的，裁定不予受理，告知另行起诉。

第二百三十四条 【无民事行为能力人离婚诉讼】无民事行为能力人的离婚诉讼，当事人的法定代理人应当到庭；法定代理人不能到庭的，人民法院应当在查清事实的基础上，依法作出判决。

第二百三十五条 【无民事行为能力当事人法定代理人参加诉讼】无民事行为能力的当事人的法定代理人，经传票传唤无正当理由拒不到庭，属于原告方的，比照民事诉讼法第一百四十三条的规定，按撤诉处理；属于被告方的，比照民事诉讼法第一百四十四条的规定，缺席判决。必要时，人民法院可以拘传其到庭。

第二百三十六条 【视为有独立请求权第三人撤诉】有独立请求权的第三人经人民法院传票传唤，无正当理由拒不到庭的，或者未经法庭许可中途退庭的，比照民事诉讼法第一百四十三条的规定，按撤诉处理。

第二百三十七条 【有独立请求权第三人参加诉讼案件，原告申请撤诉的处理】有独立请求权的第三人参加诉讼后，原告申请撤诉，人民法院在准许原告撤诉后，有独立请求权的第三人作为另案原告，原案原告、被告作为另案被告，诉讼继续进行。

第二百三十八条 【不予准许撤诉】当事人申请撤诉或者依法可以按撤诉处理的案件，如果当事人有违反法律的行为需要依法处理的，人民法院可以不准许撤诉或者不按撤诉处理。

法庭辩论终结后原告申请撤诉，被告不同意的，人民法院可以不予准许。

第二百三十九条 【撤诉对反诉的影响】人民法院准许本诉原告撤诉的，应当对反诉继续审理；被告申请撤回反诉的，人民法院应予准许。

第二百四十条 【无独立请求权第三人拒不出庭或中途退庭的后果】无独立请求权的第三人经人民法院传票传唤，无正当理由拒不到庭，或者未经法庭许可中途退庭的，不影响案件的审理。

第二百四十一条 【缺席判决】被告经传票传唤无正当理由拒不到庭，或者未经法庭许可中途退庭的，人民法院应当按期开庭或者继续开庭审理，对到庭的当事人诉讼请求、双方的诉辩理由以及已经提交的证据及其他诉讼材料进行审理后，可以依法缺席判决。

第二百四十二条 【一审裁判后发现错误的处理】一审宣判后，原审人民法院发现判决有错误，当事人在上诉期内提出上诉的，原审人民法院可以提出原判决有错误的意见，报送第二审人民法院，由第二审人民法院按照第二审程序进行审理；当事人不上诉的，按照审判监督程序处理。

第二百四十三条 【审限扣除】民事诉讼法第一百四十九条规定的审限，是指从立案之日起至裁判宣告、调解书送达之日止的期间，但公告期间、鉴定期间、双方当事人和解期间、审理当事人提出的管辖异议以及处理人民法院之间的管辖争议期间不应计算在内。

第二百四十四条 【上诉期起算时间】可以上诉的判决书、裁定书不能同时送达双方当事人的，上诉期从各自收到判决书、裁定书之日计算。

第二百四十五条 【笔误】民事诉讼法第一百五十四条第一款第七项规定的笔误是指法律文书误写、误算，诉讼费用漏写、误算和其他笔误。

第二百四十六条 【诉讼程序恢复】裁定中止诉讼的原因消除，恢复诉讼程序时，不必撤销原裁定，从人民法院通知或者准许当事人双方继续进行诉讼时起，中止诉讼的裁定即失去效力。

第二百四十七条 【重复起诉】当事人就已经提起诉讼的事项在诉讼过程中或者裁判生效后再次起诉，同时符合下列条件的，构成重复起诉：

（一）后诉与前诉的当事人相同；

（二）后诉与前诉的诉讼标的相同；

（三）后诉与前诉的诉讼请求相同，或者后诉的诉讼请求实质上否定前诉裁判结果。

当事人重复起诉的，裁定不予受理；已经受理的，裁定驳回起诉，但法律、司法解释另有规定的除外。

第二百四十八条 【一事不再理的例外】裁判发生法律效力后，发生新的事实，当事人再次提起诉讼的，人民法院应当依法受理。

第二百四十九条 【当事人恒定和诉讼承继原则】在诉讼中，争议的民事权利义务转移的，不影响当事人的诉讼主体资格和诉讼地位。人民法院作出的发生法律效力的判决、裁定对受让人具有拘束力。

受让人申请以无独立请求权的第三人身份参加诉讼的，人民法院可予准许。受让人申请替代当事人承担诉讼的，人民法院可以根据案件的具体情况决定是否准许；不予准许的，可以追加其为无独立请求权的第三人。

第二百五十条 【变更当事人】依照本解释第二百四十九条规定，人民法院准许受让人替代当事人承担诉讼的，裁定变更当事人。

变更当事人后，诉讼程序以受让人为当事人继续进行，原当事人应当退出诉讼。原当事人已经完成的诉讼行为对受让人具有拘束力。

第二百五十一条 【重审案件诉讼请求变更】二审裁定撤销一审判决发回重审的案件，当事人申请变更、增加诉讼请求或者提出反诉，第三人提出与本案有关的诉讼请求的，依照民事诉讼法第一百四十条规定处理。

第二百五十二条 【再审发回重审案件诉讼请求变更】再审裁定撤销原判决、裁定发回重审的案件，当事人申请变更、增加诉讼请求或者提出反诉，符合下列情形之一的，人民法院应当准许：

（一）原审未合法传唤缺席判决，影响当事人行使诉讼权利的；

（二）追加新的诉讼当事人的；

（三）诉讼标的物灭失或者发生变化致使原诉讼请求无法实现的；

（四）当事人申请变更、增加的诉讼请求或者提出的反诉，无法通过另诉解决的。

第二百五十三条 【当庭宣判案件裁判文书的送达】当庭宣判的案件，除当事人当庭要求邮寄发送裁判文书的外，人民法院应当告知当事人或者诉讼代理人领取裁判文书的时间和地点以及逾期不领取的法律后果。上述情况，应当记入笔录。

第二百五十四条 【裁判文书公开】公民、法人或者其他组织申请查阅发生法律效力的判决书、裁定书的，应当向作出该生效裁判的人民法院提出。申请应当以书面形式提出，并提供具体的案号或者当事人姓名、名称。

第二百五十五条 【查阅申请审查】对于查阅判决书、裁定书的申请，人民法院根据下列情形分别处理：

（一）判决书、裁定书已经通过信息网络向社会公开的，应当引导申请人自行查阅；

（二）判决书、裁定书未通过信息网络向社会公开，且申请符合要求的，应当及时提供便捷的查阅服务；

（三）判决书、裁定书尚未发生法律效力，或者已失去法律效力的，不提供查阅并告知申请人；

（四）发生法律效力的判决书、裁定书不是本院作出的，应当告知申请人向作出生效裁判的人民法院申请查阅；

（五）申请查阅的内容涉及国家秘密、商业秘密、个人隐私的，不予准许并告知申请人。

十一、简 易 程 序

第二百五十六条 【简易程序适用条件】民事诉讼法第一百五十七条规定的简单民事案件中的事实清楚，是指当事人对争议的事实陈述基本一致，并能提供相应的证据，无须人民法院调查收集证据即可查明事实；权利义务关系明确是指能明确区分谁是责任的承担者，谁是权利的享有者；争议不大是指当事人对案件的是非、责任承担以及诉讼标的争执无原则分歧。

第二百五十七条 【不适用简易程序的情形】下列案件，不适用简易程序：

(一)起诉时被告下落不明的；

(二)发回重审的；

(三)当事人一方人数众多的；

(四)适用审判监督程序的；

(五)涉及国家利益、社会公共利益的；

(六)第三人起诉请求改变或者撤销生效判决、裁定、调解书的；

(七)其他不宜适用简易程序的案件。

第二百五十八条 【简易程序审理期限】适用简易程序审理的案件，审理期限到期后，双方当事人同意继续适用简易程序的，由本院院长批准，可以延长审理期限。延长后的审理期限累计不得超过六个月。

人民法院发现案情复杂，需要转为普通程序审理的，应当在审理期限届满前作出裁定并将合议庭组成人员及相关事项书面通知双方当事人。

案件转为普通程序审理的，审理期限自人民法院立案之日计算。

第二百五十九条 【简易程序开庭方式】当事人双方可就开庭方式向人民法院提出申请，由人民法院决定是否准许。经当事人双方同意，可以采用视听传输技术等方式开庭。

第二百六十条 【普通程序不能转为简易程序】已经按照普通程序审理的案件，在开庭后不得转为简易程序审理。

第二百六十一条 【简易程序诉讼文书送达】适用简易程序审理案件，人民法院可以采取捎口信、电话、短信、传真、电子邮件等简便方式传唤双方当事人、通知证人和送达裁判文书以外的诉讼文书。

以简便方式送达的开庭通知，未经当事人确认或者没有其他证据证明当事人已经收到的，人民法院不得缺席判决。

适用简易程序审理案件，由审判员独任审判，书记员担任记录。

第二百六十二条 【人民法庭裁判文书盖印要求】人民法庭制作的判决书、裁定书、调解书，必须加盖基层人民法院印章，不得用人民法庭的印章代替基层人民法院的印章。

第二百六十三条 【简易程序卷宗内容】适用简易程序审理案件，卷宗中应当具备以下材料：

(一)起诉状或者口头起诉笔录；

(二)答辩状或者口头答辩笔录；

(三)当事人身份证明材料；

(四)委托他人代理诉讼的授权委托书或者口头委托笔录；

(五)证据；

(六)询问当事人笔录；

(七)审理(包括调解)笔录；

(八)判决书、裁定书、调解书或者调解协议；

(九)送达和宣判笔录；

(十)执行情况；

(十一)诉讼费收据；

(十二)适用民事诉讼法第一百六十二条规定审理的，有关程序适用的书面告知。

第二百六十四条 【约定适用简易程序】当事人双方根据民事诉讼法第一百五十七条第二款规定约定适用简易程序

的，应当在开庭前提出。口头提出的，记入笔录，由双方当事人签名或者捺印确认。

本解释第二百五十七条规定的案件，当事人约定适用简易程序的，人民法院不予准许。

第二百六十五条 【口头起诉】原告口头起诉的，人民法院应当将当事人的姓名、性别、工作单位、住所、联系方式等基本信息，诉讼请求，事实及理由等准确记入笔录，由原告核对无误后签名或者捺印。对当事人提交的证据材料，应当出具收据。

第二百六十六条 【简易程序举证期限】适用简易程序案件的举证期限由人民法院确定，也可以由当事人协商一致并经人民法院准许，但不得超过十五日。被告要求书面答辩的，人民法院可在征得其同意的基础上，合理确定答辩期间。

人民法院应当将举证期限和开庭日期告知双方当事人，并向当事人说明逾期举证以及拒不到庭的法律后果，由双方当事人在笔录和开庭传票的送达回证上签名或者捺印。

当事人双方均表示不需要举证期限、答辩期间的，人民法院可以立即开庭审理或者确定开庭日期。

第二百六十七条 【简易程序审前准备】适用简易程序审理案件，可以简便方式进行审理前的准备。

第二百六十八条 【引导当事人诉讼】对没有委托律师、基层法律服务工作者代理诉讼的当事人，人民法院在庭审过程中可以对回避、自认、举证证明责任等相关内容向其作必要的解释或者说明，并在庭审过程中适当提示当事人正确行使诉讼权利、履行诉讼义务。

第二百六十九条 【适用简易程序异议的处理】当事人就案件适用简易程序提出异议，人民法院经审查，异议成立的，裁定转为普通程序；异议不成立的，口头告知当事人，并记入笔录。

转为普通程序的，人民法院应当将合议庭组成人员及相关事项以书面形式通知双方当事人。

转为普通程序前，双方当事人已确认的事实，可以不再进行举证、质证。

第二百七十条 【简化裁判文书】适用简易程序审理的案件，有下列情形之一的，人民法院在制作判决书、裁定书、调解书时，对认定事实或者裁判理由部分可以适当简化：

（一）当事人达成调解协议并需要制作民事调解书的；

（二）一方当事人明确表示承认对方全部或者部分诉讼请求的；

（三）涉及商业秘密、个人隐私的案件，当事人一方要求简化裁判文书中的相关内容，人民法院认为理由正当的；

（四）当事人双方同意简化的。

十二、简易程序中的小额诉讼

第二百七十一条 【小额诉讼一审终审】人民法院审理小额诉讼案件，适用民事诉讼法第一百六十二条的规定，实行一审终审。

第二百七十二条 【上年度就业人员年平均工资】民事诉讼法第一百六十二条规定的各省、自治区、直辖市上年度就业人员年平均工资，是指已经公布的各省、自治区、直辖市上一年度就业人员年平均工资。在上一年度就业人员年平均工资公布前，以已经公布的最近年度就业人员年平均工资为准。

第二百七十三条　【海事法院适用小额诉讼程序】海事法院可以审理海事、海商小额诉讼案件。案件标的额应当以实际受理案件的海事法院或者其派出法庭所在的省、自治区、直辖市上年度就业人员年平均工资百分之三十为限。

第二百七十四条　【小额诉讼程序适用情形】下列金钱给付的案件，适用小额诉讼程序审理：

（一）买卖合同、借款合同、租赁合同纠纷；

（二）身份关系清楚，仅在给付的数额、时间、方式上存在争议的赡养费、抚育费、扶养费纠纷；

（三）责任明确，仅在给付的数额、时间、方式上存在争议的交通事故损害赔偿和其他人身损害赔偿纠纷；

（四）供用水、电、气、热力合同纠纷；

（五）银行卡纠纷；

（六）劳动关系清楚，仅在劳动报酬、工伤医疗费、经济补偿金或者赔偿金给付数额、时间、方式上存在争议的劳动合同纠纷；

（七）劳务关系清楚，仅在劳务报酬给付数额、时间、方式上存在争议的劳务合同纠纷；

（八）物业、电信等服务合同纠纷；

（九）其他金钱给付纠纷。

第二百七十五条　【不适用小额诉讼程序的情形】下列案件，不适用小额诉讼程序审理：

（一）人身关系、财产确权纠纷；

（二）涉外民事纠纷；

（三）知识产权纠纷；

（四）需要评估、鉴定或者对诉前评估、鉴定结果有异议的纠纷；

（五）其他不宜适用一审终审的纠纷。

第二百七十六条　【适用小额诉讼程序告知内容】人民法院受理小额诉讼案件，应当向当事人告知该类案件的审判组织、一审终审、审理期限、诉讼费用交纳标准等相关事项。

第二百七十七条　【小额诉讼案件举证期限和答辩期间】小额诉讼案件的举证期限由人民法院确定，也可以由当事人协商一致并经人民法院准许，但一般不超过七日。

被告要求书面答辩的，人民法院可以在征得其同意的基础上合理确定答辩期间，但最长不得超过十五日。

当事人到庭后表示不需要举证期限和答辩期间的，人民法院可立即开庭审理。

第二百七十八条　【小额诉讼案件管辖异议】当事人对小额诉讼案件提出管辖异议的，人民法院应当作出裁定。裁定一经作出即生效。

第二百七十九条　【小额诉讼案件驳回起诉】人民法院受理小额诉讼案件后，发现起诉不符合民事诉讼法第一百一十九条规定的起诉条件的，裁定驳回起诉。裁定一经作出即生效。

第二百八十条　【小额诉讼程序转化】因当事人申请增加或者变更诉讼请求、提出反诉、追加当事人等，致使案件不符合小额诉讼案件条件的，应当适用简易程序的其他规定审理。

前款规定案件,应当适用普通程序审理的,裁定转为普通程序。

适用简易程序的其他规定或者普通程序审理前,双方当事人已确认的事实,可以不再进行举证、质证。

第二百八十一条 【适用小额诉讼程序的异议处理】当事人对按照小额诉讼案件审理有异议的,应当在开庭前提出。人民法院经审查,异议成立的,适用简易程序的其他规定审理;异议不成立的,告知当事人,并记入笔录。

第二百八十二条 【小额诉讼案件的裁判文书】小额诉讼案件的裁判文书可以简化,主要记载当事人基本信息、诉讼请求、裁判主文等内容。

第二百八十三条 【简易程序规定的适用】人民法院审理小额诉讼案件,本解释没有规定的,适用简易程序的其他规定。

十三、公 益 诉 讼

第二百八十四条 【公益诉讼起诉条件】环境保护法、消费者权益保护法等法律规定的机关和有关组织对污染环境、侵害众多消费者合法权益等损害社会公共利益的行为,根据民事诉讼法第五十五条规定提起公益诉讼,符合下列条件的,人民法院应当受理:

(一)有明确的被告;

(二)有具体的诉讼请求;

(三)有社会公共利益受到损害的初步证据;

(四)属于人民法院受理民事诉讼的范围和受诉人民法院管辖。

第二百八十五条 【公益诉讼案件管辖】公益诉讼案件由侵权行为地或者被告住所地中级人民法院管辖,但法律、司法解释另有规定的除外。

因污染海洋环境提起的公益诉讼,由污染发生地、损害结果地或者采取预防污染措施地海事法院管辖。

对同一侵权行为分别向两个以上人民法院提起公益诉讼的,由最先立案的人民法院管辖,必要时由它们的共同上级人民法院指定管辖。

第二百八十六条 【公益诉讼程序与行政保护程序衔接】人民法院受理公益诉讼案件后,应当在十日内书面告知相关行政主管部门。

第二百八十七条 【具有起诉资格的机关和有关组织参加公益诉讼】人民法院受理公益诉讼案件后,依法可以提起诉讼的其他机关和有关组织,可以在开庭前向人民法院申请参加诉讼。人民法院准许参加诉讼的,列为共同原告。

第二百八十八条 【公益诉讼与私益诉讼关系】人民法院受理公益诉讼案件,不影响同一侵权行为的受害人根据民事诉讼法第一百一十九条规定提起诉讼。

第二百八十九条 【公益诉讼案件的和解、调解】对公益诉讼案件,当事人可以和解,人民法院可以调解。

当事人达成和解或者调解协议后,人民法院应当将和解或者调解协议进行公告。公告期间不得少于三十日。

公告期满后,人民法院经审查,和解或者调解协议不违反社会公共利益的,应当出具调解书;和解或者调解协议违反社会公共利益的,不予出具调解书,继续对案件进行审理并依法作出裁判。

第二百九十条　【公益诉讼案件撤诉限制】公益诉讼案件的原告在法庭辩论终结后申请撤诉的，人民法院不予准许。

第二百九十一条　【公益诉讼裁判效力】公益诉讼案件的裁判发生法律效力后，其他依法具有原告资格的机关和有关组织就同一侵权行为另行提起公益诉讼的，人民法院裁定不予受理，但法律、司法解释另有规定的除外。

十四、第三人撤销之诉

第二百九十二条　【第三人撤销之诉起诉条件】第三人对已经发生法律效力的判决、裁定、调解书提起撤销之诉的，应当自知道或者应当知道其民事权益受到损害之日起六个月内，向作出生效判决、裁定、调解书的人民法院提出，并应当提供存在下列情形的证据材料：

（一）因不能归责于本人的事由未参加诉讼；

（二）发生法律效力的判决、裁定、调解书的全部或者部分内容错误；

（三）发生法律效力的判决、裁定、调解书内容错误损害其民事权益。

第二百九十三条　【第三人撤销之诉受理审查】人民法院应当在收到起诉状和证据材料之日起五日内送交对方当事人，对方当事人可以自收到起诉状之日起十日内提出书面意见。

人民法院应当对第三人提交的起诉状、证据材料以及对方当事人的书面意见进行审查。必要时，可以询问双方当事人。

经审查，符合起诉条件的，人民法院应当在收到起诉状之日起三十日内立案。不符合起诉条件的，应当在收到起诉状之日起三十日内裁定不予受理。

第二百九十四条　【第三人撤销之诉审判组织】人民法院对第三人撤销之诉案件，应当组成合议庭开庭审理。

第二百九十五条　【第三人因不能归责于本人的事由未参加诉讼事由】民事诉讼法第五十六条第三款规定的因不能归责于本人的事由未参加诉讼，是指没有被列为生效判决、裁定、调解书当事人，且无过错或者无明显过错的情形。包括：

（一）不知道诉讼而未参加的；

（二）申请参加未获准许的；

（三）知道诉讼，但因客观原因无法参加的；

（四）因其他不能归责于本人的事由未参加诉讼的。

第二百九十六条　【第三人撤销之诉的撤销对象】民事诉讼法第五十六条第三款规定的判决、裁定、调解书的部分或者全部内容，是指判决、裁定的主文，调解书中处理当事人民事权利义务的结果。

第二百九十七条　【不适用第三人撤销之诉情形】对下列情形提起第三人撤销之诉的，人民法院不予受理：

（一）适用特别程序、督促程序、公示催告程序、破产程序等非讼程序处理的案件；

（二）婚姻无效、撤销或者解除婚姻关系等判决、裁定、调解书中涉及身份关系的内容；

（三）民事诉讼法第五十四条规定的未参加登记的权利人对代表人诉讼案件的生效裁判；

（四）民事诉讼法第五十五条规定的损害社会公共利益行为的受害人对

公益诉讼案件的生效裁判。

第二百九十八条　【第三人撤销之诉的当事人】第三人提起撤销之诉，人民法院应当将该第三人列为原告，生效判决、裁定、调解书的当事人列为被告，但生效判决、裁定、调解书中没有承担责任的无独立请求权的第三人列为第三人。

第二百九十九条　【第三人撤销之诉对原生效裁判执行的影响】受理第三人撤销之诉案件后，原告提供相应担保，请求中止执行的，人民法院可以准许。

第三百条　【第三人撤销之诉的裁判】对第三人撤销或者部分撤销发生法律效力的判决、裁定、调解书内容的请求，人民法院经审理，按下列情形分别处理：

（一）请求成立且确认其民事权利的主张全部或部分成立的，改变原判决、裁定、调解书内容的错误部分；

（二）请求成立，但确认其全部或部分民事权利的主张不成立，或者未提出确认其民事权利请求的，撤销原判决、裁定、调解书内容的错误部分；

（三）请求不成立的，驳回诉讼请求。

对前款规定裁判不服的，当事人可以上诉。

原判决、裁定、调解书的内容未改变或者未撤销的部分继续有效。

第三百零一条　【第三人撤销之诉与原审当事人申请再审之间关系】第三人撤销之诉案件审理期间，人民法院对生效判决、裁定、调解书裁定再审的，受理第三人撤销之诉的人民法院应当裁定将第三人的诉讼请求并入再审程序。但有证据证明原审当事人之间恶意串通损害第三人合法权益的，人民法院应当先行审理第三人撤销之诉案件，裁定中止再审诉讼。

第三百零二条　【第三人诉讼请求并入再审程序的审理】第三人诉讼请求并入再审程序审理的，按照下列情形分别处理：

（一）按照第一审程序审理的，人民法院应当对第三人的诉讼请求一并审理，所作的判决可以上诉；

（二）按照第二审程序审理的，人民法院可以调解，调解达不成协议的，应当裁定撤销原判决、裁定、调解书，发回一审法院重审，重审时应当列明第三人。

第三百零三条　【第三人撤销之诉与案外人执行异议之间关系】第三人提起撤销之诉后，未中止生效判决、裁定、调解书执行的，执行法院对第三人依照民事诉讼法第二百二十七条规定提出的执行异议，应予审查。第三人不服驳回执行异议裁定，申请对原判决、裁定、调解书再审的，人民法院不予受理。

案外人对人民法院驳回其执行异议裁定不服，认为原判决、裁定、调解书内容错误损害其合法权益的，应当根据民事诉讼法第二百二十七条规定申请再审，提起第三人撤销之诉的，人民法院不予受理。

十五、执行异议之诉

第三百零四条　【执行异议之诉管辖】根据民事诉讼法第二百二十七条规定，案外人、当事人对执行异议裁定不服，自裁定送达之日起十五日内向人民法院提起执行异议之诉的，由执行法院管辖。

第三百零五条 【案外人执行异议之诉的起诉】案外人提起执行异议之诉,除符合民事诉讼法第一百一十九条规定外,还应当具备下列条件:

(一)案外人的执行异议申请已经被人民法院裁定驳回;

(二)有明确的排除对执行标的执行的诉讼请求,且诉讼请求与原判决、裁定无关;

(三)自执行异议裁定送达之日起十五日内提起。

人民法院应当在收到起诉状之日起十五日内决定是否立案。

第三百零六条 【申请执行人执行异议之诉的起诉】申请执行人提起执行异议之诉,除符合民事诉讼法第一百一十九条规定外,还应当具备下列条件:

(一)依案外人执行异议申请,人民法院裁定中止执行;

(二)有明确的对执行标的继续执行的诉讼请求,且诉讼请求与原判决、裁定无关;

(三)自执行异议裁定送达之日起十五日内提起。

人民法院应当在收到起诉状之日起十五日内决定是否立案。

第三百零七条 【案外人执行异议之诉当事人】案外人提起执行异议之诉的,以申请执行人为被告。被执行人反对案外人异议的,被执行人为共同被告;被执行人不反对案外人异议的,可以列被执行人为第三人。

第三百零八条 【申请执行人执行异议之诉当事人】申请执行人提起执行异议之诉的,以案外人为被告。被执行人反对申请执行人主张的,以案外人和被执行人为共同被告;被执行人不反对申请执行人主张的,可以列被执行人为第三人。

第三百零九条 【被执行人无权提起执行异议之诉】申请执行人对中止执行裁定未提起执行异议之诉,被执行人提起执行异议之诉的,人民法院告知其另行起诉。

第三百一十条 【执行异议之诉案件审理程序】人民法院审理执行异议之诉案件,适用普通程序。

第三百一十一条 【执行异议之诉举证责任分配】案外人或者申请执行人提起执行异议之诉的,案外人应当就其对执行标的享有足以排除强制执行的民事权益承担举证证明责任。

第三百一十二条 【案外人执行异议之诉的裁判】对案外人提起的执行异议之诉,人民法院经审理,按照下列情形分别处理:

(一)案外人就执行标的享有足以排除强制执行的民事权益的,判决不得执行该执行标的;

(二)案外人就执行标的不享有足以排除强制执行的民事权益的,判决驳回诉讼请求。

案外人同时提出确认其权利的诉讼请求的,人民法院可以在判决中一并作出裁判。

第三百一十三条 【申请执行人执行异议之诉的裁判】对申请执行人提起的执行异议之诉,人民法院经审理,按照下列情形分别处理:

(一)案外人就执行标的不享有足以排除强制执行的民事权益的,判决准许执行该执行标的;

（二）案外人就执行标的享有足以排除强制执行的民事权益的，判决驳回诉讼请求。

第三百一十四条 【执行异议裁定失效】对案外人执行异议之诉，人民法院判决不得对执行标的执行的，执行异议裁定失效。

对申请执行人执行异议之诉，人民法院判决准许对该执行标的执行的，执行异议裁定失效，执行法院可以根据申请执行人的申请或者依职权恢复执行。

第三百一十五条 【案外人执行异议之诉对执行程序的影响】案外人执行异议之诉审理期间，人民法院不得对执行标的进行处分。申请执行人请求人民法院继续执行并提供相应担保的，人民法院可以准许。

被执行人与案外人恶意串通，通过执行异议、执行异议之诉妨害执行的，人民法院应当依照民事诉讼法第一百一十三条规定处理。申请执行人因此受到损害的，可以提起诉讼要求被执行人、案外人赔偿。

第三百一十六条 【申请执行人执行异议之诉对执行程序的影响】人民法院对执行标的裁定中止执行后，申请执行人在法律规定的期间内未提起执行异议之诉的，人民法院应当自起诉期限届满之日起七日内解除对该执行标的采取的执行措施。

十六、第二审程序

第三百一十七条 【二审当事人诉讼地位】双方当事人和第三人都提起上诉的，均列为上诉人。人民法院可以依职权确定第二审程序中当事人的诉讼地位。

第三百一十八条 【对方当事人】民事诉讼法第一百六十六条、第一百六十七条规定的对方当事人包括被上诉人和原审其他当事人。

第三百一十九条 【必要共同诉讼人提起上诉】必要共同诉讼人的一人或者部分人提起上诉的，按下列情形分别处理：

（一）上诉仅对与对方当事人之间权利义务分担有意见，不涉及其他共同诉讼人利益的，对方当事人为被上诉人，未上诉的同一方当事人依原审诉讼地位列明；

（二）上诉仅对共同诉讼人之间权利义务分担有意见，不涉及对方当事人利益的，未上诉的同一方当事人为被上诉人，对方当事人依原审诉讼地位列明；

（三）上诉对双方当事人之间以及共同诉讼人之间权利义务承担有意见的，未提起上诉的其他当事人均为被上诉人。

第三百二十条 【未在法定期间递交上诉状的后果】一审宣判时或者判决书、裁定书送达时，当事人口头表示上诉的，人民法院应告知其必须在法定上诉期间内递交上诉状。未在法定上诉期间内递交上诉状的，视为未提起上诉。虽递交上诉状，但未在指定的期限内交纳上诉费的，按自动撤回上诉处理。

第三百二十一条 【法定代理人提起上诉】无民事行为能力人、限制民事行为能力人的法定代理人，可以代理当事人提起上诉。

第三百二十二条 【二审当事人诉讼承继】上诉案件的当事人死亡或者终止

的，人民法院依法通知其权利义务承继者参加诉讼。

需要终结诉讼的，适用民事诉讼法第一百五十一条规定。

第三百二十三条 【二审审理范围】第二审人民法院应当围绕当事人的上诉请求进行审理。

当事人没有提出请求的，不予审理，但一审判决违反法律禁止性规定，或者损害国家利益、社会公共利益、他人合法权益的除外。

第三百二十四条 【二审程序庭前准备】开庭审理的上诉案件，第二审人民法院可以依照民事诉讼法第一百三十三条第四项规定进行审理前的准备。

第三百二十五条 【严重违反法定程序的情形】下列情形，可以认定为民事诉讼法第一百七十条第一款第四项规定的严重违反法定程序：

（一）审判组织的组成不合法的；

（二）应当回避的审判人员未回避的；

（三）无诉讼行为能力人未经法定代理人代为诉讼的；

（四）违法剥夺当事人辩论权利的。

第三百二十六条 【二审对一审遗漏当事人诉讼请求的处理】对当事人在第一审程序中已经提出的诉讼请求，原审人民法院未作审理、判决的，第二审人民法院可以根据当事人自愿的原则进行调解；调解不成的，发回重审。

第三百二十七条 【二审对一审遗漏当事人、有独立请求权的第三人的处理】必须参加诉讼的当事人或者有独立请求权的第三人，在第一审程序中未参加诉讼，第二审人民法院可以根据当事人自愿的原则予以调解；调解不成的，发回重审。

第三百二十八条 【二审当事人增加诉讼请求或提出反诉的处理】在第二审程序中，原审原告增加独立的诉讼请求或者原审被告提出反诉的，第二审人民法院可以根据当事人自愿的原则就新增加的诉讼请求或者反诉进行调解；调解不成的，告知当事人另行起诉。

双方当事人同意由第二审人民法院一并审理的，第二审人民法院可以一并裁判。

第三百二十九条 【不准离婚案件上诉的处理】一审判决不准离婚的案件，上诉后，第二审人民法院认为应当判决离婚的，可以根据当事人自愿的原则，与子女抚养、财产问题一并调解；调解不成的，发回重审。

双方当事人同意由第二审人民法院一并审理的，第二审人民法院可以一并裁判。

第三百三十条 【一审受理错误的处理】人民法院依照第二审程序审理案件，认为依法不应由人民法院受理的，可以由第二审人民法院直接裁定撤销原裁判，驳回起诉。

第三百三十一条 【一审违反专属管辖的处理】人民法院依照第二审程序审理案件，认为第一审人民法院受理案件违反专属管辖规定的，应当裁定撤销原裁判并移送有管辖权的人民法院。

第三百三十二条 【不予受理裁定提起上诉的处理】第二审人民法院查明第一审人民法院作出的不予受理裁定有错误的，应当在撤销原裁定的同时，指令第一审人民法院立案受理；查明第一审人民法院作出的驳回起诉裁定有错误的，应当在撤销原裁定的同时，指令第一审人民法院审理。

第三百三十三条 【二审可以不开庭审理的情形】第二审人民法院对下列上诉案件，依照民事诉讼法第一百六十九条规定可以不开庭审理：

（一）不服不予受理、管辖权异议和驳回起诉裁定的；

（二）当事人提出的上诉请求明显不能成立的；

（三）原判决、裁定认定事实清楚，但适用法律错误的；

（四）原判决严重违反法定程序，需要发回重审的。

第三百三十四条 【原判决、裁定的瑕疵处理】原判决、裁定认定事实或者适用法律虽有瑕疵，但裁判结果正确的，第二审人民法院可以在判决、裁定中纠正瑕疵后，依照民事诉讼法第一百七十条第一款第一项规定予以维持。

第三百三十五条 【基本事实】民事诉讼法第一百七十条第一款第三项规定的基本事实，是指用以确定当事人主体资格、案件性质、民事权利义务等对原判决、裁定的结果有实质性影响的事实。

第三百三十六条 【二审中当事人变更的处理】在第二审程序中，作为当事人的法人或者其他组织分立的，人民法院可以直接将分立后的法人或者其他组织列为共同诉讼人；合并的，将合并后的法人或者其他组织列为当事人。

第三百三十七条 【当事人撤回上诉的处理】在第二审程序中，当事人申请撤回上诉，人民法院经审查认为一审判决确有错误，或者当事人之间恶意串通损害国家利益、社会公共利益、他人合法权益的，不应准许。

第三百三十八条 【二审中原审原告撤回起诉的处理】在第二审程序中，原审原告申请撤回起诉，经其他当事人同意，且不损害国家利益、社会公共利益、他人合法权益的，人民法院可以准许。准许撤诉的，应当一并裁定撤销一审裁判。

原审原告在第二审程序中撤回起诉后重复起诉的，人民法院不予受理。

第三百三十九条 【二审和解】当事人在第二审程序中达成和解协议的，人民法院可以根据当事人的请求，对双方达成的和解协议进行审查并制作调解书送达当事人；因和解而申请撤诉，经审查符合撤诉条件的，人民法院应予准许。

第三百四十条 【宣告二审判决的方式】第二审人民法院宣告判决可以自行宣判，也可以委托原审人民法院或者当事人所在地人民法院代行宣判。

第三百四十一条 【二审案件审理期限】人民法院审理对裁定的上诉案件，应当在第二审立案之日起三十日内作出终审裁定。有特殊情况需要延长审限的，由本院院长批准。

第三百四十二条 【一审诉讼行为对二审的影响】当事人在第一审程序中实施的诉讼行为，在第二审程序中对该当事人仍具有拘束力。

当事人推翻其在第一审程序中实施的诉讼行为时，人民法院应当责令其说明理由。理由不成立的，不予支持。

十七、特别程序

第三百四十三条 【下落不明人财产管理以及指定管理人、代管人】宣告失踪或者宣告死亡案件,人民法院可以根据申请人的请求,清理下落不明人的财产,并指定案件审理期间的财产管理人。公告期满后,人民法院判决宣告失踪的,应当同时依照民法通则第二十一条第一款的规定指定失踪人的财产代管人。

第三百四十四条 【下落不明人财产代管人变更】失踪人的财产代管人经人民法院指定后,代管人申请变更代管的,比照民事诉讼法特别程序的有关规定进行审理。申请理由成立的,裁定撤销申请人的代管人身份,同时另行指定财产代管人;申请理由不成立的,裁定驳回申请。

失踪人的其他利害关系人申请变更代管的,人民法院应当告知其以原指定的代管人为被告起诉,并按普通程序进行审理。

第三百四十五条 【宣告失踪与宣告死亡程序衔接】人民法院判决宣告公民失踪后,利害关系人向人民法院申请宣告失踪人死亡,自失踪之日起满四年的,人民法院应当受理,宣告失踪的判决即是该公民失踪的证明,审理中仍应依照民事诉讼法第一百八十五条规定进行公告。

第三百四十六条 【宣告失踪、宣告死亡共同申请人】符合法律规定的多个利害关系人提出宣告失踪、宣告死亡申请的,列为共同申请人。

第三百四十七条 【寻找下落不明人的公告内容】寻找下落不明人的公告应当记载下列内容:

(一)被申请人应当在规定期间内向受理法院申报其具体地址及其联系方式。否则,被申请人将被宣告失踪、宣告死亡;

(二)凡知悉被申请人生存现状的人,应当在公告期间内将其所知道情况向受理法院报告。

第三百四十八条 【撤回宣告失踪、宣告死亡申请】人民法院受理宣告失踪、宣告死亡案件后,作出判决前,申请人撤回申请的,人民法院应当裁定终结案件,但其他符合法律规定的利害关系人加入程序要求继续审理的除外。

第三百四十九条 【普通程序中申请认定公民无民事行为能力或者限制民事行为能力的处理】在诉讼中,当事人的利害关系人提出该当事人患有精神病,要求宣告该当事人无民事行为能力或者限制民事行为能力的,应由利害关系人向人民法院提出申请,由受诉人民法院按照特别程序立案审理,原诉讼中止。

第三百五十条 【认定财产无主案件公告期间提出财产请求的处理】认定财产无主案件,公告期间有人对财产提出请求的,人民法院应当裁定终结特别程序,告知申请人另行起诉,适用普通程序审理。

第三百五十一条 【被指定监护人不服指定的处理】被指定的监护人不服指定,应当自接到通知之日起三十日内向人民法院提出异议。经审理,认为指定并无不当的,裁定驳回异议;指定不当的,判决撤销指定,同时另行指定监护人。判决书应当送达异议人、原指定单位及判决指定的监护人。

第三百五十二条 【为被申请人指定代理人】申请认定公民无民事行为能力或者限制民事行为能力的案件,被申请人没有近亲属的,人民法院可以指定其他亲属为代理人。被申请人没有亲属的,人民法院可以指定经被申请人所在单位或者住所地的居民委员会、村民委员会同意,且愿意担任代理人的关系密切的朋友为代理人。

没有前款规定的代理人的,由被申请人所在单位或者住所地的居民委员会、村民委员会或者民政部门担任代理人。

代理人可以是一人,也可以是同一顺序中的两人。

第三百五十三条 【司法确认调解协议的申请】申请司法确认调解协议的,双方当事人应当本人或者由符合民事诉讼法第五十八条规定的代理人向调解组织所在地基层人民法院或者人民法庭提出申请。

第三百五十四条 【司法确认调解协议案件共同管辖】两个以上调解组织参与调解的,各调解组织所在地基层人民法院均有管辖权。

双方当事人可以共同向其中一个调解组织所在地基层人民法院提出申请;双方当事人共同向两个以上调解组织所在地基层人民法院提出申请的,由最先立案的人民法院管辖。

第三百五十五条 【申请司法确认调解协议的形式】当事人申请司法确认调解协议,可以采用书面形式或者口头形式。当事人口头申请的,人民法院应当记入笔录,并由当事人签名、捺印或者盖章。

第三百五十六条 【申请司法确认调解协议的材料】当事人申请司法确认调解协议,应当向人民法院提交调解协议、调解组织主持调解的证明,以及与调解协议相关的财产权利证明等材料,并提供双方当事人的身份、住所、联系方式等基本信息。

当事人未提交上述材料的,人民法院应当要求当事人限期补交。

第三百五十七条 【不适用司法确认程序的情形】当事人申请司法确认调解协议,有下列情形之一的,人民法院裁定不予受理:

(一)不属于人民法院受理范围的;

(二)不属于收到申请的人民法院管辖的;

(三)申请确认婚姻关系、亲子关系、收养关系等身份关系无效、有效或者解除的;

(四)涉及适用其他特别程序、公示催告程序、破产程序审理的;

(五)调解协议内容涉及物权、知识产权确权的。

人民法院受理申请后,发现有上述不予受理情形的,应当裁定驳回当事人的申请。

第三百五十八条 【司法确认申请审查】人民法院审查相关情况时,应当通知双方当事人共同到场对案件进行核实。

人民法院经审查,认为当事人的陈述或者提供的证明材料不充分、不完备或者有疑义的,可以要求当事人限期补充陈述或者补充证明材料。必要时,人民法院可以向调解组织核实有关情况。

第三百五十九条 【撤回司法确认申请】确认调解协议的裁定作出前,当事人撤回申请的,人民法院可以裁定准许。

当事人无正当理由未在限期内补充陈述、补充证明材料或者拒不接受询问的,人民法院可以按撤回申请处理。

第三百六十条 【驳回司法确认申请】经审查,调解协议有下列情形之一的,人民法院应当裁定驳回申请:

(一)违反法律强制性规定的;

(二)损害国家利益、社会公共利益、他人合法权益的;

(三)违背公序良俗的;

(四)违反自愿原则的;

(五)内容不明确的;

(六)其他不能进行司法确认的情形。

第三百六十一条 【实现担保物权案件申请主体】民事诉讼法第一百九十六条规定的担保物权人,包括抵押权人、质权人、留置权人;其他有权请求实现担保物权的人,包括抵押人、出质人、财产被留置的债务人或者所有权人等。

第三百六十二条 【实现权利质权案件管辖法院】实现票据、仓单、提单等有权利凭证的权利质权案件,可以由权利凭证持有人住所地人民法院管辖;无权利凭证的权利质权,由出质登记地人民法院管辖。

第三百六十三条 【实现担保物权案件专门管辖】实现担保物权案件属于海事法院等专门人民法院管辖的,由专门人民法院管辖。

第三百六十四条 【同一笔债权有多个担保物时实现担保物权案件管辖法院】同一债权的担保物有多个且所在地不同,申请人分别向有管辖权的人民法院申请实现担保物权的,人民法院应当依法受理。

第三百六十五条 【人保与物保并存的处理】依照物权法第一百七十六条的规定,被担保的债权既有物的担保又有人的担保,当事人对实现担保物权的顺序有约定,实现担保物权的申请违反该约定的,人民法院裁定不予受理;没有约定或者约定不明的,人民法院应当受理。

第三百六十六条 【同一财产上设立多个担保物权的处理】同一财产上设立多个担保物权,登记在先的担保物权尚未实现的,不影响后顺位的担保物权人向人民法院申请实现担保物权。

第三百六十七条 【申请实现担保物权提交的材料】申请实现担保物权,应当提交下列材料:

(一)申请书。申请书应当记明申请人、被申请人的姓名或者名称、联系方式等基本信息,具体的请求和事实、理由;

(二)证明担保物权存在的材料,包括主合同、担保合同、抵押登记证明或者他项权利证书,权利质权的权利凭证或者质权出质登记证明等;

(三)证明实现担保物权条件成就的材料;

(四)担保财产现状的说明;

(五)人民法院认为需要提交的其他材料。

第三百六十八条 【被申请人提出异议的时间和理由】人民法院受理申请后,应当在五日内向被申请人送达申请书副本、异议权利告知书等文书。

被申请人有异议的,应当在收到人民法院通知后的五日内向人民法院提出,同时说明理由并提供相应的证据材料。

第三百六十九条 【实现担保物权案件的审判组织】实现担保物权案件可以由审判员一人独任审查。担保财产标的额超过基层人民法院管辖范围的,应当组成合议庭进行审查。

第三百七十条 【实现担保物权案件的审查形式】人民法院审查实现担保物权案件,可以询问申请人、被申请人、利害关系人,必要时可以依职权调查相关事实。

第三百七十一条 【实现担保物权案件的审查内容】人民法院应当就主合同的效力、期限、履行情况,担保物权是否有效设立、担保财产的范围、被担保的债权范围、被担保的债权是否已届清偿期等担保物权实现的条件,以及是否损害他人合法权益等内容进行审查。

被申请人或者利害关系人提出异议的,人民法院应当一并审查。

第三百七十二条 【实现担保物权案件的处理结果】人民法院审查后,按下列情形分别处理:

(一)当事人对实现担保物权无实质性争议且实现担保物权条件成就的,裁定准许拍卖、变卖担保财产;

(二)当事人对实现担保物权有部分实质性争议的,可以就无争议部分裁定准许拍卖、变卖担保财产;

(三)当事人对实现担保物权有实质性争议的,裁定驳回申请,并告知申请人向人民法院提起诉讼。

第三百七十三条 【实现担保物权案件保全】人民法院受理申请后,申请人对担保财产提出保全申请的,可以按照民事诉讼法关于诉讼保全的规定办理。

第三百七十四条 【特别程序案件的救济程序】适用特别程序作出的判决、裁定,当事人、利害关系人认为有错误的,可以向作出该判决、裁定的人民法院提出异议。人民法院经审查,异议成立或者部分成立的,作出新的判决、裁定撤销或者改变原判决、裁定;异议不成立的,裁定驳回。

对人民法院作出的确认调解协议、准许实现担保物权的裁定,当事人有异议的,应当自收到裁定之日起十五日内提出;利害关系人有异议的,自知道或者应当知道其民事权益受到侵害之日起六个月内提出。

十八、审判监督程序

第三百七十五条 【权利义务承继者申请再审】当事人死亡或者终止的,其权利义务承继者可以根据民事诉讼法第一百九十九条、第二百零一条的规定申请再审。

判决、调解书生效后,当事人将判决、调解书确认的债权转让,债权受让人对该判决、调解书不服申请再审的,人民法院不予受理。

第三百七十六条 【当事人一方人数众多或者当事人双方为公民的案件范围】民事诉讼法第一百九十九条规定的人数众多的一方当事人,包括公民、法人和其他组织。

民事诉讼法第一百九十九条规定的当事人双方为公民的案件,是指原告和被告均为公民的案件。

第三百七十七条 【申请再审材料】当事人申请再审,应当提交下列材料:

（一）再审申请书，并按照被申请人和原审其他当事人的人数提交副本；

（二）再审申请人是自然人的，应当提交身份证明；再审申请人是法人或者其他组织的，应当提交营业执照、组织机构代码证书、法定代表人或者主要负责人身份证明书。委托他人代为申请的，应当提交授权委托书和代理人身份证明；

（三）原审判决书、裁定书、调解书；

（四）反映案件基本事实的主要证据及其他材料。

前款第二项、第三项、第四项规定的材料可以是与原件核对无异的复印件。

第三百七十八条　【再审申请书】再审申请书应当记明下列事项：

（一）再审申请人与被申请人及原审其他当事人的基本信息；

（二）原审人民法院的名称，原审裁判文书案号；

（三）具体的再审请求；

（四）申请再审的法定情形及具体事实、理由。

再审申请书应当明确申请再审的人民法院，并由再审申请人签名、捺印或者盖章。

第三百七十九条　【当事人分别选择不同级别法院申请再审的处理】当事人一方人数众多或者当事人双方为公民的案件，当事人分别向原审人民法院和上一级人民法院申请再审且不能协商一致的，由原审人民法院受理。

第三百八十条　【不得申请再审案件范围】适用特别程序、督促程序、公示催告程序、破产程序等非讼程序审理的案件，当事人不得申请再审。

第三百八十一条　【可以申请再审的裁定】当事人认为发生法律效力的不予受理、驳回起诉的裁定错误的，可以申请再审。

第三百八十二条　【就解除婚姻关系案件财产分割问题申请再审的处理】当事人就离婚案件中的财产分割问题申请再审，如涉及判决中已分割的财产，人民法院应当依照民事诉讼法第二百条的规定进行审查，符合再审条件的，应当裁定再审；如涉及判决中未作处理的夫妻共同财产，应当告知当事人另行起诉。

第三百八十三条　【申请再审一次原则】当事人申请再审，有下列情形之一的，人民法院不予受理：

（一）再审申请被驳回后再次提出申请的；

（二）对再审判决、裁定提出申请的；

（三）在人民检察院对当事人的申请作出不予提出再审检察建议或者抗诉决定后又提出申请的。

前款第一项、第二项规定情形，人民法院应当告知当事人可以向人民检察院申请再审检察建议或者抗诉，但因人民检察院提出再审检察建议或者抗诉而再审作出的判决、裁定除外。

第三百八十四条　【对调解书申请再审】当事人对已经发生法律效力的调解书申请再审，应当在调解书发生法律效力后六个月内提出。

第三百八十五条　【再审受理通知书等材料的发送】人民法院应当自收到符合条

件的再审申请书等材料之日起五日内向再审申请人发送受理通知书，并向被申请人及原审其他当事人发送应诉通知书、再审申请书副本等材料。

第三百八十六条 【再审审查内容】人民法院受理申请再审案件后，应当依照民事诉讼法第二百条、第二百零一条、第二百零四条等规定，对当事人主张的再审事由进行审查。

第三百八十七条 【再审新证据认定标准】再审申请人提供的新的证据，能够证明原判决、裁定认定基本事实或者裁判结果错误的，应当认定为民事诉讼法第二百条第一项规定的情形。

对于符合前款规定的证据，人民法院应当责令再审申请人说明其逾期提供该证据的理由；拒不说明理由或者理由不成立的，依照民事诉讼法第六十五条第二款和本解释第一百零二条的规定处理。

第三百八十八条 【逾期提供证据的理由】再审申请人证明其提交的新的证据符合下列情形之一的，可以认定逾期提供证据的理由成立：

（一）在原审庭审结束前已经存在，因客观原因于庭审结束后才发现的；

（二）在原审庭审结束前已经发现，但因客观原因无法取得或者在规定的期限内不能提供的；

（三）在原审庭审结束后形成，无法据此另行提起诉讼的。

再审申请人提交的证据在原审中已经提供，原审人民法院未组织质证且未作为裁判根据的，视为逾期提供证据的理由成立，但原审人民法院依照民事诉讼法第六十五条规定不予采纳的除外。

第三百八十九条 【不属于未经质证的情形】当事人对原判决、裁定认定事实的主要证据在原审中拒绝发表质证意见或者质证中未对证据发表质证意见的，不属于民事诉讼法第二百条第四项规定的未经质证的情形。

第三百九十条 【适用法律确有错误的情形】有下列情形之一，导致判决、裁定结果错误的，应当认定为民事诉讼法第二百条第六项规定的原判决、裁定适用法律确有错误：

（一）适用的法律与案件性质明显不符的；

（二）确定民事责任明显违背当事人约定或者法律规定的；

（三）适用已经失效或者尚未施行的法律的；

（四）违反法律溯及力规定的；

（五）违反法律适用规则的；

（六）明显违背立法原意的。

第三百九十一条 【剥夺当事人辩论权利的情形】原审开庭过程中有下列情形之一的，应当认定为民事诉讼法第二百条第九项规定的剥夺当事人辩论权利：

（一）不允许当事人发表辩论意见的；

（二）应当开庭审理而未开庭审理的；

（三）违反法律规定送达起诉状副本或者上诉状副本，致使当事人无法行使辩论权利的；

（四）违法剥夺当事人辩论权利的其他情形。

第三百九十二条 【原裁判遗漏或者超出

的诉讼请求】民事诉讼法第二百条第十一项规定的诉讼请求，包括一审诉讼请求、二审上诉请求，但当事人未对一审判决、裁定遗漏或者超出诉讼请求提起上诉的除外。

第三百九十三条 【据以作出原裁判的法律文书】民事诉讼法第二百条第十二项规定的法律文书包括：

（一）发生法律效力的判决书、裁定书、调解书；

（二）发生法律效力的仲裁裁决书；

（三）具有强制执行效力的公证债权文书。

第三百九十四条 【贪污受贿，徇私舞弊，枉法裁判行为的认定】民事诉讼法第二百条第十三项规定的审判人员审理该案件时有贪污受贿、徇私舞弊、枉法裁判行为，是指已经由生效刑事法律文书或者纪律处分决定所确认的行为。

第三百九十五条 【裁定再审标准】当事人主张的再审事由成立，且符合民事诉讼法和本解释规定的申请再审条件的，人民法院应当裁定再审。

当事人主张的再审事由不成立，或者当事人申请再审超过法定申请再审期限、超出法定再审事由范围等不符合民事诉讼法和本解释规定的申请再审条件的，人民法院应当裁定驳回再审申请。

第三百九十六条 【决定再审后中止执行】人民法院对已经发生法律效力的判决、裁定、调解书依法决定再审，依照民事诉讼法第二百零六条规定，需要中止执行的，应当在再审裁定中同时写明中止原判决、裁定、调解书的执行；情况紧急的，可以将中止执行裁定口头通知负责执行的人民法院，并在通知后十日内发出裁定书。

第三百九十七条 【询问当事人】人民法院根据审查案件的需要决定是否询问当事人。新的证据可能推翻原判决、裁定的，人民法院应当询问当事人。

第三百九十八条 【再审申请人以外的其他当事人提出再审申请的处理】审查再审申请期间，被申请人及原审其他当事人依法提出再审申请的，人民法院应当将其列为再审申请人，对其再审事由一并审查，审查期限重新计算。经审查，其中一方再审申请人主张的再审事由成立的，应当裁定再审。各方再审申请人主张的再审事由均不成立的，一并裁定驳回再审申请。

第三百九十九条 【再审审查期间不能委托鉴定、勘验】审查再审申请期间，再审申请人申请人民法院委托鉴定、勘验的，人民法院不予准许。

第四百条 【撤回再审申请】审查再审申请期间，再审申请人撤回再审申请的，是否准许，由人民法院裁定。

再审申请人经传票传唤，无正当理由拒不接受询问的，可以按撤回再审申请处理。

第四百零一条 【撤回再审申请后再次申请再审的处理】人民法院准许撤回再审申请或者按撤回再审申请处理后，再审申请人再次申请再审的，不予受理，但有民事诉讼法第二百条第一项、第三项、第十二项、第十三项规定情形，自知道或者应当知道之日起六个月内提出的除外。

第四百零二条 【终结再审审查】再审申

请审查期间，有下列情形之一的，裁定终结审查：

（一）再审申请人死亡或者终止，无权利义务承继者或者权利义务承继者声明放弃再审申请的；

（二）在给付之诉中，负有给付义务的被申请人死亡或者终止，无可供执行的财产，也没有应当承担义务的人的；

（三）当事人达成和解协议且已履行完毕的，但当事人在和解协议中声明不放弃申请再审权利的除外；

（四）他人未经授权以当事人名义申请再审的；

（五）原审或者上一级人民法院已经裁定再审的；

（六）有本解释第三百八十三条第一款规定情形的。

第四百零三条 【再审审查的审判组织】人民法院审理再审案件应当组成合议庭开庭审理，但按照第二审程序审理，有特殊情况或者双方当事人已经通过其他方式充分表达意见，且书面同意不开庭审理的除外。

符合缺席判决条件的，可以缺席判决。

第四百零四条 【再审案件的开庭审查】人民法院开庭审理再审案件，应当按照下列情形分别进行：

（一）因当事人申请再审的，先由再审申请人陈述再审请求及理由，后由被申请人答辩、其他原审当事人发表意见；

（二）因抗诉再审的，先由抗诉机关宣读抗诉书，再由申请抗诉的当事人陈述，后由被申请人答辩、其他原审当事人发表意见；

（三）人民法院依职权再审，有申诉人的，先由申诉人陈述再审请求及理由，后由被申诉人答辩、其他原审当事人发表意见；

（四）人民法院依职权再审，没有申诉人的，先由原审原告或者原审上诉人陈述，后由原审其他当事人发表意见。

对前款第一项至第三项规定的情形，人民法院应当要求当事人明确其再审请求。

第四百零五条 【再审案件庭审诉辩顺序】人民法院审理再审案件应当围绕再审请求进行。当事人的再审请求超出原审诉讼请求的，不予审理；符合另案诉讼条件的，告知当事人可以另行起诉。

被申请人及原审其他当事人在庭审辩论结束前提出的再审请求，符合民事诉讼法第二百零五条规定的，人民法院应当一并审理。

人民法院经再审，发现已经发生法律效力的判决、裁定损害国家利益、社会公共利益、他人合法权益的，应当一并审理。

第四百零六条 【终结再审审理】再审审理期间，有下列情形之一的，可以裁定终结再审程序：

（一）再审申请人在再审期间撤回再审请求，人民法院准许的；

（二）再审申请人经传票传唤，无正当理由拒不到庭的，或者未经法庭许可中途退庭，按撤回再审请求处理的；

（三）人民检察院撤回抗诉的；

（四）有本解释第四百零二条第一

项至第四项规定情形的。

因人民检察院提出抗诉裁定再审的案件,申请抗诉的当事人有前款规定的情形,且不损害国家利益、社会公共利益或者他人合法权益的,人民法院应当裁定终结再审程序。

再审程序终结后,人民法院裁定中止执行的原生效判决自动恢复执行。

第四百零七条 【再审维持原判和改判】人民法院经再审审理认为,原判决、裁定认定事实清楚、适用法律正确的,应予维持;原判决、裁定认定事实、适用法律虽有瑕疵,但裁判结果正确的,应当在再审判决、裁定中纠正瑕疵后予以维持。

原判决、裁定认定事实、适用法律错误,导致裁判结果错误的,应当依法改判、撤销或者变更。

第四百零八条 【再审裁定驳回起诉】按照第二审程序再审的案件,人民法院经审理认为不符合民事诉讼法规定的起诉条件或者符合民事诉讼法第一百二十四条规定不予受理情形的,应当裁定撤销一、二审判决,驳回起诉。

第四百零九条 【对调解书裁定再审的处理】人民法院对调解书裁定再审后,按照下列情形分别处理:

(一)当事人提出的调解违反自愿原则的事由不成立,且调解书的内容不违反法律强制性规定的,裁定驳回再审申请;

(二)人民检察院抗诉或者再审检察建议所主张的损害国家利益、社会公共利益的理由不成立的,裁定终结再审程序。

前款规定情形,人民法院裁定中止执行的调解书需要继续执行的,自动恢复执行。

第四百一十条 【再审程序中一审原告撤诉的处理】一审原告在再审审理程序中申请撤回起诉,经其他当事人同意,且不损害国家利益、社会公共利益、他人合法权益的,人民法院可以准许。裁定准许撤诉的,应当一并撤销原判决。

一审原告在再审审理程序中撤回起诉后重复起诉的,人民法院不予受理。

第四百一十一条 【提交再审新证据的当事人承担的费用】当事人提交新的证据致使再审改判,因再审申请人或者申请检察监督当事人的过错未能在原审程序中及时举证,被申请人等当事人请求补偿其增加的交通、住宿、就餐、误工等必要费用的,人民法院应予支持。

第四百一十二条 【再审部分调解】部分当事人到庭并达成调解协议,其他当事人未作出书面表示的,人民法院应当在判决中对该事实作出表述;调解协议内容不违反法律规定,且不损害其他当事人合法权益的,可以在判决主文中予以确认。

第四百一十三条 【依职权检察监督】人民检察院依法对损害国家利益、社会公共利益的发生法律效力的判决、裁定、调解书提出抗诉,或者经人民检察院检察委员会讨论决定提出再审检察建议的,人民法院应予受理。

第四百一十四条 【抗诉案件范围】人民检察院对已经发生法律效力的判决以及不予受理、驳回起诉的裁定依法提出抗诉的,人民法院应予受理,但适用特别程序、督促程序、公示催告程序、破产程序以及解除婚姻关系的判决、裁定等不适用审判监督程序的判决、裁定除外。

第四百一十五条 【对再审裁判抗诉的受理】人民检察院依照民事诉讼法第二百零九条第一款第三项规定对有明显错误的再审判决、裁定提出抗诉或者再审检察建议的，人民法院应予受理。

第四百一十六条 【再审检察建议的受理条件】地方各级人民检察院依当事人的申请对生效判决、裁定向同级人民法院提出再审检察建议，符合下列条件的，应予受理：

（一）再审检察建议书和原审当事人申请书及相关证据材料已经提交；

（二）建议再审的对象为依照民事诉讼法和本解释规定可以进行再审的判决、裁定；

（三）再审检察建议书列明该判决、裁定有民事诉讼法第二百零八条第二款规定情形；

（四）符合民事诉讼法第二百零九条第一款第一项、第二项规定情形；

（五）再审检察建议经该人民检察院检察委员会讨论决定。

不符合前款规定的，人民法院可以建议人民检察院予以补正或者撤回；不予补正或者撤回的，应当函告人民检察院不予受理。

第四百一十七条 【因抗诉裁定再审的条件】人民检察院依当事人的申请对生效判决、裁定提出抗诉，符合下列条件的，人民法院应当在三十日内裁定再审：

（一）抗诉书和原审当事人申请书及相关证据材料已经提交；

（二）抗诉对象为依照民事诉讼法和本解释规定可以进行再审的判决、裁定；

（三）抗诉书列明该判决、裁定有民事诉讼法第二百零八条第一款规定情形；

（四）符合民事诉讼法第二百零九条第一款第一项、第二项规定情形。

不符合前款规定的，人民法院可以建议人民检察院予以补正或者撤回；不予补正或者撤回的，人民法院可以裁定不予受理。

第四百一十八条 【抗诉再审案件指令再审】当事人的再审申请被上级人民法院裁定驳回后，人民检察院对原判决、裁定、调解书提出抗诉，抗诉事由符合民事诉讼法第二百条第一项至第五项规定情形之一的，受理抗诉的人民法院可以交由下一级人民法院再审。

第四百一十九条 【再审检察建议审查】人民法院收到再审检察建议后，应当组成合议庭，在三个月内进行审查，发现原判决、裁定、调解书确有错误，需要再审的，依照民事诉讼法第一百九十八条规定裁定再审，并通知当事人；经审查，决定不予再审的，应当书面回复人民检察院。

第四百二十条 【驳回当事人再审申请裁定对因检察监督再审的影响】人民法院审理因人民检察院抗诉或者检察建议裁定再审的案件，不受此前已经作出的驳回当事人再审申请裁定的影响。

第四百二十一条 【抗诉案件审理程序】人民法院开庭审理抗诉案件，应当在开庭三日前通知人民检察院、当事人和其他诉讼参与人。同级人民检察院或者提出抗诉的人民检察院应当派员出庭。

人民检察院因履行法律监督职责向当事人或者案外人调查核实的情况，应当向法庭提交并予以说明，由双方当事人进行质证。

第四百二十二条 【被遗漏的必要共同诉讼人申请再审】必须共同进行诉讼的当事人因不能归责于本人或者其诉讼代理人的事由未参加诉讼的，可以根据民事诉讼法第二百条第八项规定，自知道或者应当知道之日起六个月内申请再审，但符合本解释第四百二十三条规定情形的除外。

人民法院因前款规定的当事人申请而裁定再审，按照第一审程序再审的，应当追加其为当事人，作出新的判决、裁定；按照第二审程序再审，经调解不能达成协议的，应当撤销原判决、裁定，发回重审，重审时应追加其为当事人。

第四百二十三条 【执行中案外人申请再审】根据民事诉讼法第二百二十七条规定，案外人对驳回其执行异议的裁定不服，认为原判决、裁定、调解书内容错误损害其民事权益的，可以自执行异议裁定送达之日起六个月内，向作出原判决、裁定、调解书的人民法院申请再审。

第四百二十四条 【因案外人申请而裁定再审的处理】根据民事诉讼法第二百二十七条规定，人民法院裁定再审后，案外人属于必要的共同诉讼当事人的，依照本解释第四百二十二条第二款规定处理。

案外人不是必要的共同诉讼当事人的，人民法院仅审理原判决、裁定、调解书对其民事权益造成损害的内容。经审理，再审请求成立的，撤销或者改变原判决、裁定、调解书；再审请求不成立的，维持原判决、裁定、调解书。

第四百二十五条 【再审案件宣判】本解释第三百四十条规定适用于审判监督程序。

第四百二十六条 【小额诉讼案件再审】对小额诉讼案件的判决、裁定，当事人以民事诉讼法第二百条规定的事由向原审人民法院申请再审的，人民法院应当受理。申请再审事由成立的，应当裁定再审，组成合议庭进行审理。作出的再审判决、裁定，当事人不得上诉。

当事人以不应按小额诉讼案件审理为由向原审人民法院申请再审的，人民法院应当受理。理由成立的，应当裁定再审，组成合议庭审理。作出的再审判决、裁定，当事人可以上诉。

十九、督 促 程 序

第四百二十七条 【申请支付令案件共同管辖】两个以上人民法院都有管辖权的，债权人可以向其中一个基层人民法院申请支付令。

债权人向两个以上有管辖权的基层人民法院申请支付令的，由最先立案的人民法院管辖。

第四百二十八条 【支付令申请书的补正】人民法院收到债权人的支付令申请书后，认为申请书不符合要求的，可以通知债权人限期补正。人民法院应当自收到补正材料之日起五日内通知债权人是否受理。

第四百二十九条 【申请支付令的受理条件】债权人申请支付令，符合下列条件的，基层人民法院应当受理，并在收到支付令申请书后五日内通知债权人：

（一）请求给付金钱或者汇票、本票、支票、股票、债券、国库券、可转让的存款单等有价证券；

（二）请求给付的金钱或者有价证券已到期且数额确定，并写明了请求所根据的事实、证据；

（三）债权人没有对待给付义务；

（四）债务人在我国境内且未下落不明；

（五）支付令能够送达债务人；

（六）收到申请书的人民法院有管辖权；

（七）债权人未向人民法院申请诉前保全。

不符合前款规定的，人民法院应当在收到支付令申请书后五日内通知债权人不予受理。

基层人民法院受理申请支付令案件，不受债权金额的限制。

第四百三十条　【驳回支付令申请的情形】人民法院受理申请后，由审判员一人进行审查。经审查，有下列情形之一的，裁定驳回申请：

（一）申请人不具备当事人资格的；

（二）给付金钱或者有价证券的证明文件没有约定逾期给付利息或者违约金、赔偿金，债权人坚持要求给付利息或者违约金、赔偿金的；

（三）要求给付的金钱或者有价证券属于违法所得的；

（四）要求给付的金钱或者有价证券尚未到期或者数额不确定的。

人民法院受理支付令申请后，发现不符合本解释规定的受理条件的，应当在受理之日起十五日内裁定驳回申请。

第四百三十一条　【支付令送达】向债务人本人送达支付令，债务人拒绝接收的，人民法院可以留置送达。

第四百三十二条　【督促程序终结】有下列情形之一的，人民法院应当裁定终结督促程序，已发出支付令的，支付令自行失效：

（一）人民法院受理支付令申请后，债权人就同一债权债务关系又提起诉讼的；

（二）人民法院发出支付令之日起三十日内无法送达债务人的；

（三）债务人收到支付令前，债权人撤回申请的。

第四百三十三条　【债务人异议】债务人在收到支付令后，未在法定期间提出书面异议，而向其他人民法院起诉的，不影响支付令的效力。

债务人超过法定期间提出异议的，视为未提出异议。

第四百三十四条　【债务人部分异议】债权人基于同一债权债务关系，在同一支付令申请中向债务人提出多项支付请求，债务人仅就其中一项或者几项请求提出异议的，不影响其他各项请求的效力。

第四百三十五条　【对可分之债的异议】债权人基于同一债权债务关系，就可分之债向多个债务人提出支付请求，多个债务人中的一人或者几人提出异议的，不影响其他请求的效力。

第四百三十六条　【支付令对担保人的约束力】对设有担保的债务的主债务人发出的支付令，对担保人没有拘束力。

债权人就担保关系单独提起诉讼的，支付令自人民法院受理案件之日起失效。

第四百三十七条 【债务人异议成立的认定】经形式审查，债务人提出的书面异议有下列情形之一的，应当认定异议成立，裁定终结督促程序，支付令自行失效：

（一）本解释规定的不予受理申请情形的；

（二）本解释规定的裁定驳回申请情形的；

（三）本解释规定的应当裁定终结督促程序情形的；

（四）人民法院对是否符合发出支付令条件产生合理怀疑的。

第四百三十八条 【债务人异议不成立的认定】债务人对债务本身没有异议，只是提出缺乏清偿能力、延缓债务清偿期限、变更债务清偿方式等异议的，不影响支付令的效力。

人民法院经审查认为异议不成立的，裁定驳回。

债务人的口头异议无效。

第四百三十九条 【债务人撤回异议】人民法院作出终结督促程序或者驳回异议裁定前，债务人请求撤回异议的，应当裁定准许。

债务人对撤回异议反悔的，人民法院不予支持。

第四百四十条 【督促程序转入诉讼程序之一】支付令失效后，申请支付令的一方当事人不同意提起诉讼的，应当自收到终结督促程序裁定之日起七日内向受理申请的人民法院提出。

申请支付令的一方当事人不同意提起诉讼的，不影响其向其他有管辖权的人民法院提起诉讼。

第四百四十一条 【督促程序转入诉讼程序之二】支付令失效后，申请支付令的一方当事人自收到终结督促程序裁定之日起七日内未向受理申请的人民法院表明不同意提起诉讼的，视为向受理申请的人民法院起诉。

债权人提出支付令申请的时间，即为向人民法院起诉的时间。

第四百四十二条 【申请执行支付令期限】债权人向人民法院申请执行支付令的期间，适用民事诉讼法第二百三十九条的规定。

第四百四十三条 【撤销支付令】人民法院院长发现本院已经发生法律效力的支付令确有错误，认为需要撤销的，应当提交本院审判委员会讨论决定后，裁定撤销支付令，驳回债权人的申请。

二十、公示催告程序

第四百四十四条 【票据持有人】民事诉讼法第二百一十八条规定的票据持有人，是指票据被盗、遗失或者灭失前的最后持有人。

第四百四十五条 【公示催告申请审查结果】人民法院收到公示催告的申请后，应当立即审查，并决定是否受理。经审查认为符合受理条件的，通知予以受理，并同时通知支付人停止支付；认为不符合受理条件的，七日内裁定驳回申请。

第四百四十六条 【公示催告申请审查内容】因票据丧失，申请公示催告的，人民法院应结合票据存根、丧失票据的复印件、出票人关于签发票据的证明、申请人合法取得票据的证明、银行挂失止付通知书、报案证明等证据，决定是否受理。

第四百四十七条 【受理公示催告申请的公告内容】人民法院依照民事诉讼法第二百一十九条规定发出的受理申请的公告,应当写明下列内容:

(一)公示催告申请人的姓名或者名称;

(二)票据的种类、号码、票面金额、出票人、背书人、持票人、付款期限等事项以及其他可以申请公示催告的权利凭证的种类、号码、权利范围、权利人、义务人、行权日期等事项;

(三)申报权利的期间;

(四)在公示催告期间转让票据等权利凭证,利害关系人不申报的法律后果。

第四百四十八条 【公告载体】公告应当在有关报纸或者其他媒体上刊登,并于同日公布于人民法院公告栏内。人民法院所在地有证券交易所的,还应当同日在该交易所公布。

第四百四十九条 【公告期间】公告期间不得少于六十日,且公示催告期间届满日不得早于票据付款日后十五日。

第四百五十条 【利害关系人申报权利的处理】在申报期届满后、判决作出之前,利害关系人申报权利的,应当适用民事诉讼法第二百二十一条第二款、第三款规定处理。

第四百五十一条 【对利害关系人申报权利的审查】利害关系人申报权利,人民法院应当通知其向法院出示票据,并通知公示催告申请人在指定的期间查看该票据。公示催告申请人申请公示催告的票据与利害关系人出示的票据不一致的,应当裁定驳回利害关系人的申报。

第四百五十二条 【除权判决】在申报权利的期间无人申报权利,或者申报被驳回的,申请人应当自公示催告期间届满之日起一个月内申请作出判决。逾期不申请判决的,终结公示催告程序。

裁定终结公示催告程序的,应当通知申请人和支付人。

第四百五十三条 【除权判决效力】判决公告之日起,公示催告申请人有权依据判决向付款人请求付款。

付款人拒绝付款,申请人向人民法院起诉,符合民事诉讼法第一百一十九条规定的起诉条件的,人民法院应予受理。

第四百五十四条 【公示催告案件的审判组织】适用公示催告程序审理案件,可由审判员一人独任审理;判决宣告票据无效的,应当组成合议庭审理。

第四百五十五条 【撤回公示催告申请】公示催告申请人撤回申请,应在公示催告前提出;公示催告期间申请撤回的,人民法院可以径行裁定终结公示催告程序。

第四百五十六条 【停止支付】人民法院依照民事诉讼法第二百二十条规定通知支付人停止支付,应当符合有关财产保全的规定。支付人收到停止支付通知后拒不止付的,除可依照民事诉讼法第一百一十一条、第一百一十四条规定采取强制措施外,在判决后,支付人仍应承担付款义务。

第四百五十七条 【公示催告程序终结后提起诉讼的管辖】人民法院依照民事诉讼法第二百二十一条规定终结公示催告程序后,公示催告申请人或者申报人向人民法院提起诉讼,因票据权利纠纷提起的,由票据支付地或者被告住所地人民法院管辖;因非票据权利纠纷提起的,由被告住所地人民法院管辖。

第四百五十八条 【终结公示催告程序裁定书】依照民事诉讼法第二百二十一条规定制作的终结公示催告程序的裁定书,由审判员、书记员署名,加盖人民法院印章。

第四百五十九条 【撤销除权判决的审理】依照民事诉讼法第二百二十三条的规定,利害关系人向人民法院起诉的,人民法院可按票据纠纷适用普通程序审理。

第四百六十条 【撤销除权判决的正当理由】民事诉讼法第二百二十三条规定的正当理由,包括:

(一)因发生意外事件或者不可抗力致使利害关系人无法知道公告事实的;

(二)利害关系人因被限制人身自由而无法知道公告事实,或者虽然知道公告事实,但无法自己或者委托他人代为申报权利的;

(三)不属于法定申请公示催告情形的;

(四)未予公告或者未按法定方式公告的;

(五)其他导致利害关系人在判决作出前未能向人民法院申报权利的客观事由。

第四百六十一条 【撤销除权判决案件的当事人】根据民事诉讼法第二百二十三条的规定,利害关系人请求人民法院撤销除权判决的,应当将申请人列为被告。

利害关系人仅诉请确认其为合法持票人的,人民法院应当在裁判文书中写明,确认利害关系人为票据权利人的判决作出后,除权判决即被撤销。

二十一、执 行 程 序

第四百六十二条 【特殊案件裁判的执行】发生法律效力的实现担保物权裁定、确认调解协议裁定、支付令,由作出裁定、支付令的人民法院或者与其同级的被执行财产所在地的人民法院执行。

认定财产无主的判决,由作出判决的人民法院将无主财产收归国家或者集体所有。

第四百六十三条 【执行依据确定原则】当事人申请人民法院执行的生效法律文书应当具备下列条件:

(一)权利义务主体明确;

(二)给付内容明确。

法律文书确定继续履行合同的,应当明确继续履行的具体内容。

第四百六十四条 【案外人提出异议的期限】根据民事诉讼法第二百二十七条规定,案外人对执行标的提出异议的,应当在该执行标的的执行程序终结前提出。

第四百六十五条 【案外人异议的处理】案外人对执行标的提出的异议,经审查,按照下列情形分别处理:

(一)案外人对执行标的不享有足以排除强制执行的权益的,裁定驳回其异议;

(二)案外人对执行标的享有足以排除强制执行的权益的,裁定中止执行。

驳回案外人执行异议裁定送达案外人之日起十五日内,人民法院不得对执行标的进行处分。

第四百六十六条 【执行和解后当事人对执行程序的选择】申请执行人与被执行人达成和解协议后请求中止执行或者撤回执行申请的，人民法院可以裁定中止执行或者终结执行。

第四百六十七条 【不履行执行和解协议的法律后果】一方当事人不履行或者不完全履行在执行中双方自愿达成的和解协议，对方当事人申请执行原生效法律文书的，人民法院应当恢复执行，但和解协议已履行的部分应当扣除。和解协议已经履行完毕的，人民法院不予恢复执行。

第四百六十八条 【执行和解后恢复执行期间】申请恢复执行原生效法律文书，适用民事诉讼法第二百三十九条申请执行期间的规定。申请执行期间因达成执行中的和解协议而中断，其期间自和解协议约定履行期限的最后一日起重新计算。

第四百六十九条 【暂缓执行】人民法院依照民事诉讼法第二百三十一条规定决定暂缓执行的，如果担保是有期限的，暂缓执行的期限应当与担保期限一致，但最长不得超过一年。被执行人或者担保人对担保的财产在暂缓执行期间有转移、隐藏、变卖、毁损等行为的，人民法院可以恢复强制执行。

第四百七十条 【担保方式】根据民事诉讼法第二百三十一条规定向人民法院提供执行担保的，可以由被执行人或者他人提供财产担保，也可以由他人提供保证。担保人应当具有代为履行或者代为承担赔偿责任的能力。

他人提供执行保证的，应当向执行法院出具保证书，并将保证书副本送交申请执行人。被执行人或者他人提供财产担保的，应当参照物权法、担保法的有关规定办理相应手续。

第四百七十一条 【担保财产的执行】被执行人在人民法院决定暂缓执行的期限届满后仍不履行义务的，人民法院可以直接执行担保财产，或者裁定执行担保人的财产，但执行担保人的财产以担保人应当履行义务部分的财产为限。

第四百七十二条 【因合并、分立、撤销而变更、追加被执行人】依照民事诉讼法第二百三十二条规定，执行中作为被执行人的法人或者其他组织分立、合并的，人民法院可以裁定变更后的法人或者其他组织为被执行人；被注销的，如果依照有关实体法的规定有权利义务承受人的，可以裁定该权利义务承受人为被执行人。

第四百七十三条 【其他组织作为被执行人】其他组织在执行中不能履行法律文书确定的义务的，人民法院可以裁定执行对该其他组织依法承担义务的法人或者公民个人的财产。

第四百七十四条 【因名称变更而变更被执行人】在执行中，作为被执行人的法人或者其他组织名称变更的，人民法院可以裁定变更后的法人或者其他组织为被执行人。

第四百七十五条 【因死亡而变更被执行人】作为被执行人的公民死亡，其遗产继承人没有放弃继承的，人民法院可以裁定变更被执行人，由该继承人在遗产的范围内偿还债务。继承人放弃继承的，人民法院可以直接执行被执行人的遗产。

第四百七十六条 【执行回转】法律规定由人民法院执行的其他法律文书执行完毕后，该法律文书被有关机关或者组织依法撤销的，经当事人申请，适用民事诉讼法第二百三十三条规定。

第四百七十七条 【部分不予执行仲裁裁决】仲裁机构裁决的事项，部分有民事诉讼法第二百三十七条第二款、第三款规定情形的，人民法院应当裁定对该部分不予执行。

应当不予执行部分与其他部分不可分的，人民法院应当裁定不予执行仲裁裁决。

第四百七十八条 【裁定不予执行仲裁裁决的救济】依照民事诉讼法第二百三十七条第二款、第三款规定，人民法院裁定不予执行仲裁裁决后，当事人对该裁定提出执行异议或者复议的，人民法院不予受理。当事人可以就该民事纠纷重新达成书面仲裁协议申请仲裁，也可以向人民法院起诉。

第四百七十九条 【仲裁裁决对执行的影响】在执行中，被执行人通过仲裁程序将人民法院查封、扣押、冻结的财产确权或者分割给案外人的，不影响人民法院执行程序的进行。

案外人不服的，可以根据民事诉讼法第二百二十七条规定提出异议。

第四百八十条 【公证债权文书确有错误的情形】有下列情形之一的，可以认定为民事诉讼法第二百三十八条第二款规定的公证债权文书确有错误：

（一）公证债权文书属于不得赋予强制执行效力的债权文书的；

（二）被执行人一方未亲自或者未委托代理人到场公证等严重违反法律规定的公证程序的；

（三）公证债权文书的内容与事实不符或者违反法律强制性规定的；

（四）公证债权文书未载明被执行人不履行义务或者不完全履行义务时同意接受强制执行的。

人民法院认定执行该公证债权文书违背社会公共利益的，裁定不予执行。

公证债权文书被裁定不予执行后，当事人、公证事项的利害关系人可以就债权争议提起诉讼。

第四百八十一条 【申请不予执行仲裁裁决或者公证债权文书的期限】当事人请求不予执行仲裁裁决或者公证债权文书的，应当在执行终结前向执行法院提出。

第四百八十二条 【执行通知】人民法院应当在收到申请执行书或者移交执行书后十日内发出执行通知。

执行通知中除应责令被执行人履行法律文书确定的义务外，还应通知其承担民事诉讼法第二百五十三条规定的迟延履行利息或者迟延履行金。

第四百八十三条 【申请执行时效期间届满后执行申请的处理】申请执行人超过申请执行时效期间向人民法院申请强制执行的，人民法院应予受理。被执行人对申请执行时效期间提出异议，人民法院经审查异议成立的，裁定不予执行。

被执行人履行全部或者部分义务后，又以不知道申请执行时效期间届满为由请求执行回转的，人民法院不予支持。

第四百八十四条 【对被执行人适用拘

传】对必须接受调查询问的被执行人、被执行人的法定代表人、负责人或者实际控制人，经依法传唤无正当理由拒不到场的，人民法院可以拘传其到场。

人民法院应当及时对被拘传人进行调查询问，调查询问的时间不得超过八小时；情况复杂，依法可能采取拘留措施的，调查询问的时间不得超过二十四小时。

人民法院在本辖区以外采取拘传措施时，可以将被拘传人拘传到当地人民法院，当地人民法院应予协助。

第四百八十五条　【被执行人身份信息和财产信息查询】人民法院有权查询被执行人的身份信息与财产信息，掌握相关信息的单位和个人必须按照协助执行通知书办理。

第四百八十六条　【人民法院处分被执行财产的条件】对被执行的财产，人民法院非经查封、扣押、冻结不得处分。对银行存款等各类可以直接扣划的财产，人民法院的扣划裁定同时具有冻结的法律效力。

第四百八十七条　【查封、扣押、冻结期限】人民法院冻结被执行人的银行存款的期限不得超过一年，查封、扣押动产的期限不得超过两年，查封不动产、冻结其他财产权的期限不得超过三年。

申请执行人申请延长期限的，人民法院应当在查封、扣押、冻结期限届满前办理续行查封、扣押、冻结手续，续行期限不得超过前款规定的期限。

人民法院也可以依职权办理续行查封、扣押、冻结手续。

第四百八十八条　【拍卖主体】依照民事诉讼法第二百四十七条规定，人民法院在执行中需要拍卖被执行人财产的，可以由人民法院自行组织拍卖，也可以交由具备相应资质的拍卖机构拍卖。

交拍卖机构拍卖的，人民法院应当对拍卖活动进行监督。

第四百八十九条　【拍卖评估程序中强制检查、勘验】拍卖评估需要对现场进行检查、勘验的，人民法院应当责令被执行人、协助义务人予以配合。被执行人、协助义务人不予配合的，人民法院可以强制进行。

第四百九十条　【变卖】人民法院在执行中需要变卖被执行人财产的，可以交有关单位变卖，也可以由人民法院直接变卖。

对变卖的财产，人民法院或者其工作人员不得买受。

第四百九十一条　【以物抵债】经申请执行人和被执行人同意，且不损害其他债权人合法权益和社会公共利益的，人民法院可以不经拍卖、变卖，直接将被执行人的财产作价交申请执行人抵偿债务。对剩余债务，被执行人应当继续清偿。

第四百九十二条　【被执行财产无法拍卖变卖的处理】被执行人的财产无法拍卖或者变卖的，经申请执行人同意，且不损害其他债权人合法权益和社会公共利益的，人民法院可以将该项财产作价后交付申请执行人抵偿债务，或者交付申请执行人管理；申请执行人拒绝接收或者管理的，退回被执行人。

第四百九十三条　【拍卖成交裁定、以物抵债裁定的物权变动效力】拍卖成交或者依法定程序裁定以物抵债的，标的物所有权自拍卖成交裁定或者抵债裁定送达买受人或者接受抵债物的债权人时转移。

第四百九十四条 【折价赔偿】执行标的物为特定物的，应当执行原物。原物确已毁损或者灭失的，经双方当事人同意，可以折价赔偿。

双方当事人对折价赔偿不能协商一致的，人民法院应当终结执行程序。申请执行人可以另行起诉。

第四百九十五条 【他人持有法律文书指定交付的财物或者票证的处理】他人持有法律文书指定交付的财物或者票证，人民法院依照民事诉讼法第二百四十九条第二款、第三款规定发出协助执行通知后，拒不转交的，可以强制执行，并可依照民事诉讼法第一百一十四条、第一百一十五条规定处理。

他人持有期间财物或者票证毁损、灭失的，参照本解释第四百九十四条规定处理。

他人主张合法持有财物或者票证的，可以根据民事诉讼法第二百二十七条规定提出执行异议。

第四百九十六条 【被执行人隐匿财产、会计账簿的处理】在执行中，被执行人隐匿财产、会计账簿等资料的，人民法院除可依照民事诉讼法第一百一十一条第一款第六项规定对其处理外，还应责令被执行人交出隐匿的财产、会计账簿等资料。被执行人拒不交出的，人民法院可以采取搜查措施。

第四百九十七条 【搜查程序】搜查人员应当按规定着装并出示搜查令和工作证件。

第四百九十八条 【搜查措施具体要求】人民法院搜查时禁止无关人员进入搜查现场；搜查对象是公民的，应当通知被执行人或者他的成年家属以及基层组织派员到场；搜查对象是法人或者其他组织的，应当通知法定代表人或者主要负责人到场。拒不到场的，不影响搜查。

搜查妇女身体，应当由女执行人员进行。

第四百九十九条 【搜查过程中发现财产的处理】搜查中发现应当依法采取查封、扣押措施的财产，依照民事诉讼法第二百四十五条第二款和第二百四十七条规定办理。

第五百条 【搜查笔录】搜查应当制作搜查笔录，由搜查人员、被搜查人及其他在场人签名、捺印或者盖章。拒绝签名、捺印或者盖章的，应当记入搜查笔录。

第五百零一条 【到期债权的执行】人民法院执行被执行人对他人的到期债权，可以作出冻结债权的裁定，并通知该他人向申请执行人履行。

该他人对到期债权有异议，申请执行人请求对异议部分强制执行的，人民法院不予支持。利害关系人对到期债权有异议的，人民法院应当按照民事诉讼法第二百二十七条规定处理。

对生效法律文书确定的到期债权，该他人予以否认的，人民法院不予支持。

第五百零二条 【有关财产权证照转移手续的办理】人民法院在执行中需要办理房产证、土地证、林权证、专利证书、商标证书、车船执照等有关财产权证照转移手续的，可以依照民事诉讼法第二百五十一条规定办理。

第五百零三条 【行为义务的替代履行】被执行人不履行生效法律文书确定的行为义务，该义务可由他人完成的，人民法院可以选定代履行人；法律、行政法规对履行该行为义务有资格限制的，应当从有资格的人中选定。必要时，可以通过招标的方式确定代履行人。

申请执行人可以在符合条件的人中推荐代履行人，也可以申请自己代为履行，是否准许，由人民法院决定。

第五百零四条 【代履行费用】代履行费用的数额由人民法院根据案件具体情况确定，并由被执行人在指定期限内预先支付。被执行人未预付的，人民法院可以对该费用强制执行。

代履行结束后，被执行人可以查阅、复制费用清单以及主要凭证。

第五百零五条 【拒不履行行为义务的处理】被执行人不履行法律文书指定的行为，且该项行为只能由被执行人完成的，人民法院可以依照民事诉讼法第一百一十一条第一款第六项规定处理。

被执行人在人民法院确定的履行期间内仍不履行的，人民法院可以依照民事诉讼法第一百一十一条第一款第六项规定再次处理。

第五百零六条 【迟延履行利息或者迟延履行金的起算点】被执行人迟延履行的，迟延履行期间的利息或者迟延履行金自判决、裁定和其他法律文书指定的履行期间届满之日起计算。

第五百零七条 【迟延履行金计算标准】被执行人未按判决、裁定和其他法律文书指定的期间履行非金钱给付义务的，无论是否已给申请执行人造成损失，都应当支付迟延履行金。已经造成损失的，双倍补偿申请执行人已经受到的损失；没有造成损失的，迟延履行金可以由人民法院根据具体案件情况决定。

第五百零八条 【参与分配的一般条款】被执行人为公民或者其他组织，在执行程序开始后，被执行人的其他已经取得执行依据的债权人发现被执行人的财产不能清偿所有债权的，可以向人民法院申请参与分配。

对人民法院查封、扣押、冻结的财产有优先权、担保物权的债权人，可以直接申请参与分配，主张优先受偿权。

第五百零九条 【参与分配申请】申请参与分配，申请人应当提交申请书。申请书应当写明参与分配和被执行人不能清偿所有债权的事实、理由，并附有执行依据。

参与分配申请应当在执行程序开始后，被执行人的财产执行终结前提出。

第五百一十条 【参与分配程序中的清偿顺序】参与分配执行中，执行所得价款扣除执行费用，并清偿应当优先受偿的债权后，对于普通债权，原则上按照其占全部申请参与分配债权数额的比例受偿。清偿后的剩余债务，被执行人应当继续清偿。债权人发现被执行人有其他财产的，可以随时请求人民法院执行。

第五百一十一条 【参与分配方案】多个债权人对执行财产申请参与分配的，执行法院应当制作财产分配方案，并送达各债权人和被执行人。债权人或者被执行人对分配方案有异议的，应当自收到分配方案之日起十五日内向执行法院提出书面异议。

第五百一十二条 【分配方案异议处理】债权人或者被执行人对分配方案提出书面异议的，执行法院应当通知未提出异议的债权人、被执行人。

未提出异议的债权人、被执行人自收到通知之日起十五日内未提出反对意见的，执行法院依异议人的意见对分配方案审查修正后进行分配；提出反对意见的，应当通知异议人。异议人可以自收到通知之日起十五日内，以提出反对意见的债权人、被执行人为被告，向执行法院提起诉讼；异议人逾期未提起诉讼的，执行法院按照原分配方案进行分配。

诉讼期间进行分配的，执行法院应当提存与争议债权数额相应的款项。

第五百一十三条 【执行转破产程序】在执行中，作为被执行人的企业法人符合企业破产法第二条第一款规定情形的，执行法院经申请执行人之一或者被执行人同意，应当裁定中止对该被执行人的执行，将执行案件相关材料移送被执行人住所地人民法院。

第五百一十四条 【破产申请审查处理】被执行人住所地人民法院应当自收到执行案件相关材料之日起三十日内，将是否受理破产案件的裁定告知执行法院。不予受理的，应当将相关案件材料退回执行法院。

第五百一十五条 【破产程序对执行程序的影响】被执行人住所地人民法院裁定受理破产案件的，执行法院应当解除对被执行人财产的保全措施。被执行人住所地人民法院裁定宣告被执行人破产的，执行法院应当裁定终结对该被执行人的执行。

被执行人住所地人民法院不受理破产案件的，执行法院应当恢复执行。

第五百一十六条 【不同意移送或者不受理破产案件的处理】当事人不同意移送破产或者被执行人住所地人民法院不受理破产案件的，执行法院就执行变价所得财产，在扣除执行费用及清偿优先受偿的债权后，对于普通债权，按照财产保全和执行中查封、扣押、冻结财产的先后顺序清偿。

第五百一十七条 【继续执行】债权人根据民事诉讼法第二百五十四条规定请求人民法院继续执行的，不受民事诉讼法第二百三十九条规定申请执行时效期间的限制。

第五百一十八条 【失信被执行人名单】被执行人不履行法律文书确定的义务的，人民法院除对被执行人予以处罚外，还可以根据情节将其纳入失信被执行人名单，将被执行人不履行或者不完全履行义务的信息向其所在单位、征信机构以及其他相关机构通报。

第五百一十九条 【终结本次执行程序】经过财产调查未发现可供执行的财产，在申请执行人签字确认或者执行法院组成合议庭审查核实并经院长批准后，可以裁定终结本次执行程序。

依照前款规定终结执行后，申请执行人发现被执行人有可供执行财产的，可以再次申请执行。再次申请不受申请执行时效期间的限制。

第五百二十条 【撤销申请后再次申请执行的处理】因撤销申请而终结执行后，当事人在民事诉讼法第二百三十九条规定的申请执行时效期间内再次申请执行的，人民法院应当受理。

第五百二十一条 【执行终结后对妨害执行标的物的处理】在执行终结六个月内，被执行人或者其他人对已执行的标的有妨害行为的，人民法院可以依申请排除妨害，并可以依照民事诉讼法第一百一十一条规定进行处罚。因妨害行为给执行债权人或者其他人造成损失的，受害人可以另行起诉。

二十二、涉外民事诉讼程序的特别规定

第五百二十二条 【涉外民事案件范围】有下列情形之一，人民法院可以认定为涉外民事案件：

（一）当事人一方或者双方是外国人、无国籍人、外国企业或者组织的；

（二）当事人一方或者双方的经常居所地在中华人民共和国领域外的；

（三）标的物在中华人民共和国领域外的；

（四）产生、变更或者消灭民事关系的法律事实发生在中华人民共和国领域外的；

（五）可以认定为涉外民事案件的其他情形。

第五百二十三条 【外国当事人身份材料公证、认证】外国人参加诉讼，应当向人民法院提交护照等用以证明自己身份的证件。

外国企业或者组织参加诉讼，向人民法院提交的身份证明文件，应当经所在国公证机关公证，并经中华人民共和国驻该国使领馆认证，或者履行中华人民共和国与该所在国订立的有关条约中规定的证明手续。

代表外国企业或者组织参加诉讼的人，应当向人民法院提交其有权作为代表人参加诉讼的证明，该证明应当经所在国公证机关公证，并经中华人民共和国驻该国使领馆认证，或者履行中华人民共和国与该所在国订立的有关条约中规定的证明手续。

本条所称的“所在国”，是指外国企业或者组织的设立登记地国，也可以是办理了营业登记手续的第三国。

第五百二十四条 【外国当事人身份材料可以办理第三国认证】依照民事诉讼法第二百六十四条以及本解释第五百二十三条规定，需要办理公证、认证手续，而外国当事人所在国与中华人民共和国没有建立外交关系的，可以经该国公证机关公证，经与中华人民共和国有外交关系的第三国驻该国使领馆认证，再转由中华人民共和国驻该第三国使领馆认证。

第五百二十五条 【外国当事人授权委托手续可以在法院当面办理】外国人、外国企业或者组织的代表人在人民法院法官的见证下签署授权委托书，委托代理人进行民事诉讼的，人民法院应予认可。

第五百二十六条 【外国当事人授权委托手续可以在我国境内办理公证】外国人、外国企业或者组织的代表人在中华人民共和国境内签署授权委托书，委托代理人进行民事诉讼，经中华人民共和国公证机构公证的，人民法院应予认可。

第五百二十七条 【材料翻译】当事人向人民法院提交的书面材料是外文的，应当同时向人民法院提交中文翻译件。

当事人对中文翻译件有异议的，应

当共同委托翻译机构提供翻译文本；当事人对翻译机构的选择不能达成一致的，由人民法院确定。

第五百二十八条 【外国人诉讼代理】涉外民事诉讼中的外籍当事人，可以委托本国人为诉讼代理人，也可以委托本国律师以非律师身份担任诉讼代理人；外国驻华使领馆官员，受本国公民的委托，可以以个人名义担任诉讼代理人，但在诉讼中不享有外交或者领事特权和豁免。

第五百二十九条 【外交代表可以为其本国国民聘请民事诉讼代理人】涉外民事诉讼中，外国驻华使领馆授权其本馆官员，在作为当事人的本国国民不在中华人民共和国领域内的情况下，可以以外交代表身份为其本国国民在中华人民共和国聘请中华人民共和国律师或者中华人民共和国公民代理民事诉讼。

第五百三十条 【涉外民事案件调解】涉外民事诉讼中，经调解双方达成协议，应当制发调解书。当事人要求发给判决书的，可以依协议的内容制作判决书送达当事人。

第五百三十一条 【涉外民事案件协议管辖】涉外合同或者其他财产权益纠纷的当事人，可以书面协议选择被告住所地、合同履行地、合同签订地、原告住所地、标的物所在地、侵权行为地等与争议有实际联系地点的外国法院管辖。

根据民事诉讼法第三十三条和第二百六十六条规定，属于中华人民共和国法院专属管辖的案件，当事人不得协议选择外国法院管辖，但协议选择仲裁的除外。

第五百三十二条 【不方便管辖】涉外民事案件同时符合下列情形的，人民法院可以裁定驳回原告的起诉，告知其向更方便的外国法院提起诉讼：

（一）被告提出案件应由更方便外国法院管辖的请求，或者提出管辖异议；

（二）当事人之间不存在选择中华人民共和国法院管辖的协议；

（三）案件不属于中华人民共和国法院专属管辖；

（四）案件不涉及中华人民共和国国家、公民、法人或者其他组织的利益；

（五）案件争议的主要事实不是发生在中华人民共和国境内，且案件不适用中华人民共和国法律，人民法院审理案件在认定事实和适用法律方面存在重大困难；

（六）外国法院对案件享有管辖权，且审理该案件更加方便。

第五百三十三条 【国际间平行诉讼】中华人民共和国法院和外国法院都有管辖权的案件，一方当事人向外国法院起诉，而另一方当事人向中华人民共和国法院起诉的，人民法院可予受理。判决后，外国法院申请或者当事人请求人民法院承认和执行外国法院对本案作出的判决、裁定的，不予准许；但双方共同缔结或者参加的国际条约另有规定的除外。

外国法院判决、裁定已经被人民法院承认，当事人就同一争议向人民法院起诉的，人民法院不予受理。

第五百三十四条 【公告送达裁判文书时一审判决生效时间的认定】对在中华人民共和国领域内没有住所的当事人，经用公告方式送达诉讼文书，公告期满不应诉，人民法院缺席判决后，仍应当将裁判文书依照民事诉讼法第二百六十七条第八项规定公告送达。自公告送达裁判文书满三个月之日起，经过三十日的上诉期当事人没有上诉的，一审判决即发生法律效力。

第五百三十五条 **【直接送达】**外国人或者外国企业、组织的代表人、主要负责人在中华人民共和国领域内的，人民法院可以向该自然人或者外国企业、组织的代表人、主要负责人送达。

外国企业、组织的主要负责人包括该企业、组织的董事、监事、高级管理人员等。

第五百三十六条 **【邮寄送达】**受送达人所在国允许邮寄送达的，人民法院可以邮寄送达。

邮寄送达时应当附有送达回证。受送达人未在送达回证上签收但在邮件回执上签收的，视为送达，签收日期为送达日期。

自邮寄之日起满三个月，如果未收到送达的证明文件，且根据各种情况不足以认定已经送达的，视为不能用邮寄方式送达。

第五百三十七条 **【公告送达】**人民法院一审时采取公告方式向当事人送达诉讼文书的，二审时可径行采取公告方式向其送达诉讼文书，但人民法院能够采取公告方式之外的其他方式送达的除外。

第五百三十八条 **【上诉期限】**不服第一审人民法院判决、裁定的上诉期，对在中华人民共和国领域内有住所的当事人，适用民事诉讼法第一百六十四条规定的期限；对在中华人民共和国领域内没有住所的当事人，适用民事诉讼法第二百六十九条规定的期限。当事人的上诉期均已届满没有上诉的，第一审人民法院的判决、裁定即发生法律效力。

第五百三十九条 **【再审审查期限】**人民法院对涉外民事案件的当事人申请再审进行审查的期间，不受民事诉讼法第二百零四条规定的限制。

第五百四十条 **【申请执行涉外仲裁裁决】**申请人向人民法院申请执行中华人民共和国涉外仲裁机构的裁决，应当提出书面申请，并附裁决书正本。如申请人为外国当事人，其申请书应当用中文文本提出。

第五百四十一条 **【不予执行抗辩】**人民法院强制执行涉外仲裁机构的仲裁裁决时，被执行人以有民事诉讼法第二百七十四条第一款规定的情形为由提出抗辩的，人民法院应当对被执行人的抗辩进行审查，并根据审查结果裁定执行或者不予执行。

第五百四十二条 **【涉外仲裁保全】**依照民事诉讼法第二百七十二条规定，中华人民共和国涉外仲裁机构将当事人的保全申请提交人民法院裁定的，人民法院可以进行审查，裁定是否进行保全。裁定保全的，应当责令申请人提供担保，申请人不提供担保的，裁定驳回申请。

当事人申请证据保全，人民法院经审查认为无需提供担保的，申请人可以不提供担保。

第五百四十三条 **【外国法院生效裁判承认和执行】**申请人向人民法院申请承认和执行外国法院作出的发生法律效力的判决、裁定，应当提交申请书，并附外国法院作出的发生法律效力的判决、裁定正本或者经证明无误的副本以及中文译本。外国法院判决、裁定为缺席判决、裁定的，申请人应当同时提交该外国法院已经合法传唤的证明文件，但判决、裁定已经对此予以明确说明的除外。

中华人民共和国缔结或者参加的国际条约对提交文件有规定的，按照规定办理。

第五百四十四条 【裁定驳回申请承认和执行外国法院生效裁判】当事人向中华人民共和国有管辖权的中级人民法院申请承认和执行外国法院作出的发生法律效力的判决、裁定的，如果该法院所在国与中华人民共和国没有缔结或者共同参加国际条约，也没有互惠关系的，裁定驳回申请，但当事人向人民法院申请承认外国法院作出的发生法律效力的离婚判决的除外。

承认和执行申请被裁定驳回的，当事人可以向人民法院起诉。

第五百四十五条 【申请承认和执行外国临时仲裁裁决】对临时仲裁庭在中华人民共和国领域外作出的仲裁裁决，一方当事人向人民法院申请承认和执行的，人民法院应当依照民事诉讼法第二百八十三条规定处理。

第五百四十六条 【区分承认程序和执行程序】对外国法院作出的发生法律效力的判决、裁定或者外国仲裁裁决，需要中华人民共和国法院执行的，当事人应当先向人民法院申请承认。人民法院经审查，裁定承认后，再根据民事诉讼法第三编的规定予以执行。

当事人仅申请承认而未同时申请执行的，人民法院仅对应否承认进行审查并作出裁定。

第五百四十七条 【申请承认和执行期间】当事人申请承认和执行外国法院作出的发生法律效力的判决、裁定或者外国仲裁裁决的期间，适用民事诉讼法第二百三十九条的规定。

当事人仅申请承认而未同时申请执行的，申请执行的期间自人民法院对承认申请作出的裁定生效之日起重新计算。

第五百四十八条 【承认和执行外国法院生效裁判或者仲裁裁决案件的审查】承认和执行外国法院作出的发生法律效力的判决、裁定或者外国仲裁裁决的案件，人民法院应当组成合议庭进行审查。

人民法院应当将申请书送达被申请人。被申请人可以陈述意见。

人民法院经审查作出的裁定，一经送达即发生法律效力。

第五百四十九条 【司法协助】与中华人民共和国没有司法协助条约又无互惠关系的国家的法院，未通过外交途径，直接请求人民法院提供司法协助的，人民法院应予退回，并说明理由。

第五百五十条 【为当事人在境外使用我国法院判决出具证明书】当事人在中华人民共和国领域外使用中华人民共和国法院的判决书、裁定书，要求中华人民共和国法院证明其法律效力的，或者外国法院要求中华人民共和国法院证明判决书、裁定书的法律效力的，作出判决、裁定的中华人民共和国法院，可以本法院的名义出具证明。

第五百五十一条 【涉港澳台民事案件法

律适用】人民法院审理涉及香港、澳门特别行政区和台湾地区的民事诉讼案件,可以参照适用涉外民事诉讼程序的特别规定。

二十三、附 则

第五百五十二条 【时间效力】本解释公布施行后,最高人民法院于 1992 年 7 月 14 日发布的《关于适用〈中华人民共和国民事诉讼法〉若干问题的意见》同时废止;最高人民法院以前发布的司法解释与本解释不一致的,不再适用。

(2)管辖

最高人民法院关于林守义诉熊正俭离婚案管辖问题的批复

1. *1985 年 11 月 21 日发布*
2. *〔1985〕民他字第 35 号*

陕西省高级人民法院:

你院关于林守义诉熊正俭离婚一案管辖问题的请示收悉。

熊正俭于 1982 年 9 月离开西安到福建省三明市其女儿家居住至今。林守义于 1985 年 4 月向西安市坝桥区人民法院起诉,要求与熊正俭离婚。西安市坝桥区人民法院将案件移送福建省三明市三元区人民法院。三元区人民法院受理后,于 1985 年 5 至 7 月曾三次发函委托西安市坝桥区人民法院调查。西安市坝桥区人民法院既不调查,又不将未调查的原因函告三元区人民法院。在此情况下,三元区人民法院将案件移送西安市中级人民法院。对上述情况,我们研究后认为,根据《中华人民共和国民事诉讼法(试行)》第二十条、第三十二条、第八十九条的规定,该案应由福建省三明市三元区人民法院受理;陕西省西安市坝桥区人民法院对三元区人民法院的委托调查应在法定期限内完成。如因故不能完成,应及时函告说明原因。坝桥区和三元区人民法院的上述做法是不对的,应注意改正。

(3)立案受理

最高人民法院关于离婚时协议一方不负担子女抚养费,经过若干时间他方提起要求对方负担抚养费的诉讼,法院如何处理的复函

1. *1981 年 7 月 30 日发布*
2. *〔81〕法民字第 9 号*

新疆维吾尔自治区高级人民法院:

你院 1981 年 6 月 6 日《关于处理抚养纠纷中两个问题的请示》收悉。

第一个问题。据你院来文所述,男女当事人在民政部门登记离婚,对孩子抚养问题,当时以一方抚养孩子,另一方不负担抚养费达成协议,过若干时间(如一、两年)后,抚养孩子的一方以新婚姻法第三十条为依据,向法院提起要求对方负担抚养费用的诉讼,另一方则据原协议拒绝这种要求,人民法院应如何处理?

我们认为:根据婚姻法第二十九条“父母与子女间的关系,不因父母离婚而消除。离婚后,子女无论由父方或母方抚养,仍是父母双方的子女。”“离婚后,父

母对子女仍有抚养和教育的权利和义务。”和第三十条“关于子女生活费和教育费的协议或判决,不妨碍子女在必要时向父母任何一方提出超过协议或判决原定数额的合理要求”的规定,抚养孩子的一方向法院提起要求对方负担抚养费用的诉讼,人民法院应予受理,并根据原告申述的理由,经调查了解双方经济情况有无变化,子女的生活费和教育费是否确有增加的必要,从而作出变更或维持原协议的判决。

第二个问题。当事人邓森,因双方和孩子的情况发生了较大变化,要求改变原来对孩子抚养费部分的判决。我们同意你院的下述意见:即“邓森所提不是基于对原判不服的申诉,而是依据新情况提出诉讼请求。”因此,可由你院发交基层法院作新案处理。

此复

最高人民法院关于原判决维持收养关系后当事人再次起诉,人民法院是否作新案受理的批复

1. 1987年2月11日发布
2. 民他字〔1986〕第42号

湖北省高级人民法院:

你院鄂法〔86〕民行字第10号请示报告收悉。

何品善诉何建业解除收养关系一案,终审判决维持收养关系,半年后,何品善再次起诉要求解除,人民法院是否作为新案受理的问题。经研究,同意你院审判委员会的意见,如终审判决并无不当,判决后,双方关系继续恶化,当事人又起诉要求解除收养关系的,可作为新案受理。

(4)涉外、涉港澳台诉讼

最高人民法院关于人民法院受理申请承认外国法院离婚判决案件有关问题的规定

1. 1999年12月1日最高人民法院审判委员会第1090次会议通过
2. 2000年2月29日公布
3. 法释〔2000〕6号
4. 自2000年3月1日起施行

1998年9月17日,我院以法〔1998〕86号通知印发了《关于人民法院受理申请承认外国法院离婚判决案件几个问题的意见》,现根据新的情况,对人民法院受理申请承认外国法院离婚判决案件的有关问题重新作如下规定:

一、中国公民向人民法院申请承认外国法院离婚判决,人民法院不应以其未在国内缔结婚姻关系而拒绝受理;中国公民申请承认外国法院在其缺席情况下作出的离婚判决,应同时向人民法院提交作出该判决的外国法院已合法传唤其出庭的有关证明文件。

二、外国公民向人民法院申请承认外国法院离婚判决,如果其离婚的原配偶是中国公民的,人民法院应予受理;如果其离婚的原配偶是外国公民的,人民法院不予受理,但可告知其直接向婚姻登记

机关申请再婚登记。

三、当事人向人民法院申请承认外国法院离婚调解书效力的,人民法院应予受理,并根据《关于中国公民申请承认外国法院离婚判决程序问题的规定》进行审查,作出承认或不予承认的裁定。

自本规定公布之日起,我院法〔1998〕86号通知印发的《关于人民法院受理申请承认外国法院离婚判决案件几个问题的意见》同时废止。

最高人民法院关于当事人申请承认澳大利亚法院出具的离婚证明书人民法院应否受理问题的批复①

1. 2005年7月11日最高人民法院审判委员会第1359次会议通过

2. 2005年7月26日公布

3. 法释〔2005〕8号

4. 自2005年8月1日起施行

广东省高级人民法院:

你院报送的粤高法民一他字〔2004〕9号"关于当事人申请承认澳大利亚法院出具的离婚证明书有关问题"的请示收悉。经研究,答复如下:

当事人持澳大利亚法院出具的离婚证明书向人民法院申请承认其效力的,人民法院应予受理,并依照《中华人民共和国民事诉讼法》第二百六十五条和第二百六十六条以及最高人民法院《关于中国公民申请承认外国法院离婚判决程序问题的规定》的有关规定进行审查,依法作出承认或者不予承认的裁定。

此复

最高人民法院关于处理国内侨眷申请离婚问题的复函

1. 1965年12月29日发布

2. 〔65〕法研字第44号

云南省高级人民法院:

你院〔65〕法民字第463号关于处理国内侨眷申请离婚问题的请示已收阅。经与华侨事务委员会联系后,现将我们的意见函告如下:

一、鉴于华侨婚姻问题比较复杂,各地情况不同,你院根据本省情况提出的处理意见,可报请省委批准后予以试行。试行的情况,请你们注意及时总结,并报告我们。

二、你院所提处理意见中"又无争取回归价值"一句的提法欠妥,可删去。(一)项中"应准予离婚"一句可改为"可酌情准予离婚",这样灵活一些。

附:

云南省高级人民法院对处理国内侨眷申请离婚问题的请示

(1965年9月10日 〔65〕法民字第463号)

最高人民法院:

因我省边疆地区,解放前和解放后,有少数群众到国外经商或从事其他劳动为生,有的是受反动派的欺骗跑往国外

① 本文本系根据2008年12月16日发布的《最高人民法院关于调整司法解释等文件中引用〈中华人民共和国民事诉讼法〉条文序号的决定》(法释〔2008〕18号)修改后的文本。

的,长期未回国,有的仍与国内配偶长期保持通讯联系,有的还寄有物款回来照顾家庭,由于长期不回国与家人团聚,国内配偶(又多是女方)感到年岁逐渐增长,夫妻感情逐渐破裂,特别是无子女牵挂的,对于要求解除婚姻关系,更是要求迫切,加之工农业生产日益发展,并经过各种运动和婚姻法的宣传,觉悟都提高了,大多参加了劳动生产,能自食其力,经济已独立自主,不再依靠侨汇为生,故提出要求离婚的也逐渐增多。但有的因其侨居国(如泰国等)与我国未建立外交关系,受其反动政府的限制,回国又有困难,而国内配偶又一再坚决要求离婚,经与侨务部门等有关单位联系,他们以上面没有新的指示前,仍应按1954年4月8日〔54〕政习字第22号原政务院关于处理华侨婚姻纠纷问题的指示(一)项(3)款"国外华侨未重婚,仍有通讯关系,并有汇款赡养家属,其国内配偶提出离婚,处理时应以恢复和好并尽量不批准其离婚为主,积极进行说服劝导,使女方打消离婚之意。如女方仍坚决要求离婚,应征求国外华侨意见,并由区、县人民政府进行调解。……"的规定,不准离婚。但女方仍一再申请坚决要求离婚,有的乃带上口粮和行李到法院不走,坚决要求离婚,对生产生活都不利;有的一方继续申请要求离,一方就另找对象同居重婚,产生一些不良的影响。

从发展变化了的情况,考虑政策执行怎样才更加符合实际情况,更有利于正确保护妇女合法权利,符合婚姻法的精神,对这类问题,究竟怎样处理较为妥当。经我们研究认为:1954年原政务院根据当时国内外的实际情况的指示规定是完全正确的,但现在又已经十多年了,不但国内外各方面的情况都有了很大的变化,而且男女双方的情况也有了很大的变化。……为此,根据实际具体情况,既要适当考虑国外华侨的情况,对国内配偶的正当合法要求,也应当给予合理的解决,故提出如下的意见:除按原规定对华侨在国外已重婚或国外华侨久不回国而又杳无音信,国内配偶又以此为理由提出离婚,经设法调查属实,应准予离婚外,对国外华侨虽未重婚,也曾有通讯联系,还寄过物款回家,但长期不回国与家人团聚,又无争取回归的价值,国内配偶提出离婚,经说服劝导不离无效,仍坚持要求离婚的:(一)由国内配偶或有关机关去信征求国外华侨的意见,回信表示不愿离婚,经说服劝导不离无效,仍一再申请坚持要求离婚,应准予离婚。(二)由国内配偶或有关机关一再去信征求国外华侨意见,经过一年的等待或限期回信而过期都不回信表示意见,不论国外华侨基于何种原因不回信,国内配偶坚持要离婚,应准予离婚。

因这类问题,牵涉面宽,到底怎样处理才好,特此请求。

最高人民法院关于叶莉莉与委内瑞拉籍华人梁文锐离婚问题的批复

1. 1985年6月24日发布
2. 〔1985〕民他字第14号

广东省高级人民法院:

你院1985年5月6日〔85〕粤法民字第37号请示收悉。

委内瑞拉籍华人梁文锐和我国公民

叶莉莉于1982年3月在广东省广州市登记结婚。叶在梁回委内瑞拉后，获准去委定居，但她在出境后却去了台湾，并且不与梁联系。梁在长期不能得知叶去向的情况下，认为已无夫妻感情可言，决意离婚。因双方是在中国登记结婚的，且叶又不去委内瑞拉，我驻委使馆及该国有关方面均无法办理其离婚问题，故梁于今年1月，经我驻委使馆公证办理了委托书，委托其岳父为代理人在我国办理与叶的离婚手续。同时，叶也从台湾给其父来信，坚决要求与梁离婚，并以台湾不承认大陆的婚姻法，本人又不能回大陆为由，委托其父代为办理与梁的离婚手续。

据此情况，我院经研究，同意你院关于本案可由当事人结婚登记地的人民法院受理的意见。但首先要由当事人本人向法院起诉，受理后以判决结案为宜。为维护双方当事人的合法权益，双方当事人不宜委托同一诉讼代理人。关于叶从台湾寄来的委托书和离婚书面意见的确认问题，也同意你院意见，由叶开春辨认后再进行文字鉴定。

最高人民法院关于美国法院未通过外交途径迳直将离婚判决书寄给我人民法院应如何处理问题的批复

1985年12月26日发布

江苏省高级人民法院：

你院〔85〕民请第27号请示报告及所附美国加利福尼亚高等法院给苏州市中级人民法院寄来的蔡××与周××离婚判决书副本收悉。经与有关部门研究，现答复如下：

在中美两国目前尚无司法协定的情况下，美国加利福尼亚高等法院未通过外交途径，直接给苏州市中级人民法院寄来蔡××与周××离婚判决书副本，这种做法，不仅违反我国民事诉讼法的有关规定，也不符合一般国际关系中的互惠原则。因此，以上材料可由苏州市中级人民法院迳直退回美国加利福尼亚高等法院。

最高人民法院关于外国公民因子女抚养问题如何在人民法院进行诉讼问题的函

1988年11月25日发布

外交部领事司：

转来的澳大利亚驻华使馆的照会收悉。关于该国公民Levens希望在中国通过法律程序，向住在新疆乌鲁木齐市解放路32号的钱国华领回由其丈夫Genady Shrbakov（澳大利亚籍）带至该处的孩子Daniel（澳大利亚籍）一事，我们研究认为，如Levens通过有关程序能证明澳大利亚法院在判决Levens与Genady Shrbakov离婚时，将Daniel判归Levens抚养，此事可先通过当地外办和公安部门，与钱国华协商解决；协商不成，Levens可按照我国民事诉讼法（试行）的有关规定，向新疆乌鲁木齐市中级人民法院提交经我驻澳大利亚使领馆认证的本国判决书，证明Daniel归其抚养，对钱国华提起诉讼。根据我国民事诉讼收费办法（试行）的规定。原告起诉时应预交案件受理费人民币五元至二十元。如有其他财产争议,则按财产案件另行收费。关于律师收费问题,请向司法部了解。

最高人民法院关于中国公民接受外侨遗赠法律程序问题的批复

1. 1989年6月12日发布
2. 民他字〔1988〕第26号

黑龙江省高级人民法院:

你院(1988)民复字第13号函关于中国公民宁俊华申请接受苏侨比斯阔·维克托尔·帕夫洛维赤遗赠案件的请示,经我院审判委员会第四百零四次会议讨论认为,可由哈尔滨市中级人民法院告知比斯阔的遗产代管部门,比斯阔将自己的个人财产遗赠给宁俊华、李成海,符合我国继承法的有关规定,对宁、李二人领受遗赠财产的请求应予允许。如经告知,遗产代管部门仍阻碍公民合法权利的实现,宁俊华、李成海则可以遗产代管部门为被告向法院起诉,人民法院应按照普通程序进行审理,并适用继承法的有关规定。

最高人民法院关于如何确认在居留地所在国无合法居留权的我国公民的离婚诉讼文书的效力的复函

1. 1991年4月28日发布
2. 民他字〔1991〕第3号

四川省高级人民法院:

你院关于我驻加拿大使领馆对非法在加拿大居住的我国公民姚开华寄给人民法院的离婚诉讼文书不予办理公证,如何确认其诉讼文书效力的请示收悉。经我们研究并征求了外交部领事司的意见认为,因私出境后,在居留地所在国无合法居留权的我国公民,为离婚而要求我使领馆办理诉讼文书公证的,由于其诉讼文书是在国内使用,与其非法居留地不发生关系,也不涉及我与该国关系,可在从严掌握的前提下,按有关规定予以办理。据此,你院可告知姚开华按照上述精神办理公证手续。

最高人民法院关于我国公民周芳洲向我国法院申请承认香港地方法院离婚判决效力,我国法院应否受理问题的批复

1. 1991年9月20日发布
2. 〔1991〕民他字第43号

黑龙江省高级人民法院:

你院〔1991〕民复字第5号请示收悉。经研究,我们同意你院意见,即:我国公民周芳洲向人民法院提出申请,要求承认香港地方法院关于解除英国籍人卓见与其婚姻关系的离婚判决的效力,有管辖权的中级人民法院应予受理。受理后经审查,如该判决不违反我国法律的基本原则和社会公共利益,可裁定承认其法律效力。

此复

最高人民法院关于中国公民黄爱京申请承认外国法院离婚确认书受理问题的复函

1. 2003年5月12日发布
2. 〔2003〕民立他字第15号

吉林省高级人民法院：

你院吉高法〔2003〕23号《关于中国公民申请承认外国法院离婚确认书的请示》收悉。经研究答复如下：

对于中国公民黄爱京申请人民法院承认的韩国法院离婚确认书，应视为韩国法院出具的法律文书。当事人向人民法院申请承认该离婚确认书法律效力的案件，人民法院可比照最高人民法院《关于中国公民申请承认外国法院离婚判决程序问题的规定》第一条和《关于人民法院受理申请承认外国法院离婚判决案件有关问题的规定》第三条规定的精神予以受理。

文书范本

调解申请书

申请人：________（写明自然人姓名、性别、年龄、民族、职业、单位或住址；如系法人及社会组织的，写明名称、地址、法定代表人姓名和职务）。

被申请人：________（写明自然人姓名、性别、年龄、民族、职业、单位或住址；如系法人及社会组织的，写明名称、地址、法定代表人姓名和职务）。

纠纷事实及申请事项：

____

____。

特申请________人民调解委员会予以调解。

申请人（签名）：________

________年____月____日

注意事项

调解申请书，是指纠纷当事人申请人民调解委员会对其所涉及的民事纠纷予以调解时所使用的法律文书。

人民调解，是由人民调解委员会主持当事人双方参与下，通过调解人员的法律宣讲、做耐心的思想工作并由当事人达成协议，从而解决纠纷的一种活动。人民调解委员会是群众性组织，在基层人民政府和基层人民法院指导下开展活动。人民调解作为民间解决纠纷的自治形式，是对诉讼解决纠纷的有效补充。人民调解不是当事人解决纠纷的必经程序或进行诉讼的前置程序。人民调解委员会主持调解时，应当坚持自愿原则,当事人不愿调解或调解无法达成协议的,不应当强制进行调解。调解时应当查明事实、分清是非、充分说理,耐心疏导,消除隔阂,帮助当事人达成协议。经人民调解委员会主持调解并达成的协议并不具有强制执行的效力,只具有合同的性质。关于人民调解委员会的受案范围,法律未作出明确规定。从理论上讲,由于当事人对民事权利具有处分权,通常情况下民事案件都可以申请人民调解委员会进行调解。但是,涉及调解离婚、解除收养关系以及损害国家利益、社会公共利益和他人合法权益的案件,人民调解委员会无权解决。

制作本文书时需要注意写明纠纷过程,并附上相关证据。

民事起诉状

原告:________(写明姓名、名称等基本情况)。

被告:________(写明姓名、名称等基本情况)。

案由:____(主要写明当事人之间讼争的法律关系及其争议)。

诉讼请求:____(主要写明请求解决争议的权益和争议的事实,以及请求人民法院依法解决原告一方要求的有关民事权益争议的具体事项)。

事实与理由:____。

证据和证据来源、证人姓名和住址:____。

此致

________人民法院

起诉人:________(签名或者盖章)

________年____月____日

附:本起诉状副本____份。

注 意 事 项

民事起诉状，是指公民、法人或其他组织作为民事原告在自己的民事权益受到侵害或者与他人发生争议时，为维护自身的民事权益，依据事实和法律，向人民法院提起诉讼，要求依法裁判时所使用的法律文书。

起诉，是指公民法人或者其他组织，认为自己享有的或者依法由自己管理、支配的民事权益受侵害，或者与他人发生民事权益争议，以自己的名义请求人民法院通过审判予以司法保护的诉讼行为。

起诉的方式有两种：书面起诉和口头起诉。在普通程序中，起诉的方式以书面起诉为原则，以口头起诉为例外。一般情况下，原告提起诉讼都应向人民法院递交起诉状。只有在特殊情况下，原告书写起诉状确有困难的，才可以口头向人民法院起诉，由人民法院记入笔录，并告知对方当事人。

制作本文书时应当注意以下问题：

(1)在填写当事人栏时，自然人要列出姓名、性别、年龄、民族、工作单位、住址；法人或其他组织要列出名称、住所地、法定代表人或负责人姓名、职务、填写要准确，特别是姓名(名称)栏不能有任何错字，地址要尽量翔实，具体到门牌号。最好注明邮编及通信方式。

(2)在起诉状尾部，当事人是自然人的，由本人签字；当事人是法人或其他组织的，由法定代表人或负责人签字并加盖单位公章。

民事上诉状

上诉人：________(上诉人系自然人的，写明姓名、性别、出生年月日、民族、籍贯、职业或工作单位和职务、住址；上诉人系法人的，写明名称、住址、电话以及法定代表人姓名、职务；有委托代理人的，写明委托代理人姓名、性别、年龄、民族、职务、工作单位、住所和电话)。

上诉人因____________一案，不服________法院于________年____月____日____字第________号判决，现提出上诉。

上诉理由及请求：____

____

____。

此致

________人民法院

上诉人:________(盖章)
________年____月____日

附:1. 本上诉书副本____份。
2. 有关证明材料____件。

注 意 事 项

民事上诉状是当事人不服第一审人民法院作出的未生效裁判,在法定期间,要求上一级人民法院对上诉请求的有关事实和法律适用进行审理时适用的法律文书。

上诉权是法律赋予当事人的一项诉讼权利。当事人行使上诉权的目的,是要求上级人民法院对原审判决和裁定进行审查,纠正错误的裁判,以维护自己的合法权益。上诉作为当事人的一项诉讼权利,当事人既可以行使也可以放弃。一审法院的裁判作出后,当事人是否提起上诉,应由其自行决定,任何组织和个人都无权加以限制和剥夺。

制作本文书时需要注意以下问题:

(1)上诉理由应全面陈述对第一审人民法院在认定事实和适用法律上的不当或错误,提出所根据的事实和理由,包括在一审程序中未提供的事实、理由和证据。上诉的请求包括要求全部或部分撤销、变更原判决。

(2)当事人不服法院一审判决的,有权在判决书送达之日起十五日内向一上级人民法院提起上诉;当事人不服法院可以上诉的裁定的,有权在裁定书送达之日起十日内向上一级人民法院提起上诉。

先予执行申请书

申请人:________(写明姓名或名称等基本情况)。

被申请人:________(写明姓名或名称等基本情况)。

申请人与________(被申请人姓名或名称)因________纠纷,于________年____月____日向你院起诉在案,现因________为此申请裁定先予执行,责令被申请人先行给付(写明先行给付的内容),现将事实和理由分述如下:

请求事项:____。

事实和理由:____。

此致

________人民法院

申请人：________

________年____月____日

附：（有关法律关系、情况紧急证据材料）

1. 书证________件；
2. 物证________件；
3. 证人________住址：____________。

注 意 事 项

先予执行申请书，是权利人为解决生活或生产经营的急需，在人民法院作出终局判决之前，依法向人民法院提出义务人应当预先作出履行一定数额的金钱或财物等措施的申请时使用的法律文书。

先予执行，是指人民法院在诉讼过程中，根据当事人的申请，裁定一方当事人预先付给另一方当事人一定数额的金钱或其他财物或者裁定一方当事人立即实施、停止某一行为以满足另一方当事人生活、生产经营急需以使其合法权益免遭进一步侵害而采取的一种临时性措施。

制作本文书时应当注意的问题是：(1)在事实与理由中应写明急需先予执行的事实，说明申请人对于被申请人并无对待给付的义务，着重提出被申请人必须先行给付的事实根据。(2)在请求事项上要将申请人要求先予执行的标的的名称、数额（量）及给付方式写清楚，便于法院的决定和执行。

强制执行申请书

申请人：________________（如系法人或其他组织的，应写明名称和所在地址、法定代表人或主要负责人的姓名和职务；如系自然人的，应写明姓名、性别、出生年月日、民族、籍贯、职业或工作单位和职务、住址等）。

被申请人：________________（如系法人或其他组织的，应写明名称和所在地址、法定代表人或主要负责人的姓名和职务；如系自然人的，应写明姓名、性别、出生年月日、民族、籍贯、职业或工作单位和职务、住址等）。

上列当事人间，因________________一案，业经________人民法院于________年____月____日作出（____）____字第____号一审（或终审）民事判决，被申请人拒不遵照判决（或裁决）履行。为此，特申请你院给予强制执行。现将事实、事由和具体请求目的分述如下：

事实和理由：

____

____。

请求目的：

____

____。

此致

________人民法院

申请人：________

________年____月____日

附：

1. 书证________（　　）____件；

2. 物证________（　　）____件；

3. 证人________，住____________。

注 意 事 项

执行申请书，是指依据生效法律文书享有权利的一方当事人在相对方不履行法律文书所确定的义务的情况下，请求人民法院依法强制执行时使用的法律文书。

申请执行是依据生效的法律文书享有权利的一方当事人，在相对方不履行法律文书所确定的义务的情况下，请求人民法院依法强制执行的行为。申请执行是当事人的一项重要诉讼权利，是当事人维护自身的合法权益的重要手段，只要是具有给付义务内容的法律文书的权利享有人均可申请人民法院强制执行。

制作本文书时应当注意以下问题：

(1)如申请执行人死亡的，则应由其财产继承人申请强制执行；作为申请执行人的法人或其他组织合并或分立的，则由其合并或分立后新的法人或其他组织作为申请执行人。

(2)申请执行人在法定的申请执行期限向人民法院提出执行申请，申请执行的期间为两年。

《婚姻法》、《收养法》与《民法典》婚姻家庭编对照表[*]

相关内容	《民法典》
	第一章　一般规定
	第一千零四十条　本编调整因婚姻家庭产生的民事关系。
《婚姻法》第二条　实行婚姻自由、一夫一妻、男女平等的婚姻制度。 保护妇女、儿童和老人的合法权益。 ~~实行计划生育。~~	**第一千零四十一条　婚姻家庭受国家保护。** 实行婚姻自由、一夫一妻、男女平等的婚姻制度。 保护妇女、未成年人、老年人、**残疾人**的合法权益。
《婚姻法》第三条　禁止包办、买卖婚姻和其他干涉婚姻自由的行为。禁止借婚姻索取财物。 禁止重婚。禁止有配偶者与他人同居。禁止家庭暴力。禁止家庭成员间的虐待和遗弃。	**第一千零四十二条**　禁止包办、买卖婚姻和其他干涉婚姻自由的行为。禁止借婚姻索取财物。 禁止重婚。禁止有配偶者与他人同居。 禁止家庭暴力。禁止家庭成员间的虐待和遗弃。
《婚姻法》第四条　夫妻应当互相忠实，互相尊重；家庭成员间应当敬老爱幼，互相帮助，维护平等、和睦、文明的婚姻家庭关系。	**第一千零四十三条　家庭应当树立优良家风，弘扬家庭美德，重视家庭文明建设。** 夫妻应当互相忠实，互相尊重，**互相关爱**；家庭成员应当敬老爱幼，互相帮助，维护平等、和睦、文明的婚姻家庭关系。
《收养法》第二条　收养应当有利于被收养的未成年人的抚养、成长，保障被收养人和收养人的合法权益~~，遵循平等自愿的原则，并不得违背社会公德~~。 **第二十条**　严禁~~买卖儿童或者~~借收养名义买卖儿童。	**第一千零四十四条**　收养应当遵循最有利于被收养人的原则，保障被收养人和收养人的合法权益。 禁止借收养名义买卖未成年人。

[*] 本表参考杜月秋、孙政编：《民法典条文对照与重点解读》，法律出版社2020年版。——编者注

续表

相关内容	《民法典》
	第一千零四十五条　亲属包括配偶、血亲和姻亲。 **配偶、父母、子女、兄弟姐妹、祖父母、外祖父母、孙子女、外孙子女为近亲属。** **配偶、父母、子女和其他共同生活的近亲属为家庭成员。**
	第二章　结　　婚
《婚姻法》第五条　结婚*必须*男女双方完全自愿,*不许*任何一方对*他*方加以强迫或任何*第三者*加以干涉。	**第一千零四十六条**　结婚*应当*男女双方完全自愿,*禁止*任何一方对*另*一方加以强迫,*禁止*任何*组织*或者*个人*加以干涉。
《婚姻法》第六条　结婚年龄,男不得早于二十二周岁,女不得早于二十周岁。~~晚婚晚育应予鼓励。~~	**第一千零四十七条**　结婚年龄,男不得早于二十二周岁,女不得早于二十周岁。
《婚姻法》第七条　有下列情形之一的,禁止结婚: (一)直系血亲和三代以内的旁系血亲; ~~(二)患有医学上认为不应当结婚的疾病。~~	**第一千零四十八条**　直系血亲或者三代以内的旁系血亲禁止结婚。
《婚姻法》第八条　要求结婚的男女双方*必须*亲自到婚姻登记机关*进行*结婚登记。符合本法规定的,予以登记,发给结婚证。*取得结婚证*,即确立*夫妻*关系。未办理结婚登记的,应当补办登记。	**第一千零四十九条**　要求结婚的男女双方*应当*亲自到婚姻登记机关*申请*结婚登记。符合本法规定的,予以登记,发给结婚证。*完成结婚登记*,即确立*婚姻*关系。未办理结婚登记的,应当补办登记。
《婚姻法》第九条　登记结婚后,*根据*男女双方约定,女方可以成为男方家庭的成员,男方可以成为女方家庭的成员。	**第一千零五十条**　登记结婚后,*按照*男女双方约定,女方可以成为男方家庭的成员,男方可以成为女方家庭的成员。
《婚姻法》第十条　有下列情形之一的,婚姻无效: (一)重婚的; (二)有禁止结婚的亲属关系的; ~~(三)婚前患有医学上认为不应当结婚的疾病,婚后尚未治愈的;~~ (四)未到法定婚龄的。	**第一千零五十一条**　有下列情形之一的,婚姻无效: (一)重婚; (二)有禁止结婚的亲属关系; (三)未到法定婚龄。

续表

相关内容	《民法典》
《婚姻法》第十一条 因胁迫结婚的，受胁迫的一方可以向~~婚姻登记机关或~~人民法院请求撤销该婚姻。~~受胁迫的一方~~撤销婚姻的请求，应当*自结婚登记之日起*一年内提出。被非法限制人身自由的当事人请求撤销婚姻的，应当自恢复人身自由之日起一年内提出。	**第一千零五十二条** 因胁迫结婚的，受胁迫的一方可以向人民法院请求撤销婚姻。 请求撤销婚姻的，应当*自胁迫行为终止之日起*一年内提出。 被非法限制人身自由的当事人请求撤销婚姻的，应当自恢复人身自由之日起一年内提出。
	第一千零五十三条 一方患有重大疾病的，应当在结婚登记前如实告知另一方；不如实告知的，另一方可以向人民法院请求撤销婚姻。 **请求撤销婚姻的，应当自知道或者应当知道撤销事由之日起一年内提出。**
《婚姻法》第十二条 无效或被撤销的婚姻，*自始无效*。当事人不具有夫妻的权利和义务。同居期间所得的财产，由当事人协议处理；协议不成时，由人民法院根据照顾无过错方的原则判决。对重婚导致的婚姻无效的财产处理，不得侵害合法婚姻当事人的财产权益。当事人所生的子女，适用本法有关父母子女的规定。	**第一千零五十四条** 无效的或者被撤销的婚姻*自始没有法律约束力*，当事人不具有夫妻的权利和义务。同居期间所得的财产，由当事人协议处理；协议不成的，由人民法院根据照顾无过错方的原则判决。对重婚导致的无效婚姻的财产处理，不得侵害合法婚姻当事人的财产权益。当事人所生的子女，适用本法关于父母子女的规定。 **婚姻无效或者被撤销的，无过错方有权请求损害赔偿。**
	第三章 家 庭 关 系
	第一节 夫 妻 关 系
《婚姻法》第十三条 夫妻在家庭中地位平等。	**第一千零五十五条** 夫妻在**婚姻**家庭中地位平等。
《婚姻法》第十四条 夫妻双方都有各用自己姓名的权利。	**第一千零五十六条** 夫妻双方都有各自使用自己姓名的权利。

续表

相关内容	《民法典》
《婚姻法》第十五条 夫妻双方都有参加生产、工作、学习和社会活动的自由，一方不得对*他方*加以限制或干涉。	**第一千零五十七条** 夫妻双方都有参加生产、工作、学习和社会活动的自由，一方不得对另一方加以限制或者干涉。
《婚姻法》第二十一条第一款 *父母*对子女有抚养教育的义务~~；子女对父母有赡养扶助的义务~~。	**第一千零五十八条** *夫妻双方***平等享有对未成年子女抚养、教育和保护的权利**，*共同承担***对未成年**子女抚养、教育和**保护**的义务。
《婚姻法》第二十条 夫妻有互相扶养的义务。 *一方不履行扶养义务时，需要扶养的*一方，有要求对方付给扶养费的权利。	**第一千零五十九条** 夫妻有相互扶养的义务。 *需要扶养的一方，在另一方不履行扶养义务时*，有要求其给付扶养费的权利。
	第一千零六十条 夫妻一方因家庭日常生活需要而实施的民事法律行为，对夫妻双方发生效力，但是夫妻一方与相对人另有约定的除外。 **夫妻之间对一方可以实施的民事法律行为范围的限制，不得对抗善意相对人。**
《婚姻法》第二十四条第一款 夫妻有相互继承遗产的权利。	**第一千零六十一条** 夫妻有相互继承遗产的权利。
《婚姻法》第十七条 夫妻在婚姻关系存续期间所得的下列财产，归夫妻共同所有： （一）工资、奖金； （二）生产、经营的收益； （三）知识产权的收益； （四）继承或赠与所得的财产，但本法*第十八条第三项规定的除外*； （五）其他应当归共同所有的财产。 夫妻对共同*所有的*财产，有平等的处理权。	**第一千零六十二条** 夫妻在婚姻关系存续期间所得的下列财产，**为夫妻的共同财产**，归夫妻共同所有： （一）工资、奖金、**劳务报酬**； （二）生产、经营、**投资**的收益； （三）知识产权的收益； （四）继承或者受赠的财产，但是本法*第一千零六十三条第三项规定的除外*； （五）其他应当归共同所有的财产。 夫妻对共同财产，有平等的处理权。

续表

相关内容	《民法典》
《婚姻法》第十八条 *有下列情形之一的，为夫妻一方的财产：* （一）一方的婚前财产； （二）一方因*身体受到伤害获得的医疗费、残疾人生活补助费等费用*； （三）遗嘱或赠与合同中确定只归夫或妻一方的财产； （四）一方专用的生活用品； （五）其他应当归一方的财产。	**第一千零六十三条** 下列财产为夫妻一方的**个人**财产： （一）一方的婚前财产； （二）一方因*受到人身损害获得的赔偿或者补偿*； （三）遗嘱或者赠与合同中确定只归一方的财产； （四）一方专用的生活用品； （五）其他应当归一方的财产。
	第一千零六十四条 夫妻双方共同签名或者夫妻一方事后追认等共同意思表示所负的债务，以及夫妻一方在婚姻关系存续期间以个人名义为家庭日常生活需要所负的债务，属于夫妻共同债务。 **夫妻一方在婚姻关系存续期间以个人名义超出家庭日常生活需要所负的债务，不属于夫妻共同债务；但是，债权人能够证明该债务用于夫妻共同生活、共同生产经营或者基于夫妻双方共同意思表示的除外。**
《婚姻法》第十九条 *夫妻*可以约定婚姻关系存续期间所得的财产以及婚前财产归各自所有、共同所有或部分各自所有、部分共同所有。约定应当采用书面形式。没有约定或约定不明确的，适用*本法第十七条、第十八条*的规定。 夫妻对婚姻关系存续期间所得的财产以及婚前财产的约定，对双方具有约束力。 夫妻对婚姻关系存续期间所得的财产约定归各自所有的，夫或妻一方对外所负的债务，第三人知道该约定的，以夫或妻一方*所有*的财产清偿。	**第一千零六十五条** *男女双方*可以约定婚姻关系存续期间所得的财产以及婚前财产归各自所有、共同所有或者部分各自所有、部分共同所有。约定应当采用书面形式。没有约定或者约定不明确的，适用*本法第一千零六十二条、第一千零六十三条*的规定。 夫妻对婚姻关系存续期间所得的财产以及婚前财产的约定，对双方具有法律约束力。 夫妻对婚姻关系存续期间所得的财产约定归各自所有，夫或者妻一方对外所负的债务，*相对人*知道该约定的，以夫或者妻一方的个人财产清偿。

续表

相关内容	《民法典》
	第一千零六十六条　婚姻关系存续期间，有下列情形之一的，夫妻一方可以向人民法院请求分割共同财产： **（一）一方有隐藏、转移、变卖、毁损、挥霍夫妻共同财产或者伪造夫妻共同债务等严重损害夫妻共同财产利益的行为；** **（二）一方负有法定扶养义务的人患重大疾病需要医治，另一方不同意支付相关医疗费用。**
	第二节　父母子女关系和其他近亲属关系
《婚姻法》第二十一条　~~父母对子女有抚养教育的义务；子女对父母有赡养扶助的义务。~~ 父母不履行抚养义务时，未成年的或不能独立生活的子女，有要求父母付给抚养费的权利。 子女不履行赡养义务时，无劳动能力的或生活困难的父母，有要求子女付给赡养费的权利。 ~~禁止溺婴、弃婴和其他残害婴儿的行为。~~	**第一千零六十七条**　父母不履行抚养义务的，未成年子女或者不能独立生活的**成年**子女，有要求父母给付抚养费的权利。 **成年**子女不履行赡养义务的，缺乏劳动能力或者生活困难的父母，有要求**成年**子女给付赡养费的权利。
《婚姻法》第二十三条　父母有保护和教育未成年子女的权利和义务。在未成年子女对国家、集体或他人造成损害时，父母有承担民事责任的义务。	**第一千零六十八条**　父母有教育、保护未成年子女的权利和义务。未成年子女造成他人损害的，父母应当依法承担民事责任。
《婚姻法》第三十条　子女应当尊重父母的婚姻权利，不得干涉父母再婚以及婚后的生活。子女对父母的赡养义务，不因父母的婚姻关系变化而终止。	**第一千零六十九条**　子女应当尊重父母的婚姻权利，不得干涉父母**离婚**、再婚以及婚后的生活。子女对父母的赡养义务，不因父母的婚姻关系变化而终止。
《婚姻法》第二十四条第二款　父母和子女有相互继承遗产的权利。	**第一千零七十条**　父母和子女有相互继承遗产的权利。

续表

相关内容	《民法典》
《婚姻法》第二十五条 非婚生子女享有与婚生子女同等的权利，*任何人*不得加以危害和歧视。 不直接抚养非婚生子女的生父或生母，应当负担子女的*生活费和教育费，直至子女能独立生活为止*。	**第一千零七十一条** 非婚生子女享有与婚生子女同等的权利，*任何组织或者个人*不得加以危害和歧视。 不直接抚养非婚生子女的生父或者生母，应当负担*未成年子女或者不能独立生活的成年子女的抚养费*。
《婚姻法》第二十七条 继父母与继子女间，不得虐待或歧视。 继父或继母和受其抚养教育的继子女间的权利和义务，适用本法对父母子女关系的有关规定。	**第一千零七十二条** 继父母与继子女间，不得虐待或者歧视。 继父或者继母和受其抚养教育的继子女间的权利义务关系，适用本法关于父母子女关系的规定。
	第一千零七十三条 对亲子关系有异议且有正当理由的，父或者母可以向人民法院提起诉讼，请求确认或者否认亲子关系。 **对亲子关系有异议且有正当理由的，成年子女可以向人民法院提起诉讼，请求确认亲子关系。**
《婚姻法》第二十八条 有负担能力的祖父母、外祖父母，对于父母已经死亡或父母无力抚养的未成年的孙子女、外孙子女，有抚养的义务。有负担能力的孙子女、外孙子女，对于子女已经死亡或子女无力赡养的祖父母、外祖父母，有赡养的义务。	**第一千零七十四条** 有负担能力的祖父母、外祖父母，对于父母已经死亡或者父母无力抚养的未成年孙子女、外孙子女，有抚养的义务。 有负担能力的孙子女、外孙子女，对于子女已经死亡或者子女无力赡养的祖父母、外祖父母，有赡养的义务。
《婚姻法》第二十九条 有负担能力的兄、姐，对于父母已经死亡或父母无力抚养的未成年的弟、妹，有扶养的义务。由兄、姐扶养长大的有负担能力的弟、妹，对于缺乏劳动能力又缺乏生活来源的兄、姐，有扶养的义务。	**第一千零七十五条** 有负担能力的兄、姐，对于父母已经死亡或者父母无力抚养的未成年弟、妹，有扶养的义务。 由兄、姐扶养长大的有负担能力的弟、妹，对于缺乏劳动能力又缺乏生活来源的兄、姐，有扶养的义务。

续表

相关内容	《民法典》
	第四章 离 婚
《婚姻法》第三十一条 *男女*双方自愿离婚的,*准予离婚。双方必须*到婚姻登记机关申请离婚。婚姻登记机关查明双方确实是自愿并对子*女和财产问题*已有*适当处理*时,发给离婚证。	**第一千零七十六条** *夫妻*双方自愿离婚的,*应当签订书面离婚协议,并亲自*到婚姻登记机关申请离婚登记。 离婚协议应当载明双方自愿离婚的意思表示和对子*女抚养、财产以及债务处理*等事项*协商一致*的意见。
	第一千零七十七条 自婚姻登记机关收到离婚登记申请之日起三十日内,任何一方不愿意离婚的,可以向婚姻登记机关撤回离婚登记申请。 **前款规定期限届满后三十日内,双方应当亲自到婚姻登记机关申请发给离婚证;未申请的,视为撤回离婚登记申请。**
《婚姻法》第三十一条 *男女*双方自愿离婚的,准予离婚。双方必须到婚姻登记机关申请离婚。婚姻登记机关查明双方确实是自愿并对子*女和财产问题*已有*适当处*理时,发给离婚证。	**第一千零七十八条** 婚姻登记机关查明双方确实是自愿离婚,并已经对子*女抚养、财产以及债务处理*等事项*协商一致*的,*予以登记*,发给离婚证。
《婚姻法》第三十二条 *男女*一方要求离婚的,可由*有关部门*进行调解或直接向人民法院提出离婚诉讼。 人民法院审理离婚案件,应当进行调解;如感情确已破裂,调解无效,应准予离婚。 有下列情形之一,调解无效的,应准予离婚: (一)重婚或者与他人同居; (二)实施家庭暴力或者虐待、遗弃家庭成员; (三)有赌博、吸毒等恶习屡教不改; (四)因感情不和分居满二年; (五)其他导致夫妻感情破裂的情形。 一方被宣告失踪,另一方提起离婚诉讼的,应当准予离婚。	**第一千零七十九条** *夫妻*一方要求离婚的,可以由*有关组织*进行调解或者直接向人民法院提起离婚诉讼。 人民法院审理离婚案件,应当进行调解;如果感情确已破裂,调解无效的,应当准予离婚。 有下列情形之一,调解无效的,应当准予离婚: (一)重婚或**有配偶者**与他人同居的; (二)实施家庭暴力或虐待、遗弃家庭成员的; (三)有赌博、吸毒等恶习屡教不改的; (四)因感情不和分居满二年的; (五)其他导致夫妻感情破裂的情形。

续表

相关内容	《民法典》
	一方被宣告失踪,另一方提出离婚诉讼的,应准予离婚。 **经人民法院判决不准离婚后,双方又分居满一年,一方再次提起离婚诉讼的,应当准予离婚。**
	第一千零八十条　完成离婚登记,或者离婚判决书、调解书生效,即解除婚姻关系。
《婚姻法》第三十三条　现役军人的配偶要求离婚,*须得*军人同意,但军人一方有重大过错的除外。	**第一千零八十一条**　现役军人的配偶要求离婚,*应当征得*军人同意,但是军人一方有重大过错的除外。
《婚姻法》第三十四条　女方在怀孕期间、分娩后一年内或中止妊娠后六个月内,男方不得提出离婚。女方提出离婚的,或人民法院认为确有必要受理男方离婚请求的,*不在此限*。	**第一千零八十二条**　女方在怀孕期间、分娩后一年内或者终止妊娠后六个月内,男方不得提出离婚;但是,女方提出离婚或者人民法院认为确有必要受理男方离婚请求的除外。
《婚姻法》第三十五条　离婚后,男女双方自愿恢复*夫妻*关系的,*必须*到婚姻登记机关进行*复婚*登记。	**第一千零八十三条**　离婚后,男女双方自愿恢复*婚姻*关系的,*应当*到婚姻登记机关*重新*进行*结婚*登记。
《婚姻法》第三十六条　父母与子女间的关系,不因父母离婚而消除。离婚后,子女无论由父或母直接抚养,仍是父母双方的子女。 离婚后,父母对于子女仍有抚养和教育的权利和义务。 离婚后,*哺乳期内*的子女,以*随哺乳的母亲抚养*为原则。*哺乳期后*的子女,如双方因抚养问题发生争执不能达成协议时,由人民法院根据*子女的权益和双方的具体情况*判决。	**第一千零八十四条**　父母与子女间的关系,不因父母离婚而消除。离婚后,子女无论由父或者母直接抚养,仍是父母双方的子女。 离婚后,父母对于子女仍有抚养、教育、**保护**的权利和义务。 离婚后,*不满两周岁*的子女,以由母亲**直接**抚养为原则。*已满两周岁*的子女,父母双方对抚养问题协议不成的,由人民法院根据*双方的具体情况*,*按照最有利于未成年子女的原则*判决。**子女已满八周岁的,应当尊重其真实意愿。**

续表

相关内容	《民法典》
《婚姻法》第三十七条　离婚后，一方抚养的子女，另一方应负担*必要的生活费和教育费的一部或全部*，负担费用的多少和期限的长短，由双方协议；协议不成时，由人民法院判决。 *关于子女生活费和教育费*的协议或判决，不妨碍子女在必要时向父母任何一方提出超过协议或判决原定数额的合理要求。	**第一千零八十五条**　离婚后，子女由一方**直接**抚养的，另一方应当负担*部分或者全部抚养费*。负担费用的多少和期限的长短，由双方协议；协议不成的，由人民法院判决。 *前款规定*的协议或者判决，不妨碍子女在必要时向父母任何一方提出超过协议或者判决原定数额的合理要求。
《婚姻法》第三十八条　离婚后，不直接抚养子女的父或母，有探望子女的权利，另一方有协助的义务。 行使探望权利的方式、时间由当事人协议；协议不成时，由人民法院判决。 父或母探望子女，不利于子女身心健康的，由人民法院依法中止探望~~的权利~~；中止的事由消失后，应当恢复探望~~的权利~~。	**第一千零八十六条**　离婚后，不直接抚养子女的父或者母，有探望子女的权利，另一方有协助的义务。 行使探望权利的方式、时间由当事人协议；协议不成的，由人民法院判决。 父或者母探望子女，不利于子女身心健康的，由人民法院依法中止探望；中止的事由消失后，应当恢复探望。
《婚姻法》第三十九条　离婚时，夫妻的共同财产由双方协议处理；协议不成时，由人民法院根据财产的具体情况，照顾子女和女方权益的原则判决。 夫或妻在家庭土地承包经营中享有的权益等，应当依法予以保护。	**第一千零八十七条**　离婚时，夫妻的共同财产由双方协议处理；协议不成的，由人民法院根据财产的具体情况，按照照顾子女、女方和**无过错方**权益的原则判决。 对夫或者妻在家庭土地承包经营中享有的权益等，应当依法予以保护。
《婚姻法》第四十条　~~夫妻书面约定婚姻关系存续期间所得的财产归各自所有，~~一方因抚育子女、照料老人、协助另一方工作等付出较多义务的，离婚时有权向另一方请求补偿，另一方应当予以补偿。	**第一千零八十八条**　夫妻一方因抚育子女、照料老年人、协助另一方工作等*负担*较多义务的，离婚时有权向另一方请求补偿，另一方应当给予补偿。**具体办法由双方协议；协议不成的，由人民法院判决**。
《婚姻法》第四十一条　离婚时，*原为夫妻共同生活所负的债务*，应当共同偿还。共同财产不足清偿的，或财产归各自所有的，由双方协议清偿；协议不成时，由人民法院判决。	**第一千零八十九条**　离婚时，*夫妻共同债务*应当共同偿还。共同财产不足清偿或者财产归各自所有的，由双方协议清偿；协议不成的，由人民法院判决。

续表

相关内容	《民法典》
《婚姻法》第四十二条 离婚时，如一方生活困难，*另一方应从其住房等个人财产中*给予适当帮助。具体办法由双方协议；协议不成时，由人民法院判决。	**第一千零九十条** 离婚时，如果一方生活困难，*有负担能力的另一方应当*给予适当帮助。具体办法由双方协议；协议不成的，由人民法院判决。
《婚姻法》第四十六条 有下列情形之一，导致离婚的，无过错方有权请求损害赔偿： （一）重婚的； （二）~~有配偶者~~与他人同居的； （三）实施家庭暴力的； （四）虐待、遗弃家庭成员的。	**第一千零九十一条** 有下列情形之一，导致离婚的，无过错方有权请求损害赔偿： （一）重婚； （二）与他人同居； （三）实施家庭暴力； （四）虐待、遗弃家庭成员； **（五）有其他重大过错**。
《婚姻法》第四十七条 ~~离婚时，~~一方隐藏、转移、变卖、毁损夫妻共同财产，或伪造债务企图侵占另一方财产的，分割夫妻共同财产时，对*隐藏、转移、变卖、毁损夫妻共同财产或伪造债务的一方*，可以少分或不分。离婚后，另一方发现有上述行为的，可以向人民法院提起诉讼，请求再次分割夫妻共同财产。 ~~人民法院对前款规定的妨害民事诉讼的行为，依照民事诉讼法的规定予以制裁~~。	**第一千零九十二条** 夫妻一方隐藏、转移、变卖、毁损、**挥霍**夫妻共同财产，或者伪造**夫妻**共同债务企图侵占另一方财产的，在离婚分割夫妻共同财产时，对该方可以少分或者不分。离婚后，另一方发现有上述行为的，可以向人民法院提起诉讼，请求再次分割夫妻共同财产。
	第五章 收 养
	第一节 收养关系的成立
《收养法》第四条 下列~~不满十四周岁~~的未成年人可以被收养： （一）丧失父母的孤儿； （二）查找不到生父母的*弃婴和儿童*； （三）生父母有特殊困难无力抚养的子女。	**第一千零九十三条** 下列未成年人，可以被收养： （一）丧失父母的孤儿； （二）查找不到生父母的*未成年人*； （三）生父母有特殊困难无力抚养的子女。

续表

相关内容	《民法典》
《收养法》第五条 下列公民、组织可以作送养人： （一）孤儿的监护人； （二）社会福利机构； （三）有特殊困难无力抚养子女的生父母。	**第一千零九十四条** 下列个人、组织可以作送养人： （一）孤儿的监护人； （二）*儿童*福利机构； （三）有特殊困难无力抚养子女的生父母。
《收养法》第十二条 未成年人的父母均不具备完全民事行为能力的，该未成年人的监护人*不得将其送养，但父母对该未成年人有严重危害可能的除外*。	**第一千零九十五条** 未成年人的父母均不具备完全民事行为能力*且可能严重危害该未成年人的*，该未成年人的监护人*可以将其送养*。
《收养法》第十三条 监护人送养未成年孤儿的，*须*征得有抚养义务的人同意。有抚养义务的人不同意送养、监护人不愿意继续履行监护职责的，应当依照《*中华人民共和国民法通则*》的规定变更监护人。	**第一千零九十六条** 监护人送养孤儿的，应当征得有抚养义务的人同意。有抚养义务的人不同意送养、监护人不愿意继续履行监护职责的，应当依照本法第一编的规定另行确定监护人。
《收养法》第十条第一款 生父母送养子女，*须*双方共同送养。生父母一方不明或者查找不到的可以单方送养。	**第一千零九十七条** 生父母送养子女，应当双方共同送养。生父母一方不明或者查找不到的，可以单方送养。
《收养法》第六条 收养人应当同时具备下列条件： （一）无子女； （二）有抚养教育被收养人的能力； （三）未患有在医学上认为不应当收养子女的疾病； （四）年满三十周岁。	**第一千零九十八条** 收养人应当同时具备下列条件： （一）无子女**或者只有一名子女**； （二）有抚养、教育**和保护**被收养人的能力； （三）未患有在医学上认为不应当收养子女的疾病； **（四）无不利于被收养人健康成长的违法犯罪记录；** （五）年满三十周岁。

续表

相关内容	《民法典》
《收养法》第七条　收养三代以内*同辈旁系血亲*的子女，可以不受*本法第四条第三项*、*第五条第三项*、*第九条和被收养人不满十四周岁*的限制。 华侨收养三代以内*同辈旁系血亲*的子女，还可以不受*收养人无子女*的限制。	**第一千零九十九条**　收养三代以内*旁系同辈血亲*的子女，可以不受*本法第一千零九十三条第三项*、*第一千零九十四条第三项和第一千一百零二条*规定的限制。 华侨收养三代以内*旁系同辈血亲*的子女，还可以不受*本法第一千零九十八条第一项规定*的限制。
《收养法》第八条　收养人只能收养一名子女。 收养孤儿、残疾*儿童*或者社会*福利*机构抚养的查找不到生父母的*弃婴和儿童*，可以不受*收养人无子女*和*收养一名*的限制。	**第一千一百条　无子女的收养人可以收养两名子女；有子女的**收养人只能收养一名子女。 收养孤儿、残疾*未成年人*或者*儿童福利*机构抚养的查找不到生父母的*未成年人*，可以不受*前款*和*本法第一千零九十八条第一项*规定的限制。
《收养法》第十条第二款　有配偶者收养子女，须夫妻共同收养。	**第一千一百零一条**　有配偶者收养子女，应当夫妻共同收养。
《收养法》第九条　*无配偶的男性*收养女性的，收养人与被收养人的年龄应当相差四十周岁以上。	**第一千一百零二条**　*无配偶者*收养异性子女的，收养人与被收养人的年龄应当相差四十周岁以上。
《收养法》第十四条　继父或者继母经继子女的生父母同意，可以收养继子女，并可以不受*本法第四条第三项*、*第五条第三项*、*第六条和被收养人不满十四周岁以及收养一名*的限制。	**第一千一百零三条**　继父或者继母经继子女的生父母同意，可以收养继子女，并可以不受*本法第一千零九十三条第三项*、*第一千零九十四条第三项*、*第一千零九十八条和第一千一百条第一款规定*的限制。
《收养法》第十一条　收养人收养与送养人送养，*须*双方自愿。收养年满*十周岁*以上未成年人的，应当征得被收养人的同意。	**第一千一百零四条**　收养人收养与送养人送养，*应当*双方自愿。收养*八周岁*以上未成年人的，应当征得被收养人的同意。
《收养法》第十五条　收养应当向县级以上人民政府民政部门登记。收养关系自登记之日起成立。 收养查找不到生父母的*弃婴和儿童*的，办理登记的民政部门应当在登记前予以公告。	**第一千一百零五条**　收养应当向县级以上人民政府民政部门登记。收养关系自登记之日起成立。 收养查找不到生父母的*未成年人*的，办理登记的民政部门应当在登记前予以公告。

续表

相关内容	《民法典》
收养关系当事人愿意*订立*收养协议的,可以*订立*收养协议。 收养关系当事人各方或者一方要求办理收养公证的,应当办理收养公证。	收养关系当事人愿意*签订*收养协议的,可以*签订*收养协议。 收养关系当事人各方或者一方要求办理收养公证的,应当办理收养公证。 **县级以上人民政府民政部门应当依法进行收养评估**。
《收养法》第十六条 收养关系成立后,公安*部门*应当*依照*国家有关规定为被收养人办理户口登记。	**第一千一百零六条** 收养关系成立后,公安*机关*应当*按照*国家有关规定为被收养人办理户口登记。
《收养法》第十七条 孤儿或者生父母无力抚养的子女,可以由生父母的亲属、朋友抚养。 抚养人与被抚养人的关系*不适用收养关系*。	**第一千一百零七条** 孤儿或者生父母无力抚养的子女,可以由生父母的亲属、朋友抚养;抚养人与被抚养人的关系*不适用本章规定*。
《收养法》第十八条 配偶一方死亡,另一方送养未成年子女的,死亡一方的父母有优先抚养的权利。	**第一千一百零八条** 配偶一方死亡,另一方送养未成年子女的,死亡一方的父母有优先抚养的权利。
《收养法》第二十一条 外国人*依照本法*可以在中华人民共和国收养子女。 外国人在中华人民共和国收养子女,应当经其所在国主管机关依照该国法律审查同意。收养人应当提供由其所在国有权机构出具的有关*收养人*的年龄、婚姻、职业、财产、健康、有无受过刑事处罚等状况的证明材料,该证明材料应当经其所在国外交机关或者外交机关授权的机构认证,并经中华人民共和国驻该国使领馆认证。该收养人应当与送养人*订立*书面协议,亲自向*省级人民政府民政*部门登记。 ~~收养关系当事人各方或者一方要求办理收养公证的,应当到国务院司法行政部门认定的具有办理涉外公证资格的公证机构办理收养公证~~。	**第一千一百零九条** 外国人*依法*可以在中华人民共和国收养子女。 外国人在中华人民共和国收养子女,应当经其所在国主管机关依照该国法律审查同意。收养人应当提供由其所在国有权机构出具的有关*其*年龄、婚姻、职业、财产、健康、有无受过刑事处罚等状况的证明材料,并与送养人*签订*书面协议,亲自向省、*自治区、直辖市人民政府民政部门*登记。 *前款规定的证明材料*应当经*收养人*所在国外交机关或者外交机关授权的机构认证,并经中华人民共和国驻该国使领馆认证,**但是国家另有规定的除外**。

续表

相关内容	《民法典》
《收养法》第二十二条 收养人、送养人要求保守收养秘密的,其他人应当尊重其意愿,不得泄露。	**第一千一百一十条** 收养人、送养人要求保守收养秘密的,其他人应当尊重其意愿,不得泄露。
	第二节 收养的效力
《收养法》第二十三条 自收养关系成立之日起,养父母与养子女间的权利义务关系,适用法律关于父母子女关系的规定;养子女与养父母的近亲属间的权利义务关系,适用法律关于子女与父母的近亲属关系的规定。 养子女与生父母及其他近亲属间的权利义务关系,因收养关系的成立而消除。 **《婚姻法》第二十六条** 国家保护合法的收养关系。养父母和养子女间的权利和义务,适用本法对父母子女关系的有关规定。 养子女和生父母间的权利和义务,因收养关系的成立而消除。	**第一千一百一十一条** 自收养关系成立之日起,养父母与养子女间的权利义务关系,适用本法关于父母子女关系的规定;养子女与养父母的近亲属间的权利义务关系,适用本法关于子女与父母的近亲属关系的规定。 养子女与生父母以及其他近亲属间的权利义务关系,因收养关系的成立而消除。
《收养法》第二十四条 养子女可以随养父或者养母的姓,经当事人协商一致,也可以保留原姓。	**第一千一百一十二条** 养子女可以随养父或者养母的姓氏,经当事人协商一致,也可以保留原姓氏。
《收养法》第二十五条 违反《*中华人民共和国民法通则*》第五十五条和本法规定的收养行为无法律效力。 *收养行为被人民法院确认无效的,从行为开始时起就没有法律效力。*	**第一千一百一十三条** 有本法第一编关于民事法律行为无效规定情形或者违反本编规定的收养行为无效。 *无效的收养行为自始没有法律约束力。*
	第三节 收养关系的解除
《收养法》第二十六条 收养人在被收养人成年以前,不得解除收养关系,但收养人、送养人双方协议解除的除外,养子女年*满十周岁以上*的,应当征得本人同意。	**第一千一百一十四条** 收养人在被收养人成年以前,不得解除收养关系,但是收养人、送养人双方协议解除的除外。养子*女八周岁以上*的,应当征得本人同意。

续表

相关内容	《民法典》
收养人不履行抚养义务，有虐待、遗弃等侵害未成年养子女合法权益行为的，送养人有权要求解除养父母与养子女间的收养关系。送养人、收养人不能达成解除收养关系协议的，可以向人民法院起诉。	收养人不履行抚养义务，有虐待、遗弃等侵害未成年养子女合法权益行为的，送养人有权要求解除养父母与养子女间的收养关系。送养人、收养人不能达成解除收养关系协议的，可以向人民法院提起诉讼。
《收养法》第二十七条 养父母与成年养子女关系恶化、无法共同生活的，可以协议解除收养关系。不能达成协议的，可以向人民法院起诉。	**第一千一百一十五条** 养父母与成年养子女关系恶化、无法共同生活的，可以协议解除收养关系。不能达成协议的，可以向人民法院提起诉讼。
《收养法》第二十八条 当事人协议解除收养关系的，应当到民政部门办理解除收养关系的登记。	**第一千一百一十六条** 当事人协议解除收养关系的，应当到民政部门办理解除收养关系登记。
《收养法》第二十九条 收养关系解除后，养子女与养父母及其他近亲属间的权利义务关系即行消除，与生父母及其他近亲属间的权利义务关系自行恢复，但成年养子女与生父母及其他近亲属间的权利义务关系是否恢复，可以协商确定。	**第一千一百一十七条** 收养关系解除后，养子女与养父母以及其他近亲属间的权利义务关系即行消除，与生父母以及其他近亲属间的权利义务关系自行恢复。但是，成年养子女与生父母以及其他近亲属间的权利义务关系是否恢复，可以协商确定。
《收养法》第三十条 收养关系解除后，经养父母抚养的成年养子女，对缺乏劳动能力又缺乏生活来源的养父母，应当给付生活费。因养子女成年后虐待、遗弃养父母而解除收养关系的，养父母可以要求养子女补偿收养期间支出的*生活费和教育费*。 生父母要求解除收养关系的，养父母可以要求生父母适当补偿收养期间支出的*生活费和教育费*，但因养父母虐待、遗弃养子女而解除收养关系的除外。	**第一千一百一十八条** 收养关系解除后，经养父母抚养的成年养子女，对缺乏劳动能力又缺乏生活来源的养父母，应当给付生活费。因养子女成年后虐待、遗弃养父母而解除收养关系的，养父母可以要求养子女补偿收养期间支出的*抚养费*。 生父母要求解除收养关系的，养父母可以要求生父母适当补偿收养期间支出的*抚养费*；但是，因养父母虐待、遗弃养子女而解除收养关系的除外。

《继承法》与《民法典》继承编对照表*

《继承法》	《民法典》
	第一章　一般规定
	第一千一百一十九条　本编调整因继承产生的民事关系。
第一条　~~根据《中华人民共和国宪法》规定，为保护公民的私有财产的继承权，制定本法。~~	**第一千一百二十条**　国家保护自然人的继承权。
第二条　继承从被继承人死亡时开始。	**第一千一百二十一条**　继承从被继承人死亡时开始。 **相互有继承关系的数人在同一事件中死亡，难以确定死亡时间的，推定没有其他继承人的人先死亡。都有其他继承人，辈份不同的，推定长辈先死亡；辈份相同的，推定同时死亡，相互不发生继承。**
第三条　遗产是公民死亡时遗留的个人合法财产，*包括：* *（一）公民的收入；* *（二）公民的房屋、储蓄和生活用品；* *（三）公民的林木、牲畜和家禽；* *（四）公民的文物、图书资料；* *（五）法律允许公民所有的生产资料；* *（六）公民的著作权、专利权中的财产权利；* *（七）公民的其他合法财产。*	**第一千一百二十二条**　遗产是*自然人*死亡时遗留的个人合法财产。 *依照法律规定或者根据其性质不得继承的遗产，不得继承。*
第五条　继承开始后，按照法定继承办理；有遗嘱的，按照遗嘱继承或者遗赠办理；有遗赠扶养协议的，按照协议办理。	**第一千一百二十三条**　继承开始后，按照法定继承办理；有遗嘱的，按照遗嘱继承或者遗赠办理；有遗赠扶养协议的，按照协议办理。

* 本表参考杜月秋、孙政编：《民法典条文对照与重点解读》，法律出版社2020年版。——笔者注

续表

《继承法》	《民法典》
第二十五条　继承开始后，继承人放弃继承的，应当在遗产处理前，作出放弃继承的表示。没有表示的，视为接受继承。 受遗赠人应当在知道受遗赠后*两个月*内，作出接受或者放弃受遗赠的表示。到期没有表示的，视为放弃受遗赠。	**第一千一百二十四条**　继承开始后，继承人放弃继承的，应当在遗产处理前，**以书面形式**作出放弃继承的表示；没有表示的，视为接受继承。 受遗赠人应当在知道受遗赠后*六十日*内，作出接受或者放弃受遗赠的表示；到期没有表示的，视为放弃受遗赠。
第七条　继承人有下列行为之一的，丧失继承权： （一）故意杀害被继承人的； （二）为争夺遗产而杀害其他继承人的； （三）遗弃被继承人的，或者虐待被继承人情节严重的； （四）伪造、篡改或者销毁遗嘱，情节严重的。	**第一千一百二十五条**　继承人有下列行为之一的，丧失继承权： （一）故意杀害被继承人； （二）为争夺遗产而杀害其他继承人； （三）遗弃被继承人，或者虐待被继承人情节严重； （四）伪造、篡改、**隐匿**或者销毁遗嘱，情节严重； **（五）以欺诈、胁迫手段迫使或者妨碍被继承人设立、变更或者撤回遗嘱，情节严重。** **继承人有前款第三项至第五项行为，确有悔改表现，被继承人表示宽恕或者事后在遗嘱中将其列为继承人的，该继承人不丧失继承权。** **受遗赠人有本条第一款规定行为的，丧失受遗赠权。**
	第二章　法定继承
第九条　继承权男女平等。	**第一千一百二十六条**　继承权男女平等。
第十条　遗产按照下列顺序继承： 第一顺序：配偶、子女、父母。 第二顺序：兄弟姐妹、祖父母、外祖父母。 继承开始后，由第一顺序继承人继承，第二顺序继承人不继承。没有第一顺序继	**第一千一百二十七条**　遗产按照下列顺序继承： （一）第一顺序：配偶、子女、父母； （二）第二顺序：兄弟姐妹、祖父母、外祖父母。 继承开始后，由第一顺序继承人继承，第二顺序继承人不继承；没有第一顺序继

续表

《继承法》	《民法典》
承人继承的，由第二顺序继承人继承。 本法所说的子女，包括婚生子女、非婚生子女、养子女和有扶养关系的继子女。 本法所说的父母，包括生父母、养父母和有扶养关系的继父母。 本法所说的兄弟姐妹，包括同父母的兄弟姐妹、同父异母或者同母异父的兄弟姐妹、养兄弟姐妹、有扶养关系的继兄弟姐妹。	承人继承的，由第二顺序继承人继承。 本编所称子女，包括婚生子女、非婚生子女、养子女和有扶养关系的继子女。 本编所称父母，包括生父母、养父母和有扶养关系的继父母。 本编所称兄弟姐妹，包括同父母的兄弟姐妹、同父异母或者同母异父的兄弟姐妹、养兄弟姐妹、有扶养关系的继兄弟姐妹。
第十一条 被继承人的子女先于被继承人死亡的，由被继承人的子女的晚辈直系血亲代位继承。代位继承人一般只能继承*他的父亲或者母亲*有权继承的遗产份额。	**第一千一百二十八条** 被继承人的子女先于被继承人死亡的，由被继承人的子女的直系晚辈血亲代位继承。 **被继承人的兄弟姐妹先于被继承人死亡的，由被继承人的兄弟姐妹的子女代位继承。** 代位继承人一般只能继承*被代位继承人*有权继承的遗产份额。
第十二条 丧偶儿媳对公、婆，丧偶女婿对岳父、岳母，尽了主要赡养义务的，作为第一顺序继承人。	**第一千一百二十九条** 丧偶儿媳对公婆，丧偶女婿对岳父母，尽了主要赡养义务的，作为第一顺序继承人。
第十三条 同一顺序继承人继承遗产的份额，一般应当均等。 对生活有特殊困难的缺乏劳动能力的继承人，分配遗产时，应当予以照顾。 对被继承人尽了主要扶养义务或者与被继承人共同生活的继承人，分配遗产时，可以多分。 有扶养能力和有扶养条件的继承人，不尽扶养义务的，分配遗产时，应当不分或者少分。 继承人协商同意的，也可以不均等。	**第一千一百三十条** 同一顺序继承人继承遗产的份额，一般应当均等。 对生活有特殊困难又缺乏劳动能力的继承人，分配遗产时，应当予以照顾。 对被继承人尽了主要扶养义务或者与被继承人共同生活的继承人，分配遗产时，可以多分。 有扶养能力和有扶养条件的继承人，不尽扶养义务的，分配遗产时，应当不分或者少分。 继承人协商同意的，也可以不均等。

续表

《继承法》	《民法典》
第十四条　对继承人以外的依靠被继承人扶养的~~缺乏劳动能力又没有生活来源~~的人，或者继承人以外的对被继承人扶养较多的人，可以分给~~他们~~适当的遗产。	**第一千一百三十一条**　对继承人以外的依靠被继承人扶养的人，或者继承人以外的对被继承人扶养较多的人，可以分给适当的遗产。
第十五条　继承人应当本着互谅互让、和睦团结的精神，协商处理继承问题。遗产分割的时间、办法和份额，由继承人协商确定。协商不成的，可以由人民调解委员会调解或者向人民法院提起诉讼。	**第一千一百三十二条**　继承人应当本着互谅互让、和睦团结的精神，协商处理继承问题。遗产分割的时间、办法和份额，由继承人协商确定；协商不成的，可以由人民调解委员会调解或者向人民法院提起诉讼。
	第三章　遗嘱继承和遗赠
第十六条　公民可以依照本法规定立遗嘱处分个人财产，并可以指定遗嘱执行人。 公民可以立遗嘱将个人财产指定由法定继承人的一人或者数人继承。 公民可以立遗嘱将个人财产赠给国家、集体或者法定继承人以外的人。	**第一千一百三十三条**　*自然*人可以依照本法规定立遗嘱处分个人财产，并可以指定遗嘱执行人。 *自然*人可以立遗嘱将个人财产指定由法定继承人中的一人或者数人继承。 *自然*人可以立遗嘱将个人财产赠与国家、集体或者法定继承人以外的组织、个人。 **自然人可以依法设立遗嘱信托。**
第十七条第二款　自书遗嘱由遗嘱人亲笔书写，签名，注明年、月、日。	**第一千一百三十四条**　自书遗嘱由遗嘱人亲笔书写，签名，注明年、月、日。
第十七条第三款　代书遗嘱应当有两个以上见证人在场见证，由其中一人代书，*注明年、月、日，并由代书人、其他见证人和遗嘱人签名。*	**第一千一百三十五条**　代书遗嘱应当有两个以上见证人在场见证，由其中一人代书，*并由遗嘱人、代书人和其他见证人签名，注明年、月、日。*
	第一千一百三十六条　打印遗嘱应当有两个以上见证人在场见证。遗嘱人和见证人应当在遗嘱每一页签名，注明年、月、日。

续表

《继承法》	《民法典》
第十七条第四款 以录音形式立的遗嘱,应当有两个以上见证人在场见证。	**第一千一百三十七条** 以录音**录像**形式立的遗嘱,应当有两个以上见证人在场见证。**遗嘱人和见证人应当在录音录像中记录其姓名或者肖像,以及年、月、日。**
第十七条第五款 遗嘱人在危急情况下,可以立口头遗嘱。口头遗嘱应当有两个以上见证人在场见证。危急情况*解除*后,遗嘱人能够*用*书面或者录音形式立遗嘱的,所立的口头遗嘱无效。	**第一千一百三十八条** 遗嘱人在危急情况下,可以立口头遗嘱。口头遗嘱应当有两个以上见证人在场见证。危急情况*消除*后,遗嘱人能够*以*书面或者录音**录像**形式立遗嘱的,所立的口头遗嘱无效。
第十七条第一款 公证遗嘱由遗嘱人经公证*机关*办理。	**第一千一百三十九条** 公证遗嘱由遗嘱人经公证*机构*办理。
第十八条 下列人员不能作为遗嘱见证人: (一)*无行为能力人*、*限制行为能力人*; (二)继承人、受遗赠人; (三)与继承人、受遗赠人有利害关系的人。	**第一千一百四十条** 下列人员不能作为遗嘱见证人: (一)*无民事行为能力人*、*限制民事行为能力人*以及**其他不具有见证能力的人;** (二)继承人、受遗赠人; (三)与继承人、受遗赠人有利害关系的人。
第十九条 遗嘱应当对缺乏劳动能力又没有生活来源的继承人保留必要的遗产份额。	**第一千一百四十一条** 遗嘱应当为缺乏劳动能力又没有生活来源的继承人保留必要的遗产份额。
第二十条 遗嘱人可以*撤销*、变更自己所立的遗嘱。 立有数份遗嘱,内容相抵触的,以最后的遗嘱为准。 ~~自书、代书、录音、口头遗嘱,不得撤销、变更公证遗嘱。~~	**第一千一百四十二条** 遗嘱人可以*撤回*、变更自己所立的遗嘱。 **立遗嘱后,遗嘱人实施与遗嘱内容相反的民事法律行为的,视为对遗嘱相关内容的撤回。** 立有数份遗嘱,内容相抵触的,以最后的遗嘱为准。

续表

《继承法》	《民法典》
第二十二条 无行为能力人或者限制行为能力人所立的遗嘱无效。 遗嘱必须表示遗嘱人的真实意思，*受胁迫、欺骗*所立的遗嘱无效。 伪造的遗嘱无效。 遗嘱被篡改的，篡改的内容无效。	**第一千一百四十三条** 无民事行为能力人或者限制民事行为能力人所立的遗嘱无效。 遗嘱必须表示遗嘱人的真实意思，*受欺诈、胁迫*所立的遗嘱无效。 伪造的遗嘱无效。 遗嘱被篡改的，篡改的内容无效。
第二十一条 遗嘱继承或者遗赠附有义务的，继承人或者受遗赠人应当履行义务。没有正当理由不履行义务的，*经有关单位或者个人请求*，人民法院可以取消*他*接受遗产的权利。	**第一千一百四十四条** 遗嘱继承或者遗赠附有义务的，继承人或者受遗赠人应当履行义务。没有正当理由不履行义务的，*经利害关系人或者有关组织请求*，人民法院可以取消*其*接受附义务部分遗产的权利。
	第四章 遗产的处理
	第一千一百四十五条 继承开始后，遗嘱执行人为遗产管理人；没有遗嘱执行人的，继承人应当及时推选遗产管理人；继承人未推选的，由继承人共同担任遗产管理人；没有继承人或者继承人均放弃继承的，由被继承人生前住所地的民政部门或者村民委员会担任遗产管理人。
	第一千一百四十六条 对遗产管理人的确定有争议的，利害关系人可以向人民法院申请指定遗产管理人。
	第一千一百四十七条 遗产管理人应当履行下列职责： （一）清理遗产并制作遗产清单； （二）向继承人报告遗产情况； （三）采取必要措施防止遗产毁损、灭失； （四）处理被继承人的债权债务；

续表

《继承法》	《民法典》
	（五）按照遗嘱或者依照法律规定分割遗产； **（六）实施与管理遗产有关的其他必要行为。**
	第一千一百四十八条　遗产管理人应当依法履行职责，因故意或者重大过失造成继承人、受遗赠人、债权人损害的，应当承担民事责任。
	第一千一百四十九条　遗产管理人可以依照法律规定或者按照约定获得报酬。
第二十三条　继承开始后，知道被继承人死亡的继承人应当及时通知其他继承人和遗嘱执行人。继承人中无人知道被继承人死亡或者知道被继承人死亡而不能通知的，由被继承人生前所在单位或者住所地的居民委员会、村民委员会负责通知。	**第一千一百五十条**　继承开始后，知道被继承人死亡的继承人应当及时通知其他继承人和遗嘱执行人。继承人中无人知道被继承人死亡或者知道被继承人死亡而不能通知的，由被继承人生前所在单位或者住所地的居民委员会、村民委员会负责通知。
第二十四条　存有遗产的人，应当妥善保管遗产，*任何人*不得侵吞或者争抢。	**第一千一百五十一条**　存有遗产的人，应当妥善保管遗产，*任何组织或者个*人不得侵吞或者争抢。
	第一千一百五十二条　继承开始后，继承人于遗产分割前死亡，并没有放弃继承的，该继承人应当继承的遗产转给其继承人，但是遗嘱另有安排的除外。
第二十六条　夫妻~~在婚姻关系存续期间所得的~~共同所有的财产，除有约定的以外，如果分割遗产，应当先将共同所有的财产的一半分出为配偶所有，其余的为被继承人的遗产。 遗产在家庭共有财产之中的，遗产分割时，应当先分出他人的财产。	**第一千一百五十三条**　夫妻共同所有的财产，除有约定的外，遗产分割时，应当先将共同所有的财产的一半分出为配偶所有，其余的为被继承人的遗产。 遗产在家庭共有财产之中的，遗产分割时，应当先分出他人的财产。

续表

《继承法》	《民法典》
第二十七条 有下列情形之一的,遗产中的有关部分按照法定继承办理: (一)遗嘱继承人放弃继承或者受遗赠人放弃受遗赠的; (二)遗嘱继承人丧失继承权的; (三)遗嘱继承人、受遗赠人先于遗嘱人死亡的; (四)遗嘱无效部分所涉及的遗产; (五)遗嘱未处分的遗产。	**第一千一百五十四条** 有下列情形之一的,遗产中的有关部分按照法定继承办理: (一)遗嘱继承人放弃继承或者受遗赠人放弃受遗赠; (二)遗嘱继承人丧失继承权**或者受遗赠人丧失受遗赠权**; (三)遗嘱继承人、受遗赠人先于遗嘱人死亡**或者终止**; (四)遗嘱无效部分所涉及的遗产; (五)遗嘱未处分的遗产。
第二十八条 遗产分割时,应当保留胎儿的继承份额。胎儿*出生*时是死体的,保留的份额按照法定继承办理。	**第一千一百五十五条** 遗产分割时,应当保留胎儿的继承份额。胎儿*娩出*时是死体的,保留的份额按照法定继承办理。
第二十九条 遗产分割应当有利于生产和生活需要,不损害遗产的效用。 不宜分割的遗产,可以采取折价、适当补偿或者共有等方法处理。	**第一千一百五十六条** 遗产分割应当有利于生产和生活需要,不损害遗产的效用。不宜分割的遗产,可以采取折价、适当补偿或者共有等方法处理。
第三十条 夫妻一方死亡后另一方再婚的,有权处分所继承的财产,任何人不得干涉。	**第一千一百五十七条** 夫妻一方死亡后另一方再婚的,有权处分所继承的财产,任何*组织或者个*人不得干涉。
第三十一条 公民可以与*扶养人*签订遗赠扶养协议。按照协议,*扶养人*承担该公民生养死葬的义务,享有受遗赠的权利。 ~~公民可以与集体所有制组织签订遗赠扶养协议。按照协议,集体所有制组织承担该公民生养死葬的义务,享有受遗赠的权利。~~	**第一千一百五十八条** *自然人*可以与*继承人以外的组织或者个人*签订遗赠扶养协议。按照协议,*该组织或者个人*承担该*自然人*生养死葬的义务,享有受遗赠的权利。

续表

《继承法》	《民法典》
	第一千一百五十九条　分割遗产，应当清偿被继承人依法应当缴纳的税款和债务；但是，应当为缺乏劳动能力又没有生活来源的继承人保留必要的遗产。
第三十二条　无人继承又无人受遗赠的遗产，归国家所有；死者生前是集体所有制组织成员的，归所在集体所有制组织所有。	**第一千一百六十条**　无人继承又无人受遗赠的遗产，归国家所有，**用于公益事业**；死者生前是集体所有制组织成员的，归所在集体所有制组织所有。
第三十三条　*继承遗产应当清偿被继承人依法应当缴纳的税款和债务，缴纳税款和清偿债务以他的遗产实际价值为限。*超过遗产实际价值部分，继承人自愿偿还的不在此限。 继承人放弃继承的，对被继承人依法应当缴纳的税款和债务可以不负偿还责任。	**第一千一百六十一条**　*继承人以所得遗产实际价值为限清偿被继承人依法应当缴纳的税款和债务。*超过遗产实际价值部分，继承人自愿偿还的不在此限。 继承人放弃继承的，对被继承人依法应当缴纳的税款和债务可以不负*清偿*责任。
第三十四条　执行遗赠不得妨碍清偿遗赠人依法应当缴纳的税款和债务。	**第一千一百六十二条**　执行遗赠不得妨碍清偿遗赠人依法应当缴纳的税款和债务。
	第一千一百六十三条　既有法定继承又有遗嘱继承、遗赠的，由法定继承人清偿被继承人依法应当缴纳的税款和债务；超过法定继承遗产实际价值部分，由遗嘱继承人和受遗赠人按比例以所得遗产清偿。

专业法规信息平台　伴您走进法治时代

《新编婚姻家庭法小全书》增补登记表

<table>
<tr><td>购书时间</td><td></td><td>购书地点</td><td>□新华书店　□法律书店　□网上书店</td></tr>
<tr><td>姓　　名</td><td></td><td>职　　业</td><td></td></tr>
<tr><td>电　　话</td><td colspan="3"></td></tr>
<tr><td>通讯地址</td><td colspan="3"></td></tr>
<tr><td rowspan="3">反馈意见</td><td colspan="3">1. 您最需要的法规文件是：</td></tr>
<tr><td colspan="3">2. 您对本书的期望是：</td></tr>
<tr><td colspan="3">3. 其他建议：</td></tr>
<tr><td>免费增补服务</td><td colspan="3">向________________（电子邮箱）发送免费法规增补材料。
对所有认真填写反馈意见的读者，免费提供一次法规增补材料（电子版）。</td></tr>
</table>

备注：1. 您可将本表剪下寄回法规出版分社或传真至010－83938114，邮寄地址：北京市丰台区莲花池西里7号法律出版社法规分社（100073），陶玉霞收。

2. 您可将本表拍照发至邮箱 taoyuxia@ sina. com，标明“免费增补”。